中國古典文學基本叢書

説苑校證

〔漢〕劉向 撰
向宗魯 校證

中華書局

圖書在版編目(CIP)數據

說苑校證/(漢)劉向撰;向宗魯校證.—北京:中華書局,1987.7(2022.4 重印)
(中國古典文學基本叢書)
ISBN 978-7-101-00100-6

Ⅰ.說… Ⅱ.①劉…②向… Ⅲ.說苑-校勘
Ⅳ.B234.99

中國版本圖書館 CIP 數據核字(1999)第 76045 號

責任編輯:許逸民

中國古典文學基本叢書
說 苑 校 證
〔漢〕劉 向 撰
向宗魯 校證
*
中 華 書 局 出 版 發 行
(北京市豐臺區太平橋西里 38 號 100073)
http://www.zhbc.com.cn
E-mail:zhbc@zhbc.com.cn
三河市航遠印刷有限公司印刷
*
850×1168 毫米 1/32 · 18½印張 · 2 插頁 · 315 千字
1987 年 7 月第 1 版 2022 年 4 月第 11 次印刷
印數:23701-25700 冊 定價:56.00 元

ISBN 978-7-101-00100-6

重印説明

説苑校證是向宗魯先生一九二二年至一九三一年間撰寫定稿，後經我局編輯整理，於一九八七年出版。本書出版後，先後有肖旭先生説苑校證校補（分刊江海學刊二〇〇〇年第三、四、五、六期及二〇〇一年第一期）、王鍈先生説苑校證校點獻疑（刊書品二〇〇五年第四輯）、王繼如先生伯2872號考證——敦煌文獻新發現説苑殘卷（刊敦煌研究二〇〇七年第三期）等三篇相關文章發表，有力地推動了説苑的考訂與研究。

此次重印，對已發現的排校錯誤作了挖改，並節録王鍈先生説苑校證校點獻疑一文，附於書末，以便讀者參考。

中華書局編輯部

二〇〇九年三月

序言

説苑是漢書藝文志著録的「劉向所序六十七篇」中的一部分。它是劉向校書時根據皇家所藏和民間流行的書册資料加以選擇、整理的頗具故事性、多爲對話體的雜著的類編。對于説苑，有三點要加以説明：

第一，劉向所序六十七篇著録在漢書藝文志的子部儒家類，其實六十七篇是各種資料的大薈萃。譬如這當中的列女傳，隋書經籍志便把它編入了史部雜傳類。不可否認，劉向的思想是正統的儒家思想，把他所序的六十七篇編入儒家，是有道理的，這大概在他的兒子劉歆編七略時便已作如此處理，漢志不過是照鈔七略而已。劉向對於這些資料的選擇有他的標準，這個標準無疑是要求無悖於儒家之道。可是劉向之爲人，有兩點值得特别注意：一是他好爲直言極諫，雖累次獲罪，並不退縮。對于「優柔不斷」（漢書元帝紀贊）的元帝，「湛於酒色」（漢書成帝紀贊）的成帝，他都没有放棄職守，忘掉規勸。説苑（以及他所序的其他資料，包括新序、列女傳等）在某種程度上，他是把它當作「諫書」用的，陳古諷今，集腋成裘，當然就不限儒門一家之言了。二是他博學廣聞，長期從事中（皇家）外（民間）一切藏書的搜輯和整理，左右采獲，並蓄兼收。說苑之作倒近乎「兼儒、墨，合名、法」，「街談巷語，道聽塗說」（並漢書藝文志語）的雜家和小說家。如果尋行數墨，窒隙蹈瑕，指斥它「廣陳虛事，多構僞辭」（見史通雜說篇），「未盡精醇，亦嗜奇愛博者之病」（蘇時學爻山筆話卷五），那就未免太膠固於編入儒家類的典籍一定要是粹然周孔正論了。這個道理，余季豫（嘉錫）先生已有所論列（見四庫提要辨證卷十新序條下），此處無煩詳說。總之，說苑雖然從漢書藝文志起，歷代著錄都把它歸入儒家類，但它的內容資料是不局限於儒家的。

第二，說苑的取材，十分廣博，上自周秦經子，下及漢人雜著，「以類相從，一一條別篇目」（見序錄），很像後代的類書。其中十之八九，還可在現存典籍中探討源流，互相參證。但有一部分却是早已散佚，文獻無徵，只靠說苑保留它一點遺文瑣語了。與他書互見的，可以參驗比校，供我們考證勘定之用；所僅存的放失舊聞，就更值得珍視了。册府元龜、太平御覽一些類書，從來就被考史、校文、輯佚、徵事的學者們視爲瑰寶，比這些書還早一千多年的說苑，難道不該引起特別重視麽？翻開說苑的君道篇第一章便載師曠的話，說：「人君之道……務在博愛，趨在任賢；廣開耳目，以察萬方；不固溺於流俗，不拘繫於左右。」這段古代名言，便可能出於漢志著錄在小說家類中的「師曠六篇」，而這六篇書却早已亡佚了。建本篇載河間獻王論「治國之道」，「以富爲始」，着重提出一個「富」字，是頗能發人深思的。這段文字，又很可能出於漢志著録在儒家類中的「河間周制十八篇」（似非河間獻王對上下三雍宮三篇中語），而河間周制也早亡佚了。這類例子，不須廣引。作爲遺産，説苑給我們保存値得批判地繼承的東西，確是不少。

第三，「説苑」這個書名，據劉向序録，「中書」（皇家所藏書）早已有了的。經過劉向校録，曾把它命名爲「新苑」。那是同荀卿新書、賈誼新書……經過劉向整理，便以「新書」命名屬於一類性質。後來仍稱説苑，也像荀卿新書後來仍稱荀子一樣。名之爲説苑，使我們很自然地聯想到韓非子的儲説和説林，劉向所序六十七篇中就還有世説。這些以「説」爲名的典籍、篇章，它的特點，往往近於講故事。説苑除談叢篇以外，大多數的章節都具有一定的故事性。通過故事講明道理，一般還多采用相與往復的對話體。不僅有首有尾，而且短短一段文字，往往波瀾起伏，出現高潮。這可以説是頗具中國特色的古代「説話」形式。世説已經亡佚了，但是出現在四百年後的世説新語（或稱世説新書），大家不就承認它是地地道道的小説嗎？難道説這種小説和世説、説苑之類没有什麽關係！「説話」、「轉變」發展爲後來的「傳奇」、「講史」，在中國小説史的漫長道路上，説苑之類的著作，曾發生過什麽樣的作用，只要實事求是地作點探索，就不難看出中國小説的成長有它自己的特點。選編歷代小説作品，把説苑也算進去，並無可非議。把説苑看成是帶有一定古代小説集性質的書，這是符合中國小説發展的歷史實際的。

説苑之爲書，從上舉各條，可以提供我們全面認識它的綫索。它是古代雜著的類編，從編纂體例上説，像後來的類書。編纂者劉向雖然是個儒家，但它的内容資料並不粹然爲儒者之言；按漢志的分類，倒很像雜家。從它的寫作形式看，頗具故事性，多爲對話體，甚至還有些情節出於虚構，可以認爲其中有些作品屬於古代短篇小説。説苑就是這樣複雜的古代典籍，任何管窺蠡測，以偏概全的看法都是不恰當的。

説苑在宋初王堯臣等編輯崇文總目時（十一世紀初），已無全帙（只有五卷）。曾鞏校書（事在十一世紀中葉），雖然搜得十五卷，加以補充、整理，仍有散佚。清儒校理古籍，唯盧文弨羣書拾補（一七八七年刻成）據宋本、元本、明楚府本及諸類書、古注所引參校，並輯得佚文二十五條（嚴可均全漢文卷三十九亦有説苑佚文二十四條）。其他肄業及之者，如俞樾的讀書餘録、孫詒讓的札迻（卷八）也寫出校釋的若干條文。國外學者，有日本關嘉的説苑纂注（寬政六年，卽公元一七九四年，興藝館刊本），用力頗勤。現在印行的向宗魯先生遺著説苑校證，魚魯既辨，事義兼釋，眈思傍訊，殫見洽聞，在説苑的研究上，無疑是一部極爲重要的著作。

向宗魯先生名承周，四川重慶巴縣白市驛人。生於一八九五年。父親經營茶館爲業。

向先生年少聰潁好學，十九歲賦詩，見賞於重慶名宿文伯魯先生，當時有「神童」之目。文先生替他籌集學費，讓他游學成都，入存古學堂（後改國學院，卽四川大學文學院前身）肄業。那時存古學堂的校長是有名的經今文學家廖季平（平）先生。廖先生的學術思想，變更無常，號稱「六譯」。向先生却不好爲奇詭之論，時時發疑問難，廖先生也甚爲稱賞。國學院畢業後，一九二二至一九三一年的十年間，在漢口作家庭教師。當時經營紡織的三位工商業家共同聘請向先生教授他們子女的古典文學，受業者不過十許人。向先生教讀之暇，得以肆力於樸學，一意探求戴（震）、錢（大昕）、段（玉裁）、王（念孫）諸大師實事求是的治學塗徑。與蘄春黃季剛（侃）先生、武昌徐行可（恕）先生游，兩先生皆博覽羣書，又好收藏，善本精鈔，互相通假。那時正是向先生的壯盛之年，平生學業，最爲猛晉；著述也以此時爲繁富。一九三一年回重慶，應重慶大學聘，任中國文學系教授，兼系主任。一九三三年重慶大學中文系合併入四川大學，向先生到成都，不久，復返重慶。一九三七年又來成都，任四川大學中文系教授。抗日戰爭爆發，一九三九年川大疏散至峨眉。一九四〇年向先生兼任中文系主任。一九四一年十一月病卒于峨眉，年僅四十六歲。

向先生性情骾直，對國民黨反動派迫害進步學生和民主人士極爲反感。一九二八年反動派强迫川大代理校長張真如（頤）先生（原校長爲任叔永鴻雋先生）辭去職務，以反動分子程天放爲校長。川大進步師生羣起反對。向先生幾次向學生慷慨陳詞，痛斥反動派的所謂「黨化教育」。向先生一意向學，好書成癖，往往惡衣菲食，土木形骸，而對於孤寒之士，却不吝解囊，盡力周濟。常常說：「在是非面前不明確表示態度，讀中國書有什麼用！」他獎掖後生，誨人不倦，在成渝教大學先後十餘年，門下之士有成就者不乏其人，可惜在舊社會裏，這樣持正不阿的學者，所遭遇却是非常不幸的。他不僅和其他的知識分子一樣，往往卧席不温，樵蘇後爨，而且在抗戰期中由重慶而成都，由成都而峨眉，道塗奔波，沐風櫛雨，因而罹寒熱之疾，缺醫少藥，竟致中年隕歿。同門王君藏用（利器）和我料理其身後之事，除殘書萬卷之外，幾乎一無所有。和向先生同年又極爲友好的龐石帚（俊）先生爲悼念他而作的木蘭花慢詞中寫道：

淒淒，一棺水驛，費侯芭雙袖萬行啼。

正是當時實況的描寫。而由青衣江支流入岷江、長江直達重慶的水驛護柩者便是當時還在北京大學文科研究所作研究生的王利器同志。他告訴我，旅塗遭遇，簡直可以寫一部小説！舊社會知識分子的身世，向先生真有代表性啊！

向先生治學態度，極爲謹嚴。整理舊籍，必先從校勘、訓詁入手。高瞻遠矚，博古通今。没有明確可靠的證據，從不妄下一語。矻矻丹鉛，昕夕無間。牀頭几上，書帙縱横。

學生過從，談到讀書學問，他總是循循教誨，滔滔不絕。一般寒暄世故酬對，他却訥訥若不能言。

說苑校證是向先生一九二二至一九三一年間在武漢作家庭教師時撰寫定稿的。這部著作參校各本，博采羣書。讀者不難看到他深厚的功底，精確的裁斷。我在這裏倒要談一談向先生少年著述爲什麽要選說苑從事校證。據我所知，有這麽一些原因：首先是說苑爲先漢古典淵藪，整理古籍從它入手，不僅可以在浩汗的典籍中奠定基礎，開闊眼界，而且可以取得是正文字、董理放紛的經驗。向先生有所撰寫，對於選題是十分重視的。他常常有句話，講已經接觸，而又輕易放過，沒有注意集中的材料，說：「當時胸中無此題目。」這真是做學問的經驗之談。向先生學問根基的牢靠，典籍知識的淵博，是與他少年著述從說苑入手這一卓有見地的選題規劃分不開的。其次，還要看到向先生對於劉向整理古代典籍的功績是評價很高的。他曾說，章太炎（炳麟）先生訂孔上以劉歆比孔子，「舍子政（劉向）頌劉歆，非其理也」，「春秋以來，六藝折衷於夫子；西京以降，羣書刪定於子政：蓋異世同符矣」。（校讎學原始篇）說苑便是劉向整理古籍的一項重大成就，所以他爲說苑作校證，寄託了他對於劉向的景仰。向先生很欣賞盧文弨「書並受益」的話（盧語見羣書拾補小引），往往把作校注工作的人稱爲被校注的書及其作者的「功臣」。他校證說苑，其目的就是要使說苑「受益」，作劉向的「功臣」。這種精神是值得我們從事古籍整理的人學習的。向先生曾撰有聯語自贊云：

爲學遠承都水使（劉向曾領護三輔都水），

立身端似蔣山傭（顧炎武自號蔣山傭）。

這真是對他一生學行最精確的概括。

說苑校證撰成後曾寫清稿，以四卷一册，裝爲五册。在一次過渡時最末一册墮入水中。這次印行的第十七至二十卷，即當時墮入水中的一册。一九五八年出版機構（當時是人民文學出版社，後來因爲業務分工，此書才轉交中華書局的）計劃出此書，因委託我補訂最末四卷。我用向先生原稿（原稿是批注在湖北崇文書局百子全書本的眉端脚底和行間字隙的，引用之書，往往只舉篇卷，未録全文），案清稿前十六卷的條例，補訂成書。自愧不學，許多地方可能對向先生原著有所違失。但是，原稿具在，不敢妄爲增損。偶有淺陋之辭，輒稱名（愛民）加案語以別之，恐多數是向先生的棄餘吧。當然，向先生生時，有些材料還没有出現或傳布，後學者將來作一些補苴的工作，是可以也是應該的。至于佚文一卷，則是向先生一九四一年春的訂稿，他親筆楷寫。當時川大有出刊學報之議，向先生以此稿投交編輯部門。向先生歿後，我索取此稿，手録一份，用以換回向先生手寫之本（後來川大學報亦竟未出成）。這次印行，卽是用向先生手寫本作底子的。説苑校證的出版，中華書局的編輯同志是出了大力的。因爲原稿爲五十年代所整理，在形式體例方面，已對當前不甚適合，承中華書局編輯同志重新加工，這是應該特別説明的。

向先生雖然中年隕歿，但是著述甚富。在重大、川大任課時，以史記、管子、淮南子、文選爲教。簡端批校，朱墨粲然。此外，還曾致力於史通通釋的訂補。校讎學則是一九三八至一九四〇年間在川大所編的講義，原計劃寫十二篇，寫成者僅有七篇（七篇中猶有一篇未完成）。晚年特別用力于羣經義疏的讎校（主要是爲了要寫校讎學的議孔一篇）。校周易的單疏諸本，寫成周易疏校後記。校左傳單疏，絶筆於昭公四年。淮南子也是向先生晚年用功甚深的一部書。因爲探討時則篇和呂覽、戴記與周書的關係，計劃爲蔡邕月令章句寫疏證，僅成敍録一卷。向先生歿後，遺稿狼藉。校讎學由我整理，一九四四年十二月在商務印書館出版。月令章句疏證敍録由同門王利器同志整理，一九四五年十一月也在商務印書館出版。周易疏校後記由龐石帚先生索去，刊在一九四一年的華西學報（刊出時向先生已逝世），當時只印四百份；一九八〇年經我重新整理，發表在中國歷史文獻研究集刊第三集上（一九八三年岳麓書社出版）。淮南子批校的分量很大，原交同門王祖年（振燊）輯録，「文革」中失去第一册，祖年亦老病（今已物故），無力從事，將原書付我，我又借得李炳英（蔚芬）先生生前過録之本，補足第一册，商得向師母牟鴻儀先生同意，交由黎孟德同志輯録爲淮南鴻烈簡端記，黎孟德同志已是向先生的再傳弟子了。向先生的文選曾假徐行可、黄季剛兩先生所藏日本古鈔無注三十卷本（卽著録在經籍訪古志、日本訪書志及古文舊書考者）比校一過，我有臨寫之本，而向先生原書已不在了。史通有趙幼文同志過録之本。自餘周易、左傳、史記、管子以及其他批校諸書，全都失去。單篇論著，存者亦已不多。向先生三十歲以後絶不作詩。三十以前所作，去年暑假向師母牟鴻儀先生付我殘稿，經仔細清理，得三十二首，完整者十七首，殘缺者十五首。精密工麗，直逼玉溪生。向先生的全部著作，傳世者不過這些而已。

我從一九三七年起，卽在川大從向先生學。向先生對我教導鼓勵，無所不至。我川大畢業，向先生便讓我留校，作他的助手。向先生逝世後，師母牟鴻儀先生把整理遺稿、記述遺事的許多任務都交付給我。自慚淺薄，有負重託。説苑校證是向先生遺著中較早定稿，也較爲完備的一部，現在能有機會出版，實在是有益於古籍整理的一件大事。承中華書局編輯同志和向師母及同門王君利器之命，要我寫篇序言，儘管任重力小，也得勉强爲之。今年正是向先生誕生的九十周年，他離開我們，已經四十四年了。七十三歲的老門生能够爲一生崇敬的老師遺著出版作序，欣抃之情，可以想見。在中國共産黨領導下，對於文化遺産的搶救，對於古籍整理的重視，這不是很好的説明啊！

一九八五年十二月十四日，弟子成都屈守元序于四川師範大學中國古代文學研究所。

附記

向先生此書有附録，收集一些有關説苑的資料，校證中時時提到。這個附録，在失去的遺稿第五册末。因爲没有遺稿了，補輯此書時，不能鄉壁虛造，所以此本無附録。特此説明。又，寫序言時，二十多年没有見到校證稿本了，當時稿本正付印，也無法弄到手邊，所以序言與校證本書，偶有歧異。如向先生認爲世説即説苑，序言没有這樣説。如此之類，請依向先生校證爲準。一九八六年十月，屈守元記。

目録

附録

敍例

漢志：「劉向所序六十七篇。」原注云：「新序、説苑、世説、列女傳頌圖也。」隋、唐諸史皆以説苑著於録，則本書宜無二稱矣。子政序奏（序奏之稱，見論衡變虚篇）稱號曰新苑，是本書又名新苑也。序奏謂得中書説苑雜事，則子政之前，已有其書，子政校録，謂之説苑新書。（新書説詳孫氏札迻「賈子新書」條下。）新苑云者，説苑新書之簡稱也。漢志載子政所序有説苑，又有世説。予謂世説卽説苑，原注説苑二字，淺人加之。考御覽三十五引世説（湯之時大旱七年云云），不見義慶書而見説苑君道篇。書鈔百四十一引世本（載雍門伏事，「伏」乃「狄」之譌），其文與世本不類，「世本」乃「世説」之譌，今見説苑立節篇。（御覽五百八十二引世説王大將軍事，標題亦誤作世本，正與此同例。）此所引皆中壘世説也。初學記十七引劉義慶説苑（人餉魏武云云），今見世説捷悟篇。又卷十九引劉義慶説苑（鄭玄家奴婢皆讀書云云），今見世説文學篇。黎刊太平寰宇記一百十八引劉義慶説苑（晉羊祜領荆州云云），今略見世説排調篇。此所引皆臨川説苑也。是則臨川之説苑卽世説，而中壘之世説卽説苑審矣。（中壘之與臨川，一則推本經術，一則祖尚玄虚，其旨異。一則辭多繁博，一則言歸簡要，其文異。所以得同名者，以其分門隷事，體製相類也。）王先謙漢書補注疑世説卽本傳之世頌，考本傳云：「著疾讒、擿要、救危及世頌凡八篇，依興古事，悼己及同類。」則世頌與疾讒之屬同科，無緣偏舉其一而遺其七，王說非也。嚴可均全漢文稱世說二卷，蓋以隋志載列女傳十五卷，合新序、說苑五十卷，以篇爲卷，視漢志所云六十七篇者少二卷，故猥以世說當之。不知傳所載列女傳實八篇，頌亦與焉，班昭爲注，乃離其七爲十四，與頌爲十五，漢書雖成於昭手，必不以己所注之本竄入其間，且十五卷仍止八篇，卷加篇不加也。竊謂列女傳頌八篇，圖自爲篇，合新序、說苑爲五十九篇，益以疾讒、擿要、救危、世頌等八篇，適符漢志六十七篇之數，更不容別有世說二卷厠其中也。

是書時求異本，僻處西陲，苦難如志。及來漢上，得友徐氏弜誃，輾轉假閱，一鴟無靳。所據校者，有宋咸淳本、明楚府本、何良俊本、程榮本、楊鍠本、何鏜本、天一閣本，及世俗通行王謨本、崇文局本、新景印明鈔本。諸本以明鈔爲最善。黄蕘圃謂北宋本與咸淳本異者，皆北宋本爲佳。惜未一見。他日苟得此本，或更有足匡今本之繆者，跂予望之。

校說苑者，舊有盧召弓文弨（羣書拾補）、孫頤穀志祖（拾補引）、趙敬夫曦明（拾補引）、劉端臨台拱（在經傳小記中）、俞蔭甫樾（在讀書餘録中）、孫仲容詒讓（在札迻中），兹徧悉皆采録。若陳壽祺之說苑校本，戴清之說苑正誤，未見流傳，末由甄取。諸家惟抱經致力較多，顧不能無誤。又拾補刊本，似非完帙（如君道篇引詩「佛時仔肩」，宋本作「弗」，與詩考引合，與韓詩外傳亦同。有關經典異文，拾補遺之，初以爲盧氏之疏，及覩陳樸園四家詩異文考，稱盧文弨校宋本説苑作「弗時」同，作「孜肩」異，是盧校元有此條，而刻本失去），其有違失，輒爲匡正。日本關嘉（字公德，著説苑纂注廿卷）、澀井孝德（字子章，別號太室，見纂注），皆治是書，其有足資校議者，亦皆取之。

關氏提要云：「每章加注，至考『倮而訾高橛者』句，閱『橛』字注，正字通（當作閱正字通橛字注，此文理不順）引説苑注曰：『賤稱也。橛言直立倔彊如橛也。』又考『常樅有疾』章，而閱佩文韻府引説苑注曰：『常樅，老子之師也。』於此，初知説苑有注。」予案古今官私書目，皆不言説苑有注。正字通、佩文韻府，近世之書，不容別見異本，未足爲有注之證。今本時有校語，不足云注。御覽引本書，時有反切，或宋之館臣爲之，亦非注也。惟書鈔百十一引本書「聲樂之象，椌楬象萬物」，又引注云：「椌楬，柷敔。」似唐初人所見説苑已有注語，然亦疑先唐鈔者，偶有所識，伯施並引之耳。（愛艮案：明人蕭邑黃從誠有説苑旁注評林二十卷，評注不脱明人習氣，而正文亦有刪節處。正字通及佩文韻府所引説苑注，非出此本，以敬慎篇常樅只有「樅音踪」一音，並無「老子之師也」之注，而奉使篇則並「倮而訾高橛者」條原文亦從刊落，遑論注之有無也。）

本書文誼昭晢，待注而明者尟，蔓引蒼、雅，轉同蛇足。日人關嘉所爲纂注，文理乖刺，事實疏舛。其最繆者，建本篇之咎季卽臼季，而以爲咎犯；正諫篇之司馬子綦，卽子期，而以爲蔓成然。若斯之倫，不勝僂指。子政生當西漢，凡涉經術，不倍學官，於詩則魯、韓（臧在東、陳恭甫皆以爲子政承元王家學，治魯詩，馬元伯以爲子政治韓詩，今説苑等書取韓詩外傳文甚多，陳氏魯詩遺説考於用外傳者，亦以爲魯詩，説大謬）。於春秋則公、穀（子政初習公羊，見公羊序疏，繼治穀梁，見本傳）。其於他經，亦皆今文義也。（今人據桓譚新論「劉子政父子珍重左氏」之文，以爲子政治左氏之證，子政博極羣書，豈容獨貴左氏。本書取左氏文甚多，而涉及經義，則仍用今文，蓋取其事不取其義，本傳稱「猶自持其穀梁義」，不得以爲誣也。）闕氏於本書引經之文，純録注疏，家法既乖，徒滋燕説。茲惟於與今本異者，略爲辨析，餘則但標卷第，注疏具在，自可一檢而得，政無庸苦作鈔胥也。至於纂注訓義，率取之俗繆字書，動成創痏，苟悉抨彈，空穢簡畢，概從割棄，以省繁蕪。

子政啟發篇章，校理祕文，先漢舊籍，咸經手定。本書兼綜九流，牢籠百家，今則録署所著，百無一二，悉求其原，通人猶病，矧在譾劣，寧能爲役。校證之作，意在校其譌誤，證其異同，前乎子政者，取明根株；後乎子政者，亦資參驗。李唐而後，去古已遥，或出轉販，無煩覼縷。於所不知，盡從丘蓋。（僞書如家語、孔叢、管、晏、列、文，其來既遠，亦所不廢。關尹、子華之流，宋人妄作，不敢闌入。）

劉氏史通，於本書頗致譏議，宋、元以降，代有詰難，苟可繩愆，不妨羅舉。第本書言皆有本，匪同自作，集矢中壘，意所未安。又屢更傳寫，非有初誤，彈射未當，輒爲平反。類書古注，其所引用，恆多節省，且同經刊寫，豈獨無誤，改難就易，又所不免，自非確有據依，未容輕從改竄。（如盧校於臣術篇首章據初學記議删衍文十三字，與羣書治要、貞觀政要、北堂書鈔、輔行記、太平御覽皆不合。）兹編采録，於此加謹，參互鉤考，始決從違。其有義可兩通，難爲肊決者，過而從之，待質朋好。

說苑序

元豐類稾及彭氏刻曾集俱作說苑目錄序，他選本亦同。

劉向所序說苑二十篇。（類稾本脫「序」字，集本「序」作「著」，案漢志稱劉向所序，當以作「序」爲長。）崇文總目云：「今存者五篇，餘皆亡。」臣從士大夫間得之者十有五篇（類稾「五」作「三」，集本同），與舊爲二十篇（明鈔本作「二十五篇」，衍「五」字，類稾作「十有八篇」，集本同。案渭南集引李德芻云：「館中說苑二十卷，而闕反質一卷，曾鞏乃分修文爲上下，以足二十卷。」則子固所上實二十卷。類稾刻本因上文「五」譌爲「三」，遂改「二十」爲「十有八」，以符其數耳。集本及他選本皆仍其誤，非是），正其脫謬，疑者闕之，而敍其篇目，曰：向采傳記百家所載行事之迹，以爲此書，奏之，欲以爲法戒。然其所取，或有不當於理（「或」字，類稾作「往往」二字，「有」或作「又」），故不得而不論也。夫學者之於道，非知其大畧之難也，知其精微之際固難矣。孔子之徒三千，其顯者七十二人，皆高世之材也。然獨稱「顏氏之子，其殆庶幾乎」。及回死，又以爲無「好學」者（類稾「爲」作「謂」，亦通）。而回亦稱夫子曰：「仰之彌高，鑽之彌堅。」子貢又以謂「夫子之言性與天道，不可得而聞也」。則其精微之際，固難知久矣。是以取舍不能無失於其間也。故曰「學然後知不足」，豈虛言哉！向之學博矣，其著書及建言，尤欲有爲於世，忘其枉己而爲之者有矣（茅選「忘」作「至」），何其徇物者多而自爲者少也？蓋古之聖賢，非不欲有爲也，然而曰：「求之有道，得之有命。」故孔子所至之邦，必聞其政，而子貢以謂「非夫子之求之也」，豈不求之有道哉！子曰：「道之將行也歟，命也；道之將廢也歟，命也。」豈不得之有命哉！今向之出此，安於行止，以彼其志，能擇其所學，以盡其精微，則其所至未可量也。是以夫子稱「古之學者爲己」，孟子稱「君子欲其自得之，自得之，則取諸左右逢其原」（今類稾「自得之」三字不重，真氏文章正宗及茅選本皆有三字，與孟子合），豈汲汲於外哉！向之得失如此，亦學者之戒也，故見之敍論，令讀其書者知考而擇之也。（關本「令」作「今」，云：「『今』當作『令』。一本『也』上有『可』字。」案予所見本皆作「令」。）然向數困於讒，而不改其操，與夫患失者異矣，可謂有志者也。編校書籍臣曾鞏上。（明鈔本無此八字，而於題目下題「南豐曾鞏」。）

說苑序奏

護左都水使者光禄大夫臣向言：所校中書説苑雜事，及臣向書、民間書、誣校讎，（盧曰：「論語：『焉可誣也。』漢書薛宣傳作『可憮』。蘇林曰：『憮，同也，兼也。』晉灼曰：『憮音誣。』疑此『誣』亦與『憮』同義。」）其事類衆多，章句相溷，或上下謬亂，難分別次序。除去與新序復重者，（盧曰：「尚有未除盡者。」承周案：復重甚多，詳當篇及佚文。）其餘者（盧曰：「疑衍。」）淺薄，不中義理，別集以爲百家，後令以類相從，（盧曰：「『後』下疑有脱文。」孫詒讓曰：「以文義校之，『後』當爲『復』之譌，下無脱文。」）一一條別篇目，更以造新事十萬言以上，（孫詒讓曰：「『新事』當作『新書』，凡向所奏書校定可繕寫者爲新書，荀子目録載向奏題新書（詳札迻卷七賈子新書下），是其證也。」）凡二十篇，七百八十四章，（嚴可均跋説苑云：「今本都計六百三十九章，羣書拾補視向序少一百二十一章。」承周案：今所傳各本，分合不同。談叢一篇，盧氏或分一章爲數章，或至十數章，亦多未當分而分者。拾補所載佚文，又多佚漏，欲尋舊貫，誠不可能。嚴氏核計，亦未爲得實也。）號曰新苑，皆可觀。臣向昧死。（盧曰：「當有『謹上』二字。」孫詒讓曰：「程榮本、何允中本並無此奏，今據盧校宋本及楚府本、萬曆丙申汾州刊本校録。」承周案：自何良俊本以下，俱脱此奏。明鈔本、經廠本有。盧從宋本，目録在後，奏在前，云：「元本則目録在前，奏在後。」案明鈔本、經廠本皆目録在前，奏在後，與元本同。考荀子目録亦在奏前，則元本是也。）

說苑卷第一

宋本題「鴻嘉四年三月己亥，護左都水使者光祿大夫臣劉向上」。各本無此行。案玉海、文獻通考皆云：「新序，陽朔元年二月癸卯上（蔣刻宋本新序正如此。）。說苑，鴻嘉四年二月己亥上。」卽據此而言，知宋時舊本新序、說苑皆有此行也。（日人武井驥新序纂注後序云：「不知王、馬何本。」蓋未知此。）陽朔元年爲成帝之九年，鴻嘉四年爲成帝之十六年，是說苑之上後於新序七年也。

君道

晉平公問於師曠楚詞章句：「師曠，聖人，字子野，生無目而善聽，晉主樂太師。」莊子駢拇篇釋文引史記云：「冀州南和人，生而無目。」淮南主術篇、文子精誠篇俱云：「師曠瞽而爲太宰。」曰：「人君之道如何？」對曰：「人君之道，清淨無爲，務在博愛，趨在任賢，廣開耳目，以察萬方，不固溺於流俗，盧曰：「太平御覽六百二十『固』作『混』。」承周案：作「混」疑臆改，後漢書朱暉傳注引仍作「固」，可證。劉恕通鑑外紀用此文，「固溺」作「牽掣」，亦不足據。不拘繫於左右，廓然遠見，踔然獨立，屢省考績，書益稷：「屢省乃成。」以臨臣下。此人君之操也。」平公曰：「善！」漢志小說家有師曠六篇，又陰陽師曠八篇，此蓋六篇佚文。

齊宣王謂尹文漢藝文志名家尹文子一篇，注引劉向曰：「與宋鈃俱游稷下。」魏山陽仲長氏尹文子序曰：「尹文子者，蓋出於周之尹氏，齊宣王時居稷下，與宋鈃、田駢同學於公孫龍。」（此說誤，郡齋讀書志已辨之。）俞樾莊子平議曰：「列子周穆王篇：『老成子學幻於尹文先生。』未知即其人否。」承周案：呂氏正名篇有對齊湣王語，尹文子作「宣王」，（汪輯逸文。）與別録及仲長氏序合。高注呂覽云：「尹文，齊人，作名書一篇，在公孫龍前，公孫龍稱之。」列子寓言，且晚出，不足取證。曰：「人君之事何如？」尹文對曰：「人君之事，無爲而能容下。夫事寡易從，法省易因，故民不以政獲罪也。大道容衆，大德容下，聖人寡爲而天下理矣。書曰：『睿作聖。』書洪範今文「睿」作「容」，子政用今文，亦當作「容」，上文云：「大道容衆，大德容下。」故引「容」作「聖」以證成其義。漢書五行志引傳云：「容，寬也，言上不寬大，包容臣下，則不能居聖位。」正與此文相應。今本作「睿」，淺人妄改。詩人曰：詩大雅天作篇。案：「詩」下不當有「人」字。本書引詩，無稱「詩人」者。『岐有夷之行，武億經讀攷異云：「案讀皆從『岐』字絕，屬上句。後漢書西南夷傳引詩云：『彼徂者岐。』此近讀所本。據韓詩外傳引詩曰：『岐有夷之行。』以『岐』屬下句讀。薛君傳曰：『彼百姓歸文王者，皆以岐有易道，可往歸矣。』亦以岐連釋。又說苑亦作『岐有夷之行』。邢氏爾雅疏引周頌天作曰：『岐有夷之行。』更以經文例之，上既云『彼作矣』，則此『彼徂矣』斷句，與經符合。」承周案：鄭箋讀正如此。子孫其保之。』」宣王曰：「善！」○韓詩外傳三與此文畧同，稱「傳曰」，不以爲尹文語。案此疑尹文子佚文。

成王封伯禽爲魯公，召而告之曰：「爾知爲人上之道乎？凡處尊位者，必以敬下，順德規諫，盧曰：「德疑聽。」必開不諱之門，蹲節安靜以藉之。「蹲」，舊作「撙」，盧改，云：「元本作『撙』，『蹲』與「撙」同，亦見荀子。」闕曰：「曲禮曰：『撙節退讓。』鄭注：『撙，猶趨也。』孔疏：『節，法度也。』」承周案：荀子仲尼篇：「主尊貴之，則恭敬而僔。」注：「『僔』與『撙』同，卑退也。」「撙」「蹲」「僔」並通。莊子至樂篇：「蹲循勿争。」「蹲循」卽「逡遁」，正謙退之意。（説詳王氏述聞「易謙尊而光」下。）諫者勿振以威，「振」與「震」同。毋格其言，博采其辭，乃擇可觀。夫有文無武，無以威下；有武無文，民畏不親。文武俱行，威德乃成。既成威德，民親以服，清白上通，巧佞下塞，諫者得進，忠信乃畜。」伯禽再拜受命而辭。

陳靈公行僻而言失，泄冶曰：「陳其亡矣！吾驟諫君，君不吾聽，而愈失威儀。夫上之化下，猶風靡草，書君陳：「爾惟風，下民惟草。」東風則草靡而西，西風則草靡而東，在風所由，而草爲之靡。是故人君之動，不可不慎也。夫樹曲木者，惡得直景，「景」，宋本「影」，明鈔本同。「景」「影」古今字，説文無「影」字。本書「景」「影」錯出，悉仍其舊。人君不直其行，不敬其言者，未有能保帝王之號，垂顯令之名者也。易曰：易繫辭。『夫君子居其室，出其言，善，則千里之外應之，況其邇者乎？居其室，出其言，不善，則千里之外違之，況其邇者乎？言出於身，加於民，行發乎邇，見乎遠。言行，君子之樞機。闕曰：「樞謂户樞，機謂弩牙。」承周案：闕説本周易鄭注（曲禮疏左傳疏引。）王氏引之云：「鄭解樞字則是，解機字則非，機謂門梱也。」詳易述聞。樞機之發，榮辱之主，君子之所以動天地，可不慎乎？』天地動而萬物變化。困學紀聞十云：「今易無末句，然泄冶在夫子之前，而引易大傳之言，殆非也。」承周案：王說誤。此記者緣飾之辭，左氏襄九年傳載穆姜語用易文言，列女傳辨通篇載周郊婦人語用論語，（君子不遷怒，不貳過。）古書類此者甚衆，非前人引後人也。（上文「猶風靡草」，亦用論語。）詩曰：詩大雅抑。『慎爾出話，敬爾威儀，無不柔嘉。』此之謂也。今君不是之慎，而縱恣焉，不亡必弒。」靈公聞之，以泄冶爲妖言而殺之。後果弒於徵舒。○事見左氏宣九年傳，此文特詳。

魯哀公問於孔子曰：「吾聞君子不博，有之乎？」孔子對曰：「有之。」哀公曰：「何爲其不博也？」孔子對曰：「爲其有二乘。」關曰：「乘猶道。史記吳王濞傳云：『博爭道，不恭也。』」承周案：古博經云：「博法二人相對坐向局，局分爲十二道，兩頭當中名爲水，用棊十二枚，六白六黑。」則二乘謂白黑分道也。哀公曰：「有二乘則何爲不博也？」孔子對曰：「爲行惡道也。」盧曰：「『爲』下家語有『其兼』二字。」哀公懼焉。盧曰：「『懼焉』即瞿然。」有間曰：「若是乎君子之惡惡道之甚也！」孔子對曰：「惡惡道不能甚，則其好善道亦不能甚。好善道不能甚，則百姓之親之也亦不能甚。詩云：詩召南草蟲。『未見君子，憂心惙惙。亦既見止，亦既覯止，我心則說。』盧曰：「詩攷引作『既見君子，我心則悅』，疑王伯厚以『覯』字嫌諱，故改之。其『說』字，宋、元本皆作『悅』。」承周案：本多作「悅」，家語亦作「悅」，「說」「悅」正俗字。詩之好善道之甚也如此！」哀公曰：「善哉！吾聞君子成人之美，不成人之惡。微孔子，家語「孔子」作「吾子」，此面語也，作「吾子」爲長。吾焉聞斯言也哉！」○家語五儀解用此文。又韓子外儲說左下匡倩語亦云「儒者不博」，文異。

河間獻王曰：「堯存心於天下，「天下」，賈子作「先古」。加志於窮民，痛萬姓之罹罪，憂衆生之不遂也。莊子天道篇：「堯曰：『吾不敖無告，不廢窮民，苦死者，嘉孺子而哀婦人。』」與此同意。有一民饑，則曰：『此我饑之也。』有一人寒，盧曰：「『人』當作『民』。」案治要正作「民」，賈子同。唐人避文皇諱，於古書「民」字多改作「人」，亦有改之未徧及後人仍改作「民」者。本書「人」「民」二字，引者錯出甚多，職是之由，後不具說。則曰：『此我寒之也。』一民有罪，則曰：『此我陷之也。』仁昭而義立，德博而化廣，故不賞而民勸，不罰而民治。莊子天地篇：「伯成子高曰：『昔堯治天下，不賞而民勸，不罰而民畏。』」先恕而後教，是堯道也。」治要「堯」下有「之」字。○漢志儒家河間周制十八篇。本書引河間獻王語凡四條，嚴可均、馬國翰皆以爲獻王書佚文。

當舜之時，舊本不提行，今正。有苗氏不服。其所以不服者，大山在其南，盧曰：「『大』，魏策『文』。」承周案：「大」乃「文」之誤，當據魏策正，（鮑氏補注云：「史以『汶』作『嶓』，此或遠言之。」）外傳作「岐」，乃「⿰山文」字之誤。趙校云：「『汶』『⿰山文』『嶓』皆與『岷』同。」其說是也。惟趙以魏策作「文」爲「汶」之誤，不知「文」卽「汶」之省耳。然史記舜本紀謂三苗在江、淮、荆州，吳起謂三苗之居，左洞庭而右彭蠡（詳貴德篇）。史記正義云：「今江州、鄂州、岳州，三苗之地也。」則三苗在今湖南、湖北、江西之境，而云「嶓山在其南」，亦記述者之疏也。殿山在其北，盧曰：「『殿』，魏策『衡』，外傳三作『衡山在南，岐山在北』。」承周案：外傳作「衡山在南」，於地爲合。左洞庭之波，右彭蠡之川，因此險也，所以不服。禹欲伐之，舜不許，曰：「諭教猶未竭也。」究諭教焉，「究」，外傳作「久」。而有苗氏請服。天下聞之，皆非禹之義，而歸舜之德。○此文本韓詩外傳三。又戰國魏策、史記吴起傳文俱相近。互詳貴德篇。又案韓子五蠹篇：「當舜之時，有苗不服，禹將伐之。舜曰：『不可。上德不厚而行武，非道也。』乃修教三年，執干戚舞，有苗乃服。」呂氏上德篇：「三苗不服，禹請攻之，舜曰：『以德可也。』行德三年而三苗服。」淮南齊俗篇：「當舜之時，有苗不服。於是舜修政偃兵，執干戚而舞之。」又氾論篇：「舜執干戚而服有苗。」鹽鐵論論功篇：「有虞氏之時，三苗不服。禹欲伐之，舜曰：『是吾德不諭也。』退而修政，而三苗服。」與此皆僞大禹謨所本。又淮南繆稱篇：「禹執干戚舞於兩階之閒而三苗服。」與齊俗、氾論不合，「禹」疑「舜」之誤。（注二「禹」字同。）

周公踐天子之位，禮記明堂位：「昔者，周公朝諸侯於明堂之位，天子負斧依南鄉而立。」鄭注云：「天子，周公也。」明堂位又云：「周公踐天子之位以治天下。」書大誥：「王若曰。」鄭注：「王謂攝也。」亦以爲周公權稱王。類聚六引尸子曰：「昔者，武王崩，成王少，周公旦踐東宮，履乘石，祀明堂，假爲天子七年。」韓子難二篇曰：「周公旦假爲天子七年。」淮南齊俗篇曰：「周公踐東宮，履乘石，攝天子之位，負斧扆而朝諸侯。」詩譜正義引中候摘雒戒曰：「曰若稽古周公旦，欽惟皇天，順踐祚即攝七年。」周公攝位，古説僉同。後儒多謂周公攝政非攝位，皆肊説也。布德施惠，遠而逾明。十二牧，方三人，白虎通封公侯篇：「唐、虞謂之牧何？尚質，使大夫牧諸侯，故謂之牧，旁立三人。尚書曰：『咨有十二牧。』」出舉遠方之民，有飢寒而不得衣食者，有獄訟而失職者，有賢才而不舉者，以入告乎天子。天子於其君之朝也，揖而進之，曰：「意朕之政教有不得者與？何其所臨之民，有飢寒不得衣食者，有獄訟而失職者，有賢才而不舉者也？」其君歸也，乃召其國大夫告用天子之言，「用」猶「以」。百姓聞之，皆喜曰：「此誠天子也，何居之深遠，而見我之明也！豈可欺哉！」故牧者，所以辟四門，明四目，達四聰也。書堯典文。是以近者親之，遠者安之。詩曰：詩大雅民勞篇。「柔遠能邇，以定我王。」此之謂矣。盧曰：「『矣』，楚府本『也』。」○韓詩外傳六文畧同，惟不以爲周公事。

河間獻王曰：「禹稱民無食，則我不能使也。功成而不利於人，則我不能勸也。故疏河以導之，鑿江通於九派，案此文有訛脫。賈子作「鬟河而道之九牧，鑿江而道之九路」，文亦有誤。原文當作「鬄河而道之九岐，鑿江而道之九路」。說詳予賈子札記。（附錄賈子札記云：「『鬟河』義不可通，河之所經，亦不得徧九牧也。「鬟」當爲「鬄」，「牧」當爲「岐」，皆字形相似而誤。淮南要畧篇：「剔河而道九岐。」高注：「剔，洩去也。九岐，河水破岐爲九，以入海也。」說文無「剔」字，賈子假「鬄」字爲之。說苑君道篇易「剔」爲「疏」，「疏」亦洩去之意。作「鬟」則義不可通。盧云：「『鬟』與『環』同，別本作『環』。」不知「鬟」誤作「環」，而「鬟」實「鬄」之誤，此誤中之誤也。「九岐」「九路」，相對爲文，說苑「九路」作「九派」，正謂江別爲九派也。高誘解「九路」云：「江水通別爲九。」知「九路」之爲江別爲九，則知「九岐」之爲播爲九河，而「牧」字之當作「岐」愈明矣。）此文「以導之」下脫「九岐」二字，「鑿江」下脫「而」字，當依賈子、淮南補。灑五湖而定東海，「灑」，明鈔本及困學紀聞十引此作「釃」。史記河渠書：「禹乃厮二渠。」漢書溝洫志「厮」作「釃」，孟康曰：「『釃，分也。』」（史記索隱引漢書作「灑」。）案說文：「斯，析也。」「斯」「厮」「釃」「灑」聲類同。賈子作「澄」（或作「登」。）淮南作「辟」，義亦可通。「定」，金樓子作「注」。民亦勞矣，然而不怨苦者，利歸於民也。○此亦河間獻王書佚文。賈子修政語上直稱「大禹曰」云云，文畧同。又畧見淮南要畧篇、金樓子説蕃篇。又案：此云「民不怨苦」，而呂氏樂成篇云「禹之決江水也，民聚瓦礫」，韓子顯學篇云「昔禹決江濬河，而民聚瓦石」，蓋法家之夸言也。

禹出見罪人，下車問而泣之。左右曰：「夫罪人不順道，故使然焉，君王何爲痛之至於此也？」禹曰：「堯、舜之人，皆以堯、舜之心爲心。今寡人爲君也，百姓各自以其心爲心，是以痛之也。」書曰：「百姓有罪，在予一人。」○今僞泰誓有此文，「罪」作「過」。案：韓詩外傳三、書大傳武成傳、本書貴德篇，「罪」作「過」，皆以此爲周公語。論語堯曰篇載此二語，不知所屬。墨子兼愛中篇：「昔者，武王有事泰山隧，傳曰：『百姓有罪，惟予一人。』」是以爲武王祀泰山語。列女傳賢明篇楚江乙母曰：「昔者，周武王有言曰：『百姓有過，在予一人。』」亦以爲武王語；然無稱此文爲泰誓者，究不知於書何屬也。周語引湯誓曰：「萬夫有罪，在於一人。」與此文意同，呂氏順民篇又以爲湯禱桑林語。尸子綽子篇：「禹愛辜人。」越絕書無余外傳：「禹南到計於蒼梧而見縛人，禹拊其背而哭，益曰：『斯人犯罪，自合如此，哭之何也？』禹曰：『天下有道，民不罹辜；天下無道，罪及善人。吾聞一男不耕，有受其飢，一女不桑，有受其寒。吾爲帝，統治水土，調民晏居，使得其所，今乃罹法如斯，此吾德薄不能化民證也，故哭之悲耳。』」後漢書陳蕃傳：「昔禹巡狩蒼梧，見市殺人，下車而哭之曰：『萬方有罪，在予一人。』故其興也勃焉。」皆以爲禹巡蒼梧時事。陳蕃以「萬方有罪，在予一人」爲禹所言，或即用説苑也。

虞人與芮人質其成於文王。入文王之境，則見其人民之讓爲士大夫，入其國，則見其士大夫讓爲公卿，二國者相謂曰：「其人民讓爲士大夫，其士大夫讓爲公卿，然則此其君亦讓以天下而不居矣。」二國者，未見文王之身，而讓其所爭，以爲閑田，而反。諸書皆云「閒田」，括地志載毛傳作「閒原」，與今本異（史記正義引）。水經河水注云：「世謂之閒原，所未詳。」孔子曰：「大哉文王之道乎！其不可加矣！不動而變，無爲而成，敬慎恭己而虞、芮自平。故書曰：書康誥。『惟文王之敬忌。』此之謂也。」○書大傳畧説、（陳本入西伯戡耆。）詩大雅緜毛傳、史記周本紀、家語好生篇並載此事。此文用書傳。

成王與唐叔虞燕居，剪梧桐葉以爲珪而授唐叔虞曰：「余以此封汝。」唐叔虞喜，以告周公。周公以請，曰：「天子封虞耶？」成王曰：「余一與虞戲也。」盧曰：「呂氏重言篇『一』下有『人』字，可省。」承周案：「一」謂偶一爲之，若「余一人」之稱，非王所宜加於周公也。呂氏「人」字疑妄沾。周公對曰：「臣聞之，天子無戲言，言則史書之，工誦之，士稱之。」於是遂封唐叔虞於晉。周公旦可謂善説矣，一稱而成王益重言，盧曰：「『而』下呂有『令』字。」明愛弟之義，有輔王室之固。○此本呂氏重言篇，史記晉世家「周公」作「史佚」。又案：應劭漢書注引韓詩外傳云：「周成王與弟戲，以桐葉爲珪，曰：『以封汝。』周公曰：『天子無戲言。』王應時而封曰應侯，今應城是也。」（今外傳無此文，見漢書地理志父城注。水經滍水注、御覽一百五十九、寰宇記八引。）褚先生補史記梁孝王世家語畧同。酈道元曰：「汲郡古文，殷時已有應國，非成王矣。」（水經滍水注。）予謂據左氏傳，晉與應同爲武之穆，則唐叔、應侯皆成王弟，（地理志顏注説。）未審孰爲得實也。酈氏以殷之應爲周之應，則郢書燕説矣。

當堯之時，舊連上，盧曰：「元本提行。」承周案：治要正以此別爲一條，今從之。舜爲司徒，淮南齊俗篇、文子自然篇說同。書堯典：「慎徽五典，五典克從。」鄭注云：「五典，五教也，蓋試以司徒之職。」（史記五帝紀集解引。）是鄭說亦同。而尚書中候握河紀、春秋緯元命苞、運斗樞、合誠圖、論語比考讖，皆謂舜爲大尉，蓋爲司徒在登庸之初，爲太尉乃宅百揆時也。契爲司馬，淮南齊俗篇、文子自然篇同。案書堯典、禮記祭法、史記五帝紀、管子法法篇、孟子滕文公上篇、尚書刑德放、潛夫論五德志，皆云爲司徒，與此異。禹爲司空，書堯典、史記五帝紀、管子法法篇、淮南齊俗篇、文子自然篇、中候握河紀、潛夫論五德志，並同。后稷爲田疇，淮南齊俗篇、文子自然篇，皆云：「稷爲大田。」管子法法篇云：「后稷爲田。」皆與此合。堯典云：「汝后稷。」（五帝紀同。）周語上云：「昔我先王世后稷。」后稷者，主稷之官，（應劭百官志注說。）田疇也，大田也，田也，一官而數稱者也，皆卽后稷也。周語上又云：「稷爲天官。」御覽八百四十引鄭氏婚禮謁文讚云：「稷爲天官。」而尚書中候握河紀、刑德放、列女傳母儀篇、論衡初稟篇，皆云爲司馬，潛夫論五德志云：「棄爲堯司徒。」司徒」亦「司馬」之訛，韓詩外傳八云：「司馬主天，司空主土，司徒主人。」漢書百官志同。白虎通封公侯篇：「司馬主兵，司徒主人，司空主地，王者受命爲天地人之職云云。」（天謂司馬也。）又引別名記云：「司徒典民，司空主地，司馬順天。」書大傳亦謂「司馬爲天公」，則天官卽司馬。詩閟宮箋云：「后稷生而名棄，長大，堯登用之，使居稷官，民賴其功。後雖作司馬，天下猶以后稷稱焉。」據鄭此說是棄初爲后稷，後爲司馬，最爲明晳。韋氏注國語謂：「農爲大事，故爲大官。」（書舜典孔疏引作「天官」。）鄭氏書大傳注云：「所謂六卿者，后稷、司徒、秩宗、司馬、士、共工爲六卿。」賈公彥周禮疏序引鄭堯典注：「初堯時，稷爲天官。」皆以天官、后稷合爲一官。詩閟宮疏又謂：「禹宅百揆卽天官，稷爲司馬爲夏官。」斯皆牽拘周禮，互相乖牾，强爲配合，必不可通，當以今文說正之者也。夔爲樂正，荀子成相篇同。案書堯典：「帝曰：

『夔，命汝典樂。』」史記五帝紀云：「以夔爲典樂。」是史公以典樂爲官名也。呂氏察傳篇：「孔子曰：『昔者，舜欲以樂傳教於天下，乃令重黎舉夔於草莽之中而進之舜，以爲樂正。」高注云：「樂官之正也。」左傳稱「樂正后夔」，是又以樂正爲官名也。倕爲工師，書堯典：「帝曰：『俞，咨垂，汝共工。』」五帝紀：「於是以垂爲共工。」則史公以共工爲官名也。集解引馬融曰：「爲司空共理百工之事。」案禹爲司空，與垂爲工師同時，倕不得又爲司空，馬蓋爲周禮所誤，以司空爲主百工，不知堯之司空自是主土之地公也。伯夷爲秩宗，書堯典：「帝曰：『俞，咨伯，汝作秩宗。』」皋陶爲大理，「大理」，傅子引作「理官」，書堯典云：「女作士。」五帝紀同。集解：「馬融曰：『獄官之長。』」正義曰：「案若大理卿也。」予案管子法法篇云：「皋陶爲李。」「李」與「理」通。淮南主術篇云：「皋繇瘖而爲大理，天下無虐刑。」文子精誠篇同。益掌敺禽，書堯典：「帝曰：『俞，咨益，汝作朕虞。』」五帝紀云：「於是以益爲朕虞。」漢書百官表：「益作朕虞。」是遷、固皆以朕虞爲官名。王莽改作「予虞」，亦以朕虞爲官名。史集解引馬融云：「虞掌山澤之官名。」止以虞爲官名，非古義。堯體力便巧，不能爲一焉。堯爲君而九子爲臣，其何故也？堯知九職之事，使九子者各受其事，皆勝其任，以成九功，堯遂成厥功，治要作「堯遂乘成功」，傅子亦同，則今本爲後人妄改。以王天下。是故知人者主道也，知事者臣道也，主道知人，臣道知事，毋亂舊法，而天下治矣。○長短經大體篇引傅子，用此文。

湯問伊尹曰：「三公、九卿、二十七大夫、八十一元士，書鈔五十引異義今尚書夏侯歐陽說：「天子三公：一曰司徒，二曰司馬，三曰司空。九卿、二十七大夫、八十一元士，凡百二十八。」案禮記王制、昏義、淮南泰族篇、書大傳、董子官制象天篇、白虎通封公侯篇、公羊桓八年解詁、春秋元命苞，說並同，西漢今文先師本無異說，鄭君注王制，據明堂位「夏后氏官百」之文，以爲夏制，不知聖人爲事設官，自有損益，經制所陳，特其大法，固無庸凡與周禮不合者皆斥爲先代制也。又或據此文以百二十官爲殷制，亦膠固不通，伊尹之書，固不必真出伊尹手也。（漢志於小說家已明言依託。）知之有道乎？」伊尹對曰：「昔者，堯見人而知，舜任人然後知，禹以成功舉之。夫三君之舉賢，皆異道而成功，然尚有失者，況無法度而任己直意用人，必大失矣。故君使臣自貢其能，則萬一之不失矣。」漢志道家伊尹五十一篇，小說家伊尹二十七篇。馬國翰以此爲伊尹書佚文。

王者何以選賢？舊本連上，盧曰：「當別爲一條。」今從之。夫王者得賢材以自輔，然後治也。雖有堯、舜之明，而股肱不備，則主恩不流，化澤不行。故明君在上，慎於擇士，務於求賢，設四佐以自輔，闕曰：「四佐卽四輔。尚書大傳曰：『古者天子必有四鄰：前曰疑，後曰丞，左曰輔，右曰弼。』」有英俊以治官，尊其爵，重其祿，賢者進以顯榮，罷者退而勞力，盧曰：「『罷』元本『愚』。」承周案：作「愚」者乃淺人不達其義而妄改，荀子多以「賢」「罷」對舉，（王氏集解所舉，如王制篇：「賢能不待次而舉，罷不能不待須而廢。」王霸篇：「無國而不有賢士，無國而不有罷士。」非相篇：「君子賢而能容罷。」正論篇：「故至賢疇四海，湯、武是也；至罷不容妻子，桀、紂是也。」成相篇：「基必施，辨賢罷。」）管子小匡篇：「罷士無伍，罷女無家。」（齊語同。）尹注：「罷，謂乏於德義者，周禮所謂『罷人』不義之衆，耻以爲伍也。」齊語韋注曰：「罷，病也，無行曰罷。」周禮大司寇：「以圜土聚教罷民。」注：「民不愍作勞，有似於罷。」義皆相近。是以主無遺憂，下無邪慝，百官能治，臣下樂職，恩流羣生，潤澤草木。

「潤澤」，疑當作「澤潤」，與上句對文。上文「主恩不流，化澤不行」，亦以「恩」「澤」對文可證也。昔者，虞舜左禹右皋陶，不下堂而天下治，大戴記王言篇（家語同。）薛據集語引書大傳，皆有此二語。此使能之効也。

武王問太公曰：六韜「武王」作「文王」。「舉賢而以危亡者，何也？」太公曰：「舉賢而不用，是有舉賢之名，而不得真賢之實也。」「真」與「實」義複，乃「用」字之誤。六韜作「而無用賢之實也」，是其證。此涉下文「真賢」而誤。武王曰：「其失安在？」太公望曰：「其失在君好用小善，而已不得真賢也。」武王曰：「好用小善者何如？」太公曰：「君好聽譽而不惡讒也，以非賢爲賢，以非善爲善，以非忠爲忠，以非信爲信。其君以譽爲功，以毀爲罪，有功者不賞，有罪者不罰，多黨者進，少黨者退；是以羣臣比周而蔽賢，百吏羣黨而多姦，忠臣以誹死於無罪，邪臣以譽賞於無功，其國見於危亡。」「見」當作「免」，形近而誤，上又脱「不」字，六韜作「則國不免於危亡」，可證。武王曰：「善。吾今日聞誹譽之情矣。」〇此文本六韜文韜舉賢篇。

武王問太公曰：「得賢敬士，或不能以爲治者，何也？」太公對曰：「不能獨斷，以人言斷者，殃也。」武王曰：「何爲以人言斷？」關曰：「『爲』疑『謂』。」案「爲」「謂」古通。太公對曰：「不能定所去，以人言去；不能定所取，以人言取；不能定所爲，以人言爲；不能定所罰，以人言罰；不能定所賞，以人言賞；賢者不必用，不肖者不必退，而士不必敬。」武王曰：「善！其爲國何如？」「爲」猶「於」。太公對曰：「其爲人惡聞其情，而喜聞人之情，惡聞其惡，而喜聞人之惡，是以不必治也。」武王曰：「善！」〇此條與上條文相似，疑亦六韜佚文。

齊桓公問於甯戚曰：「筦子今年老矣，爲棄寡人而就世也。「爲」猶「如」也。「就世」猶「卽世」。左成十三年傳「獻公卽世」、「文公卽世」，謂死也。吾恐法令不行，人多失職，「職」猶「所」。百姓疾怨，國多盜賊，吾何如而使姦邪不起，民足衣食乎？」舊作「民衣食足乎」。盧曰：「宋本作『民足衣食乎』。」承周案明鈔本亦同。今據改。甯戚對曰：「要在得賢而任之。」桓公曰：「得賢柰何？」甯戚對曰：「開其道路，察而用之，尊其位，重其祿，顯其名，則天下之士，騷然舉足而至矣。」桓公曰：「既以舉賢士而用之矣，「以」與「已」同。微夫子幸而臨之，則未有布衣屈奇之士，關曰：「漢書師古注：『屈奇，奇異也。』」承周案：淮南詮言篇：「聖人無屈奇之服。」注云：「屈，短；奇，長也。」王氏淮南雜志云：「屈奇，猶瑰異耳。周官閽人：『奇服怪民不入宮。』鄭注曰：『奇服，衣非常。』屈奇之服，卽奇服也。司馬相如上林賦：『摧崣崛崎。』義與屈奇相近，屈奇雙聲字，似不當分爲兩義也。」案王說是也，此「屈奇」亦與「崛崎」同，謂非常之人也。踵門而求見寡人者！」甯戚對曰：「是君察之不明，舉之不顯，而用之疑，官之卑，祿之薄也。且夫國之所以不得士者，有五阻焉：主不好士，諂諛在傍，一阻也；言便事者，未嘗見用，二阻也；壅塞掩蔽，必因近習，然後見察，三阻也；訊獄詰窮其辭，「詰窮」猶「詰詘」。以法過之，「過之」猶「督過之」。四阻也；執事適欲，擅國權命，盧曰：「『權』，元本『摧』。」五阻也。去此五阻，則豪俊並興，賢智來處；各本「來」誤「求」，今從盧校改，宋本、明鈔本皆作「來」。五阻不去，則上蔽吏民之情，下塞賢士之路。是故明王聖主之治，若夫江海無不受，故長爲百川之主，盧曰：「『主』當作『王』。」承周案：盧意從老子改，道德經六十六章云：「江海所以能爲百谷王者，以其善下之。」明王聖君無不容，故安樂而長久。因此觀之，則安主利人者，非獨一士也。」桓公曰：「善！吾將著夫五阻，以爲戒本也。」

齊景公問於晏子曰：「寡人欲從夫子而善齊國之政。」對曰：「嬰聞之，國具官而后政可善。」景公作色曰：「齊國雖小，則何爲不具官乎？」關曰：「晏子『爲』作『謂』。」對曰：「此非臣之所復也。「復」猶「白」。昔先君桓公身體墮懈，辭令不給，則隰朋侍；左右多過，刑罰不中，則弦章侍；盧引孫云：「此是弦寧，見新序。弦章，景公時人。」承周案：晏子此文亦有二本，一作「弦章」，一作「弦寧」。呂氏勿躬篇作「弦章」，韓子外儲說左下作「弦商」，新序四作「弦寧」，皆本管子，而管子小匡篇作「子旗」，蓋名「章」字「子旗」（梁曜北說）。「商」、「章」音近，「寧」疑訛字，與景公時之「弦章」，不妨同名也。（管子小匡篇王氏雜志說同。）居處肆縱，左右懾畏，則東郭牙侍；田野不修，人民不安，則甯戚侍；軍吏怠，戎士偷，則王子成父侍；德義不中，信行衰微，則筦子侍。先君能以人之長續其短，以人之厚補其薄；是以辭令窮遠而不逆，兵加於有罪而不頓；是故諸侯朝其德而天子致其胙。見左氏僖九年傳。今君之失多矣，未有一士以聞者也，故曰未具。」「未」上當有「官」字。晏子作「故曰官不具」。景公曰：「善！」○以上見晏子內篇諫上。○「吾聞高繚與夫子遊，此當從晏子別爲一條，晏子篇首有「景公謂晏子曰」六字，此文偶脫，遂誤合爲一，今不敢肊增，而空一格加○以別之。「繚」，晏子作「糾」。寡人請見之。」晏子曰：「臣聞爲地戰者不能成王，爲祿仕者不能成政。若高繚與嬰爲兄弟久矣，未嘗干嬰之過，補嬰之闕，特祿仕之臣也，「祿」舊作「進」，盧改作「祿」，承周案：宋本、明鈔本皆作「祿」，晏子亦作「祿」，今從之。何足以補君！」○以上見晏子內篇雜上。

燕昭王問於郭隗曰：「寡人地狹人寡，劉曰：「『人』當作『民』。」盧曰：「御覽四百五作『民』。」承周案：史記樂毅傳正義、御覽四百七十四皆作「民」。齊人取薊八城，「取薊」，舊作「削取」。盧曰：「俗本作『削取』，今從史記樂毅傳正義引。」匈奴驅馳樓煩之下，以孤之不肖，得承宗廟，恐危社稷，存之有道乎？」郭隗曰：「有，然恐王之不能用也。」昭王避席：似脫「曰」字。「願請聞之。」郭隗曰：「帝者之臣，其名，臣也，其實，師也；王者之臣，其名，臣也，其實，友也；霸者之臣，盧曰：「『霸』，元本『伯』，下同。」其名，臣也，其實，賓也；史記正義、御覽四百五、四百七十四「賓」皆作「僕」，此以師友僕虜對言，尊之則師友，卑之則僕虜，作「賓」疑後人肊改。危國之臣，其名，臣也，其實，虜也。今王將東面目指氣使以求臣，則厮役之材至矣；南面聽朝，不失揖讓之禮以求臣，則人臣之材至矣；西面等禮相亢，「西面」本作「北面」，下文「北面」本作「西面」，此後人依燕策及新序、鶡冠子改之也。古者師東面弟子西面，說詳學記正義，知下文「北面」當作「西面」，則此對友云「北面」，亦必有誤。史記正義、陳本書鈔三十四、御覽四百五、四百七十四引皆然，則今本由後人肊改決矣。古禮缺佚，姑仍舊本，以俟改正。下之以色，不乘勢以求臣，劉曰：「『不乘勢』三字衍。」承周案：劉說誤，史記正義、御覽四百七十四，皆作「不乘之以勢」，此脫「之以」二字。則朋友之材至矣；北面拘指，劉曰：「淮南修務訓：『弟子句指而受。』『拘指』卽『句指』。」逡巡而退以求臣，則師傅之材至矣。如此，則上可以王，下可以霸，唯王擇焉。」燕王曰：「寡人願學而無師。」郭隗曰：「王誠欲興道，「興道」，史記正義作「與霸王同道」，與上相應，於文爲長，今本蓋脱「霸王同」三字，因改「與」爲「興」耳。隗請爲天下之士開路。」於是燕王常置郭隗上坐，南面。居三年，蘇子聞之，從周歸燕；關曰：「蘇子，蘇代也。」鄒衍聞之，從齊歸燕；樂毅聞之，從趙歸燕；盧曰：「『趙』，史記、通鑑前編俱作『魏』，尊賢篇亦云『燕昭得郭隗而鄒衍、樂毅以齊、趙往』，蓋毅先由趙適魏，卽謂從趙歸燕亦可也。」屈景聞之，從楚歸燕，燕策、史記（燕世家。）新序，皆有劇辛無蘇子、屈景。四子畢至，果以弱燕并强齊。夫燕、齊非均權敵戰之國也，所以然者，四子之力也。詩曰：詩大雅文王。「濟濟多士，文王以寧。」此之謂也。○承周案：燕策、新序雜事三紀此事，文多異。（鶡冠子博選篇畧襲之。）又畧見史記燕世家、樂毅傳。

楚莊王既服鄭伯，敗晉師，將軍子重三言而不當。莊王歸，過申侯之邑，申侯進飯，賈子同，荀子、吴子、韓詩外傳、新序，皆作申公巫臣。承周案：申侯在楚文王時，此及賈子，疑非。呂氏作「左右曰」。日中而王不食，申侯請罪，莊王喟然歎曰：「吾聞之：其君賢者也，而又有師者王；其君中君也，而又有師者霸；其君下君也，而羣臣又莫若君者亡。今我，下君也，而羣臣又莫若不穀，不穀恐亡。且世不絶聖，國不絶賢，天下有賢而我獨不得，若吾生者，何以食爲！」故戰服大國，義從諸侯，戚然憂恐，聖知不在乎身，自惜不肖，盧曰：「賈子先醒篇作『聖智在身，而自錯不肖』，語尤明。」承周案：此「不」字當衍。「惜」，宋本作「借」，「惜」「借」皆「措」之譌，「措」與「錯」同。思得賢佐，日中忘飯，可謂明君矣。○荀子堯問篇、呂子驕恣篇、吳子圖國篇、賈子先醒篇、韓詩外傳六、新序雜事一，皆有此文，而微不同，此用賈子也。（又見御覽三百八十八引春秋後語。）

明主者有三懼：外傳「明主」上有「孔子曰」三字，「主」作「王」。一曰處尊位而恐不聞其過；二曰得意而恐驕；三曰聞天下之至言而恐不能行。何以識其然也？越王勾踐與吳人戰，大敗之，兼有九夷，盧曰：「外傳七『九』作『南』，是。」承周案：作「九夷」是也。淮南齊俗篇：「越王勾踐劗髮文身，無皮弁搢笏之服，拘罷拒折之容，然而勝夫差於五湖，南面而霸天下，泗上十二諸侯皆率九夷以朝。」正與此「兼有九夷」合，其威力既及於泗上，則所服不僅南夷也。秦策云：「楚包九夷。」李斯上始皇書云：「包九夷，制鄢、郢。」其地蓋在楚之北境。當是時也，南面而立，近臣三，遠臣五，令羣臣曰：「聞吾過而不告者其罪刑。」此處尊位而恐不聞其過者也。昔者，晉文公與楚人戰，大勝之，燒其軍，盧曰：「『軍』，外傳『草』。」承周案：周廷寀曰：「草，穀也，作『軍』非。」城濮之役，三日館穀，此蓋所傳聞異也。」俞氏讀韓詩外傳云：「古無以草爲穀者，學者特疑軍不可燒，故不之從耳，此未知軍之本義也，説文車部：『軍，圜圍也。從車從包省。』一切經音義引字林曰：『軍，圍也，包車爲軍。』是軍之本義正爲營壘之象，古書軍字，如晉軍函陵，秦軍氾南之類，其本義也。宣十二年左傳：『君盍築武軍。』杜注曰：『築軍壘以彰武功。』襄二十三年：『張武軍於熒庭。』杜曰：『張武軍謂築壁壘。』然則燒其軍，謂燒其壁壘也。左傳明言『晉師三日館穀』何嘗燒其穀乎？」火三日不滅，文公退而有憂色，侍者曰：「君大勝楚，今有憂色，何也？」文公曰：

「吾聞能以戰勝而安者，其唯聖人乎！若夫詐勝之徒，未嘗不危也，吾是以憂。」此得意而恐驕者也。「也」上「者」字舊脫，今據上下文例補。昔齊桓公得管仲、隰朋，辯其言，說其義，正月之朝，令具大牢，進之先祖，桓公西面而立，管仲、隰朋東面而立，外傳「西」作「南」，無下句。桓公贊曰：「自吾得聽二子之言，吾目加明，耳加聰，不敢獨擅，願薦之先祖。」○此用韓詩外傳七。管子霸形篇載桓公亦有「將薦之先君」語，呂氏贊能篇語亦同。此聞天下之至言而恐不能行者也。

齊景公出獵，上山見虎，下澤見蛇。歸，召晏子而問之曰：「今日寡人出獵，上山則見虎，下澤則見蛇，殆所謂之不祥也？」盧曰：「『之』衍，晏子無。」晏子曰：「國有三不祥，是不與焉。夫有賢而不知，一不祥；知而不用，二不祥；用而不任，三不祥也。所謂不祥，乃若此者也。困學紀聞八引晏子此言，以證孟子「不祥之實，蔽賢者當之」爲古語。今上山見虎，虎之室也；下澤見蛇，蛇之穴也。如虎之室，如蛇之穴，而見之，曷爲不祥也！」○此用晏子春秋內篇諫下。

楚莊王好獵，列女傳賢明篇紀莊王好獵，樊姬不食事，（又見論衡譴告篇。）則莊王之好獵可知。大夫諫曰：「晉、楚敵國也，楚不謀晉，晉必謀楚，今王無乃耽於樂乎？」王曰：「吾獵將以求士也，其榛藂刺虎豹者，盧曰：「『其』下，疑脫『人』字。」吾是以知其勇也；其攫犀搏兕者，吾是以知其勁有力也；罷田而分所得，吾是以知其仁也。」因是道也，而得三士焉，本書尊賢篇：「楚莊王用孫叔敖、司馬子反、將軍子重，征陳從鄭，敗强晉，無敵於天下。」楚國以安。故曰「苟有志則無非事者」，此之謂也。

湯之時，大旱七年，舊或連上，盧曰：「宋、元本皆提行。」承周案：明鈔本、楚府本、纂注本皆提行。又案管子山權數篇、荀子王霸篇並云：「湯七年旱。」莊子秋水篇云：「湯之時，八年七旱。」（尚書大傳殷傳、賈子憂民篇、淮南主術篇皆以爲七年旱。）墨子七患篇、呂氏順民篇，並云：「五年旱。」竹書紀年自湯十九年至二十四年書旱，則是六年旱，他書引呂氏，或作七年、三年、四年，（見梁氏校補。）論衡感虛篇云：「書傳言湯遭七年旱，或言五年。」雒坼川竭，川爲共名，雒爲別名，不可並稱，且單言「川竭」，亦不知何川，蓋此本作「雒川竭」，後人肊加「坼」字，以與下文爲對耳。後漢書楊震傳注、御覽三百五、又八百九十七引皆無「坼」字，後漢書周舉傳注、御覽八十三引帝王世紀亦無「坼」字，則舊本皆作「雒川竭」也。煎沙爛石，於是使人持三足鼎祝山川，盧曰：「『祝』，御覽八百七十九作『祀』。」承周案：後漢書寇恂傳注作「祀」，御覽三十五引亦作「祀」，（標題作世說，卽說苑也。）類聚兩引及選注二十四、四十二皆作「祝」，御覽八十三引世紀亦作「祝」，則舊有二本也。教之祝曰：「政不節邪？使人疾邪？盧曰：「『人』，荀子大畧篇作『民』，御覽同。」承周案：類聚七十三、又一百、御覽三十五、又八百七十九，皆作「民」，世紀同。苞苴行邪？「苞苴」，見詩木瓜毛傳。讒夫昌邪？宮室營邪？盧改「營」爲「榮」，云：「元本『營』，今從宋本，與荀子、董子、公羊皆合。」承周案：御覽三十五作「榮」，有小注云：「華也。」楊震傳注、周舉傳注（引世紀）三家詩攷引韓詩皆作「榮」，似宋本爲得。而類聚七十三、御覽八百七十九，皆作「營」，御覽引世紀亦作「榮」。「榮」「營」通，易：「不可榮以禄。」虞作「營」。女謁盛邪？何不雨之極也！盧曰：「『極』，御覽『甚』。」承周案：御覽兩引皆作「甚」，而類聚七十三、後漢書楊震、寇恂兩傳注引及荀子、世紀皆作「極」，則舊有二本。蓋言未已而天大雨，故天之應人，如影之隨形，響之效聲者也。

盧曰：「『效』，宋、元本作『効』。」案明鈔本、楚府本亦作「効」。詩云：詩大雅雲漢篇。「上下奠瘞，靡神不宗。」言疾旱也。○案此篇所載見荀子大畧篇，又公羊桓五年注文亦同，疑以爲韓詩傳文，帝王世紀亦紀此事。（見御覽八十三及後漢書鍾離意、周舉兩傳注。）又案湯禱桑林事，墨子兼愛下篇、尸子、（詳汪輯佚文。）尚書大傳、（左傳襄十年疏引。）呂氏順民篇、淮南主術、修務二篇，皆載之，卽此事而說各異。魯僖公遭旱以六事自讓，事亦與此相類。（見後漢書黃瓊傳及注引考異郵。）

殷太戊時有桑穀生於庭，昏而生，比旦而拱，史請卜之湯廟，太戊從之。卜者曰：書序云：「伊陟相太戊，亳有祥桑穀共生於朝，伊陟贊於巫咸，作咸乂四篇。」則此當爲伊陟語。韓詩外傳三以此爲伊尹語，惟呂氏制樂篇作「卜者曰」，與此合。「吾聞之：祥者福之先者也，見祥而爲不善，則福不生；殃者禍之先者也，見殃而能爲善，則禍不至。」於是乃早朝而晏退，問疾弔喪，三日而桑穀自亡。盧曰：「此與書序同。下一條以爲武丁，與尚書大傳、漢書五行志同。」○承周案：史記殷本紀、封禪書、漢書郊祀志、藝文志、論衡感類篇、家語五儀篇、帝王世紀，亦皆以爲大戊事，與此條合。呂氏制樂篇、韓詩外傳三，皆以爲成湯事，合之下條，是商代三見此事也。

高宗者，武丁也，高而宗之，故號高宗。成湯之後，先王道缺，刑法違犯，盧曰：「後敬慎篇作『刑法弛』。」桑穀俱生乎朝，七日而大拱，武丁召其相而問焉。其相曰：「吾雖知之，吾弗得言也。「得」，大傳、論衡皆作「能」。聞諸祖己：大傳「聞」作「問」，「祖己」下有「曰」字，論衡作「問祖己，祖己曰」。此蓋其相不言，乃問之祖己也，下文「桑穀者野艸也」云云，乃祖己對武丁語，若如今本作「聞諸祖己」，則似其相述祖己語，與上「吾弗得言」不貫矣。『桑穀者，野草也，家語五儀篇「草」作「木」，大傳與本書同，鄭注云：「此木也而云草，未聞。」劉向以爲草妖。（劉說見漢書五行志。）而生於朝，意者國亡乎？』」武丁恐駭，飭身修行，「飭」，大傳作「側」，論衡亦云「側身而行道」，（三見。）則「飭」字疑後人肊改，本書敬愼篇、家語五儀篇，亦皆作「側」。思先王之政，興滅國，繼絶世，舉逸民，明養老。盧曰：「大傳有『之禮』二字。」承周案：論衡亦有「之義」二字，本書脱。三年之後，蠻、夷重譯而朝者七國，盧曰：「『七』，宋本「十」，元本『七』，案敬愼篇及大傳、孔子集語並作『六』，家語五儀解作『十有六』。」承周案：論衡作「諸侯以譯來朝者六國」。此之謂存亡繼絶之主，是以高而尊之也。○此本書大傳。又見漢書五行志，（史通書志篇譏其以前爲後。）本書敬愼篇、論衡異虚、無形二篇，皆以爲高宗事，與此條合，餘詳上。

宋大水，魯人弔之曰：「天降淫雨，谿谷滿盈，延及君地，以憂執政，使臣敬弔。」宋人應之曰：「寡人不佞，齋戒不謹，邑封不修，使人不時，天加以殃，又遺君憂，拜命之辱。」君子聞之曰：「君子」，外傳作「孔子」，下同，左氏作「臧文仲」。「宋國其庶幾乎！」問曰：「何謂也？」曰：「昔者夏桀、殷紂不任其過，其亡也忽焉；成湯、文、武知任其過，其興也勃焉。夫過而改之，是猶不過也，故曰其庶幾乎。」宋人聞之，夙興夜寐，早朝晏退，弔死問疾，戮力宇內，「戮」，宋本、楚府本「勠」。三年，歲豐政平。「年」「歲」二字，外傳互異，以下文「年穀未豐」推之，則此亦當以「年豐」連文，疑寫者誤倒。

嚮使宋人不聞君子之語，則年穀未豐，而國家未寧。「家」字依外傳補。詩曰：「詩周頌敬之。「弗時仔肩，「弗」，各本皆依毛詩改作「佛」，惟宋本作「弗」，與外傳合，三家詩攷引此正作「弗」，「弗」「佛」雖可通用，而經字異文，不可混殽，今改正。示我顯德行。」此之謂也。○事見左氏莊十一年傳，文多異；韓詩外傳三引傳曰，與此文同，則此文非采之左傳也。

楚昭王有疾，卜之曰：「河爲祟。」大夫請用三牲焉，王曰：「止，古者先王割地制土，祭不過望。江、漢、雎、漳，「雎」舊從「目」作「睢」，依盧校改，外傳作「濉」，家語作「沮」。世家脫「雎漳」二字。楚之望也，禍福之至，不是過也；不穀雖不德，河非所獲罪也。」遂不祭焉。仲尼聞之曰：「昭王可謂知天道矣，盧曰：「『天』，左氏哀六年傳、家語正論解，俱作『大』，此訛。」承周案：世家亦作「大」，然「天」字亦通。其不失國，宜哉！」○此文本左氏哀六年傳，（家語正論篇全襲用之。）及韓詩外傳三，（外傳「昭王」訛作「莊王」。）又史記楚世家文微異。

楚昭王之時，有雲如飛鳥夾日而飛，左傳作「有雲如衆赤鳥夾日以飛」，史記云：「有赤雲如鳥夾日而飛。」列女傳云：「赤雲夾日如飛鳥。」此文「雲」上似脫「赤」字。三日，昭王患之，使人乘馹，舊作「驛」，從盧改，宋本、明鈔本、楚府本，皆作「馹」。東而問諸太史州黎，列女傳云「周史」，左傳、史記俱作「周太史」，孔疏曰：「服虔云：『諸侯皆有太史，主周所賜典籍，故曰周太史。』一曰：『是時往問周太史。』」州黎曰：「將虐於王身，以令尹、司馬說焉，則可。」令尹、司馬聞之，宿齋沐浴，將自以身禱之焉。王曰：「止，楚國之有不穀也，由身之有匈脇也，盧曰：「『由』『猶』同。」其有令尹、司馬也，由身之有股肱也，匈脇有疾，轉之股肱，庸爲去是人也。」史記作「庸去是身乎」，列女傳作「庸爲去是身乎」，文意並同。「庸」猶「詎」也，「也」讀爲「邪」。○左哀六年傳文多異，史記楚世家、列女傳楚昭越姬文畧同。

邾文公卜徙於繹，漢書地理志：「魯國騶，嶧山在北。」應劭曰：「邾文公卜遷於嶧者也。」此作「繹」者，「嶧」之借字。史曰：「利於民，不利於君。」君曰：「苟利於民，寡人之利也。天生烝民而樹之君，盧氏「烝」改「蒸」，明鈔本、楚府本同，二字古通。以利之也，民既利矣，孤必與焉。」侍者曰：「命可長也，君胡不爲？」君曰：「命在牧民，俞曰：「『牧』當作『𢻰』，即『養』之古文也，左傳正作『命在養民』。」承周案：「牧」有「養」義，義自可通，無煩據改。左襄十四年傳云：「天生民而立之君，使司牧之。」死之短長，時也，民苟利矣，吉孰大焉。」遂徙於繹。○左文十三年傳。

楚莊王見天不見妖而地不出孽，則禱於山川曰：「天其忘予歟？」此能求過於天，「此」上，舊事有「君子曰」三字。必不逆諫矣。安不忘危，故能終而成霸功焉。○本董子必仁且知篇。又見論衡譴告篇，文畧。渚宮舊事一用此文。

湯曰：「藥食先嘗於卑，然後至於貴，藥言先獻於貴，然後聞於卑。」故藥食嘗乎卑，「藥」下舊無「食」字，盧曰：「『食』字脱，元本有。」承周案：宋本、明鈔本、楚府本皆有「食」字，御覽九百八十四引亦有，與賈子合，今據補。然後至乎貴，教也；藥言獻於貴，然後聞於卑，道也。故使人味食然後食者，其得味也多，使人味言然後聞言者，「言」字疑衍，賈子別本亦無「言」字，見盧校。其得言也少。是以明王之於言，盧曰：「『王』，元本『上』，案賈子修政語上篇亦作『上』，一作『主』，此『王』乃『主』字之訛。」承周案：明鈔本、經廠本「王」皆作「上」。「之」下「於」字舊脫，今案文例補。賈子作「明上之於言也」，正有「於」字，可證。必自他聽之，盧曰：「『他』，賈作『也』，下並同，此似誤。賈無『必自他聞之，必自他取之』二句，似此衍。」俞曰：「七『他』字皆不可解，上文云：『故使人味食然後食者其得味也多，使人味言然後聞言者其得言也少。』然則明上之言豈必由他乎，『他』乃『也』字之誤，『也』乃語詞，言自聽之自聞之也。又案『聽』與『聞』無異義，『取』與『聚』古字通用，既云『聽之』又云『聞之』，既云『取之』又云『聚之』，語意重複，賈子新書述此文作『必自也聽之，必自也擇之，必自也聚之，必自也藏之，必自也行之』，『他』字正作『也』，而無『聞之』『取之』兩句，可據以訂正。」承周案：「也」與「他」古通用，説見王氏讀書雜志史記韓非傳「乃自以爲也故」條下，彼文「也」讀爲「他」，此文「他」讀爲「也」，盧、俞並未徹。又案盧、俞以「必自他聞之，必自他取之」二句爲衍亦非，疑本書自作「必自他聞之，必自他取之」，賈子自作「必自也聽之，必自也聚之」，二文義同字異，校者旁注異文，遂誤入正文耳。必自他聞之，必自他擇之，必自他取之，必自他聚之，必自他藏之，必自他行之。故道以數取之爲明，以數行之爲章，以數施之萬物爲藏。盧曰：「『物』，賈作『姓』。」是故求道者不以目而以心，取道者不以手而以耳。○此本賈子修政語上。

楚文王有疾，「文王」，新序作「共王」，案左傳載申侯事亦以爲文王，則此及呂氏作「文王」是也。告大夫曰：「大夫」，新序作「令尹」。「筦饒犯我以義，違我以禮，盧曰：「『筦饒』，新序一作『筦蘇』，呂氏長見篇作『莧諱』。承周案：後漢書宦者傳論：「勃貂、筦蘇有功於楚、晉。」以筦蘇爲宦者，未詳所本。易繫辭上：「範圍天地之化」，釋文：「鄭云：『範，法也。』馬、王肅、張作『犯違』，張云：『犯違，猶裁成也。』」集解引荀九家云：「範，法也；圍，周也。」此文「犯違」字卽「範圍」之借。與處不安，不見不思；然吾有得焉，必以吾時爵之。申侯伯，吾所欲者勸我爲之，吾所樂者先我行之，與處則安，不見則思；然吾有喪焉，必以吾時遣之。」大夫許諾，乃爵筦饒以大夫，贈申侯伯而行之。申侯伯將之鄭，王曰：「必戒之矣，而爲人也不仁，而欲得人之政，毋以之魯、衞、宋、鄭。」不聽，遂之鄭，三年而得鄭國之政，五月而鄭人殺之。呂氏亦云：「三年而知鄭國之政也，五月而鄭人殺之。」案左傳文王之卒在莊十九年，申侯見殺在僖七年，則申侯居鄭已歷二十二年矣，三年五月之說，疑未足據。○此本呂氏長見篇，又見新序雜事一，又渚宮舊事一用此文，左氏僖七年傳載申侯事，文異。

趙簡子與欒激遊，盧曰：「『欒激』，呂氏驕恣篇作『鸞徼』。」將沈於河，曰：「吾嘗好聲色矣，而欒激致之，吾嘗好宮室臺榭矣，而欒激爲之，吾嘗好良馬善御矣，而欒激求之；「求」，呂作「來」。今吾好士六年矣，而欒激未嘗進一人，是進吾過而黜吾善也。」○此本呂氏驕恣篇，而文微異，又見金樓子雜記上篇。寰宇記四十六用此文，末有「遂沈之」三字。（通鑑外紀八移上文「將沈於河」句於篇尾，「沈」下加「激」字，似不足據。）

或謂趙簡子曰：「君何不更乎？」簡子曰：「諾。」左右曰：「君未有過，何更？」君曰：「吾謂是諾，」盧曰：「『謂』疑『爲』。」承周案：「謂」「爲」古通用。未必有過也，吾將求以來諫者也；宋本「求」作「來」，「來」作「求」，案此疑本作「吾將以來諫者也」，「來」字他本作「求」，校者旁注誤入正文，遂衍一字耳。通鑑外紀八又於「求」下加「之」字，更爲贅文。今我却之，是却諫者，諫者必止，我過無日矣。」

韓武子田，韓氏有兩武子，一名萬，（見唐書宰相世系表三。）杜預云：「莊伯弟。」（桓三年左傳「韓萬御戎」注文，莊伯謂曲沃莊伯。）即世家所云「韓之先曰武子，得封韓原」者也。世家又謂「後三世有韓厥，是爲獻子，獻子子宣子名起，宣子子貞子名頃，又四傳至武子名啟章」，是又一武子也。獸已聚矣，田車合矣，傳來告曰：「晉公薨。」武子謂欒懷子曰：欒懷子名盈，即本書善説篇之欒逞。「子亦知吾好田獵也，」「吾」，舊作「君」，盧依楚府本改，案明鈔本亦作「吾」。獸已聚矣，田車合矣，吾可以卒獵而後弔乎？」懷子對曰：「范氏之亡也，多輔而少拂，今臣於君輔也，畾於君拂也，闕曰：「畾蓋人名，未詳姓字。拂與弼同爲違君之意。」君胡不問於畾也？」武子曰：「盈，而欲拂我乎？而拂我矣，何必畾哉！」遂輟田。○案此事紛遝難理，欒盈始見襄十四年傳，二十一年出奔楚，二十三年見殺，與兩韓武子均邈不相及。此文似以欒懷子爲韓武子家臣，尤爲不合。且范氏之亡在定十三年，（經書晉荀寅、士吉射入於朝歌以叛。）欒懷子安得預知而預言之？姑闕疑以俟他證。

師經鼓琴，魏文侯起舞，賦曰：「使我言而無見違。」師經援琴而撞文侯，不中，中旒，潰之。文侯顧謂左右曰：「顧」字舊脱，據治要補。「爲人臣而撞其君，其罪如何？」左右曰：「罪當烹。」提師經下堂一等，師經曰：「臣可一言而死乎？」文侯曰：「可。」師經曰：「昔堯、舜之爲君也，唯恐言而人不違，桀、紂之爲君也，唯恐言而人違之；臣撞桀、紂，非撞吾君也。」文侯曰：「釋之，是寡人之過也。懸琴於城門，以爲寡人符，不補旒，以爲寡人戒。」○韓非子難一篇曰：「晉平公與羣臣飲，飲酣，乃喟然歎曰：『莫樂爲人君，惟其言而莫之違。』師曠侍坐於前，援琴撞之。公披衽而避，琴壞於壁。公曰：『太師誰撞？』師曠曰：『今者有小人言於側者，故撞之。』公曰：『寡人也。』師曠曰：『啞，是非君人者之言也。』左右請除之，公曰：『釋之，以爲寡人戒。』」又見淮南齊俗篇，皆以爲平公、師曠事。惟御覽五百七十四引史記：「師經鼓琴，魏文侯躭之起舞，經怒，以琴撞文侯，文侯大怒，經曰：『臣撞桀、紂之主，不撞堯、舜之君。』文侯悅，挂琴於室爲戒。」又五百七十九、事類賦十一注引十二國史云：「周師經善鼓琴，文侯躭之起舞，經怒以琴撞文侯，文侯怒，使人曳下殿，將殺之，經曰：『乞申一言而死。』文侯曰：『何？』經曰：『臣撞桀、紂之君，不撞堯、舜之主。』文侯曰：『寡人過矣。』乃捨之，懸琴於壁以爲戒。」與本書畧同。（朱長文琴史二用此文。）

齊景公遊於蔞，盧曰：「『蔞』，晏子外篇作『菑』。」承周案：晏子内篇諫上亦有「景公將觀於淄上」語，則「菑」乃「淄」之借字，漢隸「菑」多作「蕃」，故本書遂訛作「蔞」。韓子作「少海」。聞晏子卒，公乘輿素服馹而驅之，「馹」，舊作「驛」，盧改。案宋本、明鈔本、楚府本，並作「馹」。俞曰：「『素馹』二字乃『繁且』二字之誤，『服』字當在『輿』字之下，本作『公乘輿服繁駔而驅之』，晏子外篇作『公乘侈輿服繁駔驅之』，是其證也。韓非子外儲説左篇：『景公曰：「趨駕煩且之乘。」』『繁駔』與『煩且』同，『煩且之乘』乃是馬名，此蓋後人不達而臆改。」承周案：韓子「趨駕煩且之乘」下有「使騶子韓樞輿之」句，晏子及本書俱失載。自以爲遲，下車而趨，知不若車之速，則又乘，比至於國者，四下而趣，行哭而往矣，盧曰：「晏無『矣』字。」至，伏屍而號曰：「子大夫日夜責寡人，不遺尺寸，寡人猶且淫泆而不收，怨罪重積於百姓；今天降禍於齊國，不加寡人，而加夫子，齊國之社稷危矣！百姓將誰告矣！」「矣」，晏子作「夫」。○此本晏子外篇。韓子外儲說左上文少異。

晏子没，十有七年，景公飲諸大夫酒，公射出質，史記孫子傳：「田忌與王及諸公子逐射千金，及臨質。」索隱云：「質猶對也，將欲對射之時也。一云質謂堋，非也。」案此文「出質」亦謂出而對射，索隱說是也，與質的之質異。堂上唱善若出一口。公作色太息，播弓矢。弦章入，闕曰：「疑與上所謂桓公之時弦章別人。」公曰：「章，自吾失晏子，於今十有七年，未嘗聞吾過不善，晏子無「過」字，「過」與「不善」義複，疑一本作「過」，校者依晏子旁注「不善」二字，遂致複衍。今射出質，而唱善者若出一口。」弦章對曰：「此諸臣之不肖也，知不足以知君之不善，勇不足以犯君之顏色。然而有一焉，臣聞之：『君好之，則臣服之；君嗜之，則臣食之。』管子牧民篇：「君嘗之，臣食之；君好之，臣服之。」又見本書反質篇。夫尺蠖食黃則其身黃，食蒼則其身蒼，君其猶有食諂人言乎？」「食」字舊脫，治要引晏子作「君其猶有食諂人言乎」，今據補。元本晏子作「君其食諂人言乎」，御覽引晏子云：「公曰：『善。吾不食諂人言也。』」皆「諂」上有「食」字之證。此「食」字正承上「食黃」「食蒼」兩「食」字爲文。「有」與「或」同，謂君猶或食諂人言也，此蓋後人不達「有」字之義，而誤刪「食」字。公曰：「善，今日之言，章爲君，我爲臣。」是時海人入魚，公以五十乘賜弦章。章歸，下「章」字舊脫，盧曰：「『弦章』二字當重。」承周案：御覽引晏子重「章」字，今據補。魚乘塞塗，撫其御之手曰：「曩之唱善者皆欲若魚者也。「若」猶「此」。昔者，晏子辭賞以正君，故過失不掩，今諸臣諂諛以干利，故出質而唱善如出一口。今所輔於君，未見於衆，而受若魚，是反晏子之義，而順諂諛之欲也。」固辭魚不受。君子曰：「弦章之廉，乃晏子之遺行也。」○案晏子外篇載此文有三本之異，吴刻元本，孫氏據御覽四百二十六引補本，及治要所引，互有詳畧，而本書爲備，今以晏子三本參校，各注所出焉。又案晏子卒於景公四十八年，後十年景公卒，（俱見史記齊世家。）則此云晏子卒後十七年景公尚存，誣也。

夫天之生人也，蓋非以爲君也；天之立君也，蓋非以爲位也。舊誤連上，盧曰：「宋、元本俱提行。」案明鈔亦提行，字適相接，非連上也。四句本荀子大畧篇。夫爲人君，行其私欲而不顧其人，是不承天意，忘其位之所以宜事也。如此者，春秋不予能君，而夷、狄之。鄭伯惡一人而兼棄其師，故有「夷、狄不君」之辭，閔二年，鄭棄其師，三傳皆載此事，又見詩鄭風清人毛序。案公羊七等進退，穀梁四等進退，皆以國舉爲賤；晉伐鮮虞，鄭伐許，董子皆以爲「夷、狄之」，穀梁亦云：「其曰晉，狄之也。」此言鄭不言鄭伯，與晉伐鮮虞、鄭伐許同例，故子政以爲「夷、狄不君」之辭。陳立公羊義疏曰：「說苑此言，可補三傳之闕。」予謂此必公、穀先師相傳舊說。人主不以此自省惟，既以失實，心奚因知之。故曰：「有國者不可以不學春秋。」此本子夏語，見董子俞序篇，又史記自序作董生語。（「學」作「知」。）此之謂也。

齊人弑其君，宋本誤連上文，今從各本。即齊崔杼弑莊公事。魯襄公援戈而起曰：「孰臣而敢殺其君乎？」師懼曰：「夫齊君治之不能，任之不肖，縱一人之欲，以虐萬夫之性，非所以立君也，其身死，自取之也。今君不愛萬夫之命，而傷一人之死，奚其過也！其臣已無道矣，其君亦不足惜也。」○此與左襄十四年傳師曠論衞出其君相似。

孔子曰：「文王似『元年』，武王似『春王』，周公似『正月』。此三句，家語改作「王者有似乎春秋」。案董子三代改制質文篇云：「故君子曰：『武王其似正月矣。』」雖文有譌誤，而此爲公羊先師相承舊說可知，王肅肊竄非是。董子所稱君子，亦卽孔子。文王以王季爲父，以太任爲母，以大姒爲妃，以武王、周公爲子，以泰顚、閎夭爲臣：其本美矣。武王正其身以正其國，正其國以正天下，伐無道，刑有罪，一動而天下正：「而」字脱，依家語補。其事正矣。春致其時，家語「春」下有「秋」字。萬物皆及生，君致其道，萬人皆及治，周公戴己，家語作「周公載己行化」，（「戴」「載」古字通。）王注云：「載亦行也。」而天下順之：其誠至矣。」○家語致思篇用此文，多竄改。

尊君卑臣者，以勢使之也。夫勢失則權傾，故天子失道則諸侯尊矣，諸侯失政則大夫起矣，大夫失官則庶人興矣。由是觀之，上不失而下得者，未嘗有也。

孔子曰：「夏道不亡，商德不作，商德不亡，周德不作，周德不亡，春秋不作，春秋作而後君子知周道亡也。」案此以春秋與三代並舉，以春秋之作與商、周之作同例，卽公羊先師以春秋當新王之說也，故孟子以春秋爲天子之事。淮南氾論篇云：「殷變夏，周變殷，春秋變周。」亦卽此義。故上下相虧也，猶水火之相滅也，人君不可不察，而大盛其臣下，此私門盛而公家毀也，人君不察焉，則國家危殆矣。筦子曰：「權不兩錯，政不二門。」語見管子明法篇，「權」作「威」。故曰：「脛大於股者難以步，指大於臂者難以把。」本小末大，不能相使也。左氏昭十一年傳：「申無宇曰：『末大必折，尾大不掉。』」秦策：「應侯曰：『臣未嘗聞指大於臂，臂大於股。若有此，則病必甚矣。』」

司城子罕相宋。盧曰：「此又一子罕，非樂喜。」承周案：困學紀聞六曰：「韓非曰：『宋君失刑而子罕用之，故宋君見劫。』（二柄篇。）李斯曰：『司城子罕相宋，身行刑罰以威，行之期年，遂劫其君。』（史記李斯傳。）襄九年，宋樂喜爲司城以爲政，卽子罕也，左氏載其言行，檀弓亦稱之，賢大夫也。宋世家無子罕劫君之事，非、斯乃與田常並言，不亦誣乎？戰國策謂：『忠臣令誹在己，譽在上，宋君奪民時以爲臺而民非之，子罕釋相爲司空，民非子罕而善其君。』此卽左氏分謗之事，司城宋之司空也，宋無兩子罕，則非、斯之言妄矣。史記鄒陽曰：『宋信子罕之計而囚墨翟。』漢書作『子冉』，文穎注以子冉爲子罕，皆所未詳。」近世梁玉繩則謂：「戰國時宋亦有昭公，其時亦有子罕，逐君擅政，子罕卽韓非書之皇喜。」竊謂王說固未諦，梁說亦未盡。韓非子說疑篇云：「田成子取齊，子罕取宋。」忠孝篇：「戴氏奪子氏於宋。」亦與「田氏奪呂氏於齊」並言，則子罕篡君得國與田氏同可知。又以此知子罕之爲戴氏。呂氏春秋壅塞篇記宋之亡，而云：「此戴氏之所以絕也。」則宋季世之君墕爲戴氏，實子罕之後，高誘亦云：「戴氏，子罕，戴公子孫也。」史呂、田二齊各爲世家，宋不然者，戴氏出於宋戴公，與嬀、姜異姓者有殊，世家不載子罕劫君之事，則史文偶畧，似此者甚多，無庸致疑也。戰國、秦、漢人言此事者甚衆，（詳後。）可盡肊斷爲妄乎？謂宋君曰：「國家之危定，盧曰：「『危定』，外傳七作『安危』。」承周案：淮南亦作「安危」。百姓之治亂，在君之行賞罰也。「之行」二字舊倒，今據外傳乙正，淮南無「之」字，俞氏於彼文並議删「君」字，大謬。賞當則賢人勸，罰得則姦人止；賞罰不當，則賢人不勸，姦人不止，姦邪比周，欺上蔽主，以争爵禄，不可不愼也。夫賞賜讓與者，人之所好也，君自行之；刑罰殺戮者，人之所惡也，臣請當之。」君曰：「善，子主其惡，寡人行其善，吾知不爲諸侯笑矣。」於是宋君行賞賜，而與子罕刑罰。國人知刑戮之威，專在子罕也，大臣親之，「之」舊誤作「也」，盧改正。案宋本、明鈔本、楚府本、范本並作「之」。百姓附之，居期年，子罕逐其君而專其政。韓子外儲説右下，前節作子罕殺宋君而奪政，殺與逐異説，後節作劫宋君而奪其政，外傳作遂去宋君，淮南作遂劫宋君，王氏淮南雜志謂「刦」當作「劫」，「去」亦「劫」之誤。案王説是也，疑此文「逐」當作「遂」，下奪「劫」字。故曰：「無弱君而强大夫。」老子曰：老子三十六章。「魚不可脱於淵，國之利器不可以借人。」盧曰：「『借』，老子作『示』，外傳、淮南並同，此疑後人改之。」此之謂也。○韓子二柄篇、外儲説右下篇、（前後兩節。）淮南道應篇、韓詩外傳七，文並畧同。又案史記田完世家：「田常言於齊平公曰：『德施，人之所欲，君其行之；刑罰，人之所惡，臣請行之。』行之五年，齊國之政皆歸田常。」與此同術。然諸書皆言田氏以厚施取國，不言以刑罰得政，疑亦因子罕事而傳之田常耳。

說苑卷第二

臣術

人臣之術，順從而復命，無所敢專，義不苟合，位不苟尊，必有益於國，必有補於君，故其身尊而子孫保之。故人臣之行有六正六邪，行六正則榮，犯六邪則辱。夫榮辱者，禍福之門也。何謂六正六邪？六正者：一曰萌芽未動，形兆未見，昭然獨見存亡之幾，得失之要，預禁乎未然之前，「未」，舊作「不」，盧曰：「北堂書鈔二十九無『乎』字，『不』作『未』。」承周案：治要、政要、擇官篇、長短經臣行篇，均有「乎」字，惟「不」亦俱作「未」，今從之。使主超然立乎顯榮之處，天下稱孝焉，如此者，聖臣也；二曰虛心白意，進善通道，勉主以禮誼，「誼」，宋本、明鈔本、楚府本作「義」，他引亦作「義」。諭主以長策，將順其美，匡救其惡，盧曰：「孝經文。」功成事立，歸善於君，不敢獨伐其勞，如此者，良臣也；三曰卑身賤體，夙興夜寐，進賢不解，數稱於往古之行事，以厲主意，庶幾有益，以安國家社稷宗廟，「行事」上，舊有「德」字，盧曰：「政要無『德』字。」盧曰：「『於』字衍，『之德行事』衍，『庶幾有益』衍，『社稷宗廟』衍，凡衍文皆不古，當從初學記十七所引删。」承周案：盧校大謬，初學記乃節引，類書似此甚多。古不古之說，亦爲武斷，惟「德」字塙爲衍文耳。治要引有「數稱於往古之行事」句，政要、長短經及御覽六百二十一引作「數稱往古之行事」，輔行記二之五節引亦有「稱古行事」句，則「於之行事」四字決非衍文也。「庶幾有益」四字，御覽引亦有之，惟「社稷宗廟」四字諸引皆無，然亦安知非引者節省也，苟非決不可通，無庸率爾議削。如此者，忠臣也；四曰明察幽，見成敗，早防而救之，引而復之，塞其間，絶其源，轉禍以爲福，使君終以無憂，如此者，智臣也；五曰守文奉法，任官職事，辭祿讓賜，不受贈遺，衣服端齊，飲食節儉，如此者，貞臣也；六曰國家昏亂，所爲不道，「道」，治要、政要、長短經皆作「諛」，宋本、明鈔本、楚府本，皆作「諫」，疑即「諛」之誤文。然而敢犯主之嚴顔，「嚴」字舊脱，依治要、政要、長短經補。面言主之過失，不辭其誅，身死國安，不悔所行，如此者，直臣也；是爲六正也。治要、政要，「爲」作「謂」，後文「是謂六邪」，字亦作「謂」。六邪者：一曰安官貪祿，營於私家，不務公事，懷其智，藏其能，主饑於論，渴於策，猶不肯盡節，容容乎與世沉浮上下，治要、政要、長短經，皆無「上下」二字。左右觀望，如此者，具臣也；二曰主所言皆曰善，主所爲皆曰可，隱而求主之所好，即進之以快主之耳目，「主」下「之」字舊脱，今據治要、政要、長短經補。董子五行相勝篇云：「司營爲神，主所爲皆曰可，主所言皆曰善，諂順主指，聽從爲比，進主所善，以快主意。」偷合苟容，與主爲樂，不顧其後害，如此者，諛臣也；三曰中實頗險，「頗險」，治要、政要、長短經，皆作「險詖」，「頗」「詖」通。外貌小謹，「貌」上，舊有「容」字，今從治要、政要、長短經刪。巧言令色，又心嫉賢，關曰：「『又心』，政要作『妬善』。」所欲進，則明其美而隱其惡，所欲退，則明其過而匿其美，使主妄行過任，賞罰不當，號令不行，如此者，姦臣也；治要、政要，「姦」作「奸」。四曰智足以飾非，辯足以行説，反言易辭，而成文章，内離骨肉之親，外妬亂朝廷，如此者，讒臣也；五曰專權擅勢，持抔國事，「抔」，舊作「招」，盧曰：「宋本、楚府本作『抔』，當訓爲『取』，元本訛『抷』。」承周案：明鈔本亦作「抔」，今改正。以爲輕重，私門成黨，「私」上，舊有「於」字，今從治要、政要、長短經删。以富其家，又復增加威勢，擅矯主命，以自貴顯，如此者，賊臣也；六曰諂主以邪，墜主不義，「諂主」舊作「諂言」，盧曰：「『諂』，北堂『讒』。」承周案：孔刻書鈔作「諂主」，治要、長短經，亦作「諂主」，今據改。董子五行相勝篇云：「導主以邪，陷主不義。」即此文所本。朋黨比周，以蔽主明，入則辯言好辭，出則更復異其言語，使白黑無别，是非無閒，伺候可推，因而附然，盧曰：「俗本『因而』二字倒，比從宋、元本乙正。」承周案：明鈔本、楚府本亦作「因而」，今從盧校。「然」與「焉」同。使主惡布於境内，聞於四隣，如此者，亡國之臣也；是謂六邪。賢臣處六正之道，不行六邪之術，故上安而下治，生則見樂，死則見思，此人臣之術也。

湯問伊尹曰：「三公、九卿、大夫、列士，其相去何如？」伊尹對曰：「三公者，知通於大道，應變而不窮，辯於萬物之情，治要「辯」作「辨」，世紀同。通於天道者也，其言足以調陰陽，正四時，節風雨，御覽二百六引李固奏記曰：「湯問伊尹：『公卿大夫，其相去何如？』伊尹對曰：『三公智通大道，應變不窮者也，其言足以調陰陽，正四時，節風雨，非大罪不遜位。』」即用此文。如是者舉以爲三公，故三公之事，常在於道也。九卿者，不失四時，通溝渠，「通」下，舊有「於」字，案文例不當有，涉上「通於大道」而衍，書鈔五十九兩引皆無「於」字，今據删，世紀亦無「於」字。修堤防，樹五穀。書鈔五十三兩引、及御覽二百二十八引，皆作「補堤防，種樹木，美五穀」，今本脫三字，合三句爲二句，似非。世紀作「修隄防，樹種五穀」，脫二字，倒一字。通於地理者也，能通不能通，能利不能利，如此者，舉以爲九卿，故九卿之事，常在於德也。大夫者，出入與民同衆，關曰：「『衆』疑『樂』之誤。」承周案：世紀「衆」作「象」。取去與民同利，通於人事，行猶舉繩，不傷於言，言足法於世，舊作「言之於世」，盧曰：「『之』，北堂『達』。」承周案：盧用陳本書鈔，乃誤本也，孔本書鈔五十六引作「言足法於世」，世紀亦同，今本「足」誤作「之」，又脫「法」字耳，今改正。不害於身，通於關梁，實於府庫，世紀「通」下「實」下皆無「於」字，此與上「通於溝渠」同誤，長短經亦誤。如是者，舉以爲大夫，故大夫之事，常在於仁也。列士者，知義而不失其心，事功而不獨專其賞，忠政强諫，明鈔「政」作「正」，與世紀、長短經同。「正」「政」通，義當作「正」。而無有姦詐，去私立公，而言有法度，如是者，舉以爲列士，故列士之事，常在於義也。故道德仁義定，而天下正，世紀有「矣」字。○世紀、長短經，文止此。世紀見五行大義二十二引。凡此四者，明王臣而不臣。」盧改作「臣而不名」，云：「下同。」又云：「白虎通及公羊桓四年何注俱云：『不名者五，有上大夫。』」承周案：此文疑有誤，「凡此四者」云云，乃總上之詞，如其說是王者於公卿大夫士皆不名，則直謂王者不名臣下可也，何爲繁言乎？且下文所云「君之所不名臣者四」，又與上公卿大夫士無涉，則此文之有脫誤明矣。湯曰：「何謂臣而不臣？」伊尹對曰：「君之所不名臣者四：諸父臣而不名，諸兄臣而不名，先王之臣臣而不名，盛德之士臣而不名，是謂大順也。」○案孝經鉤命決云：「王者所常不臣者三：謂二王之後，妻之父母，夷、狄之君。」又云：「暫所不臣者五：謂師也，三老也，五更也，祭尸也，大將軍也。」白虎通王者不臣篇説畧同，皆與此異。禮喪服大功章傳曰：「始封之君不臣諸父昆弟，封君之子不臣諸父而臣昆弟，封君之孫盡臣諸父昆弟。」則專爲諸侯初封者言，亦非此所說。惟白虎通封公侯篇、公羊桓四年注、五不名之説，與此合，皆公羊家言，此獨逸上大夫，疑亦有脱誤。馬國翰以爲伊尹書佚文。

湯問伊尹曰：世紀「伊尹」作「伊摯」。「古者所以立三公、九卿、大夫、列士者何也？」伊尹對曰：「三公者，所以參王事也，「王」舊作「五」，盧改。案盧改是也，世紀作「三公以與主參王事」，是其證。闕氏以洪範五事説之，與下文文例相背，今不取。又案續漢禮儀志注引盧植注禮記云：「天子之三公，參五職事，故三公以五爲數。」似作「五」亦通。九卿者，所以參三公也，大夫者，所以參九卿也，列士者，所以參大夫也。董子官制象天篇云：「天子自參以三公，三公自參以九卿，九卿自參以三大夫，三大夫自參以三士。」與此文義畧同。書大傳曰：「古者天子三公，每一公三卿佐之，每一卿三大夫佐之，每一大夫三元士佐之。」白虎通封公侯篇亦畧同。故參而有參。「有」讀爲「又」，世紀正作「又」。是謂事宗，事宗不失，外内若一。」○亦見五行大義二十二引帝王世紀。（彼文此條在上條前。）馬國翰以爲伊尹書佚文。

子貢問孔子曰：「今之人臣孰爲賢？」孔子曰：「吾未識也。往者，齊有鮑叔，鄭有子皮，賢者也。」子貢曰：「然則齊無管仲，鄭無子産乎？」子曰：「賜，汝徒知其一，不知其二。案詩小雅小旻：「人知其一，莫知其它。」莊子天地篇：「彼識其一，不知其二。」列女傳漆室女傳：「子知其一，不知其二。」汝聞進賢爲賢邪？用力爲賢邪？」子貢曰：「進賢爲賢。」子曰：「然。吾聞鮑叔之進管仲也，聞子皮之進子產也，未聞管仲、子產有所進也。」○此文本韓詩外傳七，彼文多脱誤，不録。家語賢君篇用此文。

魏文侯且置相，舊誤連上，盧曰：「宋、元本提行。」案明鈔本、楚府本、纂注本，皆提行，不誤。召李克而問焉，「李克」，呂氏譌作「李充」。曰：「寡人將置相，置於季成子與翟觸，盧曰：「『季』，外傳三、史記魏世家並作『魏』，『觸』，翟黄之名也。」承周案：呂氏、新序皆作「季成」，下文「田子方適西河」條，亦曰「君母弟有公孫季成者」，蓋魏其氏，季其字也。史記李斯傳云：「城高五丈，而樓季不輕犯也。」集解引許慎曰：「樓季，魏文侯之弟。」王孫子曰：「樓季之兄也。」則「樓季」亦即「季成」。我孰置而可？」李克曰：「臣聞之，賤不謀貴，外不謀內，疏不謀親，臣者疏賤，不敢聞命。」文侯曰：「此國事也，願與先生臨事而勿辭。」盧曰：「『與』字衍，『而』字衍，外傳作『先生臨事無讓』。」承周案：史記與外傳同。李克曰：「君不察故也，可知矣，盧曰：「『矣』一作『也』。」案三字疑衍。貴視其所舉，富視其所與，貧視其所不取，窮視其所不爲，由此觀之可知矣。」文侯曰：「先生出矣，寡人之相定矣。」李克出，過翟黄，盧曰：「『黄』，通鑑『璜』。」關曰：「魏世家『黄』作『璜』。」承周案：古書「黄」「璜」錯出，不勝枚舉。翟黄問曰：「吾聞君問相於先生，未知果孰爲相？」李克曰：「季成子爲相。」翟黄作色不説曰：「作色」上，外傳有「勃然」二字，史有「忿然」二字。「觸失望於先生。」李克曰：「子何遽失望於我？子之言我於子之君也，「子之言」三字舊脱，盧依外傳補。案史記亦云「子之言克於子之君者，豈將比周以求大官哉」，亦當有三字之證。豈與我比周而求大官哉！君問相於我，臣對曰：『君不察故也，貴視其所舉，富視其所與，貧視其所不取，窮視其所不爲，由此觀之可知也。』君曰：

『出矣，寡人之相定矣。』以是知季成子爲相。」翟黄不説曰：「觸何遽不爲相乎？西河之守，觸所任也；關曰：「魏世家『任』作『進』。西河之守，謂吴起也。」計事内史，觸所任也；關曰：「魏世家無此句，蓋並官名也。」承周案：魏世家云：「君内以鄴爲憂，臣進西門豹。」外傳同，（無「内」字。）而此文無之，或内史即豹也。王欲攻中山，吾進樂羊；樂羊事見貴德、復恩二篇，「王」字疑「君」之誤。關曰：「魏世家『樂羊』下有『中山已拔』一句。」無使治之臣，關曰：「魏世家『治』作『守』。」承周案：外傳亦云：「無守之者」，本篇「田子方渡西河」條作「治」，御覽六百三十二引彼亦作「守」。吾進先生；無使傅其子，吾進屈侯附；關曰：「魏世家『附』作『鮒』。」盧曰：「古今人表『鮒』，通鑑同，外傳作『趙蒼』。」觸何負於季成子？」李克曰：「不如季成子。季成子食菜千鍾，「菜」，舊作「采」，盧曰：「宋、元本俱作『菜』，古通用。」關曰：「魏世家作『食祿千鍾』。」承周案：明鈔本、楚府本「采」亦作「菜」。什九居外，一居中，是以東得卜子夏、田子方、段干木，彼其所舉，人主之師也；子之所舉，人臣之才也。」翟黄迮然而慚曰：關曰：「『迮』，迫蹙也。」承周案：「迮」讀爲「怍」，外傳作「翟黄逡巡再拜」。「觸失對於先生，請自修然後學。」關曰：「魏世家作『願卒爲弟子』。」言未卒，而左右言季成子立爲相矣。於是翟黄默然變色，内慚，不敢出，三月也。○韓詩外傳三、史記魏世家，文並畧同。又呂氏舉難篇云：『魏文侯弟曰季成，友曰翟璜，文侯欲相之而未能決，以問季充，季充對曰：「君欲置相，則問樂騰與王孫苟端孰賢？」文侯曰：「善。」以王孫苟端爲不肖，翟璜進之，以樂騰爲賢，季成進之，故相季成。』又見新序雜事四，（「季充」作「李克」，「樂騰」作「樂商」。）皆與此異，實一事也。漢志儒家李克七篇。馬國翰以此爲李克書佚文。

楚令尹死，景公遇成公乾曰：孫仲容曰：「渚宮舊事二載此事作『成公朝』，未知孰是。」承周案：本書辨物篇亦作「成公乾」，則作「朝」疑形誤。「令尹將焉歸？」成公乾曰：「殆於屈春乎？」景公怒曰：「國人以爲歸於我。」成公乾曰：「子資少，屈春資多。子義獲，天下之至憂也，盧曰：「『子』，宋本『于』。」承周案：明鈔本亦作「于」，舊事仍作「子」。而子以爲友；鳴鶴與芻狗，關曰：「蓋二人名。」承周案：此二物耳，非人名。其知甚少，「知」，舊事「智」。而子玩之。鴟夷子皮日侍於屈春，此鴟夷子皮非范蠡，說見本篇後文。「日」舊誤作「曰」，盧改。案宋本、楚府本、范本、明鈔本，皆作「日」，不誤。損頗爲友，二人者之智足以爲令尹，不敢專其智，而委之屈春，故曰政其歸於屈春乎！」○渚宮舊事二用此文。

田子方渡西河，造翟黃。御覽六百三十二又七百二引「造」作「遇」。翟黃乘軒車，載華蓋。「載」，盧改「戴」，承周案：明鈔本亦作「戴」，「戴」「載」古通，無勞改也。黃金之勒，約鎮簟席，關曰：「楚詞九歌：『白玉兮爲鎮。』注：『以白玉鎮坐席也。』然則鎮席之玉，約之以爲飾也。」如此者，其駟八十乘。子方望之，以爲人君也，道狹，下抵車而待之。翟黃至而睹其子方也，下車而趨，自投下風，曰：「觸。」觸，翟黃名，已見上。王伯申春秋名字解詁有說。田子方曰：「子與！吾鄉者望子，疑以爲人君也，子至而人臣也，將何以至此乎？」翟黃對曰：「此皆君之所以賜臣也，積三十歲，故至於此。時以閑暇，祖之曠野，關曰：「祖，始也。」盧曰：「『祖』，宋本『祖』，疑。」承周案：宋本作「祖」，乃「祖」之訛，非「祖」也，「祖」讀爲「徂」，「之」猶「於」也，謂徂於曠野也。關氏訓「祖」爲「始」，亦非。正逢先生。」子方曰：「何子賜車轝之厚也？」翟黃對曰：「昔者，西河無守，臣進吳起而西河之外寧；鄴無令，臣進西門豹而魏無趙患；酸棗無令，臣進北門可而魏無齊憂；魏欲攻中山，臣進樂羊而中山拔；韓子云：「君謀欲伐中山，臣薦翟角而謀得，果且伐之，臣薦樂羊而中山拔。」此文無翟角事。中山已拔，四字舊脫，據御覽六百三十二引增。韓子作「得中山」，語意同。魏無使治之臣，御覽「治」作「守」，說見前「論相」條。韓子作「憂欲治之」，則「治」字亦通。臣進李克而魏國大治；「魏國」當從韓子作「中山」，克所治者中山也。是以進此五大夫者，爵祿倍，「是」字疑衍。以故至於此。」子方曰：「可。子勉之矣，魏國之相不去子而之他矣。」翟黃對曰：「君母弟有公孫季成者，「公孫」二字疑誤，魏至文侯始爲諸侯，其弟安得有公孫之稱。進子夏而君師之，進段干木而君友之，進先生而君敬之；案「友」「敬」二字當互易，呂子舉難篇、新序四，皆云：「師子夏、友田子方、敬段干木。」可證。（呂氏察賢「敬」作「禮」。）或「段干木」與「先生」互易亦通。彼其所進師也，友也，所敬者也。臣之所進者，皆守職守祿之臣也，何以至魏國相乎？」子方曰：「吾聞身賢者賢也，能進賢者亦賢也，子之五舉者盡賢，子勉之矣，子終其次也。」○事亦見韓子外儲說左下，文較略。

齊威王遊於瑤臺，成侯卿來奏事，闕曰：「成侯卿即騶忌也。」承周案：史記田完世家云：「封以下邳，號曰成侯。」戰國齊策云：「成侯鄒忌爲齊相。」注：「成，邑；侯，爵也，鄒忌封也。」從車羅騎甚衆，「騎」舊作「綺」，盧改。明鈔本、楚府本作「騎」。王望之，謂左右曰：「來者何爲者也？」左右曰：「成侯卿也。」王曰：「國至貧也，何出之盛也？」左右曰：「與人者有以責之也，受人者有以易之也，王試問其說。」成侯卿至，上謁曰：「忌也。」王不應，又曰：「忌也。」王不應，又曰：「忌也。」王曰：「國至貧也，何出之盛也？」成侯卿曰：「赦其死罪，使臣得言其說。」王曰：「諾。」對曰：「忌舉田居子爲西河，而秦、梁弱；「田居子」卽尊賢篇之「田居」。忌舉田解子爲南城，而楚人抱羅綺而朝；田完世家云：「吾臣有檀子者，使守南城，則楚人不敢爲寇，泗上十二諸侯皆來朝。」又見韓詩外傳十，則「田解子」卽「檀子」。忌舉黔涿子爲冥州，而燕人給牲，趙人給盛；田完世家云：「吾吏有黔夫者，使守徐州，則燕人祭北門，趙人祭西門，從而徙者七千餘家。」外傳十同，則「黔涿子」卽「黔夫」。忌舉田種首子爲卽墨，而於齊足究；田完世家云：「吾臣有種首者，使備盜賊則道不拾遺。」外傳十同，「田種首子」卽「種首」，田其氏也。忌舉北郭刀勃子爲大士，「大士」卽「大理」。而九族益親，民益富；「刀」，舊作「刁」，盧曰：「宋，元本皆作『刀』，讀爲『貂』。」承周案：張有復古篇：「『刁』宜作『刀』，『刀』『貂』聲同，本一姓也。」今改正。戰國齊策：「貂勃常惡田單云云」，其人在襄王世。本書奉使篇載刀勃對楚使語，亦在襄王世，未知是一人否。舉此數良人者，王枕而臥耳，何患國之貧哉？」

秦穆公使賈人載鹽於衞，「於衞」二字舊脫，今據書鈔一百四十六、御覽二百二十八引補，世說德行篇注引作「載鹽於虞」，蓋後人因百里奚爲虞人而肊改，惟事與他書不合，史記秦本紀：「既虜百里奚，以爲秦繆公夫人媵於秦，百里奚亡秦走宛，楚鄙人執之，繆公以五羊皮贖之。」與衞無涉。史記商君傳：「趙良曰：『五羖大夫，荆之鄙人也。自鬻於秦客，被褐食牛，期年，穆公知之，舉之牛口之下，而加之百姓之上。』」韓詩外傳八云：「百里奚，齊之乞者也，逐於齊西，無以自進，自賣五羊皮，爲一軛車，見秦穆公。」此二說，一以爲荆之鄙人，一以爲齊之乞者，與孟子諸書又異。竊謂此文「載鬻於衞」云云，蓋賈人自衞適楚也。齊之乞者，卽本紀所云「困於齊而乞食銍人」事。鄒陽書亦云：「百里奚乞食於道路。」荆之鄙人，則因走宛而誤傳。徵諸賈人，賈人買百里奚以五羖羊之皮，「徵」卽「衞」之譌文，「賈人」二字不當疊，當從世說注、書鈔、御覽去二字。五羖之事，言人人殊，史記秦本紀云：「繆公聞百里奚賢，欲重贖之，恐楚人不與，乃使人謂楚曰：『吾媵臣百里奚在焉，請以五羖羊皮贖之。』楚人遂許與之。」是繆公以五羊皮贖之也。孟子萬章篇、外傳八、及本書善說篇、雜言篇，皆以爲自鬻，則非穆公使人請之也。呂氏愼人篇及淮南脩務篇、文子自然篇，皆以爲轉鬻，則又不止一鬻也。樂府載扊扅之歌，以五羖爲聘物及客資，（毛氏四書賸言說，案事出風俗通。）莊子庚桑楚篇釋文引或曰「百里奚好五色皮裘」云云，則皆後起之妄說也。使將車之秦。秦穆公觀鹽，見百里奚牛肥，曰：「任重，道遠以險，而牛何以肥也？」對曰：「臣飲食以時，通鑑外紀八「飲食」下有「之」字。使之不以暴，有險，先後之以身，是以肥也。」莊子田子方篇：「百里奚爵祿不入於心，故飯牛而牛肥。」案飯牛事，孟子辨之。穆公知其君子也，令有司具沐浴爲衣冠與坐，公大悅。異日，與公孫支論政，公孫支大不寧，曰：「君耳目聰明，思慮審察，君其得聖人乎？」公曰：「然！吾悅夫奚之言，彼類聖人也。」公孫支遂歸，取鴈以賀，曰：「君得社稷之聖臣，敢賀社稷之福。」公不辭，再拜而受。明日，公孫支乃致上卿以讓百里奚，曰：「秦國處僻民陋，以愚無知，危亡之本也；臣自知不足以處其上，請以讓之。」公不許，公孫支曰：「君不用賓相，「賓」與「擯」「儐」通。而得社稷之聖臣，君之祿也，臣見賢而讓之，臣之祿也；今君既得其祿矣，而使臣失祿，可乎？請終致之。」公不許，公孫支曰：「臣不肖而處上位，是君失倫也，「倫」與「論」同，呂氏行論篇云：「以堯爲失論。」不肖失倫，臣之過。進賢而退不肖，君之明也。今臣處位，廢君之德，而逆臣之行也，臣將逃。」公乃受之，故百里奚爲上卿以制之，公孫支爲次卿以佐之也。○案呂氏愼人篇：「百里奚之未遇時，亡虢而虜晉，飯牛於秦，傳鬻以五羊之皮，公孫枝得而説之，獻諸繆公，三日請屬事焉，繆公曰：『買之五羊之皮而屬事焉，無乃天下笑乎？』公孫枝對曰：『信賢而任之，君之明也，讓賢而下之，臣之忠也，君爲明君，臣爲忠臣，彼信賢，境内將服，敵國且畏，夫誰暇笑哉？』繆公遂用之，謀無不當，舉必有功，號曰五羖大夫。」據此，則公孫枝之知百里奚在繆公前，與本書異，而讓位事畧同。韓詩外傳謂「禽息薦百里奚，繆公以爲私而加刑焉」云云，（見文選演連珠注、後漢書朱暉傳注引。）是薦奚又有禽息也。（禽息薦百里奚，又見論衡儒增篇。）

趙簡主從晉陽之邯鄲，「主」舊作「子」，盧曰：「宋、元本、楚府本，俱作『主』，不作『子』。」承周案：明鈔本亦作「主」，今從之。闕引太室曰：「此從邯鄲之晉陽也，本文誤。」（未詳所據。）中路而止，引車吏進問：「君何爲止？」簡主曰：「董安于在後。」吏曰：「此三軍之事也，君奈何以一人留三軍也？」簡主曰：「諾。」驅之百步又止，吏將進諫，董安于適至，簡主曰：「秦道之與晉國交者，吾忘令人塞之。」董安于曰：「此安于之所爲後也。」簡主曰：「官之寶璧，吾忘令人載之。」對曰：「此安于之所爲後也。」簡主曰：「行人燭過年長矣，燭過事見韓子難一篇，呂氏貴直篇。言未嘗不爲晉國法也，吾行忘令人辭且聘焉。」對曰：「此安于之所爲後也。」簡主可謂内省外知人矣哉，「内」

下，疑脫「自」字。故身佚國安。御史大夫周昌曰：「人主誠能如趙簡主，朝不危矣。」

晏子侍於景公，公曰：二字舊脫，據晏子補；意林引此脫「曰」字，而「公」字未脫，御覽八百四十九引此脫「公」字，而「曰」字未脫。「朝寒，請進熱食。」盧曰：「『熱』，意林作『煖』，御覽八百四十九作『朝寒，請子進煖食於寡人』。」承周案：晏子亦作「煖」，此文「熱」字疑誤。又意林、御覽「煖食」下皆有「於寡人」三字，疑亦當有，或後人用下文「請進狐裘」句例刪之。對曰：「嬰非君之厨養臣也，敢辭。」公曰：「請進服裘。」對曰：「嬰非君田澤之臣也，敢辭。」「君」字舊脫，依上文例及晏子補。俞曰：「服裘自有典衣，非田澤之臣所當進，『田澤』二字誤也，晏子雜篇作『嬰非君茵席之臣也，敢辭』，疑此文亦當作『茵席』，『茵』與『田』形近，『席』與『澤』音近，故『茵席』誤爲『田澤』矣。」公曰：「然。夫子於寡人奚爲者也？」對曰：「社稷之臣也。」公曰：「何謂社稷之臣？」對曰：「社稷之臣，能立社稷，辨上下之宜，晏子「辨」作「別」，「宜」作「義」，案「宜」字與下「使得其宜」字複，疑是「誼」之脫損。（外紀八用此已誤。）使得其理；制百官之序，使得其宜；作爲辭令，可分布於四方。」自是之後，君不以禮不見晏子也。○本晏子內篇雜上。

齊侯問於晏子曰：「忠臣之事其君何若？」對曰：「有難不死，出亡不送。」君曰：「裂地而封之，疏爵而貴之，關曰：「疏，分也。史記黥布傳：『疏爵而貴之。』」吾有難不死，出亡不送，盧曰：「『吾』疑『君』。」承周案：盧說是，晏子、新序、論衡，皆作「君」。此汎論耳，非專謂景公君臣也。可謂忠乎？」對曰：「言而見用，終身無難，臣何死焉！謀而見從，下云「諫而不見從」，則此亦當作「諫而見從」，疑後人依誤本晏子改之，而下文則改之未盡，猶留其迹，新序、論衡、政要、路史發揮五皆作「諫」，可以訂此文之誤，卽可訂晏子之誤。終身不亡，臣何送焉！若言不見用，有難而死之，是妄死也；諫而不見從，出亡而送之，「之」字，各本脫，從明鈔本補，晏子亦有「之」字。是詐爲也。」「爲」讀作「僞」，晏子、論衡皆作「僞」，（新序仍作「爲」。）政要作「忠」，疑肊改。故忠臣者，能納善於君，而不能與君陷難者也。」○此文本晏子內篇問上，又見新序雜事五，論衡定賢篇。又貞觀政要鑒戒篇用此文。（通鑑外紀八文同。）案呂氏務大篇：「鄭君問於被瞻曰：『聞先生之義，不死君，不亡君，信有之乎？』被瞻對曰：『有之。夫言不聽，道不行，則固不事君也；若言聽道行，又何死亡哉？』」與此文意畧同，而時在晏子前。本篇後文載鴟夷子皮對田常語亦相似。

晏子朝，乘敝車，駕駑馬，盧曰：「『敝』，宋、元本及晏子雜篇下皆作『弊』，下同。」承周案：明鈔本、楚府本亦作「弊」。景公見之，曰：「嘻，夫子之祿寡耶？何乘不任之甚也！」盧曰：「『任』，御覽七百七十四作『佼』，古巧切。』」承周案：「古巧切」，乃御覽小注，晏子作「任」，治要引晏子亦作「佼」，是二書皆有兩本之異。晏子對曰：「賴君之賜，得以壽三族，楚語韋注：「壽，保也。」說詳俞氏晏子平議。及國交遊，「交遊」，晏子作「遊士」。皆得生焉。臣得煖衣飽食，敝車駑馬，以奉其身，於臣足矣。」晏子出，公使梁丘據遺之輅車乘馬，三返不受。公不悅，趣召晏子，晏子至，公曰：「夫子不受，寡人亦不乘。」晏子對曰：「君使臣臨百官之吏，臣節其衣服飲食之養，「節」上「臣」字舊脫，盧曰：「晏子有。」今補。以先齊國之人，然猶恐其侈靡而不顧其行也。今輅車乘馬，君乘之上，臣亦乘之下，民之無義，侈其衣食，而不顧其行者，臣無以禁之。」遂讓不受也。○本晏子内篇雜下。

景公飲酒，陳桓子侍，晏子「陳」作「田」。望見晏子，而復於公曰：「請浮晏子。」淮南道應篇注：「浮，罰也。」公曰：「何故也？」對曰：「晏子衣緇布之衣，麋鹿之裘，棧軫之車，闕曰：「周禮：『士乘棧車。』注云：『棧車，不革鞔而漆之。』」案，棧車，説詳周禮巾車孫氏疏。而駕駑馬以朝，是隱君之賜也。」公曰：「諾。」俞曰：「下當有『晏子至』三字，上云『望見晏子』，則是晏子未至也，故必有此三字，於文方備。晏子雜篇『公曰諾』下有『晏子坐』三字，『坐』乃『至』字之誤。」承周案：「坐」字亦通，且文亦可省。酌者奉觴而進之，曰：「君命浮子。」晏子曰：「何故也？」陳桓子曰：「君賜之卿位，以尊其身，寵之百萬，以富其家，羣臣之爵，莫尊於子，禄莫厚於子，今子衣緇布之衣，麋鹿之裘，棧軫之車，而駕駑馬以朝，則是隱君之賜也，故浮子。」晏子避席曰：「請飲而後辭乎？其辭而後飲乎？」公曰：「辭然後飲。」晏子曰：「君賜卿位，以顯其身，嬰不敢爲顯受也，爲行君令也；寵之百萬，以富其家，嬰不敢爲富受也，爲通君賜也。臣聞古之賢君，「君」舊作「臣」，劉曰：「晏子春秋作『賢君』。」盧曰：「下云『則過之』，自指君言，『君』字當補『臣』字之上。」承周案：盧説是也，今從盧説補「君」字，「臣」字屬下。臣有受厚賜而不顧其國族，則過之，盧曰：「『國』，晏子『困』。」承周案：孫氏依此改作「國」，究疑「國」字亦未安。過，譴也。臨事守職，不勝其任，則過之。君之内隸，臣之父兄，若有離散在於野鄙者，此臣之罪也；君之外隸，臣之所職，若有播亡在於四方者，「於」字舊脱，依上文例增，晏子亦有「於」字。此臣之罪也；兵革不完，戰車不修，此臣之罪也。若夫敝車駑馬以朝，主者盧曰：「『主』，晏子『意』，屬下句，是。」劉說、俞說並同。非臣之罪也！且臣以君之賜，臣父之黨無不乘車者，母之黨無不足於衣食者，妻之黨無凍餒者，國之簡士，盧曰：「元本作『國中之士』。」闕曰：「晏子『簡』作『閒』。」待臣而後舉火者數百家。盧曰：「『後』，元本無。」如此晏子有「者」字。爲隱君之賜乎？彰君之賜乎？」公曰：「善！爲我浮桓子也。」劉曰：「『桓子』，當作『無宇』。」承周案：劉說是也，桓子尚在，君不當預稱其謚，晏子正作「無宇」。○此文本晏子内篇雜下。

晏子方食，君之使者至，分食而食之，晏子不飽。闕曰：「晏子春秋作『使者不飽，晏子亦不飽』。」承周案：此有脱文，晏子爲長。使者返，言之景公，景公曰：「嘻！夫子之家若是其貧也！寡人不知也，「也」字衍，晏子無。是寡人之過也。」令吏致千家之縣一於晏子，晏子再拜而辭曰：「嬰之家不貧，以君之賜，澤覆三族，延及交遊，以振百姓，君之賜也厚矣，嬰之家不貧也。嬰聞之，厚取之君而厚施之人，是代君爲君也，「是」字舊無，依文例補，晏子作「是臣代君君民也」，亦有「是」字。忠臣不爲也；厚取之君而藏之，是筐篋存也，闕曰：「晏子作『是爲筐篋之藏也』。」仁人不爲也；厚取之君而無所施之，身死而財遷於他人，是爲宰藏也，「遷」下八字舊脱，依晏子補，上文云「是代君爲君也」，「是筐篋存也」，此若無「是爲宰藏也」句，則文不相麗矣。智者不爲也。嬰也聞爲人臣進不事上以爲忠，退不克下以爲廉，八升之布，「八升」，晏子作「十總」，孫氏音義謂：「『總』爲『稯』之借，『稯』與『升』皆謂布之八十縷。」一豆之食足矣。」使者三返，遂辭不受也。○此文見晏子内篇雜下，而文小異，晏子無末句，別有一段云：「『昔吾先君桓公以書社五百封管仲，不辭而受，子辭之何也？』晏子曰：『嬰聞之，聖人千慮，必有一失，愚人千慮，必有一得。意者管仲之失而嬰之得者邪？故再拜而不敢受命。』」

陳成子謂鴟夷子皮曰：「何與常也？」對曰：「君死吾不死，君亡吾不亡。」陳成子曰：「然。子何以與常？」明鈔本「與」作「爲」。對曰：「未死去死，未亡去亡，其有何死亡矣！」○未詳所出，與晏子對景公語畧同，已見本篇上文。又案此子皮非范蠡也，少伯曾相萬乘，霸越沼吳，寧肯屈身權相，甘爲陪隸？或子皮多權畧，而少伯曾自越適齊，因共傳以爲卽少伯，史公越世家誤采之耳。考田常弒簡公在周敬王三十九年，（春秋哀十四年。）越滅吳在元王五年，（獲麟後八年。）越滅吳後始北會諸侯，致貢於周，稱霸王，范蠡乃適齊，（見越世家。）至是田常弒君專政已將十年矣，而史記乃云「齊人迎以爲相」，已於事理不合。墨子非儒篇謂「孔子樹鴟夷子皮於田常之門」，尤誣。簡公之弒，沐浴請討，寧有樹人黨逆者？（孔叢詰墨已辨之。）而田常之黨實有子皮其人，本書指武篇載其助田常攻宰我事，韓非說林載其從田常奔燕事，淮南主術篇亦云「使陳成常、鴟夷子皮得成其難」，是子皮塙爲田常死黨，其行之污下，去少伯遠矣。少伯去越，後於簡公之弒且十年，安得以黨逆之子皮，與少伯爲一人乎？又本篇上文云「鴟夷子皮日侍於屈春」，疑又一人，與成公朝同時，在楚平王世，蠡雖楚人，未嘗仕楚，吠籬之事，足以明之。

從命利君謂之順，舊誤連上，今從關本分段。從命病君謂之諛，晏子內篇諫下云：「君正臣從謂之順，君僻臣從謂之逆。」逆命利君謂之忠，逆命病君謂之亂。君有過，不諫諍，荀子作「君有過謀過事」，長短經定名篇引作「君有過失」，此文似誤。將危國殞社稷也，荀子「國」下有「家」字。有能盡言於君，用則留，不用則去，謂之諫；舊「留」下「去」下皆有「之」字，今據長短經及初學記十八、御覽四百五十五引删。荀子作「用則可，不用則去」，亦無二「之」字，下文「用則可生，不用則死」，亦無二「之」字，皆可證。有能盡言於君，句舊脱，依荀子補，彼文「盡」作「進」，此依上文「盡」。用則可生，不用則死，謂之諍；「生」字衍，「則可」與「則死」對文，凡言「有説則可無説則死」類皆是。「則可」猶言「則已」，後人不達，妄沾「生」字，大謬。長短經引此文無「生」字，荀子亦無「生」字，皆可證。有能比知同力，「知」舊誤作「和」，孫仲容曰：「『和』當從荀子君道篇作『知』。」今從孫説改正。率羣下，相與彊矯君，荀子「彊」下有「君」字，「矯」作「撟」，楊注：「『撟』與『矯』同，屈也。」君雖不安，不能不聽，遂解國之大患，除國之大害，成於尊君安國，謂之輔；有能亢君之命，闕曰：「荀子『亢』作『抗』，注：『抗，拒也。』」承周案：「亢」「抗」通。反君之事，竊君之重，以安國之危，除主之辱，攻伐足以成國之大利，謂之弼。孫仲容曰：「『攻』，荀子作『功』，『功』正字，『攻』同聲叚借字。」承周案：「伐」亦「功」也。荀子「弼」作「拂」，古通，楊注：「『拂』讀爲『弼』。」故諫諍輔弼之人，社稷之臣也，明君之所尊禮，而闇君以爲己賊，故明君之所賞，闇君之所殺也。荀子作「故明君之所賞，闇君之所罰也，闇君之所賞，明君之所殺也」，此文疑寫者誤合四句爲二句。○此下荀有「伊尹、箕子可謂諫矣，比干、子胥可謂争矣，平原君之於趙，可謂輔矣，信陵君之於魏，可謂拂矣。傳曰：『從道不從君。』此之謂也。故正義之臣設，則朝廷不頗，諫諍輔拂之人信，則君過不遠，爪牙之士施，則仇讎不作，邊境之臣處，則疆垂不喪。」一段。明君好問，荀子作「故明主好同」，案「同」與「獨」對文，「問」字譌。闇君好獨，明君上賢使能而享其功，闇君畏賢妬能而滅其業，罰其忠而賞其賊，夫是之謂至闇，桀、紂之所以亡也。荀子文止此。詩云：詩大雅蕩。「曾是莫聽，大命以傾。」此之謂也。○本荀子臣道篇。

簡子有臣尹綽、赦厥，盧曰：「呂氏達鬱篇注作『尹鐸、趙厥』。」俞曰：「呂氏春秋達鬱篇止載簡子之言云『厥也鐸也』，而不著其姓，高誘注曰：『厥，趙厥，簡子家臣也，鐸，尹鐸，亦家臣也。』是『尹綽』當爲『尹鐸』，聲之誤也。至『趙厥』當從此作『赦厥』，彼注蓋涉上『趙簡子』之文而誤。」承周案：『通鑑外紀七用此文，（兼用呂覽。）「赦厥」作「郄厥」。簡子曰：「厥愛我，諫我必不於衆人中；綽也不愛我，諫我必於衆人中。」呂氏云：「厥之諫我也，必於無人之所；鐸之諫我也，喜質我於人中，必使我醜。」尹綽曰：「厥也愛君之醜，而不愛君之過也；臣愛君之過，而不愛君之醜。」愛，惜也；醜，耻也。此下呂氏有「臣嘗聞相人於師，敦顏而土色者忍醜，不質君於人中，恐君之不變也」四句。孔子曰：「君子哉尹綽！面訾不面譽也。」「譽」上「面」字舊脫，盧依宋本補，劉氏亦云：「『譽』上當從一本增『面』字。」承周案：明鈔本、楚府本亦有「面」字。○呂氏達鬱篇文少異，無孔子語。

高繚仕於晏子，三年，無故，晏子逐之。晏子外篇作「晏子使高糾治家，三年而辭焉」。「繚」字，晏子三見皆作「糾」，本書君道篇及此兩見皆作「繚」，書鈔三十二引晏子作「高僚」，文與晏子異而與本書合，蓋引說苑誤作晏子也。今本書脱「三年無故」四字，據書鈔引補。左右諫曰：「高繚之事夫子三年，曾無以爵位，而逐之，其義可乎？」晏子曰：「嬰，仄陋之人也，四維之然後能直。今此子事吾三年，未嘗弼吾過，是以逐之也。」○此事晏子內篇雜上及外篇兩見，此文與外篇相近；內篇文多異，不録。

子貢問孔子曰：「賜爲人下而未知所以爲人下之道也。」孔子曰：「爲人下者，其猶土乎！種之則五穀生焉，掘之則甘泉出焉，草木植焉，禽獸育焉，生人立焉，盧曰：「『人』，荀子堯問篇、外傳七俱作『則』，下同。」承周案：家語二「人」字亦作「則」。死人入焉，多其功而不言。盧曰：「『言』，荀作『息』。」承周案：外傳、董子皆作「言」，與本書同，家語作「意」，王氏荀子雜志謂「息」「意」皆「悳」之譌。爲人下者，其猶土乎！」○本荀子堯問篇，韓詩外傳七，又董子山川頌畧同。家語困誓篇用此文。

孫卿曰：「少事長，賤事貴，不肖事賢，此天下之通義也。有人貴而不能爲人上，賤而羞爲人下，關曰：「荀子『有人』以下作『有人也，埶不在人上而羞爲人下』。」此姦人之心也。身不離姦心，而行不離姦道，荀子作「志不免乎姦心，行不免乎姦道」。然而求見譽於衆，不亦難乎！」○此本荀子仲尼篇，末二句與今荀子異。

公叔文子問於史臾曰：「『臾』舊作『叟』，盧改。劉曰：「『叟』乃『臾』誤，下同。」關曰：「公叔文子，衛大夫公孫枝也。」承周案：關說用論語邢疏引世本，實非也。禮記檀弓：「公叔文子卒。」鄭注：「文子，獻公之孫，名拔，或作發。」則世本「枝」乃「拔」之誤，左襄二十九年傳稱公叔發，若作「枝」，則無緣通作「發」矣。武子勝事趙簡子久矣，其寵不解奚也？」史臾曰：「武子勝博聞多能而位賤，君親而近之，致敏以遜，藐而疏之，則恭而無怨色，入與謀國家，出不見其寵，君賜之祿，知足而辭；故能久也。」

泰誓曰：此所引，今僞太誓無之，潛夫論考績篇引同，又見漢書武帝紀元朔元年奏，不云泰誓。關曰：「漢書標注『泰誓』作『秦誓』，今書無此文。」承周案：「秦」亦「泰」之誤。「附下而罔上者死，附上而罔下者刑，與聞國政而無益於民者退，漢書、潛夫論「退」皆作「斥」。在上位而不能進賢者逐。」漢書「逐」作「退」，潛夫論仍作「逐」。此所以勸善而黜惡也。故傳曰：「傷善者，國之殘也；蔽善者，國之讒也；愬無罪者，國之賊也。」「賊」，宋本作「賤」。俞曰：「『賤』字無義，乃『賊』字之誤。」今從各本。

王制曰：本或連上，非是。「假於鬼神時日卜筮以疑於衆者，殺也。」盧曰：「『於』字衍。」又曰：「此段疑不全。」承周案：今禮記無「於」字及「者也」字。

子路爲蒲令，舊誤連上，盧曰：「當提行。」承周案：盧說是。楚府本、關本提行，今從之。○「蒲令」，家語作「蒲宰」，蒲乃衛邑，子路治蒲事，史記弟子傳、本書政理篇皆載之。荀子大略篇「晉人畏子路不敢過蒲」，亦其時事。韓子載此事作「爲郈令」，非也。史孔子世家、弟子傳皆言「爲季氏宰」，郈乃叔孫氏邑，與季孫氏無涉。而韓子下文言「季孫讓之」，尤爲抵牾，當以本書爲是。水經濟水篇注引家語以駁韓子，而不知以此證之也。又水經注於下文濮水引韓子「郈」作「蒲」，文亦與今韓子異，疑韓子必有「一曰」一段，而今本脫之。備水災，與民春修溝瀆，爲人煩苦，故予人一簞食，一壺漿。孔子聞之，使子貢復之。盧曰：「集語引作『覆之』，家語致思篇作『止之』。」承周案：韓子云：「使子路往覆其飯」，則此「復」當讀爲「覆」，御覽百九十引作「止」，與家語同，疑此文舊有二本也。下云「使賜止之」，則作「止」亦通。子路忿然不悅，往見夫子曰：「由也以暴雨將至，恐有水災，故與人修溝瀆以備之，而民多匱於食，故人予一簞食一壺漿。「人予」二字舊倒，從御覽乙轉，家語作「人與」。而夫子使賜止之，何也？家語二字作「是」字，屬下爲句。夫子止由之行仁也。夫子以仁教，而禁其行仁也，由也不受。」子曰：「爾以民爲餓，何不告於君，發倉廩以給食之，而以爾私饋之，是汝不明君之惠，見汝之德義也。速已則可矣，否則爾之受罪不久矣。」子路心服而退也。○韓子外儲右上載此事，謂孔子因季孫見讓，駕而去魯，與此文多異，文繁不錄。家語致思篇用此文。

說苑卷第三

建本

孔子曰：「君子務本，本立而道生。」論語學而作「有子曰」。夫本不正者末必陭，「陭」，舊作「倚」，盧改。案宋本、明鈔本、經廠本、楚府本皆作「陭」，「陭」亦「倚」字之借。「倚」有偏義，中庸「中立不倚」，字作「倚」是也。說文云：「陭，上黨陭氏阪。」非此義。始不盛者終必衰。詩云：詩小雅黍苗。「原隰既平，泉流既清。」本立而道生。春秋之義，有正春者無亂秋，有正君者無危國。易曰：「建其本而萬物理，失之毫釐，差以千里。」是故君子貴建本而重立始。小戴記經解引易曰：「君子慎始，差若毫釐，繆以千里。」孔疏云：「易繫詞文。」案今易無此文，孔疏不知何據。或謂漢人引易緯亦稱易，此用通卦驗，（選注卷六十引乾鑿度亦有此文。）然緯候起於哀平，此文自小戴記外，大戴記禮察、保傅、新書胎教、雜事、史記自序、漢書東方朔傳、杜欽傳，皆引之，必古十翼佚文無疑。後漢書范升傳引易曰：「天下之動，貞夫一也。」又曰：「正其本，萬事理。」上引繫辭而下稱「又曰」，則別本繫辭或有此語。孔沖遠非不讀易者，以爲繫辭，必有所受之矣。（列女傳貞順篇引此文稱傳曰，謂易傳也，史公稱繫詞爲大傳，則傳曰之爲繫詞亦可證。風俗通正失篇亦云：「易稱：『失之毫釐，差以千里。』」）裴駰云今易無此文，則由未見孔氏所據之別本也。

魏武侯問「元年」於吳子，吳子對曰：「言國君必愼始也。」漢書路溫舒傳：「臣聞春秋正卽位，大一統而愼始也。」穀梁隱元年、桓元年傳均云：「謹始也。」「謹始」卽「愼始」。「愼始奈何？」曰：「正之。」「正之奈何？」曰：「明智。」「智不明何以見正？」「多聞而擇焉，所以明智也。是故古者君始聽治，大夫而一言，士而一見，庶人有謁，必達，公族請問，必語，關引或曰：「『問』恐『閒』字。」四方至者勿距，可謂不壅蔽矣；分祿必及，用刑必中，君心必仁，思君之利，盧曰：「『君』疑『民』。」關說同。除民之害，可謂不失民衆矣；君身必正，近臣必選，大夫不兼官，執民柄者不在一族，可謂不權勢矣。此皆春秋之意，而元年之本也。」○此當是吳子佚文，王伯厚以此爲吳起學春秋之證。案左傳序正義引劉向別錄云：「左邱明授曾申，申授吳起。」今攷吳起之說春秋，見於本書者，實同公、穀義，今左氏畧無其文，何也？

孔子曰：「行身有六本，家語「身」作「己」。本立焉然後爲君子。立體有義矣，而孝爲本；關曰：「『家語』『體』作『身』。」處喪有禮矣，而哀爲本；「處喪」，家語作「喪紀」。戰陣有隊矣，而勇爲本；關曰：「『家語』『隊』作『列』。」治政有理矣，而能爲本；盧曰：「『能』，家語六本篇作『農』。」（兪、關校語同。）居國有禮矣，而嗣爲本；關曰：「『家語』『禮』作『道』。」王肅云：「『繼嗣不立，則亂之萌。』」生才有時矣，而力爲本。盧曰：「『才』，家語、集語皆作『財』。」關曰：「『才』與『財』通。」承周案：墨子云：「君子戰雖有陳，而勇爲本焉；喪雖有禮，而哀爲本焉；士雖有學，而行爲本焉。」淮南云：「事親有道矣，而愛爲務；朝廷有容矣，而敬爲上；處喪有禮矣，而哀爲主；用兵有術矣，而義爲本。本立而道行，本傷而道廢。」文俱少異。置本不固，無務豐末；親戚不悅，無務外交；事無終始，無務多業；聞記不言，無務多談；盧曰：「『聞記不言』，家語作『記聞而言』。」關曰：「家語作『記聞而言，無務多說』。」承周案：此「不言」二字本作「而闇」，「闇」字脫壞止存「音」字，因譌爲「言」耳。子雍作家語時，所見說苑「闇」字已訛，而「而」字未誤，校說苑者又改「而」爲「不」，以與上下文例相傳，而不知其義不可通。墨子作「舉物而闇，無務博聞」，文雖稍異，「而闇」二字，足正此文之譌。比近不說，無務修遠。關曰：「家語『說』作『安』，『修』作『求』。」承周案：此文疑本作「來遠」，「來」以形譌作「求」，此又涉下譌作「修」，皆非也。墨子作「近者不親，無務來遠」，字作「來」不誤。今本大戴作「近者不親，不敢求遠」，「求」字誤與家語同。治要引大戴正作「來」，來謂招致之也。是以反本修邇，君子之道也。」○墨子修身篇、大戴記曾子疾病篇、淮南本經篇，文皆相似。家語六本篇用此文。

天之所生，盧曰：「當提行。」承周案：關本提行。地之所養，莫貴乎人。人之道莫大乎父子之親、君臣之義。父道聖，子道仁，君道義，臣道忠。賢父之於子也，慈惠以生之，教誨以成之，養其誼，藏其僞，時其節，慎其施。子年七歲以上，父爲之擇明師，選良友，勿使見惡，少漸之以善，使之早化。故賢子之事親，發言陳辭，應對不悖乎耳，趣走進退，容貌不悖乎目，卑體賤身，不悖乎心。君子之事親，以積德。子者，親之本也，盧曰：「『本』，宋本訛『財』。」案下云『父以子爲本，子以父爲本』，『本』字自可通。」無所推而不從命，推而不從命者，惟害親者也。孫仲容曰：「『推』，疑皆當爲『往』，形近而誤。」故親之所安，子皆供之。賢臣之事君也，受官之日，以主爲父，以國爲家，以士人爲兄弟。故苟有可以安國家，利民人者，不避其難，不憚其勞，以成其義。故其君亦有助之，「有」讀爲「右」，右亦助也。以遂其德。夫君臣之與百姓，轉相爲本，如循環無端。夫子亦云：「人之行莫大於孝。」漢書禮樂志引「孔子曰」同，皆本孝經聖治章。孝行成於內，而嘉號布於外，是謂建之於本，而榮華自茂矣。君以臣爲本，臣以君爲本，父以子爲本，子以父爲本，棄其本者，榮華槁矣。「者」字舊脱，盧曰：「宋、元本有。」案明鈔本、楚府本亦有「者」字，今據補。

子路曰：「負重道遠者，不擇地而休；家貧親老者，不擇祿而仕。闕曰：「韓詩外傳以爲曾子之言，似依莊子寓言曾子再仕之章。」承周案：外傳載此文凡三見，而各不同，卷一二節，卷七一節，卷一前節及卷七皆以爲曾子事。昔者，由事二親之時，常食藜藿之實，而爲親負米百里之外。親没之後，南遊於楚，從車百乘，御覽八百三十八「百乘」作「數乘」，較合事理，此疑後人依家語改。積粟萬鍾，累茵而坐，列鼎而食，願食藜藿爲親負米之時，「之時」二字家語無，疑衍。不可復得也。枯魚銜索，幾何不蠹。二親之壽，忽如過隙！草木欲長，霜露不使，賢者欲養，二親不待！故曰：家貧親老，不擇祿而仕也。」○韓詩外傳卷一、卷七與此文相出入。家語致思篇用此文，以爲子路問孔子語，後有「孔子曰：『由也事親，可謂生事盡力，死事盡思矣』」句。

伯禽與康叔封朝于成王，見周公，三見而三笞。康叔有駭色，謂伯禽曰：「有商子者，賢人也，商子，錢竹汀以爲卽周髀算經之商高，戴東原以爲卽商容。（漢書人表攷亦載之。）闕曰：「尚書大傳注：『商子卽商容。』」承周案：闕所引大傳注，未詳所出。與子見之。」盧曰：「『子』下御覽四百二有『往』字。」承周案：九百五十八引仍無「往」字。康叔封與伯禽見商子，曰：「某某也，日吾二子者朝乎成王，俞曰：「『吾二子』三字，衍文也。『某某也』猶云封也伯禽也，自舉其名也，不當又自稱『吾二子』。」承周案：文自可通，無煩臆删，「日」猶言「日者」。見周公，三見而三笞，其說何也？」商子曰：「二子盍相與觀乎南山之陽？有木焉名曰橋。」二子者往觀乎南山之陽，見橋竦焉實而仰，大傳作「見橋實高高然而上」，此文「實」下亦當有「高」字，大傳後一節及事類賦引皆作「高而仰」，御覽九百五十八引此已脫「高」字，而四百二引獨未脫，當據正。反以告乎商子，商子曰：「橋者父道也。」盧曰：「『橋』，御覽『仰』。」承周案：四百二作「仰」，九百五十八仍作「橋」，與大傳合。大傳「橋」或作「喬」。商子曰：「二子盍相與觀乎南山之陰？有木焉名曰梓。」二子者往觀乎南山之陰，見梓勃焉實而俯，大傳作「見梓實晉晉然而俯」，此文「實」下脫一字。大傳後一節作「晉而俯」，事類賦引本書作「卑而俯」，御覽四百二引上文作「實高而仰」，則此亦當作「實卑而俯」可知。反以告商子，商子曰：「梓者子道也。」盧曰：「『梓』，御覽『俯』。」承周案：四百二作「俯」，九百五十八仍作「梓」。關曰：「大傳注：『橋梓，喻父子尊卑也。』」二子者明日見乎周公，入門而趨，登堂而跪。周公拂其首，大傳「拂」上有「迎」字，（兩節同。）御覽引周書云：「迎而拂之。」勞而食之，曰：「安見君子？」二子對曰：「見商子。」周公曰：「君子哉商子也。」○見尚書大傳，又見御覽五百十八引周書，及論衡譴告篇。案事類賦二十四注引本書節次與今本不同，則本書舊有二本。陳輯大傳前後兩節，前節與本書今本同，後節與事類賦引本書同，則大傳亦有二本也。顧節次稍異，而文義不殊，不復重出。

曾子芸瓜而誤斬其根。曾晳怒，援大杖擊之。曾子仆地，有頃，乃蘇，「乃」字舊脫，盧曰：「北堂書鈔百六引有「乃」字，家語同。」承周案：類聚及御覽四百十三又五百七十一、事類賦十一注，皆有「乃」字，今據補。外傳作「有間乃蘇」，亦有「乃」字之證。蹶然而起，進曰：「曩者，參得罪於大人，大人用力教參，得無疾乎？」退屏鼓琴而歌，欲令曾晳聽其歌聲，令知其平也。「平」，家語作「體康」。孔子聞之，告門人曰：「參來勿內也。」曾子自以無罪，使人謝孔子。孔子曰：「汝不聞瞽叟有子名曰舜？」「不」字舊脫，孫仲容曰：「御覽四百十三引『汝聞』作『汝不聞』，是也，當據補『不』字。家語六本篇云：『汝不聞乎？昔瞽叟有子曰舜。』韓詩外傳八亦云：『汝不聞昔者舜爲人子乎？』並其證。」承周案：孫說是，今據補。舜之事父也，索而使之，未嘗不在側，求而殺之，未嘗可得，小箠則待，大箠則走，以逃暴怒也。今子委身以待暴怒，立體而不去，盧曰：「『立體』，外傳八作『拱立』。」殺身以陷父不義，不孝孰是大乎？汝非天子之民邪？殺天子之民罪奚如？」白虎通誅伐篇云：「父殺其子當誅何？以爲天地之性人爲貴，人皆天所生也，託父母氣而生耳，王者以養長而教之，故父不得專也。」本書所載夫子之言卽此意。以曾子之材，又居孔氏之門，「氏」，舊作「子」，盧改，明鈔本、楚府本同。有罪不自知，處義難乎！○此事，韓詩外傳八、家語六本篇皆載之，洪景盧容齋三筆辨其不實。承周案：邱光庭兼明書引孟子曰：「曾子之事父也，揄之以小杖則受，揄之以大杖則恐傷其體，非孝子之道也。」（今孟子無此文，當在外篇。）則此事卽由孟子語譌傳。以曾子喻舜，而忘曾晳之非瞽叟也。

伯俞有過，盧曰：「類聚二十、御覽六百四十九，俱作『韓伯瑜』，宋書樂志載陳思王靈芝篇亦作『伯瑜』。」關曰：「伯俞姓韓，漢梁人也，十二國史『俞』作『瑜』。」承周案：外傳亦作「伯瑜」，法苑珠林六十二引此文作「韓伯瑜」，御覽四百十三引作「韓伯逾」，山左金石志載武梁石室畫像：「柏楡傷親年老。」字作「柏楡」，又與諸書不同，然皆音近。其母笞之，泣。其母曰「他日笞子，未嘗見泣，今泣，何也？」對曰：「他日俞得罪，笞嘗痛；關曰：「一本『嘗』作『常』。」今母之力衰，「衰」字舊脱，盧據御覽補。（珠林亦有。）不能使痛，是以泣也。」舊無「也」字，盧曰：「類聚『泣』下有『也』。」承周案：珠林及御覽四百十三亦有，據補。故曰父母怒之，不作於意，不見於色，深受其罪，使可哀憐，上也；父母怒之，不作於意，不見於色，其次也；父母怒之，作於意，見於色，下也。○此文又見蒙求舊注引韓詩外傳。（趙輯佚文無此條。）

成人有德，小子有造，詩大雅思齊篇：「肆成人有德，小子有造。」此無「肆」字。大學之教也，時禁於其未發之曰預，凡四「曰」字，學記皆作「謂」，古通。盧曰：「『預』當作『豫』。」承周案：學記作「豫」，「豫」「預」正俗字。因其可之曰時，關曰：「學記『因』作『當』。」相觀於善之曰磨，關曰：「學記作『相觀而善之謂磨』。」盧曰：「『磨』，學記作『摩』。」承周案：「摩」「磨」正俗字。學不陵節而施之曰馴。關曰：「學記無『學』字，『馴』作『孫』。」盧曰：「書：『五品不遜。』史記殷本紀作『五品不馴』，義與『遜』同。」發然後禁，則扞格而不勝；時過然後學，則勤苦而難成；「難成」，宋本、明鈔本皆作「不馴」，即下句「不遜」之正文誤入此句。雜施而不遜，則壞亂而不治；盧曰：「『遜』，亦當作『馴』。」案「治」，學記作「修」。獨學而無友，則孤陋而寡聞。故曰：有昭辟雍，有賢泮宮，田里周行，濟濟鏘鏘，而相從執質，有族以文。○此文「故曰」以上，本禮記學記，「故曰」以下，未詳。盧曰：「『有昭辟雍』云云，似逸詩，末『而相從執質有族以文』九字有外誤，疑是『族而相從，質有以文』。」關曰：「執質者，執禮物相見而學也；有族，百族也。」承周案：盧說妄竄本文，最謬。關說尚近而未盡。「質」與「贄」同，「族」猶「節」也。

周召公年十九，見正而冠，荀子大略篇：「天子諸侯子十九而冠，冠而聽治，其教至也。」則十九而冠，古之天子諸侯之子皆然，不獨召公。本書修文篇：「冠禮，十九見正而冠，古之通禮也。」（今士冠禮無此文，蓋逸禮之言天子諸侯冠禮者。）白虎通紼冕篇：「禮所以十九見正而冠者何？漸二十之人耳，（「二」本作「三」，依陳疏改。）男子陽也，成於陰，故二十而冠。曲禮曰：『二十弱冠。』言見正，何以知不謂正月也？以禮士冠經曰：『夏葛屨，冬皮屨。』則非歲之正月也。」（白虎通文止此，此必時師有誤。仍「見正」爲「見正月」者，故辨正之。公羊隱元年解詁亦云：「禮年二十見正而冠。」）承周案：班氏引曲禮「二十而冠」，與「十九見正而冠」，混爲一談，與荀子不合，殆東漢人已不知此爲天子諸侯子與士之異。記雖有「天子之元子猶士」之文，然相差不過一年，畧示區別，未爲不可，不得以士冠禮盡包士以上也。今以荀子說爲正。「見正」二字，白虎通既斥解爲正月之非，而不明著其義，陳氏疏證引士冠禮「以歲之正，以月之令」，注「正善也」，謂十九歲遇歲月之善則亦可冠，不必定俟二十。予謂陳說亦不可通，見歲月之善止曰見善可乎？予謂「見正」，謂見其志趣已正，志正則可爲成人，故可早冠一年也。韓詩外傳七云：「十九見志，請賓冠之。」此云「見正」，彼云「見志」，斯見正爲見其志趣已正之明證矣。上文吳起曰：「智不明，何以見正？」豈亦可曰見歲月之正乎？冠則可以爲方伯諸侯矣。人之幼稺童蒙之時，非求師正本，無以立身全性。夫幼者必愚，愚者妄行，愚者妄行，不能保身。孟子曰：「人皆知以食愈飢，莫知以學愈愚。」盧曰：「今見外書性善辨。」承周案：今外書僞也，竊此文耳。故善材之幼者，必勤於學問，以修其性。今人誠能砥礪其材，自誠其神明，睹物之應，通道之要，觀始卒之端，覽無外之境，盧改「無」作「物」，云：「元本作『無』，宋本『物』。」承周案：淮南亦作「無」，盧從宋本非是，今仍從各本。逍遥乎無方之内，彷徉乎塵埃之外，卓然獨立，超然絶世，此上聖之所以遊神也。「以」字舊脱，依淮南補。彼文「神」作「心」。然晚世之人莫能，關以此絶句。閒居靜思，「靜」，舊譌作「心」，從淮南改。鼓琴讀書，追觀上古，關曰：「『追』一作『迨』。」承周案：淮南亦作「追」。友賢大夫，學問講辯，日以自虞，淮南「虞」作「娱」，古通。疏遠世事，關曰：「『遠』疑『達』之誤。」承周案：關妄疑非是，淮南作「蘇援」，高注云：「猶索援。」蓋古語。分明利害，籌策得失，以觀禍福，設義立度，「義」與「儀」同，法也，淮南作「儀」。以爲法式，窮追本末，「追」，淮南作「道」，「窮道」與下「究事」相對，作「追」誤。究事之情，死有遺業，生有榮名，此皆人材之所能逮也，「此皆」二字，淮南作「如此者」。又舊本「逮」譌「建」，從淮南改。然莫能爲者，偷慢懈墯多暇日之故也，是以失本而無名。以上見淮南修務篇，無末句。夫學者，崇名立身之本也，儀狀齊等，而飾貌者好，質性同倫，而學問者智。是故砥礪琢磨非金也，而可以利金，詩書辟立非我也，「辟」，盧改「璧」。（俗本「辟」又譌「僻」。）關曰：「『辟立』，未詳。『立』疑當作『法』，一曰『立』乃『言』字之誤。」承周案：關後説是也。「言」古作「咅」，脱其下半，遂爲「立」字矣。「辟」當爲「羣」，漢人書「羣」字多作「群」，與「辟」相似，故誤爲「辟」。法言孝至篇：「或問羣言之長？」曰：「羣言之長，德言也。」此「羣言」二字之義也。而可以厲心。陳士元孟子雜記以「夫學者」至「厲心」九句連上「人皆知以食愈飢，莫知以學愈愚」，皆爲孟子佚文。夫問訊之士，日夜興起，厲中益知，以別分理，舊作「以分別理」，不詞，今改正。說文序曰：「知分理之可相別異也。」是故處身則全，立身不殆。士苟欲深明博察，以垂榮名，而不好問訊之道，則是伐智本而塞智原也，何以立軀也。騏驥雖疾，不遇伯樂不致千里；干將雖利，非人力不能自斷；「斷」下，舊有「焉」字，案文例不當有，卽下「烏」字駁文，今刪。烏號之弓雖良，不得排檠，不能自正；「正」，舊作「任」，字之誤也。管子輕重甲篇：「十鈞之弩，不得棐檠，不能自正。」荀子性惡篇：「繁弱鉅黍，古之良弓也，不得排檠，不能自正。」並此文所本，今據以訂正。（淮南說山篇：「檠不正，而可以正弓。」）人才雖高，不務學問，不能致聖。水積成川，則蛟龍生焉；土積成山，則豫樟生焉；學積成聖，則富貴尊顯至焉。荀子勸學篇云：「積土成山，風雨興焉；積水成淵，蛟龍生焉；積善成德，而神明自得，聖心備焉。」選注引尸子云：「土積成嶽，則楩枏豫章生焉；水積成川，則吞舟之魚生焉。夫學之積，亦有所生也。」案尸子、荀子皆穀梁先師，子政述其言而改末句作「富貴尊顯至焉」，斯則叔孫之散兼金，春卿之陳車馬，雖勸牖之盛心，亦禄利之鄙談也。千金之裘，慎子知忠篇作「粹白之裘」。非一狐之皮；臺廟之榱，「臺」，類聚六十七作「廊」，慎子作「廊廟之材」。非一木之枝；墨子親士篇：「江河之水，非一水之源也；千鎰之裘，非一狐之白也。」先王之法，非一士之智也。故曰訊問者智之本，思慮者智之道也。道，由也。二句亦見談叢篇。中庸曰：「好問近乎智，」「問」，今禮記作「學」，盧曰：「『問』字，漢書公孫宏傳引亦同。」承周案：惠氏禮記古義亦引漢書宏傳及本書證之。攷史記宏傳引已如此，後漢書馮衍、杜密傳注引禮記並作「問」，是唐時猶有作「問」之本。力行近乎仁，知恥近乎勇。」積小之能大者，其惟仲尼乎！學者所以反情治性盡才者也，親賢學問，所以長德也，論交合友，所以相致也，詩云：詩衞風淇澳。「如切如瑳，盧曰：「『瑳』與『磋』同，荀子天論篇：『日切瑳而不舍。』」承周案：今詩作「磋」，俗字，荀子大畧篇、列女傳孽嬖篇引詩，皆作「瑳」。如琢如磨。」此之謂也。御覽七百六十四引韓詩「琢」作「錯」。「磨」俗字，釋文云：「本亦作『摩』。」

今夫辟地殖穀，俞曰：「『今夫』，當作『今人』。」以養生送死，鋭金石，雜草藥，以攻疾，各知構室屋以避暑雨，俞曰：「『各知』二字當在『辟地殖穀』之上。」承周案：明鈔本「各」作「苦」，「疾苦」連文，於義爲長，俞説未確。累臺榭以避潤溼，入知親其親，出知尊其君，内有男女之別，外有朋友之際：此聖人之德教，儒者受之傳之，以教誨於後世。今夫晚世之惡人，反非儒者曰：盧曰：「墨子有非儒篇。」「何以儒爲？」如此人者，是非本也。譬猶食穀衣絲，而非耕織者也；載於船車，服而安之，而非工匠者也；食於釜甑，須以生活，而非陶冶者也。此言違於情而行矇於心者也。如此人者，骨肉不親也，秀士不友也，此三代之棄民也，人君之所不赦也，故詩云：詩小雅巷伯。「投畀豺虎，豺虎不食，投畀有北，有北不受，投畀有昊。」此之謂也。

孟子曰：盧曰：「亦見外書性善辨。」「人知糞其田，莫知糞其心。周耕崖孟子佚文攷曰：「王應麟玉海藝文、漢藝文志考證及雜記，並「知」上有「皆」字，「莫」上有「而」字。」（雜記謂陳士元孟子雜記。）承周案：御覽六百十二引孟子，亦有「而」字。書鈔九十七引孟子「糞」作「奮」，疑誤。糞田莫過利苗得粟，周曰：「『莫』，雜記作『不』。」糞心易行，而得其所欲。何謂糞心？博學多聞。何謂易行？一性止淫也。周曰：「『性』，王志堅表異錄作『欲』。」○書鈔九十七、御覽六百十二俱引此文直作孟子，則此文出孟子逸篇也。

子思曰：盧曰：「大戴勸學篇作『孔子曰』。」承周案：孔叢子作「子思謂子上曰」。「學所以益才也，礪所以致刃也。吾嘗幽處而深思，不若學之速；吾嘗跂而望，不若登高之博見。故順風而呼，聲不加疾，而聞者衆；登丘而招，臂不加長，而見者遠。故魚乘於水，鳥乘於風，草木乘於時。」○此子思子佚文也。孔叢子雜訓篇用此文，首二句與下文各自一節。又大戴記、荀子勸學篇亦皆用子思語。韓詩外傳五：「登高臨深遠見之樂，臺榭不若丘山，所見高也；平原廣望博觀之樂，池沼不如川澤，所見博也。」語意亦本子思子而加繁。呂氏順說篇：「順風而呼，聲不加疾也，際高而望，目不加明也，所因便也。」亦本子思子而加簡。（史記游俠傳：「比如順風而呼，聲非加疾，其勢激也。」亦本此。）漢書韓安國傳載王恢語云：「夫神蛟濟於淵，而鳳鳥乘於風，聖人因於時。」又見新序善謀篇，與此末三句相似。

孔子曰：「可以與人終日而不倦者，其惟學乎！盧曰：「『人』，外傳六作『言』。」其身體不足觀也，其勇力不足憚也，其先祖不足稱也，其族姓不足道也，然而可以聞四方而昭於諸侯者，「聞」，宋本、明鈔本、楚府本、程本、范本皆譌「開」，王本、局本改「聞」。盧曰：「家語致思篇作『聞』，外傳同，下又有『於』字。」承周案：尸子作「然而名顯天下，聞於四方」，則作「聞」是也。其惟學乎！詩曰：詩大雅假樂。「不愆不亡，闕曰：「詩『僁』作『愆』，『亡』作『忘』，家語無『詩曰』以下。」盧曰：「『亡』，元本『忘』。」承周案：「亡」「忘」通，元本依毛詩改。率由舊章。』夫學之謂也。」○此章見韓詩外傳六及書鈔八十三引尸子，（當是勸學篇佚文。）家語致思篇用此文。

孔子曰：「鯉，君子不可以不學，見人不可以不飾，盧曰：「『見人』，家語作『其容』。『飾』，家語作『飭』，古通用。」不飾則無根，闕曰：「家語『根』作『類』，王肅云：『「類」宜爲「貌」，下同。』」承周案：大戴記作「貌」，「根」「類」皆「貇」之形誤，「貇」卽「貌」字。無根則失理，盧曰：「『理』，家語『親』，下同。」失理則不忠，不忠則失禮，失禮則不立。盧曰：「大戴勸學篇作『不飾無貌，無貌不敬，不敬無禮，無禮不立』。」論語季氏篇：「不學禮，無以立。」夫遠而有光者飾也，近而逾明者學也。譬之如污池，「污池」，當從大戴及書大傳作「污邪」。（大戴作「洿邪」，書傳作「圩邪」，皆與「污邪」同。）史記滑稽傳：「污邪滿車。」集解：「司馬彪曰：『污邪，下地田也。』」水潦注焉，萑蒲生之，盧曰：「『萑』『莞』同。」承周案：盧據大戴作「莞」而言，家語「萑蒲」作「藋葦」。從上觀之，誰知其非源也。」「知」上「誰」字舊脱，盧據大戴及尚書大傳畧説補。盧又曰：「『源』下，畧説有『水』字。」承周案：大戴「源」下有「泉」字，文較長。畧説「水」字疑卽「泉」之脱損，家語王注亦云：「誰知其非源泉乎？」

公扈子曰：或以此公扈子卽董子俞序篇之公肩子，亦卽孔子弟子公肩定。（蘇輿説。）承周案：公羊昭三十年傳，邾有公扈子，列子湯問篇有魯公扈，漢功臣表有公扈滿意，則古自有公扈氏，此用子夏語，則必七十子後傳春秋者，決非公肩定。董子書之公肩子亦公羊先師，疑亦當作公扈子，「扈」與「雇」通，與「肩」形近，又與公肩定相混，故致誤耳。古今人表有公肩子在中上，當卽公肩定，公扈子在中中，當卽此人。「有國者不可以不學春秋，生而尊者驕，生而富者傲，生而富貴，又無鑑而自得者鮮矣。春秋，國之鑑也，春秋之中，弒君三十六，亡國五十二，「三十六」，董子王道篇作「三十二」，後漢書丁鴻傳亦然，董子滅國篇、盟會篇又作「三十一」。案史記自序、淮南主術篇、漢書劉向上封事、司馬遷傳，皆作「三十六」。諸侯奔走，不得保其社稷者甚衆，未有不先見而後從之者也。」○此文與董子俞序篇畧同。

晉平公問於師曠曰：「吾年七十，欲學，恐已暮矣。」師曠曰：「暮何不炳燭乎？」「暮」字舊脫，依法苑珠林六十七、御覽三百八十三引增。意林雖譌，亦有「暮」字。「炳」或作「秉」，（見後。）大傳作「執」，陳本引王伯申云：「『執』當爲『熱』，古『爇』字，説苑作『炳』，乃『焫』之譌，『焫』與『爇』同。」平公曰：「安有爲人臣而戲其君乎？」師曠曰：「盲臣安敢戲其君乎？劉曰：「『其』字，因上文誤衍。」盧謂「其」字「乎」字皆衍。臣聞之，少而好學，如日出之陽；壯而好學，如日中之光；老而好學，如炳燭之明。炳燭之明，孰與昧行乎？」平公曰：「善哉！」○此本書大傳，（類聚八十引。）或亦出師曠六篇中。金樓子立言篇用此文。

河間獻王曰：「湯稱學聖王之道者，譬如日焉，靜居獨思，譬如火焉，夫捨學聖王之道，若捨日之光，何乃獨思，若火之明也？俞曰：「文有脫誤，當作『夫捨學聖王之道而靜居獨思，譬若捨日之明而就火之光也』，文義方明。賈子新書載此文曰：『學聖王之道者，譬其如日，靜居而獨思，譬若火。夫捨學聖王之道而靜思獨居，譬其若去日之明於庭，而就火之光於室也。然可以小見而不可以大知。』其文較此爲詳，可據訂。」承周案：困學紀聞十引本書，無「何乃」二字。可以見小耳，未可用大知，「用」猶「以」。惟學問可以廣明德慧也。」○

馬國翰以爲河閒獻王書佚文。今見賈子修政語上。

梁丘據謂晏子曰：關曰：「梁丘據，齊景公之臣子猶也。」「吾至死不及夫子矣。」晏子曰：「嬰聞之，爲者常成，行者常至。嬰非有異於人也，常爲而不置，常行而不休者，故難及也。」○本晏子內篇雜下。

甯越，中牟鄙人也，關曰：「漢書藝文志注云：『甯越，中牟人，爲周威王師。』案『王』當作『公』，恐字之誤。」承周案：本書尊賢篇稱周威王問於甯子。威王、威公，古書每混稱，然實非王也。苦耕之勞，「耕」下，呂氏有「稼」字。謂其友曰：「何爲而可以免此苦也？」友曰：「莫如學。學三十年，則可以達矣。」「三」，舊作「二」，盧改。案宋本、明鈔本、經廠本，皆作「三」，與呂氏合。甯越曰：「請十五歲，人將休，吾將不休；盧曰：「當作『吾不敢休』，與下句法同。」劉說同。承周案：呂氏作「吾將不敢休」，下作「吾將不敢卧」，此文上句脫「敢」字，下句脫「將」字耳。人將卧，吾不敢卧。」十三歲學，「三」，盧改「五」，明鈔本同。案呂氏作「學十五歲」，則盧改是也。而周威公師之。關曰：「周本紀云：『考王封其弟於河南，是爲桓公，以續周公之官職，桓公卒，子威公代立。』」夫走者之速也，「走」，呂作「矢」，無「者」字，（下「步者」亦無「者」字。）淮南同。俞氏所見本「速」作「遠」，有「遠當作速」一條。案予所見本皆作「速」，俞氏所見乃誤本，其說無關校議，不録。而過二里止，「而」下，當據呂氏補「不」字，或「而」即「不」之誤，淮南亦云：「矢疾不過二里也。」步者之遲也，而百里不止。「百里」，呂氏、淮南皆作「百舍」，此疑後人妄改。今以甯越之材，而久不止，「以」字舊脫，依呂氏補。其爲諸侯師，豈不宜哉？」○見呂氏博志篇。

中數語又見淮南說林篇。

孔子謂子路曰：「汝何好？」子路曰：「好長劍。」孔子曰：「非此之問也。謂以汝之所能，「謂」，舊作「請」，盧改。家語「謂」上有「徒」字。加之以學，豈可及哉！」子路曰：「學亦有益乎？」孔子曰：「夫人君無諫臣則失政，士無教友則失聽。「友」，舊作「交」，盧改，案明鈔本、楚府本作「友」。「聽」，舊作「德」。闕曰：「家語『交』作『友』，『德』作『聽』。太宰德夫曰：『此二句與下文協韻，「德」作「聽」爲是。』」承周案：盧氏及太宰說皆是也，今從之。狂馬不釋其策，操弓不反於檠。「操」，疑當讀爲「燥」。木受繩則直，人受諫則聖。僞說命用此文，「直」作「正」。受學重問，孰不順成？「成」，家語作「哉」，誤，「成」與「刑」爲韵。毀仁惡士，且近於刑。君子不可以不學。」子路曰：「南山有竹，弗揉自直，斬而射之，通於犀革，又何學爲乎？」孔子曰：「括而羽之，鏃而砥礪之，其入不益深乎？」子路拜曰：「敬受教哉！」○家語子路初見篇用此文。

子路問於孔子曰：「請釋古之學而行由之意，可乎？」盧曰：「家語六本篇『學』作『道』。」孔子曰：「不可。昔者，東夷慕諸夏之義，有女，其夫死，爲之內私壻，終身不嫁。不嫁則不嫁矣，然非貞節之義也。蒼梧之弟，盧曰：「家語作『蒼梧嬈』，淮南氾論訓作『蒼梧繞』。」承周案：中論貴言篇作「蒼梧丙」，「丙」或作「內」，「丙」與「內」皆「内」之譌，廣韻三十六效有「𠆨」字，與「鬧」同，奴教切。慧琳音義卷三三云：「說文從市從人，會意字也，或作鬧，俗字也，經文作內，謬也。」又卷二十、卷五十一，及希麟續音義六宋張有復古篇俱以作「內」爲俗，據音義引呂静韻集已收此字，則由來已久。「㝁」「鬧」俱俗字，「內」又「㝁」之變體，正字作「嬈」。說文無「㝁」字，音義誤引。）故家語作「嬈」，中論作「內」，寫者不識，因改爲「丙」與「內」也。娶妻而美好，請與兄易。忠則忠矣，然非禮也。今子欲釋古之學而行子之意，庸知子用非爲是，用是爲非乎？盧曰：「『子』下當有『不』字，家語作『庸知子意不以是爲非，以非爲是乎』。」不順其初，盧曰：「『順』，家語『慎』，古通用。」雖欲悔之，難哉！」○家語六本篇用此文。

豐牆墝下，俞曰：「『豐牆墝下』，本作『高牆豐上墝下』，韓詩外傳作『高牆豐上激下』，是其證。」未必崩也；流潦至，「流」下，舊有「行」字。俞曰：「衍『行』字，外傳正作『流潦至』。」承周案：俞說是，今據删。又外傳此上有「降雨與」三字。壞必先矣。樹木根核不深，舊作「樹本淺，根垓不深」。盧曰：「『垓』宋本『核』，漢書五行志：『孕毓根核。』師古曰：『「核」亦「荄」字。』」承周案：盧說是也，今據改。又「樹本淺根核不深」，文義複緟，「本」乃「木」之形誤，「淺」字乃校者用外傳旁記誤入正文，外傳作「草木根荄淺」，不深卽淺也。未必撅也。「撅」，舊作「橛」，盧從外傳二改。飄風起，暴雨至，拔必先矣。君子居於是國，不崇仁義，不尊賢臣，未必亡也。然一旦有非常之變，車馳人走，指而禍至，盧曰：「『指而』，外傳作『迫然』。」乃始乾喉燋脣，仰天而歎，庶幾焉天其救之，不亦難乎？孔子曰：「不慎其前而悔其後，雖悔無及矣。」詩曰：詩王風中谷有蓷。「啜其泣矣，何嗟及矣！」言不先正本而成憂於末也。○本韓詩外傳二，末句外傳無。

虞君問盆成子曰：關引太室曰：「『問』當作『謂』，虞君非虞國之君。」「今工者久而巧，色者老而衰。

今人不及壯之時，益積心技之術，以備將衰之色，色者必盡乎老之前，知謀無以異乎幼之時。可好之色，彬彬乎且盡，洋洋乎安託無能之軀哉？故有技者不累身而未嘗滅，而色不得以常茂。」〇承周案：此虞君疑是虞卿，漢志儒家虞氏春秋十五篇，此或其佚文也。晏子、孟子書皆有盆成适，（「适」「括」同。）此盆成子當別是一人。

齊桓公問管仲曰：「王者何貴？」曰：「貴天。」桓公仰而視天。管仲曰：「所謂天者，非蒼蒼莽莽之天也，君人者以百姓爲天。百姓與之則安，輔之則彊，非之則危，背之則亡。詩云：詩小雅角弓。『人而無良，今詩作「民之無良」，外傳「而」作「之」，疑後人依毛詩改。相怨一方。』民怨其上，外傳作「民皆居一方而怨其上」，多五字。不遂亡者，未之有也。」〇本韓詩外傳四。

河間獻王曰：「管子稱：『倉廩實，知禮節；衣食足，知榮辱。』關曰：「管子牧民第一。」夫穀者，國家所以昌熾，士女所以姣好，禮義所以行，而人心所以安也。尚書五福，以富爲始，洪範：五福，一曰壽，二曰富。此云以富爲始，未詳。子貢問爲政，「子貢」，盧曰：「『冉有』之誤。」（據論語。）孔子曰：『富之。』既富，乃教之也，此治國之本也。」〇馬國翰以此爲河間獻王書佚文。

文公見咎季，關曰：「『咎季』即『舅犯』也。『咎』與『舅』同。晉文公之舅狐偃也。」承周案：關說大繆，「咎季」即「臼季」，即胥臣，即司空季子也。左傳、國語皆稱臼季，「臼」「咎」古同音，故亦作「咎季」。（猶「宜臼」之爲「宜咎」，見指武篇。）史記十二諸侯年表：「趙成子、欒貞子、霍伯、臼季皆卒。」晉世家「臼季」作「咎季」，是其明證。其廟傳於西牆，公曰：「孰處而西？」對曰：「君之老臣也。」公曰：「西益而宅。」對曰：「臣之忠，不如老臣之力，其牆壞而不築。」公曰：「何不築？」對曰：「一日不稼，百日不食。」公出而告之僕，僕頓首於軫曰：「呂刑云：尚書周書，「呂」或作「甫」。荀子君子篇引下二語作傳曰。『一人有慶，兆民賴之』。君之明，羣臣之福也。」乃令於國曰：「毋淫宮室，以妨人宅。板築以時，無奪農功。」○此與新序刺奢篇魏文侯見箕季節，似亦一事歧傳。

楚恭王多寵子，而世子之位不定。屈建曰：「楚必多亂。夫一兔走於街，萬人追之，一人得之，萬人不復走。分未定，則一兔走使萬人擾；分已定，則雖貪夫知止。後漢書袁紹傳注引愼子曰：「兔走於街，百人追之，貪人具存，人莫之非者，以兔爲未定分也。積兔滿市，過不能顧，非不欲兔也，分定之後，雖鄙不爭。」又云：「子思子、商君書並載，其詞畧同。」黄以周子思子輯解云：「愼到、商鞅皆在子思後，非子思載愼到語也。」承周案：愼子語，呂氏愼勢篇亦用之。尹文子大道上篇：「彭蒙曰：『雉兔在野，衆人逐之，分未定也；雞豕滿市，莫有志者，分定故也。』」語亦相似。屈建遠在子思之前，則諸子皆用古語也。（商君書在定分篇，愼子在德立篇。）今楚多寵子，而嫡位無主，亂自是生矣。夫世子者，「世」下舊有「太」字，盧曰：「『太』字衍。」承周案：「世」「太」同義，當衍其一，舊事無「太」字，今據刪。國之基也，而百姓之望也。國既無基，又使百姓失望，絕其本矣。舊事作「是絕其本」。本絕則撓亂，猶兔走也。」恭王聞之，立康王爲太子。其後猶有令尹圍、公子棄疾之亂也。○渚宮舊事一用此文。

晉襄公薨，嗣君少，傳作「靈公少」，史作「太子夷皋少」。趙宣子相，謂大夫曰：「立少君，懼多難。傳云：「晉人以多難故，欲立長君。」史同，下乃作趙盾語。請立雍。雍長，傳云：「好善而長。」史同。出在秦，秦大，足以爲援。」傳云：「先君愛之，且近於秦，秦舊好也，置善則固，事長則順，立愛則孝，結舊則安。爲難故，故欲立長君。有此回德者，難必抒矣。」史畧同。賈季曰：「不若公子樂。樂有寵於國，先君愛而仕之翟，翟足以爲援。」傳云：「賈季曰：『不如立公子樂。辰嬴嬖於二君，立其子，民必安之。』」史記「公子」作「其弟」，餘同。案此云「仕之翟」與傳不合。盧曰：「左氏文六年傳：『樂在陳。』故趙孟曰：『陳小而遠無援。』非翟也。」此下左、史文較本書爲詳。穆嬴抱太子以呼於庭曰：「先君奚罪？其嗣亦奚罪？舍嫡嗣不立，而外求君乎？」出朝，抱以見宣子，曰：「惡難也，故欲立長君，長君立而少君壯，難乃至矣。」傳云：「出朝則抱以適趙氏，頓首於宣子，曰：『先君奉此子也而屬諸子，曰：「此子也才，吾受子之賜；不才，吾惟子之怨。」今君雖終，言猶在耳，而棄之，若何？』」史記畧同。宣子患之，遂立太子也。傳云：「宣子與諸大夫皆患穆嬴，且畏偪，乃背先蔑而立靈公，以御秦師。」○事見左氏文六年、七年傳及史記晉世家，與此文並多異。

趙簡子以襄子爲後，董安于曰：「無恤不才，案襄子不得謂不才，淮南作「無恤賤」，於文爲長。趙世家：「簡子曰：『此其母賤，翟婢也。』」是其證。今以爲後，何也？」簡子曰：「是其人能爲社稷忍辱。」異日，智伯與襄子飲而灌襄子之首，大夫請殺之，襄子曰：「先君之立我也，曰『能爲社稷忍辱』，豈曰能刺人哉？」處十月，盧曰：「『十』，元本作『一』。」承周案：淮南亦作「十」，元本誤。又案「十月」乃「十年」之誤，據趙世家知伯以酒灌擊無卹，在出公十一年，後六年（出公十七年。）簡子卒，太子無卹代立，立四年滅知氏，相距適十年。智伯圍襄子於晉陽，襄子疏隊而擊之，大敗智伯，漆其首以爲酒器。○本淮南道應篇，又畧見史記趙世家。

說苑卷第四

立節

士君子之有勇而果於行者，不以立節行誼而以妄死非名，盧曰：「『非』，疑當作『求』。」豈不痛哉！士有殺身以成仁，觸害以立義，倚於節理盧曰：「『倚』一作『億』，安也。」而不議死地，故能身死名流於來世。非有勇斷，孰能行之。盧曰：「以上是小序，下當提行。」

子路曰：「不能甘勤苦，「甘」字舊脱。盧曰：「『能』下，御覽四百二十一有『甘』字。」承周案：文例當有「甘」字，今從御覽增。不能恬貧窮，不能輕死亡，而曰我能行義，吾不信也。」昔者，申包胥立於秦庭，七日七夜，哭不絕聲，遂以存楚。不能勤苦，安能行此？上從御覽補「甘」字，則此文「不能」當作「不甘」、方與下文例合。曾子布衣縕袍未得完，糟糠之食、藜藿之羹未得飽，義不合則辭上卿。關曰：「家語弟子行：『曾參齊嘗聘，欲以爲卿。』」不恬貧窮，安能行此？比干將死而諫逾忠，伯夷、叔齊餓死於首陽而志逾彰。不輕死亡，安能行此？故夫士欲立義行道，「義」，外傳作「身」，與孝經合。毋論難易，而後能行之；立身著名，無顧利害，而後能成之。詩曰：詩唐風椒聊。「彼其之子，「其」，外傳作「己」，此疑從人依毛詩改。碩大且篤。」非良篤修激之君子，其誰能行之哉？劉曰：「韓詩外傳作『其孰能與之哉』,當從之。」本韓詩外傳二。

王子比干殺身以成其忠,伯夷、叔齊殺身以成其廉,尾生殺身以成其信,盧曰:「此句脫,宋本有。外傳一『尾生』作『柳下惠』,非。」承周案:無此句則與下「天下舉信」句不合,明鈔本亦有此句,今增。趙校外傳謂尾生之信,不可與比干、夷、齊竝論,非也。古書以尾生與賢聖竝舉者,不可僂數,史記蘇秦傳:「孝如曾參,廉如伯夷,信如尾生。」(燕策同。)鹽鐵論褒賢篇:「伯夷以廉饑,尾生以信死。」漢書東方朔傳「廉若鮑叔,信若尾生。」皆其證也。尾生事見莊子盜跖篇,淮南氾論、說山二篇及注。又燕策、漢書人表皆謂之尾生高,卽論語微生高。此三子者,「三」,盧改「四」,云:「元本『三』,同外傳,今從宋本。」承周案:予所見宋本是「而」字,非「四」字,蓋譌文也,今從各本作「三」,蓋夷、齊無異行,故通以爲一人。皆天下之通士也,豈不愛其身哉?以爲夫義之不立,名之不著,是士之恥也,外傳無「以」字,「爲」作「謂」,古通。故殺身以遂其行。因此觀之,卑賤貧窮,非士之恥也;夫士之所恥者,天下舉忠而士不與焉,舉信而士不與焉,舉廉而士不與焉,三者在乎身,名傳於後世,與日月並而不息,雖無道之世,不能汚焉。然則非好死而惡生也,非惡富貴而樂貧賤也,由其道,遵其理,尊貴及己,士不辭也。外傳作「而仕也不辭也」,「仕」「士」通。孔子曰:「富而可求,雖執鞭之士吾亦爲之;論語無「富」字,「而」作「如」,古通。富而不可求,從吾所好。」大聖之操也。詩云:詩邶風柏舟。「我心匪石,不可轉也。我心匪席,不可卷也。」言不失己也。能不失己,然後可與濟難矣,此士君子之所以越衆也。外傳引詩下有「此之謂也」句,無「言不失己也」以下。本韓詩外傳三。

楚伐陳，陳西門燔，因使其降民修之。孔子過之，不軾。子路曰：關曰：「外傳作『子貢執轡而問曰』。」（盧語同。）「禮，過三人則下車，過二人則軾。「軾」，外傳「式」，古通。今陳修門者人數衆矣，夫子何爲不軾？」孔子曰：「丘聞之，國亡而不知不智，知而不爭不忠，忠而不死不廉。盧曰：「外傳一作『亡而不死非勇也』。」今陳修門者，外傳有「雖衆」二字，是。不能行一於此，「能」字舊脫，依外傳補。丘故不爲軾也。」○本韓詩外傳一。

孔子見齊景公，景公致廩丘以爲養，盧曰：「『養』，御覽四百二十六作『餼』。」承周案：鮑本御覽仍作「養」，呂氏、家語皆作「養」。又案「廩丘」，墨子非儒篇作「尼谿」，晏子外篇作「尔稽」。孔子辭不受，出，呂氏、家語皆作「入」，此蓋使人致之，孔子出見使者而辭，入而語弟子，今本書作「出」，蓋誤以爲景公面致之。謂弟子曰：「吾聞君子當功以受祿，今說景公，景公未之行，盧曰：「家語六本篇作『今吾言於齊君，齊君未之有行』。」承周案：孔子不當稱景公之謚，然古書似此甚衆，呂氏亦與本書同。而賜我廩丘，其不知丘亦甚矣。」遂辭而行。○本呂氏高義篇。家語六本篇用此文。

曾子衣弊衣以耕，舊誤連上，盧曰：「宋本提行。」承周案：明鈔本、關本亦提行。魯君使人往致邑焉，曰：「請以此修衣。」曾子不受。反，復往，又不受。使者曰：「先生非求於人，人則獻之，奚爲不受？」曾子曰：「臣聞之，受人者畏人，予人者驕人。家語「受人」下有「施」字，尸子明堂篇引曾子曰：

「取人者必畏，與人者必驕。」愼子外篇云：「受人者常畏人，與人者常驕人。」縱君有賜，不我驕也，「君」，舊作「子」，案曾子不得稱魯君爲子，今從家語改正。意林引作「安知君能不我驕我能不畏乎」，文雖譌，而「君」字尚未誤。我能勿畏乎？」終不受。孔子聞之曰：「參之言，足以全其節也。」〇據尸子明堂篇引曾子語有此文，則此必曾子十八篇之八篇中佚文也，故愼子亦用之。家語在厄篇用此文。

子思居於衞，舊誤連上，盧曰：「宋、元本皆提行。」承周案：明鈔本、關本皆提行。縕袍無表。關曰：「『表』一作『裏』。」承周案：書鈔百二十九、御覽四百二十六、又六百九十三、蒙求舊注引，皆作「裏」，白帖十二、御覽四百七十八，仍作「表」，疑作「裏」者誤也，禮記云：「袍必有表，謂之一稱。」蓋袍襌褻衣，故必加表，而子思無之。莊子讓王篇云：「曾子居衞，縕袍無表。」正與此同。二旬而九食。田子方聞之，使人遺狐白之裘，恐其不受，因謂之曰：「吾假人，遂忘之。吾與人也，如棄之。」子思辭而不受。子方曰：「我有子無，何故不受？」子思曰：「伋聞之：妄與不如遺，棄物於溝壑。伋雖貧也，不忍以身爲溝壑，是以不敢當也。」〇黃以周以爲子思子佚文。

宋襄公茲父爲桓公太子，桓公有後妻子曰公子目夷，盧曰：「『目』，御覽五百十六作『莫』，下並同。」承周案：「莫」「目」雙聲通用，作「目」疑後人依左傳、史記改之。公愛之，茲父爲公愛之也，欲立之，請於公曰：「請使目夷立，臣爲之相以佐之。」「相」下，舊有「兄」字，盧以爲衍，今據刪。公曰：「何故也？」對曰：「臣之舅在衞，愛臣，若終立，則不可以往，絶迹於衞，是背母也。且臣自知不足以處目夷之上。」公不許，彊以請公，盧曰：「『公』衍，御覽無。」公許之。將立公子目夷，目夷辭曰：「兄立而弟在下，是其義也。今弟立而兄在下，不義也。不義而使目夷爲之，目夷將逃。」乃逃之衞，茲父從之。三年，桓公有疾，使人召茲父：盧曰：「御覽有『曰』字。」「若不來，是使我以憂死也。」茲父乃反，公復立之，以爲太子，然後目夷歸也。○目夷讓國事，左僖八年傳、史記宋世家皆載之，而文俱異。左云：『目夷長且仁。』史云：『茲父庶兄目夷。』是皆以目夷爲襄公兄，而此文獨以目夷爲襄公弟，未詳所據。

晉驪姬譖太子申生於獻公，獻公將殺之。公子重耳謂申生曰：檀弓亦以爲重耳語，左傳、史記作「或」，國語作「人」，穀梁、列女傳皆以爲里克語。「爲此者，非子之罪也，子胡不進辭？辭之必免於罪。」申生曰：「不可。我辭之，驪姬必有罪矣。吾君老矣，微驪姬寢不安席，食不甘味，如何使吾君以恨終哉？」重耳曰：「不辭則不若速去矣。」申生曰：「不可。去而免於死，是惡吾君也。夫彰父之過而取美，諸侯孰肯納之。入困於宗，出困於逃，是重吾惡也。吾聞之，忠不暴君，智不重惡，勇不逃死。如是者，吾以身當之。」遂伏劍死。盧曰：「此本穀梁，呂氏上德篇亦同。」承周案：左傳、國語、列女傳、檀弓鄭注，或云縊，或云自經，或云雉經，皆與本書異。穀梁云：「刎脰而死。」呂氏云：「遂以劍死。」史記云：「自殺。」皆與本書合。君子聞之曰：「天命矣夫，世子！」詩曰：詩小雅巷伯。「萋兮斐兮，成是貝錦。彼譖人者，亦已太甚。」○左僖四年傳、國語晉語、穀梁僖十年傳、史記晉世家、禮記檀弓、呂氏上德篇、列女傳孽嬖篇，皆載此事，互相出入，文繇不備列。

晉獻公之時，有士焉曰狐突，傅太子申生。案左傳、史記皆云：「殺其傅杜原款。」穀梁又稱世子之傅里克，據列女傳則里克爲太傅，杜原款爲少傅，狐突似非傅。公立驪姬爲夫人，而國多憂，狐突稱疾不出。六年，獻公以譖誅太子。太子將死，使人謂狐突曰：關曰：「晉語作『使猛足言於狐突曰。』」「吾君老矣，國家多難，傅一出以輔吾君，申生受賜以死不恨。」再拜稽首而死。狐突乃復事獻公。三年，獻公卒。狐突辭於諸大夫曰：「突受太子之詔，今事終矣，與其久生亂世也，不若死而報太子。」乃歸自殺。盧曰：「時左氏未盛行，故事多不相合。」承周案：申生辭狐突語，國語晉語、禮記檀弓皆載之，惟不言狐突自殺。據左傳則狐突因不肯召其二子毛、偃而死，在懷公時。

楚平王使奮揚殺太子建，未至而遣之，關曰：「左傳『遣』上有『使』字，杜預曰：『知太子寃，故遣令去。』」太子奔宋。王召奮揚，盧曰：「左氏『奮揚』二字重，此不重，則下使字似屬王，然與而敢來語不合。」承周案：古書重字多爲寫者誤以爲複而删之，此直是脱文，非異義。使城父人執之以至。盧曰：「『之』，傳作『已』。」王曰：「言出於予口，入於爾耳，誰告建也？」對曰：「臣告之。王初命臣曰：『事建如事余。』臣不佞，不能貳也。奉初以還，此下左有「不忍後命」四字。故遣之。已而悔之，亦無及也。」王曰：「而敢來，何也？」對曰：「使而失命，召而不來，是重過也。逃無所入。」王乃赦之。○事見左昭二十年傳，又畧見史記楚世家。

晉靈公暴，趙宣子驟諫，靈公患之，使鉏之彌賊之。盧曰：「『鉏之彌』，左氏宣二年傳作『鉏麑』，呂氏過理篇作『沮麛』。」承周案：晉語、晉世家皆作「鉏麑」，漢書人表作「鉏麛」，公羊作「勇士某」。鉏之彌晨往，則寢門闢矣，宣子盛服將朝，尚早，坐而假寐。「寢」，左傳、晉語皆作「寐」，公羊云：「將食魚飧。」之彌退，歎而言曰：「不忘恭敬，民之主也。賊民之主不忠，棄君之命不信，有一於此，不如死也。」遂觸槐而死。左氏亦云「觸槐」，晉語、呂氏皆云「觸廷槐」，晉世家云「觸樹」，公羊云「刎頸」。○事見左宣二年傳，國語晉語、呂氏過理篇，又畧見史記晉世家，公羊宣六年傳，文與此異。

齊人有子蘭子者，事白公勝。勝將爲難，乃告子蘭子曰：「吾將舉大事於國，願與子共之。」子蘭子曰：「我事子而與子殺君，是助子之不義也。畏患而去子，是遁子於難也。故不與子殺君，以成吾義，契領於廷，盧曰：「契，絶也，苦計、苦結二切。」關曰：「契，斷也，領，項也。戰國策亦曰：『臣請契領。』」以遂吾行。」○渚宮舊事二用此文。

楚有士申鳴者，在家而養其父，孝聞於楚國。王欲授之相，外傳作「王召之」，下文「因授之相」，外傳作「左司馬」，案左傳及楚世家無申鳴爲相事，外傳爲長。申鳴辭不受。其父曰：「王欲相汝，汝何不受乎？」申鳴對曰：「舍父之孝子而爲王之忠臣，何也？」其父曰：「使有祿於國，立義於庭，俞曰：「當作『有立於庭』，『立』古『位』字，『有立於庭』即有位於庭也，後人不知『立』爲『位』之假字，改作『立義於庭』，失之矣。韓詩外傳作『有祿於朝，有位於廷，汝樂而我不憂矣』，是其明證。」汝樂吾無憂矣。吾欲汝之相也。」「相」，外傳作「仕」。申鳴曰：「諾。」遂入朝，楚王因授之相。外傳作「遂之朝受命，楚王以爲左司馬」。居三年，外傳作

「其年」。白公爲亂，殺司馬子期，「殺」下，外傳有「令尹子西」四字，此因以申鳴爲相，不容更有令尹，遂没其文，非也。事見左哀十六年傳，史記楚世家。申鳴將往死之，父止之，曰：「棄父而死，其可乎？」申鳴曰：「聞夫仕者身歸於君，而禄歸於親。今既去父事君，「父」，舊作「子」，盧曰：「御覽同，今從宋本。」得無死其難乎？」遂辭而往，因以兵圍之。白公謂石乞曰：「申鳴者，天下之勇士也，今以兵圍我，吾爲之奈何？」石乞曰：「申鳴者，天下之孝子也，往劫其父以兵，「劫」本譌「刼」，今從宋本。申鳴聞之必來，因與之語。」白公曰：「善。」則往取其父，持之以兵，告申鳴曰：「子與吾，吾與子分楚國。盧曰：「宋本有『之半』二字，御覽亦無。」承周案：外傳亦無「之半」二字，咸淳本無「半」字，未敢據增。子不與吾，子父則死矣。」申鳴流涕而應之曰：「始吾父之孝子也，今吾君之忠臣也。吾聞之也，食其食者死其事，受其禄者畢其能。今吾已不得爲父之孝子矣，乃君之忠臣也，吾何得以全身？」援桴鼓之，遂殺白公，其父亦死。王賞之金百斤。外傳止云：「王歸賞之。」申鳴曰：「食君之食，避君之難，非忠臣也。定君之國，殺臣之父，非孝子也。名不可兩立，行不可兩全也。如是而生，何面目立於天下？」遂自殺也。○見韓詩外傳十，文較畧。又見渚宮舊事二。盧曰：「御覽四百十七全引此文作新序。」承周案：八百一十一引仍作說苑。

齊莊公且伐莒，爲五乘之賓，「爲」下，舊衍「車」字，據後漢書袁紹傳注引删。闕引太室曰：「言莊公作車五乘，以邀勇士五人爲賓客。」闕又曰：「韓非子外儲說：『昭卯，魏襄王養之以五乘將軍。』」承周案：太室不知「車」爲衍文，望文妄說，非也。關以昭卯事爲證，甚當，見韓子外儲說左下篇。彼上篇載養爲母猴者以五乘之奉，亦可證。左襄二十一年傳：「莊公爲勇爵。」五乘之賓，卽勇爵之高者，以五乘養一人，非以五乘邀五人也。而杞梁、華舟獨不與焉，盧曰：「『舟』，左傳『周』，古通用。」承周案：孟子同，左傳作「杞殖、華還」，後又言「華周、杞梁」，檀弓亦云「杞殖」，漢書人表「華舟」作「華州」。故歸而不食。其母曰：「汝生而無義，死而無名，則雖五乘，「雖」下，舊有「非」字，案文不當有，今刪，此謂雖得爲五乘之賓也。孰不汝笑也！汝生而有義，死而有名，則五乘之賓，盡汝下也。」趣食乃行，杞梁、華舟同車，侍於莊公而行至莒。莒人逆之，杞梁、華舟下鬬，獲甲首三百。莊公止之曰：「子止，與子同齊國。」杞梁、華舟曰：「君爲五乘之賓，而舟、梁不與焉，是少吾勇也；臨敵涉難，止我以利，是污吾行也。深入多殺者，臣之事也，齊國之利，非吾所知也。」遂進鬬，壞軍陷陣，三軍弗敢當。至莒城下。莒人以炭置地，二人立有間，不能入。隰侯重爲右，曰：「吾聞古之士犯患涉難者，其去遂於物也，句疑。來，吾踰子！」隰侯重杖楯伏炭，二子乘而入，顧而哭之，華舟後息。杞梁曰：「汝無勇乎？何哭之久也？」華舟曰：「吾豈無勇哉！是其勇與我同也，而先吾死，是以哀之。」莒人曰：「子毋死，與子同莒國。」杞梁、華舟曰：「去國歸敵，非忠臣也；去長受賜，非正行也。且鷄鳴而期，日中而忘之，非信也。深入多殺者，臣之事也，莒國之利，非吾所知也。」遂進鬬，殺二十七人而死。其妻聞之而哭，城爲之阤，而隅爲之崩，此非所以起也。關引太室曰：「言寵勇士而殺勇士，非所以振起勇士也。」盧曰：

「『非』字疑『琴曲』二字之誤，案琴操有芑梁妻歎，『芑』與『杞』通。」○杞梁、華舟事，見左襄二十三年傳，其妻事，則傳及禮記檀弓、列女傳貞順篇、孟子告子下篇皆言之。伐莒之役，此文獨詳。又案孟子連言華周、杞梁之妻，與此同，而左傳、列女傳、檀弓、琴操，皆止載杞梁妻，人表亦止載杞殖妻，日知録謂因杞梁之妻而連及華周之妻，似亦有理。竊謂二人之事，混而難分，上所云其母云云，亦不知爲誰之母。據御覽引列女傳則母妻皆屬杞梁也。（御覽四百二十二引列女傳載杞梁妻事，與本書畧同，惟不言華周耳，今本列女傳有脱文。）又案列女傳及琴操云「赴淄水死」，又諸書所無。曹植集黄初六年令曰：「杞妻哭梁，山爲之崩。」與此言城阤隅崩亦異。王充以城崩爲不實，見論衡感虚篇。釋貫休禪月集有杞梁妻一首，以爲秦築長城時事。

越甲至齊，雍門子狄請死之。齊王曰：「鼓鐸之聲未聞，矢石未交，長兵未接，子何務死之？魏志陳思王傳注、文選求自試表注，「之」作「知」，則當屬下句。爲人臣之禮邪？」雍門子狄對曰：「臣聞之，昔者王田於囿，左轂鳴，車右請死之，而王曰：『子何爲死？』車右對曰：『爲其鳴吾君也。』王曰：『左轂鳴者，工師之罪也，魏志注、選注「者」下有「此」字。子何事之有焉？』車右曰：魏志注「曰」上有「對」字。『臣不見工師之乘，而見其鳴吾君也。』遂刎頸而死。知有之乎？」齊王曰：「有之。」雍門子狄曰：「今越甲至，其鳴吾君也，豈左轂之下哉？車右可以死左轂，而臣獨不可以死越甲也？」遂刎頸而死。是日，越人引甲而退七十里，曰：「齊王有臣鈞如雍門子狄，擬使越社稷不血食。」魏志注「擬」作「疑」。遂引甲而歸。齊王葬雍門子狄以上卿之禮。○書鈔百四十一引世本載此事，「雍門子狄」作「雍門伏」，文多譌脱。案文不似世本，乃世説之誤，説見序例。

楚人將與吳人戰，盧曰：「宋、元本皆提行。」承周案：明鈔本、楚府本、范本、王本、闞本亦皆提行。」楚兵寡而吳兵衆，楚將軍子囊曰：「我擊此國必敗，辱君虧地，忠臣不忍爲也。」不復於君，黜兵而退。呂氏無「黜兵」二字，「退」作「遁」，舊事同。據下文，此「退」乃「遁」之誤。至於國郊，使人復於君曰：「臣請死。」君曰：「子大夫之遁也，以爲利也。而今誠利，子大夫毋死。」子囊曰：「遁者無罪，則後世之爲君臣者，皆入不利之名，而效臣遁，若是，則楚國終爲天下弱矣。臣請死。」退而伏劍。君曰：「誠如此，請成子大夫之義。」乃爲桐棺三寸，加斧質其上，以徇於國。○本呂氏高義篇，渚宮舊事二同。梁校呂覽以爲卽左傳襄十四年楚子囊還自伐吳卒事，呂覽大與傳違，不可信。

宋康公攻阿，屠單父，成公趙曰：「始吾不自知，以爲在千乘則萬乘不敢伐，在萬乘則天下不敢圖。今趙在阿而宋屠單父，則是趙無以自立也，且往誅宋。」「宋」下似脱「王」字，下云「事誅宋王」，是其證。趙遂入宋，三月不得見，或曰：「何不因鄰國之使而見之？」成公趙曰：「不可。吾因鄰國之使而刺之，則使後世之使不信，荷節之信不用，俞曰：「『荷』，疑『符』字之誤。」皆曰：『趙使之然也。』不可。」或曰：「何不因羣臣道徒處之士而刺之？」道，由也，由亦因也。徒處之士卽處士。成公趙曰：「不可。吾因羣臣道徒處之士而刺之，則後世之忠臣不見信，辯士不見顧，皆曰：『趙使之然也。』不可。吾聞古之士怒則思理，危不忘義，必將正行以求之耳。」期年，宋康公病死，成公趙曰：「廉士不辱名，信士不惰行。盧曰：「『惰』疑『墮』，下同。」今吾在阿，宋屠單父，是辱名也；事誅宋王，期年不得，是惰行也。吾若是而生，何面目見天下之士！」遂立槁於彭山之上。○成公趙未詳，此宋康公則宋康王偃也，故篇中又稱宋王。或疑此謂宋康公病死，與史記世家言殺王偃不合。案宋策云：「王乃逃倪侯之館，遂得而死。」賈子新書春秋篇、新序雜事四，皆載之，作「遂得病而死」。（賈子本脫「病」字，盧引別本有，與新序正合。）則宋康公之卽宋康王審矣。

佛肸用中牟之縣畔，「肸」，舊作「肹」，盧正，下同。御覽四百二十一「用」作「以」，無「之」字。史記孔子世家：「佛肸爲中牟宰，簡子攻范、中行，伐中牟，佛肸畔。」（論語作「佛肸」，人表作「茀肸」。）左哀五年傳云：「趙鞅伐衞，范氏之故也，遂圍中牟。」卽此事。中牟有二，一在鄭，一在晉，此晉之中牟，趙都也。水經渠水注云：「沫水東北流，逕中牟縣故城西，昔趙獻侯自耿都此，趙襄子時佛肸以中牟畔，置鼎於庭，不與己者烹之，田英將褰裳赴鼎處也。」設祿邑炊鼎，曰：「與我者受邑，不與我者其烹。」盧曰：「衍『其』字，御覽四百二十一無。」承周案：彼節引耳，非衍。中牟之士皆與之。城北餘子田基獨後至，袪衣將入鼎，曰：「基聞之，義者軒冕在前，非義弗乘；斧鉞於後，義死不避。」遂袪衣，將入鼎。佛肸播而止之。舊無「止」字，盧曰：「脫一字，御覽無『播而』二字，有『止』字。」承周案：當作「播而止之」，今從御覽補「止」字。趙簡子屠中牟，得而取之，論有功者，用田基爲始。田基曰：「吾聞廉士不恥人。如此而受中牟之功，盧曰：「『如此而』，御覽作『如基』。」則中牟之士終身慚矣。」遂襁負其母，「遂」字舊脫，盧補，云：「御覽有。」南徙於楚。楚王高其義，待以司馬。○案新序義勇篇亦載此事，「田基」作「田卑」，御覽六百四十五引新序又作「田單」，（「單」字形誤。）水經注渠水篇作「田英」，御覽六百三十三引本書亦作「田英」，文亦大異。今以御覽六百三十三所引本書附録於後，而以新序校其異同注於下，通鑑外紀周紀七，兼用說苑、新序，亦畧取之。

佛肸於中牟叛，新序「於」作「以」，御覽四百二十一亦作「以」。置鑊於中庭，新序作「置鼎於庭」。召大夫而盟曰：新序作「致士大夫曰」。「從我者賞之，不從我者罰之。」新序作「與我者受邑，不吾與者烹」。大夫皆從之。至於田英，「大夫」七字用新序補。彼「英」作「卑」，下同。曰：「吾聞義死者不避斧鉞之威，義窮者不受軒冕之賜。新序無二「者」字，「威」作「罪」，「賜」作「服」。無義而生，不如有義而死，新序作「無義而生，不仁而富，不若烹」。（六百四十五引新序「烹」作「死」，通鑑外紀周紀七「不若烹」作「不如有義而烹」。）吾不從也。」新序無此句。乃褰裳就鑊。新序作「褰衣將就鼎」，水經注云：「褰裳赴鼎。」佛肸止之。新序作「佛肸脫屨而生之」。（六百四十五引新序作「佛肸說乃止」，外紀與此合。）及襄子既復中牟之叛，新序作「趙氏聞其叛也，攻而取之。」案史記孔子世家，佛肸叛在簡子時，今本說苑作趙簡子屠中牟是也。列女傳辯通篇趙佛肸母傳以佛肸叛爲在襄子時，與此合，蓋傳聞之異。聞田英義，新序作「聞田卑不肯與也」。召而賞之。新序「召」作「求」。英辭不受。新序作「田卑曰不可也」。曰：「一人受賞，衆人有慚色。新序作「一人舉而萬夫俛首，智者不爲也，賞一人以慙萬夫，義者不取也」。英若受賞，則中牟之士盡愧矣。」新序作「我受賞，使中牟之士懷恥不義」。（六百四十五引新序，「懷」作「皆」。）○新序此下有「辭賞徒處，曰：以行臨人不道，吾去矣，遂南之楚」。御覽引本書約。

齊崔杼弒莊公。事在春秋襄二十五年。邢蒯聵使晉而反，盧曰：「外傳八作『荆蒯芮』。」承周案：梁氏人表攷以爲卽左氏傳襄二十一年之「邢蒯」，乃欒盈勇士，出奔於齊。又謂外傳「荆」必「邢」之譌。予謂「荆」「邢」古通用，韓非子外儲說左下「邢伯柳」，韓詩外傳九作「荆伯柳」，是其例。其僕曰：「崔杼弒莊公，子將奚如？」邢蒯聵曰：「驅之，將入死而報君。」其僕曰：「君之無道也，四鄰諸侯莫不聞也。以夫子而死之，不亦難乎？」邢蒯聵曰：「善能言也，盧曰：「『善能』，外傳作『善哉而』。」俞曰：「『能』當作『而』，古字通用，『而』猶『爾』也。韓詩外傳作『善哉而言也』，是其證。」然亦晚矣！子早言我，外傳無此「我」字，疑衍。我能諫之，諫不聽，我能去。今既不諫，又不去。吾聞食其祿者死其事。吾既食亂君之祿矣，又安得治君而死之？」遂驅車入死。其僕曰：「人有亂君，人猶死之。我有治長，可毋死乎？」乃結轡自刎於車上。君子聞之曰：「邢蒯聵可謂守節死義矣。死者人之所難也，僕夫之死也，雖未能合義，然亦有志士之意矣。詩云：詩大雅蒸民。『夙夜匪懈，以事一人』。邢生之謂也。孟子曰：孟子滕文公下篇。又韓詩外傳二載巫馬期聞諸夫子，亦有此語，孟子亦述孔子語也。『勇士不忘喪其元。』外傳引孟子語作「易曰：『不恒其德，或承之羞。』」僕夫之謂也。」○韓詩外傳八文同，惟論僕夫語異，蓋子政以爲刻而易之。

燕昭王使樂毅伐齊，閔王亡。事在湣王四十年。燕之初入齊也，聞蓋邑人王歜賢，「蓋」史記作「畫」，正義引括地志云：「澅邑，蠋所居，卽此邑，因澅水爲名也。」水經淄水注謂澅水南山西有王歜墓，則「蓋」當爲

「畫」，（卽「澅」之省。）蓋乃王歜及陳仲子兄采地，見孟子，非此地也。（漢志蓋在泰山郡。）史記「歜」作「蠋」，俗字。令於軍曰：「環蓋三十里毋入。」御覽四百二十一「蓋」下有「邑」字。以歜之故。已而使人謂歜曰：「齊人多高子之義，吾以子爲將，封子萬家。」歜固謝燕人，燕人曰：「子不聽，吾引三軍而屠蓋邑。」王歜曰：「忠臣不事二君，貞女不更二夫。齊王不聽吾諫，故退而耕於野。國既破亡，吾不能存，今又劫之以兵，爲君將，是助桀爲暴也。與其生而無義，固不如烹。」遂懸其軀於樹枝，自奮絶脰而死。齊亡大夫聞之曰：御覽「亡」作「士」。「王歜布衣，義猶不背齊向燕，況在位食禄者乎？」乃相聚如莒，求諸公子，史記無「公」字，此謂太子法章。立爲襄王。○事見史記田單傳。

左儒友於杜伯，皆臣周宣王。宣王將殺杜伯而非其罪也，左儒爭之於王，九復之而王弗許也。王曰：「別君而異友，「異」，盧從御覽四百二十一改作「黨」。案四百五十五引亦作「黨」，周春秋仍作「異」。斯汝也！」左儒對曰：「臣聞之：君道友逆，則順君以誅友；友道君逆，則率友以違君。」「率」與「達」同，周春秋作「帥」，亦順也。王怒曰：「易而言則生，不易而言則死。」御覽四百二十一作「不易則死」，四百五十五作「不易而死」。案「而言」二字可省，御覽四百二十一引與周春秋合，於文爲長。闗本「死」作「列」，云：「『列』，『死』之誤。」左儒對曰：「臣聞古之士不枉義以從死，「死」，盧從御覽改作「邪」。案御覽兩引皆作「邪」，周春秋仍作「死」。不易言以求生，故臣能明君之過，以死杜伯之無罪。」俞曰：「當作『故臣以死能明君之過，杜伯之無罪』，『能』卽『而』字。」承周案：本文自通，無煩肊改。周春秋「死」作「正」。王殺杜伯，左儒死之。○顏之推還冤志引周春秋云：「周杜國之伯名恒，爲周大夫。宣王之妾曰女鳩，欲通之，杜伯不可。女鳩訴之於王曰：『恒竊與妾交。』宣王信之，囚杜伯於焦。其友左儒爭之，王不許，曰：『女別君而異友也？』儒曰：『君道友逆，則順君以誅友；友道君逆，則帥友以違君。』王怒曰：『易而言則生，不易則死。』儒曰：『士不枉義以從死，不易言以求生，臣能明君之過，以正杜伯之無罪。』九諫而王不聽。王使薛甫司工錡殺杜伯，左儒死之。杜伯既死，卽爲人見王曰：『恒之罪何哉？』召祝而以杜伯語告之，祝曰：『始殺杜伯，誰與王謀之？』王曰：『司工錡也。』祝曰：『何不殺錡以謝之。』宣王乃殺錡，使祝以謝杜伯。錡又爲人而至曰：『臣何罪之有？』宣王告皇甫曰：『祝也與我謀而殺人，吾所殺者又皆爲人而見，奈何？』皇甫曰：『殺祝以兼謝焉。』又無益也，皆爲人而至，祝亦曰：『我焉知之？奈何以爲罪而殺臣也！』後三年游於圃田，從人滿野，日中，杜伯乘白馬素車，司工錡爲左，祝爲右，朱衣朱冠，起於道左，執朱弓朱矢，射王中心折脊，伏於弓衣而死。」案本書所云，似卽出周春秋，墨子明鬼篇、周語韋解、史記周本紀正義皆引之，顏所引獨詳，故備録之。周語云：『杜伯射王於鄗。』（語又見本書辨物篇。）韋以鄗爲鄗京，胡承珙毛詩後箋（車攻篇。）云：『敖鄗、圃田，地本相近，鄗卽敖鄗，韋昭以鄗爲鄗京，誤矣。』

莒穆公有臣曰朱厲附，盧曰：「列子説符、呂氏恃君篇俱作『柱厲叔事莒敖公』，『叔』亦作『尗』，與『附』形近致誤。」事穆公，不見識焉。冬處於山林，食杼栗，盧曰：「『杼』列作『橡』，御覽七百五十八同。」承周案：呂氏亦作「橡」。夏處洲澤，食蔆藕。穆公以難死，朱厲附將往死之。其友曰：「子事君而不見識焉，今君難，吾子死之，意者其不可乎？」朱厲附曰：「始我以爲君不吾知也，今君死而我不死，是果知我也，「果」下，舊有「不」字，盧曰：「列子作『是果不知我也』，今此文與呂氏畧同，不當有『不』字。」闕引太室曰：「下『不』字衍。」承周案：說皆是，今據删。吾將死之，以激天下不知其臣者。」遂往死之。○列子說符篇、呂氏恃君覽，文皆畧同。

楚莊王獵於雲夢，「楚莊王」，呂氏作「荆莊哀王」，高注云：「考烈王之子，在春秋後。」案此下云邲之戰，自是莊王，高注誤也。射科雉，得之，盧曰：「『科雉』呂氏至忠篇作『隨兕』。」申公子倍攻而奪之，盧曰：「『倍』，呂『培』，下同。」承周案：「攻」當從呂作「刦」。王將殺之。大夫諫曰：「子倍自好者也，「者」字舊無，今補。案呂氏作「子培賢者也」，文雖小異，正有「者」字，「自好者」見孟子。爭王雉，必有說，王姑察之。」不出三月，子倍病而死。邲之戰，「邲」，呂作「兩棠」，說見尊賢篇。楚大勝晉，歸而賞功。申公子倍之弟進請賞於王曰：「人之有功也於軍旅，臣兄之有功也於車下。」此十七字，舊作「人之有功也賞於車下」九字，義不可通。盧曰：「御覽四百十七引呂氏作『人之有功也於軍旅，臣兄之有功也於車下』，今呂氏至忠篇亦有脫文。」承周案：呂氏脫文，畢本已據御覽補，卽當據以補本書。王曰：「奚謂也？」對曰：「臣之兄讀故記曰：『射科雉者，不出三月必死。』臣之兄爭而得之，故夭死也。」王命發平府而視之，「平」舊作「乎」，盧改。闕曰：「呂氏作『平府』，注：『平府，府名。』」於記果有焉，盧曰：「『記』上，呂氏一有『故』字。」承周案：上文言「故記」，此似亦當有。乃厚賞之。○本呂氏至忠篇，渚宮舊事一同。

說苑卷第五

貴德

聖人之於天下百姓也，其猶赤子乎！饑者則食之，承周案：類聚二十、初學記十七、御覽四百一引此及下句「則」字皆無之，似衍。寒者則衣之，將之養之，育之長之，唯恐其不至於大也。詩曰：詩召南甘棠。「蔽芾甘棠，勿翦勿伐，召伯所茇。」傳曰：公羊隱五年傳。「自陝以東者，周公主之，自陝以西者，召公主之。」何氏公羊解詁云：「陝者，蓋今弘農陝縣是也。」釋文：「陝，失冉反。一云當作『郟』，古洽反。」案依何注，則字當作「陝」，今古書「陝」多誤作「陜」。公羊二「以」字皆作「而」，白虎通封公侯篇引公羊傳作「已」，竝通，史記燕世家作「以」，與本書合。召公述職，當桑蠶之時，「桑蠶」，御覽六百三十八作「蠶桑」。（詩攷引同今本。）不欲變民事，故不入邑中，舍于甘棠之下，而聽斷焉。陝間之人，皆得其所。韓詩外傳一曰：「昔者，周道之盛，召伯在朝，有司請營召以居。召公曰：『嗟！以吾一身而勞百姓，此非吾先君文王之志也！』於是出而就烝庶於隴畝之間，而聽斷焉。召伯暴處遠野，廬於樹下；百姓大悦，耕桑者倍力以勸，於是歲大稔，民給家足。」漢書王吉傳：「召公述職，當民事時，舍於棠下而聽斷焉。是時人皆稱得其所。」是故後世思而歌詠之。善之故言之，言之不足，故嗟歎之，嗟歎之不足，故歌詠之。承周案：毛詩大序「言之」作「長言之」，「歌詠」作「永歌。」夫詩，思然後積，積然後滿，滿然後發，發由其道，而致其位焉。百姓歎其美而致其敬，甘棠之不伐也，政教惡乎不行？孔子曰：「吾於甘棠，見宗廟之敬也甚。盧曰：「家語好生篇『甚』下有『矣，思其人必愛其樹』。」尊其人必敬其位，闕曰：「『孔子曰』以下，見家語好生。」盧曰：「家語『位』下云『道也』，無以下語。」順安萬物，古聖之道幾哉！」

仁人之德教也，舊連上。盧曰：「當別爲一條。」今從之。誠惻隱於中，悃愊於內，不能已於其心。故其治天下也，如救溺人。見天下强陵弱，衆暴寡，幼孤羸露，死傷係虜，不忍其然。是以孔子歷七十二君，莊子天運篇：「以奸者七十二君，論先王之道而明周、召之迹。」淮南泰族篇：「孔子欲行王道，東西南北，七十說而無所偶。」本書至公篇：「仲尼行說七十諸侯無定處。」史記十二諸侯年表：「孔子明王道，干七十餘君，莫能用。」儒林傳：「仲尼干七十餘君，無所遇。」（呂氏遇合篇：「孔子周流海內，所見八十餘君。」與諸書異。）論衡儒增篇：「書說『孔子不能容於世，周流游說七十餘國，未嘗得安。』夫言周流不遇可也，言干七十國，增之也。案論語之篇，諸子之書，孔子自衞反魯，在陳絕糧，削迹於衞，忘味於齊，伐樹於宋，并費與頓牟，至不能十國，傳言七十國，非其實也。」冀道之一行，而得施其德，使民生於全育，「生」下「於」字，盧疑衍。案文不當有「於」字。烝庶安土，萬物熙熙，各樂其終。卒不遇，故睹麟而泣，闕曰：「公羊哀公十四年春西狩獲麟傳：『麟者，仁獸也。有王者則至，無王者則不至。有以告者曰：「有麕而角者。」孔子曰：「孰爲來哉！孰爲來哉！」反袂拭面，涕沾袍。』」哀道不行，德澤不洽，於是退作春秋，明素王之道，以示後人，思施其惠，未嘗輟忘。是以百王尊之，志士法焉，誦其文章，傳今不絕，德及之也。詩曰：「詩小雅皇皇者華。」「載馳載驅，周爰咨謀。」此之謂也。

聖王布德施惠，舊誤連上，盧曰：「宋本提行。」承周案：當提行，今從宋本。非求報於百姓也；郊望禘嘗，非求報於鬼神也。「報」，淮南作「福」。莊子讓王篇、呂氏誠廉篇俱載伯夷、叔齊語曰：「昔者，神農氏之有天下也，時祀盡敬而不祈福，其於人也，忠信盡志而無求焉。」（莊子「福」作「喜」。）山致其高，雲雨起焉；水致其深，蛟龍生焉；君子致其道德，而福祿歸焉。淮南「道」下無「德」字，文子同。夫有陰德者必有陽報，有隱行者必有昭名。古者，溝防不修，水爲人害，禹鑿龍門，闢伊闕，平治水土，使民得陸處。百姓不親，五品不遜，二句，書堯典文。說文引書「遜」作「愻」，古文也，史記五帝紀作「馴」，尚書大傳、史記殷本紀作「訓」，淮南作「順」，皆今文異本也。劉用今文，必不作「遜」，此文出淮南，則當作「順」也，（今本淮南作「慎」，御覽引作「順」，「慎」「順」通。）今作「遜」，乃後人用僞孔本改之。契教以君臣之義，父子之親，夫婦之辨，「婦」，淮南作「妻」。長幼之序。關引或曰：「『序』下恐脫『朋友之交』四字。」承周案：淮南亦無「朋友之交」四字。田野不修，民食不足，后稷教之闢地墾草，糞土樹穀，「樹」，淮南作「種」。令百姓家給人足。故三后之後，高彼注云：「謂夏、殷、周。」案書呂刑：「三后恤功於民。」有伯夷無契，與此異。無不王者，有陰德也。周室衰，禮義廢，孔子以三代之道，教導於後世，案「世」字當在「後」字上，又脫「其」字，淮南作「教道於世，其後繼嗣，至今不絕」，於文爲長。下乃言「繼嗣」，此不當言「後世」也。繼嗣至今不絕者，有隱行也。〇本淮南人間篇。又「山致其高」至「必有昭名」，亦見文子上德篇，作老子語。論衡龍虛篇引「山致其高」四句作「傳曰」。

周頌曰：詩豐年。○舊本連上，盧曰：「當別爲一條。」「豐年多黍多稌，亦有高廩，萬億及秭，爲酒爲醴，烝畀祖妣，以洽百禮，降福孔偕。」禮記曰：今兩載記無此文，當在古記百三十一篇中。「上牲損，則用下牲；下牲損，則祭不備物。」闕曰：「禮記雜記正義曰：『天子諸侯及天子大夫，常祭用太牢，若凶年，降用少牢；諸侯之卿大夫，常祭用少牢，降用特豕，士常祭用特豕，降用特豚；如此之屬，皆爲下牲也。』是蓋其類。」（此雜記：「凶年則乘駑馬，祀以下牲」疏文。）以其舛之爲不樂也。盧曰：「『舛』字疑。」承周案：「之爲」疑，當作「爲之」。故聖人之於天下也，文選笙賦注引「聖」作「古」。鹽鐵論、漢書「聖人」作「王者」，下同。譬猶一堂之上也，今有滿堂飲酒者，類聚三十五、御覽四百八十八引，皆無「有」字「者」字，選注無「者」字，漢書亦無，於文爲長。（治要有二字，疑後人依誤本加之。）有一人獨索然向隅而泣，則一堂之人皆不樂矣。聖人之於天下也，譬猶一堂之上也，有一人不得其所者，「所」，漢書作「平」。則孝子不敢以其物薦進。漢書作「爲之悽愴於心」。○自「故聖人」以下，鹽鐵論憂邊篇、漢書刑法志，文皆畧同。

魏武侯浮西河而下，中流，顧謂吳起曰：「美哉乎河山之固也，此魏國之寶也！」吳起對曰：「在德不在險。昔三苗氏左洞庭而右彭蠡，「而」字舊脱，據御覽四百二十八引補，魏策「左右」二字互易。德義不修，而禹滅之。夏桀之居，左河、濟而右太華，「而」字舊脱，據御覽補。伊闕在其南，羊腸在其北，修政不仁，而湯放之。「而」字舊脱，盧曰：「御覽四百二十八有，與上句相配。」殷紂之國，左孟門而右太行，闕曰：「索隱曰：『劉氏案紂都朝歌，今孟門山在其西，今言左，則東邊別有孟門也。』」盧曰：「魏策：『右漳、釜。』」承周案：此句「而」字獨未脱，則上文「庭」下「濟」下皆當有「而」字明矣。常山在其北，大河經其南，修政不德，武王伐之。「伐」，韓子作「滅」，史記作「殺」。由此觀之，在德不在險。若君不修德，船中之人盡敵國也。」闕曰：「揚子法言曰：『美哉言乎！使起之用兵每若斯，則太公何以加諸！』」武侯曰：「善。」○此疑吳子佚文而戰國魏策、史記吳起傳、韓子（今本無此文，見御覽四百五十九。）皆用之。史記、韓子文皆與本書同。魏策所載獨詳，且多異文，今附録之。策云：「魏武侯與諸大夫浮於西河，稱曰：『河山之險，豈不亦信固哉！』王錯侍王曰：『此晉國之所以强也，若善脩之，則霸王之業具矣。』吳起對曰：『吾君之言，危國之道也；而子又附之，是危也。』武侯忿然曰：『子之言有説乎？』吳起對曰：『河山之險，信不足保也，是伯王之業不從此也。昔者，三苗之居，左彭蠡之波，右洞庭之水，文山在其南，而衡山在其北，恃此險也，爲政不善，而禹放逐之；夫夏桀之國，左天門之陰，而右天谿之陽，廬睪在其北，伊、洛出其南，有此險也，然爲政不善，而湯伐之；殷紂之國，左孟門而右漳、釜，前帶河後被山，有此險也，然爲政不善，而武王伐之。且君親從臣而勝降城，城非不高也，人民非不衆也，然而可得并者，政惡故也。從是觀之，地形險阻，奚足以霸王矣！』武侯曰：『善。吾乃今日聞聖人之言也！西河之政，專委之子矣。』」

武王克殷，召太公而問曰：「將奈其士衆何？」太公對曰：「臣聞愛其人者，兼屋上之烏；憎其人者，惡其餘胥。盧曰：「『餘胥』即『儲胥』，大傳武成篇作『不愛人者，及其胥餘。』」承周案：類聚九十二引六韜，以爲周公語，亦作「餘胥」，而御覽九百二十引六韜作「除胥」，事類賦注引六韜作「儲胥」，大傳作「胥餘」，注：「胥餘，里落之壁。」爾雅翼十三云：「太公曰：愛人者愛其屋上烏，憎人者憎其儲須。蓋儲峙以待所須，人之所宜愛也，而憎人者併憎之，烏集爲不祥，人所憎也，而愛人者併愛之。」案羅氏所引，當出六韜，而字作「儲須」，解亦與康成異。咸劉厥敵，靡使有餘，此二句，大傳作召公語，在「有罪者殺無罪者活」下，於義未合，疑傳寫之誤，當以此及外傳爲是。「靡使」二字舊倒，今依外傳乙正，大傳作「毋使」，亦其證。（大傳「餘」下有「烈」字。）何如？」王曰：「不可。」太公出，邵公入，王曰：「爲之奈何？」邵公對曰：「有罪者殺之，無罪者活之，何如？」王曰：「不可。」邵公出，周公入，王曰：「爲之奈何？」周公曰：「使各居其宅，田其田，無變舊新，外傳「變」訛「獲」。大傳作「無故無新」，淮南同。惟仁是親，「仁」，淮南作「賢」。御覽三百二十七引六韜云：「武王平殷，還問太公曰：『今民吏未安，賢者未定，何以安之？』太公曰：『無故無新，如天如地。』」百姓有過，在予一人。」僞太誓襲此二句。武王曰：「廣大乎平天下矣。」俞曰：「此當作『武王廣乎若平天下矣』，尚書大傳曰：『武王曠乎若天下之已定。』是其證。『曠』『廣』古字通。」承周案：外傳作「武王曰：於戲，天下已定矣」，則自是武王語，大傳疑誤。凡所以貴士君子者，以其仁而有德也。闕引太室曰：「『凡所以』下，子政之言。」〇六韜、（見上）尚書大傳、（舊在武成，陳本入大戰篇。）韓詩外傳三，皆有此文。中數語，畧見淮南主術訓。

孔子曰：「里仁爲美，擇不處仁，焉得智？」夫仁者，必恕然後行，行一不義，殺一無罪，盧曰：「『罪』，宋本『辜』。」承周案：作「辜」，與孟子合。雖以得高官大位，仁者不爲也。夫大仁者愛近以及遠，及其有所不諧，則虧小仁以就大仁。大仁者恩及四海，小仁者止於妻子。妻子者，疑當作「止於妻子者」。以其知營利，以婦人之恩撫之，飾其内情，雖畫其僞，孰知其非真。雖當時蒙榮，然士君子以爲大辱。故共工、驩兜、符里、鄧析，盧曰：「『符里』即『付里乙』。」承周案：付里乙，見荀子宥坐篇及尹文子，家語始誅篇作「附乙」，本書指武篇作「史附里」。其智非無所識也，然而爲聖王所誅者，以無德而苟利也。案指武篇：「管仲誅史附里，子產誅鄧析。」管仲子產非聖王，蒙上誅共工、驩兜言之。豎刀、易牙，毀體殺子以干利，卒爲賊於齊。「刀」，舊作「刁」。盧曰：「『刁』俗，宋、元本皆作『刀』，下並同。」故人臣不仁，篡弑之亂生；人臣而仁，國治主榮；明主察焉，宗廟大寧。「大」，舊作「太」，盧改，明鈔本、楚府本皆作「大」。夫人臣猶貴仁，況於人主乎？故桀、紂以不仁失天下，湯、武以積德有海土，是以聖王貴德而務行之。孟子曰：「推恩足以及四海，不推恩不足以保妻子，古人所以大過人者無他焉，善推其所有而已。」關曰：「孟子梁惠王篇『古』下有『之』字，『有』作『爲』。」盧曰：「『有』，元本『爲』，與孟合。」承周案：「有」「爲」同義，元本即據今孟子文改，非是。

晏子飲景公酒，令器必新。家老曰：「財不足，請斂於民。」「民」，晏子作「氓」。晏子曰：「止。夫樂者上下同之，故天子與天下，諸侯與境內，自大夫以下，各與其僚，無有獨樂。今上樂其樂，下傷其費，是獨樂者也，不可。」○本晏子內篇雜上。

齊桓公北伐山戎氏，其道過燕，燕君逆而出境。「燕君」，史記燕世家云「燕莊公」。○盧曰：「『逆』，宋本『迎』。」承周案：「逆」字，賈子、外傳、史記皆作「送」，或以此「逆」爲「送」之誤，非也。此云「伐山戎，其道過燕」，則爲往伐而燕君迎之，文理甚明。外傳與此文同，則亦本作「逆」字，今本作「送」，乃不達文理者習聞燕君送齊桓事而肊改。

（史記正義載括地志有燕留故城一條，則俗習相傳如此。）若史記明云「遂北伐山戎而還」，賈子明云「桓公歸」，則爲歸時燕君送之，與此文理大異。乃相傳有此二説，不可强異爲同。桓公問管仲曰：「諸侯相逆，固出境乎？」管仲曰：「非天子不出境。」桓公曰：「然則燕君畏而失禮也。寡人不道，而使燕君失禮。」「道而」二字，外傳作「可」。乃割燕君所至之地，賈子云：「燕君送桓公，入齊地百六十六里。」以與燕君。諸侯聞之，皆朝於齊。詩云：詩小雅小明。「靖恭爾位，「靖」，外傳「靜」。好是正直，神之聽之，介爾景福。」此之謂也。○賈子春秋篇、韓詩外傳四、史記齊世家、燕世家，皆載此事，此用外傳。

景公探爵鷇，鷇弱，故反之。晏子無「故」字，此涉下文衍。晏子聞之，不待請而入見。「請」，晏子作「時」。景公汗出惕然。晏子曰：「君胡爲者也？」景公曰：「我探爵鷇，鷇弱，故反之。」晏子逡巡北面再拜而賀曰：「曰」，舊作「之」，從宋本、明鈔本、楚府本改，晏子同。「吾君有聖王之道矣。」景公曰：「寡人入探爵鷇，鷇弱，故反之，晏子此及下二「故」字皆無。其當聖王之道者何也？」晏子對曰：「君探爵鷇，鷇弱，故反之，是長幼也。吾君仁愛，禽獸之加焉，「禽」上，晏子有「曾」字。而況於人乎？此聖王之道也。」○本晏子內篇雜上。

景公覩嬰兒有乞於途者，公曰：「是無歸夫？」「夫」，晏子或作「也」。晏子對曰：「君存，何爲無歸？使養之，可立而以聞。」○晏子內篇雜上。

景公遊於壽宮，覩長年負薪而有饑色，「薪」下，晏子有「者」字，盧曰：「『饑』，元本『飢』，下可類推。」

（明鈔本、楚府本作「飢」。）公悲之，喟然歎曰：「令吏養之。」晏子曰：「臣聞之，樂賢而哀不肖，守國之本也。今君愛老而恩無不逮，「無」下，晏子有「所」字。治國之本也。」公笑有喜色。晏子曰：「聖王見賢以樂賢，見不肖以哀不肖。今請求老弱之不養，鰥寡之不室者，論而供秩焉。」盧曰：「『論』，宋本『諭』。」承周案：晏子仍作「論」，宋本誤。景公曰：「諾。」於是老弱有養，鰥寡有室。○晏子內篇雜上。

桓公之平陵，見家人有年老而自養者，盧曰：「『家人』猶言『民家』。」承周案：「家人」見左傳，韓子說林言「舍於家人」，皆作民家解。公問其故。對曰：「吾有子九人，「吾」，當從韓子作「臣」，「九人」，韓子作「三人」。家貧無以妻之，吾使傭而未返也。」「吾使傭」，書鈔引管子作「悉出贅」。桓公取外御者五人妻之。管仲入見曰：「公之施惠，不亦小矣。」盧曰：「『矣』元本『乎』。」公曰：「何也？」對曰：「公待所見而施惠焉，則齊國之有妻者少矣。」公曰：「若何？」管仲曰：「令國丈夫三十而室，盧曰：「『三』，元本『二』。」承周案：「明鈔本、楚府本皆作「二」，韓子兩條亦皆作「二」，而御覽引韓子作「三」，予謂作「二」者是也，管仲之意，欲民早昏，故以冠字之年，爲嫁娶之期。女子十五而嫁。」○此本管子，（今本脫，見書鈔三十九引。）又見韓非外儲說右下。韓子載此事有二條，此與前條同，後條以老人爲鹿門稷，文異。

孝宣皇帝初卽位，守廷尉史路温舒「史」，舊作「吏」，盧改，云：「漢書作『史』，宋本同。」承周案：漢紀亦同。上書言尚德緩刑，其詞曰：「陛下初卽至尊，關曰：「漢書『卽』作『登』。」與天合符，宜改前世之失，正始受之統，盧曰：「『受』下，漢書有『命』字。」承周案：彼文「命」字衍，漢紀無「命」字，與本書同，說見王氏漢書雜志。滌煩文，除民疾，存亡繼絕，以應天德，盧曰：「『德』，漢書『意』。」承周案：漢紀亦作「意」，蓋「意」譌爲「悳」，又譌爲「德」也。天下幸甚。漢書無此句。臣聞往者秦有十失，漢書無「往者」二字。其一尚存，治獄吏是也。「吏」上，漢書有「之」字。昔秦之時，關曰：「漢書無『昔』字。」滅文學，關曰：「漢書『滅』作『羞』。」好武勇，關本「好」作「奸」，云：「漢書作『好』。」承周案：他本皆作「好」。賤仁義之士，貴治獄之吏，正言謂之誹謗，漢書「言」下有「者」字。下句「過」下亦有「者」字。謁過謂之妖言，盧曰：「『謁』，漢書『遏』。」承周案：謁，告也，亦通。故盛服先生，「生」，明鈔本作「王」，漢書作「生」。不用於世，忠良切言，皆鬱於胸，譽諛之聲，日滿於耳，虛美薰心，實禍蔽塞，此乃秦之所以亡天下也。方今海內賴陛下厚恩，漢書「海內」作「天下」。無金革之危，饑寒之患，父子夫婦，「婦」，漢書「妻」。戮力安家，天下幸甚。漢書無此句。然太平之未洽者，漢書無「之」字。獄亂之也。夫獄，天下之命，漢書作「夫獄者，天下之大命也」。死者不可生，斷者不可屬。漢書二「可」字下皆有「復」字，二句互見政理篇。案書大傳以爲孔子語，緹縈上書用之，文皆有「復」字。盧曰：「『斷』，漢書『㡭』，古『絕』字。」書曰：此所引書，又見左襄二十六年傳，今僞大禹謨襲之。『與其殺不辜，寧失不經。』今治獄吏則不然，上下相驅，以刻爲明，深者獲公名，平者多後患，故治獄吏，漢書「吏」上有「之」字，漢紀作「今治獄者」。皆欲入死，盧曰：「『入』，漢書『人』。」承周案：漢紀亦作「人」，然作「入」亦通，入死，謂入人於死罪也。關本徑改作「人」，未審。非憎人也，漢書同，漢紀「人」作「之」。自安之道，在人

之死。漢書同，漢紀「死」下有「也」字。是以死人之血，流離於市，被刑之徒，比肩而立，大辟之計，
歲以萬數，此聖人所以傷，漢書作「此仁聖之所以傷也」。太平之未洽，凡以是也。「是」，漢書「此」。人情
安則樂生，痛則思死，「人情」上，漢書有「夫」字，漢紀作「夫人之情」。捶楚之下，「捶」，漢紀同，漢書作「棰」。
何求而不得。故囚人不勝痛，則飾誣詞以示之；漢書脱「誣」字，「示」作「視」，（古通。）漢紀「誣」作「妄」。
吏治者利其然，則指道以明之；上奏恐却，「恐」，漢書、漢紀皆作「畏」。則鍛鍊而周内之；「鍊」，舊作
「煉，」盧改，承周案：宋本、明鈔本、經廠本，皆作「鍊」，漢紀同；漢書作「練」，借字，下同。又漢紀「周」下有「密」字，非。
蓋奏當之成，漢書同，漢紀作「蓋奏當成之時」。漢人謂决獄亡辭爲當。雖臯陶聽之，「臯陶」，漢書、漢紀皆作「咎
繇」，古書多錯出。猶以爲死有餘罪。何則？成鍊之者衆，漢書無「之」字。而文致之罪明也。是以
獄吏專爲深刻殘賊而無理，盧曰：「『理』，漢書『極』。」偷爲一切，不顧國患，此世之大賊也。故俗
語云：漢書「云」作「曰，」漢紀止作「語曰」。『畫地作獄，「作」，漢書、漢紀皆作「爲」。議不可入；漢書、漢紀皆無
「可」字。漢紀「議」作「誓」。刻木爲吏，期不可對。』漢書、漢紀皆無「可」字。漢紀「期」作「議」。此皆疾吏之
風，悲痛之辭也。故天下之患，莫深於獄；漢紀「深」作「甚」，上又衍「不」字。敗法亂政，離
親塞道，莫甚乎治獄之吏。此臣所謂一尚存也。漢書無「臣」字，「也」上有「者」字。臣聞烏鷇之卵不
毁，而後鳳皇集，盧曰：「『烏鷇』，漢書作『烏鳶』。」承周案：孔子曰：「剖巢毁卵，則鳳皇不游。」詳權謀篇。誹謗之
罪不誅，而後良言進。故傳曰：闕曰：「『傳曰』二字，漢書作『古人有言』四字。」承周案：此左氏宣十五年傳伯宗

語。『山藪藏疾，川澤納污，關曰：「漢書『納污』下有『瑾瑜匿惡』四字。」承周案：此句當補，左傳「惡」作「瑕」，未知此與誰同，故闕之。國君含垢，關曰：「漢書『垢』作『詬』。」承周案：左傳作「垢」，釋文云：「本或作詬。」天之道也。』臣昧死上聞，關曰「漢書五字無。」願陛下察誹謗，關曰：「漢書『願』作『唯』，『察』作『除』。」聽切言，關曰：「漢書作『以招切言』。」開天下之口，廣箴諫之路，改亡秦之一失，漢書「改」作「掃」，無「一」字。遵文、武之嘉德，漢書「遵」作「尊」，無「嘉」字。省法制，寬刑罰，以廢煩獄，漢書作「煩」「治」。則太平之風，可興於世，福履和樂，盧曰：「『福』，漢書『永』。」關曰：「履，祿也。」與天地無極，漢書無「地」字。天下幸甚。」書奏，皇帝善之。後卒於臨淮太守。盧曰：「『於』，宋、元本『爲』。」承周案：明鈔本、楚府本，亦作「爲」。漢書云：「久之，遷臨淮太守，卒於官。」漢書、漢紀皆載此書，各有去取，本書闕首段，餘皆較二書爲詳。

晉平公春築臺，叔向曰：「不可。古者聖王貴德而務施，緩刑辟而趨民時。今春築臺，是奪民時也。夫德不施則民不歸，刑不緩則百姓愁，使不歸之民，役愁怨之百姓，而又奪其時，是重竭也。夫牧百姓，養育之而重竭之，豈所以定命安存，而稱爲人君於後世哉？」平公曰：「善。」乃罷臺役。

趙簡子春築臺於邯鄲，天雨而不息，謂左右曰：「可無趨種乎？」尹鐸對曰：「公事急，厝種而懸之臺，夫雖欲趨種，不能得也。」簡子惕然，乃釋臺罷役，曰：「我以臺爲急，不如民之急也。盧曰：「『如』民疑『知』。」民以不爲臺故，知吾之愛也。」

中行獻子將伐鄭，案左成十六年傳云：「晉侯將伐鄭。」晉語云：「厲公將伐鄭。」史記晉世家云：「厲公自將。」此用晉語，則「中行獻子」四字乃「厲公」二字之誤。據左傳，則是時荀偃乃上軍佐耳，不得爲兵主也。范文子曰：「不可。得志於鄭，諸侯讐我，憂必滋長。」郤至又曰：「又」字衍，晉語無。「得鄭，是兼國也，兼國則王，四字，晉語無，疑後人妄沾，御覽三百五引無此句，下句有「則」字。王者固多憂乎？」文子曰：「王者盛其德而遠人歸，故無憂。今我寡德，而有王者之功，「有」，晉語作「求」。故多憂。今子見無土而欲富者樂乎哉？」御覽引作「今子見無事而欲富樂者乎。」○國語晉語。

季康子謂子游曰：「仁者愛人乎？」子游曰：「然。」「人亦愛之乎？」子游曰：「然。」康子曰：「鄭子產死，盧曰：「北堂書鈔三十五引『子產相鄭而死，婦人捨簪珥，良人弛琴瑟。』又引『子產死，處女泣於室，農人哭於野。』」承周案：書鈔所引非此處文，說詳佚文。鄭人丈夫舍玦珮，婦人舍珠珥，夫婦巷哭，三月不聞竽瑟之聲。仲尼之死，吾不聞魯之愛夫子，奚也？」子游曰：「譬子產之與夫子，其猶浸水之與天雨乎！浸水所及則生，不及則死，斯民之生也，盧曰：「『斯』，宋本『計』。」必以時雨，既以生，莫愛其賜。故曰：譬子產之與夫子也，猶浸水之與天雨乎？」○孔叢子雜訓篇子思答縣子引子游語，與此畧同。

中行穆子圍鼓，「穆子」，淮南作「穆伯」。案左傳云：「荀吳帥師伐鮮虞，圍鼓。」晉語云：「中行穆子伐翟，圍鼓。」似鼓爲鮮虞之邑，故韋昭注晉語，以鼓爲白翟別邑。而水經注引京相璠曰：「白狄之別也，下曲陽有鼓聚，故鼓子國。（杜注畧同。）則鼓實國名，系之鮮虞者，蓋以其同爲白翟，而服屬於鮮虞也。左傳、國語皆言鼓子，則鼓自有君，韋昭說誤。」鼓人有以城反者，左、國皆云：「鼓人或請以城畔。」此文「有」下似亦當有「請」字。據淮南，則反者乃鼓之嗇夫，而爲之請者則餽閒倫也。不許。軍吏曰：「師徒不勤而可得城，「而」字舊脫，依左傳、國語補。奚故不受？」曰：「有以吾城反者，吾所甚惡也；人以城來，我獨奚好焉？賞其所甚惡，是失賞也，若所好何？若不賞，「若」下，傳有「其」字。是失信也，奚以示民？」鼓人又請降，使人視之，其民尚有食也，「也」，傳作「色」。不聽。鼓人告食盡力竭，而後取之。克鼓而反，不戮一人。○左氏昭十五年傳，國語晉語、淮南人間訓，皆載此事。此與左傳畧同。

孔子之楚，有漁者獻魚甚强，盧曰：「『甚强』二字，御覽四百七十八無。」承周案：事類賦二十九注引亦無。孔子不受。獻魚者曰：「天暑市遠，盧曰：「『市遠』舊倒，從御覽及家語致思篇、集語乙正。」承周案：事類賦注引亦作「市遠」。賣之不售，思欲棄之，盧曰：「『思欲』二字，御覽作『慮』。」承周案：盧所據御覽脫二字耳，鮑本作「思慮欲去之」，事類賦注仍作「思欲棄之」。攷家語作「思慮棄之」，御覽多「慮」字，或涉家語而誤耳。不若獻之君子。」孔子再拜受，事類賦注「受」上有「而」字，家語「受」下有「之」字。使弟子掃除，將祭之。弟子曰：「夫人將棄之，今吾子將祭之，何也？」「吾子」，御覽引作「夫子」，當從之，家語亦同。孔子曰：「吾聞之，務施而不腐餘財者，聖人也。今受聖人之賜，可無祭乎？」○家語致思篇用此文。

鄭伐宋。宋人將與戰，華元殺羊食士，其御羊斟不與焉。「御」下，書鈔百四十四、初學記二十六皆有「者」字，初學記「斟」作「羹」。十駕齋養新録云：「淮南繆稱訓：『魯酒薄而邯鄲圍，羊羹不斟而宋國危。』則斟爲斟酌之義，當以羊爲御之名，「斟不與」三字爲句，細玩下文（指左傳。）其御字叔牂，正與羊名相應，則淮南説亦可通，傳文後兩「斟」字，或後人所加。』」承周案：本書兩以「羊羹」連文，似不以斟爲名，且並不以羊爲名也，叔牂之字，及戰，可疑也。及戰，曰：「疇昔之羊羹，子爲政，他書無「羹」字。呂氏「政」作「制」，下同。今日之事，我爲政。」與華元馳入鄭師，宋人敗績。○事見左宣二年傳，呂氏察微篇，史記鄭世家。

楚王問莊辛曰：「楚王」，後漢書作「楚頃襄王」，舊事作「襄王」。（例省楚字。）此文爲二書所本，似亦當有「襄」字。「莊辛」，後漢書作「陽陵君」，莊辛封陽陵君，見楚策。「君子之行奈何？」莊辛對曰：「居不爲垣牆，人莫能毀傷，行不從周衛，人莫能暴害，意林引云：「居無垣牆，人莫之毀傷，行無防衛，人莫之暴害。」舊事仍同今本。此君子之行也。」楚王復問：「君子之富奈何？」對曰：「君子之富，假貸人，不德也，舊事「德」作「報」，非，後漢書仍作「德」。不責也。其食飲人，不使也，不役也。親戚愛之，衆人善之，「善」，舊作「喜」，盧據後漢書樊宏傳注及初學記十八、御覽四百七十二改。案後漢書正文及舊事皆作「善」。不肖者事之，皆欲其壽樂而不傷於患，此君子之富也。」楚王曰：「善。」盧曰：「『楚』字，元本無。」○後漢書樊宏傳論，渚宮舊事三用此文。

丞相西平侯于定國者，東海下邳人也。盧曰：「漢書作『郯人』。」其父號曰于公，爲縣獄吏，漢書「吏」作「史」，此似誤。決曹掾，漢書作「郡決曹」，案公與太守争，則是時已由獄史進爲郡吏矣，此文「決曹掾」上脫「郡」字，則蒙上「縣」字，文義不明。決獄平法，未嘗有所寃。郡中離文法者，「離」，漢書作「羅」，古通，俗作「羅」。于公所決，皆不敢隱情。東海郡中爲于公生立祠，命曰于公祠。東海有孝婦，搜神記曰：「長老傳云，孝婦名周青。」無子，少寡，養其姑甚謹，其姑欲嫁之，終不肯。其姑告鄰之人曰：「孝婦養我甚謹，「甚謹」，漢書、搜神記皆作「勤苦」，此蓋涉上文而誤。我哀其無子，守寡日久，我老，久累丁壯奈何？」「久」字舊脫，從漢書補，搜神記作「久累年少」，亦有「久」字。其後，母自經死。「母」，當從漢書作「姑」，方與上文一例，下「母女」同。母女告吏曰：「孝婦殺我母。」此「孝」字涉上下文而衍，姑女方誣其殺姑，寧肯以孝稱之，漢書、搜神記皆無「孝」字。吏捕孝婦，孝婦辭不殺姑，吏欲毒治，孝婦自誣服，具獄以上府。于公以爲養姑十年以孝聞，「養」上，漢書、搜神記皆有「此婦」二字。此不殺姑也。太守不聽。數爭不能得，於是于公辭疾去吏。太守竟殺孝婦。漢書「竟」下有「論」字。郡中枯旱三年。後太守至，卜求其故，于公曰：「孝婦不當死，前太守强殺之，咎當在此。」於是殺牛祭孝婦冢，太守以下自至焉，天立大雨，歲豐熟。郡中以此益敬重于公。于公築治廬舍，謂匠人曰：「爲我高門，我治獄漢書此下有「多陰德」三字。未嘗有所寃，我後世必有封者，令容高蓋駟馬車。」及子封爲西平侯。○漢書于定國傳、搜神記十一，皆用此文。

孟簡子相梁并衞，有罪而走齊，筦仲迎而問之，宋本、明鈔本，「筦」並作「管」，下同。凡「筦」「管」多錯出，不具說。曰：「吾子相梁并衞之時，門下使者幾何人矣？」孟簡子曰：「門下使者有三千餘人。」筦仲曰：「今與幾何人來？」對曰：「臣與三人俱。」仲曰：「是何也？」對曰：「其一人父死無以葬，我爲葬之；一人母死無以葬，亦爲葬之；一人兄有獄，我爲出之。關曰：「『有』當作『在』。」承周案：關說非，「有獄」謂「有獄訟」，「出之」謂「出其罪」。是以得三人來。」筦仲上車曰：「嗟茲乎！我窮必矣！吾不能以春風風人，吾不能以夏雨雨人，吾窮必矣！」歲華紀麗一、御覽九引管子，御覽十引說苑，俱作「吾道窮矣」。（類聚同今本。）○盧曰：「孟簡子與筦仲皆非春秋時人，事勢俱不合」，承周案：管子書爲後人附益多矣，據歲華紀麗一及御覽九引末三句作管子，或舊本管子有此文與？

凡人之性，莫不欲善其德，「德」，董子作「義」，下同。此采入貴德篇，故改「義」爲「德」耳。然而不能爲善德者，利敗之也。故君子羞言利名。言利名尚羞之，況居而求利者也？「也」讀作「邪」，明鈔作「乎」，疑肊改。○董子玉英篇：「凡人之性莫不善義，然而不能義者，利敗之也。故君子終日言不及利，欲以無言愧之而已，愧之以塞其源也。夫處位動風化者，徒言利之名耳，猶惡之，況求利乎？」即此文所本。

周天子使家父毛伯求賻求金於諸侯，盧曰：「此當連上條。」承周案：董子於「況求利乎」下接「故天王使人求賻求金」云云，與此文異義同，亦當合爲一條之證，今不敢遽改。舊本無「求賻」二字，案春秋桓十五年：「天王使家父來求車」，文九年：「毛伯來求金」，董子所謂「求賻」即「求車」也，無「求賻」二字，則家父爲贅文矣，今補正。春秋譏之。「求車」公羊傳云：「何以書？譏。何譏爾？王者無求，求車非禮也。」「求金」，傳云：「何以書？譏。何譏爾？王者無求，求金非禮也。」故天子好利則諸侯貪，諸侯貪則大夫鄙，大夫鄙則庶人盜。鹽鐵論本議篇引傳曰：「諸侯好利則大夫鄙，大夫鄙則士貪，士貪則庶人盜。」公羊桓十五年解詁云：「求則諸侯貪，大夫鄙，士庶盜竊。」蓋公羊先師舊說。

上之變下，猶風之靡草也。故爲人君者，明貴德而賤利，以道下，下之爲惡尚不可止，今隱公貪利而身自漁濟上，而行八佾，盧曰：「『濟』當作『僭』，春秋隱五年：『初獻六羽。』是隱之前僭用八佾，至隱始改用六佾，此所言非也。」俞曰：「『貪利而身自漁』，卽春秋所書『公矢魚於棠』也。『濟上而行八佾』，當作『僭上而行六佾』。隱五年：『初獻六羽。』穀梁子曰：『舞夏，天子八佾，諸公六佾，諸侯四佾，初獻六羽，始僭樂矣。』此云『僭上而行六佾』，卽穀梁子之說，隱公無用八佾之事，故知其誤。」承周案：盧說於經義疏闊固非，俞引穀梁亦誤，此皆公羊說也。「濟」字非誤，「濟上」二字屬上爲句。公羊公觀魚於棠，傳云：「公何爲遠而觀魚？登來之也，百金之魚公張之。登來之者何？美大之辭也。」解詁云：「實譏張魚而言觀，譏遠者，恥公去南面之位，下與百姓爭利，匹夫無異，故諱使若以遠觀爲譏也。」是公羊說以觀魚實取魚，此貪利自漁之說也。傳又曰：「棠者何？濟上之邑也。」是觀魚於棠，卽自漁濟上也。「而行八佾」句，語不可通，「而」疑「又」之誤，後人誤以「濟上」二字屬下讀，改爲「而」字，以相妃耦耳。公羊「初獻六羽」傳曰：「僭諸公猶可言也，僭天子不可言也。」解詁云：「前僭八佾於惠公廟，大惡不可言也。」董子王道篇：「魯舞八佾。」又曰：「獻八佾諱八言六。」是公羊之說，謂魯用八佾，內大惡諱，故於仲子宮之用六佾者書之致譏，以見意也。闕氏於此亦用公羊義，殊勝二家，引而未暢，故詳論之。以此化於國人，國人安得不解於義？解於義而縱其欲，則災害起而臣下僻矣！故其元年始書螟，俞曰：「上文是言隱公，隱元年不書螟，書螟在隱五年，則此『元年』是『五年』之誤。」言災將起，國家將亂云爾。闕曰：「隱五年，螟。公羊傳：『何以書？記災也。』何休注：『先是隱公張百金之魚，設苛令急法以禁民之所致也。』」

孫卿曰：「夫鬭者，忘其身者也，忘其親者也，忘其君者也。行須臾之怒，而鬭終身之禍，盧於「鬭」字絕句，云：「荀子榮辱篇作『行其少頃之怒而喪終身之軀』。」承周案：盧於「鬭」字絕句非是，鬭，構結也，此用本義，與上下文借鬭爲門争字不同。金樓子立言上篇亦同本書。然乃爲之，盧曰：「『乃』，荀作『且』，下同。」是忘其身也。家室離散，親戚被戮，然乃爲之，是忘其親也。君上之所致惡，刑罰之所大禁也，然乃犯之，依上文例，「犯」當作「爲」，荀子正作「爲」。是忘其君也。今禽獸猶知近父母，不忘其親也。人而下忘其身，「而」下，舊脱「下」字，荀子作「憂」，楊注引或曰：「當爲『下』」。予謂「下」譌爲「夏」，故又譌作「憂」。內忘其親，上忘其君，是不若禽獸之仁也。凡鬭者，皆自以爲是，而以他人爲非。盧曰：「『非』下，荀有『也』字，是。」己誠是也，人誠非也，則是己君子而彼小人也。夫以君子而與小人相賊害，是人之盧曰：「『之』，荀作『也』。」承周案：作「也」是，作「之」連下讀亦通。所謂以狐白補犬羊，盧曰：「荀作『所謂以狐父之戈钃牛矢也』，無下句。」身塗其炭，豈不過甚矣哉！以爲智乎？則愚莫大焉。以爲利乎？則害莫大焉。以爲榮乎？則辱莫大焉。人之有鬭何哉？比之狂惑疾病乎？則不可，面目人也，而好惡多同。人之鬭，誠愚惑失道者也。詩云：詩大雅蕩。『式號式呼，俾晝作夜』。言鬭行也。」盧曰：「引用不切，荀無。」○本荀子榮辱篇。

子路持劍，孔子問曰：「由，安用此乎？」子路曰：「善古者固以善之。「古」，盧改「吾」，云：「下同。」承周案：家語無此二句。外傳九載子路語曰：「人善我，我亦善之，人不善我，我不善之。」足爲盧改之證。不善古者固以自衞。」孔子曰：「君子以忠爲質，以仁爲衞，不出環堵之內，而聞千里之外，俞曰：「家語作『不出環堵之室，而知千里之外』，兩文均有脫誤，當云『不出環堵之室，而知衡千里之外』。『知衡』卽『折衝』也。晏子雜篇：『夫不出於樽俎之間而知衡千里之外，其晏子之謂也。』今本誤刪『衡』字，而於下文誤增出『可謂折衡矣』五字，人謬。辨見王氏讀書雜志。家語作『知千里之外』，亦後人誤刪『衡』字，此作『聞千里之外』，則誤而又誤，古書所以難讀也。」承周案：俞說雖善，然實可疑，互詳政理篇衞靈公謂孔子條。不善以忠化，寇暴以仁圉，「圉」，舊作「圍」，盧曰：「『圍』當作『圄』，鄭注周官司右引司馬法云：『弓矢圍，殳矛守，戈戟助。』『圍』亦『圄』字之誤。『圄』與『禦』同，今司馬法作『禦』。」承周案：盧說未諦。此「圍」乃「圉」之誤，家語作「固」，乃「圄」之誤，「圉」「圄」竝與「禦」通。何必持劍乎？」子路曰：「由也請攝齊以事先生矣。」關曰：「王肅曰：『齊，裳下緝也，受教者攝齊升堂。』」○家語好生篇用此文。

樂羊爲魏將以攻中山。其子在中山，中山縣其子示樂羊，縣子事，惟出淮南。樂羊不爲衰志，攻之愈急。中山因烹其子而遺之羹，「羹」字舊脫，依韓子、魏策補。淮南作「而遺之鼎羹」，中山策亦云：「作羹致於樂羊。」樂羊食之盡一杯。中山見其誠也，不忍與其戰，果下之。遂爲魏文侯開地。文侯賞其功而疑其心。孟孫獵得麑，使秦西巴持歸，其母隨而鳴，秦西巴不忍，縱而與之。孟孫怒而逐秦西巴。居一年，召以爲太子傅。淮南無「太」字，韓子「太」作「其」。案古「其」字作「亓」，遂誤爲「大」，又譌爲「太」，孟孫子不得稱太子也。（或以太子爲長子通稱，亦非。）左右曰：「夫秦西巴有罪於君，今以爲太子傅，何也？」韓子、淮南皆無「太」字，此因上文既誤而相涉致衍。（芥隱筆記引此全同今本，其誤久矣。）孟孫曰：「夫以一麑而不忍，又將能忍吾子乎？」盧改「吾」爲「君」，云：「上稱太子，則此從宋本作『君』是。韓非說林上作『吾』，上文是『其』字。」承周案：作「君」固可通，大夫對家臣自可稱君也，惟以上文「太子」二字爲據，則大謬矣。故曰：巧詐不如拙誠。樂羊以有功而見疑，秦西巴以有罪而益信。由仁與不仁也。韓子、淮南無末句。○二事，韓子說林上篇、淮南人閒篇，皆載之。樂羊事又見戰國魏策、中山策。案白帖二十六及八十五引董仲舒春秋決事云：「君獵得麑，使大夫持以歸，大夫道見其母隨而鳴，感而縱之，君慍，議罪未定，君病恐死，欲託孤幼，乃覺之，『大夫其仁乎！遇麑以恩，況人乎！』乃釋之，以爲子傅。於議何如？」董仲舒曰：『君子不麛不卵，大夫不諫，使持歸，非也。然而中感母恩，雖廢君命，徙之可也。』」

智伯還自衞，三卿燕于藍臺。智襄子戲韓康子而侮段規。智果聞之，關曰：「『智果』，國語作『知伯國』。」承周案：汪遠孫曰：「伯國蓋即知果之字。」（國語發正十五）呂氏當染篇、墨子所染篇云：「智伯搖染於智國、張武。」「智國」，說者以爲即「智伯國」，然智國非善士，與果非一人，恐本書有誤也。諫曰：「主弗備難，難必至。」曰：「難將由我。我不爲難，誰敢興之？」對曰：「異於是。夫郤氏有車轅之難，事在左傳成十七年。趙有孟姬之讒，事見左傳成八年。欒有叔祈之訴，事見左傳襄二十一年。范、中行有函冶之難，事在左傳定十三年。皆主之所知也。夏書有之曰：今僞書五子之歌有之，即襲國語及此。『一人三失，怨豈在明，不見是圖。』左成十六年傳：「夏書曰：『怨豈在明，不見是圖。』將慎其細也。」杜注：「逸書也。」周書有之曰：

周書康誥。『怨不在大，亦不在小。』夫君子能勤小物，故無大患。今主一謀而媿人君相，盧曰：「『謀』，晉語作『晏』，『而媿人』，國語作『而耻人之』。」俞曰：『謀』誤字，國語作『今主一晏而耻人之君相』。」承周案：「謀」本作「讌」，形近而誤。上文「燕於藍臺」，國語作「晏」，此文國語作「晏」，本書作「讌」，正一例也。「燕」「讌」並與「晏」通。又弗備，曰：『不敢興難。』毋乃不可乎？嘻，不可不懼！蚋蟻蜂蠆，皆能害人，況君相乎？」不聽，自是五年而有晉陽之難，段規反而殺智伯于師，遂滅智氏。○國語晉語文。

智襄子爲室美，士茁夕焉，夕見曰夕。智伯曰：「室美矣夫！」對曰：「美則美矣，抑臣亦有懼也。」御覽九百五十三引「抑」作「意」，古通，此後人不達，改從國語。智伯曰：「何懼？」對曰：「臣以秉筆事君，記有之曰：『高山浚源，盧曰：「晉語作『峻原』。」承周案：御覽引此正作「峻原」，事類賦二十四注引「峻」字亦不誤，此後人誤以「原」爲水原，而改「峻」爲「浚」，而不知此實廣平曰原之原也。不生草木，松柏之地，其土不肥。』今土木勝人，臣懼其不安人也。」室成三年而智氏亡。○國語晉語文。

說苑卷第六

復恩

孔子曰：「德不孤，必有鄰。」論語里仁。夫施德者貴不德，受恩者尚必報；是故臣勞勤以爲君，而不求其賞，君持施以牧下，關引或曰：「『持』，疑『時』字之誤。」承周案：語自可通。而無所德。故易曰：易繫辭上。「勞而不怨，盧曰：「『怨』本作『伐』。」有功而不德，厚之至也。」君臣相與，以市道接，關本「臣」譌作「子」。君縣祿以待之，臣竭力以報之，逮臣有不測之功，盧曰：「『逮』『迨』同。」承周案：宋本譌「違」。則主加之以重賞，如主有超異之恩，則臣必死以復之。案「厚之至也」以上，所謂太上貴德也，「君臣相與以市道接」以下，所謂其次務施報也。韓非子難一篇：「且臣盡死力以與君市，君垂爵祿以與臣市。」淮南主術語畧同。孔子曰：「北方有獸，盧曰：「『北』，爾雅『西』。」承周案：爾雅釋地、韓詩外傳五、說文虫部，皆作「西」，呂氏不廣篇、淮南道應篇及本書，皆作「北」。其名曰蟨，「蟨」，呂氏、淮南、外傳，皆作「蹶」（或作「蹷」）。案說文：「蟨，鼠也。一曰：『西方有獸，前足短，與蛩蛩巨虛比，其名曰蟨。』」又爾雅字亦作「蟨」，（注引呂氏亦作「蟨」，與今本異。）「蟨」正字，「蹶」借字，蟨形詳爾雅翼二十一。前足鼠，後足兔。是獸也，甚矣其愛蛩蛩巨虛也，「蛩」爾雅作「邛」，周書王會篇、穆天子傳、史記司馬相如傳，竝同。案說文：「蛩蛩，獸也。」與「蟨」字相連，則「蛩」爲正字，呂氏、淮南、外傳、漢書司馬相如傳、文選子虛賦，皆作「蛩」。盧曰：「『巨』，爾雅作『岠』，呂氏不廣篇作『距』。」承周案：本書與說文合，呂氏、外傳、周書、穆天子傳、子虛賦，皆作「距虛」，淮南作「駏驉」，尤俗。食得甘草，必齧以遺蛩蛩巨虛，蛩蛩巨虛見人將來，必負蟨以走。蟨非性之愛蛩蛩巨虛也，爲其假足之故也。二獸者，周書云：「獨鹿邛邛，孤竹距虛。」相如賦云：「蹷邛邛，轔距虛。」則其爲二獸甚明。選注引張揖云：「蛩蛩，青獸狀如馬，距虛似贏而小。」孔晁注周書云：「邛邛獸似距虛。」皆以爲二獸。而爾疋釋文引李巡、孫炎說及郭注皆誤以爲一獸。劉子審名篇云：「狐、狸二獸，因其名便，合而爲一；蛩蛩巨虛，其實一獸，因其詞煩，分而爲二。」即緣注雅諸家而誤，本書明云二獸，足以正之。亦非性之愛蟨也，爲其得甘草而遺之故也。夫禽獸昆蟲，猶知比假而相有報也，「有」讀作「爲」。況於士君子之欲與名利於天下者乎？夫臣不復君之恩，而苟營其私門，禍之原也；君不能報臣之功，而憚行賞者，「行」舊作「刑」，盧改正。案明鈔本、楚府本、范本並作「行」，不誤，今從之。亦亂之基也。夫禍亂之原，基由不報恩生矣。「基」字上屬，則與「原」複，下屬則與「生」複，疑是「其」字。明鈔本二「基」字空格。

趙襄子見圍於晉陽，罷圍，賞有功之臣五人，高赫無功而受上賞，盧曰：「『赫』，呂氏義賞篇作『赦』，史記趙世家作『共』。」孫云：「並『赫』之譌，韓非難一、淮南人間訓、漢書人表，皆作『赫』，史記徐廣亦作『赫』。」承周案：「受上賞」，諸書皆云「爲賞首」。五人皆怒。張孟談謂襄子曰：「晉陽之中，赫無大功，今與之上賞，何也？」襄子曰：「吾在拘厄之中，不失臣主之禮，唯赫也。「臣主」，諸書作「君臣」。子雖有功，皆驕寡人。與赫上賞，不亦可乎？」仲尼聞之曰：「趙襄子可謂善賞士乎？賞一人而天下之人臣，莫敢失君臣之禮矣。」盧曰：「王厚齋云：『趙襄子事在孔子後，孔鮒已辨其妄。』」闕曰：「攷古質疑云：『晉陽罷圍時，孔子卒已二十六年，此謂趙襄子善賞士爲仲尼之言，誤也』。」承周案：孔鮒語見孔叢子答問篇。○呂氏義賞篇、韓子難一篇、淮南氾論、人間二篇，文並畧同，又畧見史記趙世家。

晉文公亡時，陶叔狐從。盧引孫云：「呂氏當賞篇作『陶狐』，史記晉世家作『壺叔』，外傳與此同。」承周案：御覽六百三十三引此「叔」作「淑」。文公反國，行三賞而不及陶叔狐。盧曰：「『行三』二字，外傳三倒，下同。」闕曰：「羣書治要作『三行賞』，下同。」承周案：史記亦作「三行賞」。陶叔狐見咎犯曰：「吾從君而亡，十有三年，「三」外傳作「一」。顏色黎黑，治要「黎」作「黧」，外傳作「黯」。手足胼胝。今君反國行三賞而不及我也，意者君忘我與？我有大故與？外傳「故」作「過」。子試爲我言之君！」咎犯言之文公，文公曰：「噫，「噫」舊作「嘻」，據治要、御覽引改，外傳同。我豈忘是子哉？夫高明至賢，德行全誠，外傳「德」作「志」，「誠」作「成」，御覽引亦作「成」。耽我以道，說我以仁，暴浣我行，盧曰：「『暴浣』，當賞篇作『變化』。」承周案：當賞篇無此語，外傳作「變化」。昭明我名，闕曰：「外傳無『名』字。」使我爲成人者，吾以爲上賞。以上，呂氏作「輔我以義，導我以禮者，吾以爲上賞」，晉世家作「夫道我以仁義，防我以德惠，此受上賞」。防我以禮，闕曰：「外傳『防』作『恭』。」諫我以誼，闕曰：「外傳『諫』作『防』。」蕃援我闕曰：「外傳『蕃』作『藩』。」使我不得爲非者，「者」字脫舊，據治要補，方與上下文例合，外傳同。數引我而請於賢人之門，十字外傳無，治要引此亦無。吾以爲次賞。以上，呂氏作「教我以善，彊我以賢者，吾以爲次賞」，晉世家作「輔我以行，卒以成立，此受次賞。」夫勇壯强禦，四字外傳作「勇猛强武，氣勢自御」八字。劉曰：「『夫』字衍。」難在前則居前，難在後則居後，免我於患難之中者，吾又以爲之次。治要作「吾復以爲次賞」，御覽同今本。以上呂氏作「拂吾所欲，數舉吾過者，吾以爲末賞」，晉世家作「矢石之難，汗馬之勞，此復受次賞」。且子獨不聞乎？死人者不如存人之身，亡人者不如存人之國。三行賞之後，而勞苦之士次之。夫勞苦之士，是子固爲首矣！呂氏云：「三者所以賞有功之臣也，若賞唐國之勞徒，則陶狐將爲首矣。」吾豈敢忘子哉？」「吾」字舊脫，盧曰：「御覽六百三十三有。」承周案：治要亦有，今據補。劉曰：「子」乃「之」誤。盧曰：「『子』上亦當有『是』字。」承周案：盧說較長。周內史叔興聞之曰：「興」舊作「輿」，盧、劉並引趙敬夫曰：「『輿』當從呂氏作『興』。」承周案：治要、御覽引竝作「興」，今據正。叔興見左氏僖十六年傳，又二十八年傳稱叔興父，又見國語及漢書人表中上。「文公其霸乎！昔聖王先德而後力，文公其當之矣！詩云：詩商頌長發。『率禮不越。』「禮」舊作「履」，盧曰：「宋，元本及御覽並作『禮』，漢書宣帝紀亦作『禮』，詩攷載之。」承周案：楚府本、明鈔本，並作「禮」，詩攷引外傳亦作「禮」，「禮」「履」古通，今本作「履」者，後人據毛詩改。此之謂也。」○呂氏當賞篇、韓詩外傳三、史記晉世家皆載之，此本外傳。

晉文公入國，至於河，令棄籩豆茵席，「茵席」，韓子作「席蓐」，淮南云：「文公棄衽席。」顔色黎黑，關曰：「韓子作『面目黧黑』。」承周案：淮南云：「後黴黑。」論衡云：「黴黶墨。」「黎」與「黧」通，「黴」與「黶」通。手足胼胝者，在後。咎犯聞之，中夜而哭。文公曰：「吾亡也十有九年矣，此云十有九年，與左傳、史記晉世家合，韓子作「二十年」。今將反國，夫子不喜而哭，何也？其不欲吾反國乎？」對曰：「籩豆茵席，所以官者也，御覽四百八十七引作「所資者也」語較明；韓子作「籩豆所以食也，席蓐所以卧也」，與此異。或曰：「『官』卽古『館』字，食與卧皆館中之事，作『官』亦通。」而棄之；顏色黎黑，手足胼胝，所以執勞苦者也，「者也」二字舊脱，據御覽補，韓子作「勞有功者也」，亦有「者也」二字。而皆後之。闕曰：「韓子『皆』作『君』。」臣聞國君蔽士，蔽猶屏，屏，棄也。無所取忠臣，大夫蔽遊，遊謂交友。無所取忠友；今至於國，臣在所蔽之中矣，不勝其哀，故哭也。」文公曰：「禍福利害，不與咎氏同之者，盧曰：「『咎』『舅』同。」承周案：御覽「咎」作「舅」，「同」作「共」。有如白水。」「白水」，御覽作「河水」，案左傳作「白水」，晉語作「河水」，此疑後人據左傳改。乃沈璧而盟。韓子云：「乃解左驂而盟於河。」此以上本韓子外儲説左上，又畧見淮南説山篇、論衡感類篇，又左氏僖二十四年傳、國語晉語、史記晉世家，文均異。介子推曰：盧曰：「似當別爲一章。」承周案：盧説誤，此與上文勢相接，下云：「二三子以爲己力」，卽指咎犯（杜預説）。史記晉世家於與子犯盟後，卽云：「是時介子推從，在船中，乃笑曰」云云，則子推此時已羞與爲伍，遂萌去志。左傳別記此事於後者，因文公之求而追敍之，不得據以分章。「推」，琴操龍蛇歌作「綏」。「獻公之子九人，唯君在耳。天未絶晉，必將有主，主晉祀者，非君而何？唯二三子者以爲己力，不亦誣乎！」文公卽位，賞不及推，推母曰：「盍亦求之？」此下，左傳、史記皆有「以死誰懟」句。推曰：「尤而效之，罪又甚焉。且出怨言，不食其食。」其母曰：「亦使知之。」此下，左傳、史記皆有「若何」二字。推曰：「言，身之文也，身將隱，安用文？」其母曰：「能如是，與若俱隱，至死不復見。」推從者憐之，乃懸書宮門曰：「有龍矯矯，頃失其所。五蛇從之，史記索隱：「龍，喻重耳，五蛇即五臣，狐偃、趙衰、魏武子、司空季子及子推也。舊云『五臣有先軫、顛頡』，今恐二人非其數。」呂覽高注云：「龍，君也，以喻文公，五蛇以喻趙衰、狐偃、賈佗、魏犨、介子推也。」周徧天下。龍饑無食，一蛇割股。書鈔百五十八引「割」作「劉」。案莊子盜跖云：「介子推自割其股以食文公。」韓詩外傳十云：「介子推割股，天下莫不聞。」楚詞九章注：「介子推割股肉以食文公。」皆記割股事。琴操云：「子綏割腕以餌重耳。」是不惟割股，又割腕也。韓非用人篇：「不忍口腹而仁割其肌。」（漢書丙吉傳：「介子推割肌以存君。」）淮南說山注：「介子推割肌啗之。」皆云割肌，又不能知其爲腕與股也。龍反其淵，安其壤土。四蛇入穴，皆有處所。一蛇無穴，號於中野。」盧曰：「『有龍矯矯』云云，呂氏介立篇、史記晉世家、新序節士篇、淮南說山訓注，各不同。」承周案：此及晉世家皆云：「從者縣書宮門」，呂氏、琴操皆以爲子推自作，淮南云：「介子歌龍蛇而文君垂泣。」新序云：「介子推捧觴而起曰」云云，則直以爲向文公面歌矣。（水經汾水注引王肅喪服要記：「子推奉唱而歌。」「唱」即「觴」字之誤，與新序說同。）今考諸歌，呂氏云：「有龍于飛，周徧天下；五蛇從之，爲之丞輔；龍反其鄉，得其處所；四蛇從之，得其露雨；一蛇羞之，橋死於中野。」縣書宮門，而伏於山下。晉世家云：「龍欲上天，五蛇爲輔；龍已升雲，四蛇各入其宇；一蛇獨怨，終不見處所。」新序云：「有龍矯矯，將失其所；有蛇從之，周流天下；龍既入深淵，得其安所；蛇脂盡乾，獨不得甘雨。」淮南注云：「有龍矯矯，而失其所，有蛇從之，而啖其口，龍既升雲，蛇獨泥處。」琴操云：「有龍矯矯，遭天譴怒，捲排角甲，來遁於下，志願不與，蛇得同伍，龍蛇俱行，身辨山墅。龍得升天，安厥房戶，蛇獨抑摧，沈滯泥土，仰天怨望，綢繆悲苦，非樂龍伍，惔不眄顧。」郭茂倩樂府詩集五十七、士失志操下引琴集曰：「士失志操，介子推所作也，一曰龍蛇歌。」郭所載四歌，其一見本書，其三同新序，其四同晉世家，其二云：「有龍矯矯，遭天譴怒，三蛇從之，一蛇割股，二蛇入國，厚蒙爵土，餘有一蛇，棄於草莽。」與諸書不同，未詳所出。文公出見書，曰：「嗟！此介子推也！吾方憂王室，未圖其功。」使人召之，則亡，遂求其所在，聞其入綿上山中；於是，文公表綿上山中而封之，以爲介推田，號曰介山。大戴記將軍文子篇云：「易行以俟天命，居下位而不援其上，觀於四方也，不忘其親，苟思其親，不盡其樂，以不能學爲己終身之憂，蓋介山子推之行也。」則山是子推名，此云號曰介山，是以介氏其山，不可并爲一談也。（家語作「介子山」，史記弟子傳作「介山子然」。）子推焚死事，說詳雜言篇。

晉文公出亡，周流天下，舟之僑去虞而從焉。御覽一百九十八引「焉」字作「文公」二字。承周案國語晉語、本書辨物篇，皆謂舟之僑因虢公使人賀夢，乃以其族適晉，左氏閔二年傳：「虢公敗犬戎於渭汭，舟之僑曰：『無德而祿，殃也。殃將至矣！』遂奔晉。」似此文「去虞」當作「去虢」。文公反國。擇可爵而爵之，擇可祿而祿之，舟之僑獨不與焉。文公酌諸大夫酒，酒酣，文公曰：「二三子盍爲寡人賦乎？」舟之僑進曰：「君子爲賦，小人請陳其辭，辭曰：『有龍矯矯，頃失其所。御覽「頃」作「頓」。一蛇從之，周流天下。龍反其淵，安寧其處。一蛇耆乾，關曰：「『耆』『鰭』通。」承周案：說文無「鰭」字，鮨下云：「魚脂醬也。」「耆」卽「鮨」之借字。獨不得其所』。」文公瞿然盧曰：「御覽百九十八作『懼』，本書卷一有之，音義同。」承周案：鮑本御覽作「愯」，史記管晏傳云：「晏子愯然。」曰：「子欲爵耶？請待旦日之期。盧曰：「『期』，御覽『朝』。」子欲祿耶？請今命廪人。」舟之僑曰：「請而得其賞，廉者不受也。言盡而名至，仁者不爲也。今天油然作雲，沛然下雨，則苗草興起，莫之能禦。四語見孟子。今爲一人言施一人，猶爲一塊土下雨也，土亦不生之矣。」遂歷階而去。文公求之不得，終身誦甫田之詩。詩齊風及小雅俱有甫田，此蓋取齊風思遠人而忉怛之意。○盧曰：「舟之僑以城濮之役先歸見殺，此蓋因介推事誤記。」關曰：「嘉閱攷古質疑：『大慶曰：觀龍蛇之章，載於說苑者有二，其一則介子推事，其一則舟之僑事，聯載之。大慶案左傳僖公二十八年，城濮之戰，舟之僑先歸，及振旅入晉，殺舟之僑以徇於國，民於是大服。夫僑既犯師律，文公戮之以徇，民乃大服，安有所謂文公求之不得，終身誦甫田之詩乎？以此而觀，龍蛇之章，乃介子推事，劉向惑於多聞，而不知筆削，遂聯載之以爲舟之僑事，非也。』」

邴吉有陰德於孝宣皇帝微時，「邴」字，漢書作「丙」，褚先生補史記作「邴」。孝宣皇帝卽位，衆莫知，吉亦不言。吉從大將軍長史轉遷至御史大夫，宣帝聞之，將封之。會吉病甚，將使人加紳而封之，盧曰：「『紳』，漢書『紼』。」承周案：應劭以論語「朝服拕紳」解之，是應所見漢書作「紳」也。小顏云：「紼，繫印之組也。」字乃作「紼」耳。及其生也。太子太傅夏侯勝曰：「此未死也。臣聞之，有陰德者必饗其樂，以及其子孫。今此未獲其樂而病甚，「未獲其樂」，漢書作「未獲報」。非其死病也。」後病果愈，封爲博陽侯，終饗其樂。○漢書丙吉傳用此文。

魏文侯攻中山，事已見貴德篇。樂羊將，已得中山，還反報文侯，有喜功之色。「喜」，呂氏作

「貴」，舊校云：「『貴』一作『責』。」秦策云：「反而語功。」史記、新序同。文侯命主書曰：呂氏「文侯」下有「知之」二字。「羣臣賓客所獻書，操以進。」主書者舉兩篋以進，秦策、史記、新序皆云：「文侯示之謗書一篋。」令將軍視之，盡難攻中山之事也。將軍還走，北面而再拜盧曰：「『而』衍。」承周案：呂無「而」字，御覽三百二十七引有，似非衍。曰：「中山之舉也，非臣之力，君之功也。」秦策、史記、新序作「此非臣之功，主君之力也」。

○本呂氏樂成篇，又甘茂説此事，見戰國秦策、史記甘茂傳、新序雜事二。

平原君既歸趙，關曰：「平原君自楚歸，事詳史記。」楚使春申君將兵救趙，魏信陵君亦矯奪晉鄙軍往救趙，事見史記信陵君傳。未至，「未」上，史記有「皆」字。秦急圍邯鄲，邯鄲急且降，平原君患之，邯鄲傳舍吏子李談謂平原君曰：「謂」史記作「説」。「君不憂趙亡乎？」平原君曰：「趙亡卽勝虜，何爲不憂？」李談曰：「邯鄲之民，炊骨易子而食之，史記無「之」字，此涉春秋傳衍。可謂至困。史記「至困」作「急矣」。而君之後宮百數，史記「百」上有「以」字。婦妾荷綺縠，史記「婦」作「婢」，御覽三百五十三引本書亦作「婢」。（二百八十一引仍作「婦」。）「荷」，史記作「被」。廚餘粱肉。御覽二百八十二引「廚」下有「糧」字。案史記並無「廚」字，御覽三百五十三引本書同。士民兵盡，或剡木爲矛戟，史記「戟」作「矢」。而君之器物，鐘磬自恣。關曰：「平原君傳無『恣』字，下『若』字屬上句。」承周案：御覽兩引皆有「恣」字，或史記誤脱。若使秦破趙，君安得有此？使趙而全，君何患無有？君誠能令夫人以下，編於士卒間，史記「君」上有「令」字。分功而作之，家所有盡散以饗士，史記上句「之」字在此句「家」字下。方其危苦時，易爲惠耳。」「爲惠」，史記作「惠」。於是平原君如其計，而勇敢之士三千人皆出死，因從李談赴秦軍，秦軍爲却三十里。亦會楚魏救至，秦軍遂罷。李談死，史記「死」上有「戰」字。封其父爲李侯。○「李」舊作「孝」，今正。盧曰：「御覽二百一作『李』。」關曰：「平原君傳『孝』作『李』，是也。徐廣曰：『河內成皐有李城。』正義曰：『懷州溫縣，本李城也，李談父所封，隋煬帝從故溫城移縣於此。』」本史記平原君傳。

秦繆公嘗出而亡其駿馬，呂氏云：「昔者，秦繆公乘馬而車爲敗，右服失。」淮南同。外傳云：「將田而喪其馬。」自往求之，見人已殺其馬，方共食其肉，呂氏云：「見野人方將食之於岐山之陽。」淮南同。外傳云：「求三日而得之於莖山之陽。」繆公謂曰：「是吾駿馬也。」諸人皆懼而起。繆公曰：「吾聞食駿馬肉不飲酒者殺人。」即以次飲之酒。殺馬者皆慚而去。居三年，史記以此爲韓原之戰，呂氏、淮南皆云：「處一年爲韓原之戰。」外傳文不備，而亦有明年云云，則此文「三」字疑當作「一」。晉攻秦繆公圍之，往時食馬肉者呂氏、淮南、外傳皆云：「三百餘人。」相謂曰：「可以出死報食馬得酒之恩矣。」遂潰圍，繆公卒得以解難勝晉，獲惠公以歸。左氏僖十五年傳，不言野人事。此德出而福反也。○呂氏愛士篇、韓詩外傳十、淮南氾論篇、史記秦本紀，皆載此事，而文各異。

楚莊王賜羣臣酒，日暮，酒酣，燈燭滅，「燈燭」，治要文選求自試表注作「華燭」。乃有人引美人之衣者，外傳「美人」作「王后」，非是。美人援絕其冠纓，告王曰：「今者燭滅，有引妾衣者，妾援得其冠纓，持之，趣火來上，四字治要作「促上火」，類聚三十三、事類賦十二注作「趣火來」，書鈔一百二十七「趣」作

「取」。視絶纓者。」王曰：「賜人酒，使醉失禮，奈何欲顯婦人之節而辱士乎？」乃命左右曰：「今日與寡人飲，不絶冠纓者不歡。」羣臣百有餘人皆絶去其冠纓而上火，後漢書朱暉傳注引「而」作「乃」，「上火」類聚作「出火」，初學記引戰畧作「上燭」，蒙求舊注作「出燈」，又事類賦注引此句作「然後復舉燭」，意林作「而後舉火」，書鈔作「而告上，乃火之」。卒盡歡而罷。居二年，「二」舊作「三」，盧改。案治要、類聚及御覽二百八十一皆作「二」，明鈔本同。御覽四百七十九作「二十年」，衍「十」字。晉與楚戰，盧曰：「外傳七作『吳興師伐楚』。」承周案：莊王時，吳無伐楚事。有一臣常在前，五合五獲首，舊本「獲」作「奮」，闕本又誤改作「奪」，盧曰：「御覽四百七十九『奮』作『獲甲』二字，當連下『首』字爲文。」承周案：此文本作「五獲首」，御覽引有「甲」字，亦後人加之，（呂氏愛士篇：「皆先登而獲甲首。」注云：「獲衣甲者之首。」此首亦謂甲首。）治要、類聚、蒙求注、御覽二百八十一引，皆作「五獲首」，今據訂。（選注引「五載五獲」脫「首」字。）却敵，卒得勝之。莊王怪而問曰：「寡人德薄，又未嘗異子，子何故出死不疑如是？」對曰：「臣當死。往者醉失禮，王隱忍不暴而誅也。舊作「不加誅也」，盧曰：「『暴而』二字脫，宋本有，『加』字宋本無。」承周案：治要、類聚、御覽二百八十一引皆作「不暴而誅」，與宋本合，明鈔本亦同，今據訂。臣終不敢以蔭蔽之德，而不顯報王也。盧曰：「『蔭』御覽『陰』。」承周案：御覽兩引皆作「陰」，「陰」「顯」對文。常願肝腦塗地，「肝腦」，御覽二百八十一作「肝膽」，外傳同。（治要仍作「肝腦」。）用頸血湔敵，久矣。「湔」，御覽二百八十一引作「濺」。（四百七十九及治要、類聚仍同今本。）外傳云：「負日久矣。」臣乃夜絶纓者也。」遂斥晉軍，「斥」舊作「敗」，盧改。案宋本、明鈔本皆作「斥」，御覽二百八十一同，又類聚及御覽四百七十九作「平」，「平」亦「斥」之形誤。楚得以强。此有陰德者必有陽報也。語已見建本篇。○本韓詩外傳七。初學記二十五引司馬彪戰畧用此文。（此條諸書所引各相乖舛，外傳亦不盡同，今不悉注，惟取其畧關校議者録之。）

趙宣孟將上之絳，左氏云：「田於首山。」史記、水經注並同。見翳桑下有卧餓人，不能動，「翳桑」，（左傳、水經注並同，史記無「翳」字。）呂氏作「骫桑」，淮南人間篇作「委桑」，公羊作「暴桑」。案此文當作「有餓人卧不能動」，「卧」字當在「人」字下，呂氏作「有餓人卧不能起者」，是其證。宣孟止車，爲之下湌，「湌」，呂氏作「食」。自含而餔之。「自含」二字，呂氏作「蠲」。餓人再咽而後能視。「後」字舊脱，依呂氏補。宣孟問：「爾何爲饑若此？」對曰：「臣居於絳，「居」，呂氏作「宦」，案左傳、史記皆云「宦三年」，疑作「宦」是，史記集解：「服虔曰：『宦，學仕也。』」歸而糧絶，羞行乞而憎自取，「取」舊作「致」，盧改。承周案：宋本、明鈔本皆作「取」，呂氏同。以故至若此。」宣孟與之壺湌脯二朐，呂氏不言壺湌。再拜頓首受之，不敢食。盧曰：「『敢』下當有『盡』字。」承周案：左、史皆云：「舍其半。」問其故，對曰：「向者食之而美，臣有老母，將以貢之。」「貢」，呂氏作「遺」，左、史竝同。案「貢」字亦可通，或「遺」字損脱作「貴」，因誤改爲「貢」。宣孟曰：「子斯食之，盧曰：「斯，盡也，見詩皇矣箋。」承周案：高注呂覽亦訓「盡」，左、史皆云：「使盡之。」吾更與汝。」乃復爲之簞食，以脯二束與錢百，去之絳。居三年，呂氏作「處二年」。晉靈公欲殺宣孟，置伏士於房中，呂氏下有「而待之」三字。召宣孟而飲之酒。呂氏作「因發酒於宣孟」。宣孟知之，中飲而出。靈公命房中士疾追殺之。呂氏「士」上有「之」字，「殺」上有「而」字。一人追疾，先及宣孟，「先」，舊作「既」，盧改，明鈔同，呂氏亦同。見宣孟之面，」「見」，舊作「向」，盧改。（明鈔同。）曰「吁，固是君耶！」「吁」，舊作「今」，盧改。（明鈔同。）呂氏作「噫，君與」。「請爲君反死」。宣孟曰：「子名爲誰？」反走，二字舊作「及是」，盧改。案明鈔本同，宋本「反」字亦不誤，與呂氏合。且對曰：「何以名爲？呂氏無「且」字。臣是夫翳桑下之卧人也。」舊脱「翳」字，呂氏作「臣骫桑下之餓人也」，則此文「桑」上亦當據上文補「翳」字。還鬭而死，「還」，舊作「遂」，盧改。（明鈔同。）呂氏正作「還」。宣孟得以活。此所謂德惠也。故惠君子，君子得其福；惠小人，小人盡其力。夫德一人猶活其身，「猶」字舊脱，依呂氏補。而況置惠於萬人乎？呂氏作「而況德萬人乎」，此文「置惠」二字疑皆「悳」之訛複。故曰德無細，怨無小。豈可無樹德而除怨，務利於人哉？利出者福反，舊本「出」作「施」，「反」作「報」，盧改。（明鈔同。）怨往者禍來，刑於内者應於外，「刑」本多作「形」，二字古通，今從宋本、明鈔本。不可不慎也。此書之所謂「德無小」者也。孫仲容曰：「此佚書文。呂氏春秋報更篇云：『此書所謂德幾無小者也。』墨子明鬼下篇云：『禽艾之道曰：得璣無小。』（「得」「德」字通。）文並畧同。今僞古文伊訓亦摭此文，而改之云：『惟德罔小』。」詩云：「赳赳武夫，公侯干城。」「濟濟多士，文王以寧。」上二句周南兔罝，下二句大雅文王。人君胡可不務愛士乎？○事見左氏宣二年傳、公羊宣六年傳、史記晉世家、呂氏報更篇，此用呂氏也。左氏以餓人爲靈輒，而此及公羊、呂氏皆不言其名，左氏既云問其名居，不告而退，與諸書説同，則雖不言名可也。又左氏以鬭死者爲提彌明，而靈輒自亡，未嘗死也。（公羊亦分爲二人。）此及呂氏、史記、水經注皆合爲一人，（史記以爲示眯明，水經注以爲祈彌明）似皆誤。

孝景時，吳、楚反，袁盎以太常使吳。吳王欲使將，不肯，欲殺之，使一都尉以五百人圍守盎。盎爲吳相時，從史與盎侍兒私通，盎知之，不泄，遇之如故。人有告從史，從史懼，亡歸，盎自追，「追」下當有「之」字，史、漢皆云：「盎自驅追之。」遂以侍兒賄之，關曰：「史、漢『賄』並作『賜』。」復爲從史。及盎使吳，見圍守，從史適爲守盎校司馬，關曰：「史記『校』下有『尉』字。」承周案：「尉」字衍，漢書無。夜引盎起曰：「君可以去矣，吳王期旦日斬君。」盎不信，曰：「公何爲者也？」司馬曰：「臣故爲君從史，盜侍兒者也。」盎乃敬謝曰：「謝」，舊作「對」，盧改，（明鈔本同。）又曰：「『敬』，漢書『驚』。」承周案：史、漢皆作「驚謝」。「公有親，「有」，舊作「見」，盧改。承周案：宋本譌作「行」，明鈔本作「有」，史、漢皆云：「公幸有親。」吾不足以累公。」司馬曰：「君去，臣亦且亡，避吾親，君何患！」乃以刀決帳，「帳」，史記作「張」，「張」「帳」古今字。從醉卒道出，「從醉」，舊作「率徒」，盧曰：「『率徒』譌，宋本作『醉從』，亦誤倒。」（明鈔本同宋本。）承周案：「道」，史作「隧」，「隧」亦道也。「出」上，史、漢有「直」字。分背去，舊作「令皆去」，盧改，（明鈔本同。）盧又曰：「漢書作『道從醉卒直出』，此無買醇醪醉守卒事，畧欠明。」承周案：史記與漢書同。盎遂歸報。○本史記袁盎傳；又見漢書盎傳，「袁」作「爰」。

智伯與趙襄子戰於晉陽下而死。智伯之臣豫讓者怒以其精氣，能使襄主動心，趙策云：「變姓名爲刑人，入宮塗厠，欲以刺襄子。襄子如厠心動，執問塗者，則豫讓也，云云。」史記畧同。此文以被刑繕宮入後文。乃漆身變形，吞炭更聲。趙策云：「豫讓又漆身爲厲，滅鬚去眉，自刑以變其容，又吞炭爲啞變其音。」賈子云：「豫讓劑面而變容，吞炭而爲嗌。」淮南云：「漆身爲厲，吞炭變音，擿齒易貌。」史記云：「漆身爲厲，吞炭爲啞，使形狀不可知。」○又案：趙策、史記皆有行乞見其妻，妻不識，見友友識之事。賈子亦云：「乞其妻所而妻弗識。」此畧。襄主將出，豫讓僞爲死人，處於梁下，駟馬驚不進，襄主動心，使使視梁下，得豫讓，襄主重其義，不殺也。呂氏序意篇以視之者爲豫讓之友青荓，亦自殺。又趙策、史記載襄子不殺事，在漆身吞炭前，於此後卽云伏劍而死，與此異。又盜爲抵罪，「盜爲」二字疑倒。被刑人赭衣，入繕宮，襄主動心，則曰：「必豫讓也。」此卽塗厠事，説見上。襄主執而問之，曰：「子始事中行君，趙策、史記、呂氏（不侵）皆云事范中行氏，惟賈子止云中行氏，淮南云：「中行文子之臣」，與此同，疑兼言事范氏者誤，讓不能一時事二姓也。智伯殺中行君，智伯無殺荀寅事，「殺」，當依趙策、史記、呂氏作「滅」。子不能死，還反事之；今吾殺智伯，乃漆身爲癘，吞炭爲啞，欲殺寡人，何與先行異也？」豫讓曰：「中行君衆人畜臣，臣亦衆人事之，智伯朝士待臣，臣亦朝士爲之用。」「朝士」，趙策、呂氏（不侵）、賈子、史記皆作「國士」。○以上襄子與豫讓問答語，與趙策、史記合，賈子以爲人謂豫讓云云，豫讓答之，呂氏（不侵）以爲豫讓答其友語。襄子曰：盧曰：「當有脱文。」「非義也，子壯士也。」乃自置車庫中，水漿毋入口者三日，盧曰：「姚宏戰國策續注引作『不入口三日』。」以禮豫讓。趙策、史記皆有豫讓拔劍擊襄子衣事，無自置車庫事。讓自知，遂自殺也。水經汾水注引魏土地記云：「汾水上舊有梁，青荓殞於梁下，豫讓死於津側，亦襄子解衣之所在也。」○此事，戰國趙策、史記刺客傳、呂氏不侵、序意二篇、賈子諭誠篇、淮南主術篇，俱載之，而文各異。

晉逐欒盈之族，闕曰：「欒盈事見左傳襄公二十三年。」命其家臣有敢從者死。國語云：「從欒氏者大戮施。」其臣曰：「辛俞從之。」吏得而將殺之，國語作「吏執之獻諸公」。君曰：「命汝無得從，敢從何也？」辛俞對曰：「臣聞三世仕於家者君之，二世者主之，事君以死，事主以勤，爲其賜之多也。國語云：「君之明令也。」今臣三世於欒氏，受其賜多矣，「於」上當有「隸」字，國語云：「世隸欒氏，於今三世矣。」是其證。臣敢畏死而忘三世之恩哉？」晉君釋之。○國語晉語文多異。

留侯張良之大父開地，相韓昭侯、宣惠王、襄哀王，父平，相釐王、悼惠王，悼惠王二十三年，平卒。二十歲，秦滅韓，良年少，未官事韓。盧曰：「『官』當作『宦』。」承周案：史、漢皆作「宦」，明鈔本同。韓破，良家童三百人，弟死不葬，良悉以家財求刺客，刺秦王，史、漢「客」上無「刺」字。爲韓報仇。以大父、父五世相韓，故遂學禮淮陽，「遂」，史、漢皆作「嘗」。東見滄海君，如淳引或曰：「東夷君長。」晉灼以爲海神，小顏以爲當時賢者之號，姚察、張守節以爲濊君，武帝時濊君降爲倉海郡，從後書之，故曰倉海君。案姚、張說是。得力士，爲鐵椎重百二十斤，秦皇帝東遊，良與客狙擊秦皇帝於博浪沙，誤中副車。秦皇帝大怒，大索天下，求購甚急。「購」，史、漢皆作「賊」。良更易姓名，深亡匿，後卒隨漢報秦。○史記留侯世家、漢書良傳，文竝畧同。

鮑叔死，管仲舉上衽而哭之，舉謂扱也，禮記問喪曰：「親始死，扱上衽。」此謂管仲喪鮑叔如親也。「衽」，舊作「袵」，盧改，（明鈔本同。）泣下如雨。從者曰：「非君父子也，御覽四百八十七、又八百二十九引，「君」下有

「臣」字。此亦有説乎？」管仲曰：「非夫子所知也。吾嘗與鮑子負販於南陽，索隱引呂氏春秋：「管仲與鮑叔同賈南陽。」吾三辱於市，鮑子不以我爲怯，知我之欲有所明也。鮑子嘗與我有所説王者，盧曰：「『王』疑『主』，趙疑『王者』二字衍。」關氏與盧説同。而三不見聽，鮑子不以我爲不肖，知我之不遇明君也。鮑子嘗與我臨財分貨，吾自取多者三，鮑子不以我爲貪，知我之不足於財也。生我者父母，知我者鮑子也。士爲知己者死，而況爲之哀乎？」○列子力命篇：「管仲嘗歎曰：『吾少窮困時，嘗與鮑叔賈，分財多自與，鮑叔不以我爲貪，知我貧也。吾嘗爲鮑叔謀事而大窮困，鮑叔不以我爲愚，知時有利不利也。吾嘗三仕，三見逐於君，鮑叔不以我爲不肖，知我不遭時也。吾嘗三戰三北，鮑叔不以我爲怯，知我有老母也。公子糾敗，召忽死之，吾幽囚受辱，鮑叔不以我爲無恥，知我不羞小節而耻名不顯於天下也。生我者父母，知我者鮑叔也。』」史記管仲傳、子政管子序録，所載畧同。皆不以爲鮑叔死後管仲哭之之語。惟初學記十八引韓詩外傳云：「昔鮑叔有疾，管仲爲之不食，不内漿，甯戚患之。管仲曰：『生我者父母，知我者鮑子，士爲知己者死，馬爲知己者良，鮑子死，天下莫吾知，安用水漿？雖爲之死，亦何傷哉！』」（今本無此文。）似卽此文所本。黄氏日鈔謂此事歲月先後合考，蓋以諸書記管子疾病，桓公問之，而管子有論鮑叔之語，疑鮑叔未嘗先管仲死也。竊謂桓公問疾之時，未必卽管仲屬纊之日，卽鮑叔之死，未必不在管仲卧病之際；況事出莊子徐無鬼篇、吕氏貴公篇、列子力命篇，又襲用之，安知非寓言乎？

晉趙盾舉韓厥，晉君以爲中軍尉。趙盾死，子朔嗣爲卿，至景公三年，趙朔爲晉將。左宣十二年傳：「趙朔將下軍。」朔取成公姊爲夫人。左傳成八年，杜注：「莊姬，成公女。」正義云：「史記趙世家云：

『趙朔娶成公姊爲夫人。』案傳趙衰適妻是文公之女，若朔娶成公之姊，則亦文公之女，父之從母，不可以爲妻；且文公之卒距此四十六年，莊姬此時尚少，不得爲成公姊，賈、服先儒皆以爲成公之女，故杜從之。」大夫屠岸賈漢書人表作「屠顏賈」。欲誅趙氏。初，趙盾在時，「時」字舊脫，盧曰：「宋、元、楚府本皆有。」承周案：明鈔本有「時」字，趙世家亦有，今補。夢見叔帶持龜要而哭，甚悲，俞曰：「『龜』，衍文也，『要』，隸書作「㚅」，見斥彰長田君碑，與『龜』字相似，故『要』誤爲『龜』，校者旁注『要』字，而寫者兩存之，遂作『持龜要而哭矣』。史記趙世家正作『持要而哭』，無『龜』字。」已而咲，盧曰：「漢書有『关』字，此亦同『笑』。」拊手且歌。盾卜之，占兆絶而後好。趙史援占曰：「此甚惡，此字下，趙世家有「夢」字。非君之身，乃君之子，「乃」舊作「及」，今從趙世家改正。然亦君之咎也。」至子趙朔世益衰。盧曰：「史記趙世家作『至孫，趙將益衰』。」屠岸賈者，始有寵於靈公，及至於晉景公，而賈爲司寇，將作難，乃治靈公之賊，以致趙盾，盧曰：「元本『盾』下有『之』字，疑尚脫『誅』字。」承周案：趙世家亦作「以致趙盾」，則元本乃誤衍「之」字耳。（新序作「盾已死，欲誅盾之子朔」。）王本、局本「致」譌「至」。徧告諸將曰：「趙穿弒靈公，盾雖不知，猶爲首賊。趙世家作「賊首」，新序乃作「首賊」。臣殺君，「臣」上，趙世家有「以」字，新序有「賊」字，此脫一字。「殺」讀爲「弒」。子孫在朝，何以懲罪？請誅之。」韓厥曰：「靈公遇賊，趙盾在外，吾先君以爲無罪，故不誅；今諸君將誅其後，是非先君之意而後妄誅，盧曰：「衍『後』字。」關曰：「趙世家『後』作『今』。」妄誅謂之亂臣。有大事而君不聞，是無君也。」屠岸賈不聽。厥告趙朔趨亡，「趨」讀若「促」。趙朔不肯，曰：「子必不絶趙祀，朔死且不恨。」韓厥許諾，稱疾不出。賈不請而擅與諸將攻趙氏於下宮，殺趙朔、趙同、趙括、趙嬰齊，「趙同」二字舊脫，依趙世家、新序補。案史記趙世家、韓世家皆謂此事在景公三年，誤，說詳梁氏史記志疑。皆滅其族。朔妻成公姊，有遺腹，走公宮匿，後生男，乳，史記、新序皆無此四字。朔客程嬰持亡匿山中。史記、新序載程嬰、公孫杵臼事甚詳，此畧。居十五年，趙世家、新序並同，韓世家作晉景公十七年，俱與左氏牴牾。晉景公疾，卜之曰：「大業之後不遂者爲祟。」景公疾問韓厥，俞曰：「『疾』字涉上文『晉景公疾』而衍，史記無此『疾』字。」承周案：新序亦無，訓「亟」自通。韓厥知趙孤在，乃曰：「大業之後在晉絶祀者，其趙氏乎？夫自中衍新序「中」下衍「行」字，趙世家「衍」下有「者」字。皆嬴姓也，中衍人面鳥喙，「喙」，趙世家、新序竝作「噣」，則此文當作「啄」，音祝又反，與「噣」「咮」同。又秦本紀云：『鳥身人元。』人元卽人面也。（今本「元」誤「言」，從潛夫論志氏姓篇改。）降佐殷帝太戊；事詳史記秦本紀、趙世家。及周天子，皆有明德；下及幽、厲無道，而叔帶去周適晉，事先君文侯；事見趙世家。新序文誤繆。至于成公，世有立功，未嘗有絶祀。趙世家、新序俱無「有」字。今及吾君，獨滅之趙宗，盧曰：「衍『之』字，史記無。」承周案：「之」猶「此」也，新序亦無。國人哀之，故見龜策，唯君圖之。」景公問云：「云」字，後人妄加，（本書「問曰」無作「問云」者。）趙世家、新序皆無。「趙尚有後子孫乎？」韓厥具以實對。於是景公乃與韓厥謀立趙孤兒，召而匿之宮中。諸將入問疾，景公因韓厥之衆，以脅諸將，而見趙孤，孤名曰武。諸將不得已，乃曰：「昔下宮之難，屠岸賈爲之，矯以君令，并命羣臣，非然，孰敢作難。微君之疾，羣臣固且請立趙後；

今君有令，羣臣之願也。」於是召趙武、程嬰徧拜諸將軍。趙世家、新序皆無「軍」字。將軍遂返與程嬰、趙武攻屠岸賈，滅其族，復與趙武田邑如故。故人安可以無恩？夫有恩於此，攻復於彼。盧改「攻」爲「故」，云「『攻』訛。」非程嬰則趙孤不全，非韓厥則趙後不復，韓厥可謂不忘恩矣。○見史記趙世家、韓世家、新序節士篇，又畧見論衡吉驗篇。案左傳成八年正義云：「二年傳：『欒書將下軍。』則於時朔已死矣。同、括爲莊姬所譖，此年見殺，趙朔不得與同、括俱死也。於時晉君明，諸臣强，無庸有屠岸賈輒厠其間，得如此專恣。」史通申左篇云：「當晉景行霸，公室方强，而云屠岸賈攻趙，有杵臼之事。」（此劉氏駁史記語。）又容齋隨筆十、困學紀聞十一、梁氏史記志疑二十三皆有辨，文緐不録。本書及新序，皆襲史記之誤。

蘧伯玉得罪於衞君，走而之晉。晉大夫有木門子高者，左襄二十七年傳載衞子鮮奔晉，託於木門，杜注：「木門，晉邑。」此子高蓋木門大夫也。廣韵二十三魂門字注云：「宋諸公子食采於木門者，後遂爲氏。」非此木門也。蘧伯玉舍其家。居二年，衞君赦其罪而反之。木門子高使其子送之至於境，蘧伯玉曰：「鄙夫之子反矣。」盧曰：「『之』下尚有脱文。」承周案：「之」上疑脱「志」字。木門子高後得罪於晉君，歸蘧伯玉，伯玉言之衞君曰：「晉之賢大夫木門子高得罪於晉君，願君禮之。」於是衞君郊迎之竟，以爲上卿。○此條諸本全脱，盧據宋本補。（明鈔本亦有此條。）

北郭騷踵門見晏子，「門」字舊脱，依晏子、吕氏補，彼文云：「齊有北郭騷者，結罘罔，梱蒲葦，織屨履，（晏無「履」字，吕有。）以養其母，猶不足，踵門見晏子。」曰：「竊悅先生之義，願乞所以養母者。」晏子使人分倉粟府金而遺之，辭金而受粟。有間，晏子見疑於景公，出奔。晏子、吕氏此下有「過北郭騷之門而辭」一段，此畧。北郭子召其友而告之曰：「吾悦晏子之義，而嘗乞所以養母者。吾聞之曰：『養及親者身更其難。』俞曰：「『更』讀爲『伉』，説文土部：『秦謂阬爲埂。』此『亢』『更』聲近之證。又糸部：『綆，汲井索也。』漢書枚乘傳：『單極之綂斷幹。』『綂』即『綆』之異文，然則『伉』之與『更』，亦猶『埂』『阬』、『綆』『綂』之比耳。晏子雜篇正作『身伉其難』。」承周案：類聚十七引晏子亦作「更」，是有二本也。吕氏作「伉」，注：「伉，當也。」今晏子見疑，吾將以身死白之。」「死」字舊無，依晏子、吕氏補。遂造公庭，求復者曰：「晏子，天下之賢者也，今去齊國，齊國必侵矣，方必見國之侵也，不若先死，俞曰：「當作『與見國之必侵也，不若先死』。上文云『齊國必侵』，此亦當以『必侵』連文。『與』本作『与』，故形似『方』字而誤。」承周案：俞説未塙，「方」猶「將」也，晏子亦作「方」。（俞氏於彼書平議亦以爲「方」乃「與」字之誤，非也，此即回護前説。）若謂「必侵」二字必須連文，則吕氏作「必見國之侵」，「必」字在「見」字上，與此正同，又何説乎？請絶頸以白晏子。」晏子、吕氏皆作「請以頭託白晏子」。逡巡而退，因自殺也。此下，晏子、吕氏尚有其友爲北郭子自殺事，此畧。公聞之，大駭，乘馹而自追晏子，「馹」，舊作「馳」，盧據吕氏改。案晏子亦作「馹」。及之國郊，請而反之。晏子不得已而反，「反」下，舊有「之」字，盧曰：「衍『之』字，吕氏無。」承周案：晏子亦無，據刪。聞北郭子之以死白己也，大息而歎曰：「大」，舊作「太」，盧改。案宋本作「大」，亦與「太」同。「嬰不肖，罪過固其所也，盧曰：「『過』當作『適』，『讁』同。」承周案：「過」亦有「讁」義，廣雅「讁」與「過」俱訓責，盧説大繆。而士以身明之，哀哉！」此所載晏子語，與晏子、吕氏俱異，據御覽四百七十九引晏子，與本書畧同，則今本晏子疑後人依吕氏改。○本晏子内篇雜上，吕氏士節篇。

吴赤市使於智氏，盧曰：「『市』卽『韍』字，不作『市』。」承周案：御覽四百七十九作「布」。假道於衛。甯文子具紵絺三百製，盧曰：「戰國衛策載南文子，此權謀篇亦作『南』，疑『甯』字誤。」闕曰：「製，裁也。」承周案：「製」與「制」同，淮南天文篇云：「四丈而爲匹，一匹而爲制。」周禮内宰注引天子巡狩禮云：「制幣丈八尺。」儀禮聘禮注引朝貢禮云：「制丈八尺。」是制有四丈及丈八尺二説，然其爲度名則一，猶言三百匹耳，闕氏以「製」爲「裁」，大謬。將以送之。大夫豹曰：「吴雖大國也，不壤交，俗本「壤」訛「壞」。假之道，則亦敬矣，又何禮焉？」甯文子不聽，遂致之。吴赤市至於智氏，既得事，將歸吴，知伯命造舟爲梁，吴赤市曰：「吾聞之：天子濟於水，造舟爲梁，諸侯維舟，大夫方舟。舊本「維舟」下有「爲梁」二字，涉上文而衍。爾雅釋水及説文斻字注、公羊宣十七年注引禮，皆有此數語。詩大明：「造舟爲梁。」毛傳亦同。（「維舟」下並無「爲梁」二字。）孔疏云：「維舟而下，則水上浮而行之。」然則惟天子造舟可云爲梁，維舟方舟，浮而行之耳，非爲梁也。御覽引「維舟」下正無「爲梁」二字，今據删。方舟，臣之職也，且敬大甚，「大」，舊作「太」，盧曰：「宋、元本皆作『大』。」承周案：明鈔本亦作「大」，今從之。御覽作「具敬大舟」，文雖訛，「大」字尚不作「太」。必有故。」使人視之，則用兵在後矣，「則」上，舊衍「視」字，依御覽删。將以襲衛。吴赤市曰：「衛假吾道而厚贈我，我見難而不告，是與爲謀也。」稱疾而留，使人告衛，衛人警戒。御覽「警」作「驚」。智伯聞之，乃止。

楚魏會於晉陽，將以伐齊。齊王患之，使人召淳于髡曰：「楚、魏謀欲伐齊，願先生與寡人共憂之。」淳于髡大笑而不應，王復問之，又復大笑而不應，三問而不應，王佛然作色曰：「先生以寡人國爲戲乎？」淳于髡對曰：「臣不敢以王國爲戲也，臣笑臣隣之祠田也，以奩飯與一鮒魚，盧曰：「後八卷中又載此事，亦作『奩』，疑卽『甌』字，元本竟改作『甌』。」承周案：御覽九百三十七引作「篋飯」，三百九十一、又八百三十七引作「篋飲」，「奩」乃「籢」之俗字，（說文：『籢，鏡籢也。』）於此無所施，蓋「篋」之誤，說文：「匧，械藏也。篋，或從竹。」其祝曰：『下田洿邪，得穀百車，闕曰：「史記淳于髡傳作『甌窶滿篝，污邪滿車』。注：『司馬彪曰：汙邪，下地田也。』」蟹堁者宜禾。』盧曰：「『蟹』，御覽三百九十一作『雞』，注云：『雞肝黑土。』」闕曰：「荀子儒效篇注引此，『堁』作『螺』，曰：『蟹螺，蓋高地也。』通雅曰：『言蟹螺之背微高。』」孫仲容曰：「案尊賢篇文同。周禮草人鄭注云：『勃壤，粉解者。』淮南子主術訓：『譬猶揚堁而弭塵。』高注云：『堁，塵塺也，楚人謂之堁。』此『蟹』卽『解』之借字。『解堁』，言土解散如灰塵者。荀子注作『蟹螺』，乃聲之誤，御覽作『雞堁』，尤謬，不足據。」承周案：孫說爲長。又御覽八百三十七引作「⿱解土堁」，有小注云：「⿱解土，户買反，堁，可果反。」「⿱解土」亦俗字，因「堁」字從土而誤加偏旁耳。所以祠者少，而所求者多。」王曰：「善。」賜之千金，革車百乘，立爲上卿。○此與史記滑稽傳及本書尊賢篇及御覽四百三十七引新序、及本書佚文，（凡二條。）文各不同。

陽虎得罪於衛，盧曰：「外傳七作『魏文侯之時，子質仕而獲罪焉』。」承周案：韓子作「陽虎去齊走趙，於事爲合。本書「衛」字亦誤，陽虎自魯奔齊，又奔宋，乃奔晉，未嘗得罪於衛也，事詳左傳。北見簡子曰：「自今以來，不復樹人矣。」簡子曰：「何哉？」陽虎對曰：「夫堂上之人，臣所樹者過半矣，朝廷之吏，臣所立者亦過半矣，邊境之士，臣所立者亦過半矣。今夫堂上之人，盧曰：「『夫』字疑衍。」承周案：外傳作「今堂上之士」，無「夫」字。親劫臣於君，盧曰：「『劫』疑『郤』，與『隙』同。」承周案：御覽九百九十七作「劫」，（治要及通鑑外紀八仍同今本。）外傳作「惡我於君」。（依趙校。）朝廷之吏，親危臣於法，「法」，舊作「衆」，盧曰：「『衆』，御覽九百九十七作『法』。」承周案：作「法」是也，外傳作「中我於法」，（依御覽六百三十二引，今本作「恐我以法」。）是其證。明鈔本及治要、外紀引並作「法」，不誤。宋本此字作墨丁，後人肊定爲「衆」字耳。邊境之士，親劫臣於兵。」盧曰：「『兵』，御覽作『外』。」承周案：治要、外紀仍作「兵」，外傳作「劫我以兵」。簡子曰：「唯賢者爲能報恩，「報」，治要作「復」，與篇名合。不肖者不能。夫樹桃李者，御覽四百九十六「夫」下有「春」字，與外傳合。夏得休息，秋得食焉；樹蒺藜者，夏不得休息，秋得其刺焉。外傳作「夫春樹桃李，夏得陰其下，秋得食其實，春樹蒺藜，夏不可采其葉，秋得其刺焉。」今子之所樹者，蒺藜也，非桃李也。四字舊脱，盧曰：「御覽有『非桃李也』四字。」黄丕烈曰：「北宋本有此四字。」（見附録題跋。）承周案：治要、外紀引亦未脱，明鈔本同，今從之。自今以來，擇人而樹之，「之」字舊脱，盧曰：「御覽有『之』字。」承周案：治要、意林皆有「之」字。毋已樹而擇之。」○此本韓詩外傳七，而文畧異。又韓子外儲説左下篇云：「陽虎去齊走趙，簡主問曰：『吾聞子善樹人。』虎曰：『臣居魯樹三人，皆爲令尹，及虎抵罪於魯，皆搜索於虎也。臣居齊薦三人，一人得近王，一人爲縣令，一人爲候吏，及臣得罪，近王者不見臣，縣令者迎臣執縛，候吏者追臣至境上，不及而止。虎不善樹人。』主俛而笑曰：『夫樹柤梨橘柚者，食之則甘；樹枳棘者，成而刺人。故君子慎所樹。』」所言雖一事，而文全殊，故具録之。然其於魯官言令尹，於齊君稱王，非實也。

東閭子嘗富貴而後乞，各本此條在吳起爲魏將條後，今從宋本、明鈔本置此。人問之曰：「公何爲如是？」曰：「吾自知。吾嘗相六七年，未嘗薦一人也，盧曰：「『薦』，宋本『貴』。」承周案：明鈔本亦作「貴」，廣韻東字注云：「昔有東閭子，嘗富貴，後乞於道，云：吾爲相六年，未嘗薦一士。」則舊有作「薦」之本。吾嘗富三千萬者再，未嘗富一人也，不知士出身之咎然也。」孔子曰：「物之難矣，小大多少，各有怨惡，數之理也，人而得之在於外假之也。」關引或曰：「『人』，『內』字之誤。內言軀也，外指人言也。」

魏文侯與田子方語，有兩僮子衣青白衣，類聚八十五作「衣錦衣」。（御覽三百二十七、通鑑外紀十仍同今本。）而侍於君前，子方曰：「此君之寵子乎？」文侯曰：「非也，其父死於戰，此其幼孤也，寡人收之。」子方曰：「臣以君之賊心爲足矣，今滋甚！外紀「今」下有「又」字，類聚「甚」下有「也」字。君之寵此子也，又且以誰之父殺之乎？」文侯愍然曰：「寡人受令矣。」盧曰：「『令』，御覽三百二十七『命』。」承周案：鮑本御覽仍作「令」，外紀同，「令」與「命」通。自是以後，兵革不用。

吳起爲魏將，攻中山，史不言攻中山。軍人有病疽者，吳子自吮其膿，其母泣之，旁人曰：「將軍於而子如是，尚何爲泣？」對曰：「吳子吮此子父之創，「此子」，韓子、史記作「其」字。而殺之於涇水之戰，「涇」，舊作「注」，蓋由俗書「涇」作「注」，因而致誤。類聚五十九引韓子云：「吳子吮其父之傷而殺之涇水之上。」（又見御覽四百七十七，今本脫。）今據改作「涇」。戰不旋踵而死。今又吮之，安知是子何戰而死，是以哭之矣。」○見韓子外儲說左上，又戰國魏策、（見御覽二百八十一引，今本無。）史記吳起傳畧同。楊泉物理論云：

「吴起吮創者之膿，積恩以感下也。史記云：『吴起吮癰，晝戰目相見，夜戰耳相聞，得利同勢，失利相救。』」（以上物理論文，見意林。案楊引史記，不見今本，疑「史記云吴起吮癰」七字是小注，誤入正文，「晝戰」以下，仍楊氏語。）

齊懿公之爲公子也，與邴歜之父争田，不勝。盧曰：「『邴歜』，史記齊世家作『丙戎』。」承周案：衞世家作「丙鄢」，水經淄水注作「邴戎」。（官本改從左傳。）又案齊世家云：「獵争獲不勝。」則田謂田獵，非田邑。及即位，乃掘而刖之，而使歜爲僕。奪庸織之妻，盧曰：「『庸織』，左氏文十八年傳作『閻職』，史記作『庸職』。」承周案：齊世家作「閻職」，水經注作「庸職」，（官本從左傳改。）「庸」「閻」、「織」「職」竝聲通。錢大昕釋詩「美孟庸矣」爲閻姓之女，是也。范本作「閻職」，即依左傳改耳，不足據。而使織爲參乘。公游于申池，二人浴於池，歜以鞭抶織，關曰：「『鞭』，左傳作『朴』。」織怒，歜曰：「人奪女妻，而不敢怒。一抶女，庸何傷？」織曰：「與刖其父而不病奚若？」「與」上，舊有『孰』字，關曰：「左傳無『孰』字。」承周案：下有「奚若」，則上不當有「孰」字，今從左傳删。乃謀殺公，納之竹中。○見左文十八年傳、史記齊世家，又國語云：「邴歜、閻職戕懿公於囿竹。」即此事。

楚人獻黿於鄭靈公。公子家見公子宋之食指動，謂公子家曰：「他日我如是，「他日」二字舊脱，依左傳、史記補。必嘗異味。」及食大夫黿，召公子宋而不與。公子宋怒，染指於鼎，嘗之而出。公怒，欲殺之。公子宋與公子家謀先，遂弒靈公。弒或作「殺」。以上見左宣四年傳、史記鄭世家。子夏曰：宋本「子夏曰」上空一格，明鈔本、楚府本提行。案引子夏語，正以論子家、子宋事，不得别爲一條。宋本空格，疑脱「故」字。「春秋者，記君不君、臣不臣、父不父、子不子者也，此非一日之事也，有漸以至焉。」子夏語，又見韓子外儲説右上。

説苑卷第七

政理

政有三品：王者之政化之，霸者之政威之，彊國之政脅之。「國」，舊作「者」，涉上二「者」字而誤，治要及書鈔三十五、長短經君德篇引皆作「國」，據改。夫此三者各有所施，而化之爲貴矣。夫化之不變，而後威之，威之不變，而後脅之，脅之不變，而後刑之。楚府本脱四句。夫至於刑者，則非王者之所貴也。「貴」字舊作「得已」二字，盧曰：「宋本作『貴』。」承周案：明鈔本作「貴」，治要、長短經引亦作「貴」，今從之。是以聖王先德教而後刑罰，立榮恥而明防禁，崇禮義之節以示之，賤貨利之弊以變之，關曰：「弊，敗也。」孫仲容曰：「『弊』『幣』通，關説非。」修近理內，政橛機之禮，盧曰：「橛機，謂門內也。」關曰：「政，正也。」高誘註淮南子曰：『橛機，門內之位也。』」壹妃匹之際，則下莫不慕義禮之榮，而惡貪亂之恥，「下」字舊脱，據治要補。「禮」，治要作「節」。其所由致之者，化使然也。

季孫問於孔子曰：「季孫」，論語云「季康子」。「如殺無道以就有道，何如？」孔子曰：「子爲政，焉用殺！子欲善而民善矣。君子之德風也，小人之德草也，二「也」字今本論語無，校勘記云：「皇本、高麗本『風』下、『草』下皆有『也』字，漢書董仲舒傳及説苑政理篇亦並有『也』字，與皇本合。」承周案：孟子亦有二「也」

字。草上之風必偃。」釋文出「草尚」云：「本或作『上』。孟子作『尚』，趙注云：『加也。』」（論語僞孔注亦訓加。）言明其化而已也。○本論語顏淵篇。

治國有二機，舊連上文，盧曰：「當別爲一條。」承周案：治要正以此獨爲一條，今從之。刑德是也，王者尚其德而希其刑，「希」，治要作「稀」，王本、局本，譌作「布」。霸者刑德並湊，强國先其刑而後德。夫刑德者，化之所由興也，德者，養善而進闕者也，「進闕」無義，宋本「闕」作「閤」，亦不可解，治要作「進之」，疑「之」當作「光」，脱去下半耳。刑者，懲惡而禁後者也，故德化之崇者至於賞，刑罰之甚者至於誅。夫誅賞者，所以別賢不肖而列有功與無功也，闕曰：「説文：『列，分解也。』」故誅賞不可以繆，誅賞繆則善惡亂矣。夫有功而不賞，則善不勸，治要有「矣」字。有過而不誅，則惡不懼，治要有「矣」字。善不勸，惡不懼，三字舊脱，盧曰：「當有此三字。」今從之。而能以行化乎天下者，未嘗聞也。書曰：「畢力賞罰。」「力」舊作「協」，盧改，云：「今從宋、元本，與尚書大傳、史記並同。」承周案：楚府本、明鈔本亦作「力」，大傳大誓篇作「必力」，（陳本依御覽作「戮力」。）「必」與「畢」同。白虎通諫諍篇云：「君所以不爲臣隱何？以爲君之與臣，無適無莫，義之與比，爲賞一善而衆臣勸，罰一惡而衆臣懼」，云云，下引書亦作「畢力」，與此合，今本作「畢協」，乃俗人依康王之誥改，非是。此之謂也。

水濁則魚困，「困」，外傳作「喁」，淮南作「噞」。（淮南此句，主術、繆稱、説山三見，主術篇注云：「魚短氣出於水，喘息之諭也。」案文選吳都賦、長笛賦注引淮南作「喁」，與外傳合，又引注云：「喁，魚出頭也。」蓋許本。說文：「喁，魚口上見。」無「喚」字。）令苛則民亂，城峭則必崩，岸竦則必阤。「竦」，淮南作「崝」，外傳作「峭」。「阤」，舊作「陁」，俗字，宋本、明鈔本、楚府本皆作「阤」，淮南作「陀」，「陀」與「阤」通，外傳作「陂」。故夫治國譬若張琴，淮南「琴」作「瑟」。大絃急則小絃絶矣。「急」，淮南作「緪」，注：「急也。」（外傳同本書。）故曰：急轡銜者，淮南作「急轡數策」。非千里之御也。「之」字舊脱，依後漢書鮑永傳注引補，淮南、外傳皆有「之」字。有聲之聲，不過百里；無聲之聲，延及四海。淮南作「施於四海」。（外傳同本書。）故禄過其功者損，名過其實者削，淮南「削」作「蔽」。情行合而名副之，「名」，舊作「民」，誤，從淮南改。外傳此節有挩文，而「名」字猶存，亦其證。禍福不虚至矣。詩云：詩邶風旄邱。「何其處也，必有與也。何其久也，必有以也」。此之謂也。

○見淮南繆稱篇，又韓詩外傳一載此文稱傳曰，則皆本舊傳也。

公叔文子爲楚令尹，三年，民無敢入朝。公叔子見曰：「嚴矣。」文子曰：「朝廷之嚴也，寧云妨國家之治哉？」公叔子曰：「嚴則下喑，下喑則上聾，聾喑不能相通，何國之治也？」穀梁文六年傳：「上泄則下闇，下闇則上聾，且闇且聾，無以相通。」與此文義畧同，「闇」與「喑」通，字又作「瘖」，說詳王氏穀梁述聞。蓋聞之也，順針縷者成帷幕，俞曰：「『順』字無義，疑『積』之誤。」承周案：俞說未塙，淮南說山篇：「先鍼而後縷，可以成帷，先縷而後鍼，不可以成衣。」即此文「順」字之義。合升斗者實倉廩，并小流而成江海，明主者，有所受命而不行，未嘗有所不受也。」○公叔文子乃衛大夫，未嘗爲楚令尹，且此文明見晏子諫下篇，本書正諫篇亦載之，乃又存此文，何也？（黄氏日鈔已疑之，見附録中。）

衛靈公謂孔子曰：關曰：「家語『謂』作『問』。」盧曰：「呂子先己篇作『魯哀公問』。」「有語寡人：『爲國家者，謹之於廟堂之上，家語「謹」作「計」。而國家治矣。』其可乎？」孔子曰：「可。愛人者則人愛之，惡人者則人惡之。尸子、呂氏皆無此二句。知得之己者，亦知得之人。尸子作「得之身者得之民，失之身者失之民」，呂氏作「得之於身者得之人，失之於身者失之人」，此文似脫「知失之己者，亦知失之人」二句。（家語已同今本，其誤久矣。）所謂不出於環堵之室，而知天下者，關曰：「此語已出貴德篇，小異，蓋古語。」承周案：依王、俞之說，則「知」下當有「衝」字，然此文「知」字自承上文二「知」字言，尸子作「不出於户而知天下」，呂氏文同，（「户」上有「門」字。）蓋卽老子「不出户知天下」之意。則此「知」字非「折衝」之「折」也。知反之己者也。」○尸子處道篇、呂氏先己篇，文意並畧同，家語賢君篇用此文。

子貢問治民於孔子，孔子曰：「懍懍焉如以腐索御奔馬。」家語「以」作「持」，「御」作「扞」，皆誤也。新序雜事四載孔子對哀公語云：「夫持國之柄，履民之上，懍乎如以腐索御奔馬。」淮南説林篇：「君子之居民上，若以腐索御奔馬。」皆與此文合。僞書五子之歌襲此文，改作「懍乎若朽索之馭六馬」。子貢曰：「何其畏也？」孔子曰：「夫通達之國皆人也，以道導之，則吾畜也，不以道導之，則吾讐也，四句本周書，詳下成王問政於尹佚條。若何而毋畏？」盧曰：「元本作『吾何以毋畏』。」承周案：家語作「如之何其無畏也」。○家語致思篇用此文。

齊桓公謂管仲曰：「吾欲舉事於國，昭然如日月，無愚夫愚婦皆曰善，可乎？」仲曰：「可，然非聖人之道。」桓公曰：「何也？」對曰：「夫短綆不可以汲深井，莊子至樂篇引管子曰：「褚小者不可以懷大，綆短者不可以汲深。」較本書多一句。淮南說林篇云：「短綆不可以汲深，器小不可以盛大。」語意亦同。荀子不苟篇云：「故曰：短綆不可以汲深井之泉，知不幾者不可與及聖人之言。」彼稱故曰，則爲成語可知，蓋亦用管子語也。知鮮不可以與聖人之言，慧士可與辨物，盧曰：「『慧』，楚府本作『惠』，古通用。」承周案：宋本、明鈔本、經廠本，皆作「惠」。智士可與辨無方，聖人可與辨神明。夫聖人之所爲，一本「所」下有「以」字。非衆人之所及也。民知十己，則尚與之爭，曰不如吾也，百己則疵其過，千己則誰而不信。「誰」疑「譙」。是故民不可稍而掌也，闕曰：「『稍』恐『稱』字誤。」承周案：闕說是，「掌」疑當爲「賞」。可并而牧也，不可暴而殺也，可麾而致也，衆不可户說也，可舉而示也。」○以莊子引文證之，則古本管子當有此文，而今本佚之。

衞靈公問於史鰌曰：「政孰爲務？」對曰：「大理爲務。聽獄不中，死者不可生也，斷者不可屬也，二句已見貴德篇。故曰大理爲務。」少焉，子路見公，公以史鰌言告之，子路曰：「司馬爲務。兩國有難，兩軍相當，司馬執枹以行之，一鬭不當，死者數萬，以殺人爲非也，此其爲殺人亦衆矣，故曰，司馬爲務。」少焉，子貢入見，公以二子言告之，子貢曰：「不識哉！昔禹與有扈氏戰，三陳而不服，禹於是修教一年，而有扈氏請服。盧曰：「誤以『啟』爲『禹』，呂氏先己篇又誤以『啟』爲『相』，『相』乃『伯啟』之訛，見御覽八十二。」承周案：莊子人間世篇、呂氏召類篇，皆云：「禹攻有扈」，墨子明鬼篇引甘誓稱禹誓，則周人舊說如此，書叙始云：「啟與有扈戰於甘之野，作甘誓。」史記夏本紀從之，（竹書紀年同。）未可以後説疑前説也。(書序非孔子作，前人已辨之。)故曰：『去民之所事，奚獄之所聽；俞曰：「『事』當作『争』，『争』隸書作『爭』，韓勑碑『工不爭賈』是也，故形似『事』字而致誤。『奚獄之所聽』，衍『所』字，蓋卽涉上句而衍。」(關亦云：「『事』恐『争』字誤。」)兵革之不陳，奚鼓之所鳴。』依上俞説，此「所」字亦當衍。故曰教爲務也。」

齊桓公出獵，逐鹿而走，入山谷之中，見一老公，而問之盧曰：「『公』，御覽八百九十九作『父』。」承周案：「他引皆作『公』，此不足據。」曰：「是爲何谷？」對曰：「爲愚公之谷。」水經淄水注：「時水北歷愚山東，有愚公冢，時水又屈而逕杜山北，有愚公谷。」桓公曰：「何故？」對曰：「以臣名之。」桓公曰：「今視公之儀狀，非愚人也，何爲以公名之？」「之」字舊脱，治要及類聚二十四引皆有，今據增。對曰：「臣請陳之，臣故畜牸牛，「牸」，治要、類聚及御覽四百九十九、又八百九十九皆誤作「特」。生子而大，賣之而買駒，少年曰：『牛不能生馬。』遂持駒去。傍隣聞之，以臣爲愚，故名此谷爲愚公之谷。」桓公曰：「公誠愚矣！夫何爲而與之？」桓公遂歸，明日朝，以告管仲，管仲正衿再拜曰：「此夷吾之過也。「過」，舊作「愚」，治要、類聚、御覽八百九十九皆作「過」，據改。使堯在上，咎繇爲理，御覽八百九十九，「理」上有「大」字。(他引仍無。)安有取人之駒者乎？「取」，宋本作「收」。若有見暴如是叟者，又必不與也，公知獄訟之不正，治要「公」上有「是」字。故與之耳。請退而修政。」孔子曰：「弟子記之，桓公霸君也，管仲賢佐也，猶有以智爲愚者也，況不及桓公、管仲者也！」「也」讀爲「耶」，治要作「乎」。○類聚九引韓子曰：「昔齊桓公入山，問父老：『此爲何谷？』答曰：『臣舊畜牛生犢，以子買駒，少年謂牛不生駒，遂持而去，傍鄰謂臣愚，遂名爲愚公谷。』」注云：「說苑又載。」是本書本於韓子也。又見桓子新論。（御覽引。）

魯有父子訟者，康子曰：「殺之。」孔子曰：「未可殺也。夫民不知子父訟之不善者久矣，是則上過也。「上過」，外傳作「上失其道」，家語亦有「上失其道」句。上有道，是人亡矣。」康子曰：「夫治民以孝爲本，今殺一人以戮不孝，不亦可乎？」孔子曰：「不教而誅之，舊作「不孝而誅之」，盧作「不孝者不教而誅之」，云：「據集語補。」承周案：外傳作「不教而聽其獄」，荀子作「不教其民而聽其獄」，家語作「不教以孝而聽其獄」，皆無「不孝者」三字，此文「孝」即「教」之誤，今從局本作「教」。是虐殺不辜也。三軍大敗，不可誅也；獄訟不治，「訟」，外傳作「讞」，荀子、家語、長短經皆作「犴」。不可刑也；上陳之教，而先服之，則百姓從風矣，躬行不從，「躬行」，外傳作「邪行」，荀子、家語作「邪民」。（長短經避諱作「邪人」。）而后俟之以刑，則民知罪矣。夫一仞之牆，民不能踰，百仞之山，童子升而遊焉，陵遲故也。「陵」，宋本「淩」，下同。今是仁義之陵遲久矣，「今是」，猶「今夫」，外傳「是」作「其」，非。（宋本「矣」作「安」；屬下句。）能謂民弗踰乎？詩曰：詩節南山。『俾民不迷。』昔者君子導其百姓不使迷，是以威厲而不試，「試」，舊作「至」，據荀子、家語改。刑錯而不用也。」於是訟者聞之，乃請無訟。○荀子宥坐篇，家語始誅篇、長短經政體篇，皆載此事，文多異。韓詩外傳三與此畧同，而文較詳。

魯哀公問政於孔子，盧曰：「『孔子』二字當重。」對曰：「政在使民富且壽。」「在」，舊作「有」，俞曰：「當作『在』。」關說同，今從之。家語作「政之急者，莫大乎使民富且壽也」。哀公曰：「何謂也？」孔子曰：家語此下有「省方役」三字。「薄賦斂則民富，無事則遠罪，遠罪則民壽。」二句，家語作「敦禮教，遠罪疾，則民壽矣」。公曰：「若是，則寡人貧矣。」孔子曰：「詩云：詩大雅泂酌。『愷悌君子，「愷」，舊作「凱」，盧曰：「宋本『愷』，足利古本毛詩同。」承周案：管子輕重丁、荀子禮論篇、呂氏不屈篇、賈子君道篇，引詩皆作「愷」，家語載此文正作「愷」，則宋本是也，今從之。民之父母。』未見其子富而父母貧者也。」○此卽論語有若對哀公「百姓足，君孰與不足，百姓不足，君孰與足」之意。賈子修政語下載周成王問鬻子，亦有「使民富且壽」語，（又見愼子外篇。）則孔子亦述舊聞也。家語賢君篇用本書。

文王問於呂望曰：「爲天下若何？」對曰：「王國富民，霸國富士，二「國」字，荀子皆作「者」，淮南云：「王主富民，霸主富武。」（「武」卽「士」也，淮南多用「武」爲「士」。）僅存之國富大夫，亡道之國富倉府，「道之」二字衍，「亡國」與上「僅存之國」相對爲義，淺人妄加二字，欲使其字數相等，而不知其義之不貫也。尉繚子正作「亡國富倉府」。又荀子作「亡國富筐篋，實府庫」，淮南作「亡國富庫」，皆以「亡國」連文，可證此文之誤。荀子此下多「筐篋已富，府庫已實，而百姓貧」十二字。是謂上溢而下漏。」文王曰：「善。」對曰：「宿善不祥。」關引太室曰：「『對曰』二字衍。」承周案：太室說是也。淮南繆稱篇云：「文王聞善如不及，宿善如不祥。」則此爲文王語可知。（今本淮南及文子上德篇「善」上衍「不」字，非。）墨子公孟篇：「吾聞之曰：宿善者不祥。」亦述文王語。是日也，發其倉府，以振鰥寡孤獨。○此所載太公語，荀子王制篇、尉繚子戰威篇、淮南人間篇，（載西門豹語，彼文稱臣聞，則是古語。）俱述之，蓋太公書佚文。

武王問於太公曰：六韜作「文王問」。「治國之道若何？」太公對曰：「治國之道，愛民而已。」曰：「愛民若何？」曰：「利之而勿害，依下文例，不當有「而」字，吳越春秋正無「而」字，則當爲衍文。六韜此及下數句「之」皆作「而」，疑此文校者旁注「而」字於「之」字旁，誤入正文。成之勿敗，生之勿殺，與之勿奪，樂之勿苦，喜之勿怒，此治國之道，使民之誼也，愛之而已矣。民失其所務，六韜、吳越春秋皆無「其」字，下句同。「務」，吳越春秋作「好」。則害之也；農失其時，則敗之也；有罪者重其罰，六韜作「無罪而罰」，吳越春秋作「有罪不赦」。則殺之也；重賦斂者，六韜無「者」字，吳越春秋作「重賦厚斂」。則奪之也；多徭役以罷民力，六韜作「多營宮室臺榭以疲民力」，吳越春秋作「多作臺游以罷民」。則苦之也；勞而擾之，六韜作「吏濁苛擾」，吳越春秋作「勞擾民力」。則怒之也。故善爲國者，遇民如父母之愛子，兄之愛弟，遇，待也，六韜作「馭」。（吳越春秋仍作「遇」。）聞其饑寒爲之哀，「饑」，盧改「飢」，明鈔本、楚府本同。見其勞苦爲之悲。」二句，六韜作「見其飢寒則爲之憂，見其勞苦則爲之悲。」（吳越春秋仍同本書。）○見六韜文韜國務篇；又吳越春秋勾踐歸國外傳載大夫種語，畧同。又治要引六韜文多異，不複録。

武王問於太公曰：六韜作「文王問」，下「武王」俱作「文王」。「賢君治國何如？」對曰：「賢君之治國，其政平，其吏不苛，其賦斂節，其自奉薄，不以私善害公法，賞賜不加於無功，刑罰不施於無罪，不因喜以賞，不因怒以誅，害民者有罪，進賢舉過者有賞，六韜無「舉過」二字。後宮不荒，女謁不聽，上無婬慝，下不陰害，「不」，六韜作「無」。不幸宮室以費財，關引或曰：「『幸』恐『華』字。」

俞曰：「『辛』字無義，乃『辛』字之誤。『辛』者，『新』之假字，言不新宮室也。文選甘泉賦：『列新雉於林薄。』注曰：『新雉，辛夷也。』是『新』與『辛』，猶『雉』與『夷』，古字並通。」承周案：六韜作「供」。不多觀游臺池以罷民，不彫文刻鏤以逞耳目，官無腐蠹之藏，國無流餓之民，此賢君之治國也。」武王曰：「善哉。」○見六韜文韜，（治要引。）又太公陰謀畧同。（治要引。）

武王問於太公曰：「爲國而數更法令者，何也？」太公曰：「爲國而數更法令者，不法法，以其所善爲法者也，故令出而亂，亂則更爲法，是以其法令數更也。」六韜文韜云：「文王問太公曰：『願聞爲國之大失。』太公曰：『爲國之大失者，爲上作事而不法法，國君不悟，是爲大失也』，云云。」言不法法之害，較此爲詳。

成王問政於尹逸曰：「吾何德之行，而民親其上？」對曰：「使之以時，而敬順之，」「順」，文子作「慎」，古通。（淮南仍作「順」。）闕引太室説，以「而敬」絶句，蓋未讀淮南、文子也。忠而愛之，布令信而不食言。」二句，淮南、文子皆無。王曰：「其度安至？」對曰：「如臨深淵，如履薄冰。」王曰：「懼哉！」淮南此下有「王人乎」三字。對曰：「天地之間，四海之内，善之則畜也，不善則讎也，夏、殷之臣，反讎桀、紂而臣湯、武，夙沙之民，自攻其主而歸神農氏，語又見呂氏用民篇，淮南「夙」作「宿」，古通。周書史記解：「三卿謀變，質沙以亡。」「質沙」亦即「夙沙」。（夙沙煮鹽事，世本、魯連子、説文皆言之。「夙」「宿」錯出甚多。）此君之所明知也，「君」，淮南作「世」。若何其無懼也？」○見淮南道應篇，又文子上仁篇以爲老子語。竊意此必周書佚文，或本尹佚書，（漢志在墨家。）亦可稱周書，（如周史、六韜亦稱周書。）呂氏慎大覽引「如臨深淵，如履薄冰」，不稱詩而稱周書，即用史佚語也。又適威篇引「民善之則畜也，不善則讐也」，亦稱周書，則淮南及此，皆用周書，可證。高氏兩注皆云：「周書，周文公所作。」蓋已迷其出處，而肊爲之說矣。

仲尼見梁君，俞曰：「仲尼時無梁君，當從家語作『宋君』爲是。」盧說、關引太宰德夫說，並同。梁君問仲尼曰：「吾欲長有國，吾欲列都之得，關曰：「『吾欲』以下十一字，家語作『吾欲使長有國而列都得之』。王肅曰：『國之列都皆得其道』。」承周案：此以「國」「得」爲韻，下數句皆韵語，彼文誤倒。吾欲使民安不惑，吾欲使士竭其力，吾欲使日月當時，吾欲使聖人自來，吾欲使官府治，盧曰：「『治』下，家語有『理』字，下同，亦叶韻。」爲之奈何？」仲尼對曰：「千乘之君，萬乘之主，四字似衍，與下文「多矣」不合，孔子所見固無「萬乘之主」，且是時以主爲大夫及大夫妻之稱，萬乘之君不得言主也。家語正無此四字。問於丘者多矣，未嘗有如主君問丘之術也。盧曰：「衍『主』字，（家語亦衍。）『術』，家語『悉』。」俞曰：「『術』字無義，當依家語作『悉』。」然而盡可得也。丘聞之，兩君相親，盧曰：「『兩君』，家語作『鄰國』。」則長有國；君惠臣忠則列都之得；毋殺不辜，毋釋罪人，則民不惑；益士祿賞，家語作「士益之祿」。則竭其力；尊天敬鬼，則日月當時；善爲刑罰，盧曰：「家語作『崇道貴德』。」則聖人自來；尚賢使能，家語作「任能黜否」。則官府治。」梁君曰：「豈有不然哉！」家語作「宋君曰：『善哉，豈不然乎，寡人不佞，不足以致之也。』孔子曰：『此事非難，唯欲行之云耳。』」〇家語賢君篇用此文。

子貢曰：「葉公問政於夫子，漢書「葉公」作「定公」，誤。夫子曰：『政在附近而來遠。』「附」，（大傳同，史記亦云：「來遠附邇。」）韓子、家語作「悅」，與論語合。爾雅釋詁注引尸子云：「悅尼而來遠。」墨子耕柱篇云：「葉公子高問政於仲尼，曰：『善爲政者，遠者近之，而舊者新之。』」魯哀公問政於夫子，夫子曰：『政在於諭臣。』盧曰：「『諭』，尚書大傳畧説作『論』，下同。」俞曰：「『諭』字無義，乃『論』字之誤。吕氏春秋當染篇：『古之善爲政者，勞於論人。』注曰：『論猶擇。』荀子王霸篇：『若夫論一相以兼率之。』注曰：『論謂討論選擇之也。』此云『政在論臣』，亦討論選擇之謂，史記孔子世家作『政在選臣』，是其證。」承周案：俞説是也。尚書大傳、漢書皆作「論」，尤其明證。「論」訓爲「選」，即「掄」之借字。説文：「掄，擇也。」「擇」亦「選」也，史記作「選臣」，韓子作「選賢」，皆以「選」代「論」字。（後漢書作「臨人」，亦「論人」之譌。）且此文即指論語「舉直錯枉」之對，「舉直錯枉」，正「論」之「選」之之謂，非「諭」也。（家語誤與此同。）齊景公問政於夫子，夫子曰：『政在於節用。』韓子、史記、家語皆作「節財」，後漢書作「節禮」。三君問政於夫子，夫子應之不同，然則政有異乎？」孔子曰：「夫荆之地廣而都狹，民有離志焉，二句，大傳同，家語「志」作「心」，韓子云：「葉都大而國小，民有背心。」義正相反。故曰在於附近而來遠。哀公有臣三人，內比周以惑其君，「周」下，舊衍「公」字，盧曰：「大傳、韓非、集語皆無。」今據删。外鄣距諸侯賓客，以蔽其明，「鄣」，舊作「障」，盧改。案宋本、明鈔本，皆作「鄣」。故曰政在諭臣。齊景公奢於臺榭，淫於苑囿，五官之樂不解，大傳與本書同。韓子云：「築雍門爲路寢。」關曰：「家語作『五官伎樂，不解於時。』」案漢書元后傳曰：『先帝棄天下，根不悲哀畏慕，山陵未成，公聘取故掖廷女樂五官殷嚴、王飛君等，置酒歌舞。』注：『如淳曰：

五官，官名也。』（外戚傳曰：『五官視三百石。』）此雖漢事，齊景公之時，後宮爲女樂者，已當有五官之名。」一旦而賜人百乘之家者三，「百乘」，大傳同，家語作「千乘」，韓子作「三百乘」。故曰政在於節用。此三者政也，詩不云乎？詩小雅四月。『亂離斯瘼，「斯瘼」，家語作「瘼矣」，用毛詩改，非也。後漢書仲長統傳作「斯瘼」，與此正同。文選潘安仁關中詩：「亂離斯瘼。」李注引韓詩曰：「亂離斯莫，爰其適歸。」薛君曰：「莫，散也。」毛詩曰：「亂離瘼矣。」毛萇曰：「瘼，病也。」今此既引韓詩，宜爲「莫」字。（以上李善語。）如李說，則此及後漢書「瘼」字，疑皆後人以毛義易之。爰其適歸。』此傷離散以爲亂者也。『匪其止共，惟王之卬。』詩小雅巧言。「惟」，毛詩作「維」，韓詩外傳四作「惟」。此傷姦臣蔽主以爲亂者也。『相亂蔑資，「相」，毛詩作「喪」，家語同，皆與此異。盧曰：「詩攷失載。」曾莫惠我師。』詩大雅板。此傷奢侈不節以爲亂者也。察此三者之所欲，政其同乎哉！」家語「政」字在「之」字上，「其」作「豈」。○見韓子難三篇，書大傳畧說、史記孔子世家、家語辨政篇、又漢書武帝紀、後漢書載崔實政論，亦說此事，文畧。

公儀休相魯，闕曰：「史記循吏傳：『公儀休者，魯博士也，以高第爲魯相。』」承周案：淮南高注亦云：「公儀休，魯博士。」魯君死，書鈔四十九「君」作「公」。左右請閉門。公儀休曰：「止，池淵吾不稅，孫仲容曰：「『池淵』，疑當作『虵淵』，『虵』卽俗『蛇』字，春秋定十三年經云：『築蛇淵囿。』卽此。」承周案：書鈔作「淵池」。蒙山吾不賦，苛令吾不布，吾已閉心矣，何閉於門哉！」「哉」，書鈔「也」。案此老子所謂「善閉者不用關鍵」也。中說注引古語：「上士閉心，中士閉口，下士閉門。」楚辭橘頌：「閉心自謹。」王逸注：「閉心，捐欲也。」

子產相鄭，簡公謂子產曰：「内政毋出，外政毋入。二句，韓子云：「子有職，寡人亦有職，各守其職。」尸子云：「子無入寡人之樂，寡人無入子之朝。」夫衣裘之不美，車馬之不飾，「飾」一本作「飭」。子女之不潔，寡人之醜也。醜，耻也。韓子作「耻」，尸子作「任」，下同。國家之不治，封疆之不正，夫子之醜也。」子產相鄭，終簡公之身，内無國中之亂，外無諸侯之患也。○以上見尸子治天下篇。韓子外儲說左上篇，文微異。

子產之從政也，盧曰：「元本提行。」承周案：宋本及各本皆不提行，後漢書胡廣傳注引此，亦連上文，今仍從各本。擇能而使之，馮簡子善斷事，左傳作「能斷大事」。子太叔善決而文，盧曰：「『善決』，左傳襄三十一年傳作『美秀』。」承周案：惠棟左傳補注云：「『善決』譌爲『美秀』。臧庸拜經日記云：杜注『美秀』云：『其貌美，其才秀。』陸、孔二家亦不言賈、服、王、董等有異文，是左氏本作『美秀』，不得據說苑輕議爲譌也。傳上云：『馮簡子能斷大事』，故下云：『告馮簡子使斷之』，是善決之事屬馮簡子，不屬子太叔。上云：『子太叔美秀而文』，故下云：『事成乃授子太叔使行之，以應對賓客。』蓋聘問四鄰，應對賓客，必擇美秀而文者爲國之儀表，不必用善決之才也。（關說同，較略，故録此。）公孫揮知四國之爲，而辨於其大夫之族姓，變而立至，盧曰：「衍『而』字『至』字。」惠定宇云：「『變立』卽古文『班位』。」承周案：左傳補注云：「古讀『變』爲『辨』，『辨』爲『班』，古文『位』作『立』，劉歆傳曰：『春秋傳多古字古言。』乃知向所據者皆古字也。然則『而至』二字乃後人妄增也。傳『班位』下又有『貴賤能否』四字。」孫仲容曰：「惠說是也。此文全本左傳，『變而立至』當作『變立而至』，卽左傳之『班位能否』也，『而至』二字當在『立』下，實作衍文，『而』『能』字同，『至』卽『否』字之譌，（「否」正字作「否」，與「至」形近而譌。）禮記禮運正義云：『劉向說苑，能字皆作而。』

是此書唐本『能』多作『而』，今本爲校者改竄殆盡，惟此文上下舛互，校者不曉其義，或以意改爲『變而立至』，而『能』字之借用『而』轉未改竄。」又善爲辭令，裨諶善謀，於野則獲，於邑則否。左傳二「於」字上皆有「謀」字。有事，乃載裨諶與之適野，使謀可否，而告馮簡子斷之，使公孫揮爲之辭令，左傳：「使子羽多爲辭令。」在「與裨諶乘以適野」前。案論語云：「裨諶草創，子羽修飾。」則本書爲長。成，左傳「成」上有「事」字，可省。乃受子太叔行之，關曰：「左傳『受』作『授』。」（古通。）以應對賓客，是以鮮有敗事也。〇左襄三十一年傳文，與此畧異。

董安于治晉陽，問政於蹇老，蹇老曰：「曰忠，曰信，曰敢。」董安于曰：「安忠乎？」曰：「忠於主。」曰：「安信乎？」曰：「信於令。」曰：「安敢乎？」曰：「敢於不善人。」董安于曰：「此三者足矣。」〇治要引呂覽云：「吳起行，魏武侯自送之西河，而與起辭曰：『先生將何以治西河？』對曰：『以忠，以信，以勇，以敢。』武侯曰：『安忠？』曰：『忠君。』『安信？』曰：『信民。』『安勇？』曰：『勇去不肖。』『安敢？』曰：『敢用賢。』武侯曰：『四者足矣。』」（治要引在驕恣篇後，疑似篇前，今本脫。）文正與此相似，即一事而傳聞之異。

魏文侯使西門豹往治於鄴，文選注三引「魏」譌「楚」，說見佚文。告之曰：「必全功成名布義。」豹曰：「敢問全功成名布義，爲之奈何？」文侯曰：「子往矣，是無邑不有賢豪辯博者也，「辯」舊作「辨」，從各本改。無邑不有好揚人之惡、蔽人之善者也。往必問豪賢者，因而親之；其辯博者，因而師之；問其好揚人之惡、蔽人之善者，劉曰：「『問』字衍。」因而察之；不可以特聞從事。

夫耳聞之不如目見之，目見之不如足踐之，足踐之不如手辨之。人始入官，如入晦室，久而愈明，明乃治，治乃行。」○戰國魏策載此事云：「西門豹爲鄴令，而辭乎魏文侯，曰：『子往矣，必就子之功而成子之名。』西門豹曰：『敢問就功成名亦有術乎？』文侯曰：『有之。夫鄉邑老者而先受坐之士，子入而問其賢良之士而師事之，求其好掩人之美而揚人之醜者而參驗之；夫物多相類而非也，幽莠之幼也似禾，驪牛之黄也似虎，白骨疑象，武夫類玉，此皆似之而非者也。』」文意畧同，馬國翰以爲魏文侯書佚文。

宓子賤治單父，盧曰：「『宓』當作『虙』，今多不辨。」承周案：顏氏家訓書證篇：「張揖云：『虙今伏羲氏也。』孟康漢書古文注亦云：『虙今伏。』而皇甫謐云：『伏羲或謂之宓羲。』案諸經史緯候遂無宓羲之號，虙字從虍，宓字從宀，下俱爲必，末世傳寫，遂誤以虙爲宓，而帝王世紀因誤更立名耳。何以驗之？孔子弟子虙子賤爲單父宰，即虙羲之後，俗字亦爲宓，或復加山，今兖州永昌郡城，舊單父地也，東門有子賤碑，漢世所立，乃云濟南伏生即子賤之後，是虙之與伏，古來通字，誤以爲宓，較可知矣。」顏說即盧氏所本。竊謂「虙」「宓」皆必聲，自可通用，顏說非定論也，說見梁氏史記志疑二十八，漢書人表攷三。又案後漢書伏湛傳注：「張晏曰：『勝字子賤，伏生碑云。』」此碑又與顏引異。彈鳴琴，身不下堂而單父治。巫馬期亦治單父，以星出，以星入，日夜不處，「處」，呂作「居」。以身親之，而單父亦治。巫馬期問其故於宓子賤，宓子賤曰：「我之謂任人，子之謂任力，任力者固勞，盧曰：「『固』，呂氏察賢篇作『故』，下同。」承周案：外傳及史記弟子傳正義引本書，俱無二「固」字。任人者固佚。」治要、史記弟子傳正義引，「佚」皆作「逸」，「佚」「逸」正俗字。人曰：「『曰』，呂氏、外傳皆作『謂』。「宓子賤則君子矣，佚四枝，「枝」，舊作「肢」，盧改。案宋本作「枝」，治要作「支」，而呂氏、外傳則皆作「肢」。」全耳目，平心氣，而百官治，「治」，外傳作「理」，呂氏下有「義矣」二字。任其數而已矣。巫馬期則不然，弊性事情，盧曰：「『性』，呂作『生』，『情』，呂作『精』。」承周案：「性」「生」，「情」「精」，古並通用，外傳仍作「情」。勞煩教詔，盧曰：「『勞』下，呂有『手足』二字。」承周案：外傳作「勞力教詔」，無「手足」二字。雖治，猶未至也。」○見呂氏察賢篇、韓詩外傳二。案韓子外儲說左上「宓子賤治單父，有若見之曰：『子何臞也？』」云云，正與此相反，豈子賤因有若之言而後得治道以致此與？太平寰宇記十四，單州單父縣下云：「琴臺在縣北一里，高三丈，卽子賤彈琴之所。」

孔子謂宓子賤曰：「子治單父而衆說，語丘所以爲之者！」曰：「不齊父其父，子其子，恤諸孤而哀喪紀。」孔子曰：「善，小節也，小民附矣！「民」，治要作「人」，與外傳合，非由諱改。（家語作「民」。）猶未足也。」曰：「不齊也盧曰：「『也』字衍，家語辨政篇無。」所父事者三人，所兄事者五人，所友者十一人。」外傳作「十二人」，下同；又多「所師者一人」句。孔子曰：「父事三人，可以教孝矣；兄事五人，可以教弟矣；友十一人，可以教學矣。盧曰：「『教學』，家語作『舉善』。」承周案：外傳此句作「足以祛壅蔽矣」，下多「所師者一人，足以慮無失策舉無敗功矣」二句。中節也，中民附矣，「民」，家語作「人」，治要引此作「民不諱」。猶未足也。」曰：「此地民有賢於不齊者五人，史記「地」作「國」。不齊事之，此下，家語有「而禀度焉」四字。皆教不齊所以治之術。」孔子曰：「欲其大者乃於此在矣。盧曰：「『欲』字，家語、集語皆無。」承周案：「欲」字無義，而治要引已有之，決非衍文，疑「歆」字之誤。昔者堯、舜清微其身，以聽觀天下，務來賢人。盧曰：「家語作『務求賢以自輔』。」承周案：治要「來」作「求」，與家語合。夫舉賢者，盧曰：「衍『舉』字。」承周案：家語無。百福之宗也，而神明之主也，惜乎！二字舊脫，盧曰：「家語、外傳八皆有『惜乎』二字，屬下句。」承周案：治要引正有「惜乎」二字，今據補。史記作「惜哉」。不齊之所治者小也！不齊所治者大，其與堯、舜繼矣。」盧曰：「『與』，宋本無。」承周案：治要引有，宋本不可從。外傳「其與」作「乃與」，「繼」作「參」。史記作「其庶幾矣」。○本韓詩外傳八，又略見史記弟子傳，家語辨政篇用此文。

宓子賤爲單父宰，辭於夫子，夫子曰：意林引此下有「夫政者」三字。「毋迎而距也，意林「毋」作「無」，下句同。「迎」，六韜作「逆」。毋望而許也，「望」，六韜作「妄」，古通。「望」與「迎」相對爲文。（鬼谷誤作「堅」，管子作「望」。）許之則失守，距之則閉塞。譬如高山深淵，仰之不可極，度之不可測也。」六韜作「高山仰之，不可及也，深淵度之，不可測也」，管子同。子賤曰：「善，敢不承命乎！」○此所載夫子語，六韜文韜大禮篇作太公對文王語，又見管子九守篇，鬼谷子符言篇。

宓子賤爲單父宰，盧曰：「此又一章。」承周案：舊本字適相接，非連上也，楚府本、關本提行，局本誤連上。過於陽晝，曰：「晝」，文選注四十二作「書」。「子亦有以送僕乎？」陽晝曰：「吾少也賤，不知治民之術，有釣道二焉，請以送子。」子賤曰：「釣道奈何？」陽晝曰：「夫投綸錯餌，「投」，舊作「扱」，關曰：「一本作『投』，是。」劉亦曰：「『扱』乃『投』誤。」盧曰：「御覽八百三十四、又九百三十七，俱作『投』。」承周案：文選注、事類賦二十九注引亦作「投」，今改正。迎而吸之者，陽橋也，文選注「橋」作「鱎」，說文無「鱎」字，玉篇魚部、廣韵三十小，皆以爲白魚名。楊升庵文集卷四十六曰：「陽喬，魚名，不釣而來，喻士之不招而至也。其魚之形則未詳。案荀子曰：『鱎，浮陽之魚也。』唐文粹宓子賤廟碑云：『豈意陽鱎，化而爲魴。』喬從魚爲鱎，字義乃全。」其爲魚也，「也」字舊脫，盧曰：「御覽有『也』字。」承周案：事類賦注同，與下文例合，今據補。文選注作「味」，屬下句。薄而不美；若存若亡，若食若不食者，魴也，其爲魚也，博而厚味。」宓子賤曰：「善。」於是未至單父，冠蓋迎之者交接於道，子賤曰：「車驅之，車驅之，夫陽晝之所謂陽橋者至矣。」於是至單父，請其耆老尊賢者，而與之共治單父。

孔子兄子有孔蔑者，「兄」，舊作「弟」，盧改。關曰：「家語『弟』作『兄』。」承周案：史記弟子傳有孔忠，家語弟子行云：「忠字子蔑，孔子兄之子。」與宓子賤皆仕，關曰：「家語『皆』作『偕』。」孔子往過孔蔑，問之曰：「自子之仕者，何得何亡？」孔蔑曰：「自吾仕者，關曰：「家語無『自吾仕者』四字。」承周案：「仕者」當依下文作「之仕」。未有所得，而有所亡者三，曰：王事若龔，家語「龔」作「龍」，王注云：「『龍』宜爲『讋』，前後相因也。」學焉得習，以是學不得明也，所亡者一也；奉禄少，鬻鬻不足及親戚，「鬻」，舊作「鬻」，盧曰：「『鬻』乃『鬻鬻』之譌。『鬻』卽『饘』字，下同。子路初見篇作『饘粥』，古今字耳。」親戚益疏矣，「親戚」，家語作「骨肉」。所亡者二也；公事多急，不得弔死視病，「視病」，家語作「問疾」，下同。案二「病」字，皆當從家語作「疾」，前後皆韵。是以朋友益疏矣，所亡者三也。」孔子不說，而復往見子賤，曰：「見」，當依上文作「過」，家語不誤。「自子之仕，何得何亡？」子賤曰：「自吾之仕，未有所亡，而所得者三：始誦之文，今履而行之，是學日益明也，所得者一也；奉禄雖少，鬻鬻得及親戚，關曰：「家語作『奉禄所供，被及親戚』。」是以親戚益親也，「親戚」，家語亦作「骨肉」。所得者二也；公事雖急，夜勤弔死視病，「夜」當爲「亦」，「夜」「亦」形近而誤。家語作「兼以弔死問疾」。是以朋友益親也，所得者三也。」孔子謂子賤曰：「君子哉若人！君子哉若人！二句論語不重。魯無君子也，盧曰：「『也』，元本『者』。」承周案：家語亦作「者」，疑皆從今論語改。斯焉取斯！」○以上見論語公冶長篇。又新序雜事二引論語孔子曰：「『君子哉子賤！魯無君子者，斯安取斯！』弟子傳：「孔子謂子賤：『君子哉！魯無君子，斯焉取斯！』」與論語及本書稍異。

晏子治東阿，三年，景公召而數之曰：「吾以子爲可，而使子治東阿，今子治而亂，子退而自察也，寡人將加大誅於子。」晏子對曰：「臣請改道易行，而治東阿，三年不治，臣請死之。」景公許之。於是明年上計，景公迎而賀之曰：「甚善矣，子之治東阿也！」晏子對曰：「前臣之治東阿也，屬託不行，貨賂不至，陂池之魚，以利貧民，當此之時，民無飢者，「飢」，舊作「饑」，盧改，云：「下同。」承周案：宋本、范本、明鈔本、楚府本，皆作「飢」；晏子同，脱「者」字。而君反以罪臣；今臣後之治東阿也，「後之」舊倒，盧從宋本乙，明鈔本同；晏子同，脱「治」字。屬託行，貨賂至，并會賦斂，「會」疑「曾」之誤，説文：「曾，益也。」晏子作「重」，與「曾」義同，若作會計賦斂，則官守當然，與上下文不侔矣。倉庫少内，便事左右，陂池之魚，入於權家，關曰：「晏子『家』作『宗』。」當此之時，飢者過半矣，君乃反迎而賀臣。句絶，下當更有一「臣」字，屬下句，晏子亦脱，王氏雜志説如此。愚不能復治東阿，願乞骸骨，避賢者之路。」再拜便辟。景公乃下席而謝之曰：「子强復治東阿，東阿者，子之東阿也，寡人無復與焉。」」〇此本晏子外篇。又晏子內篇雜上記此事，文多不同，今附録於此，云：「景公使晏子爲東阿宰，三年，毁聞於國，景公不説，召而免之。晏子謝曰：『嬰知嬰之過矣，請復治阿三年，而譽必聞於國。』景公不忍，復使治阿。三年而譽聞於國，景公説，召而賞之，辭而不受，景公問其故，對曰：『昔者嬰之治阿也，築蹊徑，急門閭之政，而淫民惡之；舉儉力孝弟，罰偷窳，而惰民惡之；決獄不避，貴彊惡之；法則予，非法則否，而左右惡之；事貴人體不過禮，而貴人惡之；是以三邪毁于外，二讒毁於內，三年而毁聞乎君也。今臣更之：不築蹊徑而緩門閭之政，而淫民説；不舉儉力孝弟，不罰偷窳，而惰民説；決獄阿貴彊，而貴彊説；左右所求言諾，而左右説；事貴人體過禮，而貴人説；是以三邪譽於外，二讒譽于內，三年而譽聞於君也。昔者嬰之所以當誅者宜賞，而今所以當賞者宜誅，是故不敢受。』景公知晏子賢，迺任以國政，三年而齊大興。」

子路治蒲，見於孔子曰：「由願受教。」孔子曰：「蒲多壯士，又難治也；然吾語汝，恭以敬，可以攝勇；史記「攝」作「執」。寬以正，可以容衆；「容衆」，史記作「比衆」，家語作「懷强」。恭以潔，史記作「恭正以静」。可以親上。」「親」，史記作「報」。家語無末二句，別有「愛而恕可以容困，温而斷可以抑姦，如此而加之，則政不難矣」，六句。〇見史記弟子傳。又家語致思篇用此文。

子貢爲信陽令，闕曰：「家語『令』作『宰』，信陽，楚邑。」辭孔子而行，孔子曰：「力之順之，因天之時，「天」，舊作「子」，盧改，云：「家語辨政篇作『勤之慎之，奉天子之時』，亦衍『子』字。」闕曰：「家語一本作『奉天之時』。」

無奪無伐，無暴無盜。」子貢曰：「賜少而事君子，「而」，舊作「曰」，盧云：「宋本『而』。」承周案：明鈔本、楚府本皆作「而」，與家語合，今據改。君子固有盜者邪？」孔子曰：「夫以不肖伐賢，是謂奪也；盧曰：「『伐』，依家語當是『代』，下同。」承周案：「不肖」二字，當從新論、家語作「賢」字，說見下句。以賢伐不肖，是謂伐也；孫仲容曰：「此似有譌，以賢伐不肖，安得謂之伐乎？家語作『以賢代賢，是謂之奪，以不肖代賢，是謂之伐』。」承周案：意林引桓譚新論云：「以賢伐賢謂之煩，以不肖伐不肖謂之亂。」文與此相似，御覽四百二亦引之，「伐」皆作「代」。竊謂孔子誡子貢以無伐，如今本則以賢伐不肖理之順者，又何誡焉，家語文爲長。新論文與以燕伐燕同意，亦通。緩其令，急其誅，是謂暴也；取人善以自爲己，是謂盜也；君子之盜，豈必當財幣乎？吾聞之曰，知爲吏者，奉法利民，盧曰：「『法』下，家語有『以』字。」不知爲吏者，枉法以侵民，此皆怨之所由生也。盧曰：「『皆』字，家語無。」臨官莫如平，盧曰：「以下四句，當別爲一條。」臨財莫如廉，廉平之守，不可攻也。俞曰：「『攻』，家語作『改』。」承周案：意林作「莫能攻也」。匿人之善者，盧曰：「此又一條。」是謂蔽賢也；揚人之惡者，是謂小人也；不內相教，關曰：「家語『教』作『訓』。」而外相謗者，是謂不足親也。言人之善者，有所得而無所傷也；家語作「若己有之」。言人之惡者，無所得而有所傷也。家語作「若己受之」。故君子慎言語矣，毋先己而後人，擇言出之，令口如耳。」○家語辨政篇用此文。盧分此章爲三條，攷家語已合爲一，盧說未敢從。

楊朱見梁王，言治天下如運諸掌然。梁王曰：「先生有一妻一妾不能治，三畝之園不能芸，言治天下如運諸手掌，「手」字衍，上文無，列子亦無。何以？」列子作「何也」。楊朱曰：「臣有之。盧曰：「『臣』當作『誠』。」承周案：列子無此三字。君不見夫羊乎？關曰：「列子作『君見其牧羊者乎』。」承周案：此脫「牧」字。百羊而羣，使五尺童子荷杖而隨之，關曰：「『杖』，列子作『箠』。」（下同。）欲東而東，欲西而西。君且使堯牽一羊，舜荷杖而隨之，則亂之始也。關曰：「列子作『則不能前矣』。」臣聞之，夫呑舟之魚不遊淵，疑脫一字，列子作「不游枝流」，金樓作「不游清流」。鴻鵠高飛，不就汙池，列子「就」作「集」，古通。金樓「汙池」作「茂林」。何則？其志極遠也。黃鍾大呂，不可從繁奏之舞，「繁」，列子作「煩」。何則？其音疏也。將治大者不治小，「小」，列子作「細」。成大功者不小苛，「小苛」，列子作「成小」。此之謂也。」○見列子楊朱篇，又畧見金樓子立言下篇。

景差相鄭。非楚景差。鄭人有冬涉水者，出而脛寒，後景差過之，下陪乘而載之，覆以上衽。晉叔向聞之曰：「景子爲人國相，豈不固哉？吾聞良吏居之，盧曰：「『居』，元本『君』。」三月而溝渠修，月令季春云：「命司空道達溝瀆。」十月而津梁成，周語二，單子引先王之教曰：「雨畢而除道，水涸而成梁。」（韋云：「九月雨畢，十月水涸也。」）又引夏令曰：「九月除道，十月成梁。」孟子作「歲十一月徒杠成，十二月輿梁成」，謂周正也。六畜且不濡足，而況人乎？」○此與孟子所載「子產以其乘輿濟人於溱洧」事畧同。困學紀聞八云：「叔向之時，鄭無景差，當以孟子爲正。」

魏文侯問李克曰：「爲國如何？」盧曰：「『如何』，元本作『何如』。」對曰：「臣聞爲國之道，食有勞而禄有功，使有能而賞必行，罰必當。」文侯曰：「吾賞罰皆當，而民不與，何也？」對曰：「國其有淫民乎？臣聞之曰，奪淫民之禄，以來四方之士。下似有脱文。其父有功而禄，其子無功而食之，出則乘車馬、衣美裘，以爲榮華，入則修竽瑟鍾石之聲，局本「瑟」譌「琴」。而安其子女之樂，以亂鄉曲之教，如此者，奪其禄以來四方之士，此之謂奪淫民也。」○馬國翰以爲李克書佚文。

齊桓公問於管仲曰：「國何患？」「國」上，當據韓子、晏子補「治」字，外傳作「爲」，「爲」亦「治」也，本章末句云：「此治國之所患也」，尤其明證。管仲對曰：「患夫社鼠。」王本、局本「夫」誤「失」。桓公曰：「何謂也？」管仲對曰：「夫社束木而塗之，鼠因往託焉，熏之則恐燒其木，「熏」，舊作「燻」，俗字，依治要引改，晏子作「熏」不誤。灌之則恐敗其塗，「敗」，治要引作「壞」，壞，傷也。此鼠所以不可得殺者，以社故也。夫國亦有社鼠，人主左右是也；內則蔽善惡於君上，外則賣權重於百姓，不誅之則爲亂，誅之則爲人主所案據，腹而有之，「案」，舊作「察」，劉曰：「晏子作『案』，當從之。」承周案：治要正作「案」，據改。案猶依也，韓子作「安」，（句有訛，而「安」字不誤。）此當以「案據」絕句，「腹而有之」，當從外傳作「覆而育之」。此亦國之社鼠也。人有酤酒者，韓子前節以爲宋人，後節以爲宋之莊氏。爲器甚潔清，置表甚長，韓子作「縣幟甚高」。而酒酸不售，問之里人其故，「里人」，（晏子、外傳同。）韓子作「閭長者楊倩」。里人云：「公之狗猛，人挈器而入，且酤公酒，狗迎而噬之，此酒所以酸不售之故也。」夫國亦有猛狗，用事者是也。」「是」字舊無，劉曰：「脫『是』字。」承周案：明鈔本有「是」字，此與上文「人主左右是也」同例，晏子正有「是」字，今據補。有道術之士，欲明萬乘之主，「明」，（韓子同。）外傳作「白」，晏子作「干」。而用事者迎而齕之，此亦國之猛狗也。左右爲社鼠，用事者爲猛狗，則道術之士不得用矣，此治國之所患也。」○韓子外儲說右上兩載此事，皆以爲桓公、管仲語，而文多異。晏子內篇問上、韓詩外傳七，文較同，而又以爲景公、晏子事。

齊侯問於晏子曰：「爲政何患？」對曰：「患善惡之不分。」公曰：「何以察之？」對曰：「審擇左右，左右善，則百僚各得其所宜而善惡分。」孔子聞之曰：「此言也信矣。善進，則不善無由入矣，「善進」，舊作「善言進」，涉上文「此言也」而衍，此謂善人，非謂善言也，治要引作「善進」，今從之。晏子同。不善進，則善無由入矣。」「不善進」，舊作「不進善言」，盧曰：「當作『不善言進』。」承周案：「言」字衍，與上條同，今從治要及晏子訂正。○見晏子內篇問上。

復槀之君朝齊，桓公問治民焉，復槀之君不對，而循口操衿抑心，桓公曰：「與民共甘苦饑寒乎？夫以我爲聖人也，故不用言而諭。」因禮之千金。

晉文公時，舊連上，盧曰：「宋、元本皆提行。」承周案：明鈔本、楚府本、關本，皆提行。翟人有獻封狐文豹之皮者，「獻」字舊脫，依韓子、金樓子增。盧曰：「『封』，郭注海內經引作『蓬』。」承周案：韓子、金樓子皆作「豐」，莊子山木篇亦有「豐狐文豹」語，司馬彪曰：「豐，大也。」此作「封狐」者，離騷：「又好射夫封狐。」王注：「封狐，大狐也。」郭引作「蓬」者，以皆從「丰」聲，故可通用，禮記玉藻：「縫齊倍要。」注：「『縫』或爲『逢』，或爲『豐』。」是其例。（禮記儒行篇：『逢掖之衣。』注：『逢，大也。』逢訓大，故蓬亦可訓大。）文公喟然歎曰：「封狐文豹何罪哉！以其皮爲罪也。」大夫欒枝曰：「地廣而不平，財聚而不散，獨非狐豹之罪乎？」文公曰：「善哉！說之。」欒枝曰：「地廣而不平，人將平之；財聚而不散，人將爭之。」於是列地以分民，盧曰：「『列』、『裂』同。」散財以賑貧。盧曰：「『賑』，廣韵云與『振』通。」○見韓子喻老篇，又見金樓子立言下篇，文皆畧。

晉文侯問政於舅犯，舅犯對曰：「分熟不如分腥，分腥不如分地。割以分民，而益其爵祿，是以上得地而民知富，上失地而民知貧，古之所謂致師而戰者，其此之謂也。」

晉侯問於士文伯曰：「三月朔，盧曰：「左氏昭七年經、傳俱作『夏四月甲辰朔』。」日有蝕之。「蝕」，經、傳皆作「食」。寡人學惛焉，詩所謂『彼日而蝕，于何不臧』者，何也？」詩小雅十月之交。毛詩「蝕」作「食」，左傳同。史記天官書：『月蝕常也，日蝕爲不臧也。』用此詩，字作「蝕」，與此文同。毛古文作「食」，三家今文作「蝕」。對曰：「不善政之謂也。國無政，不用善，則自取讁於日月之災，「讁」，傳作「謫」，俗省。故政不可不慎也。「政」字舊脫，盧曰：「傳有『政』字。」承周案：據上下文例，此亦當有，今補。政有三而已，傳作「務三而已」。一曰因民，二曰擇人，傳「因民」「擇人」互易。三曰從時。」○本左氏昭七年傳。

延陵季子游於晉，季札游晉，見左氏襄二十九年傳。入其境，曰：「嘻！暴哉國乎！」入其都，曰：「嘻！力屈哉國乎！」立其朝，曰：「嘻！亂哉國乎！」從者曰：「夫子之入晉境未久也，何其名之不疑也？」延陵季子曰：「然。吾入其境，田畝荒穢而不休，關曰：「史記標注載此章『穢』作『蕪』。」盧曰：「『休』當作『茠』，與『薅』同，除草也。」雜增崇高，「增」字義不可通，關引史記標注作「穭」，案作「穭」是也。吾是以知其國之暴也。吾入其都，新室惡而故室美，新牆卑而故牆高，御覽百七十四引無兩「而」字，「故牆高」在「新牆卑」上。吾是以知其民力之屈也。吾立其朝，君能視而不下問，其臣善伐而不上諫，吾是以知其國之亂也。」

齊之所以不如魯者，太公之賢不如伯禽。伯禽與太公俱受封而各之國，三年，太公來朝，史記云：「五月而報政周公。」周公問曰：「何治之疾也？」對曰：「尊賢，先疏後親，先義後仁也，史記云：「吾簡其君臣，禮從其俗爲也。」此霸者之迹也。」周公曰：「太公之澤及五世。」五年，伯禽來朝，史記云：「三年而後報政周公。」周公問曰：「何治之難？」對曰：「親親，先內後外，先仁後義也，「親親」下，舊有「者」字，盧以爲衍，今刪。史記云：「變其俗，革其禮，喪三年然後除之。」此王者之迹也。」周公曰：「魯之澤及十世。」故魯有王迹者，仁厚也，齊有霸迹者，武政也，齊之所以不如魯也，太公之賢不如伯禽也。○此似因論語「齊一變至於魯」之文，而爲之說。史記魯世家載此事，云：「及後聞伯禽報政遲，乃歎曰：『嗚呼！魯後世其北面事齊矣！夫政不簡不易，民不有近，平易近民，民必歸之。』」則周公固謂太公優於伯禽矣。又案此及史記皆以爲二公報政而周公論之，攷呂氏長見篇云：「呂太公望封於齊，周公旦封於魯，二君者，甚相善也，相謂曰：『何以治國？』太公望曰：『尊賢上功。』周公旦曰：『親親上恩。』太公望曰：『魯自此削矣。』周公旦曰：『魯雖削，有齊者亦必非呂氏也。』」淮南齊俗篇、韓詩外傳十、漢書地理志下，文並畧同，皆以爲周公、太公問對語，（又畧見論衡實知篇。）

則於伯禽無涉也。

景公好婦人而丈夫飾者，關曰：「晏子『景公』作『靈公』。」國人盡服之，公使吏禁之，曰：「女子而男子飾者，裂其衣，斷其帶。」裂衣斷帶相望而不止。晏子見，公曰：「寡人使吏禁女子而男子飾者，裂其衣斷其帶相望而不止者，何也？」對曰：「君使服之於內，而禁之於外，猶懸牛首於門，而求買馬肉也。晏子作「而賣馬肉於內也」。公胡不使內勿服，則外莫敢爲也！」公曰：「善。」使內勿服，不旋月，「旋」，晏子作「逾」。而國莫之服也。○本晏子內篇雜下。

齊人甚好轂擊相犯以爲樂，禁之不止。晏子患之，乃爲新車良馬，出與人相犯也，曰：「轂擊者不祥。臣其祭祀不順，「順」讀爲「慎」。居處不敬乎？」下車棄而去之。然後國人乃不爲。故曰：禁之以制，而身不先行也，民不肎止。「肎」，晏子作「能」。故化其心莫若教也。○本晏子內篇雜上。

魯國之法，魯人有贖臣妾於諸侯者，取金於府。子貢贖人於諸侯，而還其金。句不明，呂氏作「來而讓不取其金」，淮南齊俗篇作「而不受金於府」，道應篇作「來而辭不受金」，家語作「辭而不取金」，此疑作「還而辭其金」，因脱「辭」字，故倒易「還而」二字耳，實未嘗受，何得言還其金也。孔子聞之曰：「賜失之矣。聖人之舉事也，可以移風易俗，而教導可施於百姓，非獨適其身之行也。今魯國富者寡而貧者衆，贖而受金，則爲不廉，不受則後莫復贖，淮南道應云：「不受金則不復贖人。」自今以來，魯人不復贖矣。」

「贖」下，當有「人」字，呂氏、淮南、家語皆有。孔子可謂通於化矣，故老子曰：德經五十二章。「見小曰明。」○此所載子貢事，見呂氏察微篇，淮南齊俗、道應二篇，及家語致思篇。

孔子見季康子，闕曰：「家語『孔子』下，有『爲魯司寇』四字。」盧曰：「康子，王肅注家語子路初見篇云：『當爲桓子。』」康子未說，孔子又見之。宰予曰：「吾聞之夫子曰：『王公不聘不動。』家語作「王公不我聘則不動。」今吾子之見司寇也少數矣！」闕曰：「家語作『今夫子之於司寇日少，而屈節數矣』。」盧曰：「家語作『今夫子於司寇也日少』，注謂『在司寇官日淺』，謂夫子爲司寇也，此以季孫爲司寇誤。魯之司寇臧氏世居之，夫子時蓋爲小司寇也。」孔子曰：「魯國以衆相陵，以兵相暴之日久矣，而有司不治，聘我者孰大乎於是。」盧曰：「『乎』字衍，家語無，『於是』當作『是于』，見楊倞注荀子富國篇引。」承周案：楊氏謂「是于」即「于是」，家語作「孰大於是哉」。魯人聞之曰：「聖人將治，可以不先自爲刑罰乎！」闕曰：「家語『可』作『何』。」盧曰：「衍『以』字。」（家語無。）又曰：「『爲』，家語『遠』。」（闕校同。）承周案：「爲」讀爲「遠」，左傳「蔿氏」即「薳氏」，即二字音通之例。自是之後，國無爭者。○家語子路初見篇用此文。孔子謂弟子曰：闕曰：「家語『孔子謂』以下爲別章，『弟子』作『宰予』，然金蟠本此段屬上句，此爲是。」「違山十里，蟪蛄之聲，猶尚存耳。盧曰：「家語作『猶在於耳』，下又有『故』字。」政事無如膺之矣。」盧曰：「『膺』，家語『應』。」又曰：「宋歐陽士秀孔子世家補，以此連上文爲一條，言民知畏刑罰，則先聲之在人耳也，動斯應之矣。」○家語子路初見篇用此文，王注云：「違山十里，猶在於耳，以其鳴而不已，言政事須慎聽之，然後行之者也。」案詩緯含神霧：「孔子歌云：『違山十里，蟪蛄之聲，尚猶在耳。』政尚靜而惡譁也。」（古微書引。）與王說異。

古之魯俗，舊連上，盧曰：「當別爲一條。」承周案：「關本提行，今從之。」塗里之間，關曰：「間謂守其間。」羅門之羅，收門之漁，關曰：「『收』字，字書不見，『收』疑『収』字，『収』同『將』。」孫仲容曰：「『収』字無義，此疑當作『𩵖』，卽『漁』之假字，周禮䱷人，釋文云：『亦作魰。』說文竹部云：『籞或作𩵖，從又從魚。』『魰』又『𩵖』之別體也。『𩵖門之漁』與『羅門之羅』，文正相對，關疑爲『収』之譌，則與上句文例參差不合矣。」獨得於禮，是以孔子善之。夫塗里之間，富家爲貧者出；羅門之羅，有親者取多，無親者取少；收門之漁，有親者取巨，無親者取小。○荀子儒效篇記孔子事云：「居於闕黨，闕黨之子弟罔不分，（「罔不」卽「網罘」。）有親者取多，孝弟以化之也。」新序雜事一、雜事五並同。雜事一「罔不」作「畋漁」，「畋」卽謂「羅門之羅」，「漁」卽謂「收門之漁」，則此所云，皆夫子因魯俗爲化也。

春秋曰：或謂「春秋」下有脫字，非也，漢人引師說，多直稱本經。「四民均則王道興而百姓寧，所謂四民者，士農工商也。」穀梁成元年傳：「古者有四民：有士民，有商民，有農民，有工民。」此所引卽穀梁說也。惠士奇禮說謂：「四民始於管子『古者四民爲商農工賈』。」

婚姻之道廢，舊連上，盧曰：「亦當別爲一條，然此與上條似皆非全文。」承周案：盧說是，今提行。則男女之道悖，而淫泆之路興矣。盧曰：「『道』，經解『禮』。」○承周案：大戴記禮察篇、小戴經解篇、漢書禮樂志，皆作「婚姻之禮廢，則夫婦之道苦，而淫辟之罪多矣」。

說苑卷第八

尊賢

人君之欲平治天下而垂榮名者，必尊賢而下士。易曰：益卦象詞。「自上下下，其道大光。」又曰：屯卦初九象詞。「以貴下賤，大得民也。」夫明王之施德而下下也，將懷遠而致近也。夫朝無賢人，猶鴻鵠之無羽翼也，雖有千里之望，猶不能致其意之所欲至矣。是故絕江海者託於船，「絕」舊作「游」。盧曰：「初學記十七、御覽四百二俱作『絕』，呂氏知度篇同。」承周案：治要亦作「絕」，據改。又呂氏無「海」字。致遠道者託於乘，呂氏無「道」字，「乘」作「驥」，下同。欲霸王者託於賢。伊尹、呂尚、管夷吾、百里奚，此霸王之船乘也。釋父兄與子孫，呂氏「孫」作「弟」。非疏之也；任庖人、釣屠呂氏「屠」作「者」。與仇讎、僕虜，呂氏「讎」作「人」。非阿之也；持社稷、立功名之道，不得不然也。猶大匠之爲宫室也，量小大而知材木矣，比功校而知人數矣。「校」，宋本及各本並同，王本、局本改作「效」，非是。呂氏作「訾功丈」，高注：「訾，相也，相功力丈尺而知用人數多少也。」「校」卽「杖」之訛，「丈」「杖」古同字。是故呂尚聘，而天下知商將亡而周之王也，盧曰：「呂氏尊師篇作『小臣呂尚聽，而天下知殷周之王也』。高誘注：『小臣謂伊尹。』案呂氏句法與下一例，下文別有『知其亡』語，疑此亦本同呂氏，而後人改之。」承周案：盧說是也。

（惟『尊師』當作『知度』，涉筆偶誤。）此上文以伊尹、呂尚、管夷吾、百里奚四人對舉，又上文庖人謂伊尹，釣屠謂呂尚，仇讎謂管夷吾，僕虜謂百里奚，亦四人並舉，而此獨闕伊尹，與上文不合；且「知商將亡」又與下「知其亡」語相複，明爲後人妄改，當以呂氏爲正。管夷吾、百里奚任，而天下知齊、秦之必霸也，豈特船乘哉！夫成王霸固有人，亡國破家亦有人。舊本「亦」下有「固」字，涉上文而衍，今從呂氏删。「破家」二字呂氏無。桀用干莘，「干」舊作「千」，盧引孫云：「墨子所染篇、呂氏愼大篇、困學紀聞引古今人表、抱朴子良規篇，俱作『干辛』，韓非説疑、呂氏當染、知度兩篇，俱作『羊辛』，今本人表譌作『于莘』，此作『千辛』，『于』『千』皆『干』之誤。」紂用惡來，宋用唐鞅，唐鞅見墨子所染篇、荀子解蔽篇、呂氏當染篇。又呂氏淫詞篇云：「宋王謂其相唐鞅曰：『寡人所殺戮者衆矣，而羣臣愈不畏，其故何也？』唐鞅對曰：『王之所罪，盡不善者也，罪不善，善者故爲不畏。王欲羣臣之畏也，不若無辨其善與不善而時罪之，若此，則羣臣畏矣。』居無幾何，宋君殺唐鞅。」又見論衡雷虚篇。齊用蘇秦，秦用趙高，四字呂氏無，子政所增。而天下知其亡也。非其人而欲有功，譬其若夏至之日而欲夜之長也，盧曰：「『其』呂氏『之』。」承周案：盧改「若」爲「苦」非，呂氏亦作「若」，治要引此亦作「若」。射魚指天，而欲發之當也，雖舜禹猶亦受困，而又況乎俗主哉！○「是故」以下，皆呂氏知度篇文。

春秋之時，天子微弱，諸侯力政，關引太室曰：「『政』當爲『征』。」承周案：「政」「征」通。此下至「若綫」，淮南要畧篇文同，「政」作「征」。皆叛不朝，關引太室曰：「『皆』當爲『背』。」衆暴寡，强劫弱，南夷與北狄交侵，中國之不絶若綫。二句公羊僖四年傳文，無「侵」字，又見越絶書吳内傳，「侵」作「争」，淮南作「伐」。桓公於是用管仲、鮑叔、隰朋、賓胥無、甯戚，三存亡國，左傳：「齊桓公存三亡國。」一繼絶世，闕曰：「謂定襄王天子之位也。」救中國，攘戎狄，卒脅荆蠻，三句皆公羊僖四年傳文，彼作「卒怗荆」，解詁：「怗，服也。」以尊周室，霸諸侯。晉文公用咎犯、先軫、陽處父，强中國，敗强楚，合諸侯朝天子，以顯周室。楚莊王用孫叔敖、司馬子反、將軍子重，征陳從鄭，敗强晉，無敵於天下。秦穆公用百里子、蹇叔子、王子廖及由余，「王子廖」當作「王廖」，衍「子」字，外傳九作「王繆」，王其姓也。王廖、由余事詳反質篇。據有雍州，攘敗西戎。吴用延州來季子。「來」舊作「萊」，盧改。（明鈔本、經廠本同。）并冀州，揚威於雞父。雞父之戰，在春秋昭二十三年傳。又呂氏察微篇記此戰起于卑梁處女事，不見左傳。陳卓人（公羊義疏六十五。）云：「或二傳之外傳語。」然俱與季子無涉。鄭僖公富有千乘之國，貴爲諸侯，治義不順人心，而取弑於臣者，不先得賢也；至簡公用子産、裨諶、世叔、行人子羽，世叔即子太叔，子羽即公孫揮，並見政理篇。賊臣除，正臣進，去强楚，合中國，國家安寧，二十餘年，無强楚之患。故虞有宫之奇，晉獻公爲之終夜不寐，楚有子玉得臣，文公爲之側席而坐。事俱見春秋傳。董子滅國篇云：「楚王髡託其國於子玉得臣，而天下畏之；虞公託其國於宫之奇，晉獻患之，及髡殺得臣，天下輕之，虞公不用宫之奇，晉獻亡之。」與此同意。又服制象篇：「虞有宫之奇而獻公爲之不寐。」則此爲公羊先師相傳之語。他如鹽鐵論崇禮篇：「楚有子玉得臣，文公側席，虞有宫之奇，晉獻不寐。」漢書辛慶忌傳，何武上封事云：「虞有宫之奇，晉獻不寐。」陳湯傳谷永上疏曰：「臣聞楚有子玉得臣，文公爲之側席而坐。」皆述此語。（又見魏志徐奕傳。）遠乎！賢者之厭難折衝也！

夫宋襄公不用公子目夷之言，大辱於楚，僖二十二年傳。曹不用僖負羈之諫，敗死於戎，春秋莊二十四年：「冬，戎侵曹，曹羈出奔陳。」公羊傳：「戎將侵曹，曹羈諫曰：『戎衆以無義，君請勿自敵也。』曹君曰：『不可。』三諫不聽，遂去之。」又二十六年：「曹殺其大夫。」傳曰：「何以不名？衆也。曷爲衆殺之？不死於曹君者也。君死乎位曰滅，曷爲不言其滅？爲曹羈諱也。何以不言戰？爲曹羈諱也。」此卽子政所本。不死於曹君，謂曹君敗死，諸臣不死其難也。越絕外傳枕中篇云：「曹君戰死，大夫不能死義，誅之爲當其罪，故春秋善之也。」亦用公羊說。左傳、史記無曹君敗死於戎事，關氏妄引晉世家爲說，故詳録之。惟公羊之曹羈與左氏之僖負羈，相去四十年，而此文合之，疑後人妄改。正諫篇止作曹羈。故共惟五始之要，治亂之端，在乎審己而任賢也。漢書王褒傳：「共惟春秋法五始之要，在乎審己正統而已。」國家之任賢而吉，任不肖而凶，案往世而視已事，已事猶往事，見漢書賈誼傳注。其必然也如合符，此爲人君者不可以不愼也。○國家昏亂而良臣見。此似當別爲一章，舊皆連上，未敢徑改，今加○以別之。魯國大亂，季友之賢見，關曰：「公羊傳僖公元年曰：『季子治內難以正，禦外難以正。』」僖公卽位，而任季子，魯國安寧，外內無憂，行政二十一年。董子作「行之二十年，國家安寧」。季子卒之後，舊本「卒之」作「之卒」，今從董子乙轉。邾擊其南，齊伐其北，魯不勝其患，將乞師於楚以取全耳。盧曰：「『將』疑『特』。」又曰：「『耳』，舊注云或作『身』，非是。春秋繁露玉英篇作『直乞師楚耳』。」承周案：「玉英」當爲「精華」，盧氏涉筆偶誤。董子作「直」，此文自當作「特」，「直」「特」古通。故傳曰：「患之起，必自此始也。」見公羊僖二十六年傳。公子買不可使戍衞，見公羊僖二十八年傳。公子遂不聽君命而擅之晉，見公羊僖三十年傳。內侵於臣下，外困於兵亂，弱之患也。僖公之性，非前二十一年常賢，而後乃漸變爲不肖也，此季子存之所益，亡之所損也。夫得賢失賢，其損益之驗如此，而人主忽於所用，甚可疾痛也。夫智不足以見賢，無可奈何矣。若智見之，而强不能決，猶豫不用，而大者死亡，小者亂傾，此甚可悲哀也。以宋殤公不知孔父之賢乎？安知孔父死已必死，趨而救之？見公羊桓二年傳。趨而救之者，是知其賢也。以魯莊公不知季子之賢乎？安知疾將死，召季子而授之國政？見公羊莊三十二年傳。授之國政者，是知其賢也。此二君知能見賢，而皆不能用，故宋殤公以殺死，魯莊公以賊嗣。董子作「魯莊以危，宋殤以弒」。此文「殺」讀爲「弒」。嗣謂子般也。使宋殤蚤任孔父，魯莊素用季子，乃將靖隣國，而況自存乎！董子作「尚將興鄰國，豈直免弒哉。」○自「國家昏亂」以下，本董子精華篇，文多出入，不備録。又鹽鐵論殊路篇：「宋殤公知孔父之賢而不早任故身死，魯莊知季友之賢授之政晚而國亂。」亦本董子。）

鄒子説梁王曰：「伊尹故有莘氏之媵臣也，湯立以爲三公，天下之治太平。管仲故成陰之狗盜也，盧曰：「『成』元本『城』，御覽四百七十四同。」史記管仲傳云「潁上人」，考潁水出潁川陽城縣西北少室，（水經二十二。）酈氏謂陽城卽趙臨侯國，而漢表陽城作城陽，是城陽卽陽城也。此文「陰」字疑「陽」之誤。然地屬鄭國，管仲齊人，他書無言管仲爲鄭人者。方輿紀要謂城陰卽高密，於地望似合，而又無以解於潁上之文。他日當質之通地學者。又案：齊有城陽大夫，見管子輕重丁篇。天下之庸夫也，齊桓公得之，以爲仲父。「以」字舊脱，從御覽及文選解嘲注補。百里奚乞食於路，「乞食」舊譌作「道之」，盧從御覽改。承周案：上梁王書作「百里奚乞食於道路」，選注引本書亦作「乞食」。餘詳臣術篇。傳賣五羊之皮，秦穆公委之以政。甯戚故將車人也，叩轅行歌於康之衢，桓公任之以國。「之」字舊脫，盧從御覽補。承周案：選注引亦有「之」字。甯戚事見呂氏舉難篇、淮南道應篇、新序雜事五。司馬喜髕脚於宋，而卒相中山。史記鄒陽傳索隱云：「事見戰國策及呂氏春秋。」范睢折脅拉齒於魏，而後爲應侯。上吳王書「折脅拉齒」作「拉脅折齒」，史記范睢傳作「折脅摺齒」，「摺」與「拉」同。太公望，故老婦之出夫也，朝歌之屠佐也，棘津迎客之舍人也，年七十而相周，九十而封齊。「出」，黃氏日鈔引作「棄」。秦策：「姚賈曰：『太公望，齊之逐夫，朝歌之廢屠，子良之逐臣，棘津之不讐庸。』」韓詩外傳七：「呂望行年五十，賣食棘津，年七十，屠於朝歌，九十乃爲天子師。」列女傳辨通篇：「昔者，太公望年七十，屠牛於朝歌市，八十爲天子師，九十而封於齊。」又互詳雜言篇。故詩曰：逸詩。『綿綿之葛，在於曠野，良工得之，以爲絺紵。良工不得，枯死於野。』御覽「紵」作「綌」，「野」作「地」。案今本「紵」「野」爲韵，於文爲長。此七士者，不遇明君聖主，幾行乞丐，枯死於中野，譬猶緜緜之葛矣。」〇此鄒陽說梁孝王也。史漢鄒陽傳、新序三及文選所載上梁王書，多相似語。

眉睫之微，俗本「微」譌「徵」，劉子作「微」。接而形乎色。「乎」舊作「于」，盧改。聲音之風，「風」劉子作「妙」。感而動乎心。甯戚擊牛角而商歌，桓公聞而舉之；鮑龍跪石而登嶕，劉子作「鮑龍登石而吟」。孔子爲之下車；堯舜相是，「是」舊作「見」，盧從宋本改。承周案：「是」「見」疑皆「昰」之誤，劉子作「堯之知舜」。不違桑陰；戰國趙策載馮忌語云：「昔者，堯見舜於草茅之中，席隴畝而蔭庇桑，陰移而受天下。」魏志注引桓階等奏云：「舜受大麓，桑陰未移，而已陟帝位。」與此說同。又抱朴子清鑒篇：「文王之接呂尚，桑陰未移而知其足師矣。」本此文，而連下混用之。文王舉太公，不以日久。劉子「日久」作「永日」。故賢聖之接也，不待久而親；能者之相見也，不待試而知矣。故士之接也，非必與之臨財分貨，乃知其廉也，非必與之犯難涉危，乃知其勇也。舉事決斷，是以知其勇也；取與有讓，是以知其廉也。故見虎之尾，而知其大於貍也；見象之牙，而知其大於牛也，一節見，則百節知矣。自「故見虎之尾」至此，見淮南說山篇。由此觀之，以所見可以占未發，覩小節固足以知大體矣。○劉子知人篇用此文。

禹以夏王，桀以夏亡。湯以殷王，紂以殷亡。闔廬以吴戰勝無敵於天下，而夫差以見禽於越；文公以晉國霸，而厲公以見弒於匠麗之宫；威王以齊强於天下，而湣王以弒死於廟梁；賈子大戴皆作「而簡公以弒於檀臺」。案楚策載荀子謝春申君書曰：「淖齒用齊，擢閔王之筋，縣於其廟梁，宿夕而死。」（又見韓子姦劫弒君篇，韓詩外傳四。）穆公以秦顯名尊號，而二世以劫於望夷，「劫」大戴作「刺」，「望夷」下，賈子、大戴俱有「之宫」二字。其所以君王者同，而功迹不等者，所任異也。是故成王處襁褓而朝諸侯，周公用事也；趙武靈王年五十而餓死於沙丘，盧曰：「宋元本俱無『死』字。」承周案：治要亦無「死」字。賈子、大戴，「餓死」二字作「弒」字。任李兑故也。「兑」舊譌「克」，盧改正，明鈔本、經厰本、范本、關本俱作「兑」，不誤。桓公得管仲，盧於「桓」上補「齊」字，云：「大戴保傅篇有。」承周案：各本俱無「齊」字，治要引同，雖賈子、大戴俱有，未敢據補。九合諸侯，一匡天下，此下，賈子、大戴俱有「稱爲義主」句。（大戴「稱」作「再」。）失管仲，任豎刁、易牙，而身死不葬，「而」字舊脱，依治要補，賈子同。（大戴「而」字在下句「爲」字上。）爲天下笑。一人之身，榮辱俱施焉，盧曰：「『俱』大戴『具』。」又曰：「『焉』下大戴有『者』字。」承周案：賈子亦同。（治要引無。）在所任也。故魏有公子無忌，削地復得；趙任藺相如，秦兵不敢出；鄢陵任唐雎，國獨特立；賈子、大戴，皆作「安陵任周瞻而國獨立」，（大戴「國」下衍「人」字。）「安」與「鄢」通，「周瞻」乃「唐雎」之誤，詳本書奉使篇。楚有申包胥，而昭王反位；「反位」，大戴作「反復」，賈子作「復反」。齊有田單，「田」賈子作「陳」，古同。襄王得國。賈子、大戴，「國」上有「其」字。由此觀之，國無賢佐俊士，而能以成功立名、安危繼絶者，未嘗有也。故國不務大，而務得民心，佐不務多，而務得賢俊。「俊」，賈子作「者」，大戴作「臣」。得民心者民往之，有賢佐者士歸之。文王請除炮烙之刑，而殷民從，湯去張網者之三面，而夏民從，賈子、大戴，作「而二垂至」。越王不隳舊冢，而吴人服，「隳」，賈子、大戴，俱作「穨」。以其所爲之順於民心也。治要引無「之」字，賈子、大戴同。「順」，大戴作「愼」，古通。二書「民」作「人」，無「心」字。故聲同，則處異而相應；德合，則未見而相親，賈子、大戴，「德」作「意」，皆「悳」之譌。賢者立於本朝，則天下之豪，相率而趨之矣。賈子「則」作「而」，「豪」作「士」，無「矣」字，大戴「矣」作「也」。何以知其然也？曰：管仲，桓公之賊也，賈子、大戴，「仲」下有「者」字，「賊」作「讐」。鮑叔以爲賢於己而進之爲相，賈子、大戴作「而進之桓公」。七十言而說乃聽，遂使桓公除報讐之心，而委之國政焉。「報」賈子、大戴作「仇」，是。「委」下「之」字舊脱，依二書補。桓公垂拱無事，而朝諸侯，鮑叔之力也。管仲之所以能北走桓公，賈子無「能」字，（大戴同。）「北走」二字作「趨」。無自危之心者，同聲於鮑叔也。紂殺王子比干，箕子被髮而佯狂，陳靈公殺泄冶，而鄧元去陳，此下賈子、大戴、外傳七，俱有「以族從」三字。自是之後，殷兼於周，「兼」，賈子、大戴、外傳七俱作「并」。陳亡於楚，以其殺比干、泄冶，而失箕子與鄧元也。「比干」下，依文例當有「與」字，賈子、大戴俱有。（外傳無，并無下「與」字。）燕昭王得郭隗而鄒衍、樂毅以齊趙至，俞曰：「賈子新書作『自齊魏至』，以燕世家攷之，鄒衍自齊往，樂毅自魏往，則新書是也。此作『趙』，誤。」承周案：大戴作「以齊至」，盧注引外傳作「以魏齊至」此獨云「趙」，說見君道篇。蘇子、屈景以周楚至，於是舉兵而攻齊，棲閔王於莒。燕校地計衆，「校」，大戴作「支」，注：「支猶計也。」賈子作「度」，與「支」同義，外傳作「之」，即「支」之誤。此文雖可通，然疑是「枝」字。非與齊鈞也，然所以能信意至於此者，由得士也。故無常安之國，無恒治之民，「恒」，賈子、大戴、外傳卷五、卷七，皆作「宜」。得賢者則安昌，失之者則危亡，賈子作「得賢者顯昌，失賢者危亡」，大戴作「得賢者安存，失賢者危亡」，外傳七作「得賢者昌，失賢者亡」。（卷五譌。）自古及今，未有不然者也。明鏡所以照形也，往古所以知今也，夫知惡往古之所以危亡，盧曰：「『所以』二字，大戴無。」承周案：賈子、外傳五、七俱有。而不務襲迹於其所以安昌，「迹」，外傳五、七皆作「蹈」。「昌」，賈子、大戴、外傳五、七，家語，皆作「存」。則未有異乎卻走而求逮前人也。太公知之，故舉微子之後，「舉」，大戴作「與」，乃「與」之譌，「與」古借爲「舉」，周禮師氏注：「故書『舉』爲『與』。」是也。外傳正作「舉」，與本書同。賈子作「國」，疑後人肊改。而封比干之墓。夫聖人之於死，「於死」，賈子作「於聖者之死」，外傳作「於賢者之後」。（大戴訛脫。）尚如是其厚也，況當世而生存者乎？則其弗失可識矣！「識」，賈子、大戴皆作「知」。書武成正義引帝王世紀曰：「王之於仁人也，死者猶封其墓，況生者乎？王之於賢人也，亡者猶表其閭，況存者乎？」即此意。○本賈子胎教篇、大戴保傅篇。後半又見韓詩外傳卷五、卷七。末又見家語觀周篇。

齊景公問於孔子曰：「秦穆公其國小處僻而霸，何也？」對曰：「其國雖小，而其志大；「雖」字、「而」下「其」字舊無，依史記、家語補。處雖僻，「處」「雖」二字舊倒，從史記、家語乙轉。而其政中，其舉果，其謀和，其令不偷，親舉五羖大夫史記作「身舉五羖，爵之大夫」，家語作「首拔五羖，爵之大夫」。於係縲之中，史記「於」作「起」，疑此因上文脫「爵之」二字，故改「起」爲「於」。家語無此五字。與之語，三日而授之政。以此取之，雖王可也，霸則小矣。」史記作「其霸小矣」，家語作「其霸少矣」。○本史記孔子世家，家語賢君篇用之。

或曰：將謂桓公仁義乎？殺兄而立，非仁義也。將謂桓公恭儉乎？與婦人同輿馳於邑中，非恭儉也。將謂桓公清潔乎？閨門之內，無可嫁者，非清潔也。盧曰：「此事誣。」承周案：管子小匡篇：「寡人有汙行，不幸而好色，而姑姊妹有不嫁者。」荀子仲尼篇：「內行則姑姊妹之不嫁者七人。」晏子：（公羊莊公二十年傳徐疏引。）「吾先君桓公淫於女公子，不嫁者九人。」新語無爲篇：「齊桓公好婦人之色，妻姑姊妹，而國中多淫於骨肉。」本書正諫篇：「鮑叔稱桓公姪娣不離懷衽，非文也。」漢書五行志引董仲舒云：「齊桓姊妹不嫁者七人。」公羊莊二十年解詁：「齊侯亦淫諸姑姊妹，不嫁者七人。」是此事具載諸書，未可以爲誣也。攷漢書地理志云：「始桓公兄襄公淫亂，姑姊妹不嫁，於是令國中民家長女不得嫁，名曰巫兒，爲家主祠，嫁者不利其家，民至今以爲俗。」則桓公蓋染於襄公汙穢之行而已。論衡書虛篇極爲桓公辨，（文繁不録。）即盧所本。本篇後文又言衞靈公閨門之内姑姊妹無別，則汚俗之所被遠矣。此三者，亡國失君之行也，然而桓公兼有之，以得管仲、隰朋，「以」字與下複，疑衍。九合諸侯，一匡天下，畢朝周室，爲五霸長，以其得賢佐也。失管仲、隰朋，任豎刁、易牙，身死不葬，蟲流出户。「户」或作「戸」，非。一人之身，榮辱俱施者何？「何」下，舊有「者」字，以意刪。其所任異也。三句本賈子，已見上文。由此觀之，則任佐急矣。盧曰：「宋本『士』，元本『仕』。」承周案：明鈔本、經廠本、范本俱作「士」。

周公旦舊連上，盧曰：「疑當别爲行。」承周案：明鈔本、經廠本、范本别爲行，今從之。御覽四百七十五，「旦」下有「一日而」字。白屋之士所下者七十人，御覽七上有「凡」字。關曰：「漢書蕭望之傳注：師古曰：『白屋，謂白蓋之屋，以茅覆之，賤人所居。』」承周案：呂氏下賢篇：「周公旦所朝於窮巷之中甕牖之下者七十人。」互詳後文。而天下之士皆至；晏子所與同衣食者百人，而天之士亦至；仲尼修道行，理文章，而天下之士亦至矣。

伯牙子鼓琴，舊連上，今案當提行。其友鍾子期聽之，「其友」二字舊脱，據後漢書儒林尹敏傳注、御覽四百九引補。方鼓而志在太山，「太」，列子、風俗通作「高」，下同。鍾子期曰：「善哉乎鼓琴，巍巍乎若太山！」關曰：「列子『巍巍』作『峩峩』。」少選之間，而志在流水，鍾子期復曰：「善哉乎鼓琴，湯湯乎若流水！」列子作「洋洋兮若江河」，外傳同（「兮」作「乎」），風俗通作「湯湯若江河」，惟呂氏與本書同。御覽引本書「湯」作「蕩」。鍾子期死，伯牙破琴絶弦，後漢書注、御覽引「破」作「屏」。案呂氏、風俗通皆作「破」，外傳作「摒」。終身不復鼓琴，以爲世無足爲鼓琴者。非獨鼓琴若此也，賢者亦然。雖有賢者，而無以接之，盧曰：「『無』下，呂氏本味篇有『禮』字。」承周案：呂氏「禮」字亦後人妄加，說見呂氏札記。賢者奚由盡忠哉！驥不自至千里者，待伯樂而後至也。○本呂氏本味篇，又見列子湯問篇、韓詩外傳九、風俗通聲音篇。

周威公問於甯子曰：御覽四百七十五引「公」作「王」，本書建本篇作「公」，漢志作「王」。甯子即甯越。「取士有道乎？」對曰：「有。窮者達之，亡者存之，廢者起之，御覽「廢」作「疾」。四方之士則四面而至矣。窮者不達，亡者不存，廢者不起，四方之士則四面而畔矣。夫城固不能自守，兵利不能自保，得士而失之，必有其閒。夫士存則君尊，士亡則君卑。」周威公曰：「士壹至如此乎！」對曰：「君不聞夫楚乎？盧曰：「『乎』，宋本已誤作『平』，連下作『平王』，困學紀聞十以城濮之戰在楚成王時，以爲平王謬。」孫云：「『平乃乎之誤，王有士云云屬下讀，下文有士曰苗賁皇云云，皆歷舉楚事，前後異時，不得專屬之平王。』今改正。」王有士曰楚傒胥、丘負客，王將殺之，出亡之晉，晉人用之，是爲城濮之戰：城濮之戰，詳左氏僖二十八年傳。楚傒胥、丘負客事未詳。楚語：「聲子曰：『昔令尹子元之難，或譖王孫啓於成王，王弗是，王孫啓奔晉，晉人用之。及城濮之役，晉將遁矣，王孫啓與於軍事，謂先軫曰：「是師也，唯子玉欲之，與王心違，故唯東宮與西廣寔來，諸侯之從者叛者半矣，若敖氏離矣，楚師必敗，何故去之？」先軫從之，大敗楚師。則王孫啓之爲也。』」與此似一事，而人名不同。又秦策：「姚賈曰：『晉文公用中山盜而勝於城濮。』（越絶外傳紀：「范伯曰：『昔者市偷自衒於晉，晉用之而勝楚。』」似亦謂此。或以中山盜爲寺人披，非也。）」則城濮之役，左氏所佚漏多矣。」又有士曰苗賁皇。本書善説篇作「釁蚡黄」。王將殺之，出亡走晉，晉人用之，是爲鄢陵之戰；詳左氏成十六年傳。又案楚語：「聲子曰：『昔雍子之父兄譖雍子於恭王，王弗是。雍子奔晉，晉人用之。及鄢之役，晉將遁矣，雍子與於軍事，謂欒書曰：「楚師可料也，在中軍王族而已，若易中下，楚必歆之，若合而函吾中，吾上下必敗，其左右，則三萃以攻其王族，必大敗之。」欒書從之，大敗楚師，王親面傷。則雍子之爲也。』」卽苗賁皇事。（又見左氏襄廿七年傳，不以爲鄢陵之役，而以爲彭城之役。）又有士曰上解于。闕曰：「未聞。」王將殺之，出亡走晉，晉人用之，是爲兩棠之戰；孫仲容曰：「呂氏春秋至忠篇：『楚莊王興師戰於兩棠，大勝晉。』賈子先醒篇亦云：『楚莊王南與晉人戰於兩棠。』『棠』『堂』字通。依呂、賈説，當卽春秋宣十二年邲之戰。（杜注：「邲，鄭地。」與此不同。）兩棠，蓋楚地名，鹽鐵論險固篇云：『楚有汝淵、滿堂之固。』『滿堂』疑亦卽『兩堂』也。」承周案：兩堂卽邲，孫説是也。惟此非宣十二年事，彼則楚莊勝晉，此則所載皆楚敗事，與呂、賈所云兩棠之戰殊科。又此叙在鄢陵之戰後，則事在恭王後，或晉楚兩戰於邲也。又有士曰伍子胥，王殺其父兄，出亡走吳，闔閭用之，於是興師而襲郢。故楚之大得罪於梁、鄭、宋、衛之君，猶未遽至于此也；此四得罪於其士，三暴其民骨，一亡其國。由是觀之，士存則國存，士亡則國亡；子胥怒而亡之，申包胥怒而存之，士胡可無貴乎？」御覽「無」作「不」。○漢志儒家甯越一篇，馬國翰以此爲甯越書佚文。

哀公問於孔子曰：「人若何而可取也？」荀子注引「而」作「爲」。孔子對曰：「毋取拑者，盧曰：「『拑』荀子哀公篇作『詌』，家語五儀篇作『鉗』，外傳云：『無取佞。』」毋取健者，盧曰：「楊倞注荀子引『健』作『捷』，家語同，荀子及外傳四作『健』。」毋取口鋭者。」盧曰：「『鋭』，荀注引作『叡』，荀子作『啍』，外傳作『讒』。」承周案：家語用荀子作「啍啍」，上文「鉗」字「捷」字皆疊。哀公曰：「何謂也？」孔子曰：「拑者大給利，不可盡用；健者必欲兼人，盧曰：「荀注引無『欲』字。」不可以爲法也；口鋭者多誕而寡信，後恐不驗也。自「拑者大給利」以下，荀子作「健，貪也，口諄，誕也」，外傳、家語畧同，此文獨詳。夫弓矢和調，荀子、外傳、家語皆無「矢和」二字。而後求其中焉，三書「中」作「勁」。馬慤愿順，「馬慤愿順」，三書皆作「馬服」二字，此文複絫。然後求其良材焉，衍「材」字，蓋後人肊加以配下文，而忘與上文不稱也。三書無。人必忠信重厚，荀子作「士信慤」，外傳同，家語作「士必慤」。然後求其知能焉；今人有不忠信重厚，荀子作「士不信慤」，外傳作「士不信焉」，家語作「不慤」。而多知能，「而」下，荀子有「有」字，讀爲「又」。外傳脱「能」字，家語脱「知」字。如此人者，譬猶豺狼與，不可以身近也。「近」，（外傳同。）荀子、家語作「通」。是故先其仁信之誠者，然後親之，於是有知能者，然後任之。故曰：親仁而使能。關曰：「蓋古語。」夫取人之術也，觀其言而察其行。夫言者所以抒其匈而發其情者也，能行之士，必能言之，是故先觀其言而揆其行。夫以言揆其行，雖有姦軌之人，關曰：「左傳云：『亂在外爲姦，在內爲軌。』」承周案：「軌」與「宄」同。無以逃其情矣。」哀公曰：「善。」○又見荀子哀公篇、韓詩外傳四、家語五儀篇。「是故先其仁信之誠者」以下，三書無。

周公攝天子位七年，布衣之士執贄所師見者十二人，荀子、外傳卷三、卷八皆作「十人」，荀子注引本書亦作「十人」，治要引作「執贄而所師見者十人，所友見者十二人」，外傳亦有「所友見者十二人」句，今本由寫者揉合二句爲一句耳。大傳與本書今本同，恐亦有誤。窮巷白屋所先見者四十九人，時進善者百人，教士者千人，盧曰：「荀子堯問篇注引無『者』字。」官朝者萬人。盧曰：「『官』字荀注引無。」承周案：荀注偶節耳。外傳卷三、卷八「官」皆作「宫」，「官」即古「館」字，於文爲長。當此之時，誠使周公驕而且恡，「恡」，論語「佞」。則天下賢士至者寡矣；苟有至者，則必貪而尸禄者也。「必」，治要作「心」。尸禄之臣，不能存君矣。「矣」，治要作「也」。○荀子堯問篇、尚書大傳，（盧本入洛誥，陳本入梓材。）皆以爲周公告伯禽語。又見韓詩外傳卷三、卷八。

齊桓公設庭燎，禮記郊特牲：「庭燎之百，由齊桓公始也。」鄭云：「僭天子也。庭燎之差，公蓋五十，侯伯子男皆三十。」（正義云：「此數出大戴禮。」）彼文主言桓公之僭禮，此文主言桓公之好賢。周語：「襄王使太宰文公及內史叔興賜晉文公命，館諸宗廟，設庭燎。」是庭燎爲待賓客之盛禮也，周禮司烜氏掌之。爲士之欲造見者。朞年，而士不至。於是東野鄙人有以九九之術見者，關曰：「漢書梅福傳：『臣聞齊桓之時，有以九九算者。』注：師古曰：『九九算，若今九章五曹之輩。』」桓公曰：「九九何足以見乎？」盧曰：「『何』字衍，御覽百七十一、又四百七十四俱無，外傳三亦無。」承周案：校語「百七十一」當作「八百七十一」，又類聚八十、及治要引亦皆無「何」字。鄙人對曰：

「臣非以九九爲足以見也，臣聞主君設庭燎以待士，朞年而士不至；夫士之所以不至者，以君天下賢君也，「以」字舊脱，盧補，云：「御覽有。」承周案：外傳仍無「以」字。四方之士，皆自以論而不及君，盧曰：「『論而』二字衍，外傳無，御覽『以』作『謂』。」承周案：治要無「論而」二字。竊疑「論」當從御覽作「謂」，「謂」與「爲」通，選注引外傳作「自以爲不及君」，（今本脱「爲」字，見趙校。）是其證，治要無「論而」二字，類聚及御覽兩引皆無「以」字，各以意去之耳。盧云「以」作「謂」，非也。又諸引皆無「而」字，外傳亦無，當爲衍文。（或云「而」讀爲「能」。）故不至也。夫九九薄能耳，而君猶禮之，況賢於九九者乎？「者」字舊脱，盧曰：「御覽有『者』字，外傳同。」承周案：類聚、治要皆有「者」字，今據補。夫太山不辭壤石，外傳「辭」作「讓」，「壤」作「礫」。江海不逆小流，外傳「逆」作「辭」。所以成大也。「成」下，外傳有「其」字。詩云：詩大雅板。『先民有言，詢於芻蕘。』「芻」舊作「蒭」，俗字，今從盧改。言博謀也。」桓公曰：「善。」乃因禮之。朞月，四方之士相攜而並至矣。「矣」字舊脱，依御覽八百七十一補。外傳「攜」作「導」，亦有「矣」字。詩曰：詩周頌絲衣。「自堂徂基，自羊徂牛。」下「徂」字，外傳作「來」，（俗本亦譌「徂」。）此明用外傳，則亦當作「來」，此疑後人依今詩改。言以內及外，以小及大也。毛傳云：「言先小後大也。」韓、毛義近。○本韓詩外傳三。又戰國策曰：「有以九九求見齊桓公，桓公不納，其人曰：『九九小術而君納之，況大於九九者乎？』於是桓公設庭燎之禮而見之。居無幾何，隰朋自遠而至，齊遂以霸。」（魏志劉廙傳注）

齊景公伐宋，至於岐隄之上，登高以望，太息而歎曰：「昔我先君桓公，長轂八百乘，以霸諸侯；今我長轂三千乘，而不敢久處於此者，豈其無管仲歟？」弦章對曰：「臣聞之，水廣則魚大，君明則臣忠。昔有桓公，故有管仲；今桓公在此，則車下之臣盡管仲也。」

趙簡子游於西河而樂之，「西」字舊無，盧曰：「『趙簡子』，外傳六作『晉平公』，新序一同。」又曰：「『西河』，『西』字脱，御覽四百七十五、後漢書班彪傳、循吏傳皆有。」承周案：緗素雜記七引有「西」字，新序作「平公浮西河」，亦有「西」字；惟外傳仍作「游於河」。歎曰：新序作「中流而歎曰」。「安得賢士而與處焉？」外傳作「安得賢士與之樂此也」，新序作「嗟乎，安得賢士與共此樂者」。舟人古乘跪而對曰：盧曰：「『古乘』，新序作『固桑』，循吏傳注作『古桑』，班彪傳注作『吉桑』，古今人表作『古來』，師古曰卽『固乘』。今案『古』『固』通，『吉』字訛，『乘』亦疑訛。外傳六又作『盍胥』。」承周案：此文「乘」本作「桑」，「桑」俗作「桒」，故或譌作「乘」，或譌作「來」，御覽引此亦作「桑」不誤。（書鈔三十四引新序作「周乘」，則二字俱誤。）「盍胥」則音之變也。○此下，外傳有「主君亦不好士耳」句，新序有「君言過矣」句。「大珠玉無足，去此數千里，而所以能來者，人好之也；珠玉，新序云：「劍產干越，珠產江漢，玉產昆山。」外傳云：「珠出於江海，玉出於崑山。」此文略。今士有足而不來者，緗素雜記引「不」下有「能」字。此是吾君不好之乎！」緗素雜記引作「吾君其不好之乎」，外傳作「蓋主君無好士之意耳」。趙簡子曰：「吾門左右客千人，外傳作「吾食客門左千人，門右千人」，與此合；新序作「吾門下食客三千餘人」，與此異。朝食不足，暮收市征，暮食不足，朝收市征，二「征」字，外傳作「賦」，新序作「租」。吾尚可謂不好士乎？」舟人古乘對曰：「鴻鵠高飛遠翔，其所恃者六翮也，背上之毛，腹下之毳，二「之」字御覽作「有」，非。無尺寸之數，去之滿把，飛不能爲之益卑，益之滿把，「益」後漢書循史孟嘗傳注引作「加」。飛不能爲之益高；不知門下左右客千人者，亦有六翮之用乎？「亦」字舊脱，盧補，云：「御覽有，班彪傳注同。」將盡毛毳也？」○本韓詩外傳六，又見新序雜事一，文俱小異。

齊宣王坐，淳于髡侍，宣王曰：「先生論寡人何好？」淳于髡曰：「古者所好四，而王所好三焉。」盧曰：「齊策以爲王斗語，云：『昔先君所好者五，今王有四焉。』」承周案：齊策多好狗。宣王曰：「古者所好，何與寡人所好？」淳于髡曰：「古者好馬，王亦好馬；古者好味，王亦好味；「味」齊策皆作「酒」。古者好色，王亦好色；古者好士，王獨不好士。」宣王曰：「國無士耳，有則寡人亦説之矣。」淳于髡曰：「古者有驊騮騏驥，「者」下「有」字舊脱，依盧補。「驊騮騏驥」齊策作「騏驎騄耳」。（兩見同。）今無有，長短經「今」下有「之」字，下同。王選於衆，王好馬矣；古者有豹象之胎，今無有，王選於衆，王好味矣；古者有毛廧、西施，「廧」即「牆」字，意林、長短經引作「嬙」，他書亦多作「嬙」，俗字。今無有，王選於衆，王好色矣。王必將待堯、舜、禹、湯之士而後好之，則堯、舜、禹、湯之士此「堯舜」二字舊脱，依宋本、明鈔本補，與上文合。亦不好王矣。」宣王默然無以應。○齊策載王斗事略同。又載魯仲連謂孟嘗君語，云：「君之廏馬百乘，無不被繡衣而食菽粟者，豈有麒麟騄耳哉？後宮十妃，皆衣縞紵食粱肉，豈有毛嬙、西施哉？色與馬取於今之世，士何必待古哉？故曰君之好士未也。」語意亦同。長短經論士篇用此文。

衞君問於田讓曰：「寡人封侯盡千里之地，賞賜盡御府繒帛，而士不至，何也？」田讓對曰：「君之賞賜，不可以功及也，君之誅罰，不可以理避也，御覽六百三十三引此下有小注云：「言不賞功不避理也。」猶舉杖而呼狗，御覽「呼」作「呪」。張弓而祝雞矣，「祝」與「㖉」同，說文：「㖉，呼雞重言之，讀若祝。」唐本玉篇引說苑正作「㖉」。易林師之旅亦云：「張弓祝雞」，蓋古有此語。淮南說山篇云：「執彈而招鳥，揮棁而呼狗，欲致之，顧反走。」（主術篇亦云：「執彈而來鳥，揮棁而狎犬。」）雖有香餌而不能致者，害之必也。」

宗衞相齊，盧曰：「『宗衞』，齊策作『管燕』。」承周案：外傳云：「宗燕相齊。」新序止云燕相，不著其名。遇逐，罷歸舍，召門尉田饒等二十有七人而問焉，「田饒」，齊策作「田需」，外傳作「陳饒」。又外傳「七」作「六」。曰：「士大夫誰能與我赴諸侯者乎？」田饒等皆伏而不對。宗衞曰：「何士大夫之易得而難用也？」盧曰：「『大夫』二字疑衍，下同。」承周案：二字非衍，外傳亦有。饒對曰：「非士大夫之難用也，是君不能用也。」宗衞曰：「不能用士大夫何若？」田饒對曰：「厨中有臭肉，則門下無死士。今夫三斗之稷，不足於士，「斗」舊作「升」，非，漢人書「斗」字多作「什」，因譌爲「升」，外傳正作「斗」。齊策作「士三食不厭」，新序作「士糟粕不厭」。而君鴈鶩有餘粟；齊策「鴈」作「鵝」，新序「鴈鶩」作「犬馬」。紈素綺繡，外傳作「綾紈綺縠」，齊策云：「下宮糅羅紈，曳綺縠。」靡麗堂楯，從風而弊，「而」舊作「雨」，譌，今從外傳改。新序云：『君之臺觀帷幃，錦繡隨風，飄飄而弊』，亦可證。而士曾不得以緣衣；「緣衣」，齊策、魯連子、外傳皆作「爲緣」。果園梨栗，後宮婦人摭以相擿，外傳作「以相提擲」。而士曾不得一嘗。且夫財者，君之所輕也，死者，士之所重也，君不能用所輕之財，而欲使士致所重之死，齊策云：「君不能以所輕與士，而責士以所重事君。」外傳云：「君不能行君之所輕，而欲使士致其所重。」新序云：「君不能施君之所輕，而求得士之所重。」豈不難乎哉？」

於是宗衞面有慚色，逡巡避席而謝曰：「此衞之過也。」新序作「燕相遂慚，遁逃不復敢見」。〇戰國齊策、韓詩外傳七、新序雜事一，文俱相似，不備列，此與外傳尤合。又類聚九十一引魯連子曰：「陳無宇謂門客曰：『昔荆來伐，無一人死，何國之寡士也？』門客對曰：『君車衣文繡，士不得以爲緣；鵝鴨有餘食，士不足菽稗；堂上有酒池，士不得一嘗。財者君之所輕，死者士之所重，若不以所輕與人，而欲得人所重，不亦難乎？』」（他引皆略，故用類聚。）文亦大類。

魯哀公問於孔子曰：「當今之時，君子誰賢？」盧曰：「家語作『當今之君，誰爲最賢』。」對曰：「衞靈公。」公曰：「吾聞之，其閨門之內，姑姊妹無別。」對曰：「臣觀於朝廷，未觀於堂陛之間也。闕曰：「家語作『臣語其朝廷行事，不論其私家之際也。』」靈公之弟曰公子渠牟，其知足以治千乘之國，其信足以守之，而靈公愛之；「愛之」家語作「愛而任之」。又有士曰王林，盧以「王林國」三字連讀，云：「家語無『王』字，柳宗元對有。」承周案：「王林」人名，「國」字屬下，家語誤脫，盧斷句亦誤。（治要引家語亦以「王林國」三字爲人姓名，惟「王」字尚未脱，足補今家語之闕。）下文「國有大事則進而治之」，與此句例相同。國有賢人必進而任之，無不達也，不能達，退而與分其祿，而靈公尊之；「尊之」，家語作「賢而尊之」。又有士曰慶足，國有大事，則進而治之，盧曰：「『則進』，家語作『則必起』。」無不濟也，家語無此句，別有「國無事則退而容賢」句。而靈公說之；家語作「悅而敬之」。史鰌去衞，家語云：「又有大夫史鰌，以道去衞。」靈公邸舍三月，闕曰：「家語『邸』作『郊』，『月』作『日』。」琴瑟不御，待史鰌之入也而後入；家語「後」下有「敢」字。臣是以知其賢也。」○家語賢君篇用此文。

介子推行年十五而相荆，盧引孫曰：「家語六本篇：『荆公子年十五而攝相事。』此蓋楚之公子，非晉之介子推明矣。」承周案：書鈔四十九引本書亦作「荆公子」，是唐初本尚不誤，此因「公」訛作「介」，後人因去「荆」字加「推」字耳。困學紀聞十以此爲繆，子政不受也。仲尼聞之，使人往視之，「之」字舊脱，依書鈔增。還，曰：「廊下有二十五俊士，堂上有二十五老人。」家語云：「其堂上有五老焉，其廊下有二十壯士焉。」依家語則合爲二十五人，此則各二十五人。仲尼曰：「合二十五人之智，智於湯武，并二十五人之力，力於彭祖，以治天下，其固免矣乎！」家語「矣」字句絶，「乎」上，有「況荆」二字。○家語六本篇用此文。

孔子閒居，喟然而歎曰：「銅鞮伯華而無死，天下其有定矣！」左傳昭五年正義：「銅提伯華，名赤，字伯華，食邑於銅鞮。」案大戴記作「桐提」。子路曰：「願聞其爲人也何若？」孔子曰：「其幼也，敏而好學，其壯也，有勇而不屈，其老也，有道而能以下人。」子路曰：「其幼也，敏而好學，則可，其壯也，有勇而不屈，則可，夫有道又誰下哉？」關曰：「『道』字下，家語有『下人』二字。」孔子曰：「由不知也。吾聞之，以衆攻寡，而無不消也，關曰：「家語『消』作『克』。」(盧同。)承周案：「而」字衍，下句無，通鑑外紀九同。以貴下賤，無不得也。昔在周公旦，制天下之政，盧曰：「『在』，元本『者』。」承周案：明鈔本、經廠本皆作「者」，家語亦同。而下士七十人，家語作「而猶下白屋之士，日見百七十人」，案彼文「百」字衍，互見上文。豈無道哉？欲得士之故也。盧曰：「『故』，元本『用』。」承周案：元本疑依家語改。夫有道而能下於天下之士，君子乎哉！」○家語六本篇用此文。大戴記將軍文子篇云：「其爲人之淵泉也，多聞而難誕也，不內辭足以沒世，國家有道，其言足以生，國家無道，其默足以容，蓋桐提伯華之行也。」

魏文侯從中山奔命安邑，田子方從，治要「從」作「後」，是。太子擊遇之，「遇」舊作「過」，宋本、明鈔本、經廠本，皆作「遇」，治要引同。史記云：「逢文侯之師田子方於朝歌。」（後語同。）「逢」亦「遇」也，今改正。外傳云：「田子方之魏，魏太子從車百乘而迎之郊。」與本書異。下車而趨，外傳作「再拜謁田子方」，史記作「引車避下謁」。（後語同。）子方坐乘如故，告太子曰：「爲我請君待我朝歌。」太子不說，因謂子方曰：「不識貧窮者驕人乎？「窮」，外傳、史記、後語，皆作「賤」，下同。治要引本書下文亦作「賤」。又「乎」字舊脫，依治要補，史記、後語皆有。富貴者驕人乎？」子方曰：「貧窮者驕人，富貴者安敢驕人。人主驕人而亡其國，「而」與「則」同，史記、後語皆作「則」。（下同。）吾未見以國待亡者也；大夫驕人而亡其家，吾未見以家待亡者也；貧窮者若不得意，納履而去，外傳云：「揆履而適秦楚耳。」史記云：「則去之楚越，若脫屣然。」（後語同。）安往而不得貧窮乎？」「而」字舊脫，依治要補，外傳亦有。貧窮者驕人，富貴者安敢驕人！」太子及文侯，道田子方之語，史記云：「子擊不懌而去。」（後語同，「子擊」作「太子」。）外傳云：「於是太子再拜而後退。」覩此文則子擊服善與外傳合，史言不懌，非也。文侯歎曰：「微吾子之故，吾安得聞賢人之言！吾下子方以行，「行」，治要作「仁」。得而友之；自吾友子方也，君臣益親，百姓益附，吾是以知友士之功。「知」，舊作「得」，今從初學記十八、御覽四百九引訂正。（此涉下文而誤，治要仍作「得」，疑後人改竄。）又兩引「功」下有「焉」字。我欲伐中山，吾以武下樂羊，三年而中山爲獻於我，我是以知友武之功。「知」舊作「得」，依上文例改。「友」舊作「有」，依治要及明鈔本改，（與上文合。）武亦士也，（淮南多以「武」爲「士」。）此則專謂武勇之士。吾所以不少進於此者，吾未見以智驕我者也；若得以智驕我者，豈不及古之人乎！」○事又見韓詩外傳九、史記魏世家、春秋後語，（御覽六百九十八引。）皆無魏文侯語，此文獨詳。

晉文侯行地登隧，新序作「趙簡子上羊腸之坂」。大夫皆扶之，新序作「羣臣皆偏袒推車」。隨會不扶。盧曰：「隨會當靈、景之時，此與呂氏當染篇謂在文侯時，俱誤。」承周案：文侯卽文公（非文侯仇。）盧以在文侯時爲誤，蓋未深考耳。隨會於城濮戰後代舟之僑攝右，（左氏僖二十八年傳。）後於襄公卒年使於秦，（左氏文六年傳。）又左氏襄二十七年傳：「屈建稱范武子光輔五君。」杜注云：「五君謂文、襄、靈、景、成。」孔疏云：「晉語：『訾祏對范宣子曰：「武子佐文、襄，諸侯無二心」，云云』。服虔云：『文公爲戎右，襄、靈爲大夫、成公爲卿，景公爲大傅也。』」以左氏內外傳及服、杜之注觀之，則會於文公時已仕，灼然可見。且晉語以文、襄時諸侯無二心爲武子之功，呂氏尊師篇稱：「晉文公師咎犯、隨會」，則固時有啓沃，若本書所記者，不足異矣。新序載此文作「虎會獨擔戟行歌不推車」，以爲趙簡子時人，（他書引新序作「宗會」、「席會」、「唐會」）未詳所出，要不可以彼疑此也。文侯曰：「會，夫爲人臣而忍其君者，其罪奚如？」「忍」，新序作「侮」，下同。對曰：「其罪重死。」新序作「死而又死」。文侯曰：「何謂重死？」對曰：「身死，妻子爲戮焉。」治要引新序，「戮」作「徒」。隨會曰：「君奚獨問爲人臣忍其君者，而不問爲人君而忍其臣者耶？」文侯曰：「爲人君而忍其臣者，其罪何如？」隨會對曰：「爲人君而忍其臣者，智士不爲謀，」「士」，新序作「者」，下皆同。辨士不爲言，新序「辨」作「辯」，古通。「言」作「使」。仁士不爲行，新序無此句。勇士不爲死。」「死」新序作「鬭」。○新序此下云：「智者不爲謀則社稷危，辯者不爲使則使不通，勇者不爲鬭則邊境侵。」文侯援綏下車，辭大夫曰：「寡人有腰髀之病，願諸大夫勿罪也。」○新序雜事一，事同文異，不備列。

齊將軍田聵出將，「聵」舊作「瞶」，盧改，云：「下同。」承周案：宋本、明鈔本、經廠本、范本皆作「聵」，不誤。張生郊送曰：「昔者堯讓許由以天下，洗耳而不受，將軍知之乎？」曰：「唯，然，知之。」「伯夷、叔齊，辭諸侯之位而不爲，將軍知之乎？」曰：「唯，然，知之。」「於陵仲子辭三公之位而傭，爲人灌園，即孟子之陳仲子，鄒陽上梁王書作「於陵子仲」，齊策同。史記鄒陽傳集解引列士傳云：『楚於陵子仲，楚王欲以爲相而不許，爲人灌園。』（索隱云：「列士傳字子終者是也。」）皇甫謐高士傳所記略同。將軍知之乎？」曰：「唯，然，知之。」「智過去君弟，變姓名，免爲庶人，事見韓子十過篇、及趙策，即本書貴德篇之智果。將軍知之乎？」曰：「唯，然，知之。」「孫叔敖三去相而不悔，鄒陽書有此句。三去相事詳莊子田子方篇，又山木篇、呂氏知分篇、淮南氾論篇、史記循吏傳，皆載之。困學紀聞七云：「與令尹子文事相類，恐是一事。」案呂氏知分篇注：「論語曰：『令尹子文。』不云叔敖」，即深寧所本，皆未深考也。將軍知之乎？」曰：「唯，然，知之。」「此五大夫者，闕引或曰：「『大』疑『丈』字。」名辭之而實羞之。今將軍方吞一國之權，提鼓擁旗，被堅執銳，旋回十萬之師，擅斧鉞之誅，愼毋以士之所羞者驕士。」田聵曰：「今日諸君皆爲聵祖道，具酒脯；

而先生獨教之以聖人之大道，謹聞命矣。」

魏文侯見段干木，立倦而不敢息；及見翟黃，「及」，呂氏作「反」。「黃」，王本、局本改「璜」。踞堂而與之言，「踞」下，呂氏有「於」字。翟黃不說。文侯曰：「段干木官之則不肯，祿之則不受；今汝欲官則相至，盧曰：「呂氏下賢篇『至』作『位』。」欲祿則上卿；既受吾賞，盧曰：「呂氏『賞』作『實』。」承周案：「賞」字無義，乃「實」之形誤，高注：「實，猶爵祿也。」禮表記：「耻費輕實。」鄭注：「實，謂貨財也。」左文十八年傳：「聚斂積實。」楚語：「令尹問蓄聚積實。」杜、韋並云：「實，財也。」並與此文實字同義。猶言既受吾祿也。又責吾禮，毋乃難乎？」

○本呂氏下賢篇。又案御覽三百七十二引韓子、又五百九引高士傳，載晉平公待亥唐、叔向事，略同。

孔子之郯，遭程子於塗，盧曰：「『程』下，外傳有『本』字。」承周案：僞子華子以程本與子華子爲一人，困學紀聞、日知錄皆有辨。傾蓋而語終日，有間，顧謂子路曰：「謂」字舊脫，依御覽四百二補。「取束帛一以贈先生。」盧曰：「御覽四百二無『一』字，下同，家語致思篇同。」承周案：外傳有「十匹」二字，趙刪。子路不對。有間，又顧謂曰：「謂」字舊脫，盧補，云：「御覽有。」「取束帛一以贈先生。」子路屑然對曰：「屑然」，外傳作「率然」，猶論語之「率爾」。「由聞之也，士不中間而見，「間」字舊脫，盧補，云：「御覽有。家語無『而』字，注云：『中間，謂紹介也。』」承周案：御覽引本書亦有小注，云：「中間，謂紹介也。」女無媒而嫁，君子不行也。」孔子曰：「由，詩不云乎？詩鄭風野有蔓草。『野有蔓草，零露溥兮』；「溥」御覽作「團」，案毛詩釋文云：「本亦作『團』。」有美一人，清陽婉兮，「陽」舊作「揚」，盧曰：「宋本及御覽並作『陽』。」承周案：詩攷引外傳作「清陽宛兮」，今本乃後人依毛詩改之也，(家語「婉」亦作「宛」。)今依盧說改「揚」爲「陽」。又玉篇面部引韓詩「婉」作「畹」，與外傳作「宛」不同，未敢肊定，姑仍舊本。邂逅相遇。毛詩釋文作「邂遘」，云：「本亦『逅』。」適我願兮。』今程子天下之賢士也，於是不贈，終身不見也。舊無「也」字，盧曰：「『不見』，御覽作『弗見也』。」承周案：外傳、家語皆有「也」字，今依御覽補。又「不」下外傳有「之」字，家語有「能」字。大德毋踰閑，「毋」，外傳作「不」，與今論語合。小德出入可也。」關曰：「家語有『小子行之』四字，無此二句。」○本韓詩外傳二，又家語致思篇用此文。

齊桓公使管仲治國，管仲對曰：「賤不能臨貴。」桓公以爲上卿，韓子云：「使立於高、國之上。」而國不治，桓公曰：「何故？」管仲對曰：「貧不能使富。」桓公賜之齊國市租一年，韓子云：「使子有三歸之家。」而國不治，桓公曰：「何故？」對曰：「疏不能制親。」「制親」，書鈔三十五作「威近」，御覽二百二十八同，(「威」譌「成」。)史記管仲傳正義作「制近」，御覽四百七十四同，惟治要同今本。桓公立以爲仲父，齊國大安，而遂霸天下。孔子曰：「管仲之賢，而不得此三權者，「而」字依史記正義補。亦不能使其君南面而霸矣。」御覽二百二十八「霸」作「伯」，史記正義作「稱霸」。○事見韓子外儲說左下篇，又見難一篇，文皆略同，俱不載孔子語。難一篇引霄略曰：「管仲以賤爲不可以治貴，故請高、國之上；以貧爲不可以治富，故請三歸；以疏爲不可以治親，故處仲父；管仲非貪，以便治也。」即此所本。此所引孔子語，未必真孔子語也。外儲左下引孔子聞之曰：「泰侈逼上。」與此相反，尤其明證。

桓公問於管仲曰：「吾欲使爵腐於酒，政要作「酒腐於爵」，與下句「肉腐於俎」句法同，治要仍同今本。

肉腐於俎，得無害於霸乎？」治要「無」作「毋」，明鈔本、經廠本，同。管仲對曰：「此極非其貴者耳，「貴」，政要作「善」，依管子當爲「急」。（見後文。）然亦無害於霸也。」桓公曰：「何如而害霸？」句末，治要有「乎」字，政要同。管仲對曰：「不知賢，害霸；知而不用，害霸；用而不任，害霸；任而不信，害霸；信而復使小人參之，害霸。」此五「害霸」下，治要均有「也」字，政要文稍異，亦有「也」字。桓公曰：「善。」○貞觀政要誠信篇用此文。又案管子小匡篇：「公曰：『寡人有大邪三，其猶尚可以爲國乎？』對曰：『臣未得聞。』公曰：『寡人不幸而好田，晦夜而至禽側，田莫不見禽而後反，諸侯使者無所致，百官有司無所復。』對曰：『惡則惡矣，然非其急者也。』公曰：『寡人不幸而好酒，日夜相繼，諸侯使者無所致，百官有司無所復。』對曰：『惡則惡矣，然非其急者也。』公曰：『寡人有污行，不幸而好色，而姑姊有不嫁者。』對曰：『惡則惡矣，然非其急者也。』公作色曰：『此三者且可，則惡有不可者矣！』對曰：『人君唯優與不敏爲不可，優則亡衆，不敏不及事。』公曰：『善。』」與此相似，此亦疑管子佚文。

魯人攻鄪，曾子辭於鄪君曰：「請出。寇罷而後復來，請姑毋使狗豕入吾舍。」鄪君曰：「寡人之於先生也，人無不聞。今魯人攻我，而先生去我，我胡守先生之舍？」魯人果攻鄪而數之罪十，而曾子之所爭者九。魯師罷，鄪君復修曾子舍而後迎之。○事見孟子，彼云「居武城」，地卽在鄪。書鈔三十四引鹽鐵論云：『魯人攻費，曾子辭於費君。』（今本此文。）蓋亦紀此事。此鄪君或以爲卽魯之季氏，或以爲卽滑國，詳焦氏孟子正義費惠公條下，文緐不錄。

宋司城子罕之貴子韋也，入與共食，御覽四百七十一「食」作「養」。（書鈔仍作「食」。）出與同衣。司城子罕亡，子韋不從；子罕來，復召子韋而貴之。左右曰：「君之善子韋也，君亡不從，來又復貴之，君獨不愧於君之忠臣乎？」子罕曰：「吾唯不能用子韋，故至於亡；今吾之得復也，尚是子韋之遺德餘教也，吾故貴之。且我之亡也，吾臣之削迹拔樹以從我者，奚益於吾亡哉？」

楊因見趙簡主，盧曰：「『因』，意林作『回』，御覽四百七十四同。」承周案：書鈔四十九引仍作「因」，通鑑外紀十同，御覽「見」上有「北」字。又書鈔、意林、御覽，「主」皆作「子」，下同。曰：「臣居鄉三逐，事君五去，聞君好士，故走來見。」簡主聞之，絕食而歎，俞曰：「『絕』字無義，當讀爲『綴』，禮記樂記篇：『禮者，所以綴淫也。』注曰：『綴猶止也。』綴食而歎者，止食而歎也。『綴』與『絕』聲近，是故舞者之位謂之綴，見樂記注，而史記叔孫通傳注『束茅以表位爲蕝』，『蕝』即『綴』之異文，此『綴』『絕』聲近之證。」承周案：當從書鈔引作「輟」，列女傳同。（見後。）善說篇：「孟嘗君輟食察之。」字亦作「輟」。跽而行。「跽」，書鈔作「跪」。左右進諫曰：「居鄉三逐，是不容衆也；外紀「容」下有「於」字，下文「忠」下亦有「於」字。事君五去，是不忠上也。今君有士，見過八矣。」盧曰：「未詳。」關曰：「八過者，三逐五去是也。」簡主曰：「子不知也。夫美女者，醜婦之仇也；盛德君子，「君子」舊作「之士」，依御覽改，意林作「盛德君子者」。（通鑑外紀十已誤同今本。）亂世所疏也；正直之行，邪枉所憎也。」遂出見之，因授以爲相，而國大治。由是觀之，遠近之人，不可以不察也。○列女傳辯通篇記齊孤逐女事云：「逐女造襄王之門而見謁者曰：『妾三逐於鄉，五逐於里，孤無父母，擯棄於野，無所容止，願當君王之盛顏，盡其愚辭。』左右復於王，王輟食吐哺而起，左右曰：『三逐於鄉者，不忠也，五逐於里者，少禮也，不忠少禮之人，王何爲遽？』王曰：『子不識也。夫牛鳴而馬不應，非不聞牛聲也，異類故也。此人必有與人異者矣。』遂見，與之語三日，云云。」案彼與此人異男女，地別齊晉，何其事之相類也。

應侯與賈午子坐，盧曰：「『午』宋本『于』，下同。」（明鈔同。）承周案：文選琴賦注、秋胡詩注、類聚四十五、御覽二百三、又五百七十七、事類賦十一注，皆作「賈子」，無「午」字。關曰：「宋玉笛賦『命嚴春，使午子，延長頸，奮玉手』。午子謂賈午子也。」聞其鼓琴之聲，「其」，文選琴賦注、秋胡詩注、類聚、御覽（二百三）、事類賦注，皆作「有」。應侯曰：「今日之琴，一何悲也！」賈午子曰：「夫張急調下，故使人悲耳。「人」，類聚、御覽、（兩引。）事類賦注，皆作「之」。文選秋胡詩注作「使之怨也」，下文「悲」亦作「怨」，疑「怨」字誤。張急者，良材也，「張急」舊倒，盧從宋本乙。承周案：選注、類聚、御覽、（二百三）事類賦注，皆作「張急」。調下者，官卑也，取夫良材而卑官之，御覽、（五百七十七）事類賦注，俱作「卑之官」。案「之」與「其」同，猶言卑其官也，御覽（二百三）作「官卑之」，訛。選注、類聚，仍同今本，亦通。安能無悲乎？」應侯曰：「善哉。」

十三年，盧曰：「史記滑稽傳作『威王八年』，本書第六卷亦載此事。」諸侯舉兵以伐齊。齊王聞之，惕然而恐，召其羣臣大夫，告曰「有智爲寡人用之。」於是博士淳于髡仰天大笑而不應。王復問之，又大笑不應。三問，二字舊脫，盧曰：「宋本有。」（明鈔亦有。）三笑不應。王艴然作色不悅曰：「先生以寡人語爲戲乎？」盧曰：「『語』，前卷作『國』，下同。」對曰：「臣非敢以大王語爲戲也，臣笑臣隣之祠田也，以一奩飯，一壺酒，三鮒魚，祝曰：『蟹堁者宜禾，洿邪者百車，傳之後世，洋洋有餘。』臣笑其賜鬼薄而請之厚也。」於是王乃立淳于髡爲上卿，賜之千金，革車百乘，與平諸侯之事。史記滑稽傳以爲「之趙請救」。諸侯聞之，立罷其兵，休其士卒，遂不敢攻齊。此非淳于髡之力乎！○說互詳復恩篇。

田忌去齊奔楚，田忌爲鄒忌所中，亡齊之楚，事詳楚策及史記田完世家。楚王郊迎至舍，問曰：「楚萬乘之國也，齊亦萬乘之國也，常欲相并，爲之奈何？」對曰：「易知耳。齊使申孺將，「孺」，舊事作「繻」。齊策云：「張丑謂楚王曰：『王戰勝於徐州也，盼子不用也。盼子有功於國，百姓爲之用，嬰子不善而用申縛。申縛者，大臣弗與，百姓弗爲用，故王勝之也。』」（又見史記。）彼文作「縛」，（鮑本。）或作「縳」，（姚本。）蓋「繻」隸變作「縳」，遂成「縛」「縳」，「孺」與「繻」通，以此文作「孺」證之，知「縛」「縳」皆「繻」之誤也。（秦策亦誤作「申縛」。）則楚發五萬人，使上將軍將之，「上」，舊事作「次」，治要仍作「上」。案作「次」爲長，蓋極言申孺之易與。至禽將軍首而反耳；舊事作「至必禽將而反」。（治要仍同今本。）齊使田居將，臣術篇：「鄒忌云：『忌舉田居子爲西河，而秦梁弱。』」即此人。則楚發二十萬人，使上將軍將之，分別而相去也；齊使眄子將，盧曰：「『眄』疑『盼』，下同。」承周案：舊事正作「盼」，與齊策合。史記田完世家云：「吾臣有盼子者，使守高唐，則趙人不敢東漁於河。」又見韓詩外傳十。則楚悉發四封之內，「則」字「悉」字舊脱，依治要補，舊事亦有「則」字，（與上文例合。）「封」作「塞」。王自出將而忌從，相國、上將軍爲左右司馬，舊事「相國」上有「使」字。如是則王僅得存耳。」於是齊使申孺將，楚發五萬人使上將軍至，「至」，治要作「將」。擒將軍首反。治要作「斬其首而反」，舊事作「果斬將而反」，此即齊策徐州之戰也。○俞曰：「有脱文，當據上補云：『齊使田居將，楚發二十萬人，使上將軍將之，分別而相去。』如此方與上下文相應。」承周案：俞説是也。舊事云：「又使田居盼子將，皆如忌策」，即約此文，則古本此下必有田居將一段，然治要已如今本，未敢肊補。於是齊王忿然，乃更使盼子將，楚悉發四封之內，「封」，治要「境」。王自出將，田忌從，相國、上將軍爲左右司馬，益王車屬九乘，關曰：「『益』疑『蓋』誤，屬謂屬車。」僅得免耳。治要作「僅而得免」。至舍，王北面正領齊袪，關曰：「一本『齊』作『摳』。」問曰：「何先生知之早也？」「何」字舊在「先生」下，案治要作「何先生知之早邪」，舊事作「何先生知之早也」（「也」「邪」古通），是唐人所見本，「何」字皆在「先生」上，今從之。田忌曰：「申孺爲人，侮賢者而輕不肖者，賢不肖俱不爲用，舊「肖」下有「者」字，涉上句而衍，今依治要、舊事刪。（下文「賢不肖俱負任」，亦無「者」字，可互證。）是以亡也；田居爲人，尊賢者而賤不肖者，賢者負任，不肖者退，是以分別而相去也；眄子之爲人也，尊賢者而愛不肖者，賢不肖俱負任，是以王僅得存耳。」○渚宮舊事三用此文。

魏文侯觴大夫於曲陽，飲酣，文侯喟然嘆曰：盧曰：「『然』宋本『焉』。」承周案：「然」「焉」通，明鈔本、經厰本，皆作「焉」。「吾獨無豫讓以爲臣！」淮南有「乎」字。蹇重舉酒進曰：「酒」，淮南作「白」，高注：「舉白，進酒也。」「臣請浮君。」高注：「浮，罰也。」文侯曰：「何以？」「以」，淮南「也」。對曰：「臣聞之，有命之父母，不知孝子；有道之君，不知忠臣。夫豫讓之君，亦何如哉？」文侯曰：「善。」受浮而飲之，「浮」，淮南「觴」。嚼而不讓，盧曰：「『嚼』『釂』同，見漢書游俠郭解傳。此書善說篇同。」承周案：明鈔本作「釂」，淮南同，高注：「釂，盡也。」又淮南「讓」作「獻」。曰：「無管仲、鮑叔以爲臣，故有豫讓之功也。」〇本淮南道應篇。

趙簡子曰：「吾欲得范中行氏之良臣。」「之」字舊脱，盧曰：「宋本有。」承周案：明鈔本亦有，晉語同；彼文「欲」作「願」，無「氏」字。史黶曰：晉語作「史黯侍曰」，韋解：「史黯，晉大夫史墨也。」「安用之？」晉語作「將焉用之」。簡子曰：「良臣，人所願也，又何問焉。」曰：「臣以爲無良臣故也。「臣」舊作「君」，盧改。案宋本作「臣」，晉語云：「臣以爲不良故也。」夫事君者，諫過而薦可，章善而替否，二句，晉語作「諫過而賞善，薦可而替否」。獻能而進賢，朝夕誦善敗而納之，此下，晉語有「道之以文，行之以順，勤之以力，致之以死」，四句。聽則進，否則退。今范中行氏之良臣也，晉語無「良」字「也」字，案文例，此亦不當有，史墨固不以爲良也。不能匡相其君，盧曰：「『相』，元本無。」承周案：元本非是，宋本及各本皆有，晉語同。使至於難，出在於外，晉語作「君出在外」。又不能入，晉語「入」作「定」。亡而棄之，晉語無「亡」字。何良之爲？若不棄，君安得之？夫良，晉語作「夫二子之良」。將營其君，晉語「將」下有「勤」字。使復其位，晉語作「使復立於外」。死而後止，何曰以來？盧引孫云：「『曰』當作『由』。」承周案：宋本作「回」，即「由」之誤，范本正作「由」，晉語作「日」。若未能，晉語作「若來」。乃非良也。」晉語「良」下有「臣」字。簡子曰：「善。」晉語此下有「吾言實過也」句。〇本國語晉語。

子路問於孔子曰：「治國何如？」孔子曰：「在於尊賢而賤不肖。」子路曰：「范中行氏尊賢而賤不肖，家語「范」作「晉」，此下文「中行氏雖欲無亡得乎」，「中行」上亦無「范」字，此亦寫者因二氏事相類，連及而誤，與復恩篇豫讓條同，非本有也。其亡何也？」關曰：「家語辨政篇：『子曰：「夫道不可不貴也，中行文子背道失義，以亡其國，而能禮賢以活其身。」』注：『王肅曰：「此說倍道失義，不宜說得道之意，而云禮賢，不與上相次配。」』又文子無禮賢之事，則知無足徵范中行氏尊賢之言者。」（案孔子語，又見權謀篇。）曰：「范中行氏尊賢而不能用也，賤不肖而不能去也；賢者知其不己用而怨之，不肖者知其賤己而讐之。「賤己」，家語作「必己賤」。賢者怨之，不肖者讐之，怨讐並前，此句，家語作「怨讐並存於國，鄰敵構兵於郊」二句。中行氏雖欲無亡得乎？」○薛據集語引韓非子文同。又家語賢君篇用此文。案此與郭亡事相類，見新序二。（賈子、韓詩外傳、桓子新論、說文郭字注，俱載郭亡事。字或作「虢」，惟新序與此文相似。）

晉、荆戰於邲，晉師敗績。荀林父將歸請死，「將」字疑衍。景公將許之，「景」舊作「昭」，誤，盧改，云：「御覽三百二十三作『景』，下同。」承周案：葉大慶攷古質疑四，譏此時代舛謬，據誤本以譏子政，子政不受也。士貞伯曰：「士貞伯」傳作「士貞子」，（「曰」上有「諫」字。）史記作「隨會」，非是。「不可，城濮之役，晉勝於荆，傳作「晉師三日穀」。文公猶有憂色，曰：『子玉猶存，憂未歇也。困獸猶鬬，況國相乎？』及荆殺子玉，乃喜曰：『莫予毒也！』今天或者大警晉也。林父之事君，進思盡忠，退思補過，社稷之衞也；今殺之，是重荆勝也。」景公曰：「善。」乃使復將。左傳云：『晉侯使復其位。』○左宣十二年傳文較詳，又畧見史記晉世家。

說苑卷第九

正諫

易曰：「王臣蹇蹇，匪躬之故。」蹇六二爻辭。人臣之所以蹇蹇爲難而諫其君者，非爲身也，將欲以匡君之過，矯君之失也。君有過失者，治要無「者」字。危亡之萌也；見君之過失而不諫，是輕君之危亡也。夫輕君之危亡者，忠臣不忍爲也。三諫而不用則去，不去則亡身，「亡身」舊倒，下句同，依御覽四百五十五引乙轉。「亡身」與後文「危身」相對。亡身者，仁人所不爲也。是故諫有五：一曰正諫，二曰降諫，盧曰：「御覽四百五十五『降』作『譎』。」三曰忠諫，四曰戇諫，五曰諷諫。案五諫之目，白虎通諫爭篇：「一曰諷諫，二曰順諫，三曰闚諫，四曰指諫，五曰陷諫。」後漢書李雲傳論注引大戴禮，與白虎通畧同。（今本無。）公羊莊二十四年解詁云：「一曰諷諫，二曰順諫，三曰直諫，四曰爭諫，五曰戇諫。」家語辨政篇云：「一曰譎諫，二曰戇諫，三曰降諫，四曰直諫，五曰諷諫。」風俗通過譽篇：「禮諫有五，風爲上。」李雲傳論同。孔子曰：「吾其從諷諫矣乎！」夫不諫則危君，固諫則危身，「固」御覽作「直」。與其危君寧危身。危身而終不用，則諫亦無功矣。智者度君權時，調其緩急，而處其宜，上不敢危君，下不以危身。「以」御覽作「爲」。故在國而國不危，在身而身不殆。昔陳靈公不聽泄治之諫而殺之，曹羈三諫曹君不聽而去，春秋序義雖俱賢，而曹羈合禮。曹羈說見尊賢篇。

齊景公遊於海上而樂之，六月不歸，令左右曰：「敢有先言歸者，致死不赦。」顏燭趨進諫曰：盧曰：「韓非十過篇以爲諫田成子，『燭趨』作『涿聚』，與左傳同，史記及古今人表皆作『濁鄒』。」承周案：人表一作「燭雛」，與本書後文合，晏子外篇作「燭鄒」，韓詩外傳九作「斲聚」，皆音近。（御覽四百五十六、四百六十八、事類賦注六引，皆誤以「顏燭」二字爲姓名。御覽引新序作「顏歜」，亦同誤。）「君樂治海上，不樂治國，四字舊脫，依御覽四百六十八、事類賦注六引補。（御覽四百五十六仍脫，所用本異也。）御覽引新序，亦有此四字。而六月不歸，彼儻有治國者，君且安得樂此海也？」景公援戟將斫之。顏燭趨進，撫衣待之，曰：「君奚不斫也？昔者桀殺關龍逢，紂殺王子比干，君之賢，非此二主也，臣之材，非此二子也，君奚不斫？以臣參此二人者，不亦可乎？」景公說，遂歸，中道聞國人謀不內矣。御覽三百五十三引新序虎會條，又引此文稱又曰，則新序亦有此文。○韓子十過篇云：「昔者，田成子遊於海而樂之，號令諸大夫曰：『言歸者死。』顏涿聚曰：『君遊海而樂之，奈臣有圖國者何？君雖樂之將安得？』田成子曰：『寡人布令曰：言歸者死。今子犯寡人之令！』援戈將擊之。顏涿聚曰：『昔桀殺關龍逢而紂殺王子比干，今君雖殺臣之身以三之，可也。臣言爲國，非爲身也。』延頸而前，曰：『君擊之矣！』君乃釋戈，趣駕而歸，至三日，而聞國人有謀不內田成子者矣。田成子所以遂有齊國者，顏涿聚之力也。」彼文以齊景公爲田成子。案呂氏尊師篇云：「顏涿聚，梁父之大盜也，學於孔子，爲天下名士顯人。」尸子勸學篇云：「顏涿聚，盜也，孔子教之，爲顯士。」淮南氾論篇云：「顏喙聚，梁父之大盜也，而爲齊忠臣。」夫涿聚學於孔子，必不爲孔子所沐浴請討者之私臣，隰之役，（左哀二十三年。）死於戰，故淮南有忠臣之譽。御覽四百三十七引尸子云：『田成子問勇，顔歜聚答之不敬。』是其人不爲勢屈也，豈以田常封其子晉（左哀二十七年。）遂以爲常之黨與？

楚莊王立爲君，三年不聽朝，乃令於國曰：「國」下，舊事有「中」字。「寡人惡爲人臣而遽諫其君者。「諫」舊事作「諍」，下皆同。今寡人有國家，立社稷，有諫則死無赦。」蘇從曰：盧曰：「『從』類聚（二十四）『縱』，下同。」承周案：舊事仍作「從」，楚世家、金樓子同。「處君之高爵，食君之厚祿，愛其死而不諫其君，則非忠臣也。」乃入諫。莊王立鐘鼓之間，「鐘鼓」舊倒，盧曰：「類聚及渚宮舊事俱作『鐘鼓下』，宋、元本並同。」承周案：吳越春秋云：「坐鐘鼓之間。」左伏楊姬，闕引或曰：「吳，古楊州地，故謂吳姬爲楊姬。」右擁越姬，盧曰：「『越』宋本「成」，類聚同。」承周案：舊事亦作「成」，成亦國名，穆天子傳有盛姬，「盛」「成」同。吳越春秋作「左手擁秦姬，右手抱越女」。左裯衽，舊作「袥」，盧曰：「宋、元本作『衽』，今從之。」（明鈔同。）右朝服，曰：「吾鼓鐘之不暇，何諫之聽！」蘇從曰：「臣聞之：好道者多資，好樂者多迷，好道者多糧，好樂者多亡。荆國亡無日矣，死臣敢以告王。」王曰：「善。」左執蘇從手，舊事「手」上有「之」字。右抽陰刀，盧曰：「『陰』，宋本『金』，類聚『佩』。」孫仲容曰：「渚宮舊事一作『金刀』，則宋本是也。」刎鐘鼓之懸，明日授蘇從爲相。

○案諫楚莊王者，呂氏重言篇以爲成公賈，韓子喻老篇以爲右司馬，新序雜事二以爲士慶，吳越春秋王僚使公子光傳以爲伍舉，而史記楚世家、金樓子説蕃篇皆謂「伍舉諫不從，蘇從後諫乃從」，文各乖異，茲不備錄。又史記滑稽傳載淳于髡諫齊威王，亦一事而歧傳者。渚宮舊事一兼取呂氏及本書。

晉平公好樂，多其賦斂，盧曰：「衍『其』字，從書鈔四十一刪。」承周案：孔本書鈔仍有「其」字，御覽四百五十六同，今不敢肊刪。又御覽六百二十七引無「其」字，亦偶約去耳。不治城郭，「不」舊作「下」，盧曰：「御覽六百二十七作『不』。」承周案：四百五十六亦作「不」，今從之。曰：「敢有諫者死。」國人憂之。有咎犯者，盧曰：「此又一人。」見門大夫曰：「臣聞主君好樂，故以樂見。」門大夫入言曰：「晉人咎犯也，欲以樂見。」平公曰：「內之。」止坐殿上，則出鐘磬竽瑟。坐有頃，平公曰：「客子爲樂。」咎犯對曰：「臣不能爲樂，臣善隱。」漢書藝文志：「隱書十八篇。」注引別録曰：「隱書者，疑其言以相應，對者以慮思之，可以無不喻。」列女傳六、新序雜事二：「齊宣王發隱書而讀之。」齊東野語云：「古之所謂廋詞，卽今之隱語，而俗所謂謎。」（關氏引。）平公召隱士十二人。咎犯曰：「隱臣竊願昧死御。」「願」舊作「顧」，盧曰：「疑『願』。」關亦云：「當作『願』。」今據以改正。承周案：御覽四百五十六正作「願」。平公曰：「諾。」咎犯申其左臂而詘五指，平公問於隱官曰：「占之爲何？」隱官皆曰：「不知。」平公曰：「歸之！」咎犯則申其一指曰：「是一也，便游赭畫，「畫」舊作「盡」，盧曰：「『盡』疑『畫』。」俞曰：「『盡』字無義，疑『畫』之誤。『畫』讀爲『奭』，兩字並從皕聲，故得通用。詩采芑篇：『路車有奭』。傳曰：『奭，赤皃。』然則『赭』、『畫』二字皆是赤色。『便游赭畫』，謂便游之地圖畫赫然也。」承周案：俞說迂曲，盧說爲長。御覽四百五十六引正作「畫」，今據改。不峻城闕，「不」舊作「而」，俞曰：「當作『不峻城闕』，方與上文『不治城郭』相應。」今從之。二也，柱梁衣繡，士民無褐，三也，侏儒有餘酒，而死士渴，「死」，御覽四百五十六作「有」。四也，民有饑色，而馬有粟秩，「秩」御覽四百五十六作「秣」，與列女傳、後漢書合。（見下。)五也,近臣不敢諫,遠臣不得達。」「得」舊作「敢」,盧改,明鈔本同;御覽四百五十六同與後漢書合。(見下。)平公曰:「善。」乃屏鐘鼓,除竽瑟,遂與咎犯參治國。御覽六百二十七「國」下有「焉」字。○案咎犯與晉平公不同時,困學紀聞十以此爲繆,盧氏謂此又一人,亦無塙據。予謂後漢書宦者傳呂强上疏云:「昔師曠諫晉平公曰:『梁柱衣繡,民無褐衣,池有棄酒,士有渴死,廄馬秣粟,民有饑色,近臣不敢諫,遠臣不得暢。』」似卽用此文,則咎犯乃師曠之譌,漢人所見本,固未誤也。(李注引説苑,已同今本。)列女傳辨通篇楚處莊姪曰:「宮室相望,城郭闊達,一患也;宮垣衣繡,民人無褐,二患也;奢侈無度,國且虛竭,三患也;百姓飢餓,馬有餘秣,四患也;邪臣在側,賢者不達,五患也。」與此大同。

孟嘗君將西入秦,賓客諫之百通則不聽也,盧曰:「『則』疑衍。」承周案:則猶而也,策作「止者千數而弗聽」。曰:「以人事諫我,我盡知之;若以鬼道諫我,我則殺之。」俞曰:「『殺』誤字,戰國策載此事云:『孟嘗君曰:人事我已盡知之矣,吾所未聞者,獨鬼事耳。』可知以鬼道諫者不殺也,若云『我則殺之』,下又何以云『有客以鬼道聞』乎?『殺』字之誤無疑。但不知爲何字之誤。或本作『我則察之』,『殺』『察』聲近而誤。禮記鄉飲酒義:『愁以時察守義者也。』注曰:『「察」或爲「殺」。』是其例矣。」孫仲容曰:「此『殺』當爲『試』之誤,謂嘗試察之也。『試』譌爲『弑』,又譌爲『殺』,(『試』『弑』『殺』三字,古多通用,儀禮士冠禮注:『篡殺所由生。』釋文云:『「殺」本又作「弑」。』亦作『試』。)遂不可通。」謁者入曰:「有客以鬼道聞。」「客」,史記作「蘇代」,戰國策作「蘇秦」。曰:「請客入。」客曰:「臣之來也,過於淄水上,盧曰:「衍『於』字,宋本無。」承周案:齊策有「於」字,御覽九百六十七引作「過於淄水之上」。見一土耦人，方與木梗人語，「木梗人」史記作「木偶人」，（「偶」「耦」正叚字。）齊策作「桃梗」，趙策云：「土梗與木梗。」續漢禮儀志引春秋內事曰：「周人木德，以桃爲梗，言氣相更也。桃梗，今之桃符也。」又風俗通祀典篇引黃帝書，釋桃梗甚詳。木梗謂土耦人曰：『子先土也，持子以爲耦人，俞曰：「『持』字無義，乃『埏』字之誤。『埏』誤爲『挺』，又誤爲『持』矣。老子：『埏埴以爲器。』河上公注曰：『埏，和也。』以土爲人，必埏之而後成，亦猶埴埏爲器也。戰國策正作『埏子以爲人』，是其證。」承周案：今齊策亦誤作「挺」，風俗通祀典篇引作「埏」，足爲俞說之證。遇天大雨，水潦並至，子必沮壞。』應曰：『我沮乃反吾真耳。「沮」下，依上文當有「壞」字。齊策云：「土耦曰：『吾西岸之土也，吾殘則復西岸耳。』」趙策云：「壞沮乃復歸土。」王氏戰國策雜志云：「壞沮與殘，其義一也。」今子東園之桃也，刻子以爲梗，「園」當從齊策作「國」，彼文云：「今子東國之桃梗也，刻削子以爲人。」遇天大雨，水潦並至，必浮子泛泛乎不知所止。』「浮子」下，疑脫「而去」二字。齊策云：「流子而去，則子漂漂者將如何耳。」今秦，四塞之國也，有虎狼之心，恐其有木梗之患。」於是孟嘗君逡巡而退，而無以應，卒不敢西嚮秦。「於是」以下，史記、齊策皆云：「孟嘗君乃止。」鮑氏曰：「此時不行，其入秦蓋在後。」○案諫孟嘗入秦者，史記以爲蘇代，齊策以爲蘇秦，鮑彪以爲事在蘇秦死後，改從史記，文皆與此畧同。而趙策稱蘇秦說李兌，李兌曰：「先生以鬼之言見我則可，若以人事，兌盡知之矣。」蘇秦對曰：「臣固以鬼之言見君，非以人之言也。」李兌見之。蘇秦曰：「今日臣之來也，暮後郭門，藉席無所得，寄宿人田中，傍有大叢，夜半土梗與木梗鬪，曰：『汝不如我，我者乃土也，使我逢疾風淋雨，壞沮乃復歸土；今汝非木之根，則木之枝耳，汝逢疾風淋雨，漂入漳河，東流至海，氾濫無所止。』臣竊以爲土梗勝也」云云，則又以爲蘇秦說李兑語。其所言沙丘事，亦在蘇秦死後。竊謂本書不記姓名爲得，齊策以爲蘇秦，乃傳聞失實，史公知其誤，改爲蘇代，子政不敢肊決，故止稱客，若趙策所載，則誤中又誤矣。

吴王欲伐荆，告其左右曰：「敢有諫者死。」舍人有少孺子者，類聚二十四、御覽四百五十六、又八百二十四，「少」作「小」。（他引仍皆作「少」。）欲諫不敢，則懷丸操彈，遊於後園，露沾其衣，如是者三旦。初學記二、歲華紀麗三、御覽十二、事類賦三注，「旦」作「朝」。（他引仍皆作「旦」。）吴王曰：「子來，何苦沾衣如此。」盧曰：「『苦』，初學記二作『露』。」承周案：初學記二作「子來，何露沾其衣如此」。歲華紀麗、事類賦三作「子來，何苦露沾衣如是」。（他引仍皆同今本，或省「苦」字。）對曰：「園中有樹，其上有蟬，盧曰：「『樹』，初學記三十作『楡』，御覽四百五十六同。」承周案：類聚二十四、又九十二，（節引。）「樹」作「楡」，御覽四百五十六（節引）。又八百二十四、事類賦三十引同，（他引仍多作「樹」。）與外傳合。又案歲華紀麗三、御覽十二、事類賦三引「上」作「端」。（他引仍多同今本。）蟬高居悲鳴飲露，「飲露」，歲華紀麗、事類賦三、又三十，皆作「吸風飲露」，御覽十二作「飲風噏露」，皆較今本多二字。（他引仍多同今本。）不知螳螂在其後也；螳螂委身曲附欲取蟬，盧曰：「『附』，御覽十二作『跗』，方無反。」承周案：事類賦三、又十九、又三十皆作「跗」，（他引仍多作「附」。）初學記三十譌作「斧」，「蟬」上有「其」字。（他引「蟬」或作「之」。）而不知黄雀在其傍也；「在其傍」，類聚九十二、初學記三十、事類賦三十作「在其後」，歲華紀麗、御覽十二、事類賦三作「居其後」。（他引仍同今本。）黄雀延頸欲啄螳螂，而不知彈丸在其下也；盧引孫曰：「此下，初學記二尚有『臣欲彈雀，又不知旁有坑而墜也。』御覽四百五十六作『臣欲彈雀，不知露沾衣。』疑今本有脫」，但與下文此三者不相應，或增在『而不顧其後之有患也』下，或『三』字爲『四』字之譌。」盧曰：「初學記三十文與今本同，引至『而不顧其後患』止，（初學記三十亦引至篇末，盧語誤。）御覽十二亦有『臣欲捕其黃雀，不知露沾衣』二句，疑所見本異。」承周案：此數語，除孫、盧所舉外，類聚九十二作「臣執彈丸欲取黃雀，不覺露霑衣」。御覽九百二十二作「臣操彈欲取黃雀，不知露沾衣」。歲華紀麗作「臣但捕黃雀，不覺露濕其衣」。事類賦三作「臣但捕其黃雀，不覺露濕衣」。又十九作「臣又但知捕雀，而不知露之沾衣也」。又三十作「臣又知彈雀，不覺露之霑衣」。據諸書所引，則此有脫文，但引者既佤離不合，未敢肊爲去取。又類聚二十四、初學記三十、御覽八百二十四又九百四十四引此至篇末，與今本全同。此三者，皆務欲得其前利，而不顧其後之有患也。』御覽十二作「如此者，爲窺其利，而不思後患」。事類賦三作「如此者，爲貪其利，而不思後患也。」又十九、三十畧同。歲華紀麗作「此乃視其利不顧其後」。（他引仍同今本。）吳王曰：「善哉。」乃罷其兵。御覽十二作「王聞之，遂不伐荆」。事類賦三同，又卷十九作「王遂不伐荆」，歲華紀麗作「王遂罷兵」。○此條諸書所引，異文甚多，玆擇要録之，其節約本文者畧焉。○韓詩外傳十云：「楚莊王將興師伐晉，告士大夫曰：『敢諫者死無赦。』孫叔敖曰：『臣聞畏鞭箠之嚴，而不敢諫其父，非孝子也；懼斧鉞之誅，而不敢諫其君，非忠臣也。』於是遂進諫曰：『臣園中有榆，其上有蟬，蟬方奮翼悲鳴，欲飲清露，不知螳蜋之在後，曲其頸，欲攫而食之也；螳蜋方欲食蟬，而不知黃雀在後，舉其頸，欲啄而食之也；黃雀方欲食螳蜋，不知童挾彈丸在下，迎而欲彈之；童子方欲彈黃雀，不知前有深坑後有窟也；此皆言前之利，而不顧後害者也。非獨昆蟲衆庶若此也，人主亦然。君今知貪彼之士而樂其士卒。』國不怠而晉國以寧，孫叔敖之力也。」又吳越春秋夫差內傳云：「夫差欲與魯晉合攻於黃池之上，恐羣臣復諫，乃令國中曰：『寡人伐齊，有敢諫者死。』太子友知子胥忠而不用，太宰嚭佞而專政，欲切言之，恐罹尤也，乃以諷諫激於王，清旦懷丸持彈，從後園而來，衣袷履濡，王怪而問之，曰：『子何爲袷（「袷」治要作「洽」，下同。）衣濡履，體如斯也？』太子友曰：『適游後園，聞秋蜩之聲，往而觀之，夫秋蟬登高樹，飲清露，隨風撝撓，長吟悲鳴，自以爲安，不知螳螂超枝緣條，曳腰聳距而稷其形；夫螳螂翕心而進，志在有利，不知黄雀盈緑林，徘徊枝陰，𧿒蹙微進，欲啄螳螂；夫黄雀但知伺螳螂之有味，不知臣挾彈危擲，蹭蹬飛丸而集其背；今臣但虛心，志在黄雀，不知空埳其旁，闇忽埳中，陷於深井；臣故袷體濡履，幾爲大王取笑。』王曰：『天下之愚，莫過於斯，但貪前利，不覩後患。』」案吴越春秋以爲太子友語，似即由本書少孺子之稱而爲之辭，然本書稱舍人，則非太子也。外傳以爲孫叔敖語，抑又乖異，故並録之。又案楚策載莊辛諫襄王語，（又見新序雜事二。）及莊子山木篇莊周游於雕陵之樊節，其取譬與此畧同，文緐不備列。

楚莊王伐陽夏，「伐」上舊有「欲」字，案下云「師久而不罷」，則是已伐，不得言欲伐，今據御覽四百五十六刪「欲」字。師久而不罷，羣臣欲諫而莫敢。「莫」，御覽作「不」。莊王獵於雲夢，椒舉進諫曰：「王所以多得獸者馬也，而王國亡，盧曰：「衍『而』字，元本無，『王』下脱『之』字，元本有。」承周案：御覽作「而廢王國亡」，疑本作「而王廢國亡」，「而」與「如」同，宋本已下皆脱「廢」字，元本遂肊爲竄改，不可從。王之馬豈可得哉？」莊王曰：「善！不穀知詘强國之可以長諸侯也，「詘」，御覽作「屈」，古通。知得地之可以爲富也，而忘吾民之不用也。」「吾」，御覽作「其」。明日飲諸大夫酒，以椒舉爲上客，罷陽夏之師。○案伍舉事靈王，其父參事莊王，此疑誤。

秦始皇帝太后不謹，幸郎嫪毐，封以爲長信侯，爲生兩子。毐專國事，浸益驕奢，與侍中左右貴臣俱博飲，酒醉争言而鬬，瞋目大叱曰：御覽四百九十六「叱」作「呼」。（他引仍作「叱」。）「吾乃皇帝之假父也，窶人子何敢乃與我亢！」「亢」，御覽作「抗」。所與鬬者走，行白皇帝，皇帝大怒。毐懼誅，因作亂，戰咸陽宮，毐敗，始皇乃取毐，四支車裂之，「支」舊作「肢」，盧改，云：「下同。」承周案：宋本、明鈔本皆作「支」，御覽四百五十五同。取其兩弟囊撲殺之，取皇太后遷之於萯陽宮，舊校云：「一本作『棫陽宮』。」盧曰：「史記始皇本紀：『迎太后於雍。』則作『棫陽宮』爲是。萯陽在鄠縣。」承周案：御覽引下文皆作「棫陽」，是也，始皇本紀正義兩引、及呂不韋傳索隱、漢書鄒陽傳注應劭注、後漢書蘇竟傳注引，皆作「咸陽宮」，上文云：「戰咸陽宮」，下文云：「歸於咸陽」，則此所遷，決非咸陽明矣，而諸引悉皆如此，豈「棫」誤爲「或」，因誤爲「咸」歟？下令曰：「敢以太后事諫者，戮而殺之，從蒺藜其脊肉幹四支，「藜」舊作「棃」，盧改云：「下同。」承周案：「肉」字衍，始皇本紀正義引無「肉」字。「從」讀爲「縱」。而積之闕下。」諫而死者二十七人矣。齊客茅焦乃往上謁曰：「齊客茅焦願上諫皇帝。」皇帝使使者出問：「客得無以太后事諫也？」茅焦曰：「然。」使者還白曰：「果以太后事諫。」皇帝曰：「走往告之，若不見闕下積死人邪？」使者問茅焦，茅焦曰：「臣聞之，天有二十八宿，今死者已有二十七人矣，臣所以來者，欲滿其數耳。臣非畏死人也。走入白之。」茅焦邑子同食者，盡負其衣物行亡。使者入白之，皇帝大怒曰：「是子故來犯吾禁，趣炊鑊湯煮之！「趣」，御覽作「趨」，下同，（惟「足趣」仍作「趣」。）「趨」「趣」皆讀爲「促」。是安得積闕下乎？趣召之入。」皇帝按劍而坐，口正沫出。盧曰：「『沫』，元本『沬』，今從宋本。」承周案：御覽亦作「沬」，明鈔本、程本、范本皆作「沬」。使者召之入，茅焦不肯疾行，足趣相過耳。關引太室曰：「『趣』當作『取』，言其足僅取相過而已。」使者趣之，茅焦曰：「臣至前則死矣！君獨不能忍吾須臾乎？」使者極哀之。茅焦至前，再拜，謁起稱曰：「臣聞之，夫有生者不諱死，有國者不諱亡。諱死者不可以得生，諱亡者不可以得存。死生存亡，聖主所欲急聞也，不審陛下欲聞之？」皇帝曰：「何謂也？」茅焦對曰：「陛下有狂悖之行，陛下不自知邪？」皇帝曰：「何等也？願聞之！」茅焦對曰：「陛下車裂假父，有嫉妬之心；囊撲兩弟，有不慈之名；遷母萯陽宮，「萯」，御覽作「棫」，下同。（說見上。）有不孝之行；從蒺藜於諫士，「諫士」，御覽作「敢諫之士」。有桀紂之治。今天下聞之，盡瓦解無嚮秦者，臣竊恐秦亡，為陛下危之。所言已畢，乞行就質。」「質」，御覽作「鑕」，下同。（古通用。）竊意「質」當作「鑊」。（見下。）乃解衣伏質。「伏質」，應劭引作「趣鑊」，與上文「趣炊鑊湯」相應，上文「乞行就質」，「質」亦當作「鑊」，「鑊」誤作「鑕」，又省作「質」耳。皇帝下殿，左手接之，右手麾左右曰：「赦之！先生就衣，今願受事。」乃立焦為仲父，盧曰：「始皇紀集解引作『立茅焦為傅』，下句首有『又』字。」承周案：「仲」乃「俌」之脫文，（「俌」「傅」通。）「父」乃「又」之譌，始皇紀正義兩引皆不誤。（御覽已誤同今本。）爵之為上卿。「為」字舊脫，盧曰：「宋、元本有『為』字，御覽四百四十五同。」（明鈔本亦有「為」字。）皇帝立駕千乘萬騎，空左方，自行迎太后萯陽宮，歸於咸陽。太后大喜，乃大置酒待茅焦，及飲，太后曰：「抗枉令直，始皇紀集解作「天下亢直」。使敗更成，集解「更」作「復」。安秦之社稷，使妾母子復得相會者，集解「會」作「見」。盡茅君之力也。」〇事亦見史記始皇本紀、呂不韋傳，此文爲詳。

楚莊王築層臺，盧曰：「『層臺』，初學記二十四作『五仞之臺』。」延石千重，關曰：「『重』恐『里』字，下同。」盧曰：「『重』，類聚（二十四）同，宋、元本及御覽四百四十五並作『里』，下同。」（御覽四百五十五，盧誤記。）延壤百里，士有反三月之糧者。大臣諫者七十二人，盧曰：「『大臣』二字類聚無，御覽有。」皆死矣。御覽「皆」上有「諫者」二字。有諸御己者，「己」舊作「巳」，盧改，云：「『巳』非，下同。」違楚百里而耕，謂其耦曰：「吾將入見於王。」其耦曰：「以身乎？吾聞之，說人主者，皆閒暇之人也，然且至而死矣。今子特草茅之人耳！」諸御己曰：「若與子同耕，「子」盧改「予」，明鈔本同，御覽仍作「子」。則比力也；至於說人主，則不與子比智矣。」「則」字舊脫，依考古質疑四引補。委其耕而入見莊王。莊王謂之曰：「諸御己來！汝將諫邪？」諸御己曰：「君有義之用，有法之行。且己聞之，土負水者平，木負繩者正，君受諫者聖。君築層臺，延石千重，延壤百里，民之釁咎，血成於通塗，關曰：「言民得罪被刑，偏於道路，『咎』或當作『膏』。」盧曰：「『咎』有『高』音，因通『膏』。」承周案：「釁咎」連文，讀「膏」非是。「於通」二字，御覽作「通於」，竊疑「於」字衍。然且未敢諫也，己何敢諫乎？顧臣愚，竊聞昔者虞不用宮之奇而晉并之，陳不用子家羈而楚并之，盧曰：「類聚引無此句。梁仲子云：『魯昭公薨後出奔，豈在陳耶？或以莊二十四年曹羈出奔陳，公羊以爲羈三諫曹君，不聽而去，殆卽其人，然時已遠，非也。』」承周案：無此句，則與下文「六諸侯」不合，非也。春秋時同名同字者多，安知陳不別有子家羈也？曹不用僖負羈而宋并之，關曰：「左傳僖公二十八年，晉分曹衛之田以并宋人。」承周案：尊賢篇云：「曹不用僖負羈之諫，敗死於戎。」用公羊傳，則公羊家說以曹羈爲僖負羈，不得以左氏說之。又宋之并曹，與僖負羈時代邈不相及，此「宋」疑當從尊賢篇作「戎」。關以分曹之田爲說，案分田不得爲并，關說誤。萊不用子猛而齊并之，關曰：「魯襄公七年，齊侯滅萊，不用子猛之事未審。『子猛』一作『子孟』。」盧曰：「『猛』，荀子堯問篇作『馬』，楊倞注引此作『猛』。」承周案：楊注謂子馬卽左氏襄六年傳之正輿，字子馬。又考古質疑四引此「猛」亦作「孟」。吳不用子胥而越并之，秦不用蹇叔之言「秦」下舊有「人」字，案上文例不當有，今從御覽删。而秦國危，桀殺關龍逢「逢」舊作「逄」，盧改，云：「宋、元本『逢』，類聚、御覽同。」而湯得之，紂殺王子比干而武王得之，宣王殺杜伯而周室卑，已見立節篇。此三天子六諸侯，皆不能尊用賢人辯士之言，舊本作「皆不能尊賢用辯士之言」，今從御覽乙。故身死而國亡。」遂趨而出。楚王遽而追之，曰：「己！子反矣！吾將用子之諫！先日說寡人者，其說也不足以動寡人之心，又危加諸寡人，「危」舊校云：「一作『色』。」故皆至而死；御覽有「矣」字。今子之說，足以動寡人之心，又不危加諸寡人，故吾將用子之諫。」明日令曰：盧曰：「類聚作『出令』。」「有能入諫者，吾將與爲兄弟。」遂解層臺而罷民。盧曰：「『解』類聚作『廢』。」楚人歌之曰：「薪乎萊乎！無諸御己，訖無子乎！萊乎薪乎！無諸御己，訖無人乎！」○關引考古質疑曰：「大慶案左傳楚莊王立於魯文公十四年，卒於宣公十八年，越并吳事，乃哀公二十二年，相去凡一百十八年，安得諸御己預以子胥事諫楚莊王也？」關又曰：「況齊之滅萊，據左傳襄公六年，亦是楚莊既卒之後，其誤亦與上子胥事同，覽者不可不知。」承周案：荀子堯問篇注已以齊滅萊在楚莊王後爲疑，黃氏日鈔亦以楚莊賢君，而謂其殺諫者七十二人爲不合。竊謂此文中數語，明見荀子堯問篇，或卽出荀子，今荀子有脫佚耳。「莊」字不知爲何字之誤，其人當在戰國之世，蓋亦猶尊賢篇「景公」誤作「昭公」之例，未足以遽議子政也。

齊桓公謂鮑叔曰：「寡人欲鑄大鐘，「鐘」，御覽四百五十五作「鍾」，明鈔本同。昭寡人之名焉。寡人之行，豈避堯舜哉！」鮑叔曰：「敢問君之行？」桓公曰：「昔者，吾圍譚三年，得而不自與者，仁也；關曰：「春秋魯莊十年，齊師滅譚。」吾北伐孤竹，剗令支而反者，武也；關引漢地理志曰：「令支縣有孤竹城。」案事詳權謀、辨物二篇。吾爲葵邱之會，以偃天下之兵者，文也；關曰：「葵丘之會，在魯僖九年。」諸侯抱美玉而朝者九國，寡人不受者，義也；然則文武仁義，寡人盡有之矣，寡人之行，豈避堯舜哉？」鮑叔曰：「君直言，臣直對。昔者，公子糾在上位而不讓，非仁也；關曰：「桓公公子糾，孰兄孰弟，議論紛如，此言公糾在上位，子糾兄而小白弟也。」承周案：古書無以小白爲兄者，惟因薄昭一言之誤，程子取以說論語，遂致紛紜，前人辨之已詳，不復贅。背太公之言而侵魯境，非義也；詳本書奉使篇。壇場之上，詘於一劍，非武也；此謂曹沫劫盟事。姪娣不離懷衽，非文也；已詳尊賢篇桓公閨門之內無可嫁者條下。凡爲不善遍於物，不自知者，無天禍，必有人害。天處甚高，其聽甚下。除君過言，天且聞之。」桓公曰：「寡人有過，子幸記之，「子」舊作「乎」，屬上句，盧曰：「御覽『乎』作『子』，下作『幸教寡人』。」承周案：盧所引御覽與下文「子不幸教」文相麗，而鮑本御覽作「子幸記之」，今據改「乎」作「子」，餘未敢肊決。是社稷之福也；子不幸教，幾有大罪，以辱社稷。」

楚昭王欲之荆臺游，渚宫舊事原注云：「荆臺在章華之東，去江陵一百二十里。臺週迴百有餘丈。」司馬子綦進諫曰：關曰：「子綦，楚大夫鬬成然。」承周案：子綦卽子期，楚公子結也，家語作「子祺」，古通用，漢書人表：「司馬子期。」梁氏考云：「『期』又作『綦』，見史楚世家、伍胥傳、莊子讓王、賈誼新書淮難、説苑正諫。」則「子期」之爲「子綦」，明甚。成然字子旗，與此無涉，關説誤。「荆臺之游，此下舊事有「左江右湖」句，無下二句。左洞庭之波，盧曰：「『波』，元本『陂』，御覽四百六十八同。」承周案：章華臺賦作「波」，類聚二十八引亦作「波」。右彭蠡之水，南望獵山，下臨方淮，盧曰：「邊讓游章華臺賦云：『前方淮之水。』與此合。魏策作『彷徨』，吳師道補注云：『藝文類聚引作彷徨，又引作方湟。』」承周案：淮南道應篇載莊王事云：「强臺者，南望料山，以臨方皇，左江而右淮，其樂忘死。」（選注及御覽引「强」皆作「荆」，「料」皆作「獵」。）魏策：「楚王登强臺而望崩山，左江而右淮，以臨彷徨，其樂忘死。」姚云：「『强臺』一作『荆臺』。」後漢書邊讓傳載章華臺賦云：「楚靈王既游於雲夢之澤，息於荆臺之上，前方淮之水，左洞庭之波，右顧彭蠡之隩。」合觀諸文，「荆臺」卽「京臺」，亦卽「强臺」，皆音近通用。「方淮」（王念孫以爲「淮」乃「滙」字之誤，「滙」與「湟」音近；是。）卽「方皇」，亦卽「方湟」，亦卽「彷徨」，爲山爲水，俱不可知，（許注淮南云：『方皇，水名；一曰山名。』）關注以淮水方山釋之，未確。其樂使人遺老而忘死，「樂」，後漢書注作「地」，非。人君游者，盡以亡其國。舊事「盡」作「殆」。願大王勿往游焉。」王曰：「荆臺乃吾地也，有地而游之，子何爲絶我游乎？」怒而擊之。於是令尹子西駕安車四馬，徑於殿下，曰：「今日荆臺之游，「游」，家語、舊事皆作「觀」。不可觀也。」家語、舊事皆作「不可失也」。王登車而拊其背曰：「荆臺之游，與子共樂之矣。」步馬十里，引轡而止，曰：「臣不敢下車，願得有道，關曰：「家語作『臣願言有道之主』。」（今家語無「之主」二字。）承周案：舊事「道」作「謂」。大王肯聽之乎？」王曰：「第言之。」盧改「第」爲「弟」，云：「『第』字俗，今從元本。」承周案：「第」乃説文逸字，古書「第」字甚多，安能盡改？元本偶誤，非有據也。家語「第」作「其」。令尹子西曰：「臣聞之，罰不足以誅也。若司馬子綦者，忠臣也，若臣者，諛臣也；願大王殺臣之軀，罰臣之家，而祿司馬子綦。」「願大王」以下，家語、舊事皆作「願大王賞忠而誅諛焉」。王曰：「若我能止聽，公子獨能禁我游耳。「若我」以下，家語作「我今聽司馬之諫，是獨能禁我耳」，舊事作「今我聽司馬之諍，是獨能禁我耳」。此文「聽」下，似當有「司馬之諫」四字，「公子」二字，屬下爲句。後世游之，「後」上，家語、舊事有「若」字。無有極時，奈何？」令尹子西曰：「欲禁後世易耳，願大王山陵崩陁，爲陵於荆臺，未嘗有持鐘鼓管絃之樂而游於父祖之墓上者也。」「父」下「祖」字舊脱，盧曰：「一本有。」承周案：家語、舊事皆有「祖」字，今據補。於是王還車，卒不游荆臺，令罷先置。孔子從魯聞之，曰：「美哉令尹子西，家語「美」作「至」。諫之於十里之前，「諫之」，家語作「之諫」，屬上句，下作「入於千里之上」。而權之於百世之後者也。」「權」，家語作「抑」。○家語賢君篇，渚宮舊事二，皆用此文。

荆文王得如黄之狗，盧曰：「『如』，呂氏直諫篇作『茹』，下同。」承周案：廣疋釋畜有楚黄，謂此也。箘簬之矰，盧曰：「『箘簬』，呂『宛路』，下同。」以畋於雲夢，三月不反；得丹之姬，淫，「丹」舊作「舟」，原校云：「一作

『丹』。」盧曰：「呂作『丹』，下同。」承周案：書鈔三十七引本書亦作「丹」，與一本及呂氏俱合，今從之。朞年不聽朝。書鈔「淫」下有「昏」字，「朞年」作「三年」。保申諫曰：盧曰：「『保』，呂作『葆』，下同。」承周案：「保」「葆」正叚字，淮南作「鮑」，聲通。先王卜以臣爲保吉，今王得如黄之狗，箘簬之矰，畋於雲夢，「夢」舊作「澤」，依上文作「夢」，書鈔及御覽四百五十五皆引此作「夢」，呂氏同，今據改。三月不反；得丹之姬，淫，「得」上，舊有「及」字，即「反」字複衍，御覽引無，與呂氏合，今據删。朞年不聽朝；王之罪當笞，匍伏！將笞王！」呂氏無此句，書鈔引此作「王伏，臣將笞王」，於文爲明。（御覽同今本。）王曰：「不穀免於襁褓，「於」，呂作「衣」。託於諸侯矣，關曰：「呂氏『託』作『齒列』也。」願請變更而無笞。」保申曰：「臣承先王之命，不敢廢；呂氏「命」作「令」，「廢」下有「也」字。王不受笞，是廢先王之命也。臣寧得罪於王，「得罪」，呂氏作「抵罪」，下句「負」字亦作「抵罪」。無負於先王。」王曰：「敬諾。」乃席王，呂氏作「引席」。王伏，保申束細箭五十，「束細箭」，書鈔引作「束細蕭箭」，呂作「束細荆」，御覽「束」作「承」。跪而加之王背，如此者再，謂王：『起矣！』王曰：『有笞之名一也，遂致之。』」高注云：「遂痛致之。」保申曰：「臣聞之，君子恥之，小人痛之。恥之不變，痛之何益？」保申趨出，欲自流，關曰：「呂氏作『自流於淵』。」乃請罪於王。五字呂作「請死罪」。王曰：「此不穀之過，呂有「也」字。保將何罪？」呂氏「將」作「申」。王乃變行從保申，「行」，呂作「更」。殺如黄之狗，折箘簬之矰，逐丹之姬，關曰：「呂氏『逐』作『放』。」務治乎荆，舊事作「務治國政」。兼國三十。盧曰：「『三十』下呂有『九』字。」令荆國廣大至於此者，保申敢極言之功也。呂氏作「保申之力也，極言之功也」二句。蕭何、王陵聞之，曰：「聖主能奉先世之業而以成功名者，其惟荆文王乎！故天下譽之，至今明主忠臣孝子以爲法。」○本吕氏直諫篇，又見渚宫舊事一。「蕭何、王陵聞之」以下，未詳所出。本書君道篇又載周昌論趙簡子語。

晉平公使叔嚮聘於吳，「嚮」舊作「向」，盧從宋本改。(明鈔本同。)案御覽四百五十五、七百六十九，事類賦注，皆作「向」，字通。吳人拭舟以逆之，「拭」，御覽七百六十九作「飾」，事類賦注作「飭」，「拭」與「飾」，「飾」與「飭」，古皆通用。(御覽四百五十五仍作「拭」。)「逆」，御覽七百六十九、事類賦注，皆作「迎」。左五百人，右五百人，有繡衣而豹裘者，有錦衣而狐裘者。叔嚮歸以告平公，平公曰：「吳其亡乎！奚以敬舟？奚以敬民？」叔嚮對曰：「君爲馳底之臺，即左氏昭八年傳虒祁之宫，韓子十過篇又謂之施夷之臺，皆音近通用。水經汾水注云：「汾水西逕虒祁宫北，横水有故梁，截汾水中，凡有三十柱，柱徑五尺，裁與水平，蓋晉平公之故梁也。」上可以發千兵，下可以陳鐘鼓，諸侯聞君者，亦曰：『奚以敬臺？奚以敬民？』所敬各異也。」劉曰：「五字衍。」承周案：吳人敬舟，平公敬臺，故曰所敬各異也。於是平公乃罷臺。

趙簡子舉兵而攻齊，令軍中有敢諫者罪至死。被甲之士名曰公盧，類聚二十四作「申護」，(他引仍作「公盧」。)望見簡子大笑，簡子曰：「子何笑？」對曰：「臣乃有宿笑。」「乃」字舊脱，依類聚補，御覽三百九十一同。「宿」舊作「夙」，盧曰：「宋本『宿』，御覽兩引，並同。」承周案：類聚亦作「宿」，明鈔本同。簡子曰：「有以解之則可，無以解之則死。」二句，御覽三百五又三百九十一，皆作「有以説之則可，無則死」。對曰：「當桑之時，臣隣家夫與妻俱之田，「夫」，類聚及御覽四百五十五皆作「父」，亦通。見桑中女，因往追之，不能得，還反，其妻怒而去之。臣笑其曠也。」「笑」，宋本「咲」。簡子曰：「今吾伐國失國，是吾曠也。」於是罷師而歸。盧曰：「『罷』御覽三見皆作『還』。」承周案：類聚亦作「還」。○此與列子說符篇晉文公伐衛事畧同，本書權謀篇亦載之。

景公爲臺，臺成，又欲爲鐘。晏子諫曰：此下，晏子有「君國者不樂民之哀」句。「君不勝欲爲臺，二字，晏子作「既築臺矣」。今復欲爲鐘，晏子無「欲」字。是重斂於民，民必哀矣。「必」舊作「之」，涉下文而誤，今從晏子改。夫斂民之哀，而以爲樂，不祥。」此下，晏子有「非所以君國者」句。景公乃止。○本晏子內篇諫下。案淮南要畧篇云：「齊景公作爲路寢之臺，族鑄大鐘，撞之庭下，郊雉皆呴。」晏子外篇稱：「景公爲大鐘，將縣之，晏子、仲尼、柏常騫知將毀」，則景公之鑄鐘，實未嘗止也。

景公有馬，其圉人殺之，公怒，援戈將自擊之。晏子曰：「此不知其罪而死，臣請爲君數之，令知其罪而殺之。」公曰：「諾。」晏子擧戈而臨之曰：「汝爲吾君養馬而殺之，而罪當死；汝使吾君以馬之故殺圉人，而罪又當死；汝使吾君以馬故殺人，聞於四隣諸侯，汝罪又當死。」公曰：「夫子釋之！夫子釋之！勿傷吾仁也。」本晏子內篇諫上，今本晏子云：「景公使圉人養所愛馬，暴死，公怒，令人操刀解養馬者。是時，晏子侍前，左右執刀而進。晏子止而問於公曰：『堯舜支解人，從何軀始？』公矍然曰：『從寡人始。』遂不支解。公曰：『以屬獄。』晏子曰：『此不知其罪而死，臣爲君數之，使知其罪，然後致之獄。』公曰：『可。』晏子數之曰：『爾罪有三：公使汝養馬而殺之，當死罪一也；又殺公之所最善馬，當死罪二也，使公以一馬之故而殺人，百姓聞之，必怨吾君，諸侯聞之，必輕吾國，汝殺公馬，使怨積於百姓，兵弱於鄰國，汝當死罪三也；今以屬獄。』公喟然歎曰：『夫子釋之！夫子釋之！勿傷吾仁也。』」（支解事又見韓詩外傳八，不云圉人。）吳刻元本、沈本、活字本，皆有「或作」云云，與本書全同，疑晏子之文，後人據外傳及本書合二事爲一，非原文也。或本與說苑合，當得其真。又貞觀政要納諫篇用此事，而文與晏子及本書皆異，附錄於此：「昔齊景公以馬殺人，晏子請數其罪，云：『爾養馬而死，爾罪一也；使公以馬殺人，百姓聞之，必怨吾君，爾罪二也；諸侯聞之，必輕吾國，爾罪三也。』公乃釋罪。」

景公好弋，御覽四百五十五「景公」上有「齊」字。外傳云：「出弋昭華之池。」使燭雛主鳥而亡之，盧曰：「『燭雛』，外傳九作『顏鄧聚』。孫云：『此篇首有顏燭趨，晏子作燭鄒，古今人表作顏濁鄒，汲古閣本作燭雛，與此同。諸書若左傳、韓非、史記作涿聚者多，淮南氾論訓作顏喙聚，喙與鄧皆字訛，實一人也。』」承周案：孫氏晏子音義引外傳，「鄧」作「斲」，未知所據何本，而音較近。御覽引本書「雛」作「鄒」。景公怒而欲殺之，「而欲」，外傳作「詔吏」。晏子曰：「燭雛有罪，晏子「罪」下有「三」字，此脫。請數之以其罪，乃殺之。」景公曰：「可。」於是乃召燭雛數之景公前，「景」字可省，晏子無。曰：「汝爲吾君主鳥而亡之，是一罪也；使吾君以鳥之故殺人，是二罪也；使諸侯聞之，以吾君重鳥而輕士，是三罪也。」數燭雛罪已畢，請殺之。景公曰：「止。」勿殺而謝之。○本晏子外篇，又見韓詩外傳九。

景公正晝被髮，乘六馬，御婦人，以出正閨。刖跪擊其馬而反之，關曰：「『刖跪』，韓非子『跪』

作『危』。注曰：『刖者行步危，故曰刖危也。』荀子勸學篇注：『跪，足也。』又引韓非子作『跪』。」承周案：跪訓足，是也，「跪」從「危」聲，故可通用，韓子外儲左下作「危」，他篇仍作「跪」。○關注誤以「正閨刖跪」四字連讀，又以「跪」爲其名，俱大謬，今節取其較是者。曰：「爾非吾君也。」公慚而不朝。晏子睹裔欵而問曰：「欵」舊作「款」，關曰：「晏子作『裔欵』。」承周案：左氏昭二十年傳、古今人表下上，皆作「欵」，此形近而誤，今正。「君何故不朝？」對曰：「昔者，君正晝被髮，乘六馬，御婦人，以出正閨，「以」字舊脫，上下文皆有，今依晏子補。刖跪擊其馬而反之，曰：『爾非吾君也。』公慚而反，不果出，是以不朝。」晏子入見，公曰：「昔者，寡人有罪，被髮，乘六馬以出正閨，刖跪擊其馬而反之，盧曰：「此上句『其』字當有，此公自述，『其』字衍，御覽四百五十五無。」曰：『爾非吾君也。』寡人以子大夫之賜，「子」上舊有「天」字，乃後人依誤本晏子加之，治要引晏子無「天」字，於文爲長，今從之。得率百姓以守宗廟，今見戮於刖跪，以辱社稷，吾猶可以齊於諸侯乎？」晏子對曰：「君無惡焉。臣聞之，下無直辭，上有隱君，「有」舊作「無」，盧改。案宋本、明鈔本皆作「有」。盧又曰：「『君』，御覽『惡』。」承周案：御覽引晏子亦作「隱惡」，皆非也，鶡冠子亦作「君」。（見下。）民多諱言，君有驕行。鶡冠子著希篇云：「上有隨君，（「隨」當作「隱」。）下無直辭，君有驕行，民多諱言。」古者，明君在上，下有直辭，君上好善，民無諱言。今君有失行，而刖跪有直辭，「有直辭」，晏子作「直辭禁之」。是君之福也，故臣來慶。請賞之，以明君之好善，禮之，以明君之受諫。」公笑曰：「可乎？」晏子曰：「可。」於是令刖跪倍資無正，關曰：「晏子『正』作『征』。」盧曰：「『正』『征』同。」時朝無事。晏子句尾有

「也」字。○本晏子内篇雜上。

景公飲酒，移於晏子家，關曰：「晏子『移』上有『夜』字。」前驅報閭，曰：晏子「報閭」作「欵門」，御覽四百五十五引此，「閭」亦作「門」，下同。「君至。」晏子被玄端，「玄端」，晏子同，御覽作「朝衣」。立於門，曰：「諸侯得微有故乎？國家得微有故乎？劉曰：「晏子作『有事』。」盧曰：「御覽四百五十五作『事』。」君何爲非時而夜辱？」公曰：「酒醴之味，金石之聲，願與夫子樂之。」晏子對曰：「夫布薦席、陳簠簋者有人，御覽無「陳」字，下同。臣不敢與焉。」公曰：「移於司馬穰苴之家。」前驅報閭，曰：「君至。」司馬穰苴介冑操戟，立於門，曰：「諸侯得微有兵乎？大臣得微有叛者乎？君何爲非時而夜辱？」公曰：「酒醴之味，金石之聲，願與夫子樂之。」「夫子」，晏子作「將軍」。（治要引晏子作「夫子」。）對曰：「夫布薦席、陳簠簋者有人，臣不敢與焉。」公曰：「移於梁邱據之家。」前驅報閭，曰：御覽此一處仍作「閭」。「君至。」梁邱據左操瑟，右挈竽，宋本已下皆如此，晏子同。孫氏音義曰：「說苑『左』作『右』，下作『左』。」承周案：孫氏所據，不知何本。行歌而至。公曰：「樂哉！今夕吾飲酒也。晏子無「酒」字。微彼二子者，何以治吾國？微此一臣者，何以樂吾身？」君子曰：三字舊無，案文義當有，今據晏子增。「賢聖之君，皆有益友，無偷樂之臣，景公弗能及，故兩用之，僅得不亡。」○本晏子内篇雜上。

吳以伍子胥、孫武之謀，舊誤連上，盧曰：「宋、元本皆提行。」承周案：明鈔本、關本、局本皆提行，今從之。○此下四句，又見吳越春秋闔閭内傳，「孫武」上有「白喜」二字，（即伯嚭。）史記伍子胥傳仍無。西破强楚，北威齊、晉，南伐越。越絕書「越」上有「於」字。伍子胥傳作「南服越人」，下云：「其後四年，孔子相魯，後五年伐越。」越王勾踐迎擊之，敗吳於姑蘇，伍子胥傳同，正義云：「『姑蘇』當作『檇李』。」案吳世家亦作「姑蘇」，越世家作「檇李」，與春秋合。（越絕吳內傳作「就李」。）傷闔廬指。關曰：「左傳：『靈姑浮以戈擊闔廬，傷將指。』」軍卻，闔廬謂太子夫差曰：「爾忘勾踐殺而父乎？」夫差對曰：「不敢。」伍子胥傳下有「忘」字。案左傳：「夫差使人謂己曰：『夫差，而忘越王之殺而父乎！』則對曰：『唯，不敢忘。』」此及史記以爲闔廬語，與傳異。又案吳越春秋以夫差爲太子波之子，則闔廬當爲其祖，與此稱父不合。是夕，闔廬死。夫差既立爲王，以伯嚭爲太宰，習戰射，三年，伍子胥傳作「二年後」。伐越，敗越於夫湫，「敗」下「越」字舊脫，依子胥傳補，集解：「湫音椒。」吳、越世家皆作「椒」。越王勾踐乃以兵五千人，子胥傳「兵」上有「餘」字。又舊校云：「一作『人』。」盧曰：「三字當刪。」棲於會稽山上，子胥傳「山」作「之」。使大夫種厚幣遺吳太宰嚭以請和，委國爲臣妾，子胥傳「委」上有「求」字。吳王將許之。伍子胥諫曰：「越王爲人能辛苦，盧曰：「『能』『耐』同。」今王不滅，後必悔之。」吳王不聽，用太宰嚭計，與越平。其後五年，吳王聞齊景公死而大臣爭寵，新君弱，乃興師北伐齊。子胥諫曰：「不可。勾踐食不重味，弔死問疾，且能用人，子胥傳作「且欲有所用之也」。此人不死，必爲吳患。今越，腹心之疾，左氏哀十一年傳作「越在我心腹之疾也」，子胥傳作「今吳之有越，猶人之有腹心疾也」，吳語同。齊猶疥癬耳，子胥傳無此句，呂氏知化篇云：「夫齊之於吳也，疥癬之病也。」吳語云：「夫齊、魯，譬諸疾癬也。」而王不先越，乃務伐齊，不亦謬乎？」吳王不聽，伐齊，大敗齊師於艾陵，遂與鄒、魯之君會以歸，子胥傳作「遂滅鄒、魯之君以歸」，大繆。益疎子胥之言。史記「言」作「謀」。其後四年，吳將復北伐齊，越王勾踐用子貢之謀，見史記弟子傳、越絕書陳成恒篇、吳越春秋夫差內傳、家語屈節篇，前人多疑之，具詳梁氏史記志疑二十八。乃率其衆以助吳，而重寶以獻遺太宰嚭。宋本「寶」作「實」。太宰嚭既數受越賂，其愛信越殊甚，日夜爲言於吳王，王信用嚭之計。伍子胥諫曰：「夫越，腹心之疾，子胥傳「疾」作「病」。今信其游辭僞詐而貪齊，子胥傳「游」作「浮」，「僞詐」二字倒。破齊，二字舊無，子胥傳及吳越春秋皆有，今補。譬猶石田，無所用之。二句，子胥傳及左氏文同，吳越春秋云：「譬猶磐石之田，無立其苗也。」呂氏作「今釋越而伐齊，譬之猶懼虎而刺猏，雖勝之，其後患無央。」盤庚曰：子胥傳作「且盤庚之誥曰」，左氏同。（吳世家亦稱盤庚之誥。）「古人有顛越不恭，「古人」二字，盧依左氏改作「其」，案子胥傳無「古人」二字，亦無「其」字，校本尚書，並無「有」字，今未敢妄定。劓殄滅之，俾無遺育，無使易種於茲邑。」此十五字舊脫，盧氏依左傳補「則殄滅無遺育，無俾易種於茲邑」十三字。案此文全用史記子胥傳，非襲左傳也，今姑依子胥傳補，校本尚書作「暫遇姦宄，我乃劓殄滅之無遺育，無俾易種於茲新邑」。是商所以興也。此句同左傳，子胥傳作「此商之所以興」。○案吳世家云：「且盤庚之誥：『有顛越無遺。』商之以興。」徐廣曰：「一本作『盤庚之誥：有顛之越之，商之以興。』」子胥傳：『誥曰：有顛越，商之興。』」豈徐廣本子胥傳文較畧歟？願王釋齊而先越，不然，將悔之無及也已。」「也已」二字，子胥傳、吳越春秋無。吳王不聽，使子胥於齊。子胥謂其子曰：子胥傳「謂」上有「臨行」二字。「吾諫王，王不我用，「我用」（吳越春秋同。）子胥傳脫「我」字。吾今見吳之滅矣，子胥傳「滅」作

「亡」，吴越春秋同。女與吴俱亡，無爲也。」「爲」，（吴越春秋同。）子胥傳作「益」。乃屬其子於齊鮑氏，子胥傳作「鮑牧」，案鮑牧已於哀八年見殺，（見左傳。）此非鮑牧也，左傳、吴越春秋皆止云鮑氏，據此，則今史記牧字乃後人妄改，（吴越春秋注亦誤。）彼下文仍作「鮑氏」。（吴越世家亦不誤。）而歸報吴王。太宰嚭既與子胥有隙，因讒曰：「子胥爲人，剛暴少恩，其怨望猜賊，子胥傳「猜賊」二字在「其」字上。爲禍也深。舊「深」下有「恨」字，誤，今删，子胥傳作「恐爲深禍也」，是其證。前日，王欲伐齊，子胥以爲不可，王卒伐之而有大功，子胥計謀不用，子胥傳「計」上有「恥其」二字。乃反怨望。今王又復伐齊，子胥專愎强諫，沮毁用事，徼幸吴之敗，子胥傳「徼」作「徒」。以自勝其計謀耳。今王自行，悉國中武力以伐齊，而子胥諫不用，因輟佯病不行，子胥傳「輟」下有「謝」字。王不可不備，此起禍不難。且臣使人微伺之，其使齊也，乃屬其子於鮑氏。夫人臣内不得意，子胥傳「夫」下有「爲」字。外交諸侯，子胥傳「交」作「倚」。自以先王謀臣，今不用，常怏怏，子胥傳作「鞅鞅」，古通。願王早圖之。」吴王曰：「微子之言，吾亦疑之。」乃使使賜子胥屬鏤之劍，諸書皆作「屬鏤」，荀子成相篇作「獨鹿」，淮南氾論篇：「身伏屬鏤而死。」（謂大夫種。）高注：「屬鏤，利劍也。一曰：『長劍擲施鹿盧鋒，曳地屬録而行之也。』」曰：「子以此死。」子胥曰：「嗟乎，讒臣宰嚭爲亂，王顧反誅我，我令若父霸，又若立時，子胥傳作「自若未立時」，此疑脱「未」字。諸子弟争立，子胥傳「子弟」作「公子」。○事詳吴越春秋。我以死争之於先王，幾不得立，若既立，欲分吴國與我，我顧不敢當，子胥傳「當」作「望」。然若之何聽讒臣殺長者。」子胥傳作「然今若聽諛臣言以殺長者」。乃告舍人曰：「必樹吾墓上以梓，令可以爲器，左傳云：「樹吾墓檟，檟可材也，吳其亡乎！」案彼文作「檟」，子胥傳及吳世家皆作「梓」。而抉吾眼著之吳東門，子胥傳作「縣吳東門之上」，吳世家亦云：「置之吳東門。」梁氏志疑（十七）云：「此一時忿辭，而呂氏春秋知化篇、韓詩外傳七，言夫差實抉子胥之目著於門，莊子盜跖篇，楚辭劉向九歎，並有子胥抉眼之語，殆未可信。匡謬正俗引風俗通辨其非矣。索隱謂國語以抉爲辟，又云以手抉之，今本國語無其文，不知何據。今本作『縣目』。」（賈子耳痺亦云：「目抉而望東門。」）闕曰：「子胥傳正義：『東門鱔門，謂魣門也，今名葑門。』」以觀越寇之滅吳也。」乃自刺殺。子胥傳作「乃自剄死」。吳王聞之，大怒，乃取子胥尸盛以鴟夷革，闕曰：「子胥傳注應劭曰：『取馬革爲鴟夷，鴟夷，榼形。』」承周案：吳越春秋作「盛以鴟夷之器。」賈子云：「身鴟夷而浮江。」吳語云：「王慍曰：『孤不使大夫得有見也。』乃使取子胥之尸，盛以鴟夷，而投之於江。」韋解：「鴟夷，革囊。」浮之江中。吳人憐之，乃爲立祠於江上，因名曰胥山。子胥傳集解：「張晏曰：『胥山，太湖邊，去江不遠百里，故云江上。』」索隱：「吳地記云：『胥山，太湖邊，胥湖東岸山，西臨胥湖，山有古葬胥二王廟。』案其廟不干子胥事，太史誤矣。司馬注又非。」後十餘年，據吳世家，殺子胥在夫差十一年，吳滅在二十三年，呂氏作「居數年」，非是。越襲吳，吳王還與戰，不勝，使大夫行成於越，不許，吳王將死，曰：「吾以不用子胥之言至於此，御覽三百六十五作「以至於今」，無下「令」字。令死者無知則已，死者有知，吾何面目以見子胥也！」此與吳語及呂氏同。遂蒙絮覆面而自刎。呂氏作「乃爲幎以冒面死」，吳越春秋載夫差云：「死必連繄組以罩吾目，恐其不蔽，願復重羅繡三幅以爲掩明。」（彼注云：「國語『組』上有『結』字。」）案喪禮有幎目，此雖自慚，亦古禮也。○事雜見諸子，此文用史記伍子胥傳。

齊簡公有臣曰諸御鞅，「簡」舊誤「景」，盧改。案明鈔本、范本並作「簡」。「諸御鞅」史記太公、田完兩世家皆作「御鞅」，索隱：「御，官也；鞅，名也。」諫簡公曰：「田常與宰予，此二人者甚相憎也，臣恐其相攻，相攻雖叛而危之，七字有譌，盧曰：「語不明，呂氏慎勢篇作『相攻唯固則危上矣』。」不可，願君去一人。」簡公曰：「非細人之所敢議也。」居無幾何，田常果攻宰予於庭，賊簡公於朝，「朝」，呂氏作「廟」，（李斯傳作「朝」。）賈子胎教篇、大戴保傅篇、鹽鐵論殊路篇，（又見本書尊賢。）皆謂：「簡公弑於檀臺。」簡公喟焉太息曰：「余不用鞅之言，以至此患也。」故忠臣之言，不可不察也。○左氏哀十四年傳文異，此與韓子難言篇、（又見內儲說下，「宰予」作「闞止」，疑後人依左氏改。）呂氏慎勢篇、淮南人間篇、史記田完世家文畧同。案史記弟子傳：「宰我與田常作亂以夷其族，孔子恥之。」索隱云：「左氏無宰我與田常作亂之文，然有闞止字子我，而田、闞争寵，子我爲陳恒所殺，恐字與宰予相涉因誤云。」然梁氏志疑（二十八）云：「兩蘇氏志林、古史、孔平仲談苑、容齋續筆、困學紀聞十一引楊龜山說、孫奕示兒編諸書俱依索隱。容齋又謂：『孟子載三子論聖人賢于堯舜等語，是夫子没後所談，宰我不死於田常可見。』閻氏四書釋地又續謂：『妙得虛會。』余攷韓子難言曰：『宓子賤、西門豹，不鬭而死人手，宰予不免於田常，皆仁賢忠良有道術之士，不幸遇悖亂闇惑之主而死。』呂覽慎勢曰：『諸御鞅諫簡公云：「陳常與宰予甚相憎，臣恐其相攻，願君去一人。」居無幾何，陳常果攻宰予於庭。』淮南人間、說苑正諫，並同呂覽，鹽鐵論殊路、頌賢及說苑指武，稱宰我將攻田常，簡公漏其謀，以柔弱見殺。故宏明集宗炳答何衡陽難釋白黑論云：『由醢予族，賜滅其鬚。』則不得謂宰我不死於田常，而其死爲誅叛討賊，方憫宰我之忠而獲禍，陷胸決脰於凶殘之手，　孔子何恥焉。況李斯上秦二世書，與諸子所稱合，史公明載斯傳，宰我之不助亂明甚，而此傳胡爲自相乖阻耶？經史問答辨之曰：『宰我爲簡公死，非爲陳恒死，不過才未足以定亂耳，其死較子路似反過之，史記誤，而索隱以爲「闞止」之譌，則春秋同時同名之人，往往有之，晉有二士匄，齊有二賈舉，并同姓矣，何必舒州之難，死者不可有二子我乎？但當知宰我之所以死，不必恥，則不必諱；若以賢於堯舜之語，必在身後，則是野人之言也。』承周案：楊愼丹鉛録據李斯傳，以爲斯去宰予未遠，當得其實，宰我之死，仇牧之類，其説已開全氏之先。　田完世家以子我爲監止宗人，（「監止」卽「闞止」。）其所據左傳，必異於今本。（宋氏過庭録謂：『宰我之先，蓋嘗食采於闞，故在於齊爲闞止。』合二人爲一人，肊説無據。）闞止於宰我爲宗人，　而志切公室，　故同謀翦惡作亂云云，必田氏篡齊後誣罔之辭，非其實也。　如小司馬説，豈諸子之載此事者，可盡抹殺邪？

魯襄公朝荆，至淮，左傳、國語皆作「及漢」，案自魯如荆，由淮爲近，而左傳云：「公過鄭。」則作「漢」爲合。　聞荆康王卒，公欲還，叔仲昭伯曰：「君之來也，爲其威也，今其王死，其威未去，何爲還？」大夫皆欲還，子服景伯曰：闕曰：「有脱語，魯語作『諸大夫欲還，子服惠伯曰：不知所爲，姑從君乎？叔仲曰：子之來也』，云云，注：『惠伯，仲孫它之子，子服椒也。』」「子之來也，魯語此下有「非欲安身也」句。爲國家之利也，故不憚勤勞，不遠道塗；二句，魯語作「不憚勤遠」。而聽於荆也，畏其威也。魯語作「非義楚也，畏其名與衆也」二句。　夫義人者，固將慶其喜而弔其憂，況畏而聘焉者乎？魯語「聘」作「服」。　聞畏而往，王氏國語述聞云：「『畏』上不當有『聞』字，此涉下句而衍也，畏出於己，非出於人，何聞之有！説苑正諫篇作『聞畏而往』，蓋後人據誤本國語加之也。」聞喪而還，其誰曰非侮也。此句，魯語在下文。芈姓是嗣，魯語「是」作「實」，下有「其誰代之任喪」句。王太子又長矣，執政未易，魯語「易」作「改」，下有「予爲先君來，死而去之，其誰曰不如先君，將爲喪舉，聞喪而還，其誰曰非侮也」。事君任政，魯語作「事其君而任其政」。求說其侮，以定嗣君，而示後人，其讐滋大，魯語作「求說其侮，而亟於前之人，其讐不滋大乎」。以戰小國，其誰能止之。魯語作「說侮不懦，執政不貳，帥大讐以憚小國，其誰云待之」，案「戰」與「憚」通，「止」「待」同義。若從君而致患，魯語「致」作「走」。不若違君以避難。且君子計而後行，魯語「計」下有「成」字。二三子其計乎？有御楚之術，有守國之備，則可；若未有也，不如行。」魯語「行」作「往」。乃遂行。○本國語魯語，又左氏襄二十八年傳文異。

孝景皇帝時，吴王濞反，梁孝王中郎盧曰：「『中郎』，漢書倒。」承周案：漢書云：「爲吴王濞郎中，諫王不納，去而之梁，從孝王游。」則此乃諫吴王書時，未嘗仕梁也，「梁孝王」三字疑衍。枚乘字叔聞之，爲書諫王，其辭曰：「君王之外臣乘，竊聞得全者全昌，失全者全亡。御覽四百五十五引作「得全者昌，失全者亡」，與文選合，類聚二十四同此，多二「全」字，與漢書合。選注引史記：「淳于髡說鄒忌子曰：『得全全昌，失全全亡。』」（田完世家。）舜無立錐之地，以有天下，選注引韓子：「舜無立錐之地而德結。」（安危篇。）禹無十户之聚，御覽作「百户之衆」。以王諸侯，湯、武之地，方不過百里，漢書、文選「地」作「土」，無「方」字。上不絶三光之明，下不傷百姓之心二句，亦見淮南氾論篇，蓋古語。者，有王術也。趙策：「蘇秦云：『吾聞堯無三夫之分，舜無咫尺之地，以有天下，禹無百人之聚，以王諸侯，湯、武之卒，不滿三百乘，而爲天子，誠得其道也。』」（史記蘇秦傳畧同。）淮南汜論篇云：「堯無百户之郭，舜無置錐之地，以有天下，禹無十人之衆，湯無七里之分，以王諸侯，文王處岐周之間也，地方不過百里，而立爲天子者，有王道也。」故父子之道，天性也，關曰：「孝經文。」忠臣不敢避誅以直諫，「不敢避誅」，漢書、文選作「不避重誅」。故事無廢業，關曰：「二書『廢業』作『遺策』。」而功流於萬世也。「而」字「於」字「也」字，二書無。臣誠願披腹心而效愚忠，御覽引作「乘」，與二書合。恐大王不能用之，二書無此句，下「臣誠願」三字亦無。臣誠願大王少加意念惻怛之心於臣乘之言。二書無「之」字。夫以一縷之任，係千鈞之重，上懸之無極之高，下垂之不測之淵，「懸」下「垂」下二「之」字，漢書無，文選有。類聚「淵」作「深」，避唐諱。雖甚愚之人，且猶知哀其將絶也。二書無「且」字。馬方駭而重驚之，二書作「鼓而驚之」，選注引孔叢子同。係方絶而重鎭之，「而」，二書作「又」。係絶於天，不可復結，墜入深淵，難以復出，其出不出，閒不容髮。誠能用臣乘言，二書作「能聽忠臣之言」。一舉必脱；二書「一」作「百」。必若所欲爲，危如重卵，御覽引作「危於累卵」，與二書合。（事見佚文。）難於上天，變所欲爲，易於反掌，安於太山。今欲極天命之壽，「壽」上，文選有「上」字，漢書無。弊無窮之樂，「樂」上，文選有「極」字，漢書無。保萬乘之勢，不出反掌之易，以居太山之安，文選無「以」字，御覽引「太」作「泰」，二書同。乃欲乘重卵之危，二書「乃」作「而」，「重」作「累」。走上天之難，此愚臣之所大惑也。人性有畏其影而惡其迹者，卻背而走，無益也，二書「無益也」作「迹愈多，景愈疾」。不如就陰而止，「如」舊作「知」，從御覽改，文選同，今漢書亦誤作「知」，説詳王氏漢書雜志。影滅迹絶。「人性」以下，見莊子漁父篇，選注云：

「荀子以爲涓蜀梁。」欲人勿聞，莫若勿言，欲人勿知，莫若勿爲。四句又見談叢篇。欲湯之冷，「冷」，漢書作「滄」，選注作「滄」。（說文「滄」「凔」皆訓寒。）令一人炊之，二書無「令」字。百人揚之，無益也，不如絶薪止火而已。不絶之於彼，而救之於此，譬猶抱薪而救火也。文選「猶」作「由」。（古通。）「而」字舊脱，依二書補。選注引文子：「不治其本，而救其末，無異鑿渠而止水，抱薪而救火也。」（見精誠篇。）案淮南覽冥篇云：「抱薪而救火，鑿竇而出水。」（說林篇作「被裘而救火，毁瀆而出水」。）養由基，楚之善射者也，去楊葉百步，百發百中。見周策蘇厲語。楊葉之小，二書「小」作「大」。而加百中焉，二書無「而」字。可謂善射矣，所止乃百步之中耳，二書「所」上有「其」字，「中」作「内」。比於臣，二書「臣」下有「乘」字。未知操弓持矢也。福生有基，禍生有胎。納其基，絶其胎，禍何從來哉！二書作「禍何自來」，類聚同。泰山之溜穿石，引繩久之，乃以挈木。二句，御覽四百五十六引作「殫極之綆斷幹」，與二書合。（「綆」或作「絖」，晉灼曰：『古「綆」字。』案說文：『綆，汲井索也。』無「絖」字。）「幹」，依說文作「韓」，井垣也，然古書多叚「幹」爲之。水非石之鑽，繩非木之鋸也，二書「綆」作「索」，「也」字在下句「然」字下。御覽七百六十三引尸子有此二語。而漸靡使之然。二書無「而」字。夫銖銖而稱之，至石必差，寸寸而度之，至丈必過，石稱丈量，徑而寡失。「夫銖」以下，見文子上仁篇、淮南泰族篇，又見本書談叢篇。夫十圍之木，始生於蘖，漢書「於」作「如」，文選「於」作「而」。可引而絶，可擢而拔，二句，漢書作「足可搔而絶，手可擢而拔」，文選同，（文選「拔」作「抓」，讀書雜志餘編云：「當作『拔』。」）選注引莊子：「豫樟初生，可抓而絶。」據其未生，先其未形。二書有「也」字。磨礱砥礪，漢書作「底厲」。不見其損，有時而盡；種樹畜長，二書「長」作「養」。不見其益，有時而大；淮南修務篇：「生木之長，莫見其益，有時而脩；砥礪礱堅，莫見其損，有時而薄。」積德脩行，御覽「脩」作「循」，二書作「絫」。不知其善，有時而用；行惡爲非，四字疑衍，二書無，類聚亦無。棄義背理，不知其惡，有時而亡。臣誠願大王孰計而身行之，御覽「誠」作「乘」。（二書無此字。）此百王不易之道也。」漢書「王」作「世」，文選作「代」。（避諱改。）吳王不聽，卒死丹徒。闞曰：「吳王度淮，走丹徒，保東越，東越卽紿吳王，使人鏦殺吳王。丹徒，縣名，南徐州記：『秦使赭衣鑿其處，因謂之丹徒。』」○見漢書枚乘傳，文選三十九。又案漢書載乘上吳王書凡二，顧寧人以此爲在吳時作，後書爲去吳後作。

吳王欲從民飲酒，伍子胥諫曰：「不可。昔白龍下清泠之淵，事類賦二十六注「昔」下有「者」字。化爲魚，漁者豫且，東京賦：「白龍魚服，見困豫且。」（薛注引此。）莊子外物篇云：「宋元君夜半而夢人被髮闚阿門曰：『予自宰路之淵，予爲清江使河伯之所，漁者余且得予。』元君覺，使人占之，曰：『此神龜也。』君曰：『漁者有余且乎？』左右曰：『有。』君曰：『令余且會朝。』明日余且朝，君曰：『漁何得？』對曰：『且之網得白龜焉，其圓五尺。』君曰：『獻若之龜。』龜至，君再欲殺之，再欲活之，心疑，卜之，曰：『殺龜以卜，吉。』乃刳龜，七十二鑽而無遺筴。」史記龜策傳所載畧同，惟「余且」作「豫且」，與此合。（莊子釋文：「余，亦音預。」）射中其目，白龍上訴天帝，御覽八百四十五「訴」作「告」。（九百二十四及類聚九十六、事類賦注仍作「訴」。）天帝曰：『當是之時，若安置而形？』白龍對曰：『我下清泠之淵，化爲魚。』天帝曰：『魚固人之所射也，若是豫且何罪？』坦齋通編以此證春秋矢魚。夫白龍，天帝貴畜也，豫且，宋國賤臣也，白龍不化，豫且不射。今君棄萬乘之位，「君」字舊無，依選注及困學紀聞十引增。而從布衣之士飲酒，臣恐其有豫且之患矣。」御覽八百四十五「豫且」作「射目」。王乃止。○案治要十二引吳越春秋云：「吳王夫差聞孔子與子貢游於吳，出求觀其形，變服而行，爲或人所戲而傷其指，夫差還，發兵索於國中，欲誅或人。子胥諫曰：『臣聞昔上帝之少子下游青泠之淵，化爲鯉魚，隨流而戲，漁者豫且射而中之，上訴天帝，天帝曰：「汝方游之時，何衣而行？」少子曰：「我爲鯉魚。」上帝曰：「汝乃白龍也，而變爲魚，漁者射汝，是其宜也，又何怨焉。」今夫大王弃萬乘之服，而從匹夫之禮，而爲或人所刑，亦其宜也。』於是吳王默然不言。」（今本脫。）與此係一事歧傳。楚詞天問：「胡射夫河伯，而妻彼雒濱。」王注引傳曰：「河伯化爲白龍，遊於水旁，羿見射之，眇其左目。河伯上訴天帝，曰：『爲我殺羿。』天帝曰：『爾何故得見射？』河伯曰：『我時化爲白龍出遊。』天帝曰：『使汝深守神靈，羿何從得犯汝？今爲蟲獸，當爲人所射，固其宜也，羿何罪歟。』」王所引傳，未詳何書，而與此相類，蓋相傳有此寓言也。

孔子曰：「良藥苦於口利於病，忠言逆於耳利於行。」御覽九百八十四「苦」下「逆」下並無「於」字。韓子外儲說左上云：「良藥苦於口，而智者勸而飲之，知其入而已己疾也。忠言拂於耳，而明主聽之，知其可以致功也。」史記留侯世家：「忠言逆耳利於行，毒藥苦口利於病。」（漢書傳同。）鹽鐵論國疾篇：「藥酒苦於口利於病，忠言逆於耳而利於行。」又見史、漢淮南王傳載莊芷語。故武王諤諤而昌，「武王」，家語作「湯、武」。紂嘿嘿而亡。家語「紂」上有「桀」字，「嘿嘿」作「唯唯」。○韓詩外傳七：「周舍曰：『昔者，商紂默默而亡，武王諤諤而昌。』」（又見新序雜事一，「默默」

作「昏昏」。）史記商君傳：「趙良曰：『武王諤諤以昌，殷紂墨墨以亡。』」（「嘿」「默」「墨」並同。）君無諤諤之臣，父無諤諤之子，兄無諤諤之弟，夫無諤諤之婦，士無諤諤之友，其亡可立而待。故曰：君失之，臣得之，父失之，子得之，兄失之，弟得之，夫失之，婦得之，六字，家語無。士失之，家語「士」作「己」。友得之，故無亡國、破家、悖父、亂子、放兄、棄弟、狂夫、淫婦、絕交敗友。」御覽四百五十五有「者也」二字。○家語六本篇文多異。

晏子復於景公曰：「朝居嚴晏子作「嚴居朝」。乎？」公曰：「朝居嚴則曷害於治國家哉？」晏子對曰：「朝居嚴，則下無言，下無言則上無聞矣。下無言則謂之暗，「暗」，晏子「瘖」，古通。上無聞則謂之聾，聾暗則非害治國家如何也？盧曰：「『如』『而』同。」且合菽粟之微，盧曰：「類聚二十四作『升斗之穀』，初學記二十五作『升斗之微』。」承周案：御覽七百六十五作「升斗之微」，當據正，晏子作「升㪷之微」，「㪷」與「斗」同。以滿倉廩，合疏縷之緯，以成幃幕。太山之高，非一石也，累卑然後高也。夫治天下者，「夫治」二字，晏子無。非用一士之言也，固有受而不用，惡有距而不入者哉？」晏子「入」作「受」。○本晏子內篇諫下，互詳政理篇公叔文子條。

說苑卷第十

敬慎

治要作「法誠」，郡齋讀書志亦作「法誠」，蓋皆由避宋諱改。

存亡禍福，其要在身。聖人重誠，敬慎所忽。中庸曰：「莫見乎隱，莫顯乎微，故君子能慎其獨也。」諺曰：「誠無垢，思無辱。」夫不誠不思，而以存身全國者，亦難矣。詩曰：詩小雅小旻。「戰戰兢兢，如臨深淵，如履薄冰。」此之謂也。

昔成王封周公，周公辭不受，乃封周公子伯禽於魯。將辭去，周公戒之曰：大傳、外傳皆以爲戒伯禽，惟荀子以爲告伯禽之傅。「去矣，子其無以魯國驕士矣！我，文王之子也，武王之弟也，今王之叔父也，又相天子，吾於天下亦不輕矣。然嘗一沐而三握髮，一食而三吐哺，呂氏謹聽篇：「昔者，禹一沐而三捉髮，一食而三起。」淮南氾論篇稱：「禹一饋而十起，一沐而三捉髮。」（鬻子云：「禹嘗據一饋而七起，日中而不暇飽食。」）皆以爲禹事，蓋周公所取法也。猶恐失天下之士。闕曰：「以上見史記魯世家，文小異。」吾聞之曰：『德行廣大而守以恭者榮，土地博裕而守以儉者安，禄位尊盛而守以卑者貴，人衆兵强而守以畏者勝，聰明睿智而守以愚者益，博聞多記而守以淺者廣。』此六守者，皆謙德也。夫貴爲天子，富有四海，不謙者，失天下，亡其身，「失」，舊作「先」，從治要改，外傳正作「失」。

桀、紂是也。可不愼乎？故易曰：困學紀聞一云「今易無此文。」今案此非易語，乃著者説易之詞。外傳無「曰」字，於文爲長。有一道，大足以守天下，中足以守國家，小足以守其身，謙之謂也。夫天道毁滿而益謙，闕曰：「以下至『好謙』，易謙卦彖傳文『毁』作『虧』，『滿』作『盈』，下『滿』皆同。」承周案：此子政避惠帝諱也，外傳仍作「盈」。地道變滿而流謙，鬼神害滿而福謙，人道惡滿而好謙。是以衣成則缺衽，宮成則缺隅，屋成則加錯，示不成者，天道然也。易曰：易謙卦。『謙，亨，君子有終，吉。』詩曰：詩商頌長發。『湯降不遲，聖敬日躋。』其戒之哉，子其無以魯國驕士矣！」○本韓詩外傳三，又荀子堯問篇、尚書大傳（盧本入洛誥，陳本入梓材。）文多異。

孔子讀易，至於「損益」，闕曰：「兑下艮上損，震下巽上益。」則喟然而歎。子夏避席而問曰：「夫子何爲歎？」孔子曰：「夫自損者益，自益者缺，盧曰：「家語六本篇作『夫自損者必有益之，自益者必有決之』。」孫云：「序卦益而不已必決，故受之以夬，此『缺』字亦當爲『決』。」承周案：孫用王肅説，然此自可通。吾是以歎也。」子夏曰：「然則學者不可以益乎？」孔子曰：「否，天之道，成者未嘗得久也。盧曰：「『成者』，御覽六百十六作『成而必變』。」承周案：家語亦有「成而必變」句，在後文，此處作「非道益之謂也，道彌益而身彌損」。夫學者此下，家語有「損其自多」四字。以虛受之，家語「之」作「人」，闕曰：「易咸大象曰：『君子以虛受人。』」故曰得。闕引太室曰：「三字衍。」承周案：御覽無此三字，疑「曰」當作「日」，謂日有所得也。苟不知持滿，則天下之善言不得入其耳矣。昔堯履天子之位，猶允恭以持之，虛靜以待下，故百載以逾盛，盧曰：「『以』，御覽

『而』。」承周案：家語作「千載而益盛」。迄今而益章。昆吾自臧而滿意，窮高而不衰，「昆吾」上，家語有「夏桀」二字。故當時而虧敗，迄今而逾惡。是非損益之徵與？吾故曰：『謙也者，致恭以存其位者也。』夫豐明而動，故能大；關曰：「離下震上豐也，離明震動也。」苟大，則虧矣。吾戒之，故曰：『天下之善言不得入其耳矣。』盧曰：「十一字因上文衍。」日中則昃，月盈則食，天地盈虛，與時消息。是以聖人不敢當盛，升輿而遇三人則下，二人則軾，立節篇子貢引禮「過三人則下車，過二人則軾」。調其盈虛，此下，家語有「不令自滿」句。故能長久也。」子夏曰：「善！請終身誦之。」○淮南人間篇云：「孔子讀易至『損益』，未嘗不憤然而歎曰：『益損者，其王者之事歟？』」即記此事而文畧。家語六本篇用此文。

孔子觀於周廟，盧曰：「荀子宥坐篇，淮南道應訓，家語三恕篇，皆作『魯桓公之廟』。」承周案：外傳仍作「周廟」。王伯厚曰：「晉杜預傳云：『周廟欹器，至漢東京猶在御座。』當以周廟爲是。」（困學紀聞十。）閻百詩云：「南史祖沖之傳亦云：『造欹器，獻竟陵王子良，與周廟不異。』」（紀聞箋。）而有欹器焉。孔子問守廟者曰：「此爲何器？」對曰：「蓋爲右坐之器。」盧曰：「『右』，外傳三作『宥』，荀子、家語並同。」承周案：荀子注引本書「右坐」作「坐右」。淮南云：「謂之宥卮。」文子云：「故三皇五帝，有戒之器，命曰宥卮。」孔子曰：「吾聞右坐之器，滿則覆，虛則欹，中則正。有之乎？」對曰：「然！」孔子使子路取水而試之，滿則覆，中則正，虛則欹。孔子喟然嘆曰：「嗚呼！惡有滿而不覆者哉！」子路曰：淮南作「子貢」。（他書皆云子路。）「敢問持滿有道乎？」孔子曰：「持滿之道，挹而損之。」荀子注云：「挹，退也。」外傳作「抑」，淮南作「揖」。王氏雜志云：「『揖』與『挹』同。」子路曰：「損之有道乎？」孔子曰：「高而能下，滿而能虛，富而能儉，貴而能卑，智而能愚，勇而能怯，辯而能訥，博而能淺，明而能闇：是謂損而不極，能行此道，唯至德者及之。」「孔子曰」以下，荀作「聰明聖智，守之以愚；功被天下，守之以讓；勇力撫世，守之以怯；富有四海，守之以謙：此所謂挹而損之之道也」，外傳作「德行寬裕者，守之以恭；土地廣大者，守之以儉；祿位尊盛者，守之以卑；人衆兵强者，守之以畏；聰明睿智者，守之以愚；博聞强記者，守之以淺：夫是之謂抑而損之」。家語作「聰明睿智，守之以愚；功被天下，守之以讓；勇力振世，守之以怯；富有四海，守之以謙：此所謂損之又損之之道也」，淮南作「夫物盛而衰樂極則悲，日中而移，月盈而虧。是故聰明睿智，守之以愚；多聞博辯，守之以陋；武力毅勇，守之以畏；富貴廣大，守之以儉；德施天下，守之以讓。此五者，先王所以守天下而弗失也；反此五者，未嘗不危也」，並與此異。（文子同淮南。）易曰：「不損而益之，故損，自損而終故益。」關曰：「周易損九二曰：『弗損益之。』又序卦曰：『損而不已必益。』」○此章見荀子宥坐篇、韓詩外傳三、淮南道應篇、家語三恕篇，又文子九守篇載老子語，同。

常摐有疾，盧曰：「『摐』，本或從木。」承周案：御覽四百五十九引作「樅」，文子同。老子往問焉，曰：「先生疾甚矣，無遺教可以語諸弟子者乎？」常摐曰：「子雖不問，吾將語子。」常摐曰：「過故鄉而下車，子知之乎？」老子曰：「過故鄉而下車，非謂其不忘故耶？」常摐曰：「嘻！是已。」常摐曰：「過喬木而趨，子知之乎？」老子曰：「過喬木而趨，非謂其敬老耶？」「其」字舊脫，依上文例當有，今從御覽補。能改齋漫録十四引亦有，慎子、高士傳同。常摐曰：「嘻！是已。」御覽「已」，作「矣」。張其口而示老子曰：「吾舌存乎？」老子曰：「然！」「吾齒存乎」？老子曰：「亡！」常摐曰：「子知之乎？」老子曰：「夫舌之存也，豈非以其柔耶？齒之亡也，豈非以其剛耶？」常摐曰：「嘻！是已。天下之事已盡矣，無以復語子哉！」淮南道應篇：「齒堅於舌而先之敝。」盧曰：「『哉』當作『矣』。」○淮南繆稱篇云：「老子學商容，見舌而知守柔矣。」卽用此事，（高注：「商容，神人也。商容吐舌示老子，知舌柔齒剛。」）「常摐」作「商容」。慎子外篇、皇甫謐高士傳，皆載此事，文同本書，亦作「商容」。高誘注呂氏愼大、離謂二篇，及淮南主術篇，皆以爲殷紂時賢人，老子師。文子上德篇，文同淮南，而「商容」又作「常摐」，正與本書合。漢書藝文志：「常從日月星氣二十一卷。」師古曰：「老子師之。」則「常摐」、「常從」、「商容」，實一人也。惟老子與紂時商容，時代不接，無由師事，高說亦強爲牽合。據樂記：「釋箕子之囚，使之行商容而復其位。」鄭注以「商容」爲商禮樂之官，則「容」卽容臺之容，謂禮容也。凡主商禮之官，皆得謂之「商容」，猶喪禮之夏祝、商祝，以習於夏、商之禮得名，雖周世不革也。故馮於馬徒之「商容」，（見韓詩外傳二。）與表閭之「商容」，（見書。）處宋之「商容」（管子小匡篇。），觀新君之「商容」，（六韜帝王世紀。）是一是二，行徑各殊。此「商容」蓋亦習商禮者，如夏祝、商祝之例，不害其爲周室禮官也。老子學於禮官，故長於禮，而孔子問禮焉。曾子問所載，其明驗也。又案：王伯厚曰：「戰國策云：（楚策。）『不聞老萊子之教孔子事君乎？示之其齒之堅也，六十而盡相靡也。』孔叢子云：（抗志篇。）『老萊子謂子思曰：子不見夫齒乎？雖堅剛，卒盡相摩；舌柔順，終以不弊。』漢藝文志：『老萊子與孔子同時。』當從國策。」（以上見困學紀聞十。）予謂老萊子卽老子，（別有說。）蓋卽以聞於常摐者教孔子也。漢志：「老萊子十六篇，楚人，與孔子同時。」沈欽韓疏證曰：「史記云：『著書十五篇，與孔子同時。』」大戴記將軍文子篇：

「孔子語子貢，老萊子之行。」則孔叢所記妄矣。（吳師道戰國策補注說同。）

韓平子問於叔向曰：史記韓世家：「宣子卒，子貞子代立。」索隱引世本作「平子名頃，宣子子也」。案：官本史記「頃」字乃「須」之誤。韓須見左昭二年傳，索隱單行本正作「須」。「剛與柔孰堅？」對曰：「臣年八十矣，齒再墮而舌尚存。老聃有言曰：『天下之至柔，馳騁乎天下之至堅。』以上見老子四十三章。又曰：『人之生也柔弱，其死也剛强；今本老子「剛」作「堅」，下同。萬物草木之生也柔脆，其死也枯槁。因此觀之，四字，今本老子作一「故」字。柔弱者生之徒也，剛强者死之徒也。』以上見老子七十六章，末二句互易，無兩「也」字。夫生者毁而必復，死者破而愈亡，吾是以知柔之堅於剛也。」平子曰：「善哉！然則子之行何從？」叔向曰：「臣亦柔耳，何以剛爲。」平子曰：「柔無乃脆乎？」叔向曰：「柔者紐而不折，廉而不缺，何爲脆也！天之道微者勝。是以兩軍相加，而柔者克之；兩仇爭利，而弱者得焉。易曰：『天道虧滿而益謙，地道變滿而流謙，鬼神害滿而福謙，人道惡滿而好謙。』闕曰：「已見上。」夫懷謙不足之柔弱，而四道者助之，闕曰：「四道即天道、地道、鬼神、人道。」則安往而不得其志乎？」平子曰：「善！」

桓公曰：「金剛則折，革剛則裂，人君剛則國家滅，人臣剛則交友絶。」夫剛則不和，不和則不可用。是故四馬不和，取道不長；父子不和，其世破亡；兄弟不和，不能久同；夫妻不和，室家大凶。易曰：繫辭文。「二人同心，其利斷金。」由不剛也。御覽四百五十九「由」作「因」。

老子曰：得其所利，必慮其所害；樂其所成，必顧其所敗。闕曰：「道德經無此語。」承周案：御覽四百五十九「害」上、「敗」上皆無「所」字。人爲善者，天報以福；人爲不善者，天報以禍也。故曰：「禍兮福所倚，福兮禍所伏。」老子五十八章。戒之愼之，君子不務，何以備之？夫上知天則不失時，下知地則不失財，日夜愼之則無害災。「害災」舊倒，盧曰：「『災』與『時』、『財』爲韻，從宋本乙。」承周案：御覽作「害矣」，「矣」卽「災」之誤，亦可證。○漢志道家有劉向說老子四篇，此四條蓋其類也。

曾子有疾，曾元抱首，曾華抱足。大戴「抱首」作「抑首」。荀子云「曾元持足」，蓋誤合二句爲一句。案：檀弓：「曾子疾病，曾元、曾申坐於足。」彼文有「申」無「華」，此有「華」無「申」，竊謂彼文誤也。曾子二子，一元、一華，大戴及本書皆同。漢書王吉傳：「德非曾參，子非華、元。」注引韓詩外傳云：「以華、元善人也。」是韓嬰、王俊亦以曾子之二子爲一華、一元也。若曾申卽子西，（見釋文序録，古人名「申」多字「子西」，說詳王氏名字解詁。）孟子趙注、曲禮孔疏，皆以爲曾子之孫。此臨易簀之時，不當記其孫而舍其子，（趙佑溫故録云：「安知非子孫並坐。」亦曲說也。）不得以檀弓偶誤而盡疑大戴、外傳、說苑、漢書也。曾子曰：大戴有「微乎」二字。「吾無顏氏之才，何以告汝。雖無能，君子務益。盧曰：「大戴作『然而君子之務，蓋有之矣』。此似訛。」夫華多實少者，天也；言多行少者，人也。夫飛鳥以山爲卑，「飛鳥」，大戴作「鷹隼」，荀子作「鷹鳶」，本書談叢篇作「鷹鷲」。而層巢其巔；「層」，大戴作「曾」；「巔」，大戴、荀子、談叢篇並作「上」。案：「曾」、「層」並與「橧」同，（「橧巢」，見禮運及諸子。）依說文當作「竲」。（北地高樓也，與巢義近。）魚鼈以淵爲淺，大戴、荀子「魚鼈」下有「黿鼉」二字，談叢篇作「黿鼉魚鼈」，明此脫二字。

而穿穴其中；然所以得者，餌也。談叢篇「然」作「卒」，大戴同。君子苟能無以利害身，盧曰：「『身』，大戴『義』。」則辱安從至乎！」○本曾子疾病篇，（今見大戴記。）又見荀子法行篇。官怠於宦成，病加於少愈，禍生於懈惰，孝衰於妻子：察此四者，慎終如始。詩曰：詩大雅蕩。「靡不有初，鮮克有終。」○舊本此條連上，與大戴所載曾子文不合，當別爲一條。韓詩外傳八云：「官殆於有成，病加於小瘉，禍生於懈惰，孝衰於妻子：察此四者，慎終如始。」（下引詩同。）鄧析子轉辭篇云：「患生於宦成，病始於少瘳，禍生於懈慢，孝衰於妻子：察此四者，慎終如始也。」文子符言篇：「老子曰：『學敗於官茂，孝衰於妻子，患生於憂解，病甚於且瘉：故慎終如始，則無敗事。』」皆不以爲曾子語。薛據孔子集語引新序云：「孔子謂曾子曰：『君子不以利害義，則耻辱安從生哉？宦怠於宦成，病加於小愈，禍生於怠惰，孝衰於妻子：察此四者，慎終如始。』」今新序無此文，疑薛氏即用本書而肊加「孔子謂曾子曰」六字耳，不足爲兩章相連之證也。

單快曰：蓋周大夫。「國有五寒，而冰凍不與焉：一曰政外，二曰女厲，盧曰：「御覽三十四『厲』作『廣』。」承周案：「廣」，譌字，意林仍作「厲」。「厲」，害也。三曰謀泄，四曰不敬卿士而國家敗，五曰不能治內而務外。此五者一見，雖祠無福。除禍必得，致福則貸。」盧曰：「『貸』讀忒。」

孔子曰：「存亡禍福皆在己而已，天災地妖，亦不能殺也。」「殺」，家語作「加」。昔者殷王帝辛之時，爵生烏於城之隅。「烏」，家語作「大烏」。工人占之曰：『凡小以生巨，國家必祉，家語「祉」作「王」。王名必倍。』家語作「而名必昌」。○戰國宋策云：「宋康王之時，有雀生䲨於城之陬，使史占之，曰：『小而生巨，必霸天下。』」賈子春秋篇、新序雜事四，同。（又見漢書五行志。）皆與此相類。帝辛喜爵之德，家語「喜」作「介」。（恃也。）不治國家，亢暴無極，「亢」，御覽九百二十作「凶」。此句下，家語有「朝臣莫救」句。外寇乃至，遂亡殷國。此逆天之時，詭福反爲禍也。「也」字舊脱，依御覽及事類賦十九注引補。（家語作「者也」。）關曰：「師古曰：『詭，違也。一說，詭當爲得。』」承周案：「詭」當訓「求」。至殷王武丁之時，武丁在前，不得言「至」。家語云：「又其先世太戊之時。」雖太戊、武丁不同，於文爲順。先王道缺，刑法弛，桑穀俱生於朝，七日而大拱。工人占之曰：『桑穀者，野物也。「物」，家語作「木」，君道篇作「艸」。野物生於朝，意朝亡乎？』家語及君道篇「意」下有「者」字，「朝」作「國」。武丁恐駭，側身修行，思昔先王之政，興滅國，繼絕世，舉逸民，明養老之道。三年之後，遠方之君重譯而朝者六國。此迎天之時，「之」字舊脱，依上文例補，此後人依家語删之。得禍反爲福也。故妖孽者，天所以警天子諸侯也；惡夢者，所以警士大夫也。家語云：「故天災地妖，所以儆人主者也；寤夢徵怪，所以儆人臣者也。」故妖孽不勝善政，惡夢不勝善行也。至治之極，禍反爲福。此下家語文全異。故太甲曰：『天作孽，猶可違；自作孽，不可逭。』」○家語五儀解篇用此文。

石讎曰：漢書人表上下有石讎。「春秋有忽然而足以亡者，國君不可以不慎也：妃妾不一足以亡，公族不親足以亡，大臣不任足以亡，國爵不用足以亡，親佞近讒足以亡，舉百事不時足以亡，「百」字疑衍。使民不節足以亡，刑罰不中足以亡，內失衆心足以亡，外嫚大國足以亡。」

夫福生於隱約，而禍生於得意，齊頃公是也。齊頃公，桓公之子孫也，「子」字疑衍。董子云：「親齊桓公之孫。」地廣民衆，兵强國富，又得霸者之餘尊，董子「者」作「主」。驕蹇怠傲，未嘗肯出會同諸侯，乃興師伐魯，反敗衛師於新築，輕小嫚大之行甚。俄而晉、魯往聘，公羊成二年傳：「晉郤克與臧孫許同時而聘於齊。蕭同姪子者，齊君之母也，踊于棓而窺客，則客或跛、或眇，於是使跛者迓跛者，使眇者迓眇者。二大夫出，相與踦閭而語，移日然後相去。齊人皆曰：『患之起，必自此始。』」此云「晉、魯」，下云「二國怒」，皆用公羊說。穀梁成元年，則以爲四國往聘，其使者季孫行父秃、晉郤克眇、衛孫良夫跛、曹公子手僂，同時而聘於齊。以使者戲。二國怒，歸求黨與，此下舊有「助」字，盧曰：「疑衍。」承周案：董子無「助」字，據刪。得衛及曹，四國相輔，期戰於鞍，大敗齊師，獲齊頃公，斮逢丑父。「斮」，舊作「斬」，盧曰：「當作『斮』。」承周案：公羊、董子皆作「斮」，據正。盧又曰：「『逢』，宋本『逄』。」案公羊、董子亦同，然古書多錯出。於是戄然大恐。盧曰：「『戄』當作『懼』。」賴逢丑父之欺，奔逃得歸。弔死問疾，七年不飲酒，不食肉，外金石絲竹之聲，遠婦女之色，出會與盟，卑下諸侯。國家內得行義，聲問震乎諸侯。所亡之地，弗求而自爲來，尊寵不武而得之。闕引太室曰：「『不武』當作『文武』。」承周案：公羊成八年傳云：「鞌之戰，齊師大敗。齊侯歸，弔死視疾，七年不飲酒、不食肉。晉侯聞之曰：『嘻！奈何使人之君七年不飲酒、不食肉？請反其所取侵地。』」據此，則「不武」謂不勞兵革也；「不武而得之」者，謂頃公以不武而得尊寵也。闕氏妄說大謬。可謂能詘免變化以致之。盧曰：

『免』，疑『俛』。」關引太室説同。故福生於隱約，而禍生於得意，此得失之効也。○本董子竹林篇，文稍異。

大功之効，在於用賢積道，浸章浸明；衰滅之過，在於得意而怠，浸蹇浸亡。關曰：「『蹇』，難也。」晉文公是其効也。晉文公出亡，修道不休，得至于饗國。饗國之時，上無明天子，下無賢方伯，二句公羊傳文。强楚主會，諸侯背畔，天子失道，出居於鄭。文公於是憫中國之微，任咎犯、先軫、陽處父，畜愛百姓，厲養戎士。四年，政治内定，則舉兵而伐衛，執曹伯，還敗强楚，威震天下。明王法，率諸侯而朝天子，莫敢不聽，天下曠然平定，周室尊顯。故曰：大功之効，在於用賢積道，浸章浸明。文公於是霸功立，期至意得，湯、武之心作而忘其衆，一年三用師，且弗休息，遂進而圍許，兵亟弊，不能服，罷諸侯而歸。自此而怠政事，爲狄泉之盟不親至，關曰：「春秋『狄』作『翟』。翟泉盟在僖公二十九年。」承周案：公羊經作「狄」。信衰誼缺，宋本「誼」作「義」。如羅不補，威武詘折不信，則諸侯不朝，鄭遂叛，夷、狄内侵，衛遷於商邱。故曰：衰滅之過，在於得意而怠，浸蹇浸亡。○案：公羊稱「葵丘之會，桓公振而矜之，叛者九國」。亦此意。而文公霸衰，三傳皆無明文。公羊僖二十九年解詁云：「公圍許，不能服，自知威信不行，故復上假王人，以會諸侯。年老志衰，不能自致，故諸侯亦使微者會之。」何氏此言，必本公羊先師舊説，與此正同，則此亦本公羊師説也。董仲舒云：「寖微寖滅，寖明寖昌。」（見漢書本傳。）語與此相似，尤其明證。

田子方侍魏文侯坐，太子擊趨而入見，賓客羣臣皆起，田子方獨不起。文侯有不悦之色，太子亦然。田子方稱曰：「爲子起歟？無如禮何。不爲子起歟？無如罪何。請爲子誦——楚恭王之爲太子也，將出之雲夢，遇大夫工尹，舊事無「大夫」二字，此疑涉下文衍，「工尹」卽其官，不必更言「大夫」也。工尹遂趨避家人之門中；太子下車，從之家人之門中，曰：『子大夫，何爲其若是？吾聞之：敬其父者不兼其子，兼其子者不祥莫大焉。子大夫，何爲其若是！』工尹曰：『向吾望見子之面，今而後記子之心。審如此，汝將何之？』」關曰：「『審如此』以下，子方語，『何之』猶『何取』。」承周案：關說非是。子方言此，正以見工尹與太子相爾汝耳。「何之」猶「何往」也。文侯曰：『善！』太子擊前誦恭王之言，誦三遍而請習之。○恭王爲太子節，渚宮舊事二用之。

子贛之承或，關曰：「『或』，衍字。」承周案：非衍。古「國」字、「域」字皆作「或」，疑「承或」連文。在塗，見道側巾弊布擁蒙而衣衰，其名曰丹綽。子贛問焉，曰：「此至承幾何？」嘿然不對。子贛曰：「人問乎己而不應，何也？」屏其擁蒙而言曰：「望而黷人者，仁乎？覩而不識者，智乎？輕侮人者，義乎？」子贛下車曰：「賜不仁，過聞三言，可復聞乎？」曰：「是足於子矣，吾不告子。」於是子贛參偶則式，「參」，舊作「三」，盧改。案：宋本、明鈔本皆作「參」。又，「式」，宋本、明鈔本皆作「軾」。五偶則下。曾子制言中篇：「禹見耕者，五耦而式；過十室之邑則下。」又見荀子大畧篇，（「五耦」作「耦立」。）說詳曲禮鄭注孔疏。

孫叔敖爲楚令尹，一國吏民皆來賀；有一老父，荀子云「繒丘之封人」，列子、淮南、外傳並作「狐丘丈人」。衣麤衣，冠白冠，後來弔。孫叔敖正衣冠而出見之，謂老父曰：「楚王不知臣不肖，使臣受吏民之垢，人盡來賀，子獨後來弔，舊事無「後」字。豈有說乎？」父曰：「有說。身已貴而驕人者，民去之；史記循吏傳正義引「去」作「亡」。位已高而擅權者，君惡之；祿已厚而不知足者，患處之。」孫叔敖再拜曰：「敬受命，願聞餘教。」父曰：以下語，荀子、列子、淮南、外傳皆以爲孫叔敖語，與此異。「位已高而意益下，官益大而心益小，舊事「小」作「恭」。祿已厚而愼不敢取。正義無「敢」字。君謹守此三者，足以治楚矣。」○荀子堯問篇、列子說符篇、韓詩外傳七、淮南道應篇，文互有詳畧。愼子外篇及文子符言篇，載老子語；晏子載晏子語，亦皆相似。文繁不備列。渚宮舊事一用此文。

魏安釐王十一年，秦昭王謂左右曰：「今時韓、魏與秦孰强？」「秦」，當從史記作「始」，韓子、秦策皆云「孰與始强」。對曰：「不如秦强。」「秦」，亦當從史記作「始」，韓子云「弱於始也」，秦策云「弗如也」。王曰：「今時如耳、魏齊與孟嘗、芒卯孰賢？」對曰：「不如孟嘗、芒卯之賢。」六字衍，史記止云「不如」，韓子作「不及也」，秦策作「弗如也」，皆無此六字。王曰：「以孟嘗、芒卯之賢，率强韓、魏以攻秦，猶無奈寡人何也；今以無能之如耳、魏齊，「之」字舊脫，盧據秦策補。案：史記亦有。而率弱韓、魏以伐秦，其無奈寡人何亦明矣！」左右皆曰：「然！」「然」上三書皆有「甚」字。申旗伏瑟而對曰：「申」乃「中」之誤。史記作「中旗」，韓子、秦策皆作「中期」，「期」與「旗」通。秦策又云：「秦王與中期争論，不勝。」高注云：「中期，秦辯士也。」汪氏述學謂「中期卽鍾子期」。○「伏瑟」，史記作「馮琴」。索隱云：「戰國策作『推琴』，春秋後語作『伏琴』，而韓子作『推瑟』，說苑作『伏瑟』，五文各不同。」「王之料天下，過矣！當六晉之時，智氏最强，滅范中行氏，又率韓、魏之兵以圍趙襄子於晉陽，決晉水以灌晉陽之城，不滿者三板。「滿」，史記作「湛」，韓子、秦策作「沈」。智伯行水，魏宣子御，韓康子爲驂乘。盧曰：「策作『韓康子御，魏宣子驂乘』，鮑彪改『宣』爲『桓』，下同。」承周案：韓子同本書，史記「宣」作「桓」，餘文亦同本書，則策文互易非也。（「宣」、「桓」通用，互詳善說篇叔向之弟條。）智伯曰：『吾始不知水可以亡人國也，乃今知之！汾水可以灌安邑，絳水可以灌平陽。』水經澮水注引此事而論之曰：「汾水灌安邑，或亦有之；絳水灌平陽，未識所由也。」太平寰宇記（四十。）曰：「史記云『引汾水』，後語云『決晉水』，二家不同，未詳孰是。」（酈語通鑑胡注已駁之。）魏宣子肘韓康子，康子履魏宣子之足，史記無「之足」二字，（韓子有。）秦策云「躡其踵」。肘足接於車上，而智氏分，身死國亡，爲天下笑。今秦雖强，不過智氏；韓、魏雖弱，尚賢其在晉陽之下也。此方其用肘足之時，願王之必勿易也！」於是秦王恐。末句惟史記有。○韓子難三篇、戰國秦策、史記魏世家、春秋後語，文皆畧同，此用史記也。

魏公子牟東行，漢藝文志云：「魏之公子也，先莊子，莊子稱之。」王氏攷證曰：「荀子非十二子注：『魏牟，魏公子，封於中山，今莊子有公子牟稱莊子之言以折公孫龍，據卽與莊子同時。說苑「公子牟東行」，未知何者爲定』。」列子仲尼篇張注以爲文侯子，沈氏漢書疏證曰：「平原君時，文侯沒且百年，不得爲文侯子也。」穰侯送之，曰：「先生將去冉之山東矣，獨無一言以教冉乎？」魏公子牟曰：「微君言之，牟幾忘語君。君知夫官不與勢期，而勢自至乎？勢不與富期，而富自至乎？富不與貴期，而貴自至乎？貴不與驕期，而驕自至乎？驕不與罪期，而罪自至乎？罪不與死期，而死自至乎？」穰侯曰：「善！敬受明教。」案：趙策載平原君謂平陽君曰：「公子牟游於秦，且東，而辭應侯。應侯曰：『公子將行矣，獨無以教之乎？』曰：『且微君之命命之也，臣固且有効於君。夫貴不與富期而富至，富不與粱肉期而粱肉至，粱肉不與驕奢期而驕奢至，驕奢不與死亡期而死亡至：累世以前，坐此者多矣。』應侯曰：『公子之所以教之者厚矣，僕得聞此，不忘於心，願君之亦勿忘也。』平陽君曰：『敬諾！』」與此文同。惟彼文「應侯」，似當從本書作「穰侯」。漢志道家：「公子牟四篇。」此疑出公子牟書。（馬氏輯本已取入。）

高尚尊貴，「貴」，舊作「賢」，荀子、外傳、鄧析子皆作「貴」，據正。無以驕人；聰明聖智，無以窮人；資給疾速，荀子作「齊給速通」，外傳作「齊給便捷」。案：「齊」與「資」通，易旅九四：「得其資斧。」釋文云：「子夏傳及衆家，並作『齊斧』。」是其例。鄧析作「資給」，與本書同。「資」、「齊」皆訓爲利。無以先人；剛毅勇猛，無以勝人。不知則問，不能則學。二句，外傳倒。案：大戴記將軍文子篇云：「欲能則學，欲知則問。」尸子處道篇引孔子曰：「欲知則問，欲能則學。」雖智必質，然後辯之；雖能必讓，然後爲之。故士雖聰明聖智，自守以愚；功被天下，自守以讓；勇力距世，「距」，荀子作「撫」，家語作「振」。自守以怯；富有天下，自守以廉。「廉」，荀子、家語皆作「謙」。此所謂高而不危，滿而不溢者也。關曰：「孝經曰：『高而不危，所以長守貴也；

滿而不溢，所以長守貴也。』」○此章前半見荀子非十二子篇、韓詩外傳六，又畧見鄧析子轉辭篇。自「故士」以下，見荀子宥坐篇、家語三恕篇。（詳前孔子觀於周廟章。）

齊桓公爲大臣具酒，期以日中。管仲後至，桓公舉觴以飲之，管仲半棄酒。管子（佚文。）作「棄其半」，外傳作「飲其一半而棄其半」。桓公曰：「期而後至，飲而棄酒，於禮可乎？」管仲對曰：「臣聞『酒入舌出』，舌出者言失，言失者身棄。二「者」字，管子（佚文。）無。案：上文「酒入舌出」句無「者」字，則此二「者」字亦不當有。外傳作「酒入口者舌出，舌出者棄身」。臣計棄身不如棄酒。」桓公笑曰：「仲父起就坐。」○此本管子，（今本無。據御覽八百四十四，事類賦十九注引同，知爲管子佚文。）韓詩外傳十亦載之。案：管子中匡篇云：「公與管仲父而將飲之，掘新井而柴焉，十日齋戒，召管仲。管仲至，公執爵，夫人執尊。觴三行，管仲趨出。公怒曰：『寡人齋戒十日而飲仲父，寡人自以爲修矣；仲父不告寡人而出，其故何也？』鮑叔、隰朋趨而出，及管仲於途，曰：『公怒。』管仲反入，倍屏而立，公不與言。少進中庭，公不與言。少進傳堂，公曰：『寡人齋戒十日而飲仲父，自以爲脫於罪矣。仲父不告寡人而出，未知其故也？』對曰：『沈於樂者洽於憂，厚於味者薄於行，慢於朝者緩於政，害於國家者危於社稷：臣是以敢出也。』」又見呂氏達鬱篇，與此當係一事。

楚恭王與晉厲公戰於鄢陵之時，局本連上，誤。司馬子反渴而求飲，豎穀陽持酒而進之。「豎穀陽」，左傳，國語皆作「穀陽豎」；（同意。）呂氏，淮南，史記晉、楚世家，皆作「豎陽穀」；韓子同本書。子反曰：「退！酒也。」穀陽曰：「非酒也。」子反又曰：「退！酒也。」穀陽又曰：「非酒也。」子反受而飲之，醉而寢。恭王欲復戰，韓子飾邪有「而謀事」三字，呂氏有「而謀」二字，此脫。使人召子反，子反辭以心疾。於是恭王駕往。入幄，聞酒臭，曰：「今日之戰，不穀親傷，舊無此四字，文義不接，依呂氏、淮南、韓子十過補。（飾邪作「寡人自親傷」。）所恃者司馬；司馬至醉如此，是亡吾國「亡」，讀作「忘」，呂氏作「是忘荆國之社稷」。（韓子、淮南文同，惟「忘」仍作「亡」。）而不恤吾衆也。吾無以復戰矣！」於是乃誅子反以爲戮，還師。此下當有「而去之」三字，韓、呂、淮南皆有。夫穀陽之進酒也，非以妬子反，「妬」，韓子十過作「讐」，飾邪作「惡」，呂氏作「醉」，淮南作「禍」。忠愛之而適足以殺之。故曰：「小忠，大忠之賊也；小利，大利之殘也。」末句，韓、呂皆無。此文正言「小忠大忠之賊」，於小利大利無與也。疑後人依呂氏上文沾益，而義不合。（二句又見談叢篇。）○見韓子十過、飾邪二篇，呂氏權勳篇，淮南人間篇。又左氏成十六年傳，國語楚語，史記晉、楚世家，文皆畧。

好戰之臣，舊連上，盧曰：「宋本提行，今從之。」不可不察也。羞小耻以構大怨，貪小利以亡大衆，春秋有其戒，晉先軫是也。先軫欲要功獲名，則以秦不假道之故，請要秦師。襄公曰：「不可！夫秦伯與吾先君有結。先君一日薨，而興師擊之，是孤之負吾先君，敗隣國之交而失孝子之行也。」此所載襄公語，左氏僖三十三年傳作欒枝語，（史晉世家畧同。）文稍異。先軫曰：「先君薨而不弔贈，是無哀吾喪也；興師徑吾地而不假道，是弱吾孤也；且柩畢尚薄屋，闕引太室曰：「『柩畢』謂大斂，『薄屋』謂倚廬。」承周案：此肊説無徵。疑當作「柩尚畢塗屋」。「塗」誤爲「薄」，「畢」字又誤在「尚」字上，遂不可適。喪大記云：「君殯用輴欑，至於上畢塗屋。」注云：「屋殯上覆如屋者也。」是「畢塗屋」爲人君殯制。此時文公柩尚在殯，故曰「柩尚畢塗屋」也。無哀吾喪也興師。」卜曰：「大國師將至，請擊之。」則聽先軫興兵，要之殽，擊之，匹馬隻輪無脫者。「隻」，穀梁僖三十三年傳作「倚」，漢書五行志引劉向作「觭」，此用公羊故作「隻」，而公羊釋文又謂一本作「易輪」。董仲舒云：「車皆不還，故不得易輪轍。」（王氏述聞有說。）大結怨構禍於秦。接刃流血，伏尸暴骸，糜爛國家，十有餘年，卒喪其師衆，禍及大夫，憂累後世。故好戰之臣，不可不察也。

魯哀公問孔子曰：「予聞忘之甚者，尸子作「魯有大忘」。徙而忘其妻，有諸乎？」孔子對曰：「此非忘之甚者也，尸子作「此忘之小者也」。忘之甚者忘其身。」哀公曰：「可得聞與？」對曰：「昔夏桀貴爲天子，富有天下，盧曰：「楊倞注荀子議兵篇引『天下』作『四海』。」承周案：彼注依家語改耳。臣道篇楊注仍作「天下」。不修禹之道，毀壞辟法，裂絕世祀，荒淫于樂，沈酗于酒。「不修」以下，家語作「忘其聖祖之道，壞其典法，廢其世祀，荒於淫樂，躭湎於酒」。（下文全異。）其臣有左師觸龍者，盧曰：「荀子『曹觸龍斷於軍』，楊倞注：『此云紂臣，當是說苑誤。』」承周案：盧所引乃議兵篇注，其臣道篇云：「若曹觸龍之於紂，可謂國賊矣。」注亦引說苑謂「此云紂未知孰是」。（臣道篇語，又見外傳四。）尸子載此事作「王子須」。竊謂紂臣見於史記諸子者甚詳，無所謂「曹觸龍」、「王子須」者，疑荀子兩「紂」字皆誤。諂諛不正。「正」，舊作「止」，盧改，云：「今從荀子注。」承周案：臣道、議兵兩注皆作「正」。湯誅桀，左師觸龍者身死，四支不同壇而居：此忘其身者也。」哀公愀然變色，曰：「善！」○本尸子。（御覽九十又四百九十引。）家語賢君篇用此文。

孔子之周，觀於太廟。家語、金樓子皆云「后稷之廟」。右陛之前，家語「陛」作「階」。有金人焉，三緘其口，而銘其背曰：「古之慎言人也。戒之哉！戒之哉！無多言，多言多敗；無多事，多事多患。安樂必戒，無行所悔。大戴記武王踐阼篇：「席前左端之銘曰安樂必敬，前右端之銘曰無行可悔。」案：「敬」、「戒」義同，「可」猶「所」也。勿謂何傷，其禍將長；勿謂何害，其禍將大；勿謂何殘，其禍將然；關曰：「家語無此二句。」承周案：大戴記武王踐阼篇楹之銘曰：「毋曰胡殘，其禍將然；毋曰胡害，其禍將大；毋曰胡傷，其禍將長。」與此相似。勿謂莫聞，天妖伺人。熒熒不滅，關曰：「『熒熒』，家語作『焰焰』。」炎炎奈何；涓涓不壅，將成江河；緜緜不絕，將成網羅；青青不伐，關曰：「家語作『豪末不札』。」將尋斧柯。關曰：「王肅曰：『尋，用也。』」承周案：周書和寤篇：「緜緜不絶，蔓蔓若何；豪末不掇，將成斧柯。」（魏策、史記蘇秦傳引周書文，畧同。）賈子審爲篇：「語曰：『爞爞弗滅，焰焰柰何；萌芽不伐，且折斧柯。』」文韜守土篇：「涓涓不塞，將爲江河；熒熒不救，炎炎若何；兩葉不去，將用斧柯。」誠不能慎之，盧曰：「『不』字，家語觀周篇無；下『禍』字作『福』，似勝此。」禍之根也；曰是何傷，盧曰：「『曰』字，宋本作『口』，家語、集語並同。」禍之門也。强梁者不得其死，老子四十二章語。好勝者必遇其敵，盜怨主人，民害其貴。關曰：「家語作『盜憎主人，民怨其上』。」君子知天下之不可蓋也，故後之、下之，使人慕之，執雌持下，莫能與之争者。盧曰：「『君子』云云，家語作『君子知天下之不可上也，故下之；知衆人之不可先也，故後之。温恭慎德，使人慕之；執雌持下，人莫踰之』。此似訛。」○此皆似老子說。人皆趨彼，我獨守此；衆人惑惑，盧曰：「『惑惑』，家語作『或之』。案：『或』，古『惑』字。」關曰：「鶡冠子曰：『衆人惑惑，迫於嗜欲。』賈誼鵩鳥賦曰：『衆人惑惑兮，好惡積億。』」我獨不徙；「徙」，舊作「從」，盧據家語改。內藏我知，不與人論技；盧曰：「家語作『不示人技』。」我雖尊高，人莫我害。「我害」，舊倒，盧從家語乙；云：「『徙』、『技』、『害』，皆與『彼』韵協。」夫江河長百谷者，以其卑下也。家語作「唯能於此，江海雖左，長於百川，以其卑也」。案：老子六十六章云：「江海所以能爲百谷王者，以其善下之，故能爲百谷王。」淮南說山篇云：「江河所以能長百谷者，能下之也。夫惟能下之，是以能上之。」尸子明堂篇：「孔子曰：『大哉河海乎，下之也。』」（汪本校云：「下上疑脫『能』字。」）天道無親，常與善人。二句互詳談叢篇。戒之哉！戒之哉！」孔子顧謂弟子曰：「記之！家語作「小子志之」。此言雖鄙，而中事情。詩曰：『戰戰兢兢，如臨深淵，如履薄冰。』行身如此，豈以口遇禍哉！」○御覽三百九十引孫卿子金人銘曰：「周太廟右階之前，有金人焉，三緘其口，而銘其背曰：『我，古之愼言人也。戒之哉，毋多言，無多事！多言多敗，多事多害。』」小注曰：「皇覽云：『出太公金匱，家語、說苑又載。』」據此，則本書之文，本於荀子，而今荀子佚之。治要三十一引太公陰謀：「武王問尚父曰：『五帝之戒，可得聞乎？』尚父曰：『黃帝之時，戒曰：「吾之居民上也，摇摇恐夕不至朝。」故爲金人，三封其口曰：「古之愼言人也。」堯之居民上也，振振如臨深淵。舜之居民上，兢兢如履薄冰。禹之居民上，慄慄恐不滿日。湯之居民上，戰戰恐不見旦。』武王曰：『吾今新並殷，居民上也，翼翼懼不敢息。』尚父曰：『德盛者守之以謙，守之以恭。』武王曰：『欲如尚父言，吾因是爲戒，隨之身。』」御覽五百九十引皇覽記陰謀同。又引家語云云，小注曰：「荀卿子、說苑又載。」斯又文出荀子之一證也。家語文在觀周篇。又畧見金樓子戒子篇。

魯哀侯棄國而走齊。關曰：「魯三桓攻哀公，哀公奔于衞，去如鄒，遂如越，未聞走齊事。」承周案：「哀」乃「昭」字之誤，關氏未攷晏子也。齊侯曰：「君何年之少而棄國之蚤？」魯哀侯曰：「臣始爲太子之時，人多諫臣，臣受而不用也；人多愛臣，臣愛而不近也。是則內無聞而外無輔也。「聞」，晏子作「拂」，於文爲長。是猶秋蓬惡於根本而美於枝葉，秋風一起，根且拔矣。」○本晏子內篇雜上，彼文尚有「景公辯其言以語晏子曰：『使是人反其國，豈不爲古之賢君乎？』晏子對曰：『不然！夫愚者多悔，不肖者自賢。溺者不問墜，迷者不問路。溺而後問墜，迷而後問路，譬之猶臨難而遽鑄兵，噎而遽掘井，雖速亦無及已』」一段，本書不備。

孔子行遊，關曰：「『行遊』，家語作『適齊』。」中路聞哭者聲，其音甚悲。孔子曰：「驅之，驅之！前有異人音。」少進，見之，丘吾子也。盧曰：「『丘吾』，御覽七百六十四作『吾丘』，注：『吾，一作虞』。」承周案：外傳作「臯魚」。「臯」與「丘」，「魚」與「吾」，皆聲近。以外傳證之，則本書自當作「丘吾」，故家語亦同之。而後漢書劉陶傳注引作「虞丘子」，與御覽所云一本合，蓋後人因姓有「虞丘」亦作「吾丘」，（史記「虞丘壽王」，漢書作「吾丘」。）因意此亦姓「虞丘」，而不知其與外傳、家語不合也。擁鐮帶索而哭。孔子辟車而下問曰：「夫子非有喪也，何哭之悲也？」丘吾子對曰：「吾有三失。」孔子曰：「願聞三失。」丘吾子曰：「吾少好學問，周遍天下，還後，吾親亡，一失也；事君奢驕，諫不遂，是二失也；厚交友而後絕，是三失也。「是」

字舊脫，依上文例當有，今從劉陶傳注及御覽引補。○盧曰：「『事君驕奢』以下，御覽所引不同，云：『素尚高節，不事庸君，臣節不遂，二失也；少擇交遊，寡於親友，老而無託，是三失也。請從此辭！投水而死。』似御覽所載是。」承周案：劉陶傳注引畧同今本，與御覽異，是古有二本也。「三失」之文，外傳、家語與此並小異。外傳云：「少而學游諸侯以後吾親，失之一也；高尚吾志，閒吾事君，失之二也；與友厚而小絶之，失之三也。」家語云：「吾少時好學，周遍天下，後還，喪吾親，是一失也；長事齊君，君驕奢失士，臣節不遂，是二失也；吾平生厚交，而今皆離絶，是三失也。」樹欲靜乎風不定，子欲養乎親不待。二句互見卷三「子路曰：負重道遠」條下。往而不來者，年也；不可得再見者，親也。請從此辭！」則自刎而死。闕曰：「家語云『遂投水而死』，韓詩外傳云『立槁而死』。」太宰德夫曰：「『諸說不同，疑家語之文近實。』」承周案：御覽引本書，與家語同。（見上。）孔子曰：「弟子記之，此足以爲戒也！」於是弟子歸養親者十三人。○本韓詩外傳九，又家語致思篇用此文。

孔子論詩，盧曰：「『論』，家語賢君篇作『讀』。」至於正月之六章，懼然曰：「懼然」，家語作「惕焉」。「不逢時之君子，豈不殆哉！從上依世則廢道；違上離俗則危身；世不與善，闕曰：「家語作『時不與善』。」己獨由之，則曰非妖則孽也。是以桀殺關龍逢，紂殺王子比干。故賢者不遇時，常恐不終焉。闕曰：「家語作『恐不終其命焉』。」詩曰：即所謂正月之六章。『謂天蓋高，不敢不跼；家語「跼」作「局」，注：「曲也。」謂地蓋厚，不敢不蹐。』此之謂也。」○家語賢君篇用此文，節次小異。

孔子見羅者，「羅」下，家語有「雀」字。其所得者，皆黃口也。家語「黃口」下有「小雀」二字，疑注文誤入。淮南氾論篇：「古之伐國，不殺黃口。」注云：「黃口，幼也。」孔子曰：「黃口盡得，大爵獨不得，何也？」羅者對曰：闕曰：「『對曰』下，家語有『大雀善驚而難得，黃口貪食而易得』十四字。」「黃口從大爵者，不得；大爵從黃口者，可得。」孔子顧謂弟子曰：「君子慎所從，不得其人，則有羅網之患。」○家語六本篇文較繁。

修身正行，不可以不慎。嗜欲使行虧，讒諛亂正心，衆口使意回。憂患生於所忽，禍起於細微，汙辱難湔灑，敗事不可復追，不深念遠慮，後悔當幾何。夫徼幸者，伐性之斧也；嗜欲者，逐禍之馬也；闕引太室曰：「此二句當作『嗜欲者，伐性之斧也；徼幸者，逐禍之馬也』。」承周案：太室說似是。然外傳亦如本書，不敢肊決。謾諛者，窮辱之舍也；「諛」，外傳作「誕」，於文爲長。又「窮辱之舍」作「趨禍之路」。取虐於人者，趨禍之路也。故曰：「去徼幸，務忠信，節嗜欲，無取虐於人，則稱爲君子，名聲常存。」○本韓詩外傳九。

怨生於不報，舊連上，盧曰：「當別爲一條。」今從之。禍生於多福，二句又見談叢。安危存於自處，不困在於早豫，鄧析子轉辭篇：「不困在早圖，不窮在早豫。」（今本「困」訛「用」，「豫」訛「稼」。）存亡在於得人。慎終如始，乃能長久；能行此五者，可以全身。「己所不欲，勿施於人」，二句用論語。是謂要道也。

顏回將西遊，闕曰：「家語作『將西遊於宋』。」問於孔子曰：「何以爲身？」孔子曰：「恭敬忠信，可以爲身。恭則免於衆，盧曰：「『免於衆』，家語賢君篇作『遠於患』。」敬則人愛之，忠則人與之，信則人恃之。人所愛、人所與、人所恃，必免於患矣，可以臨國家，何況於身乎！故不比數而比疎，不亦遠乎？不修中而修外，不亦反乎？不先慮事，臨難乃謀，不亦晚乎？」○家語賢君篇用本書。案：荀子法行篇載：「曾子曰：『無内人之疏而外人之親，無身不善而怨人，無刑已至而呼天。内人之疏而外人之親，不亦遠乎？身不善而怨人，不亦反乎？刑已至而呼天，不亦晚乎？』」韓詩外傳二畧同，亦以爲曾子語，蓋曾子亦述孔子語也。

凡司其身，必慎五本：一曰柔以仁，二曰誠以信，三曰富而貴毋敢以驕人，四曰恭以敬，五曰寬以靜。思此五者，則無凶命，用能治敬以助天時，凶命不至而禍不來。敬人者，非敬人也，自敬也；貴人者，非貴人也，自貴也。昔者：吾嘗見天雨金、石與血；吾嘗見四月、十日并出，有與天滑；「有」，疑「水」。吾嘗見高山之崩，深谷之窒，大都王宮之破，大國之滅；吾嘗見高山之爲裂，深淵之沙竭，貴人之車裂；吾嘗見稠林之無木，平原爲谿谷，君子爲御僕；吾嘗見江河乾爲坑，正冬采榆桑，「桑」，舊作「葉」。孫仲容曰：「匡謬正俗五用此文，『平原爲谿谷』作『平原之爲谷』，又『君子爲御僕』作『君子無侍僕』，（此文誤。）『坑』作『阬』，『葉』作『桑』。今本『阬』作『坑』者，俗字；『桑』作『葉』，又與韻不協：並當據顔書校正。」承周案：「葉」必當作「桑」，今據改。餘或所見本異。仲夏雨雪霜，千乘之君、萬乘之主，死而不葬。是故君子敬以成其名，小人敬以除其刑。奈何無戒而不慎五本哉！

魯有恭士名曰机氾，盧曰：「古今人表有『仇氾』，初學記十七引魯國先賢傳作『氾』。」承周案：御覽四百三十二「氾」作「泥」，似誤。「机」，疑當作「朹」，（古「簋」字。）與「仇」皆從「九」聲。或又疑「机」、「朹」皆「仇」之誤，孟子母仉氏，說者謂卽「尒」之隸變，或作「掌」，卽魯之黨氏。（左傳：『公築臺，臨黨氏。』）氾正魯人，理或然也。行年七十，其恭益甚，冬日行陰，夏日行陽，市次不敢不行，盧曰：「疑譌。」承周案：「不行」疑作「雁行」。參行必隨，坐必危，一食之間，三起不羞，「羞」，盧改「差」，又云：「疑『不差』二字亦衍。」承周案：宋本作「差」，乃「羞」之壞字，非「差」也。盧疑二字爲衍，似是。御覽引正無二字，先賢傳同。見衣裘褐之士，則爲之禮。魯君問曰：「机子年甚長矣，不可釋恭乎？」机氾對曰：「君子好恭，以成其名；小人學恭，以除其刑。對君之坐，豈不安哉，尚有差跌；一食之上，豈不美哉，尚有哽噎。今若氾所謂幸者也，固未能自必。鴻鵠飛冲天，豈不高哉，矰繳尚得而加之；虎豹爲猛，人尚食其肉、席其皮。譽人者少，惡人者多，行年七十，常恐斧質之加於氾者，何釋恭爲！」「爲」，先賢傳作「焉」。○初學記十七引魯國先賢傳用此文，又意林引本書，文多異，今附錄於此云：「魯有恭士，行年七十，其恭益甚。魯君問曰：『長年恭可以釋也。』對曰：『君子恭以成名，小人恭以除刑。一言不安，尚有蹉跌；一飯雖美，尚有哽咽。鴻飛于天，矰者得之；虎豹雖猛，人食其肉。譽人者少，惡人者多，得不恭乎！』」

成回學於子路三年，回恭敬不已。子路問其故何也，回對曰：「臣聞之：行者比於鳥，上畏鷹鸇，下畏網羅。夫人爲善者少，爲讒者多，通鑑外紀九用此文，下「爲」字作「而」。若身不死，安知禍罪不施？行年七十，常恐行節之虧。回是以恭敬待大命。」外紀「大」作「天」。子路稽首曰：「君子哉！」

說苑卷第十一

善説

孫卿曰：外傳以爲孔子語，「孔」疑「孫」之誤。「夫談説之術，齊莊以立之，荀子「齊」作「矜」，「立」作「莅」。（外傳仍同本書。）端誠以處之，堅强以持之，譬稱以諭之，分別以明之，歡欣憤滿以送之；「欣」舊作「忻」，盧改。（明鈔同。）荀子作「欣驩」。（古通。）盧曰：「『憤滿』即『憤盈』。」承周案：「憤滿」，荀子作「芬薌」，外傳作「芬芳」。寶之，珍之，貴之，神之。如是，則説常無不行矣。「行」，荀子作「受」。下有「雖不説人，人莫不貴」二句。夫是之謂能貴其所貴。傳曰：『唯君子爲能貴其所貴也』。此下，外傳有「若夫無類之説，不形之行，不贊之辭，君子慎之」四句。詩云：詩大雅抑。『無易由言，無曰苟矣。」以上用韓詩外傳五，皆本荀子非相篇。鬼谷子曰：闕曰：「風俗通義曰：『鬼谷先生，六國時從横家。』史記索隱曰：『樂壹注鬼谷子書。』鬼谷，地名，蓋是其人所居，因爲號。」「人之不善而能矯之者，難矣。説之不行，言之不從者，其辯之不明也；既明而不行者，持之不固也；既固而不行者，未中其心之所善也。辯之，明之，持之，固之，又中其人之所善，其言神而珍，白而分，能入於人之心，如此而説不行者，天下未嘗聞也。此之謂善説。」今本鬼谷子無此文。案漢志不載鬼谷子，此疑出蘇張書中。子貢曰：「出言陳辭，身之得失，國之安危也。」子貢語未詳所出。詩云：詩大雅板。「辭之繹矣，毛詩「繹」作「懌」。民之莫矣。」夫辭者，人之所以通也。主父偃曰：闕曰：「主父偃，齊臨淄人也。史記、漢書有傳。」承周案：漢志縱横家主父偃二十八篇，此疑在二十八篇中。「人而無辭，安所用之。」昔子產修其辭而趙武致其敬，闕曰：「見左襄二十五年傳。」王孫滿明其言而楚莊以慙，闕曰：「見左宣三年傳。」蘇秦行其說而六國以安，闕曰：「事詳史記蘇秦傳。」蒯通陳其說而身得以全。闕曰：「見史記淮陰侯傳。」夫辭者，乃所以尊君、重身、安國、全性者也。故辭不可不修，而說不可不善。

趙使人謂魏王曰：「爲我殺范痤，吾請獻七十里之地。」魏策云：「使人以百里之地請殺范痤於魏。」此云「七十里」，與史記同。魏王曰：「諾！」使吏捕之，圍而未殺。痤自上屋騎危，桂氏札樸五云：「春秋後語：『魏人將殺范痤，痤登危而說。』案：『危』當爲『厃』。說文：『厃，屋梠也，秦謂之桷，齊謂之厃』。」闕曰：「禮記喪大記注：『危，棟上也。』」（記云：『中屋履危。』）承周案：闕說是也。謂使者曰：「與其以死痤市，不如以生痤市。有如痤死，趙不與王地，則王柰何？故不若與定割地，然後殺痤。」魏王曰：「善！」痤因上書信陵君曰：「痤故魏之免相也。趙以地殺痤而魏王聽之，有如强秦亦將襲趙之欲，則君且柰何？」信陵君言於王而出之。○案：戰國魏策、史記魏世家，皆紀此事。（又見春秋後傳。）此用史記也。魏策文較詳，且多異，今附録之。策云：「虞卿謂趙王曰：『人之情，寧朝人乎？寧朝於人也？』趙王曰：『人亦寧朝人耳，何故寧朝於人？』虞卿曰：『夫魏爲從主，而違者范痤也。今王能以百里之地，若萬户之都，請殺范痤於魏；范痤死，則從事可移於趙。』趙王曰：『善！』乃使人以百里之地，請殺范痤於魏。魏王許諾，使司徒執范痤而未殺也。范痤獻書魏王曰：『臣聞趙王以百里之地請殺痤之身。夫殺無罪范痤，痤薄故也；而得百里之地，大利也；臣竊爲大王美之。雖然，而有一焉，百里之地不可得，而死者不可復生也，則王必爲天下笑矣。臣竊以爲與其以死人市，不若以生人市便也。』又遺其後相信陵君書曰：『夫趙、魏敵戰之國也。趙王以咫尺之書來，而魏王輕爲之殺無罪之痤。痤雖不肖，故魏之免相也，嘗以魏之故得罪於趙。夫國無用臣，外雖得地，勢不能守。然今能守魏者，莫如君矣。王聽趙殺痤之後，強秦襲趙之欲，倍趙之割，則君將何以止之？此君之累也。』信陵君曰：『善！』遽言之王而出之。」

吳人入荆，召陳懷公。懷公召國人曰：左傳作「朝國人而問焉」。「欲與荆者左，欲與吳者右。」傳「左」「右」二字互易，此下有「陳人有田從田，無田從黨」二句。（「有田」二字，從檀弓疏補。）逢滑當公而進曰：此下，傳有「臣聞國之興也以福，其亡也以禍」二句。「吳未有福，荆未有禍。」此下，傳有「楚未可棄，吳未可從，而晉盟主也，若以晉辭吳若何」四句。公曰：「國勝君出，非禍而奚！」對曰：此下，傳有「國有是多矣，何必不復」二句。「小國有是猶復，而況大國乎？此下，傳有「臣聞國之興也，視民如傷，是其福也；其亡也，以民爲土芥，是其禍也」六句。楚雖無德，亦不斬艾其民。吳日弊兵，暴骨如莽，未見德焉。天其或者正訓荆也。禍之適吳，何日之有！」陳侯從之。○此用左氏哀元年傳，又畧見史記陳世家。

桓公立仲父，致大夫曰：「善吾者，入門而右；不善吾者，入門而左。」韓子「左」「右」二字互易。有中門而立者。韓子以爲東郭牙。桓公問焉。對曰：「管子之知，可與謀天下；其強，可與取天下。君恃其信乎，內政委焉，外事斷焉，驅民而歸之，是亦可奪也。」桓公曰：「善！」韓子云：「公曰：『善！』乃令隰朋治內，管仲治外，以相參。」乃謂管仲：「政則卒歸於子矣。政之所不及，唯子是匡。」管仲故築三歸之臺，以自傷於民。困學紀聞七引此二句，云朱子集注取之。案：「三歸」又見尊賢篇。

○事見韓子外儲說左下，文多異。

齊宣王出獵於社山，御覽六百三十三作「杜山」。社山父老十三人相與勞王。王曰：「父老苦矣！」謂左右：「賜父老田不租。」父老皆拜，閭邱先生獨不拜。「獨」字舊脫，依治要補。御覽三百八十三，又六百三十三，同。高士傳、金樓子皆有「獨」字。王曰：「父老以爲少耶？」謂左右：「復賜父老無徭役。」父老皆拜，閭邱先生又不拜。王曰：「拜者去，不拜者前。」曰：「寡人今日來觀，父老幸而勞之，故賜父老田不租。父老皆拜，先生獨不拜，寡人自以爲少，故賜父老無徭役。父老皆拜，先生又獨不拜，寡人得無有過乎？」閭邱先生對曰：「惟聞大王來遊，所以爲勞大王：望得壽於大王，望得富於大王，望得貴於大王。」御覽六百三十三作「來見大王，所望者三：願賜臣壽，願賜臣富，願賜臣貴。」（三百八十三畧同。）王曰：「夫殺生有時，「夫」舊譌「天」，從御覽六百三十三改。彼文「殺生」二字倒。非寡人所得與也，無以壽先生；倉廩雖實，以備菑害，無以富先生；大官無缺，小官卑賤，無以貴先生。」閭邱先生對曰：「此非人臣所敢望也。「人」字疑衍。（說見下。）願大王選良富家子有修行者以爲吏，平其法度，如此，臣少可以得壽焉；闕曰：「此一句文法與下異。」承周案：「少可」二字，「以得」二字，疑皆誤倒。春秋冬夏，振之以時，無煩擾百姓，如是，臣可少得以富焉；願大王出令，令少者敬長，長者敬老，如是，臣可少得以貴焉。今大王幸賜臣田不租，然則倉廩將虛也；賜臣無徭役，然則官府無使焉：此固非人臣之所敢望也。」治要及御覽六百三十三無「人」字。案：「臣」爲自稱之辭，作「人臣」則似泛稱爲臣者，此不當有「人」字。上文有者，疑後人依誤本加之。齊王曰：「善！願請先生爲相。」盧曰：「御覽六百三十三此下有『先生曰：「臣願足矣，焉用相乎」』十一字，前多改竄。」承周案：御覽三百八十三亦有「先生曰『臣得三願足矣，安用爲相』」三句。○高士傳、（御覽五百九十引。）金樓子雜記下，皆用此文。又御覽三百八十三引此文，作國語，與六百三十三引說苑文畧同，則國語乃說苑之誤。

孝武皇帝時，汾陰得寶鼎而獻之於甘泉宮。汾陰巫錦得鼎事在武帝元鼎四年，詳見史記武帝紀、封禪書、漢書郊祀志。（漢書武帝紀元鼎元年、四年，兩書此事，誤也。）羣臣賀上壽曰：「陛下得周鼎。」侍中虞邱壽王獨曰：「虞丘」，（史記同。）漢書作「吾丘」。「非周鼎。」上聞之，召而問曰：「朕得周鼎，羣臣皆以爲周鼎，而壽王獨以爲非，何也？壽王有說則生，無說則死。」對曰：「臣壽王安敢無說。臣聞夫周德始產於后稷，長於公劉，大於太王，成於文、武，顯於周公。德澤上洞天，下漏泉，無所不通。上天報應，鼎爲周出，故名曰周鼎。今漢自高祖繼周，亦昭德顯行，布恩施惠，六合和同，至陛下之身逾盛，漢書作「至於陛下，恢廓祖業，功德愈盛。」此似有脫文。天瑞竝至，徵祥畢見。昔始皇帝親出鼎於彭城而不能得；天昭有德，漢書「昭」作「祚」。案：「昭」與「詔」通，釋詁「詔，助也。」寶鼎自至，此天之所以予漢，乃漢鼎非周鼎也」。上曰：「善！」羣臣皆稱萬歲。是日，賜虞邱壽王黃金十斤。○漢書吾丘壽王傳用此文。

晉獻公之時，東郭民有祖朝者，盧曰：「文選注兩引『民』作『氏』，當由避唐諱。」上書獻公曰：「草茅臣東郭民祖朝，願請聞國家之計。」獻公使使出告之曰：「肉食者已慮之矣，左傳：「肉食者鄙。」注：「肉食，在位者。」藿食者尚何與焉。」祖朝對曰：「大王獨不聞古之將曰桓司馬者，未聞桓魋稱桓司馬，在晉獻公後，此又一人。論衡幸偶篇云：「衞之驂乘者見御者之過，從後呼車。」又對作篇云：「衞參乘者越職而呼車，惻怛發心，恐上之危也。」即用此事。則桓司馬衞人也。○盧曰：「稱晉獻公爲大王，不倫之甚。」朝朝其君，舉而晏。關曰：「『舉』謂命駕。」御呼車，驂亦呼車。關曰：「『驂』，驂乘也。」御肘其驂曰：『子何越云爲乎？何爲籍呼車？』「籍」猶薦也，皆有重義。驂謂其御曰：『當呼者呼，乃吾事也；子當御正子之轡銜耳。子今不正轡銜，使馬卒然驚，妄轢道中行人。必逢大敵，下車免劍，涉血履肝者，固吾事也，子寧能辟子之轡，下佐我乎？其禍亦及吾身，與有深憂，吾安得無呼車哉！』今大王曰『食肉者已慮之矣，藿食者尚何與焉』，設使食肉者一旦失計於廟堂之上，若臣等之藿食者，寧得無肝膽塗地於中原之野與？其禍亦及臣之身，臣與有其憂深，臣安得無與國家之計乎？」獻公召而見之，三日，與語，無復憂者。盧曰：「『復』『複』同，下『憂』字衍。」乃立以爲師。

客謂梁王曰：「惠子之言事也善譬，王使無譬，則不能言矣。」王曰：「諾！」明日見，謂惠子曰：「願先生言事則直言耳，無譬也。」惠子曰：「今有人於此而不知彈者，曰：『彈之狀若何？』應曰：『彈之狀如彈。』則諭乎？」王曰：「未諭也。」「於是，更應曰：『彈之狀如弓，而以竹爲弦。』則知乎？」王曰：「可知矣。」惠子曰：「夫説者，固以其所知諭其所不知，而使人知之。今王曰『無譬』，則不可矣。」王曰：「善！」○漢志名家惠子一篇，馬國翰以此爲惠子書佚文。

孟嘗君寄客於齊王，三年而不見用，故客反謂孟嘗君曰：「君之寄臣也，三年而不見用，不知臣之罪也？君之過也？」二「也」字皆讀爲「邪」，類聚、御覽引直作「邪」。孟嘗君曰：「寡人聞之：縷因針而入，不因針而急；嫁女因媒而成，不因媒而親。夫子之材必薄矣，尚何怨乎寡人哉？」客曰：「不然！臣聞周氏之嚳，公羊宣六年傳：「靈公有周狗，謂之獒。」解詁云：「周狗，可以比周之狗。」竊謂周狗謂周地之狗，與此同。韓氏之盧，關曰：「博物志：『韓國有黑犬，名盧』。」承周案：「盧」爲黑色犬，見孔叢執節篇。又周策稱「韓子盧」。詩盧令，毛傳：「盧，田犬也。」廣疋釋畜作「獹」。（字林同。）天下疾狗也。見兔而指屬，「兔」，盧改「菟」，云：「下同。」承周案：宋本、明鈔本，皆作「菟」，然説文無「菟」字，他書引亦無作「菟」者。則無失兔矣；望見而放狗也，「見」，御覽六百三十二作「兔」。則累世不能得兔矣。狗非不能，屬之者罪也。」孟嘗君曰：「不然！昔華舟、杞梁戰而死，其妻悲之，向城而哭，隅爲之崩，城爲之阤。關曰：「已見立節篇。」君子誠能刑於內，關曰：「刑，法也。」盧曰「『刑』、『形』同。」承周案：二説皆通。則物應於外矣。夫土壤且可爲忠，况有食穀之君乎？」客曰：「不然！臣見鷦鷯巢於葦苕，著之以髮，舊作「著之髮毛」，盧從荀子勸學篇楊注引改。建之，女工不能爲也，盧曰：「御覽九百二十三『葦苕』下作『鴻毛著之，臨危建之，工女不能爲也。』」承周案：「建」之上當據補「臨危」二字，文句方完。「女工」亦當從彼作「工女」，「工」，巧也。可謂完堅矣。大風至，則苕折卵破子死者，何也？類聚九十二，御覽九百二十三皆無「子死」二字，此似後人依荀子增。（見下。）其所託者使然也。荀子勸學篇：「南方有鳥焉，名曰蒙鳩，以羽爲巢，而編之以髮，繫之葦苕，風至苕折，卵破子死，其所託者然也。」韓詩外傳八云：「有鳥於此，架巢於葭葦之顛，天喟然而風，則葭折而巢壞，何？其所託者弱也。」且夫狐者，人之所攻也；鼠者，人之所燻也。臣未嘗見稷狐見攻、社鼠見燻也，何則？所託者然也。」依上文例，當有「其」字「使」字。○韓詩外傳八云：「稷蜂不攻而社鼠不薰，非以稷蜂社鼠之神，其所託者善也。」案：「蜂」、「狐」不同，未知孰是。「城狐社鼠」之喻，已見前。「燻」，俗字，當從外傳作「薰」。於是孟嘗君復屬之齊王，「王」字舊脫，盧曰：「御覽有『王』字。」今據補。齊王使爲相。盧曰：「『齊王』，御覽作『王遂』。」案：韓詩外傳七云：「攝纓而縱紲之，則狡兔亦不能離也。今子之屬臣也，攝纓縱紲與？瞻見指注與？」新序雜事五、書鈔三十三引宋玉集序畧同，皆與此文相似。

陳子説梁王，梁王説而疑之曰：「子何爲去陳侯之國，梁自惠王始稱王，陳滅久矣，此陳侯猶田侯，謂齊君也。而教小國之孤於此乎？」陳子曰：「夫善亦有道，而遇亦有時。昔傅説衣褐帶劍，案：胥靡安得帶劍，「劍」當作「索」。墨子尚賢中下篇、帝王世紀皆云「帶索」，是其證。而築於秕傅之城，書序云：「高宗夢得說，使百工營求諸野，得諸傅巖。」僞孔傳云：「得之於傅巖之谿。」又僞說命云：「說築傅巖之野。」僞孔傳云：「傅氏之巖在虞、虢之界，通道所經，有澗水壞道，常使胥靡刑人築護此道。說賢而隱，代胥靡築之以供食。」正義曰：「傅以傅爲氏，此巖以傅爲名，明巖傍有姓傅之民，故云傅氏之巖也。」尸子云：『傅巖在北海之洲。』傳言虞、虢之界，孔必有所案據而言之也。又殷本紀『傅巖』作『傅險』，索隱云：『舊本作險，亦作巖也。』說文云『敻，營求也。』商書曰：『高宗夢得說，使百工營求，得之傅巖。』巖，穴也。水經河水注：『沙澗水，南逕傅巖，傅說隱室前，俗謂之聖人窟』。」史記正義引地理志畧同。綜此諸說，則傅說隱處，或以爲谿，或以爲野，或以爲窟穴，無云城者。惟墨子尚賢下篇云：「昔者，傅說居北海之洲，圜土之上，衣褐帶索，庸築於傅巖之城。」與此同。然「秕傅」與「傅巖」異稱，未詳。尸子、墨子俱云「在北海之洲」，地望亦異。武丁夕夢旦得之，時王也；甯戚飯牛康衢，擊車輻而歌碩鼠，「碩鼠」舊訛「顧見」，盧改，引孫云：「案後漢書馬融傳注，引作『擊車輻而歌碩鼠』。」梁云：「高誘注呂覽舉難篇：『擊牛角疾歌，云歌碩鼠也』。」今據改正。承周案：甯戚所歌，傳聞各異，詳畢校呂覽。桓公得之，時霸也；百里奚自賣五羊之皮，已詳臣術篇。為秦人虜，穆公得之，時强也。論若三子之行，未得爲孔子駿徒也，今孔子經營天下，南有陳、蔡之阨，而北干景公，三坐而五立，未嘗離也。「離」，猶偶也。（易「明兩作離」，禮記「離坐」、「離立」，皆有偶義。）孔子之時不行，而景公之時怠也。以孔子之聖不能以時行說之怠，亦獨能如之何乎？〇此條與尊賢篇鄒子說梁王章相似。

林既衣韋衣，盧曰：「『林既』，御覽六百八十九作『齊林既者』，無下兩『齊』字。〇『韋』，御覽六百八十九、事類賦注十二引作「葦」，（他引仍作「韋」）文多竄亂。而朝齊景公。齊景公曰：「此君子之服也？小人之服也？」二「也」字，御覽四百三十七又四百六十四又六百九十四、事類賦注皆作「邪」。林既逡循而作色曰：「循」舊作「巡」，盧改，云：「巡同」。今從宋本。「夫服事何足以端士行乎？盧曰：「御覽四百三十七引此條作新序，『端』作『揣』。又四百六十四同。」承周案：六百九十四仍作「端」，疑「揣」字是。昔者，荊爲長劍危冠，令尹子西出焉；齊短衣而遂偞之冠，「短衣」，疑卽莊子說劍篇所云「短後之衣」。盧曰：「『遂偞之冠』，御覽作『遂之溝冠』。」承周案：御覽四百三十七作「遂溝之冠」是也。管仲、隰朋出焉；越文身鬋髮，御覽四百三十七又四百六十四「鬋」作「翦」。范蠡、大夫種出焉；西戎左衽而椎結，由余亦出焉。卽如君言，衣狗裘者當犬吠，衣羊裘者當羊鳴，且君衣狐裘而朝，御覽兩引「且」作「今」。意者得無爲變乎？」景公曰：「子真爲勇悍矣！今未嘗見子之奇辯也，一隣之鬭也？千乘之勝也？」林既曰：「不知君之所謂者何也。夫登高臨危，而目不眴，而足不陵者，「陵」，御覽四百三十七作「凌」。此工匠之勇悍也；入深淵，刺蛟龍，抱黿鼉而出者，此漁夫之勇悍也；入深山，刺虎豹，抱熊羆而出者，此獵夫之勇悍也；不難斷頭裂腹，暴骨流血中野者，此武夫之勇悍也。莊子秋水篇載孔子曰：「夫水行不避蛟龍者，漁父之勇也；陸行不避兕虎者，獵夫之勇也；白刃交於前，視死若生者，烈士之勇也。」胡非子曰：「吾聞勇有五等：夫負長劍，赴榛薄，折兕豹，搏熊羆，此獵徒之勇也；負長劍，赴深泉，折蛟龍，搏黿鼉，此漁人之勇也；登高危之上，鵠立四望，顏色不變，此陶匠之勇也；剽必刺，視必殺，此五刑之勇也。昔齊桓公以魯爲南境，魯公憂之，三日不食，曹劌聞之，觸齊軍，見桓公曰：『臣聞君辱臣死。君退師則可；不退，則臣請擊頸以血濺君矣。』桓公懼，不知則措，管仲乃勸與之盟而退。夫曹劌匹夫徒步之士，布衣柔履之人也，唯無怒，一怒而劫萬乘之師，存千乘之國，此謂君子之勇，勇之貴者也。晏嬰疋夫，一怒而沮崔子之亂，亦君子之勇也。」（用馬氏輯本）皆與此文相似。今臣居廣廷，作色端辯以犯主君之怒，前雖有乘軒之賞，未爲之動也；後雖有斧質之威，未爲之恐也：此既之所以爲勇悍也。」○案：御覽四百三十七又四百六十四皆引此文，作新序。今新序無此文。或二書俱載，而彼佚之也。

魏文侯與大夫飲酒，使公乘不仁爲觴政，曰：「飲不嚼者，宋本、明鈔本「嚼」作「釂」。下同。御覽四百五引亦作「釂」。小注云：「子曜切。」案：「嚼」亦與「釂」通，初學記二十六作「飲不盡者」。御覽八百四十五、事類賦十七注作「飲若不盡」，疑以訓詁字易之。浮以大白。」文侯飲而不嚼，「嚼」上舊衍「盡」字。案：「嚼」卽盡也，（淮南道應篇注：「嚼，盡也。」）不當又有盡字，蓋校者旁注誤入正文。（初學記二十六，御覽八百四十五，事類賦十七注作「文侯不盡」。）御覽四百五引作「文侯飲而不釂」，今據刪。公乘不仁舉白浮君，君視而不應。侍者曰：「不仁退！君已醉矣。」公乘不仁曰：「周書曰：『前車覆，後車戒。』關曰：「魏策引周書，注：『王應麟曰：「此豈蘇秦所讀周書陰符者歟？」』此所引周書，蓋又是。」承周案：關氏妄爲牽引，大謬。大戴保傅篇引此二句作「鄙諺」，韓詩外傳五引作「鄙語」，則此非周書也。賈子連語篇引作「周諺」，則「書」乃「諺」之譌。蓋言其危。爲人臣者不易，爲君亦不易。今君已設令，令不行，可乎？」君曰：「善！」舉白而飲，飲畢，曰：「以公乘不仁爲上客。」

襄成君始封之日，「成」，類聚七十一、御覽五百七十二又七百七十二，皆作「城」，水經汝水注引同。衣翠衣，帶玉璣劍，「璣」字舊脫，盧據書鈔百六、御覽五百七十二補。承周案：書鈔百二十九作「帶玉佩劍」，御覽六百九十七作「帶玉佩玉劍」，水經注作「帶玉佩」。履縞舄，盧曰：「『縞』，書鈔『蹻』。」承周案：書鈔百六作「蹻」，百二十八、百二十九仍作「縞」。類聚及御覽五百七十二又七百七十二，皆同。立于流水之上。「流」，舊作「遊」，盧據書鈔、御覽改。又云：「『于』，御覽『乎』。」承周案：水經注作「倚徙於流水之上」。大夫擁鍾錘，「錘」舊亦作「鍾」，盧改。（明鈔本同。）縣令執桴號令，「桴」，舊譌「將」，從明鈔本改。呼誰能渡王者。襄成君不得稱王，「王」當作「君」。或云當作「主」，亦通。於是也，楚大夫莊辛過而說之，遂造託而拜謁起立曰：「臣願把君之手，其可乎？」襄成君忿然作色而不言。「然」字舊脫，盧曰：「書鈔、御覽有。」今據補。莊辛遷延盥手而稱曰：「君獨不聞夫鄂君子晳之汎舟於新波之中也？盧曰：「『新』，初學記二十五作『澌』。」承周案：安本初學記作「斯」。（他書引仍多作「新」。）乘青翰之舟，書鈔百六兩引「青」作「清」。極𦽕芘，盧曰：「『𦽕芘』，未詳。『𦽕』讀若蠻。」關曰：「玉篇：『𦽕』音瞞，無穿孔狀。『芘』，覆也。蓋舟之兩邊，立以障蔽者。」孫仲容曰：「『極』，疑當爲『插』，干祿字書『插』通作『插』，與『極』形近而誤。『𦽕』當讀爲幔。（周禮鼈人注「𦽕胡」，呂氏春秋仲冬紀作「漫胡」，是其例。說文巾部云：「幔，幕也。」）『芘』、『蔽』聲近，義同。（左傳文十七年，孔疏引爾雅舍人注云：『芘，蔽也。』）周禮：『巾車木車蒲蔽。』鄭注云：『蔽，車旁御風塵者。』儀禮既夕注又釋爲『藩』，蓋舟亦有藩蔽以遮禦風塵，與幔同張而插之也。」張翠蓋，盧曰：「御覽『翠』下有『羽之』二字。」孫仲容曰：「徐陵玉臺新詠載山木歌序約此文，亦云『張翠羽之蓋』，與御覽引同。（漢書元后傳云：『立羽蓋，張周帷，輯濯越歌。』」）承周案：御覽七百七十作「張翠羽之鷁」。（似「鷁首」之義。）類聚七十一、御覽七百七十二作「張翠羽之蓋。」而撟犀尾，「撟」，舊作「檢」，盧改。（明鈔本同。）關曰：「未詳。」蓋以犀尾爲旌旄也。『檢』恐『撿』之誤。撿，舉也。」班麗袿衽，「袿衽」，舊作「桂社」，盧改。（明鈔本同。）會鐘鼓之音畢，榜枻越人擁楫而歌，孫仲容曰：「玉臺新詠『擁』作『櫂』。釋名釋舟云：『在旁撥水曰櫂，又謂之楫。』詩衛風竹竿毛傳云：『楫，所以櫂舟也。』則作『櫂』亦通。（詩唐風綢繆孔疏引作「擁」，則唐本與今本同。）承周案：書鈔引新序，作「擁楫而新歌」。歌辭曰：『濫兮抃草濫予昌枑盧曰：「『枑』字無考。」澤予昌州州𩜱州焉乎秦胥胥縵予乎昭澶秦踰滲惿隨河湖。』此當時越歌也，著者存其土音耳。元后傳「輯濯越歌。」鄂君子晳曰：『吾不知越歌，子試爲我楚說之。』於是乃召越譯，乃楚說之曰：『今夕何夕兮搴舟中流，舊作「搴中洲流」，義不可通。盧曰：「『中洲』，御覽作『舟中』。書鈔無『洲』字。」關曰：「楚辭後語作『搴洲中流。』」孫仲容曰：「玉臺新詠亦作『搴舟中流』，是也。（承周案：玉臺新詠一本仍作「搴洲」。）今本『舟』誤作『洲』，又到著『中』下，遂不可通。（詩綢繆疏引『搴中洲流』作『得與搴舟水流』，亦譌衍不可據。而『搴舟』二字則不誤。）」承周案：書鈔百六兩引亦作「搴洲中流」。（盧引誤。）「洲」字不誤，他引作「舟」者，或以意改之耳。（「櫂舟」謂之「搴舟」，於古無徵。）離騷：「朝搴阰之木蘭兮，夕攬洲之宿莽。」「搴」「攬」同義。「搴洲」猶言「攬洲」，謂采洲之芳草也。類聚七十一、御覽五百七十二又七百七十二皆作「搴洲中流」。玉臺新詠、樂府詩集、楚辭後語同，當從之。今日何日兮得與王子同舟，蒙羞被好兮不訾詬恥，心幾頑而不絕兮得知王子，盧曰：「『得知』，舊作『知得』，郭茂倩樂府倒。」關曰：「楚辭後語作『得知王子。』」承周案：作「得知」是也。「知」與

「接」同義。山有木兮木有枝，心說君兮君不知。』於是鄂君子晳乃揄修袂「揄」，舊作「榆」，盧據郭樂府改。闕曰：「『搶』，一本作『揄』。說文：『引也』。史記貨殖傳：『揄長袂。』」（案：又見長門賦。）承周案：御覽五百七十二及類聚皆作「揄」。行而擁之，舉繡被而覆之。書鈔引新序「舉」作「捧」。鄂君子晳親楚王母弟也，官爲令尹，爵爲執珪，闕曰：「齊策：『楚之官爲上柱國，爵爲上執珪，唯令尹者異貴於此。』」承周案：「執珪」，戰國策、呂覽等書屢見。一榜枻越人猶得交歡盡意焉。今君何以踰於鄂君子晳？「今君」舊作「令尹」，盧改正。（明鈔本不誤。）臣獨何以不若榜枻之人？願把君之手，其不可何也？」襄成君乃奉手而進之曰：「吾少之時，亦嘗以色稱於長者矣，未嘗遇僇如此之卒也。自今以後，願以壯少之禮謹受命。」○書鈔百三十八引此文作新序。（今新序無。）

雍門子周他書引多無「子」字，新論同。以琴見乎孟嘗君。孟嘗君曰：「先生鼓琴，亦能令文悲乎？」雍門子周曰：「臣何獨能令足下悲哉！臣之所能令悲者：有先貴而後賤，先富而後貧者也；文選廣絕交論注作「古富而今貧」，新論作「昔富而今貧」。（「昔」一作「故」。）不若身材高妙，「不若」猶言否則。（下同。）適遭暴亂無道之主，「主」，舊譌「士」，盧改。妄加不道之理焉；不若處勢隱絕，不及四隣，新論「及」作「交」。詘折儐厭，盧曰：「『儐』、『擯』同。程本未刻。」承周案：宋本亦闕此字，范本同，明鈔本作「儐」，類聚四十四、御覽五百七十九、事類賦十一、琴史二引皆作「擯」。新論作「擯厭窮巷」。（合二句爲一句。）「厭」與「壓」同。襲於窮巷，無所告愬；不若交歡相愛，無怨而生離，「生」舊譌「任」，盧改。（明鈔本同，新論同。）遠赴絕國，無復相見之時；新論作「無相見期」。不若少失二親，兄弟別離，家室不足，憂慼盈匈，「慼」，舊作「蹙」，盧改。案：宋本、范本、明鈔本皆作「慼」。當是之時也，固不可以聞飛鳥疾風之聲，窮窮焉固無樂已。新論云：「但聞飛鳥之號，秋風鳴條，則傷心矣。」此「固不可以」四字，似當止作一「但」字。凡若是者，臣一爲之，徽膠援琴而長太息，則流涕沾衿矣。今若足下，千乘之君也，居則廣厦邃房，「厦」，俗字，後漢書邊讓傳注作「夏」。下羅帷，來清風，倡優侏儒處前迭進而諂諛，二句，書鈔百十二作「俳優在前，諂諛侍側」，新論亦作「倡優在前，諂諛侍側」。燕則鬬象棋而舞鄭女，激楚之切風，「激」上疑脱「揚」字。新論作「揚激楚、舞鄭妾」，是其證。「切」，舊訛「功」，盧改。練色以淫目，「練」，舊作「綵」，盧改。案：明鈔本亦作「練」，新論同。類聚、御覽、琴史皆作「麗」。流聲以虞耳；「虞」，舊作「娛」，今從宋本、明鈔本改。「虞」「娛」古通。文選枚乘七發云：「練色娛目，流聲悦耳。」李注：「埤蒼曰：『練，擇也。』尔疋曰：『流，擇也。』」案：尔疋釋詁：「流，差，揀，擇也。」揀與練通。水遊則連方舟，載羽旗，新論作「水嬉則舫龍舟，建羽旗」。（「嬉」，一作「戲」。）鼓吹乎不測之淵；野遊則馳騁弋獵乎平原廣囿，格猛獸；新論作「野游則登平原，馳廣囿，强弩下高鳥，勇士格猛獸，置酒娛樂，沈醉忘歸。」此文似有脱誤。入則撞鐘擊鼓乎深宮之中；方此之時，視天地曾不若一指，忘死與生，雖有善鼓琴者固未能令足下悲也。」孟嘗君曰：「否，否！文固以爲不然。」新論作「孟嘗君曰：『固然！』」，與此文義相反，似彼文爲長。雍門子周曰：「然臣之所爲足下悲者一事也：「事」上「一」字，舊脱，盧補。（明鈔本同。）類聚、御覽皆作「一也」，無「事」字。夫聲敵帝而困秦者，君也；也，舊訛「之」，盧改。（范本、明鈔本、關本皆作也。）

連五國之約南面而伐楚者，又君也。天下未嘗無事，不從則橫。從成則楚王，橫成則秦帝。楚策載蘇秦語亦云：「從合則楚王，橫成則秦帝。」史蘇秦傳同。楚王秦帝，必報讐於薛矣。夫以秦、楚之强而報讐於弱薛，譬之猶摩蕭斧而伐朝菌也，必不留行矣。天下有識之士，無不爲足下寒心酸鼻者。此下，新論有「天道不常盛，寒暑更進退」二句。千秋萬歲之後，廟堂必不血食矣。「廟堂」，類聚、御覽作「宗廟」，新論、琴史同。高臺既已壞，曲池既已塹，「塹」，舊作「漸」，盧據御覽五百七十九改。案：事類賦同，御覽四百八十八作「毁」。墳墓既已平，「平」，舊作「下」，盧從御覽改。承周案：御覽兩引皆作「平」，事類賦、琴史同。類聚「漸」字、「下」字皆同。今本蓋後人依誤本改之。新論云：「高臺既已傾，曲池既已平，墳墓生荆棘，狐兔穴其中。」漢書如湻注云：「高臺既已顛，曲池又已平，墳墓生荆棘」云云，皆與此小異。而青廷矣，盧云：「四字當誤衍。」嬰兒豎子樵採薪蕘者，盧曰：「『採』，宋本『菜』。」蹢躅其足而歌其上，「蹢」，御覽兩引皆作「躑」。（通用。）衆人見之，無不愀焉爲足下悲之，曰：『夫以孟嘗君尊貴，乃可使若此乎？』」「可使」二字，疑衍。類聚及御覽兩引皆作「乃若是乎」，新論作「亦猶若是乎」。於是孟嘗君泫然，泣涕承睫而未殞。雍門子周引琴而鼓之，徐動宮徵，微揮羽角，切終而成曲。新論「切」作「初」。嚴輯本校曰：「說苑作『切』，亦『初』之誤。」承周案：書鈔作「曲終而切歎」。（「終」一作「成」。）孟嘗君涕浪汗增欷，盧曰：「『浪汗』，猶『闌干』也，舊『浪汙』訛。」承周案：程本、王本「汗」誤「汙」，他本不誤。下而就之曰：「下」字舊脫，今補。類聚、書鈔、御覽、事類賦皆有。「先生之鼓琴，令文立若破國亡邑之人也。」「立」字舊脫，盧補。「亡」，舊作「忘」，盧改。（明鈔本、闕本、局本皆作「亡」，新論、琴史同。）○桓譚新論琴道篇與此文畧同。（孫氏、嚴氏輯本。長短經七雄畧載此事，不標書名，覈之乃新論，非說苑，故其異文不錄。）淮南覽冥篇：「昔雍門子以哭見於孟嘗君，已而陳辭通意，撫心發聲，孟嘗君爲之增欷歍唈，流涕狼戾不可止。」高注云：「雍門子名周，善彈琴，又善哭。雍門，齊西門也，居近之，因以爲氏。」案：列子湯問篇載韓娥過雍門事云：「雍門之人，至今善歌哭，放娥之遺聲。」則雍門周亦染韓娥之遺教者也。漢書中山靖王傳云：「雍門子一微吟，孟嘗君爲之於邑。」張晏曰：「齊之賢者，居雍門，因以爲號。」（與高說畧同。）蘇林曰：「六國時人，名周，善鼓琴。母死無以葬，見孟嘗君而微吟也。」案：蘇說未詳所出。又劉子辨樂篇：「雍門作松柏之聲，齊湣願未寒之服。」所說又異。（劉子蓋牽涉齊策雍門司馬諫王建事而誤，然作松柏歌者非雍門，且與湣王無涉，姑附記之。）

蘧伯玉使至楚，御覽六百三十二「至」作「之」。逢公子晳濮水之上。前文鄂君子晳，與此似一人。楚公子黑肱字子晳，見左氏昭元年傳。（畧與伯玉同時。）未知卽此人否？子晳接草而待，孫仲容曰：「『接草』，義不可通，疑『接』當爲『捽』，形近而誤。『捽草』，見漢書貢禹傳。說文手部云：『搣，批也。批，捽也。』晏子春秋諫下篇云：『晏子後至，左右滅葭而席。』『捽草』猶云滅葭矣。（『滅』卽『搣』同聲叚借字。）」曰：「敢問上客將何之？」蘧伯玉爲之軾車。公子晳曰：「吾聞上士可以託色，「託色」，御覽作「託邑」，下同。中士可以託辭，下士可以託財。三者固可得而託耶？」蘧伯玉曰：「謹受命！」蘧伯玉見楚王，使事畢，坐談語，從容言至於士，楚王曰：「何國最多士？」蘧伯玉曰：「楚最多士。」楚王大說。蘧伯玉曰：「楚最多士，而楚不能用。」王造然曰：盧曰：「『造然』，變色之貌。韓非難二篇：『景公造然變色。』又忠孝篇：『舜見瞽瞍，其容造焉。』當與『躛』、『慽』同。」關曰：「『造然』，革容貌，見淮南道應訓。」「是何言也？」蘧伯玉曰：「伍子胥生於楚，逃之吳，吳受而相之，發兵攻楚，墮平王之墓，伍子胥生於楚而吳善用之；「而」字舊脫，依下文例當有，今從御覽補。釁蚠黃生於楚，盧曰：「『釁蚠黃』卽『苗賁皇』，『釁』讀爲『門』，與『苗』聲相近。」走之晉，治七十二縣，道不拾遺，民不妄得，城郭不閉，國無賊盜，蚠黃生於楚而晉善用之。今者臣之來，逢公子晳濮水之上，辭言『上士可以託色，中士可以託辭，下士可以託財。以三言者，固可得而託身邪？』御覽無「身」字。又不知公子晳將何治也！」於是楚王發使一駟、副使二乘，追公子晳濮水之上。子晳還重於楚，蘧伯玉之力也。故詩曰：詩檜風匪風。「誰能亨魚，「亨」，舊作「烹」，俗字，今從宋本改。漑之釜鬵；孰將西歸，懷之好音。」此之謂也。物之相得固微甚矣。○此與左氏襄二十六年傳聲子伍舉事相類。（又見楚語。）

叔向之弟羊舌虎善欒逞。「欒逞」，舊訛「樂達」，盧改，云：「『逞』與『盈』同。下同。」承周案：史記晉世家、十二諸侯年表皆作「欒逞」。（昭二十三年「沈子逞」，穀梁作「盈」，公羊作「楹」，此「逞」「盈」相通之證。）困學紀聞六以「樂達」爲誤，不知此刻本之誤，不足以咎子政也。逞有罪於晉，晉誅羊舌虎，叔向爲之奴。既而，「既而」，呂氏作「而膄」。（屬上句。）注：「膄，繫也。」此疑後人不達而肊改。祁奚曰：「吾聞小人得位，不争不義；君子在憂，「在」，舊作「所」，於義不合，今從呂氏改正。「在憂」，謂在憂患之中也。（高注：「憂，阸也。」）不救不祥。」乃往見范桓子而說之曰：盧曰：「『桓』當作『宣』，下同，見左氏襄二十一年傳。」承周案：呂氏作「宣」，困學紀聞亦以作

「桓」爲誤，皆非也。「桓」「宣」皆從亘聲，自可通用。「宣布」作「和布」，（周禮。）「桓表」作「和表」，「宣」「桓」二字皆可叚「和」字爲之，則亦可互叚矣。史記魏世家「魏桓子御」，本書敬慎篇、戰國秦策、韓子難三篇「桓」皆作「宣」，尤其明證。「聞善爲國者，賞不過，刑不濫。呂氏「濫」作「慢」，下同。賞過則懼及淫人，刑濫則懼及君子。與不幸而過，寧過而賞淫人，無過而刑君子。左氏襄二十六年傳載聲子語，畧同。故堯之刑也，殛鯀於羽山而用禹；「羽山」二字，呂氏誤作「虞」。〇事詳辨物篇。周之刑也，僇管、蔡而相周公：不濫刑也。」桓子乃命吏出叔向。救人之患者，行危苦而不避煩辱，猶不能免；今祁奚論先王之德，而叔向得免焉，學豈可已哉！〇本呂氏開春論，事又見左氏襄二十一年傳，文異。

張祿掌門見孟嘗君曰：關曰：「『掌門』，未詳。『掌』恐『踵』也。」「衣新而不舊，倉庾盈而不虛，爲之有道，君亦知之乎？」孟嘗君曰：「衣新而不舊，則是修也；倉庾盈而不虛，則是富也。爲之柰何？其說可得聞乎？」張祿曰：「願君貴則舉賢，富則振貧，若是則衣新而不舊，倉庾盈而不虛矣。」孟嘗君以其言爲然，說其意，辯其辭，明日使人奉黃金百斤，文織百純，關曰：「純，包束也。」承周案：關以「純」爲「白茅純束」之「純」，非也。周禮內宰職云：「出其度量淳制。」注云：「故書『淳』爲『敦』。杜子春讀『敦』爲『純』，『純』謂幅廣也。」又質人職云：「壹其淳制。」注：「杜子春云：『淳』當爲『純』，『純』謂幅廣。」此云「百純」，猶百幅也。進之張先生。先生辭而不受。後先生復見孟嘗君，孟嘗君曰：「前先生幸教文曰：『衣新而不舊，倉庾盈而不虛，爲之有說，汝亦知之乎？』文竊說教，故使人奉黃金百斤，文織百純，進之先生，以補門内之不贍者，先生曷爲辭而不受乎？」張祿曰：「君將掘君之偶錢、關曰：「偶錢，未詳。」承周案：「偶」疑「府」之譌。發君之庾粟以補士，則衣弊履穿而不贍耳，何暇衣新而不舊、倉庾盈而不虛乎？」孟嘗君曰：「然則爲之奈何？」張祿曰：「夫秦者，四塞國也，遊宦者不得入焉；願君爲吾爲丈尺之書，盧曰：「『丈』疑『咫』。」承周案：盧說是也。魏策載范痤與信陵書及史記淮陰傳皆有「咫尺之書」語。漢書韓信傳亦同。顏注云：「八寸曰咫。咫尺者，言其簡牘或長咫，或短尺，喻輕率也。今俗言尺書或言尺牘，蓋其遺語耳。」（張守節說同）孫融論盛孝章書，亦云「加咫尺之書。」寄我與秦王。「與」盧改「於」，云：「『與』訛。」承周案：「與」「於」通。我往而遇乎，固君之入也；往而不遇乎，雖人求問謀，固不遇臣矣。」孟嘗君曰：「敬聞命矣。」因爲之書，寄之秦王。往而大遇。謂秦王曰：「自祿之來入大王之境，田疇益辟，吏民益治；然而大王有一不得者，大王知之乎？」王曰：「不知。」曰：「夫山東有相所謂孟嘗君者，其人賢人，天下無急則已，有急則能收天下英乂雄俊之士，與之合交連友者，疑獨此耳。然則大王胡不爲我友之乎？」秦王曰：「敬受命。」奉千金以遺孟嘗君。孟嘗君輟食察之而寤曰：「此張生之所謂衣新而不舊、倉庾盈而不虛者也。」○關引焦竑曰：「范雎傳謂雎入秦，變姓名爲張祿，學者蓋不知秦先時自有張祿也。初，孟嘗君柄齊，悅張祿先生之教，因爲之書，寄之秦王，往而大遇。考之田文之卒，在范雎未入秦之先，則張祿之入秦，居范雎之前久矣。雎入秦而踵名張祿，豈祿嘗有聞於諸侯，秦特令雎冒其名以誑鄰國耶？」承周案：焦說見筆乘。方氏通雅二十一畧同，云：「此筆乘鈔之兩山墨談者。」（兩山墨談卷十。）

莊周貧者，盧曰：「初學記六無『者』字。」往貸粟於魏文侯。盧曰：「『粟』字，記無。」又曰：「『魏文侯』，莊子作『監河侯』，御覽八百四十作『高平王』。貸粟文多不同，今不録。」承周案：莊子釋文亦云：「説苑作魏文侯。」然莊子與惠王同時，則云「文侯」，蓋寓言也。高平王事，又見類聚八十五引，蓋别是一條，今録入佚文。文侯曰：「曰」上「文侯」二字，舊脱，盧補，云：「記有，御覽六十一同。」「待吾邑粟之來而獻之。」莊子作「我將得邑金，將貸子三百金可乎。」周曰：「乃今者周之來見，道傍牛蹄中「牛蹄」，謂牛蹄之涔也。莊子作「車轍中」。有鮒魚焉，大息謂周曰：「大」，舊作「太」，盧改。案：宋本、明鈔本皆作「大」。『我尚可活也』。周曰：『須我爲汝南見楚王，決江、淮以溉汝。』鮒魚曰：『今吾命在盆甕之中耳，乃爲我見楚王，決江、淮以溉我，汝卽求我枯魚之肆矣。』「卽」，舊作「則」，古通，今從宋本、明鈔本改。初學記亦作「卽」。盧曰：「『求』，記作『索』。『我』下有『於』字。」今周以貧故來貸粟，而曰『須我邑粟來也而賜臣』，卽來，亦求臣傭肆矣。」文侯於是乃發粟百鍾，送之莊周之室。○本莊子外物篇，彼文多異。

晉平公問叔向曰：「歲饑民疫，翟人攻我，我將若何？」對曰：「歲饑，來年而反矣；疾疫，將止矣；翟人，不足患也。」公曰：「患有大於此者乎？」對曰：「夫大臣重禄而不極諫，近臣畏罪而不敢言，左右顧寵於小官而君不知，此十一字，新序作「下情不上通」五字。此誠患之大者也。」公曰：「善！」於是令國中曰：「欲有諫者爲隱，左右言及國吏，罪。」盧曰：「九字，文訛。新序作『欲進善言，謁者不通，罪當死』。」承周案：「欲有諫者爲隱」，謂有諫者爲近臣所隱蔽也；「左右言及國吏」，謂左右以私意毁譽國中之吏也：此二者皆罪之。

趙簡子攻陶，有二人先登，死於城上。簡子欲得之，陶君不與。承盆疽謂陶君曰：「簡子將掘君之墓以與君之百姓市曰：『踰邑梯城者，將舍之；盧曰：「『舍』，宋本『赦』。」（明鈔本同。）不者，將掘其墓，朽者揚其灰，未朽者辜其尸。』」盧曰：「辜，磔也。」陶君懼，請効二人之尸以爲和。

子貢見太宰嚭。春秋時有二太宰嚭：一在吳，一在陳。（見檀弓。）據史記弟子傳與越絶書陳成恒篇、吳越春秋夫差内傳，家語弟子行、淮南人間篇、本書奉使篇，則子貢嘗至吳，此蓋吳太宰嚭也。太宰嚭問曰：「孔子何如？」對曰：「臣不足以知之。」太宰曰：「子不知，何以事之？」對曰：「惟不知，故事之。夫子其猶大山林也，百姓各足其材焉。」太宰嚭曰：「子增夫子乎？」對曰：「夫子不可增也。賜其猶一累壤也；盧曰：「『累』，『蘽』之假字。」以一累壤增大山，不益其高，且爲不知。」太宰嚭曰：闗引太室曰：「此以下數語，與次章『簡子曰』下七字更换，則其辭順矣，當是錯簡。」「然則子有所酌也？」對曰：「天下有大樽而子獨不酌焉，不識誰之罪也？」○韓詩外傳八以此爲對齊景公語，說詳下。

趙簡子問子貢曰：「孔子爲人何如？」子貢對曰：「賜不能識也。」簡子不悦曰：「夫子事孔子數十年，終業而去之，寡人問子，子曰『不能識』，何也？」子貢曰：「賜譬渴者之飲江海，知足而已。」意林引物理論曰：「人之學，如渴而飲河：大飲則大盈，小飲則小盈；大觀則大見，小觀則小見。」孔子猶江海也，賜則奚足以識之。」簡子曰：「善哉，子貢之言也！」○韓詩外傳八亦以此爲對齊景公語，說詳下。

齊景公謂子貢曰：「子誰師？」曰：「臣師仲尼。」公曰：「仲尼賢乎？」對曰：「賢！」公曰：「其賢何若？」對曰：「不知也。」公曰：「子知其賢，而不知其奚若，可乎？」對曰：「今謂天高，無少長愚智皆知高。盧曰：「御覽二無『高』字，有『若問其』三字，連下句。」高幾何？皆曰不知也。是以知仲尼之賢而不知其奚若。」○案：韓詩外傳八云：「齊景公謂子貢曰：『先生何師？』對曰：『魯仲尼。』曰：『仲尼賢乎？』曰：『聖人也，豈直賢哉！』景公嘻然而笑曰：『其聖何如？』子貢曰：『不知也。』景公悖然作色曰：『始言聖人，今言不知，何也？』子貢曰：『臣終身戴天，不知天之高也；終身踐地，不知地之厚也。若臣之事仲尼，譬猶渴操壺杓，就江海而飲之，腹滿而去，又安知江海之深乎？』（選注五十三引桓譚新論，與此畧同。）景公曰：『先生之譽，得無太甚乎？』子貢曰：『臣賜何敢甚言，尚慮不及耳。臣譽仲尼，譬猶兩手捧土而附泰山，其無益明矣。使臣不譽仲尼，譬猶兩手把泰山，無損亦明矣。』景公曰：『善，豈其然！善，豈其然！』」彼文以此三條皆爲對齊景公語，與此異。論衡知實篇云：「齊景公問子貢曰：『夫子賢乎？』子貢對曰：『夫子乃聖，豈徒賢哉！』景公不知孔子聖，子貢正其名。」

趙襄子謂仲尼曰：「先生委質以見人主，七十君矣，而無所通，不識，世無明君乎？意先生之道固不通乎？」「意」與「抑」同。仲尼不對。異日，襄子見子路，曰：「嘗問先生以道，先生不對。知而不對，則隱也，隱則安得爲仁？若信不知，安得爲聖？」子路曰：「建天下之鳴鐘而撞之以梃，「梃」，舊作「挺」。盧曰：「『挺』，意林作『梃』，然當從漢書東方朔傳作「莛」，艸莖也，音亭，又引『挺』。」承周案：「挺」乃「梃」之誤，（古从木从手之字多相亂。）當从意林作「梃」。（聚珍本如此，學津本作「莛」。）吴仁傑兩漢刊誤補遺云：「東方朔傳『以筳撞鐘』，文穎曰：『槀莛也。』論衡曰：『篙不能鳴鐘。』仁傑按：『篙』當作『槀』。周官矢人注云：『「笴」，讀爲「槀」。』又槀人注云：『箭幹謂之槀。』集韻：『「笴」「槁」通。』穎云：『「槁」者，謂箭幹耳。』楚辭：『索瓊茅以筳篿。』王逸曰：『「筳」，小破竹也。』王莽傳：『以竹筳導其脉。』師古曰：『「筳」，竹挺也。』説文：『「筳」，繀絲筦也。』四説不同，大意不離於竹。五臣文選注乃云：『「筳」，小木枝。』不知何所根據。説苑曰：『建天下之鳴鐘撞之以梃』，豈以説苑字從木而爲是説邪？韓文公詩：『寸筳撞鉅鐘。』音義云：『「筳」，草莖也。』『筳』從竹，而此以從艸釋之，誤矣。按：從艸之『莛』，一曰屋梁，莊周書：『舉莛與楹，厲與西施。』郭象曰：『莛横而楹從，司馬彪以莛爲梁、楹爲柱。』按：莊生本以『莛楹』大小之殊，『厲西施』美惡之異一類言之，以莛爲梁，則失其趣矣。朔傳贊曰：『柱下爲工。』注引老子爲柱下史事，朔集作『柳下』。仁傑按：非夷齊而是惠者，史辭也；戒其子以首陽爲拙，柳下爲工者，朔本語也。恐當從集本爲定。」（以上吴氏語。）吴氏謂説苑从木，則所見本正作「梃」，與意林合。文選載東方朔答客難作「以筳撞鐘」，注引説苑亦作「筳」，蓋彼文叚「筳」爲「莛」。李注每於所引書改從正文。（亦有後人改者。）本書作「梃」，亦「莛」之借字。説文：「莛，草莖也。」漢書文穎注：「『莛』，槀莛也。」「槀」與「稾」通，「稾」謂「禾稾」，「稾莛」，即草莖也。吴氏以從竹爲是，謬矣。又文選五臣注訓「筳」爲小木枝，其所據文選本，必从木，故肊爲之説，與善本作「筳」異，因六臣合而爲一，故注與正文不相應，非五臣以小木枝釋从竹之「筳」也。

豈能發其聲乎哉？君問先生，無乃猶以梃撞乎？」〇趙襄子與孔子時代不相及，無由問答。（説見前。）此似誤。

衛將軍文子關曰：「將軍文子，名木，字彌牟，衛靈公之孫也。」問子貢曰：「季文子三窮而三通，何也？」關曰：「文子名行父，季友之孫，相魯三君。」子貢曰：「其窮事賢，其通舉窮，其富分貧，其貴禮賤。窮以事賢則不侮，明鈔本「以」作「而」。通而舉窮則忠於朋友，富而分貧則宗族親之，貴而禮賤則百姓戴之：其得之固道也，失之命也。」曰：「失而不得者，何也？」曰：「其窮不事賢，其通不舉窮，其富不分貧，其貴不禮賤：其得之命也，其失之固道也。」

子路問於孔子曰：「管仲何如人也？」子曰：「大人也。」子路曰：「昔者管子說襄公，襄公不說，是不辯也；欲立公子糾而不能，是無能也；關曰：「事在左傳莊公八年及九年。」家殘於齊而無憂色，是不慈也；桎梏而居檻車中無慙色，是無愧也；事所射之君，是不貞也；召忽死之，管子不死，是無仁也：夫子何以大之？」子曰：「管仲說襄公，襄公不說，管子非不辯也，襄公不知說也；欲立子糾而不能，非無能也，不遇時也；家殘於齊而無憂色，非不慈也，知命也；桎梏居檻車而無慙色，非無愧也，自裁也；關曰：「『裁』下，家語有『審』字。」事所射之君，非不貞也，知權也；召忽死之，管子不死，非無仁也，召忽者，人臣之材也，不死則三軍之虜也，死之則名聞天下，夫何爲不死哉？管子者，天子之佐、諸侯之相也，死之則不免爲溝中之瘠，論語云：「豈若匹夫匹婦之爲諒也，自經於溝瀆而莫之知也。」不死則功復用於天下，夫何爲死之哉？由，汝不知也。」管子小匡篇：「君子聞之，曰：『召忽之死也，賢其生也；管仲之生也，賢其死也。』」○家語致思篇用此文。

晉平公問於師曠曰：「咎犯與趙衰孰賢？」對曰：「陽處父欲臣文公，因咎犯三年不達，因趙衰三日而達。智不知其士衆，盧曰：「『衆』字衍。」承周案：貴德篇亦以「士衆」連文，（「將柰其士衆何」。）非衍。不智也；知而不言，不忠也；欲言之而不敢，無勇也；言之而不聽，不賢也。」○此亦疑師曠書佚文。

趙簡子問於成摶曰：闕曰：「成摶，晉大夫，左傳作『成鱄』。」承周案：通鑑外紀作「成傳」。「吾聞夫羊殖者賢大夫也，外紀「殖」作「寔」。惠棟左傳補注謂羊殖卽羊舌職。是行奚然？」對曰：「臣摶不知也。」簡子曰：「吾聞之，子與友親。子而不知，何也？」摶曰：「其爲人也數變：其十五年也，廉以不匿其過；其二十也，仁以喜義；其三十也，爲晉中軍尉，勇以喜仁；其年五十也，爲邊城將，遠者復親；今臣不見五年矣，恐其變，是以不敢知。」簡子曰：「果賢大夫也，每變益上矣。」○大戴記將軍文子篇：「晉平公問於祁傒曰：『羊舌大夫，晉國之良大夫也，其行如何？』祁傒對辭曰：『不知也。』公曰：『吾聞女少長乎其所，女其閹知之。』祁傒對曰：『其幼也，恭而遜，恥而不使其過宿也；其爲侯大夫也，悉善而謙其端也；其爲公車尉也，信而好直其功也；至於其爲和容也，温良而好禮，博聞而時出其志。』公曰：『嚮者問女，女何曰弗知也？』祁傒對曰：『每位改變，未知所止，是以不知，蓋羊舌大夫之行也。』」與此文意畧同。彼以爲平公問祁奚，此以爲趙簡子問成摶，蓋一事而傳聞各異。惠氏以羊舌職、羊殖爲一人，似是。然左氏所稱羊舌大夫爲職之父，非職也。且此文云「今臣不見五年矣」，則是簡子同時人，年代尤參錯不合。豈二文偶同，本非一事歟？抑一事而傳聞不同歟？

說苑卷第十二

奉使

春秋之辭，有相反者四：既曰大夫無遂事，不得擅生事矣；見公羊莊十九年、僖三十年傳。又曰出境可以安社稷、利國家者，則專之可也。見公羊莊十九年傳。既曰大夫以君命出，進退在大夫矣；又曰以君命出，聞喪徐行而不反者何也。見公羊宣八年傳。曰此四者各止其科，不轉移也。不得擅生事者，謂平生常經也；「常經」，董子作「安寧」。專之可者，謂救危除患也；進退在大夫者，謂將帥用兵也；徐行而不反者，謂出使道聞君親之喪也。「君」字疑衍。白虎通喪服篇：「大夫使受命而出，聞父母之喪，非君命不反，蓋重君也。故春秋傳曰：『大夫以君命出，聞喪徐行不反。』」公羊解詁云：「聞喪者，聞父母之喪；徐行者，不忍疾行。又爲君當使人追代之。」班、何皆主謂聞父母之喪，與君無關。董子此句作「謂不以親害尊，不以私妨公也」，文義猶明。聘禮云：「若有私喪，則哭於館，衰而居，不饗食，歸使衆介先衰而從之。」鄭注：「私喪，謂其父母。」亦引公羊此傳以釋之。則傳所謂聞「喪」，專謂親喪，非謂君喪明矣。據聘禮，君喪入境則遂，是不入境則反也，何徐行不反之有。公子子結擅生事，盧曰：「衍一『子』字。」春秋譏之，以爲僖公無危事也。董子作「是時安寧無危」。故君有危而不專救，是不忠也；君無危而擅生事，是不臣也。「不臣」，董子作「卑君」。傳曰：「詩無通故，明鈔本「故」作「詁」。（古通。）易無通吉，春秋無通義。」董子云：「所聞詩無達詁，易無達占，（「占」或作「吉」，或作「言」。）春秋無達辭。」又見詩緯汎歷樞。此之謂也。○本董子精華篇。

趙王遣使者之楚。方鼓瑟而遣之，誡之曰：「必如吾言。」使者曰：「王之鼓瑟，未嘗悲若此也。」王曰：「宮商固方調矣。」使者曰：「調則何不書其柱耶？」「書」，外傳作「記」，下同。關曰：「書柱者，膠柱之類。」王曰：「天有燥溼，絃有緩急，宮商移徙不可知，七字，外傳作「柱有推移」四字。是以不書。」使者曰：「臣聞明君之使人也，「臣聞」二字舊脫，依書鈔補。任之以事，不制以辭，遭吉則賀之，凶則弔之。今楚、趙相去千有餘里，吉凶憂患不可豫知，八字，外傳作「亦有吉凶之變，凶則弔之，吉則賀之」十四字。猶柱之不可書也。」此下外傳有「故王之使人，必慎其所之，而不任以辭」三句。詩云：詩小雅皇華。「莘莘征夫，毛詩「莘」作「駪」。每懷靡及。」外傳引詩曰：「提提征夫，每懷靡及。」「蓋傷自上而御下也」。（用大雅烝民。）○本韓詩外傳七。

楚莊王舉兵伐宋，宋告急，晉景公欲發兵救宋，伯宗諫曰：「天方開楚，「開」，（史記同。）左傳作「授」。未可伐也。」乃求壯士，得霍人解揚，字子虎，往命宋毋降。「毋」，宋本作「約」。案：「毋」上疑或本有「約」字，宋本及各本各脫一字。道過鄭。鄭新與楚親，乃執解揚而獻之楚。楚王厚賜，與約，使反其言，令宋趣降。三要，解揚乃許。於是楚乘揚以樓車，令呼宋使降。遂倍楚約而致其晉君命曰：「晉方悉國兵以救宋，宋雖急，愼毋降楚，晉兵今至矣！」楚莊王大怒，將亨之。「亨」，俗作「烹」，今從宋本。鄭世家作「殺」，晉世家云「楚欲殺之」，左傳云「楚子將殺之」，皆不云「亨」。解揚曰：「君能制命爲義，臣能承命爲信。受吾君命以出，雖死無二。」王曰：「汝之許我，已而倍之，鄭世家「倍」作「背」。（古通。）其信安在？」解揚曰：「所以許王，「所」，舊作「死」，從鄭世家改。欲以成吾君命，臣不恨也。」或曰，「臣」上當有「雖死」二字。鄭世家無「臣不恨」三字。顧謂楚軍曰：鄭世家「顧」上有「將死」二字。又舊本「軍」作「君」，今從鄭世家改正。盧氏謂「君」當作「臣」，非是。「爲人臣無忘盡忠而得死者！」楚王諸弟皆諫王赦之，於是莊王卒赦解揚而歸之。晉爵之爲上卿，故後世言「霍虎」。○事見左氏宣十五年傳、史記晉、鄭兩世家，此與鄭世家畧同。（彼文無末句。）

秦王以五百里地易鄢陵，盧曰：「『鄢』，宋本『隱』，下同。」關曰：「『鄢陵』，魏策作『安陵』。」許應元曰：「『安陵，蓋魏之庶孽封於安陵者。』」承周案：類聚六十、御覽三百四十六又四百八十三皆作「以五十里封鄢陵君」，文雖誤，而三引皆同，蓋古本有如此者。鄢陵君辭而不受，使唐且謝秦王。盧曰：「『唐且』，書鈔百二十（當云百二十九）作「唐侯」，下同。」承周案：「且」與「雎」同。御覽引新序作「雎」。「侯」乃「雎」之誤，蓋「雎」脫作「佳」，又誤作「侯」。（隸書「佳」作「奞」與「矦」相似。）魏有數唐雎，一說魏公子，一請救於秦，一爲秦散金行間，及此，皆非一人。秦王曰：「秦破韓滅魏，鄢陵君獨以五十里地存者，吾豈畏其威哉？吾多其義耳！今寡人以十倍之地易之，鄢陵君辭而不受，是輕寡人也。」唐且避席對曰：「非如此也！夫不以利害爲趣者，鄢陵也。

夫鄢陵君受地於先君而守之，雖復千里不得當，三字，策作「不敢易也」。豈獨五百里哉。」秦王怫然作色，怒曰：「公亦曾見天子之怒乎？」唐且曰：「主臣，未曾見也。」「主」，舊作「王」，盧改，云：「『主臣』，惶恐也。」魏策作「臣未之聞也」，無「主」字。秦王曰：「天子一怒，伏尸百萬，流血千里。」唐且曰：「大王亦嘗見夫布衣韋帶之士怒乎？」秦王曰：「布衣韋帶之士怒也，解冠徒跣，以頭頓地耳。盧曰：「『頓』，宋本『顙』，策作『搶』。『顙』、『搶』同。」承周案：御覽引新序亦作「搶」，然作「頓」自通，古無用「顙」爲「搶」者，宋本作「顙」，直是誤字。吳師道戰國策補注引說苑作「顙」，亦據誤本。何難知者！」唐且曰：「此乃匹夫愚人之怒耳，非布衣韋帶之士怒也！夫專諸刺王僚，彗星襲月，奔星晝出；要離刺王子慶忌，蒼隼擊於臺上；聶政刺韓王之季父，白虹貫日。鄒陽書云：「荆軻慕燕丹之義，白虹貫日；衞先生爲秦畫長平之策，太白蝕昴。」亦此類。此三人皆夫布衣韋帶之士怒矣，與臣將四。士含怒未發，搢厲於天。士無怒即已，「士」，舊作「下」。盧曰：「『下』字衍。」承周案：盧說非也。宋本、明鈔本皆作「士」，今改。一怒，伏尸二人，「二」，舊誤作「一」，盧改正。案：策作「二」，選注、書鈔、類聚及御覽四引(三百四十六、又四百三十七、又四百八十三、又七百七十九。)皆同，宋本、明鈔本皆不誤。流血五步。」即案其匕首，「其」字舊脫，類聚及御覽四引皆有「其」字。起視秦王曰：「今將是矣！」秦王變色長跪曰：「先生就坐！寡人喻矣：秦破韓滅魏，鄢陵獨以五十里地存者，徒用先生之故耳！」「用」與「以」同。策云「徒以有先生也」。○本戰國魏策，又御覽四百三十七引此文，作新序。

齊攻魯，子貢見哀公，請求救於吳。公曰：「奚先君寶之用？」子貢曰：「使吳責吾寶而與我師，是不可恃也。」於是以楊幹麻筋之弓六往。盧曰：「『筋』俗字，當作『筋』。御覽三百四十七譌『⿰角麻』。」孫仲容曰：「古作弓無以麻代筋之法，『麻』當爲『麋』形近而誤。（周禮士訓注：「幽并地宜麻。」釋文，「麻」，劉、沈皆作「麋」。與此相類。）攷工記弓人云：『麋筋斥蠖蘮。』」承周案：孫說是也。列女傳辯通篇齊弓工妻云：「纏以荆麋之筋。」（又見韓詩外傳八。）亦麋筋之證。子貢謂吳王曰：「齊爲無道，欲使周公之後不血食。且魯賦五百，邾賦三百，不識以此益齊，吳之利與、非與？」吳王懼，乃興師救魯。諸侯曰：「齊伐周公之後，而吳救之。」遂朝於吳。

魏文侯封太子擊於中山，外傳云：「魏文侯有子曰擊，次曰訢，訢少而立之以爲嗣，封擊中山。」案：訢卽擊也，見下文。三年，使不往來。舍人趙倉唐進稱曰：外傳「舍人」作「其傅」；「倉」作「蒼」。漢書人表「唐」作「堂」。「爲人子，三年不聞父問，不可謂孝；爲人父，三年不問子，不可謂慈。君何不遣人使大國乎？」太子曰：「願之久矣，未得可使者。」倉唐曰：「臣願奉使。侯何嗜好？」太子曰：「侯嗜晨鳧，好北犬。」外傳「鳧」作「鴈」。（御覽七百七十九引外傳仍作「鳧」。）於是乃遣倉唐緤北犬、奉晨鳧，獻於文侯。倉唐至，上謁曰：「孽子擊之使者，不敢當大夫之朝，請以燕閒，奉晨鳧敬獻庖厨，緤北犬敬上涓人。」文侯悅曰：「擊愛我，知吾所嗜，知吾所好。」召倉唐而見之，曰：「擊無恙乎？」倉唐曰：「唯，唯！」如是者三，乃曰：「君出太子而封之國，君名之，非禮也。」關曰：「曲禮云：『諸侯不生名。』」文侯怵然爲之變容，問曰：「子之君無恙乎？」倉唐曰：「臣來時拜送書於庭。」困學紀聞四云：「司儀問君，君問大夫，君勞客，注云：『問君曰：「君不恙乎？」對曰：「使臣之來，寡君命臣于庭。」問大夫曰：「二三子不恙乎？」對曰：「寡君命使臣于庭，二三子皆在。」勞客曰：「道路悠遠，客甚勞。」勞介則曰：「二三子甚勞。」』疏云：『未知所出何文。或云是孔子聘問之辭，亦未得其實。』」愚按：說苑魏太子擊封中山，遣倉唐使於文侯，文侯召倉唐見之，曰：『擊無恙乎？』倉唐曰：『唯，唯！』如是者三，乃曰：『君出太子而封之國，君名之，非禮也。』文侯怵然變容，問曰：『子之君無恙乎？』倉唐曰：『臣來時，拜送書於庭。』鄭氏所述，蓋古禮也。」文侯顧指左右，曰：「子之君長孰與是？」倉唐曰：「禮，擬人必於其倫。紀聞引「擬」作「儗」，與曲禮合。諸侯無偶，無所擬之。」曰：「長大孰與寡人？」倉唐曰：「君賜之外府之裘，則能勝之；賜之斥帶，則不更其造。」文侯曰：「子之君何業？」倉唐曰：「業詩。」文侯曰：「於詩何好？」倉唐曰：「好晨風、黍離。」晨風在唐風，黍離在王風。文侯自讀晨風曰：此以二詩爲文侯自讀，外傳則以爲倉唐誦之。「鴥彼晨風，鬱彼北林，未見君子，憂心欽欽。如何如何，忘我實多。」文侯曰：「子之君以我忘之乎？」倉唐曰：「不敢，時思耳！」文侯復讀黍離曰：「彼黍離離，彼稷之苗，行邁靡靡，中心搖搖。知我者謂我心憂，不知我者謂我何求。悠悠蒼天，此何人哉！」韓詩以爲黍離伯封作，蓋倉唐借伯奇事以諷文侯，故文侯有「怨乎」之問。關注以毛詩說之，大謬。（伯封伯奇，詳佚文。）文侯曰：「子之君怨乎？」倉唐曰：「不敢，時思耳！」文侯於是遣倉唐賜太子衣一襲，勑倉唐以雞鳴時至。「至」，御覽四百三十二作「致之」。太子迎拜受賜。「迎」，舊作「起」，盧據御覽六百八十九改。發篋，視衣，盡顛倒。太子曰：「趣早駕，盧曰：『早』，御覽四百三十二作『具』。」承周案：事類賦六注引同。君侯召擊也。」倉唐曰：「臣來時不受命。」太子曰：「君侯賜擊衣，不以爲寒也。欲召擊，無誰與謀，故勑子以雞鳴時至。詩曰：詩齊風東方未明。『東方未明，顛倒衣裳，顛之倒之，自公召之。』」遂西至謁文侯。盧曰：「『文侯』二字當重。」大喜，乃置酒而稱曰：「夫遠賢而近所愛，非社稷之長策也。」乃出少子摯，封中山，外傳云：「遂廢太子訢。」而復太子擊。故曰：「故曰」以下，外傳以爲文侯語。「欲知其子視其友，「友」，外傳作「母」，非是。荀子性惡篇引傳曰：「不知其子視其友，不知其君視其左右。」欲知其君視其所使。」趙倉唐一使，而文侯爲慈父，而擊爲孝子。太子乃稱詩曰：詩大雅卷阿篇。○外傳亦引此詩，不云「太子稱」。「鳳皇于飛，「皇」，舊作「凰」，俗字，盧改，云：「下卷同。」噦噦其羽，外傳「噦」作「翽」，疑後人依毛詩改。亦集爰止，藹藹王多吉士，維君子使，媚於天子。」舍人之謂也。○本韓詩外傳八，文多異。案：御覽百四十六引外傳，與今本外傳異，而與本書畧同。

楚莊王欲伐晉，使豚尹觀焉。左氏襄十八年傳載，楚官有揚豚尹宜。杜注：「揚豚邑大夫名宜。」此豚尹，蓋亦揚豚之尹也。反，曰：「不可伐也！其憂在上，其樂在下。且賢臣在焉，曰沈駒。」明年，又使豚尹觀焉，「焉」字舊脱，據舊事補，與上文例合。反，曰：「可矣！初之賢人死矣，諂諛多在君之廬者，其君好樂而無禮，其下危處以怨上。上下離心，興師伐之，其民必先反。」莊王從之，果如其言矣。○渚宮舊事一用此文。

梁王贅其羣臣而議其過。盧曰：「『贅』，會聚也，與屬同。」○「臣」下舊空一格。盧曰：「空格無闕字。」承周案：明鈔本、闕本不空格，范本空格作「曰」字，肊補，不可從。任座進諫曰：「主君國廣以大，民堅而衆，國中無賢人辯士，柰何？」王曰：「寡人國小以狹，民弱臣少，寡人獨治之，安所用賢人辯士乎？」任座曰：「不然！昔者齊無故起兵攻魯，魯君患之，召其相曰：『爲之柰何？』相對曰：『夫柳下惠少好學，長而嘉智，主君試召使於齊。』魯君曰：『吾千乘主也，身自使於齊，齊不聽。夫柳下惠特布衣韋帶之士也，使之又何益乎？』相對曰：『臣聞之：乞火不得，不望其炮矣。今使柳下惠於齊，縱不解於齊兵，終不愈益攻於魯矣。』魯君乃曰：『然乎。』相卽使人召柳下惠，來，入門，祛衣不趨。魯君避席而立曰：『寡人所謂飢而求黍稷，「飢」，舊作「饑」，盧改。案宋本、明鈔本、范本皆作「飢」。渴而穿井者，未嘗能以歡喜見子。今國事急，百姓恐懼，願藉大夫使齊。』柳下惠曰：『諾！』乃東見齊侯。齊侯曰：『魯君將懼乎？』柳下惠曰：『臣君不懼！』齊侯忿然怒曰：『吾望而魯城芒若類夫亡國，「夫」舊作「失」。闕曰：「『芒』與『茫』通，『若』助辭，『失』恐『夫』字。」孫仲容曰：「『若』、『類』義同，於文爲複，贅，疑『芒若』當爲『芒芒』之誤。」承周案：「芒若」猶「芒然」，義自可通。「失」字必「夫」字之誤，今逕改正。百姓發屋伐木以救城郭，吾視若魯君類吾國子，盧以「子」字連下讀，云：「『吾視若魯君類吾國』八字誤衍。繹史删。」孫仲容曰：「『國』疑衍。『吾子』，卽兒子也。管子海王篇云：『吾子食鹽二升少半。』又國蓄篇云：『吾子食二石。』尹注云：『吾子，謂小男小女也。』此上文魯君云『親自使於齊，齊不聽』，故齊侯有此語，言其闇弱類小兒也。盧以『子』屬下讀，又據繹史疑『吾視』以下八字皆衍文，並失之。」曰「不懼」，何也？』柳下惠曰：『臣之君所以不懼者，以其先人出周，封於魯；君之先君亦出周，封於齊。相與出周南門，刳羊而約曰：盧曰：「書鈔四十『而』作『相』。」「自後子孫敢有相攻者，盧曰：「『相』，書鈔『鬭』。」令其罪若此刳羊矣。」臣之君固以刳羊不懼矣；不然，百姓非不急也。』齊侯乃解兵三百里。夫柳下惠特布衣韋帶之士，至解齊釋魯之難，柰何無賢士聖人乎？」〇此所載柳下惠事，見左傳僖公二十六年，然彼以爲展喜之詞，非禽自行也。又柳下惠不證岑鼎事，見韓子説林篇、呂氏審己篇、新序節士篇，或即此一時事。

陸賈從高祖定天下，名爲有口辯士，居左右，常使諸侯。及高祖時，中國初定，尉佗平南越，因王之。「佗」，史記作「他」。高祖使陸賈賜尉佗印，爲南越王。陸生至，尉佗椎結箕踞見陸生。關曰：「『椎結』見上，史記及漢書作『魋結』。服虔曰：『魋音椎。』師古曰：『椎髻者，一撮之髻，其形如椎。』『箕踞』謂伸其兩脚而坐，亦曰箕踞其形似箕。」陸生因説佗曰：「足下中國人，親戚昆弟墳墓在真定，今足下棄反天性，捐冠帶，欲以區區之越與天子抗衡爲敵國，禍且及身矣！且夫秦失其政，諸侯豪傑並起，惟漢王先入關，據咸陽。項籍倍約，自立爲西楚霸王，諸侯皆屬，可謂至彊。然漢王起巴蜀，鞭笞天下，劫諸侯，「劫」下，史有「畧」字。遂誅項羽滅之。五年之間，海內平定，此非人力，天之所建也。天子聞君王王南越，不助天下誅暴逆，將相欲移兵而誅王；天子憐百姓新勞苦，且休之，遣臣授君王印，剖符通使。君王宜郊迎北面稱臣。乃欲以新造未集之越，屈彊於此。漢誠聞之，掘燒君王先人冢墓，夷種宗族，史記「種」作「滅」。使一偏將將十萬衆臨越，越則殺王已降漢，盧曰：「『已』當作『以』。」如反覆手耳。」於是尉佗乃蹶然起坐，謝陸生曰：「居蠻夷中久，殊失禮義。」因問陸生曰：「我孰與蕭何、曹參、韓信賢？」陸生曰：「王似賢。」復問：「我孰與皇帝賢？」陸曰：「皇帝起豐、沛，討暴秦，誅彊楚，爲天下興利除害，繼五帝、三王之業，統理中國，中國之人以億計，地方萬里，居天下之膏腴，人衆車輿，萬物殷富，政由一家，自天地剖判，未嘗有也。今王衆不過數十萬，盧曰：「陸賈傳無『十』字。」皆蠻夷，踦軀山海之間，盧曰：「『踦軀』、『崎嶇』同。」譬若漢一郡，何可乃比於漢王！」尉佗大笑曰：「吾不起中國，故王此；使我居中國，何遽不若漢！」「遽」，史作「渠」。乃大悦陸生，留與飲數月。「留與」二字，舊倒，從史、漢乙。曰：「越中無足與語，至生來，令我日聞所不聞。」賜陸生橐中裝直千金，佗送亦千金。陸生拜尉佗爲南越王，令稱臣奉漢約。歸報，高祖大悦，拜爲太中大夫。史、漢「拜」下有「賈」字。○本史記陸賈傳，漢書同。

晉、楚之君相與爲好會於宛邱之上，爾雅釋丘：「陳有宛丘。」宋使人往。「往」下舊有「之」字，從御覽七百七十九刪。晉、楚大夫曰：「趣以見天子禮見於吾君，我爲見子焉。」使者曰：「冠雖敝，宜加其上，履雖新，宜居其下。周室雖微，諸侯未之能易也。穀梁文八年傳云：「朝服雖弊，必加於上，弁冕雖舊，必加於首；周室雖衰，必先諸侯。」韓非外儲說左下云：「冠雖賤，頭必戴之；履雖貴，足必履之。」又云：「冠雖穿弊，必戴於頭；履雖五采，必踐於地。」六韜（佚文）云：「履雖弊，豈加於首？冠雖新，不踐於地。」賈子階級篇云：「履雖新，弗以加枕；冠雖弊，弗以苴履。」史記儒林傳云：「冠雖故，必加於首；履雖新，必關於足。」（漢書同，本書談叢篇「關」作「貫」。）師升宋城，盧曰：「御覽七百七十九『師』下有『雖』字。」臣猶不更臣之服也。」揖而去之。諸大夫懼然，「懼」，舊作「瞿」，盧改。宋本作「懼」。遂以諸侯之禮見之。

越使諸發執一枝梅遺梁王，外傳作「越王使廉稽獻民於荊王」。王紹蘭讀書雜記讀外傳云：「古諸侯相聘問，無獻民之事。周禮『司民獻民數』，曲禮『獻民虜』，皆非越所宜獻於荊者。蓋古文『民』字，說文作『𢏚』，與篆文『每』字作『𣫭』相似，外傳本作『獻梅』，『梅』壞爲『每』，因誤作『民』耳。說苑奉使篇：『越使諸發執一枝梅遺梁王，梁王之臣韓子曰：「惡有以一枝梅遺列國之君者乎？」』即其事也。兩書下文皆言越翦髮文身，欲令冠而禮見之事，其說正同。是『獻民』爲『獻梅』之誤。古書中一事而異說者，此類多矣。」承周案：魯連子「一枝梅」作「一鶴母」，羅刊修文御覽收入鶴門，必非誤字，而「梅」與「母」形亦相近，未審孰爲得實也。梁王之臣曰韓子，顧謂左右曰：「惡有以一枝梅乃遺列國之君者乎？「乃」，舊作「以」，從書鈔四十、初學記三十八改。請爲二三子慚之。」出謂諸發曰：「大王有命：客冠，則以禮見；不冠，則否。」諸發曰：「彼越亦天子之封也，不得冀、兗之州，乃處海垂之際，屏外蕃以爲居，而蛟龍又與我爭焉，是以翦髮文身，爛然成章，以像龍子者，將避水神也。令大國其命，劉曰：「當作『有命』。」承周案：局本改作「有命」。冠則見以禮，不冠則否。假令大國之使，時過弊邑，「弊」，舊作「敝」，盧改，云：「下同。」案：宋本、明鈔本皆作「弊」，今據改。弊邑之君，亦有命矣，曰：『客必剪髮文身，然後見之。』於大國何如？意而安之，盧曰：「禮記禮運正義：『說苑「能」字皆爲「而」。』案書中殊不多見，此『而』字通『如』，亦可與『能』通。」承周案：下云「意如不安」，則此句「而」字，當通作「如」，不必强牽禮運疏也。願假冠以見，意如不安，願無變國俗。」梁王聞之，被衣出以見諸發，「被」舊作「披」，盧據書鈔四十改。令逐韓子。盧據書鈔改「令」作「乃」。詩云：詩大疋卷阿。「維君子使，媚於天子。」若此之謂也。外傳云：「孔子曰：『使於四方，不辱君命，可謂士矣。』」（不引詩。）○韓詩外傳八文畧同。又修文御覽引魯連子云：「吳王使其臣諸樊，奉一鶴母以問梁王。韓子謂梁王曰：『安有問列國之王以一鶴母者乎？臣請爲君欺之。』出謂使曰：『冠則不以禮見。』（當作「冠則以禮見，不冠則不以禮見」。）諸樊曰：『吳斷髮文身，避於龍子。若大國之臣，辱於弊邑，寡君亦曰：「姑祝斷髮文身，（「祝斷」當衍其一。）然後得見。」若此，大國之臣安乎？請出假冠以見。』」蓋二書所本。

晏子使吳，吳王謂行人曰：「吾聞晏嬰蓋北方之辯於辭、習於禮者也。」命儐者：晏子有「曰」字。「客見，則稱天子請見。」「請見」二字舊脫，據晏子補，與下文方合。明日，晏子有事，行人曰：「天子請見。」晏子此下有「晏子蹵然。又曰：『天子請見。』」十字，此文似脫。晏子憱然者三，曰：「臣受命弊邑之君，「弊」，舊作「敝」，從宋本、明鈔本改，晏子同。將使於吳王之所，不佞而迷惑入於天子之朝，敢問吴王惡乎存？」然後吴王曰：「夫差請見。」見以諸侯之禮。○本晏子内篇雜下。關曰：「孜古質疑曰：『大慶按：左傳，吴王夫差立於定之十四年；案史記齊世家，晏子卒於定之十年。二書皆出於劉向之前，合是而觀，晏子已卒而夫差未爲吴王，夫差立而晏子已卒四年矣。然則此事爲誤，明矣。』」

晏子使吴，吴王曰：「寡人得寄僻陋蠻夷之鄉，「陋」，舊作「處」，盧改正，明鈔本同，晏子同。希見教君子之行，請私而毋爲罪。」晏子憱然避位。吴王曰：「吴」，舊作「矣」。盧曰：「「矣」疑衍，或「吴」字之訛。」承周案：晏子作「吴」，今據改。「吾聞齊君蓋賊以慢，野以暴，「暴」字舊空格。盧曰：「板脱。」承周案：板脱處，宋本、明鈔本皆作「暴」，關本同，與晏子合，今補入。吾子容焉，何甚也？」晏子逡巡而對曰：「臣聞之：精事不通，麤事不能者，必勞；「精」，明鈔本作「微」，與晏子合。大事不得，小事不爲者，必貧；大者不能致人，小者不能至人之門者，必困。此臣之所以仕也。「仕」，舊訛「任」，盧改正，明鈔本同，與晏子合。如臣，豈能以道食人者哉！」晏子出，王笑曰：「今日吾譏晏子也，猶倮而訾高橛者。」晏子作「訾猶倮而高撅者也」。（繹史引晏子，同説苑。）俞氏晏子平議曰：「『訾』乃『譬』字之誤，『撅』乃『撅』字之誤；『高』讀爲『咎』，以『高』爲『咎』，猶以『咎』爲『皋』，尚書皋陶謨釋文曰：『皋本作咎。』是其例也。晏子公孟篇：『是猶果謂撅者不恭也。』此即『倮而咎撅』之義。『倮』爲倮體，『撅』者揭衣也。禮記内則篇：『不涉不撅。』鄭注：『撅，揭衣也。』撅誠不恭，倮則更甚，故曰譬猶倮而咎撅者也。」承周案：俞讀「高」爲「咎」，亦誤。「高撅」，謂高揭其衣也。倮而訾毁高撅者，猶以百步笑五十步也。今本晏子「訾」字誤在「猶」字上，當以本書爲正。○本晏子外篇。

景公使晏子使於楚，楚王進橘置削，晏子不剖而并食之。楚王曰：「橘當去剖。」「剖」上不當有「去」字，疑衍。晏子對曰：「臣聞之，賜人主前者，瓜桃不削，橘柚不剖。今萬乘無教，晏子「教」下有「令」字。臣不敢剖，不然，臣非不知也。」「然」上「不」字，舊脫，依晏子補。○本晏子內篇雜下。

晏子將使荊，荊王聞之，謂左右曰：「晏子，賢人也，今方來，欲辱之，何以也？」左右對曰：「爲其來也，「爲」，與「於」同。臣請縛一人過王而行，王曰：『何爲者？』對曰：『齊人也。』王曰：『何坐？』曰：『坐盜。』」以上十八字，舊脫，依晏子補。於是荊王與晏子立語，有縛一人過王而行，自「於是」以下，晏子作「晏子至，楚王賜晏子酒，酒酣，吏二縛一人詣王」。王曰：「何爲者也？」對曰：「齊人也。」王曰：「何坐？」曰：「坐盜。」王曰：「齊人固盜乎？」盧曰：「『固』下，晏子雜下篇有『善』字。」晏子反顧之曰：「江南有橘，齊王使人取之而盧曰：「七字衍，外傳十無此七字。」樹之於江北，生不爲橘乃爲枳。所以然者何？其土地使之然也。自「晏子反顧」以下，與晏子文少異，彼文「江」皆作「淮」。案：考工記云：「橘踰淮而北爲枳。」列子湯問篇云：「吳、楚之國有大木焉，其名爲櫾，碧樹而冬生，實丹而味酸，食其皮汁，已憤厥之疾。齊州珍之，渡淮而北而化爲枳焉。」此皆與晏子合。淮南原道篇云：「橘樹之江北則化而爲橙。」（俗本作「枳」，從王校改。外傳作「王不見夫江南之橘乎，名橘，樹之江北，則化爲枳」，則又與本書合。（橘、櫾、枳、橙，亦類似通言。）今齊人居齊不盜，來之荊而盜，得無土地使之然乎？」荊王曰：「吾欲傷子，而反自中也。」晏子作「王笑曰：『聖人非所與熙也，寡人反取病焉。』」○本晏子內篇雜下，又韓詩外傳十亦載此事，文並多異。

晏子使楚，晏子短，楚人爲小門於大門之側而延晏子。晏子不入，曰：「使至狗國者，從狗門入。今臣使楚，不當從此門入。」「入」字舊脱，依晏子補。儐者更道從大門入。「道」字舊脱，盧依晏子補，云：「『導』同。」見楚王，王曰：「齊無人耶？」晏子對曰：「齊之臨淄三百閭，張袂成帷，揮汗成雨，比肩繼踵而在，何爲無人！」王曰：「然則何爲使子？」晏子對曰：「齊命使各有所主，其賢者使賢主，不肖者使不肖主。嬰最不肖，故宜使楚耳。」○本晏子内篇雜下。

秦楚轂兵，盧曰：「『轂』當與『搆』同。」承周案：「秦」疑「吳」之誤。（見後。）秦王使人使楚，楚王使人戲之曰：「子來亦卜之乎？」對曰：「然！」「卜之謂何？」對曰：「吉！」楚人曰：「噫！甚矣，子之國無良龜也！王方殺子以釁鍾，其吉如何？」使者曰：「秦楚轂兵，吾王使我先窺。我死而不還，則吾王知警戒整齊兵以備楚，是吾所謂吉也。且使死者而無知也，又何釁於鍾？死者而有知也，吾豈錯秦相楚哉？我將使楚之鍾鼓無聲，則將無以整齊其士卒而理君軍。夫殺人之使，絶人之謀，非古之通議也，盧曰：「『議』當作『誼』，與『義』同。」承周案：「議」與「義」通。子大夫試孰計之。」使者以報楚王，楚王赦之。此之謂造命。○左氏昭五年傳云：「楚子以馹至於羅汭，吳子使其弟蹶由犒師，楚人執之，將以釁鼓。王使問焉，曰：『女卜來吉乎？』對曰：『吉！寡君聞君將治兵於敝邑，卜之以守龜，曰：「余亟使人犒師，請行以觀王怒之疾徐，而爲之備，尚克知之。」龜兆告吉，曰：「克可知也。」君若驩焉，好逆使臣，滋敝邑休怠而忘其死，亡無日矣。今君奮焉，震電馮怒，虐執使臣，將以釁鼓，則吳知所備矣。敝邑雖羸，若早脩完，其可以息師，難易有備，可謂吉矣。且吳社稷是卜，豈爲一人？使臣獲釁軍鼓，而敝邑知備，以禦不虞，其爲吉孰大焉。國之守龜，其何事不卜，一臧一否，其誰能常之。城濮之兆，其報在邲。今此行也，其庸有報志。』乃弗殺。」又韓非説林下篇云：「荆王伐吳，吳使沮衞蹷融犒於荆師，荆將軍曰：『縛之，殺以釁鼓。』問之曰：『汝來卜乎？』答曰：『卜。』『卜吉乎？』曰：『吉！』荆人曰：『今荆將以女釁鼓，其何也？』答曰：『是故其所以吉也。吳使人來也，固視將軍怒。將軍怒，將深溝高壘；將軍不怒，將懈怠。今也，將軍殺臣，則吳必警守矣。且國之卜，非爲一臣卜。夫殺一臣而存一國，其不言吉何也？且死者無知，則以臣釁鼓，無益也；死者有知也，臣將當戰之時，臣使鼓不鳴。』荆人因不殺也。」並與此畧同，似此文「秦」字皆當作「吳」。

楚使使聘於齊，齊王饗之梧宮。使者曰：「大哉梧乎！」王曰：「江漢之魚吞舟，大國之樹必巨，使何怪焉？」使者曰：「昔燕攻齊，遵雒路，渡濟橋，焚雍門，擊齊左而虛其右，王歜絕頸而死於杜山，關曰：「王歜事，已見前立節篇。」公孫差格死於龍門，盧曰：「『差』，御覽七百七十九作『羌』。」（俗「差」字作「羌」，盧蓋誤認。）關曰：「公孫差事未詳。」飲馬乎淄澠，定獲乎琅邪，關引太室曰：「『定』當作『克』。」承周案：疑當作「疌」，即「捷」之省。王與太后奔於莒，逃於城陽之山，關曰：「戰國策曰：『燕人興師而襲齊墟，王走而之城陽之山中，安平君故爲棧道木閣而迎王與后於城陽山中。』注曰：『城陽，兖州國；莒，其縣也。』」當此之時，則梧之大何如乎？」王曰：「陳先生對之。」陳子曰：「臣不如刀教。」王曰：「刀先生應之。」刀教曰：「使者問梧之年耶？昔者，荆平王爲無道加諸申氏，關曰：「『申氏』未詳。」承周案：「申氏」即

「伍氏」。吴語屢稱子胥爲申胥，韋解云：「申胥，楚大夫伍奢之子子胥也，名員。魯昭二十年，奢誅於楚，員奔吴，吴與之申地，故曰申胥。」越絶書亦稱申胥。殺子胥父與其兄，子胥被髮乞食於吴，闔閭以爲將相，御覽無「將」字。三年，將吴兵，復讐乎楚，戰勝乎柏舉，級頭百萬，囊瓦奔鄭，王保於隨，引師入郢，盧於「引」上補「吴」字。案：御覽亦無「吴」字，並無「引」字。軍雲行乎郢之都，子胥親射宮門，掘平王冢，笞其墳，數以其罪，曰：『吾先人無罪而子殺之！』士卒人加百焉，然後止。當若此時，梧可以爲其柎矣。」

蔡使師强、王堅使於楚，楚王聞之曰：「人名多章者，獨爲師强、王堅乎？趣見之，無以次。」視其人狀，疑其名，而醜其聲，又惡其形。關引太室曰：「『聲』、『形』二字錯置。」楚王大怒曰：「今蔡無人乎？國可伐也。有人不遣乎？國可伐也。端以此人試寡人乎？國可伐也。「試」，舊訛「誡」，盧改。關曰：「一本作『試』。」故發二使見三謀伐者，蔡也。「謀伐」二字疑倒。○呂氏遇合篇云：「陳有惡人焉，曰敦洽讐麋，椎顙廣顏，色如漆赭，垂眼臨鼻，長肘而盭。陳侯見而甚説之，外使治其國，内使制其身。楚合諸侯，陳侯病不能往，使敦洽讐麋往謝焉。楚王怪其名而先見之，客有進，狀有惡，其名言有惡狀，楚王怒，合大夫而告之曰：『陳侯不知其不可使，是不知也；知而使之，是侮也；侮且不智，不可不攻也。』興師伐陳，三月然後喪。」似卽一事岐傳。

趙簡子將襲衛，使史黯往視之，「史黯」，呂作「史黯」；又應同篇作「史壘」。淮南作「史黯」。注：「史黯，史墨也。」左昭二十九年傳作「蔡史墨」，哀二十年傳及晉語九作「史黯」。韋注：「史黯，晉大夫史墨也。」本書卷八作「史黶」，漢書人表作「蔡墨」，梁攷引左通謂「默、墨古通，蔡其氏，史其官，墨名，黯字是也。」「黶」與「黯」通。期以一月六月而後反。「月」，舊作「日」，盧改正。案：書鈔四十引正作「月」，呂氏同。簡子曰：「何其久也？」黯曰：「謀利而得害，由不察也。「由」，「猶」同。今蘧伯玉爲相，史鰌佐焉，孔子爲客，子貢使令於君前甚聽。易曰：易渙六四爻辭『渙其羣，元吉。』渙者，賢也；羣者，衆也；「衆」，舊誤作「象」，盧改。關曰：「呂氏作『衆』。」元者，吉之始也。『渙其羣元吉』者，其佐多賢矣。」呂氏「矣」作「也」。簡子按兵而不動耳。呂氏無「耳」字，書鈔作「也」。○本呂氏召類篇，又淮南主術篇云：「簡子欲伐衛，使史黯往覿焉，還報曰：『蘧伯玉爲相，未可以加兵。』」亦卽此事。

魏文侯使舍人毋擇獻鵠於齊侯，御覽九百十六引「鵠」作「鴻」。毋擇行道失之，徒獻空籠，見齊侯曰：「寡君使臣毋擇獻鵠，道饑渴，臣出而飲食之，而鵠飛沖天，遂不復反。念思非無錢以買鵠也，惡有爲其君使輕易其幣者乎？念思非不能拔劍刎頭、腐肉暴骨於中野也，爲吾君貴鵠而賤士也。念思非不敢走陳蔡之間也，惡絕兩君之使。故不敢愛身逃死，來獻空籠，唯主君斧鑕之誅。」「鑕」，宋本、明鈔本皆作「質」。齊侯大悅曰：「寡人今者得茲言三，賢於鵠遠矣。寡人有都郊地百里，願獻子大夫以爲湯沐邑。」毋擇對曰：「惡有爲其君使，而輕易其幣，而利諸侯之地乎？」遂出不反。○韓詩外傳十云：「齊使使獻鴻於楚，鴻渴，使者道飲鴻，獲笞潰失。使者遂之。楚曰：『齊使臣獻鴻，鴻渴道飲，獲答潰失。臣欲亡，爲夫兩君之使不通；欲拔劍而死，人將以吾君賤士貴鴻也。獲答在此，願以汙事。』楚王賢其言，辯其詞，因留而賜之，終身以爲上客。故使者必矜文辭，喻誠信，明氣志，解結申屈，然後可使也。詩曰：『辭之懌矣，民之莫矣。』」又史記褚先生補滑稽傳云：「昔者齊王使淳于髡獻鵠於楚，出邑門，道飛其鵠，徒揭空籠，造詐成辭，往見楚王曰：『齊王使臣來獻鵠，過於水上，不忍鵠之渴，出而飲之，去我飛亡。吾欲刺腹絞頸而死，恐人之議吾王以鳥獸之故，令士自傷殺也；鵠毛物多相類者，吾欲買而代之，是不信而欺吾王也；欲赴他國奔亡，痛吾兩主使不通。故來服過，叩頭受罪大王。』楚王曰：『善！齊王有信士若此哉！』厚賜之，財倍鵠在也。」又魯連子云：「展毋所爲魯君使，遺齊襄君鴻，至澠而浴鴻，鴻失，其裝在，御者曰：『鴻之毛物可使若一，然買鴻乎？』毋所曰：『吾非不能買鴻也，是上隱君、下易幣也。毋所不敢。』御者曰：『然則死乎？』毋所曰：『是使君貪幣而賤士也。』乃見襄君，縛虛裝而請罪。襄君輟食而謝之。」（全文見羅氏印本修文御覽，引文多誤，以初學記二十、御覽九百十六引參訂。）疑係一事而四書所載不同。竊謂毋所、毋擇，名頗相類，而魯有展氏，似魯連子所記爲不誣，本書云魏文侯，非也。

說苑卷第十三

權謀

聖王之舉事，必先諦之於謀慮，而後考之於蓍龜。白屋之士，皆關其謀；芻蕘之役，咸盡其心。故萬舉而無遺籌失策。傳曰：未詳。「衆人之智，可以測天。兼聽獨斷，惟在一人。」此大謀之術也。謀有二端：上謀知命，其次知事。知命者，預見存亡禍福之原，早知盛衰廢興之始，防事之未萌，避難於無形。若此人者，居亂世則不害於其身，在乎太平之世則必得天下之權。彼知事者亦尚矣，見事而知得失成敗之分，而究其所終極，故無敗業廢功。孔子曰：「可與適道，未可與權也。」論語子罕。夫非知命知事者，孰能行權謀之術？夫權謀有正有邪，君子之權謀正，小人之權謀邪。夫正者其權謀公，故其爲百姓盡心也誠；彼邪者好私尚利，故其爲百姓也詐。夫詐則亂，誠則平。是故堯之九臣誠而能興於朝，「九臣」已見君道篇。「而」字疑衍，「能」與「而」通，下文云「而誅於野」，此云「能興於朝」，「能」亦「而」也，校者不察，誤加「而」字，則與下句參差不合矣。（禮運正義謂説苑「能」字多作「而」，則「而」字亦可作「能」。）其四臣詐而誅於野。關曰：「流共工於幽州，放驩兜於崇山，竄三苗於三危，殛鯀於羽山。」誠者隆至後世，詐者當身而滅。知命知事而能於權謀者，必察誠詐之原，而以處身焉。則是亦權謀之術也。夫知者舉事也，滿則慮謙，荀子「謙」作「嗛」，楊注「嗛，不足也。」平則慮險，安則慮危，曲則慮直。關曰：曲直，錯置，當作『直則慮曲』。承周案：今荀子無此句。由重其豫，關曰：「『由』、『猶』同。」承周案：「由」當從荀子作「曲」，形近而誤。惟恐不及，荀子作「猶恐及其禍」。是以百舉而不陷也。○「夫智者」以下，見荀子仲尼篇。

楊子曰：關曰：「楊子已見上，名朱，字子居，戰國時人。其書不傳，而列子、莊子多舉其語。」「事之可以之貧，可以之富者，其傷行者也；事之可以之生，可以之死者，其傷勇者也。」孟子離婁篇云：「可以取，可以無取，取傷廉；可以與，可以無與，與傷惠；可以死，可以無死，死傷勇。」與此相似。僕子曰：「楊子智而不知命，故其知多疑。」語曰：「知命者不惑，晏嬰是也。」○僕子未詳。漢志儒家侯子一篇，廣韻引風俗通云：「古賢人。」此「僕」，疑「侯」之誤。

趙簡子曰：「晉有澤鳴、犢犨。」盧曰：「史記孔子世家作『竇鳴犢、舜華。』徐廣曰：『或作鳴犢、竇犨。』索隱引家語：『竇犨鳴犢及舜華。』則竇犨字鳴犢，是一人。又案孔叢、古今人表竝是二人。新序作『趙有犢犨，晉有鐸鳴，』各不同。此『澤』字疑亦『鐸』之訛。」承周案：梁氏人表攷亦以「澤」爲「鐸」之誤，非是。「澤」、「鐸」古同聲，自可通用。琴操載此事，止作「鳴犢」。漢書劉輔傳同。注云：「戰國策說二人姓名，云鳴犢、鐸犨；而史記、古今人表並以爲鳴犢、竇犨。蓋『鐸』、『犢』及『竇』，其聲相近，故有不同耳。」其說是也。今本史記作「竇鳴犢、舜華」，疑後人以家語改之，（舜華事，別無所見。）而索隱遂有「竇犨字鳴犢」之說，妄合爲一人，與戰國策及說苑、新序、人表皆不合。王氏紀聞及路史後紀注皆用之，誤矣。○又案：以鳴犢爲竇氏，見廣韻「竇」字注，引風俗通。○容齋四筆有說。（據索隱，舜華又名慶華。又索隱所引戰國策，待考。）魯有孔丘，吾殺此三人，則天下可圖也。」困學紀聞六云：「晉語：『竇犨對趙簡子曰：「君子哀無人，不哀無賄；哀無德，不哀無寵；哀名之不令，不哀年之不登。」味其言，見其賢矣。』」於是乃召澤鳴、犢犨，任之以政而殺之。使人聘孔子於魯。孔子至河，臨水而觀，水經河水注五引琴操作「臨狄水。」酈氏云：「臨濟，故狄也，是濟所逕，故得通稱也。」又沁水注云：「邘水又東南逕孔子廟東，廟庭有碑，魏太和元年孔靈度等以舊宇毀落，上求脩復。野王令范衆愛、河內太守元真、刺史咸陽公高允，表聞立碑于廟。治中劉明、別駕呂次文、主簿向班虎、荀靈龜，以宣尼大聖，非碑頌所稱，宜立記焉。云：『仲尼傷道不行，欲北從趙鞅，聞殺鳴犢，遂旋車而反。及其後也，晉人思之，于太行嶺南爲之立廟，蓋往時迴轅處也。』余按諸子書及史籍之文，竝言仲尼臨河而歎，曰：『丘之不濟，命也夫！』是非太行迴轅之言也。碑云：『魯國孔氏，官于洛陽，因居廟下，以奉蒸嘗。』斯言是矣。蓋孔氏遷山下，追思聖祖，故立廟存饗耳，其猶劉累遷魯立堯祠于山矣，非謂迴轅于此也。」曰：「美哉水，洋洋乎！丘之不濟於此，命也夫！」子路趨進曰：闕曰：「家語『子路』作『子貢』。」「敢問奚謂也？」孔子曰：「夫澤鳴、犢犨，晉國之賢大夫也。趙簡子之未得志也，與之同聞見；史記作「須此兩人而後從政」，家語同。及其得志也，殺之而後從政。故丘聞之：刳胎焚夭，則麒麟不至；乾澤而漁，則蛟龍不遊；「則」字舊脱，依上下文例補。覆巢毀卵，則鳳皇不翔。此數語，大戴易本命、呂子應同篇、趙策載諒毅語、尸子明堂篇、淮南本經篇、公羊宣元年傳，皆畧同。則古有此語，孔子述之，而諸書皆用之。丘聞之，君子重傷其類者也。」闕曰：「『重』，家語作『違』，注：『違，去也。』」○事互見史記孔子世家、家語困誓篇、孔叢記問篇。琴操：「將歸操者，孔子之所作也。趙簡子循執玉帛以聘孔子，孔子將往，未至，渡狄水，聞趙殺其賢大夫竇鳴犢，喟然而歎之曰：『夫趙之所以治者，鳴犢之力也。殺鳴犢而聘余，何丘之往也？夫燔林而田，則麒麟不至；覆巢破卵，則鳳皇不翔。鳥獸尚惡傷類，而況君子哉！』於是援琴而鼓之云：『翺翔於衛，復我舊居，從吾所好，其樂只且。』」（水經注河水五引琴操，與此文異。）魏志劉廙傳注引新序曰：「趙簡子欲專天下，謂其相曰：『趙有犢犨，晉有鐸鳴，魯有孔丘，吾殺三人者，天下可王也。』於是乃召犢犨、鐸鳴而問政焉，已卽殺之。使使者聘孔子於魯，以胖牛肉迎於河上。使者謂船人曰：『孔子卽上船，中河必流而殺之。』孔子至，使者致命，進胖牛之肉。孔子仰天而歎曰：『美哉水乎！洋洋乎！使丘不濟此水者，命也夫！』子路趨而進曰：『敢問何謂也？』孔子曰：『夫犢犨、鐸鳴，晉國之賢大夫也。趙簡子未得意之時，須而後從政；及其得意也，殺之。黃龍不反于涸澤，鳳皇不離其罻羅。故刳胎焚林，則麒麟不臻；覆巢破卵，則鳳皇不翔；竭澤而漁，則龜龍不見。鳥獸之於不仁，猶知避之，況丘乎？故虎嘯而谷風起；龍興而景雲見；擊庭鍾於外，而黃鍾應於內。夫物類之相感，精神之相應，若響之應聲，影之象形。故君子違傷其類者。今彼已殺吾類矣，何爲之此乎？』於是遂回車不渡而還。」亦一事，而記載尤詳。

孔子與齊景公坐。左右白曰：「周使來，言周廟燔。」齊景公出，問曰：「何廟也？」孔子曰：「是釐王廟也。」關曰：「『釐』與『僖』通。」景公曰：「何以知之？」孔子曰：「詩云：家語注云：「此逸詩也。」『皇皇上帝，其命不忒。天之與人，必報有德。』禍亦如之。夫釐王變文、武之制而作玄黃，宮室輿馬奢侈，不可振也。關曰：「家語作『夫鳌王變文、武之制，而作玄黃華麗之飾，宮室崇峻，輿馬奢侈，而弗可振也』。王肅曰：『振，救也。』」故天殃其廟。是以知之。」景公曰：「天何不殃其身？」曰：「天以文王之故也。「文王」，家語作「文、武」，下同。若殃其身，文王之祀無乃絕乎？故殃其廟，以章其過也。」左右入報曰：家語「左右」上有「俄頃」二字，「曰」下有「所災者」三字。「周鳌王廟也。」景公大驚，起，再拜曰：「善哉！聖人之智，豈不大乎！」家語六本篇用此文。案：哀三年桓、僖廟災。左傳云：「孔子在陳聞火，曰：『其桓、僖乎？』」與此相類。

齊桓公與管仲謀伐莒，謀未發而聞于國。桓公怪之，以問管仲。管仲曰：「國必有聖人也！」桓公歎曰：「歖！盧曰：「呂氏重言篇作『譆』。」日之役者，有執柘杵而上視者，意其是邪？」「執柘杵」，管子作「執席食」，呂氏作「執蹠𤸰」，金樓子作「藝席」。乃令復役，無得相代。少焉，東郭垂至。盧曰：「『垂』，呂作『牙』。」承周案：管子作「東郭郵」，書鈔百十四引管子仍作「牙」，外傳、論衡並同。或曰古「垂」字作「𠂹」，（見說文。）與「牙」相似，故誤作「牙」。當以此爲正，管子作「郵」假借字。然東郭牙他書屢見，未必皆「𠂹」之誤也。管仲曰：「此必是也！」乃令儐者延而進之，分級而立。管仲曰：「子言伐莒者也？」對曰：「然！」管仲曰：「我不言伐莒，子何故言伐莒？」對曰：「臣聞君子善謀，小人善意。臣竊意之也。」管仲曰：「我不言伐莒，子何以意之？」對曰：「臣聞君子有三色：優然喜樂者，鍾鼓之色；「優」，管作「欣」，呂作「顯」，論衡作「驩」，外傳云「歡欣樂說」。愀然清靜者，縗絰之色：「愀」，論衡作「愁」，（同字。）呂作「湫」，

(借字。)管作「淵」，外傳云「愁悴哀憂」。勃然充滿者，此兵革之色也。盧曰：「『勃』，宋本『敎』，下同。」承周案：「勃」，管作「謬」，呂作「艴」，論衡作「怫」。「充滿」，管作「豐滿」，下有「手足拇動」四字；呂作「充盈」，下有「手足矜」三字；論衡亦有「手足」二字；(有脱文。)外傳云「猛厲充實」。(無「手足」云云。)日者，臣望君之在臺上也，勃然充滿，此兵革之色。列女傳齊桓衞姬傳云：「人君有三色：顯然喜樂，容貌淫樂者，鍾鼓酒食之色；寂然清靜，意氣沈抑者，喪禍之色；忿然充滿、手足矜動者，攻伐之色。今妾望君舉趾高、色厲音揚，意在衞也。」與此文意大同，未必巧合如此，蓋卽東郭牙事，傅之衞姬耳。君吁而不吟，所言者莒也；盧曰：「『吁』，呂作『呿』；『吟』，呂作『唫』。」承周案：管作「口開而不闔」，論衡作「君口垂不噞」，外傳作「口張而不掩、舌舉而不下」。(金樓子作「口開而闔」，用管子，脱去「不」字。)「吁」，亦開也；「吟」，亦闔也。顏氏家訓音辭篇云：「北人之音多以舉莒爲矩。唯李季節云：『齊桓公與管仲於臺上謀伐莒，東郭牙望桓公口開而不閉，故知所言者莒也。然則莒、矩必不同呼。』此爲知音矣」。君舉臂而指，所當者莒也。臣竊慮小諸侯之未服者，其惟莒乎？臣故言之。」君子曰：此下惟呂氏有。「凡耳之聞以聲也。今不聞其聲，而以其容與臂，是東郭垂不以耳聽而聞也。桓公、管仲雖善謀，不能隱。聖人之聽於無聲，視於無形，東郭垂有之矣。故桓公乃尊祿而禮之。」呂無此句。○本管子小問篇、及呂氏重言篇、韓詩外傳四，又見論衡知實篇、金樓子志怪篇，文並畧同。

晉太史屠餘，盧曰：「呂氏先識篇『餘』作『黍』。」見晉國之亂，見晉平公之驕而無德義也，盧曰：「『平』，高誘注呂氏作『出』。」關曰：「呂氏春秋注曰：『屠黍，晉出公之太史也。出公，頃公之孫、定公之子也。』史記曰：『智伯攻出公，出公奔齊而道死焉。』嘉按：本文之平公，恐出公之誤。」(互詳下文。)以其圖法歸周。「圖」原作「國」，名賢氏族言行類稿卷五引作「圖」，今據改。關曰：「呂氏『國法』作『圖法』。」周威公見而問焉，曰：「天下之國，其孰先亡？」對曰：「晉先亡！」威公問其說。對曰：「臣不敢直言，示晉公以天妖、日月星辰之行多不當。曰：『是何能然。』示以人事多不義，百姓多怨。曰：『是何傷。』示以鄰國不服，賢良不興。呂氏「興」作「舉」。曰：『是何害。』是不知所以存、所以亡，盧曰：「『所以存』三字，呂無。」故臣曰晉先亡。」居三年，晉果亡。困學紀聞十引此，云：「平公後三年晉未亡也，是時兩周未分，亦無周威公。呂氏春秋高誘注以爲晉出公。當從呂覽。」考古質疑四曰：「按晉平公以魯昭十年卒。自是年以至春秋之終，又歷七十四年，晉雖衰而未亡也。今舉晉平公之事而曰『居三年晉果亡』，晉何嘗亡耶？又周威公乃當考王威烈王之世，恐所謂晉平公者誤矣。」威公又見屠餘而問焉，曰：「孰次之？」對曰：「中山次之。」威公問其故。對曰：「天生民，令有辨。有辨，人之義也：所以異於禽獸麋鹿也，君臣上下所以立也。中山之俗，以晝爲夜，以夜繼日，男女切踦，盧曰：「『踦』，呂氏作『倚』。」關曰：「高注：『切磨，倚近也。』」固無休息。淫昏康樂，歌謳好悲。其主弗知惡。此亡國之風也。臣故曰中山次之。」居二年，中山果亡。魏滅中山已見前。威公又見屠餘而問曰：「孰次之？」屠餘不對。威公固請。屠餘曰：「君次之。」威公懼，求國之長者，得錡疇、田邑而禮之，又得史理、趙巽以爲諫臣，去苛令三十九物。高注：「『物』，事也。」以告屠餘。屠餘曰：「其尚終君之身。臣聞國之興也，天遺之賢人，與之極諫之士」：「與」下「之」字衍，吕氏無。（彼文「諫」作「言」。）國之亡也，天與之亂人與善諛者。」「者」，吕作「之士」二字，與上文合。威公薨，九月不得葬，周乃分而爲二。故有道者言，吕氏「言」上有「之」字。不可不重也。○本吕氏先識覽。

齊侯問於晏子曰：「當今之時，諸侯孰危？」對曰：「莒其亡乎！」公曰：「奚故？」對曰：「地侵於齊，貨竭於晉，是以亡也。」○本晏子内篇問下。

智伯從韓魏之兵以攻趙，圍晉陽之城而溉之，城不没者三板。絺疵謂智伯曰：盧曰：「『絺』，國策作『郗』。姚宏續注引元和姓纂同。今案：『絺』，疑當作『郗』。」關曰：「姓氏急就篇：『周有絺邑，以邑爲氏，晉智伯臣有絺疵。』」「韓、魏之君必反矣。」智伯曰：「何以知之？」對曰：「夫勝趙而三分其地。今城未没者三板，臼竈生鼃，人爲相食，城降有日矣，而韓魏之君無喜志而有憂色，是非反何也！」策「何」上有「如」字。（補注「如」猶「而」。）明日，智伯謂韓、魏之君曰：「疵言君之反也。」策「反」上有「且」字。韓、魏之君曰：「必勝趙而三分其地。今城將勝矣，夫二家雖愚，不棄美利而偝約爲難不可成之事，其勢可見也。是疵必爲趙説君，且使君疑二主之心，而解於攻趙也。今君聽讒臣之言，而離二主之交，爲君惜之。」智伯出，欲殺絺疵。此與策不合。絺疵逃，韓、魏之君果反。○本戰國趙策。又趙策别一條，以郗疵事爲知過事，韓非子十過篇同。

魯公索氏將祭而亡其牲。孔子聞之，曰：「公索氏比及三年，必亡矣。」盧曰：「『比及三年』，家語好生篇作『不及二年』。」後一年而亡。弟子問曰：「昔公索氏亡牲，夫子曰：『比及三年必亡矣。』今期年而亡。夫子何以知其將亡也？」孔子曰：「祭之爲言索也。索也者，盡也，乃孝子所以自盡於親也。至祭而亡其牲，則餘所亡者多矣。「餘」上，家語有「其」字。吾以此知其將亡也。」家語作「若此而不亡者，未之有也」。○家語好生篇用此文。

蔡侯、宋公、鄭伯朝於晉。蔡侯謂叔向曰：「子亦奚以語我？」對曰：「蔡言地計衆，盧曰：「『言』疑『支』。」承周案：「支地計衆」，說見尊賢篇。不若宋、鄭。其車馬衣裘，侈於二國。諸侯其有圖蔡者乎？」處期年，荆伐蔡而殘之。

白圭之中山，戰國有兩白圭，此魏白圭，說詳梁氏人表攷四。中山王欲留之，固辭而去；又之齊，齊王亦欲留之，又辭而去。人問其辭。盧曰：「『辭』呂氏先識篇作『故』。」承周案：御覽五百四十引本書亦作「故」。白圭曰：「二國將亡矣！所學者國有五盡：故莫之必忠，則言盡矣；莫之必譽，則名盡矣；莫之必愛，則親盡矣；行者無糧，居者無食，則財盡矣；不能用人，又不能自用，則功盡矣。國有此五者，毋幸必亡。中山與齊皆當此。」若使中山之與齊也，「若使」以下，乃呂氏論詞，此句作「若使中山之王與齊王。」聞五盡而更之，則必不亡矣。「矣」，舊作「也」，從呂氏改。其患在不聞也，雖聞又不信也。然則人主之務在乎善聽而已矣。○本呂氏先識覽。

下蔡威公御覽三百七十五、又四百八十八引無「下」字，疑後人依庾信文删，（他引仍有「下」字。）蓋誤以威公爲蔡君也。閉門而哭，三日三夜，泣盡而繼以血。御覽「繼」下有「之」字。旁鄰窺牆而問之曰：「子何故而哭悲若此乎？」對曰：「吾國且亡。」曰：「何以知也？」應之曰：「吾聞病之將死也，不可爲良醫；國之將亡也，不可爲計謀。淮南說林篇：「與死者同病，難爲良醫；與亡國同道，難與爲謀。」吾數諫吾君，吾君不用，是以知國之將亡也。」於是窺牆者聞其言，則舉宗而去之於楚。居數年，楚王果舉兵伐蔡。窺牆者爲司馬，將兵而往，東虜甚衆，「東」舊作「來」，從御覽四百五十改。問曰：「得無有昆弟故人乎？」見威公縛在虜中，問曰：「若何以至於此？」應曰：「吾何以不至於此！且吾聞之也：言之者，行之役也；行之者，言之主也。郤子虎曰：「言之易，行之難。臣言之者也。」（呂氏不苟論新序雜事四。）汝能行，我能言；汝爲主，我爲役。吾亦何以不至於此哉！」窺牆者乃言之於楚王，遂解其縛，與俱之楚。故曰：「能言者未必能行，能行者未必能言也。」「也」字舊無，依御覽四百五十增。○任本戸子有此文。（汪輯入存疑。）

管仲有疾，桓公往問之曰：「仲父若棄寡人，豎刁可使從政乎？」對曰：「不可！豎刁自刑以求入君。其身之忍，將何有於君？」公曰：「然則易牙可乎？」對曰：「易牙解其子以食君。其子之忍，將何有於君？君用之必爲諸侯笑。」及桓公歿，豎刁、易牙乃作難，桓公死六十日，蟲出於户而不收。管子戒篇云：「七日不斂，（「七」上疑脫「六十」二字。）九月不葬。」小稱篇云：「十一日蟲出户而不收。」（「十一日」誤。）韓子十過云：「三月不收，蟲出於户。」（事又見難一篇。）呂氏知接篇云：「三月不葬。」（齊世家正義引作二月不殯」，當從之。）齊世家云：「桓公尸在牀上六十七日，尸蟲出於户。」又云：「八月不葬。」諸書所言年月，參錯不合。今案桓公卒於春秋僖十七年十二月，至僖十八年八月乃葬，踰禮五月而葬之期，公羊所謂「危不得葬」也。

石乞侍坐於屈建，屈建曰：「白公其爲亂乎？」石乞曰：「是何言也！白公至於室無營，所下士者三人，與己相若臣者五人，舊事無「臣」字，當從之。御覽四百五十「若」作「君」，疑後人因誤本加「臣」字，又改「若」爲「君」耳。所與同衣食者千人。孫仲容曰：「『千人』，數太多，渚宮舊事二作『十人』，近是。」白公之行若此，何故爲亂？」屈建曰：「此建之所謂亂也。以君子行則可，於國家行過禮則國家疑之。且苟不難下其臣，必不難高其君矣。建是以知夫子將爲亂也。」處十月，白公果爲亂。

○盧引孫曰：「白公與屈建不同時，此記訛。」承周案：困學紀聞十說亦同。考淮南人間篇云：「屈建告石乞曰：『白公勝將爲亂。』石乞曰：『不然！白公勝卑身下士，不敢驕賢，其家無筦籥之信，關楗之固，大斗斛以出，輕斤兩以內，而乃論之以不宜也。』屈建曰：『此乃所以反也。』居三年，白公勝果爲亂，殺令尹子椒、司馬子期，此所謂弗類而是者也。」則子政自本淮南，非記訛也。

韓昭侯造作高門。盧曰：「御覽二百八十三無『作』字。案：『造』字衍，『作』字當留。」承周案：御覽百八十三無「作」字，四百五十無「造」字。盧說與史記合。竊疑一本作「造」，一本作「作」，校者旁記，誤入正文，遂致複衍耳。屈宜咎曰：關曰：「韓世家作『屈宜臼』。注：許慎曰：『屈宜臼，楚大夫在魏也。』」承周案：「臼」、「咎」古通，本書指武篇作「屈宜臼」，淮南道應篇作「屈宜咎」。（今本「咎」誤「若」。）「昭侯不出此門。」曰：「何也？」曰：「不時！吾所謂不時者，「不」字涉上文誤衍，史記無。非時日也，人固有利不利。昭侯嘗利矣，不作高門。往年秦拔宜陽，明年大旱民饑，不以此時恤民之急也，而顧反益奢，此所謂福不重至、禍必重來者也。」高門成，昭侯卒，竟不出此門。○本史記韓世家。

田子顏自大術闕曰：「『大術』蓋地名。」至乎平陵城下，見人子問其父，見人父問其子。田子方曰：「其以平陵反乎？吾聞行於內然後施於外，子顏欲使其衆甚矣。」後果以平陵叛。

晉人已勝智氏，歸而繕甲砥兵。楚王恐，召梁公弘曰：「晉人已勝智氏矣。歸而繕甲兵，依上文，「兵」上當有「砥」字。其以我爲事乎？」梁公曰：「不患！「患」下，御覽四百五十有「晉」字。害其在吳乎？夫吳君恤民而同其勞，使其民重上之令而人輕其死，以從上使。如虜之戰，闕曰：「『如虜』，疑地名。」臣登山以望之，見其用百姓之信必也。「信必」，猶「誠必」，說見談叢篇。勿已乎，其備之若何？」不聽。明年，闔廬襲郢。闕引考古質疑曰：「大慶按：『杜氏注左傳晉人勝智氏事，在春秋後二十七年，所謂春秋後者，自哀公十七年始。而闔廬入郢乃定公四年，相去五十四年；況智伯亡而吳滅已久。此事誤矣。』」

楚莊王欲伐陳，舊連上，誤。盧曰：「宋本提行。」承周案：明鈔本、經厰本、闕本皆提行，今從之。使人視之。使者曰：「陳不可伐也。」莊王曰：「何故？」對曰：「其城郭高，溝壑深，畜積多，其國寧也。」盧曰：「呂氏似順篇無『其國寧』三字。下，『王曰』作『寧國曰』，是以爲人名。」承周案：高注云：「寧國，楚臣。」彼下文云：「莊王聽之，遂取陳焉。」若從此文作王自語，則何聽之有？是寧國墧爲人名。此似後人肊改，而御覽四百五十引此已同今本。王曰：「陳可伐也。夫陳、小國也，而畜積多，畜積多則賦斂重，賦斂重則民怨上矣；城郭高，溝壑深，則民力罷矣。」興兵伐之，遂取陳。○本呂氏似順篇。

石益謂孫伯曰：「吳將亡矣，吾子亦知之乎？」孫伯曰：「晚矣，子之知之也！吾何爲不知？」石益曰：「然則子何不以諫？」孫伯曰：「昔桀罪諫者，紂焚聖人，剖王子比干之心。袁氏之婦，絡而失其紀，其妾告之，怒，棄之。夫亡者豈斯人知其過哉！」

孝宣皇帝之時，霍氏奢靡。茂陵徐先生曰：漢書「徐先生」作「徐生」，下同。「生」亦「先生」也。「霍氏必亡！夫在人之右而奢，亡之道也。孔子曰：『奢則不遜。』論語文。夫不遜者必侮上，侮上者，逆之道也。出人之右，人必害之。今霍氏秉權，「權」下，漢書有「日久」二字。天下之人，疾害之者多矣。夫天下害之，而又以逆道行之，不亡何待？」乃上書言：「霍氏奢靡。陛下卽愛之，宜以時抑制，無使至於亡。」書三上，輒報聞。其後霍氏果滅。董忠等以其功封。漢書作「而告霍氏者皆封。」關曰：「封男子張章爲博成侯，期門董忠高昌侯，左曹楊惲平通侯，侍中金安上成都侯，侍中史高樂陵侯。」人有爲徐先生上書曰：「臣聞客有過主人，見竈直堗，關曰：「集韵：『竈窻謂之堗』。」承周案：「堗」，俗字。廣疋：「竈謂之竈，其窻謂之『堗』。」說文：「突下云深也，一曰竈突。」漢書作「突」，下同。傍有積薪。客謂主人曰：『曲其堗，遠其積薪，不者，將有火患。』主人嘿然不應。宋本、明鈔本「嘿」作「默」，此疑從漢書改。「居無幾何，家果失火，鄉聚里中人哀而救之，火幸息。於是殺牛置酒，」下，漢書有「謝其隣人」句。燔髮灼爛者在上行，餘各用功次坐，而反不録言曲堗者。漢書無「反」字。此下有「人謂主人曰」句。向使主人聽客之言，不費牛酒，終無火患。漢書此下有「今論功而請賓，曲突徙薪無恩澤，燋頭爛額爲上客耶？」主人乃寤而請之」四句。今茂陵徐福數上書言霍氏且有變，宜防絕之。向使福說得行，則無裂地出爵之費，而國安平自如今。疑當作「至於今」。漢書有「臣無逆亂誅滅之敗」句，無「而國安平自如今」七字。往事既已，而福獨不得與其功。惟陛下察客徙薪曲堗之策，而使居燔髮灼爛之右。」書奏，上使人賜徐福帛十匹，拜爲郎。漢書云：「後以爲郎。」則非一時事。○漢書霍光傳用此文。又案淮南說山篇云，淳于髡之告失火者，此其類。高注云：「淳于髡，齊人也，告其隣突將失火，使曲突徙薪。隣人不從。後竟失火，言者不爲功，救火者焦頭爛額爲上客。」治要四十四引桓譚新論云：「淳于髡至鄰家，見其竈突之直，而積薪在旁。曰：『此且有火灾。』即教使更爲曲突，而徙遠其薪。竈家不聽。後灾，火果及積薪而燔其屋，鄰里竝救擊，及滅止，而亨羊具酒以勞謝救火者。曲突遠薪，固不肯呼淳于髡飲飯。智者譏之云：『教人曲突遠薪，固無恩澤；燋頭爛額，反爲上客。』蓋傷其賤本而貴末。」皆以說「曲突徙薪」爲淳于髡事，蓋別有所出，即上書者所本。

齊桓公將伐山戎孤竹，使人請助於魯。魯君進羣臣而謀。皆曰：「師行數千里，入蠻夷之地，必不反矣。」於是魯許助之而不行。齊已伐山戎孤竹，而欲移兵於魯。管仲曰：「不可！諸侯未親，今又伐遠而還誅近隣，隣國不親，非霸王之道。君之所得山戎之寶器者，中國之所鮮也，不可以不進周公之廟乎。」盧曰：「『乎』字衍。」桓公乃分山戎之寶，獻之周公之廟。明年，起兵伐莒，魯下令丁男悉發，五尺童子皆至。孔子曰：「聖人轉禍爲福，報怨以德。」關引太室曰：「此老子之道，非孔子之言。」承周案：太室説是也。「報怨以德」語，見道德經六十三章。孔子蓋老子之誤。論語載孔子語云：「以直報怨，以德報德。」禮表記子曰：「以德報怨，則寬身之仁也。」鄭注：「寬身以息怨，非禮之正也。」則孔、老異術。家語辨政篇載「轉禍爲福」語於中行文子條下，亦作孔子語，卽襲此文之誤。此之謂也。

中行文子出亡至邊，關曰：「中行文子，晉荀吴子荀寅。左傳定公十八年荀寅伐公，敗北，奔朝歌。」從者曰：「爲此嗇夫者，君人也，關曰：「嗇夫，典田官也。」胡不休焉，且待後車者？」「者」字衍，韓無。文子曰：「異日吾好音，此子遺吾琴；吾好佩，又遺吾玉。是不非吾過者也，韓子、家語王注「非」作「振」，振、救也。（今本韓子脱「不」字非是。）金樓作「非愛吾以禮者也。」自容於我者也，吾恐其以我求容也。」韓子「容」下有「於人」二字。遂不入。後車入門，文子問嗇夫之所在，執而殺之。案：韓云：「果收文子後車二乘，而獻之其君矣。」則非文子殺嗇夫明甚。此文脱誤不可通。家語王注作「車入，問文子之所在，（脱「嗇夫」二字。）執而殺之」，疑此文本作「後車入門，問文子之所在，嗇夫執而殺之」，蓋後車問文子之所在，而嗇夫執後車之人殺之也。（此言嗇夫之姦，以著中行文子先去之明。）今本「文子」二字誤在「問」字上，「嗇夫」二字誤在「之所在」上，遂失其義矣。仲尼聞之曰：「中行文子背道失義以亡其國，然後得之，猶活其身。」家語作「而能禮賢以活其身」。文子無禮賢之事，王注已辨之。道不可遺也若此。○本韓子説林下篇，又見家語辨政篇王注，金樓子立言下篇。

衛靈公襜被以與婦人游。子貢見公，公曰：「衛其亡乎？」對曰：「昔者夏桀、殷紂不任其過，故亡；成湯、文、武知任其過，故興。二語互見君道篇。衛奚其亡也！」

智伯請地於魏宣子，盧曰：「『宣』，國策作『桓』，通鑑同。」孫云：「前敬慎篇亦作「桓」，韓非說林及難三兩篇、淮南人間訓並同，疑有二謚。」承周案：韓子十過篇亦作「宣」。史記魏世家、及索隱引世本，皆作「桓」。「宣」、「桓」二字古同聲通用，非二謚也。說見善說篇欒逞條。宣子不予。任增曰：盧曰：「『增』，國策、通鑑並作『章』，淮南作『登』。」承周案：韓子外儲說左上有「壬登」，即呂氏知度篇之「任登」，梁氏人表攷五疑即任章。又案：韓子十過及趙策，並以此爲趙葭語。「何爲不予？」宣子曰：「彼無故而請地，吾是以不予。」任增曰：「彼無故而請地者，無故而與之，是重欲無厭也。彼喜，必又請地於諸侯。諸侯不與，必怒而伐之。」宣子曰：「善！」遂與地。智伯喜，又請地於趙，趙不與，智伯怒，圍晉陽。韓、魏合趙而反智氏，智氏遂滅。○韓子十過篇、說林上篇、難三篇，戰國趙策、魏策，淮南人間篇，皆紀此事，文竝畧同，不備錄。

楚莊王與晉戰，勝之。左宣十二年傳。懼諸侯之畏己也，乃築爲五仞之臺。「乃」，舊事作歸。臺成而觴諸侯。諸侯請約，莊王曰：「我薄德之人也。」諸侯請爲觴，乃仰而曰：御覽四百五十「而」作「面」。「將將之臺，窅窅其謀。我言而不當，諸侯伐之。」於是遠者來朝，近者入賓。盧曰：「『賓』，一作『貢』。」承周案：舊事仍作「賓」。○闞曰：「按楚語曰：『靈王爲章華之臺。伍舉曰：「先君莊王爲匏居之臺，高不過望國氛，大不過容宴豆，木不妨守備，用不煩官府，民不廢時務，官不易朝常。問誰宴焉？則宋公、鄭伯；問誰相禮？則華元駟騑；問誰贊事？則陳侯、蔡侯、許男、頓子，其大夫侍之。先君是以除亂克敵，而無惡於諸侯。」』

吳王夫差破越，又將伐陳。「將」字似衍。傳言吳師在陳，則是已伐，不得云「將」。楚大夫皆懼，曰：「昔闔廬能用其衆，「廬」，御覽四百五十作「閭」，左傳同。（下同。）故破我於柏舉。今聞夫差又甚焉。」子西曰：「二三子恤不相睦也，「恤」，御覽四百五十作「患」，此疑後人依傳改。無患吳矣。昔闔廬食不貳味，處不重席，擇不取費。在國，天有災，親戚乏困而供之；傳作「親巡孤寡，而供其乏困」，此文「戚」疑「巡」之誤。在軍，食熟者半，盧曰：「左氏哀元年傳作『熟食者分』。」而後食，其所嘗者，卒乘必與焉。是以民不罷勞，死知不曠。今夫差，次有臺榭陂池焉；宿有妃嬙嬪御焉；一日之行，所欲必成，玩好必從，珍異是聚。夫差先自敗已，盧曰：「『差』字傳無。」承周案：釋文云：「本或作『夫差先自敗者』，非。」予謂，或本與説苑正同，陸以爲非，從楚語也。又案「已」上左、國皆有「也」字。焉能敗我！」○此用左氏哀元年傳。案楚語云：「子西歎於朝。藍尹亹曰：『吾聞君子唯獨居思念前世之崇替者與哀殯喪，於是有歎，其餘則否。君子臨政思義，飲食思禮，同晏思樂，在樂思舊，無有歎焉。今吾子臨政而歎，何也？』子西曰：『闔廬能敗吾師；闔廬即世，吾聞其嗣又甚焉，吾是以歎。』對曰：『子患政德之不修，無患吳矣。闔廬口不貪嘉味，耳不樂逸聲，目不淫於色，身不懷於安；朝夕勤志，卹民之羸；聞一善若驚，得一士若賞；有過必悛，有不善必懼。是故得民，以濟其志。今吾聞夫差好罷民力，以成私好，縱過而翳諫，一夕之宿，臺榭陂池必成，六畜玩好必從。夫先自敗也已，焉能敗人！子修德以待吳，吳將斃矣。』」彼文以大夫懼爲子西懼，以子西語爲藍尹亹語，竝與此異。

越破吳，請師於楚以伐晉。楚王與大夫皆懼，將許之。左史倚相曰：「此恐吾攻己，故示我不病。請爲長轂千乘，卒三萬，與分吳地也。」莊王聽之。關引考古質疑曰：「楚莊王至越破吳時，相去凡一百八十年，『莊王』字必誤。」嘉按：「左史倚相者仕于楚靈、平、昭三王之時，此不可謂『莊王聽之』。又依史記越滅吳，楚東廣地，爲惠王四十四年之事，此章有差謬。」承周案：舊事作「平王」，亦誤。韓子作「荊王」。此上文作「楚王」，則「莊」字乃「楚」之誤。楚世家惠王十六年越滅吳，此楚王乃惠王也。左史倚相，或惠王時尚存，亦不足怪。遂取東國。韓子云：「割露山之陰五百里。」案楚世家：「惠王四十四年，越已滅吳，而不能正江淮北，楚東侵廣地至泗上。」越世家云：「勾踐已去渡淮南，以淮上地與楚。」○本韓子說林下篇，又見渚宮舊事二。

陽虎爲難於魯，走之齊，請師攻魯。齊侯許之。鮑文子曰：「不可也！陽虎欲齊師破。御覽四百五十作「欲破齊師」，傳作「欲勤齊師。」齊師破，大臣必多死，於是欲奮其詐謀。夫虎有寵於季氏，而將殺季孫，以不利魯國，而容其求焉。盧曰：「左氏定九年傳作『而求容焉』，此訛。」今君富於季氏，而大於魯國，茲陽虎所欲傾覆也。魯免其疾，而君又收之，毋乃害乎？」齊君乃執之，免而奔晉。○本左氏宣九年傳。又畧見韓子難四篇。

湯欲伐桀。伊尹曰：「請阻乏貢職，以觀夏動。」關曰：「『乏』當作『之』。」殷本紀標注引此章作『請阻之貢職，以觀其動』。」承周案：御覽四百五十引「乏」作「之」，（「之」，猶「其」也。）而類聚十二、御覽八十三作「請且乏貢職，以觀夏動。」是舊有二本，義俱可通。今本則校者參定，故與諸引皆不合。桀怒，起九夷之師以伐之。伊尹曰：「未可！彼尚猶能起九夷之師，盧曰：「『猶』字複，左傳亦有此。」(「尚猶有臭」之類。)是罪在我也。」湯乃謝罪請服，復入貢職。明年，又不供貢職。桀怒，起九夷之師，九夷之師不起。伊尹曰：「可矣！」湯乃興師伐而殘之，遷桀南巢氏焉。御覽四百五十無「氏」字，類聚作「遷於南巢。」案淮南主術篇云：「困之鳴條，禽之焦門。」脩務篇云：「整兵鳴條，困夏南巢，譙以其過，放之歷山。」

武王伐紂，晨舉脂燭。四字舊脱，依書鈔十三引補。論衡語增篇云：「太公陰謀之書，食小兒丹教云亡殷，兵到牧野，晨舉脂燭。」過隧斬岸，過水折舟，盧曰：「御覽八十四『折』作『坼』，其十作『沈』。」承周案：御覽十作「過隧則斬岸，過水則沈舟」。又八十四「隧」作「墜」，「岸」作「山」。過谷發梁，過山焚萊，示民無返志也。六韜云：「武王伐殷，乘舟濟河，兵車出，壞船於河中。太公曰：『太子爲父報仇，今死無生，所過津梁，皆悉燒之。』」(見御覽四百八十二。)至於有戎之隧，大風折旆，散宜生諫曰：「此其妖歟？」武王曰：「非也！天落兵也。」關引太室曰：「落兵者，降兵也。」承周案：御覽十引「落」作「浴」，書鈔二仍作「落」。風霽而乘以大雨，水平地而嗇，關曰：「嗇，積也。」散宜生又諫曰：「此其妖歟？」武王曰：「非也！天洒兵也。」「洒」，御覽十、能改齋漫録五作「洗」，書鈔二仍作「洒」。卜而龜熸，散宜生又諫曰：「此其妖歟？」武王曰：「不利以禱祠，利以擊衆，是熸之已。」故武王順天地、犯三妖，而禽紂於牧野，其所獨見者精也。案六韜云：「師到坶野，天暴風電，前後不相見。車益發越，轅衡摧折，旌旆三折，旗幟飛揚者，精鋭感天也；雨以洗吾兵，雷電應天也。」(見御覽三百六十九。)又云：「武王問散宜生：『卜伐殷吉乎？』曰：『不吉！』鑽龜，龜不兆；數蓍，蓍不交而如折。將行之日，雨輜重車至軫；行之日，幟折爲三。散宜生曰：『此凶，四不祥，不可舉事。』太公進曰：『是非子之所知也！祖行之日雨輜重車至軫，是洗濯甲兵也。』」（見類聚二、御覽十、事類賦注。）又云：「武王伐紂，師至氾水牛頭山，風甚雷疾，鼓旗毀折。」又云：「周公曰：『今時逆太歲，龜灼言凶，卜筮不吉，星變爲災，請還師。』太公怒曰：『今紂刳比干，囚箕子，以飛廉爲政，伐之有何不可？枯草朽骨，安可知乎？』乃焚龜折蓍。」（見通典百八十二，又御覽三百二十八。）據六韜，則此文武王語皆太公語也。（書太誓疏曰：「史記周本紀云：『武王伐紂，卜龜兆不吉，羣公皆懼，惟太公强之。』太公六韜云：『卜戰龜兆焦，筮又不吉。太公曰：「枯骨朽蓍，不踰人矣。」』彼言不吉者，六韜之書，後人所作，史記又采用六韜，好事者妄矜太公，非實事也。」）荀子儒效篇云：「武王之誅紂也，行之日以兵忌，東面而迎太歲，至氾而汎，至懷而壞，至共頭而山隧。」（淮南兵畧篇畧同。）韓詩外傳三云：「武王伐紂，到於邢丘，軛折爲三，天雨三日不休。武王懼，召太公曰：『意者紂未可伐乎？』對曰：『不然！軛折爲三者，軍當分爲三也；天雨三日不休，欲洒吾兵也。』」（亦以「洒兵」爲太公語。）論衡卜筮篇云：「周武王伐紂，卜筮之逆，占曰『大凶』。太公推筮蹈龜而曰：『枯骨死草，何知吉凶！』」並可與本書互證。據書鈔十三引本書、與論衡語增篇引太公陰謀合，則此文疑本太公陰謀也。（嚴輯太公陰謀失引論衡。）

晉文公與荆人戰於城濮，春秋僖二十八年。君問於咎犯。咎犯對曰：「服義之君，不足於信；服戰之君，不足於詐。君其詐之而已矣。」「君其」二字，舊脱。盧曰：「吕有『君亦』二字。」承周案：彼文「亦」，乃「其」之誤。（古「其」作「亣」，因誤爲「亦」。）韓子、淮南皆作「君其」，今據補二字。御覽四百五十作「君慎之詐而已矣」，「慎」卽「其」之訛，（「其」訛爲「真」，又訛爲「慎」。）「詐之」二字又誤倒，今本蓋因其誤而删之耳。君問於雍季。

雍季對曰：「焚林而田，得獸雖多，而明年無復也；乾澤而漁，得魚雖多，而明年無復也。詐猶可以偷利，而後無報。」遂與荆君戰，大敗之。及賞，先雍季而後咎犯。侍者曰：「城濮之戰，咎犯之謀也。」君曰：「雍季之言，百世之謀也；盧曰：「『謀』，吕作『利』。」承周案：韓子、淮南皆作「利」。又二書「百」作「萬」。咎犯之言，一時之權也。盧曰：「『權』，吕作『務』。」承周案：韓子、淮南皆作「權」。寡人既行之矣。」盧曰：「句不明。吕作『焉有以一時之務，先百世之利乎。』」承周案：淮南作「吾豈可以一時之權，而先萬世之利也哉。」○此與吕氏義賞篇、韓子難一篇、淮南人間篇所載畧同，而與左氏傳抵牾。史記晉世家云：「晉文公渡河北歸國行賞，狐偃爲首。或曰：『城濮之事，先軫之謀。』文公曰：『城濮之事，偃說我無失信；先軫曰「軍事勝爲右」，吾用之以勝。然此一時之說，偃言萬世之功。奈何以一時之利，而加萬世功乎？』」御覽三百七十九引本書畧同，（盧采入佚文。）與左氏較合。

城濮之戰，文公謂咎犯曰：「吾卜戰而龜熸；我迎歲，彼背歲；彗星見，彼操其柄，我操其標；吾又夢與荆王搏，彼在上，我在下。吾欲無戰，子以爲何如？」咎犯對曰：「卜戰龜熸，是荆人也；盧曰：「『人』疑『火』。」我迎歲，彼背歲，彼去我從之也；彗星見，彼操其柄，我操其標，以掃則彼利，以擊則我利；君夢與荆王搏，彼在上，君在下，則君見天而荆王伏其罪也。「見」疑「㝵」之「誤」，傳作「得」。且吾以宋、衞爲主，齊、秦輔我，我合天道，「合」疑「舍」。獨以人事，固將勝之矣。」文公從之，荆人大敗。○案：左氏僖二十八年傳云：「晉侯夢與楚子搏，楚子伏己而盬其腦，是以懼。子犯曰：『吉！我得天，楚伏其罪，吾且柔之矣。』」彼文無龜熸、迎歲、操彗標三事，而三事皆與武王事同。龜熸、迎歲，已見上文。淮南兵畧篇載武王伐紂事云：「彗星出而授殷人其柄。」越絕外傳紀策考云：「昔者武王伐紂，時彗星出而興。周武王問太公，太公曰：『臣聞以彗鬥，倒之則勝。』」皆以爲武王事。惟論衡異虛篇云：「晉文公將與楚成王戰於城濮，彗星出楚，楚操其柄，以問咎犯。咎犯對曰：『以彗鬥，倒之者勝。』文公夢與成王搏，成王在上盬其腦，問咎犯。咎犯對曰：『君得天而成王伏其罪，戰必大勝。』文公從之，大破楚師。」所言彗星事，與本書正合。

越饑，勾踐懼。四水進諫曰：盧曰：「呂氏長攻篇：『王恐，召范蠡而謀，范蠡云云。』」關曰：「『四水』蓋人名。史記標注引此章『四水進諫曰』作『范蠡曰』三字。按越世家：『大夫種曰：「臣觀吳王政驕矣，請試嘗之貸粟以卜其事。」』請貸，吳王欲與，子胥諫勿與。王遂與之。越乃私喜。子胥言曰：「王不聽諫，後三年吳其墟乎？」』與此所說異趣。」「夫饑，越之福也，而吳之禍也。夫吳國甚富而財有餘，其君好名而不思後患。若我卑辭重幣，以請糴於吳，吳必與我。與我，則吳可取也。」越王從之。吳將與之，子胥諫曰：「不可！夫吳、越接地鄰境，道易通，呂氏「通」上有「人」字。仇讎敵戰之國也。非吳有越，越必有吳矣。夫齊晉不能越三江五湖以亡吳。呂氏作「若燕、秦、齊、晉，山處陸居，豈能踰五湖九江，越十七阸，以有吳哉。」舊本「吳」下衍「越」字，依呂氏刪。不如因而攻之，是吾先王闔廬之所以霸也。且夫饑，何也？亦猶淵也。敗伐之事，誰國無有？呂氏作「且夫饑代事也，猶淵之與阪，誰國無有。」○說文：「伐」，一曰「敗」也。（廣雅同。）君若不攻，而輸之糴，則利去而凶至，財匱而民怨，悔無及也。」吳王曰：「吾聞義兵不攻服，「攻」字舊脫，盧曰：「元本有。」承周案：呂氏亦有。據補。仁者食饑餓。今服而攻之，十字，舊作「仁人不以饑餓而攻之」九字，盧從元本改。承周案：元本與呂氏合，疑卽據呂氏校改。雖得十越，吾不爲也。」遂與糴。

三年，吳亦饑，請糴於越，越王不與而攻之，遂破吳。○本呂氏長攻篇。

趙簡子使成何、涉他左氏「他」作「佗」。與衞靈公盟於剸澤。盧曰：「『剸』，元本『鄟』，與左氏定八年傳同。」承周案：程本、范本作「剸」，王本、局本作「甎」，宋本、明鈔本、經廠本皆作「鄟」，御覽四百五十作「專」。左傳釋文云，「鄟」本又作「甎」。靈公未喋血，「血」，舊作「盟」，盧改。案：宋本、王本皆作「血」。成何、涉他捘靈公之手而撙之。「撙」，舊作「樽」，盧改。案：宋本、明鈔本、經廠本皆作「撙」，御覽同。左傳云：「涉佗捘衞侯之手及捥。」（不云成何。）說文云：「捘，推也。」春秋傳曰：「捘衞侯之手掔。」靈公怒，欲反趙。王孫商曰：盧曰：「『商』，左傳『賈』。」「君欲反趙，不如與百姓同惡之。」公曰：「若何？」對曰：「請命臣令於國曰：『有姑姊妹女者家一人質於趙。』百姓必怨，君因反之矣。」君曰：「善！」乃令之。三日遂徵之，五日而令畢。國人巷哭。君乃召國大夫而謀曰：「趙爲無道，反之可乎？」大夫皆曰：「可！」乃出西門，閉東門。趙氏聞之，縛涉佗而斬之，以謝於衞。成何走燕。子貢曰：「王孫商可謂善謀矣！憎人而能害之，有患而能處之，欲用民而能附之。一舉而三物俱至，可謂善謀矣。」○案：左氏定八年傳云：「晉師將盟衞侯于鄟澤。趙簡子曰：『羣臣誰敢盟衞君者？』涉佗、成何曰：『我能盟之。』衞人請執牛耳。成何曰：『衞，吾溫原也，焉得視諸侯？』將歃，涉佗捘衞侯之手及捥。衞侯怒。王孫賈趨進曰：『盟以信禮也，有如衞君，其敢不唯禮是事，而受此盟也？』衞侯欲叛晉，而患諸大夫。王孫賈使次于郊。大夫問故。公以晉詬語之，且曰：『寡人辱社稷，其改卜嗣，寡人從焉。』大夫曰：『是衞之禍，豈君之過也！』公曰：『又有患焉，謂寡人必以而子與大夫之子爲質。』大夫曰：『苟有益也，公子則往，羣臣之子敢不皆負羈絏以從。』將行，王孫賈曰：『苟衞國有難，工商未嘗不爲患，使皆行而後可。』公以告大夫，乃皆將行之。行有日，公朝國人，使賈問焉，曰：『若衞叛晉，晉五伐我，病何如矣？』皆曰：『五伐我，猶可以能戰。』賈曰：『然則如叛之，病而後質焉，何遲之有！』乃叛晉。晉人請改盟，弗許。」又宣十年傳云：「晉人討衞之叛故，曰：『由涉佗、成何。』於是執涉佗以求成於衞。衞人不許，晉人遂殺涉佗，成何奔燕。」與本書差異。

楚成王贅屬諸侯，舊作「楚成王贄諸屬諸侯」，關引澀井孝德云：「『贄』，恐當作『贅』。贅，聚也。」孫仲容曰：「案澀井說是也，此當作『楚成王贅諸侯。』『贅』與『屬』同，校者注『屬』於『贅』下，遂誤衍二字耳。此書多以『贅』爲『屬』，如奉使篇云『梁王贅其羣臣而議其過』，是也。」（孟子「屬其耆老」，尚書大傳作「贅其耆老」，是「贅」與「屬」通。毛詩大雅桑柔傳云：「贅，屬也。」）使魯君爲僕。魯君致大夫而謀曰：「我雖小，亦周之建國也。今成王以我爲僕，可乎？」大夫皆曰：「不可！」公儀休曰：「不可不聽！楚王身死國亡，君之臣，乃君之有也，爲民君也。」盧曰：「語不可曉。」關引太室曰：「『楚王』以下有脫誤。」魯君遂爲僕。○案：楚成王、公儀休相去幾二百年，何由並世？「成王」疑「威王」之誤。

齊景公以其子妻闔廬，御覽四百五十引章首有「吳闔廬夫人姜氏」七字。案吳越春秋以爲妻吳太子波，陸廣微吳地記以爲妻太子終纍，則非妻闔廬也。（詳後。）送諸郊，泣曰：「余死不汝見矣！」高夢子曰：通鑑外紀八作「高昭子」。「齊負海而縣山，縱不能全收天下，誰干我君？愛則勿行。」公曰：「余有齊國之固，不能以令諸侯，又不能聽，是生亂也。寡人聞之，不能令則莫若從。且夫吳，若蜂蠆然，不棄毒於人則不靜，余恐棄毒於我也。」遂遣之。○案：孟子離婁篇云：「齊景公曰：『既不能令，又不受命，是絕物也。』涕出而女於吳。」吳越春秋闔閭內傳云：「復謀伐齊，齊子使女爲質於吳，吳王因爲太子波聘齊女。女少，思齊，日夜號泣，因乃爲病。闔閭乃起北門，名曰望齊門，令女往遊其上。女思不止，病日益甚，乃至殂落。女曰：『令死者有知，必葬我於虞山之巔，以望齊國。』闔閭傷之，正如其言，乃葬虞山之巔。」越絕書吳地傳云：「齊門，闔廬伐齊大克，取齊王女爲質子，爲造齊門。」陸廣微吳地記云：「齊門，通毗陵。昔齊景公女聘吳太子終纍，闔閭長子，夫差兄也。齊女喪夫，每思家國，因號齊門。後葬常熟海隅山東南嶺，與仲雍、周章等墳相近。葬畢，化白龍沖天而去，今號爲母塚墳。」

齊欲妻鄭太子忽，太子忽辭。人問其故。太子曰：「人各有偶，齊大，非吾偶也。詩云：詩大雅文王。『自求多福。』在我而已矣。」後戎伐齊，齊請師於鄭，鄭太子忽率師而救齊，大敗戎師，齊又欲妻之，太子固辭。人問其故。對曰：「無事於齊，吾猶不敢。今以君命救齊之急，受室以歸，人其以我爲師婚乎？」終辭之。○本左氏桓六年傳，又十年傳，又十一年傳。

孔子問漆雕馬人曰：盧曰：「『馬人』二字疑『憑』之訛。家語好生篇作『漆雕憑』，左氏襄二十三年正義引家語作『平』。」「子事臧文仲、武仲、孺子容，闕引太宰德夫曰：「孺子容無考，意者武仲之子。」三大夫者孰賢？」漆雕馬人對曰：「臧氏家有龜焉，家語「龜」上有「守」字。名曰蔡。關曰：「包咸曰：『蔡，國君之守龜也，出蔡地，因以爲名，長尺二寸。』」承周案：論語包、鄭兩注，說並同。左襄二十三年傳「且致大蔡焉」，正義曰：「漢書食貨志云：『元龜爲蔡』，蔡是龜之名耳，鄭玄云：『出蔡地因以爲名焉』，非也。」文仲立，三年爲一兆焉；武仲立，三年爲二兆焉；孺子容立，三年爲三兆焉：馬人見之矣。若夫三大夫之賢不賢，馬人不識也。」孔子曰：「君子哉，漆雕氏之子！其言人之美也，隱而顯；其言人之過也，微而著。故智不能及，明不能見，家語「智」下、「明」下並有「而」字。得無數卜乎？」家語作「孰克如此」，是贊漆雕憑語，此則論臧氏語。○家語好生篇用此文。漢志漆雕子十二篇，在儒家。馬國翰以此爲其佚文，並謂名馮字馬人，似未塙。

安陵纏以顏色美壯，得幸於楚共王。文選詠懷詩注引「纏」上有「君」字。元和姓纂云：「安陵小國，其後氏之。安陵纏，楚王妃。漢書人表中下有安陵繵，師古曰：『「繵」即「纏」字也。』楚策『纏』作『壇』。」案：「纏」、「繵」、「壇」並音近通用，惟姓纂以爲楚王妃，非是。此下文「纏」屢自稱「臣」，楚策亦同，若是女子，當易「臣」以「妾」矣。又鮑本國策次於楚宣王時，吳師道曰：「說苑以爲得幸於楚共王，今次之宣王，非也。」承周案：江乙與荊宣王對問語，明見楚策，若共王在江乙前幾二百年，何由並世？且其文亦無由入戰國策也。則說苑「共」字之誤無疑，吳氏據此難彼，非也。（楚策又有幸臣鄢陵君，在襄王世。）江乙往見安陵纏曰：「子之先人，豈有矢石之功於王乎？」曰：「無有。」江乙曰：「子之身豈亦有乎？」曰：「無有。」江乙曰：「子之貴何以至於此乎？」曰：「僕不知所以。」江乙曰：「吾聞之，以財事人者，財盡而交疏；以色事人者，華落而愛衰。今子之華，有時而落，子何以長幸無解於王乎？」安陵纏曰：「臣年少愚陋，願委質於先生。」盧曰：「『質』，宋本『智』。」（明鈔本同。）江乙曰：「獨從爲殉可耳。」安陵纏曰：「敬聞命矣！」江乙去。居期年，逢安陵纏，謂曰：「前日所諭子者，通之於王乎？」曰：「未可也。」居期年，江乙復見安陵纏曰：「子豈諭王乎？」安陵纏曰：「臣未得王之間也。」江乙曰：「子出與王同車，入與王同坐，居三年，言未得王之間乎？「乎」或作「子」，屬下句。以吾之說未可耳。」不悅而去。其年，共王獵江渚之野，野火之起若雲蜺，虎狼之嘷若雷霆。有狂兕從南方來，正觸王左驂，王舉旌旄，而使善射者射之，一發，兕死車下。王大喜，拊手而笑，顧謂安陵纏曰：「吾萬歲之後，子將誰與斯樂乎？」安陵纏乃逡巡而却，泣下沾衿，抱王曰：「萬歲之後，臣將從爲殉，安知樂此者誰！」於是共王乃封安陵纏於車下三百户。故曰：「江乙善謀，安陵纏知時。」○戰國楚策文多異。（姚宏戰國策續注引此文作新序，似誤。）

太子商臣怨令尹子上也。闞曰：「初，楚成王將以商臣爲太子，訪諸令尹鬬勃，鬬勃止之，商臣怨鬬勃止王立己，見左傳文公元年。」楚攻陳，晉救之，夾泜水而軍。泜，漢志、水經皆作「滍」。陽處父知商臣之怨子上也，因謂子上曰：「少却，吾涉而從子。」子上却。因令晉軍曰：「楚遁矣！」使人告商臣曰：「子上受晉賂而去之。」左不云「使人告商臣」。此自商臣報其不欲立己之怨耳，非由晉問也。商臣訴之成王，成王遂殺之。○左氏僖三十三年傳云：「晉陽處父侵蔡，楚子上救之，與晉師夾泜而軍。陽子患之，使謂子上曰：『吾聞之：文不犯順，武不違敵。子若欲戰，則吾退舍，子濟而陳，遲速惟命。不然，紓我。老師費財，亦無益也。』乃駕以待。子上欲涉。大孫伯曰：『不可！晉人無信，半涉而薄我，悔敗何及？不如紓之。』乃退舍。陽子宣言曰：『楚師遁矣！』遂歸。楚師亦歸。大子商臣譖子上曰：『受晉賂而辟之，楚之恥也，罪莫大焉。』王殺子上。」

智伯欲襲衞，故遺之乘馬，先之一璧。衞君大悅，酌酒，諸大夫皆喜，南文子獨不喜，有憂色。○南文子卽公孫彌牟，見左傳杜注。衞君曰：「大國禮寡人，寡人故酌諸大夫酒。諸大夫皆喜，而子獨不喜，有憂色者，何也？」南文子曰：「無方之禮，「方」，當從衞策作「力」。「力」，勞也。無功之賞，禍之先也。我未有往，彼有以來，是以憂也。」於是衞君乃修津梁而擬邊城。智伯聞衞兵在境上，乃還。○戰國衞策文。

智伯欲襲衞，乃佯亡其太子顏，使奔衞。南文子曰：「太子顏之爲其君子也，甚愛。非有大罪也，而亡，之必有故。策無「之」字。案：「之」猶「此」也，屬下讀。然人亡而不受，不祥。」使吏逆之，曰：「車過五乘，愼勿內也。」智伯聞之，乃止。○戰國衞策文。

叔向之殺萇弘也，數見萇弘於周，因佯遺書曰：「萇弘謂叔向曰：『子起晉國之兵以攻周，吾廢劉氏而立單氏。』」劉氏請之君曰：「此萇弘也。」乃殺之。○盧引孫曰：「韓非子內儲說下亦云『叔向讒萇宏。』」全謝山云：『是時叔向之死久矣。』」承周案：謝山說，困學紀聞十已先言之。又，左氏哀三年傳、周語、漢書郊祀志、莊子胠篋篇、韓子難言篇、淮南氾論篇，皆記萇弘死事，文各異。

楚公子午使於秦，舊連上，盧曰：「宋本提行。」承周案：明鈔本、經厰本、關本皆提行。（他本字適相接，遂致相連。）秦囚之。其弟獻三百金於叔向。叔向謂平公曰：「何不城壺邱？秦、楚患壺邱之城。若秦恐而歸公子午，以止吾城也，君乃止，難亦未構，楚必德君。」平公曰：「善！」乃城之。秦恐，遂歸公子午，使之晉。晉人輟城。楚獻晉賦三百車。○案：韓非子說林下云：「荊王弟在秦，秦不出也。請以百金委叔向。叔向受金而以見之晉平公曰：『可以城壺丘矣。』平公曰：『何也？』對曰：『荊王弟在秦，秦不出也，是秦惡荊也，必不敢禁我城壺丘。若禁之，我曰爲我出荊王之弟，吾不城也。彼如出之，可以得荊；彼不出，是卒惡也，必不敢禁我城壺丘矣。』公曰：『善！』乃城壺丘。謂秦公曰：『爲我出荊王之弟，吾不城也。』秦因出之。荊王大說，以鍊金百鎰遺晉。」渚宮舊事二畧同，與此文多異。

趙簡子使人以明白之乘六，「明白」，御覽四百五十作「明月」。案：「明月」乃善馬之名，唐人詩多用之，（李嶠詠馬詩：「明月來鞍上，浮雲落蓋中。」沈佺期驄馬詩：「鞍上留明月，嘶間動朔風。」皆取諸此。）今本誤作「明白」。關氏曰：「明白，光澤也。」大謬。先以一璧，爲遺於衞。衞叔文子曰：叔文子疑卽南文子。「見不意可以生故，此小之所以事大也。今我未以往，而簡子先以來，必有故。」於是斬林除圍，關曰：「太室曰：『圍，周阹，恐敵據之，故除之。』」案周阹依山谷爲牛馬圈也。揚子雲傳：『以罔爲周阹。』李奇曰：『阹者遮禽獸，圍陣也。』」聚斂蓄積，而後遺使者。簡子曰：「吾舉也，爲不可知也。今既已知之矣。乃輟圍衞也。」○盧曰：「此與卷六智伯遺衞事相類。」承周案：與前智伯欲襲衞二條亦相似。

鄭桓公將欲襲鄶，先問鄶之辨智果敢之士，韓子「鄶之」下有「良臣」二字。書其名姓，擇鄶之良臣而與之，韓子云「擇鄶之良田賂之。」此「臣」字亦當作「田」，涉下文「良臣」二字而誤。「良田」與下句「官爵」相對。爲官爵之名而書之，因爲設壇於門外而埋之，「門外」，韓子作「郭門之外」。釁之以猳，若盟狀。「猳」上，韓子有「鷄」字。鄶君以爲內難也，盡殺其良臣。桓公因襲之，遂取鄶。關曰：「案鄭世家：『桓公言王東徙其民雒東，而虢、鄶果獻十邑，竟國之。』注：韋昭曰：『後武公竟取十邑地而居之，今河南新鄭也。』與此所言異趣。」承周案：滅鄶事，鄭語云：「東寄帑與賄，虢、鄶受之，十邑皆有寄地。」漢地理志：「京兆鄭縣，周宣王母弟鄭桓公邑。」臣瓚曰：「周自穆王以下都於西鄭，不得以封桓公也。初，桓公爲周司徒，王室將亂，故謀於史伯而寄帑與賄於虢、會之間。幽王既敗，二年而滅會，四年而滅虢，居於鄭父之丘，是爲鄭桓公。無封京兆之文也。」師古曰：「春秋外傳云：『幽王既敗，鄭桓公死之，其子武公與平王東遷』，故左氏傳云：『我周之東遷，晉、鄭焉依。』又鄭莊公云：『我先君新邑於此。』蓋道新鄭也。穆王以下無都西鄭之事，瓚說非也。」（以上漢書注。）鄭氏詩譜云：「宣王封母弟友於宗周畿內咸林之地，是爲鄭桓公，今京兆鄭縣是其都也。」鄭發墨守云：「鄭始封君曰桓公者，周宣王之母弟，國在宗周畿內，今京兆鄭縣是也。桓公生武公，遷易東周畿內，國在虢、鄶之間，今河南新鄭是也。」（周禮大司徒疏引。）則桓公雖寄帑與賄於鄶，而取鄶者實武公也。公羊桓十一年傳：「先，鄭伯有善於鄶公者，通乎夫人以取其國。」所言又與此異。惟水經洧水注引竹書紀年：「晉文侯二年，同惠王子多父伐鄶，克之，乃居鄭父之丘，名之曰鄭，是曰桓公。」以爲桓公事，與本書及臣瓚說合。（桓公非惠王子，「惠」乃「厲」之誤。）又案：逸周書史記解：「昔有鄶君嗇儉，滅爵損祿，羣臣卑讓，上下不臨。後鄶小弱，禁罰不行，重氏伐之，鄶君以亡。」潛夫論志氏姓篇以詩「羔裘匪風」證之，則重氏即鄭也。（紀年係此於高辛十六年，以重氏爲重黎之重，似未足據。然鄭之爲重氏，實亦無徵，豈以左氏昭十七年傳有「鄭祝融之墟」之文，而謂之重氏歟？姑因王節信語，附志於此。）

鄭桓公東會封於鄭，暮舍於宋東之逆旅。逆旅之叟從外來，曰：「客將焉之？」曰：「會封於鄭。」逆旅之叟曰：「吾聞之，時難得而易失也，今客之寢安，殆非會封者也？」「會」字、「者」字，舊脱，盧據御覽百九十八補。承周案：百九十五作「殆非就封者也」，四百五十仍同今本。鄭桓公聞之，援轡自駕，其僕接淅而載之，說文引孟子「接淅」作「滰淅」，此亦當同。行十日夜而至。釐何與之爭封，以鄭桓公之賢，微逆旅之叟，幾不會封也。○史記齊世家云：「武王已平商而王天下，封師尚父於齊營邱，東就國，道宿行遲。逆旅之人曰：『吾聞時難得而易失。客寢甚安，殆非就國者也。』太公聞之，夜衣而行，黎明至國。萊侯來伐，與之爭營邱。營邱邊萊。萊人，夷也，會紂之亂，而周初定，未能集遠方，是以與太公爭國。」關曰：「『釐何』蓋『萊侯』之誤。」承周案：「釐侯」、「萊何」，古音正同，關說似善。竊謂周室方興，必無爭封之事。況勳德如太公，亦必無與爭者，疑史公誤采。然桓公封於圻內，武公始居鄭父之丘，此所云會封於鄭，若爲畿內之鄭，豈釐何所得爭？亦未可據爲實録也。

晉文公伐衛，入郭，坐士令食，曰：「今日必傅大垣。」「傅」，舊訛「得」，盧改，云：「傅音附，薄也。」承周案：宋本、明鈔本皆作「傅。」公子慮俛而笑之。盧曰：「『慮』，列子說符篇作『鋤。』」文公曰：「奚笑？」對曰：

「臣之妻歸，臣送之，反見桑者而助之。顧臣之妻，則亦有送之者矣。」文公懼，還師而歸。至國，而貉人攻其地。盧曰：「與正諫篇公盧諫趙簡子攻齊語正同。」承周案：列子說符篇云：「晉文公出會，欲伐衞，公子鋤仰天而笑。公問何笑。曰：『臣笑鄰之人有送其妻適私家者，道見桑婦，悅而與言。然顧視其妻，亦有招之者矣。臣竊笑此也。』公寤其言，乃止，引師而還。未至，而有伐其北鄙者矣。」三文皆相類。

說苑卷第十四

至公

書曰：書鴻範。「不偏不黨，王道蕩蕩。」今書作「無偏無黨」。史記張馮傳贊、漢書東方朔傳，引書作「不偏不黨」，與本書合。言至公也。古有行大公者，帝堯是也。貴爲天子，富有天下，得舜而傳之，不私於其子孫也。去天下若遺躧。盧曰：「『躧』、『屣』同。」於天下猶然，況其細於天下乎？非帝堯孰能行之？孔子曰：論語泰伯。「巍巍乎！惟天爲大，惟堯則之。」易曰：乾卦。「無首吉。」此蓋人君之公也。夫以公與天下，其德大矣。推之於此，刑之於彼，「刑」、「形」同。萬姓之所載，後世之所則也。彼人臣之公，治官事則不營私家，書鈔三十七「營」上有「言」字。在公門則不言貨利，當公法則不阿親戚，奉公舉賢則不避仇讎，忠於事君，仁於利下，推之以恕道，行之以不黨，伊、呂是也。故顯名存於今，是之謂公。詩云：詩小雅大東。「周道如砥，其直如矢。君子所履，小人所視。」此之謂也。夫公生明，偏生暗，端慤生達，詐僞生塞，誠信生神，夸誕生惑。此六者，君子之所慎也，而禹、桀之所以分也。自「公生明」以下，見荀子不苟篇。詩云：詩大雅蕩。「疾威上帝，其命多辟。」言不公也。

吴王壽夢有四子：春秋經「壽夢」作「乘」，史記吴世家索隱引世本「吴孰姑徙勾吴」，宋忠曰：「孰姑，壽夢也。」長曰謁；盧曰：「『謁』，與公、穀同。左氏春秋、國策、新序、古今人表，皆作『遏』。」承周案：左傳、史記、吴越春秋、俱稱「諸樊」，蓋其號也。次曰餘祭；次曰夷昧；史記吴世家索隱云：「左氏曰：『閽戕戴吴。』杜預曰：『戴吴，餘祭也。』又襄二十八年左傳：『齊慶封奔吴，吴勾餘與之朱方。』杜預曰：『句餘，吴子夷末也。』案：餘祭以襄二十九年卒，則二十八年賜慶封邑不得是夷末。但句餘或別是一人，杜預誤以爲夷末爾。惟史記、公羊作『餘昧』，左氏及穀梁並爲『夷末』。『夷末』、『句餘』，音字各異，不得爲一。」案：新序作「夷昧」，吴越春秋作「餘昧」，作音者皆讀「昧」爲亡葛反，或謂「昧」乃「眛」之誤，「昧」與「蔑」同。次曰季札，號曰延陵季子，吴世家同。左傳昭二十七年又稱「延州來季子」。最賢，三兄皆知之。於是王壽夢薨，謁以位讓季子，季子終不肯當。謁乃爲約曰：「季子賢，使國及季子，則吴可以興。乃兄弟相繼。」飲食必祝曰：「使吾早死，令國及季子。」謁死，餘祭立；餘祭死，夷昧立；夷昧死，次及季子。季子時使行，不在。庶兄僚曰：「我亦兄也。」公羊云：「僚者長庶也。」新序云：「僚者，長子之庶兄也。」服虔左傳解誼曰：「僚者，夷昧之庶兄。」説竝與此同。史記以僚爲餘昧子，徐廣引吴越春秋曰：「王僚，夷昧子。」與史記同。餘詳下。乃自立爲吴王。季子使還、復事如故。謁子光曰：吴世家、吴越春秋、左傳杜注，皆以光爲諸樊長子。公羊解詁亦云：「闔閭，謁之長子光。」新序云：「遏之子曰王子光，號曰闔閭。」並與此同。而服氏解誼則云「夷昧生光」，吴世家集解徐廣引世本同。吴世家索隱云：「左氏其文不明，服虔用公羊，杜預依史記及吴越春秋，下注徐廣引系本云『夷昧生光』，引吴越春秋云『王僚，夷昧子』，今檢系本、吴越春秋，並無此語。然案左氏狐庸對趙文子謂『夷末甚德而度，其天所啟也，必此君之子孫實終之。』若以僚爲夷末子不應此言。又光言『我王嗣』，則光是夷昧子，明僚是壽夢庶子。」案：小司馬於僚則從公羊，於光則從世本，今未敢遽定。惟小司馬謂檢世本、吳越春秋，並無其文，蓋其時世本已殘，而吳越春秋壽夢傳明云「吳人立餘昧子州于，號爲吳王僚」，非無其文也。左傳昭二十七年正義駁服申杜，以世本爲謬。惠氏補注、李氏輯述，又駁杜申服，陳氏公羊義疏又力申公羊之說，文繁不錄。「以吾父之意，則國當歸季子；以繼嗣之法，則我適也，當代之君。僚何爲也！」於是乃使專諸刺僚，殺之，以位讓季子。季子曰：「爾殺吾君，吾受爾國，則吾與爾爲共篡也。爾殺吾兄，吾又殺汝，則是昆弟父子相殺無已時也。」卒去之延陵，終身不入吳。君子以其不殺爲仁，以其不取國爲義。夫不以國私身，捐千乘而不恨，棄尊位而無忿，可以庶幾矣。○本公羊襄二十九年傳，又見新序節士篇，事又見左氏昭二十七年傳，史記吳世家、刺客傳，吳越春秋吳王使公子光傳，文並少異。

諸侯之義死社稷，盧曰：「元本提行。」承周案：當提行。○禮運云：「國君死社稷謂之義。」太王委國而去何也？夫聖人不欲强暴侵陵百姓，故使諸侯死國，守其民。太王有至仁之恩，不忍戰百姓，故事勳育戎氏關曰：「『勳育』，孟子作『獯育』。」以犬馬珍幣，而伐不止。問其所欲者，土地也。於是屬其羣臣耆老而告之曰：「土地者，所以養人也。不以所以養而害其養也，關曰：「『養』字上當有『所』字。」吾將去之。」遂居岐山之下。邠人負幼扶老從之，如歸父母，三遷而民五倍其初者，闞曰：「吳越春秋云：『古公去邠，處岐周，居三月成城郭，一年成邑，二年成都，而民五倍其初。』」案後漢書陳龜傳：「古公杖策，其民五倍。」卽本此文。皆興仁義，趣上之事。盧曰：「『趣』一本作『趨』。」君子守國安民，非特鬭兵，罷殺士衆而已。不私其身，惟民足用保民，疑當作「惟民是用保」，今本「是」誤作「足」，又衍一「民」字。蓋所以去國之義也，是謂至公耳。○案：太王去國事，孟子梁惠王篇、莊子讓王篇、呂氏審爲篇、淮南道應、詮言、泰族三篇，毛詩緜傳，書大傳畧說，吳越春秋太伯傳，禮記哀公問注，家語好生篇，文並畧同，不備列。

辛櫟見魯穆公曰：呂氏「辛櫟」作「辛寬」。通鑑外紀十，文用呂氏，亦作「辛櫟」。「周公不如太公之賢也。」穆公曰：「子何以言之？」辛櫟對曰：「周公擇地而封曲阜，太公擇地而封營丘。爵土等，其地不若營丘之美，人民不如營丘之衆。不徒若是，營丘又有天固。」穆公心慙，不能應也。辛櫟趨而出，南宮邊子入，「南宮邊子」，呂氏作「南宮括」。穆公具以辛櫟之言語南宮邊子。南宮邊子曰：「昔周成王之卜居成周也，其命龜曰：『予一人兼有天下，辟就百姓，敢無中土乎？使予有罪，則四方伐之，無難得也。』史記劉敬傳曰：「成王卽位，周公營成周，以爲此天下中，有德則易以王，無德則易以亡。」卽此意。又案淮南氾論篇：「武王克殷，欲築宮於五行之山，周公曰：『不可！夫五行之山，固塞險阻之地也。使我德能覆之，則天下納其貢職者迴也；使我有暴亂之行，則天下之伐我難矣。』」與此亦相類。周公卜居曲阜，其命龜曰：『作邑乎山之陽，賢則茂昌，不賢則速亡。』季孫行父之戒其子也，曰：『吾欲室之俠於兩社之間也，左傳：「間於兩社，爲公室輔。」使吾後世有不能事上者，使其替之益速。』如是，則曰賢則茂昌，不賢則速亡，安在擇地而封哉？御覽四百二「在」作「有」。或示有天固也？闕引太室曰：「『或示』以下恐有脱語。」辛櫟之言，小人也，子無復道也！」○呂氏長利篇云：「辛寬見魯繆公曰：『臣而今而後知吾先君周公之不若太公望之知也。昔者太公望封於營丘之渚，海阻山高，險固之地也，是故地日廣，子孫彌隆。吾先君周公封於魯，無山林谿谷之險，諸侯四面以達，是故地日削，子孫彌殺。』辛寬出，南宮括入見，公曰：『今者，寬也非周公，其辭若是也。』南宮括對曰：『寬少者弗識也。君獨不聞成王之定成周之説乎？其辭曰：「惟余一人營居于成周，惟余一人有善易得而見也，有不善易得而誅也。」』」與此一事，而文多異。

秦始皇帝既吞天下，盧曰：「『吞』，御覽四百二十八作『有』。」乃召羣臣而議曰：「古者五帝禪賢，三王世繼，孰是？將爲之。」博士七十人未對。鮑白令之對曰：「天下官，則禪賢是也；「禪」，舊作「讓」，盧從御覽改，與上文合。天下家，則世繼是也。故五帝以天下爲官，三王以天下爲家。」御覽百四十六引韓詩外傳曰：「五帝官天下，三王家天下，家以傳子，官以傳賢。」漢書蓋寬饒傳引韓氏易傳同。秦始皇帝仰天而歎曰：「吾德出于五帝，吾將官天下，誰可使代我後者？」鮑白令之對曰：「陛下行桀、紂之道，欲爲五帝之禪，非陛下所能行也。」秦始皇帝大怒曰：「令之前！若何以言我行桀、紂之道也？趣説之，御覽「趣」作「速」。不解則死。」令之對曰：「臣請説之。陛下築臺干雲，局本「築」作「傑」，未知所據。宮殿五里，建千石之鐘，立萬石之虡。「立」字舊脱，盧曰：「御覽有『立』字。」承周案：上林賦亦云：「撞千石之鐘，立萬石之鉅。」今據補「立」字。闕曰：「秦始皇紀：『收天下兵，聚之咸陽，銷以爲鐘鐻，重各千石。』

(「鏤」「鉅」,並與「虡」通。)婦女連百,倡優累千。興作驪山宮室,至雍相繼不絕。關曰:「秦始皇紀:『秦每破諸侯,寫放其宮室,作之咸陽北坂上,南臨渭。自雍門以東至涇渭,殿屋複道,周閣相屬。所得諸侯美人鐘鼓,以充入之。又自極廟道,通酈山,作甘泉前殿,築甬道,自咸陽屬之。』」所以自奉者,殫天下,竭民力。偏駮自私,不能以及人。陛下所謂自營僅存之主也。御覽「也」作「耳」。何暇比德五帝,御覽「德」下有「於」字。欲官天下哉?」始皇闇然無以應之,面有慚色,久之,曰:「令之之言,乃令衆醜我。」遂罷謀,無禪意也。

齊景公嘗賞賜及後宮,文繡被臺榭,菽粟食鳧雁。出而見殣,謂晏子曰:「此何爲死?」晏子「死」上有「而」字。晏子對曰:「此餧而死。」盧曰:「『餧』,餒本字。」公曰:「嘻!寡人之無德也何甚矣!」晏子對曰:「君之德著而彰,何爲無德也?」景公曰:「何謂也?」對曰:「君之德及後宮與臺榭;君之玩物,衣以文繡;君之鳧雁,食以菽粟;君之營內自樂,延及後宮之族:何爲其無德也!顧臣願有請於君:由君之意,自樂之心,推而與百姓同之,則何殣之有?君不推此,而苟營內好私,使財貨偏有所聚,菽粟幣帛,腐於囷府,惠不遍加于百姓,公心不周乎萬國,「萬」字舊脫,據御覽八百四十一補。晏子同。則桀、紂之所以亡也。夫士民之所以叛,由偏之也。君如察臣嬰之言,推君之盛德,公布之於天下,則湯、武可爲之,一殣何足恤哉!」○本晏子外篇。

楚共王出獵，公孫龍子、孔叢子皆止云「楚王」，家語作「昭王」。（易同人疏引如此，今本仍作「共王」，疑從說苑改。）而遺其弓。左右請求之。共王曰：「止！楚人遺弓，楚人得之，又何求焉！」仲尼聞之曰：「惜乎其不大！亦曰『人遺弓人得之』而已，何必楚也。」仲尼所謂大公也。○公孫龍子跡府篇云：「龍聞楚王張繁弱之弓，載忘歸之矢，以射蛟兕於雲夢之圃，而喪其弓。左右請求之。王曰：『止！楚王遺弓，楚人得之，又何求乎！』仲尼聞之曰：『楚王仁義而未遂也！亦曰『人亡弓人得之』而已，何必楚。」孔叢子公孫龍篇畧同。首三句又見文選注三千四引新序，則新序亦載此事。惟家語好生篇與本書文畧同。又呂氏貴公篇云：「荆人有遺弓者而不肯索，曰：『荆人遺之，荆人得之，又何索焉！』孔子聞之曰：『去其荆而可矣！』老聃聞之曰：『去其人而可矣！』故老聃則至公矣。」彼文於孔子外又增人老子，與諸書皆異。

萬章問曰：「孔子於衞主雍睢，「睢」，舊作「雎」，盧改，云：「從目訛，下同。」關曰：「雍睢，孟子作雍疽。瑯琊代醉編云：說苑：『孟子云：「孔子於衞主雍睢」』。『雍睢』，姓名也，與『雍疽』聲相近，趙岐誤注，東坡曾考正之。陳眉公十集云：『孔子主雍疽，趙岐以爲雍疽之醫。按說苑，雍睢，人姓名，趙岐傳之誤。』人物考云：『雍姓，睢名，又名渠，衞靈公之嬖臣。』」承周案：戰國衞策云：「衞靈公近癰疽。」高注云：「孟子有其人，蓋醫之幸者。」高亦嘗注孟子，其說與趙注同。潛研堂答問云：「孔子世家：『衞靈公與夫人同車，宦者雍渠參乘，出，使孔子爲次乘。』又報任安書云：『衞靈公與雍渠同載，孔子適陳。』雍渠卽孟子所稱癰疽也，趙氏以爲癰疽之醫者，似是臆說。」案：錢說是也。韓非子難四篇作「雍鉏」，並音近通用。於齊主寺人脊環，關曰：「『寺人』，孟子作『侍人』，奄人也。『脊』作『瘠』，瘠姓，環名也。」有諸？」孟子曰：「否！不然。好事者爲之也。於衛主顏讎由。孔子世家云：「孔子遂適衛，主於子路妻兄顏濁鄒家。」全謝山經史問答云：「濁鄒，子路妻兄，見史記孔子世家。索隱疑其與孟子不合，其實無所爲不合也。孔叢子言『讎由善事親，其後有非罪之執，子路哀金以贖之，或疑其私于所昵，而孔子白其不然』，則於妻兄有證。是讎由卽濁鄒，孫疏之言是也。孔子在衛主伯玉，亦主讎由，則讎由之賢亞於伯玉，因東道之誼而列於門牆，固其宜也。至涿聚則齊人也，呂覽言其少爲梁父大盜，而卒受業於孔子，得爲名士，亦見莊子，然則於衛之讎由無豫矣。涿聚死事於齊，見左傳犂邱之役。然則顏涿聚者，顏庚也，非濁鄒也。張守節附會以字音，更不足信。」又錢氏潛研堂答問、梁氏人表攷，說均畧同。彌子之妻，與子路之妻，兄弟也。彌子謂子路曰：『孔子主我，衛卿可得也。』子路以告。孔子曰：『有命！』孔子進之以禮，退之以義，得之不得，曰有命；而主雍睢與寺人脊環，是無命也。孟子「無命」上有「無義」二字，此脫。孔子不說於魯衛，將適宋，遭桓司馬，將要而殺之，微服過宋，是孔子當阨，「嘗」，孟子作「當」。主司城貞子，爲陳侯周臣。關曰：「陳侯周，陳滑公也。滑公六年，孔子至陳。」承周案：關說用陳世家，而趙注云：「陳侯周，陳懷公子也，爲楚所滅，故無謚。」與史記不合。說詳焦氏孟子正義。吾聞之，觀近臣，以其所爲之主；「之」字衍，孟子無。觀遠臣，以其所主。如孔子主雍睢與寺人脊環，何以爲孔子乎！」○本孟子萬章篇。

夫子行說七十諸侯，說見前。無定處，意欲使天下之民各得其所，而道不行，退而修春秋，采毫毛之善，貶纖介之惡，董子王道篇云：「春秋紀纖芥之失。」論衡對作篇云：「采求豪末之善，貶纖芥之惡。」人事浹，王道備，董子玉杯篇、公羊哀十四年傳注，「人事」作「人道」。（論衡作「人事」。）精和聖制，書鈔九十五「和」作「加」。上通於天而麟至，此天之知夫子也。書鈔作「此道之繫乎夫子也」。於是喟然而嘆曰：「天以至明爲不可蔽乎，日何爲而食？地以至安爲不可危乎，地何爲而動？天地而尚有動蔽，是故賢聖說於世而不得行其道，故災異並作也。」夫子曰：論語憲問章。「不怨天，不尤人，」二語又見孟子。下學而上達，知我者其天乎？」劉氏論語正義曰：「包氏愼言溫故錄：『史記孔子世家：『哀公十四年春，狩于大野，叔孫氏車子鉏商獲獸，以爲不祥，仲尼視之，曰：「麟也。」取之，曰：「河不出圖，洛不出書，吾已矣夫！」顏淵死，孔子曰：「天喪予！」及西狩獲麟，曰：「吾道窮矣！」喟然曰：「莫我知也夫！」子貢曰：「何爲莫知子？」子曰：「不怨天，不尤人，下學上達，知我者其天乎？」』據史記此文，『莫知』之歎，蓋發於獲麟之後。然則不怨天者，知天之以己制作爲後王法也；不尤人者，人事之厄，天所命也。孔子在庶，而褒貶進退，王者所取則，故曰下學而上達。達，通也，張衡應閒曰：『蓋聞前哲首務，務于下學上達，佐國理民，有云爲也。』是上達者，謂達於佐國理民之道。史公自叙曰：『董生云：「周衰道廢，孔子知言之不用，道之不行也，是非二百四十二年之中，以爲天下儀表，貶天子，退諸侯，討大夫，以達王事而已矣。」又云：仲尼悼禮樂廢崩，追修經術，以達王道。此上達之義也歟？春秋本天以治人，知我者其惟春秋，罪我者其惟春秋。故曰知我者其天乎。』案：說苑至公篇云云，亦以此節爲獲麟而發，下學上達爲作春秋之旨，學通於天，故惟天知之。論語撰考讖云：『下學上達，知我者其天乎，通精曜也。』與說苑意同。」

孔子生於亂世，莫之能容也，故言行於君，澤加於民，然後仕；言不行於君，澤不加於民，則處。孔子懷天覆之心，挾仁聖之德，憫時俗之汙泥，傷紀綱之廢壞，服重歷遠，周流應聘，乃俟幸施道，以子百姓，而當世諸侯，莫能任用。是以德積而不肆，關引太室曰：「『肆』亦大也，『大』字衍。」承周案：「大」字屬下讀，亦通。」大道屈而不伸，海內不蒙其化，羣生不被其思。故喟然嘆曰：「而有用我者，則吾其爲東周乎？」關曰：「論語陽貨篇『而』作『如』。(古通。)」故孔子行說，非欲身運德於一城，關曰：「『一城』爲費，公山弗擾以叛之所。」將欲舒之於天下，而建之於羣生者耳。

秦晉戰，交敵，盧曰：「『敵』，左氏文十二年傳作『綏』，此似誤。」秦使人謂晉將軍曰：「三軍之士皆未息，盧曰：「左作『兩軍之士皆未憖也。』」明日，請復戰。」臾駢曰：「使者目動而言肆，懼我，關曰：「左傳『我』下有『也』字。」將遁矣。迫之河，必敗之。」趙盾曰：關曰：「左傳作『胥甲、趙穿當軍門呼曰』。」盧曰：「『盾』當從左作『穿』。」承周案：左傳所載，蓋極言趙穿之驕縱，本書采入至公篇，子政實深取之，與傳義不同。至公之目，穿所不能當也，疑子政別有所據。盧說非。「死傷未收而棄之，「收」，舊誤作「妝」，盧正，云：「從爿訛。」不惠也；不待期而迫人於險，無勇也。請待。」盧曰：「左作『乃止』。」秦人夜遁。○左氏文十二年傳。

子胥將之吳，辭其友申包胥曰：「後三年，楚不亡，吾不見子矣。」申包胥曰：「子其勉之！吾未可以助子，助子是伐宗廟也；止子是無以爲友。雖然，子亡之，我存之。」左傳云：「初，伍員與申包胥友，其亡也，謂申包胥曰：『我必復楚國。』申包胥曰：『勉之！子能復之，我必能興之。』」史記云：「始，伍員與申包胥爲交。員之亡也，謂包胥曰：『我必覆楚。』包胥曰：『我必存之』。」於是乎觀楚一存一亡也。後三年，吳師伐楚，昭王出走。申包胥不受命，西見秦伯曰：「吳無道，兵强人衆，將征天下，始於楚。左傳、淮南皆云：「虐始於楚。」寡君出走，居雲夢。使下臣告急。」哀公曰：「諾！固將圖之。」申包胥不罷朝，立於秦庭，晝夜哭，七日七夜不絶聲。哀公曰：「有臣如此，可不救乎？」興師救楚。吳人聞之，引兵而還。昭王反復，盧曰：「『反』、『復』倒，或『復』當作『國』。」關曰：「反復，反國復位也。」承周案：大戴保傅篇云：「楚有申包胥而昭王反復。」正與此文相應。盧説誤。（又彼文亦見本書尊賢篇，「反復」作「反位」。賈子胎教篇作「復反」，皆可通。）欲封申包胥。申包胥辭曰：「救亡，非爲名也。功成受賜，是賣勇也。」辭不受。遂退隱，終身不見。詩云：詩邶風谷風。「凡民有喪，匍匐救之。」○左氏定公四年傳云：「及昭王在隨，申包胥如秦乞師，曰：『吳爲封豕長蛇，以荐食上國，虐始於楚。寡君失守社稷，越在草莽，使下臣告急，曰：「夷德無厭，若鄰於君，疆埸之患也。逮吳之未定，君其取分焉。若楚之遂亡，君之土也；若以君靈撫之，世以事君。」』秦伯使辭焉，曰：『寡人聞命矣。子姑就館，將圖而告。』對曰：『寡君越在草莽，未獲所伏，下臣何敢卽安。』立依於庭牆而哭，日夜不絶聲，勺飲不入口七日。秦哀公爲之賦無衣，九頓首而坐，秦師乃出。」又戰國楚策載棼冒勃蘇事云：「昔吳與楚戰於柏舉，三戰入郢，寡君身出，大夫悉屬，百姓離散。棼冒勃蘇曰：『吾被堅執鋭，赴强敵而死，此猶一卒也；不若奔諸侯。』於是贏糧潛行，上峥山，踰深谿，蹠穿膝暴，七日而薄秦王之朝。雀立不轉，晝吟宵哭，七日不得告，水漿無入口，瘨而殫悶，旄不知人。秦王聞而走之，冠帶不相及，左奉其首，右濡其口，勃蘇乃蘇。秦王身問之：『子孰誰也？』棼冒勃蘇對曰：『臣非異，楚使新造盩棼冒勃蘇。吳與楚人戰於柏舉，三戰入郢，寡君身出，大夫悉屬，百姓離散。使下臣來告亡，且求救。』秦王顧令之起：『寡人聞之：萬乘之君，得罪一士，社稷其危，今此之謂也。』遂出革車千乘，卒萬人，屬之子滿與子虎，下塞以東，與吳人戰於濁水而大敗之，亦聞於遂浦。　故勞其身、愁其思、以憂社稷者，棼冒勃蘇是也。」淮南脩務篇畧同。（仍作申包胥。）又見新序節士篇，又畧見史記伍子胥傳、吳越春秋闔閭內傳，又互見本書立節篇。

楚令尹虞邱子，虞丘子因樊姬之言而薦孫叔敖，事見列女傳賢明篇、新序雜事一。又韓詩外傳二亦載之，惟「虞丘子」作「沈令尹」。案：呂氏贊能篇云：「孫叔敖、沈尹莖相與友。叔敖遊於郢，三年，聲問不知，修行不聞。沈尹莖謂孫叔敖曰：『說義以聽，方術信行，能令人主上至於王，下至於霸，我不若子也。耦世接俗，說義調均，以適主心，子不若我也。子何以不歸耕乎？吾將爲子游。』沈尹莖遊於郢，五年，荊王欲以爲令尹，沈尹莖辭曰：『期思之鄙人有孫叔敖者，聖人也，王必用之，臣不若也。』荊王於是使人以王輿迎叔敖以爲令尹，十二年而莊王霸。此沈尹莖之力也。」則沈尹莖即虞丘子也。本書雜言篇云：「沈尹名聞天下，以爲令尹，而讓孫叔敖。」外傳七「沈尹」作「虞丘」，尤其明證。（「沈尹」之名，呂氏尊師篇作「巫」。畢校云：當染篇作「沈尹蒸」，察傳篇作「沈尹筮」，贊能篇作「沈尹莖」，此又作「巫」，新序作「竺」，渚宮舊事作「華」，文皆相近。承周案：治要引尊師篇亦作「筮」。又呂氏去宥篇亦云「沈尹華」。）復於莊王曰：「臣聞奉公行法，可以得榮；能淺行薄，無望上位；不名仁智，無求顯榮；才之所不著，無當其處。臣爲令尹十年矣，國不加治，獄訟不息，處士不升，淫禍不討，久踐高位，妨羣賢路，尸祿素餐，「餐」舊作「飱」，盧改。案明鈔本、經廠本作「飡」。貪欲無厭，臣之罪當稽於理。臣竊選國俊下里之士曰孫叔敖，案孟子云：「孫叔敖舉於海。」趙注云：「孫叔敖隱處，耕於海濱，楚莊王舉之以爲令尹。」與此稱「下里之士」

正合。史記循吏傳亦云：「孫叔敖，楚之處士。」荀子非相篇。呂氏贊能篇。皆云「孫叔敖期思之鄙人」。淮南人間篇云：「孫叔敖決期思之水而灌雩婁之野，莊王知其可以爲令尹也。」論衡超奇篇：「孫叔敖決期思，令尹之兆著。」皆可證。而左傳杜注，以孫叔敖爲蔿艾獵，又以爲蔿賈伯盈子；服注亦同。世本云：「艾獵，叔敖之兄。（世本服注並見左宣十一年疏。）高誘注呂氏情欲、異寶、知分三篇，淮南氾論篇，俱以叔敖爲賈子（又引或曰章子也。）皆由左傳有「蔿敖爲宰」、「令尹蔿艾獵城沂」、「令尹孫叔敖弗欲」三文時次相接，遂相牽合；而不知其與故書雅記皆背馳也。他如潛夫論志氏姓篇云：「令尹孫叔敖者，蔿章之子也。」新唐書宰相世系表云：「蔿章生蔿呂臣，孫蔿賈生叔敖。」皆不足信。毛大可作經問及四書索解，力辨叔敖爲處士，非楚公族。而談經之士，羣據左傳以斥其非。實則左傳明載三人，未嘗合而爲一也。（敖名，孫叔字。隸釋載孫叔敖碑云：『名饒，字叔敖。』誤。說詳問字堂集卷四孫叔敖名字攷，惟彼從世本，亦非。）秀羸多能，盧曰：「御覽四百二十九又四百四十四『羸』俱作『才。』」關引太室曰：「『秀羸恐當作『秀嬴』，猶曰美秀。」孫仲容曰：「渚宮舊事二載此事，作『禿羸多能』。注云：『荀卿子曰：「孫叔敖突禿長左。」』余知古蓋以『禿羸』之文與荀子『突禿』正同，故引以相證，則『禿』不當作『秀』明矣。『禿羸』，言叔敖之形，首無髮而羸瘦，與『多能』二字不相蒙。御覽作『秀才』，乃後人妄改，不足據也。」承周案：孫說甚塙。而書鈔三十七引與御覽同，則舊本固有作「才」者。其性無欲，君舉而授之政，則國可使治，而士民可使附。」莊王曰：「子輔寡人，寡人得以長於中國，令行於絕域，遂霸諸侯，非子如何！」「子」，疑當作「才」，「如」與「而」同。上文虞丘子云「才之所不著，無當其處」，故莊王稱其功，而云「非才而何」。若作「子」，則文理不合矣。虞邱子曰：「久固祿位者，貪也；不進賢達能者，誣也；舊事無「達」字。不讓以位者，不廉也。不能三者，不忠也。爲人臣不忠，君王又何以爲忠？「忠」當作「臣」，字之誤也。武后制字，「臣」字作「思」，故誤爲「忠」。舊事作「又何用之」，與此同義。臣願固辭。」莊王從之，賜虞邱子菜地三百，「丘」字舊脱，盧曰：「御覽四百二十九有。」承周案：御覽四百四十四又九百七十六皆有「丘」字。「菜」舊作「采」，盧從宋本改，云：「元本訛『蕃』。」承周案：御覽九百七十六亦作「菜」，四百四十四作「莱」，亦「菜」之誤，明鈔本、經廠本亦作「菜」，「菜」與「采」通。號曰國老。以孫叔敖爲令尹。少焉，虞邱子家干法，孫叔敖執而戮之。

虞邱子憙，入見於王曰：「臣言孫叔敖，果可使持國政。奉國法而不黨，施刑戮而不骫，關曰：「骫音委。呂覽『直則骫』，注：『曲也。』又漢書淮南王傳薄昭與王書：『皇帝骫天下正法而許大王。』師古曰：『骫，古委字。骫謂曲也。』」承周案：書鈔、類聚、御覽四百二十九，皆作「亂」，於文作「骫」爲長。可謂公平。」「平」當作「乎」，「可」下脱「不」字。類聚正作「可不謂公乎」，舊事作「可謂公矣」，蓋所據本已脱「不」字，故改「乎」爲「矣」，今本又改「乎」爲「平」，皆非。（書鈔三十七作「平」，疑後人依今本改。）莊王曰：「夫子之賜也已。」○渚宮舊事二用此文。

趙宣子言韓獻子於晉侯曰：關曰：「晉語『晉侯』作『靈公』。」「其爲人不黨，治衆不亂，臨死不恐。」晉侯以爲中軍尉。河曲之役，文十二年。趙宣子之車干行，韓獻子戮其僕。人皆曰：「韓獻子必死矣！人不當稱韓厥之謚，晉語作「衆咸曰韓厥必不没」。其主朝昇之，「昇」字俗，當從晉語作「升」。而暮戮其僕，誰能待之？」此下，晉語有「宣子召而禮之曰：『吾聞事君者比而不黨。夫周以舉義，比也；舉以其私，黨也；夫軍事無犯，犯而不隱，義也。吾言女於君，懼女不能也。舉而不能，黨孰大焉？事君而黨，吾何以從政？吾故以是觀女，女勉之。苟從是行也，臨長晉國者非女其誰？』一段，此畧。役罷，趙宣子觴大夫，爵三行，曰：「二三子可以賀我。」二三子曰：「不知所賀。」宣子曰：「我言韓厥於君。言之而不當，必受其刑。今吾車失次而戮之僕，「之」，猶「其」。可謂不黨矣。是吾言當也。」二三子再拜稽首曰：「不惟晉國適享之，乃唐叔是賴之，敢不再拜稽首乎。」〇本國語晉語，文互有詳畧。

晉文公問於咎犯曰：「誰可使爲西河守者？」咎犯對曰：「虞子羔可也。」御覽四百二十九「虞」作「盧」。公曰：「子羔非汝之讐也？」「子羔」二字舊脫，類聚二十二、書鈔三十七、及御覽皆有，今據補。「也」讀爲「邪」。三書「讐也」皆作「仇與」，下文「讐」皆作「仇」。對曰：「君問可爲守者，非問臣之讐也。」子羔見咎犯而謝之曰：「子」字舊脫，依類聚、書鈔、御覽補。「幸赦臣之過，類聚、御覽「幸」上有「君」字。薦之於君，得爲西河守。」咎犯曰：「薦子者，公也；怨子者，私也。吾不以私事害公義。子其去矣，書鈔「其」下有「可」字。顧吾射子也！」「也」，類聚、書鈔皆作「矣」。〇此卽左傳祁奚事之異聞。呂氏去私篇云：「晉平公問於祁黃羊曰：『南陽無令，其誰可爲之？』祁黃羊對曰：『解狐可。』平公曰：『解狐非子之讐邪？』對曰：『君問可，非問臣之讐也。』平公曰：『善！』遂用之。國人稱善焉。居有閒，平公又問祁黃羊曰：『國無尉，其誰可而爲之？』對曰：『午可。』平公曰：『午非子之子邪？』對曰：『君問可，非問臣之子也。』平公曰：『善！』又遂用之。國人稱善焉。孔子聞之曰：『善哉，祁黃羊之論也！外舉不避讐，內舉不避子，祁黃羊可謂公矣。』」韓子外儲說左下云：「中牟無令，晉平公問趙武曰：『中牟三國之股肱，邯鄲之肩髀，寡人欲得其良令也，誰使而可？』武曰：『邢伯子可。』公曰：『非子之讐也？』曰：『私讐不入公門。』公又問曰：『中府之令，誰使而可？』曰：『臣子可。』故曰『外舉不避讐，內舉不避子。』」又曰：「解狐薦其讐於簡主以爲相，其讐以爲且幸釋己也，乃因往拜謝。狐乃引弓送而射之，曰：『夫薦汝，公也，以汝能當之也；夫讐汝，吾私怨也，不以私怨汝之故擁汝於吾君。』故私怨不入公門。」又曰：「解狐舉邢伯柳爲上黨守，柳往謝之曰：『子釋罪，敢不再拜。』曰：『舉子，公也；怨子，私也。子往矣，怨子如初也。』」又治要四十引韓子云：「解狐與邢伯柳爲怨，趙簡主問於解狐曰：『孰可爲上黨守？』對曰：『邢伯柳可。』簡主曰：『非子之讐乎？』對曰：『臣聞忠臣之舉賢也，不避仇讐；其廢不肖也，不阿親近。』簡主曰：『善！』遂以爲守。邢伯柳聞之，乃見解狐，謝。解狐曰：『舉子，公也；怨子，私也。往矣，怨子如異日。』」韓詩外傳九云：「荊伯柳爲西河守。荊伯柳問左右：『誰言我於吾君？』左右皆曰：『解狐。』荊伯柳往見解狐而謝之曰：『子乃寬臣之過也，言於君，謹再拜謝。』解狐曰：『言子者，公也；怨子者，吾私也。公事已行，怨子如故。』張弓射之，走十步而沒。」又書鈔七十八、類聚五十引本書云：「晉平公問趙武曰：『中牟三國之股肱、邯鄲之肩髀也，寡人欲其令良也，其令空，誰使而可？』趙武曰：『邢子可。』公曰：『邢子非子之讐邪？』對曰：『私讐不入公門。』又問曰：『中府之令空，誰使而可？』趙武曰：『臣子可。』故外舉不避讐，內舉不避子。」文各乖異，惟國語晉語、史記晉世家、新序雜事一，所載與左氏畧同，不具錄。

楚文王伐鄧，使王子革、王子靈共捃菜。二子出採，見老丈人載畚，乞焉，不與；搏而奪之。王聞之，令皆拘二子，將殺之。大夫辭曰：「取畚信有罪，然殺之非其罪也，君若何殺之？」言卒，丈人造軍而言曰：「鄧爲無道，故伐之。今君公之子之搏而奪吾畚，盧曰：「『搏』上『之』字，御覽九百七十六無。」無道甚於鄧。」呼天而號。君聞之，羣臣恐。盧曰：「似當作『羣臣恐君聞之。』」君見之，曰：「討有罪而横奪，非所以禁暴也；恃力虐老，非所以教幼也；愛子棄法，非所以保國也；私二子，滅三行，非所以從政也。丈人舍之矣，關曰：「丈人舍之矣者，舍我之罪也。」承周案：「之」字疑衍，「舍矣」猶言「休矣」。謝之軍門之外耳。」盧曰：「疑衍。」關曰：「『謝之軍門之外耳者，斬二子軍門之外也。」承周案：關説是也，此正謂斬以謝之。○案御覽九百七十六引此文，全同今本。而類聚十八、御覽三百八十三，引文全異，或舊有二本，或舊有二條，（如下「文茅門之法」之例。）今附録之。

楚文王伐鄭，使王子革、子露居。類聚「革」作「華」，「居」作「車」，今從御覽。二子出游，老人戴畚類聚「戴」作「載」。從而乞食焉，類聚無「而」字、「食」字。不與，搏而奪之畚。

楚令尹子文之族，有干法者，廷理拘之，「廷理」即「秋官朝士」，説詳孫氏周禮正義。聞其令尹之族也，而釋之。子文召廷理而責之曰：「凡立廷理者，將以司犯王令，關引太室曰：「『司』當作『伺』。」承周案：「司」、「伺」古今字。而察觸國法也。盧曰：「『法』下，御覽四百二十九有『者』字。」夫直士持法，柔而不撓，剛而不折。今棄法而背令，盧曰：「『而』字疑衍。」而釋犯法者，是爲理不端，懷心不公也。豈吾有營私之意也？「有」字舊無，今以意增。「也」讀爲「邪」。何廷理之駮於法也？吾在上位，以率士民，士民或怨，而吾不能免之於法。今吾族犯法甚明，而使廷理因緣吾心而釋之，「因緣吾心」，御覽及書鈔三十七皆作「緣吾私心」。（舊事同今本。）是吾不公之心，明著於國也。執一國之柄，而以私聞，與吾生不以義，不若吾死也。」遂致其族人於廷理。曰：「不是刑也，吾將死。」廷理懼，遂刑其族人。成王聞之，不及履而至於子文之室，曰：「寡人幼少，置理失其人，以違夫子之意。」於是黜廷理而尊子文，使及內政。國人聞之曰：「若令尹之公也，吾黨何憂乎？」乃相與作歌曰：「子文之族，犯國法程。廷理釋之，子文不聽。恤顧怨萌，關曰：「法之不公，怨之萌也，子文憂顧之。」承周案：關說大謬。「萌」與「民」通。「恤顧怨萌」，猶憂念怨民也。上文云「士民或怨而不能免之於法」，即此「怨萌」二字之義。方正公平。」○渚宮舊事一用此文。

楚莊王有茅門者，關讀「者」字句絕。案：韓子「者」作「之」，屬下讀，亦通。又孫氏札迻（韓子）曰：「茅門，即雉門也。說文隹部云：『雉，古文作𨾊。』或省爲弟，與茅形近而誤。史記魯世家『築茅闕門』，即春秋定二年經之『雉門兩觀』也。諸侯三門庫雉路，外朝在雉門外，茅門之法，廷理掌之，即周禮秋官朝士掌建邦外朝之法也。天子諸侯三朝皆有廷，士理字通。」法曰：「羣臣大夫、諸公子入朝，馬蹄蹂霤者，斬其輈而戮其御。」韓子「斬」上有「廷理」二字。太子入朝，馬蹄蹂霤，廷理斬其輈而戮其御。太子大怒，入爲王泣曰：「爲我誅廷理。」王曰：「法者，所以敬宗廟、尊社稷。故能立法從令，尊敬社稷者，社稷之臣也。安可以加誅？夫犯法廢令，不尊敬社稷，是臣棄君、盧曰：「韓非外儲說右上『棄』作『乘』，是。下同。」下陵上也。臣棄君則主威失，下陵上則上位危。此下，韓子有「威失位危」四字。社稷不守，吾何以遺子？」盧曰：「『子』下，御覽有『孫』字。」承周案：韓子亦有，下多「於是」二字。太子乃還走避舍，再拜請死。○本韓子外儲說右上。

楚莊王之時，太子車立於茅門之內，盧曰：「『立』疑『止』。」承周案：韓子作「至」。又俗本「內」作「外」。少師慶逐之。韓子「少師慶」作「廷理」。案：少師非掌法之官，疑「少」當作「士」。新序雜事二有士慶諫莊王事，疑卽一人。太子怒，入謁王曰：「少師慶逐臣之車。」王曰：「舍之。老君在前而不踰，少君在後而不豫，關曰：「『豫』，怠也。」承周案：「豫」謂豫爲要結。是國之寶臣也。」○韓子外儲說右上云：「楚王急召太子。楚國之法，車不得至於茆門。天雨，廷中有潦，太子遂驅車至於茆門。廷理曰：『車不得至茆門，非法也。』太子曰：『王召急，不得須無潦。』遂驅之。廷理舉殳而擊其馬，敗其駕。太子入，爲王泣曰：『廷中多潦，驅車至茆門，廷理曰非法也，舉殳擊臣馬，敗臣駕。王必誅之。』王曰：『前有老主而不踰，後有儲主而不屬，矜矣。是真吾守法之臣也！』乃益爵二級，而開後門出太子，勿復過。」文較此爲詳。

吳王闔廬爲伍子胥興師，復讐於楚。子胥諫曰：「諸侯不爲匹夫興師。董子王道篇云：「諸侯不得爲匹夫興師。」且事君猶事父也，虧君之義，復父之讐，臣不爲也。」於是止。其後因事而後復其父讐也。如子胥可謂不以公事趨私矣。○公羊定四年傳云：「伍子胥父誅乎楚，挾弓而去楚，以干闔廬。闔廬曰：『士之甚，勇之甚。』將爲之興師而復讐於楚。伍子胥復曰：『諸侯不爲匹夫興師。且臣聞之，事君猶事父也。虧君之義，復父之讐，臣不爲也。』於是止。蔡昭公朝乎楚，有美裘焉，囊瓦求之，昭公不與，爲是拘昭公於南郢，數年然後歸之。於其歸焉，用事乎河曰：『天下諸侯苟有能伐楚者，寡人請爲之前列。』楚人聞之怒，爲是興師，使囊瓦將而伐蔡。蔡請救於吳。伍子胥復曰：『蔡非有罪也，楚人爲無道，君如有憂中國之心，則若時可矣。』於是興師而救蔡。」又穀梁傳亦云：「子胥父誅于楚也，挾弓持矢而干闔廬。闔廬曰：『大之甚，勇之甚。』爲是欲興師而伐楚。子胥諫曰：『臣聞之，君不爲匹夫興師。且事君猶事父也，虧君之義，復父之讐，臣弗爲也。』於是止。蔡昭公朝於楚，有美裘，正是日，囊瓦求之，昭公不與，爲是拘昭公於南郢，數年然後得歸。乃用事乎漢，曰：『苟諸侯有欲伐楚者，寡人請爲前列焉。』楚人聞之而怒，爲是興師而伐蔡。蔡請救於吳。子胥曰：『蔡非有罪，楚無道也，君若有憂中國之心，則若此時可矣。』爲是興師而伐楚。」事又見越絶書荆平王内傳、吳内傳，新序善謀篇，文並畧同。

孔子爲魯司寇，聽獄必師斷，「師」，衆也。公羊僖二十八年解詁：「宋稱人者，明聽訟必師斷與衆共之，不敢自專。」敦敦然皆立，劉曰：「行葦傳：『敦，聚貌。』釋文：『音徒端反。』此讀當如之。春秋繁露五行相生篇：『爲魯司寇，斷獄屯屯，與衆共之，不敢自專。』屯屯卽敦敦也。」然後君子進曰：盧曰：「君子卽孔子。」「某子以爲何若？」某子以爲云云。依下文例，當作「某子曰云云」，此某子答孔子語也。又曰：「某子以爲何若？」某子曰云云。辯矣，盧曰：「『辯』、『徧』同。」然後君子下當有「曰」字。家語作「孔子曰」。「幾當從某子云云乎？」家語作「當從某子云云幾是」，王注云：「幾，近也。」案：此「幾」字讀若「其」。以君子之知，豈必待某子之云云然後知所以斷獄哉？君子之敬讓也。文辭有可與人共之者，君子不獨有也。二句又見孔子世家。○案：此本董子五行相生篇。（已見上。）淮南主術篇云：「孔子爲魯司寇，聽獄必師斷。作爲春秋，不道鬼神，不敢專己。」（今淮南「師」譌「爲」。）亦卽此事。家語好生篇用本書，文較畧。

子羔爲衛政，家語云：「季羔爲衛之士師。」韓子云：「孔子相衛，弟子子羔爲獄吏。」案：孔子未嘗相衛，子羔亦未嘗爲政，家語雖晚出，於事爲合。刖人之足。「刖」，韓作「跀」，下文「刖者」皆作「跀危」。「跀」、「刖」正叚字。衞之君臣亂，盧曰：「家語致思篇：『俄而衞有蒯聵之亂。』」承周案：韓子云：「人有惡孔子於衞君者曰：『尼欲作亂。』衞君欲執孔子，孔子走，弟子皆逃，子皋從出門」云云，乃孔悝之難傳聞之誤。子羔走郭門，郭門閉，刖者守門，曰：「於彼有缺。」子羔曰：「君子不踰。」曰：「於彼有竇。」子羔曰：「君子不遂。」盧曰：「『遂』，家語『隧』。」承周案：王注云：「隧」，從竇出。曰：「於此有室。」子羔入，追者罷。子羔將去，謂刖者曰：「吾不能虧損主之法令，而親刖子之足。吾在難中，此乃子之報怨時也，何故逃我？」刖者曰：「斷足固我罪也，無可柰何。君之治臣也，傾側法令，先後臣以法，欲臣之免於法也，劉曰：「案文當作『傾側法令，先後臣以言，欲臣之免也。』此並誤，今據韓非子改定。」承周案：劉氏改定亦未可據。韓子、家語皆無「於法」二字，韓子「也」下多「甚」字。臣知之。獄決罪定，臨當論刑，君愀然不樂，見於顏色，臣又知之。君豈私臣哉，天生仁人之心，六字，韓子作「天性人心」。（「性」、「生」古通。）其固然也。此臣之所以脫君也。」孔子聞之曰：「孔子」以下，今本韓子別爲一條，非是。「善爲吏者樹德，不善爲吏者樹怨，公行之也，其子羔之謂歟？」韓子云：「孔子曰：『善爲吏者樹德，不能爲吏者樹怨。槩者，平量者也；吏者，平法者也。治國者不可失平也。』」○本韓子外儲說左下。又家語致思篇用此文。又案淮南人間篇載子發事云：「子發爲上蔡令。民有罪當刑，獄斷論定，決於令尹前，子發喟然有悽愴之心。罪人已刑，而不忘其恩。此其後，子發盤罪威王而出奔，刑者遂襲恩者，恩者逃之於城下之廬，追者至，踹足而怒曰：『子發視決吾罪而被吾刑，怨之憯於骨髓，使我得其肉而食之，其知厭乎！』追者以爲然，而不索其內，果活子發。」與此畧同。

說苑卷第十五

指武

司馬法曰：「國雖大，好戰必亡。天下雖安，忘戰必危。」見司馬法仁本篇。史記主父偃傳載偃上書引司馬法云：「國雖大，好戰必亡。天下雖平，忘戰必危。」（漢書同。）意林卷六及治要引司馬法「安」亦作「平」，並與今本異。（楚詞七諫章句引司馬法曰：「國雖强大，忘戰必危。」蓋約其文。）俗本「忘戰」作「亡戰」。易曰：易萃卦。「君子以除戎器，戒不虞。」夫兵不可玩，玩則無威；兵不可廢，廢則召寇。昔吳王夫差好戰而亡，徐偃王無武亦滅。故明王之制國也，上不玩兵，下不廢武。易曰：易繫辭。「存不忘亡。」是以身安而國家可保也。今易「存」下有「而」字，下有「治而不忘亂」句，此約引之。

秦昭王中朝而歎曰：「夫楚劍利，倡優拙。夫劍利，則士多慓悍；倡優拙，則思慮遠也。吾恐楚之謀秦也。」此謂當吉念凶，而存不忘亡也，卒以成霸焉。史記范雎傳云：「昭王臨朝歎息。應侯進曰：『臣聞主憂臣辱，主辱臣死。今大王中朝而憂，臣敢請其罪。』昭王曰：『吾聞楚之鐵劍利而倡優拙。夫鐵劍利則士勇，倡優拙則思慮遠。夫以遠思慮而御勇士，吾恐楚之圖秦也。今武安君既死，而鄭安平等畔，內無良將，而外多敵國，吾是以憂。』欲以激勵應侯。」

王孫厲謂楚文王曰：「楚文王」，淮南作「楚莊王」，誤也。（渚宮舊事一用淮南，仍作「楚文王」，不誤。）韓子亦作「荆文王」。楚辭七諫「荆文寤而徐亡」。淮南說山：「徐偃王以仁義亡國。」高注云：「居衰亂之世，修行仁義，爲楚文王所滅。」皆以爲楚文王事。史記趙世家：「繆王使造父御，西巡狩，見西王母，樂之忘歸，而徐偃王反。繆王日馳千里馬，攻徐偃王，大破之。」譙周曰：「徐偃王與楚文王同時，去周繆王遠矣。」（見史記秦本紀正義趙世家集解俱引。）允南蓋據韓子、淮南、楚辭及本書以證史誤，最爲明確。（竹書紀年：「穆王十四年，王帥楚子伐徐戎，克之。」又：「三十五年，荆人入徐。」前條在見西王母前，尤抵牾，不足爲據。）後漢書東夷傳云：「康王之時，肅慎復至。後徐夷僭號，乃率九夷以伐宗周。西至河上，穆王畏其方熾，乃分東方諸侯，命徐偃王主之。偃王處潢池東，地方五百里，行仁義，陸地而朝者三十有六國。穆王後得驥騄之乘，乃使造父御，以告楚，令伐徐，一日而至。於是楚文王大舉兵而滅之。偃王仁而無權，不忍鬬其人，故致於敗。」范氏合二說爲一事，似繆王直與楚文王同時，尤謬。**「徐偃王好行仁義之道，**徐偃王事，又見後漢書東夷傳，又劉成國徐州地理記，（水經濟水注引。）張茂先博物志，（趙世家索隱東夷傳注皆引。）載鵠蒼銜卵而生偃王事，頗怪妄，今不取。荀子非相篇云：「徐偃王之狀，目可瞻馬。」楊注引尸子云：「徐偃王有筋而無骨。」（秦本紀集解引尸子同。東夷傳注引作「有身無骨」，非。）**漢東諸侯三十二國盡服矣。**韓子「二」作「六」，後漢書、水經注同。案：淮南、論衡皆作「三十二國」，與本書合。論衡文本韓子，今韓子作「六」，疑後人改之。**王若不伐，楚必事徐。」王曰：「若信有道，不可伐也。」對曰：「大之伐小，强之伐弱，猶大魚之吞小魚也，若虎之食豚也。惡有其不得理！」文王遂興師伐徐，殘之。徐偃王將死，曰：「吾賴於文德，而不明武備；好行仁義**

之道，而不知詐人之心：以至於此。」夫古之王者，其有備乎！○淮南人間篇云：「昔徐偃王好行仁義，陸地之朝者三十二國。王孫厲謂楚莊王曰：『王不伐徐，必反朝徐。』王曰：『偃王有道之君也，好行仁義，不可伐。』王孫厲曰：『臣聞之：大之與小，強之與弱也，猶石之投卵，虎之啗豚，又何疑焉。且夫爲文而不能達其德，爲武而不能任其力，亂莫大焉。』楚王曰：『善！』乃舉兵而伐徐，遂滅之。知仁義而不知世變者也。」卽此文所本。韓子五蠹篇亦載此事，文稍異。（論衡非韓篇用之。）

吳起爲苑守，行縣，適息，盧曰：「『苑』當作『宛』，卽南陽宛也。」承周案：「苑」與「宛」通，淮南俶真篇：「形苑而神壯」注：「苑讀南陽苑字。」正作「苑」。淮南無爲苑守事。「行縣，適息」，淮南作「適魏」。案此兩言「適息，問屈宜臼」，則屈宜臼蓋守息大夫。問屈宜臼曰：「臼」，淮南作「咎」，古通，（今本淮南譌作「若」，從王氏雜志改。）互見前權謀篇。「王不知起不肖，以爲苑守，先生將何以教之？」屈公不對。居一年，王以爲令尹，行縣，適息，問屈宜臼曰：「起問先生，先生不教。今王不知起不肖，以爲令尹，先生試觀起爲之也。」屈公曰：「子將奈何？」吳起曰：「將均楚國之爵，而平其禄。損其有餘，而繼其不足。厲甲兵，以時争於天下。」屈公曰：「吾聞昔善治國家者，不變故，不易常。今子將均楚國之爵而平其禄，損其有餘，而繼其不足，是變其故而易其常也。且吾聞兵者，凶器也；争者，逆德也。今子陰謀逆德，好用凶器，殆人所棄，逆之至也。淮南作「怒者，逆德也；兵者，凶器也；争者，人之所本也。今子陰謀逆德，好用凶器，始人之所本，逆之至也」。案：淮南及本書皆有脱誤。越語：「范蠡進諫曰：『夫勇者，逆德也；兵者，凶器也；争者，事之末也。陰謀逆德，好用凶器，始於人者，人之所卒也。』」史記越世家：「范蠡諫曰：『臣聞兵者，凶器也；戰者，逆德也；争者，事之末也。陰謀逆德，好用凶器，試身於所末。』」云云。史記主父偃傳：「且夫怒者，逆德也；兵者，凶器也，争者，末節也。」（漢書偃傳同。）尉繚子兵令篇：「兵者，凶器也；戰者，逆德也；争者，事之末也。」（文子下德篇襲淮南而文多謬，不録。）合上諸書觀之，則此文「兵者，凶器也；争者，逆德也」二句，蓋由三句揉合，遂與諸書不相應。今不敢肊決其原文如何，而脱去一句甚明。（下文「陰謀逆德，好用凶器，殆人所棄」，即分承上三句。上文無「人之所棄」句，則上文亦不相應。）「殆」字乃「始」字之誤，當依越語、淮南改正。（詩七月傳「殆，始也」。則「殆」、「始」可通。然本書不必用「殆」作「始」。）吴越春秋：「范蠡曰：『夫人君勇者，逆德也；兵者，凶器也；争者，人之末也。』」（文選陸士衡樂府注引吕氏論威篇云：「凡兵，天下之凶器也；勇，天下之凶德也。」）淫佚之事也，淮南無此句。案：越語載范蠡語曰：「淫泆之事，上帝之禁也。」此文「也」上疑脱「上帝之禁」四字。（史記載范蠡語，亦有「上帝禁之」四字，而文不備。）行者不利。且子用魯兵，不宜得志於齊，而得志焉；子用魏兵，不宜得志於秦，而得志焉。吾聞之曰：『非禍人不能成禍。』吾固怪吾王之數逆天道，至今無禍，嘻！且待夫子也。」吴起惕然曰：「尚可更乎？」屈公曰：「不可！」吴起曰：「起之爲人謀。」盧曰：「此十三字衍，淮南子道應篇無。」屈公曰：「成刑之徒，「刑」與「形」通，淮南作「形」。不可更已。子不如敦處而篤行之。淮南「處」作「愛」。楚國無貴于舉賢。」關引太室曰：「『楚國』以下教起之語，文理不相屬，亦有脱語。」承周案：此七字，淮南無。○本淮南道應篇。

春秋記國家存亡，以察來世，雖有廣土衆民，堅甲利兵，威猛之將，士卒不親附，不可以戰勝取功。晉侯獲於韓，見左僖十五年傳。楚子玉、得臣敗於城濮，見左僖二十八年傳。蔡不待敵而衆潰。此蓋指齊桓侵蔡，蔡潰事。（見左僖四年傳。）闕氏以莊十年楚文王滅蔡事說之，然彼傳無衆潰之文，殆非也。故語曰：「文王不能使不附之民，先軫不能戰不教之卒，造父、王良不能以弊車不作之馬趨疾而致遠，「弊」，舊作「敝」，盧改，云：「下多同。」（經廠本、明鈔本作「弊」。）羿、逢蒙不能以枉矢弱弓射遠中微。「逢」舊作「逄」，盧改，云：「宋、元本皆作『逢』。」承周案：王本、局本亦作「逢」。作「逄蒙」者，後人依孟子改之也。荀子王霸、强國二篇作「蠭門」，漢藝文志作「逢門」。故强弱成敗之要，在乎附士卒、教習之而已。」荀子議兵篇云：「臣所聞古之道，凡用兵攻戰之本，在乎壹民。弓矢不調，則羿不能以中微；六馬不和，則造父不能以致遠；士民不親附，則湯、武不能以必勝也。故善附民者，是乃善用兵者也，故兵要在乎善附民而已。」與此文義相似。

内治未得，不可以正外；本惠未襲，闕曰：「本惠者，惠我民也；未襲者，未厚也。」承周案：「襲」猶洽也。不可以制末。是以春秋先京師而後諸夏，先諸華而後夷、狄。公羊成十五年傳：「春秋内其國而外諸夏，内諸夏而外夷、狄。」解詁云：「内其國者，假魯以爲京師也。然則傳言其國，本書言京師，其義一也。」董子王道篇：「親近以來遠，未有不先近而致遠者也。故内其國而外諸夏，内諸夏而外夷、狄，言自近者始也。」及周惠王，以遭亂世，繼先王之體，而强楚稱王，闕曰：「楚世家：『楚曰：「我蠻夷也。今諸侯皆爲叛，相侵，或相殺。我有敝甲，欲以觀中國之政，請王室尊吾號。」隨人爲之周，請尊楚。王室不聽。還報楚。楚熊通怒曰：「王不加位，我自尊耳。」乃自立爲武王。』」諸侯背叛。欲申先王之命，一統天下，不先廣養京師以及諸夏，諸夏以及夷狄，內治未得，忿則不料力，權得失，興兵而征强楚，師大敗，撙辱不行，大爲天下戮笑。惠王征楚事，未詳所出。幸逢齊桓公，以得安尊。故內治未得，不可以正外；本惠未襲，不可以制末。

將師受命者：將率入，軍吏畢入，皆北面再拜稽首受命，天子南面而授之鉞，東行西面而揖之，示弗御也。案：將受命之禮，見六韜龍韜立將篇、淮南兵畧篇。（文繁不録。）孔叢子問軍禮篇云：「天子命大將出征，親潔齋盛服，設奠於祖，以詔之。大將先入，軍吏畢從，皆北面再拜稽首而受。天子當階南面，命授之節鉞。大將受，天子乃東向西面而揖之，示弗御也。」與此文正同。故受命而出，忘其國；卽戎，忘其家；關引太室曰：「『國』當作『家』，『家』當作『親』。」承周案：文選西征賦注引六韜云：「爲將者受命忘家，當敵忘身。」史記司馬穰且傳云：「將受命之日則忘其家，臨軍約束則忘其親，援枹鼓之急則忘其身。」孔叢子問軍禮篇云：「古者大將，受命而出則忘其國，卽戎師陣則忘其家。」本書與孔叢正合，太室說非是。聞枹鼓之聲，唯恐不勝，忘其身。故必死。必死不如樂死，樂死不如甘死，甘死不如義死，義死不如視死如歸，此之謂也。故一人必死，十人弗能待也；十人必死，百人弗能待也；百人必死，千人不能待也；千人必死，萬人不能待也；萬人必死，橫行乎天下，令行禁止，王者之師也。白虎通三軍篇引傳曰：「一人必死，十人不能當；百人必死，千人不能當；千人必死，萬人不能當；萬人必死，橫行天下。」陳氏疏證曰：「後漢張宗傳：『宗曰：「愚聞一卒畢力，百人不能當；萬夫致死，可以橫行。」』蓋古傳有此語，故張宗卽引之也。故說苑指武云云，疑『待』皆『得』之訛。」承周案：

説苑亦用古傳語，與白虎通合。「待」與「當」義可互通，下文晉智伯伐鄭條亦有「不可待也」之語。陳氏疑當作「得」，非也。

田單爲齊上將軍，御覽三百十八引無「軍」字。興師十萬，將以攻翟。往見魯仲連子。仲連子曰：「將軍之攻翟，必不能下矣。」田將軍曰：「單以五里之城，十里之郭，盧曰：「『十』，齊策作『七』。」復齊之國，何爲攻翟不能下？」去，上車，不與言。決攻翟。三月而不能下。齊嬰兒謠之曰：「大冠如箕，長劍柱頤，攻翟不能下，盧曰：「『能』字，書鈔百五十無。」壘於梧邱。」盧曰：「『於』，策無。『梧』，策作『枯』。」承周案：戰國策補注引此文作「攻狄不下，壘於枯邱」，無「能」字。書鈔一百五十七引戰國策，同。今本齊策作「攻狄不能下，壘枯邱」。續注云：「晁改作『壘於梧邱』，説苑同。」鮑彪云：「大不能降一壘，小不能枯一邱。言無人物。」吳師道云：「吳氏韻補：『「能」，叶年題反。「邱」，叶去其反』。廬陵劉氏讀『壘枯邱』，謂空守一邱爲壘。説苑『攻狄不能下，壘於枯邱。』『齊景公田於梧邱』，地名也。一本引北堂書鈔同説苑，無『能』字。一本『壘枯骨成邱』，通鑑從之。各有不同，似梧邱義長。」王氏戰國策雜志云：「鮑、劉説皆謬。一本作『壘枯骨成邱』，亦後人臆改。此當從説苑作『攻狄不下，壘於枯邱』，於文爲順，於義爲長。北堂書鈔引策文正與説苑同。今策文作『攻狄不能下』，『能』字因上文『將軍攻狄不能下』而誤衍耳。韻補以『能』字絕句，而以『下壘』連讀，則文不成義矣。」於是田將軍恐駭，往見仲連子曰：「先生何以知單之攻翟不能下也？」仲連子曰：「夫將軍在卽墨之時，坐則織蕢，立則杖臿，爲士卒倡，曰：『宗廟亡矣，魂魄喪矣，歸何黨矣！』盧曰：「『黨』，所也。」承周案：此三句，策作「何往矣，宗廟亡矣，去日尚矣，歸於何黨矣」。故將有死之心，士卒無生之氣。「氣」下，書鈔有「是以克之」句，策有「聞若言，莫不揮泣奮臂而欲戰，此所以破燕也」三句。今將軍東有掖邑之封，盧曰：「『掖』，策作『夜』。」西有淄上之寶，盧曰：「策作『虞』，『娛』同。」承周案：御覽「寶」作「富」。疑「寶」乃「實」之誤。黃金橫帶，舊本作「金銀黃帶」，盧曰：「『金銀』，策作『黃金』，又『黃』改『橫』。」承周案：御覽引本書作「黃金橫帶」，與策合，今據改。馳騁乎淄、澠之間，是以樂生而惡死也。」田將軍明日結髮徑立矢石之所，乃引枹而鼓之，「乃」字，策一本作「及」，（姚宏引劉本。）則當屬上句，於文爲長。韓子難一篇、呂氏貴直篇，皆有「立於矢石之所及」語。翟人下之。故將者，士之心也；士者，將之枝體也。「枝」，舊作「肢」，盧改，云：「下同。」承周案：宋本、明鈔本皆作「枝」。心猶與則枝體不用，田將軍之謂乎？〇本戰國齊策。（疑出魯連子。）

晉智伯伐鄭，齊田恒救之。有登蓋，必身立焉；孫仲容曰：「『登』，疑與『簦』通。說文竹部云：『簦，笠蓋也。』」車徒有不進者，必令助之。壘合而後敢處，井竈成而後敢食。闕曰：「三略曰：『軍讖曰：軍井未達，將不言渴；軍竈未炊，將不言饑。』」智伯曰：「吾聞田恒新得國而愛其民，內同其財，外同其勤勞，治軍若此，其得衆也，不可待也。」乃去之耳。盧曰：「『耳』字衍。」案左哀二十七年傳載此事，文與此異，彼文云：「晉荀瑶帥師伐鄭，次於桐丘。鄭駟弘請救于齊。齊師將興，陳成子屬孤子，三日朝，設乘車兩馬，繫五邑焉，召顔涿聚之子晉曰：『隰之役，爾父死焉，以國之多難，未女恤也。今君命女以是邑也，服車而朝，毋廢前勞。』乃救鄭，及留舒，違穀七里，穀人不知，及濮，雨不涉，子思曰：『大國在敝邑之宇下，是以告急，今師不行，恐無及也。』成子衣製杖戈，立于阪上，馬不出者，助之鞭之。知伯聞之乃還。」杜預注曰：「畏其得衆心。」

太公兵法曰：闕曰：「六韜無此文。」「致慈愛之心，立威武之戰，以卑其衆；盧校「卑」作「畢」，案明鈔本正作「畢」。闕曰：「卑，謂服之不使驕。」練其精鋭，砥礪其節，以高其氣；分爲五選，異其旗章，勿使冒亂；堅其行陣，連其什伍，以禁淫非；壘陳之次，車騎之處，勒兵之勢，軍之法令，賞罰之數，使士赴火蹈刃，陷陣取將，死不旋踵者，多異於今之將者也。」

孝昭皇帝時，盧曰：「『昭』當作『武』。」承周案：漢書云：「胡建，孝武天漢中守軍正丞。」建爲渭城令在昭帝時，相涉致誤。北軍監御史爲姦，「北軍監御史」，漢書作「監軍御史」。穿北門垣以爲賈區。「北門垣」，漢書作「北軍壘垣」。胡建守北軍尉，「守北軍尉」，漢書作「守軍正丞」。承周案：漢書百官公卿表：「中壘校尉，掌北軍壘內外。」又云：「凡八校尉，皆有丞司馬。」不云有尉，則此「丞」字，或「尉」之誤。劉原父以爲建之所守，軍正之丞。貧無車馬，常步與走卒起居，所以慰愛走卒甚厚。建欲誅監御史，乃約其走卒曰：「我欲與公有所誅，吾言取之則取之，斬之則斬之。」於是當選士馬日，護軍諸校列坐堂皇上，師古曰：「室無四壁曰皇。」監御史亦坐，建從走卒趨至堂下拜謁，「堂」下，漢書有「皇」字，下同。承周案：上文「列坐堂皇上」，亦有「皇」字，則此及下文亦當有。廣雅釋器：「堂皇，殿上也。」因上堂，走卒皆上，建跪指監御史曰：「取彼。」走卒前曳下堂。建曰：「斬之。」遂斬監御史。護軍及諸校皆愕驚，不知所以。建亦已有成奏在其懷，遂上奏以聞曰：「臣聞軍法，立武以威衆，誅惡以禁邪。今北軍監御史，公穿軍垣以求賈利，買賣以與士市，不立剛武之心，勇猛之意，盧曰：「『意』，漢書作『節』。」以率先士大夫，尤失理不公。臣聞黃帝盧曰：「『黃』，元本『皇』，古通。」理法曰：盧曰：「『理』，漢書『李』，古通。」『壘壁已具，行不由路，謂之姦人，姦人者殺。』臣謹以斬之，昧死以聞。」制曰：「司馬法曰：『國容不入軍，軍容不入國也。』見司馬法天子之義篇。建有何疑焉！」案「有」讀爲「又」，漢書作「又」。建由是名興。後至渭城令死，至今渭城有其祠也。○漢書胡建傳文略同。

魯石公劍，迫則能應，感則能動，昒穆無窮，盧曰：「『昒』當與『沕』同。」關曰：「或曰『昒』當作『沕』，賈誼鵩鳥賦：『沕穆無窮。』注：『沕穆，深微貌。』太室曰：『不見其際也。』」變無形像，復柔委從，孫仲容曰：「『復柔』無義，『復』疑當爲『優』，形近而誤。」（商子境内篇：『能一首則復』，「復」，今本誤「優」，與此可互證。）承周案：淮南原道篇：「迫則能應，感則能動，物穆無窮，變無形像，優游委縱，如響之與景。」文正與此同，「優游」即此文之「優柔」，亦「復」當作「優」之證。此文「從」亦讀爲「縱」。如影與響，如庬之守户，盧校「庬」作「尨」，關同。案明鈔本正作「尨」，宋本作「龍」，古通。如輪之逐馬，響之應聲，影之像形也。閶不及鞈，關曰：「『閶』當作『闛』，司馬相如上林賦：『鏗鎗闛鞈。』闛鞈，鼓聲有雌雄也。」承周案：纂注知闛鞈爲鼓聲，而妄云「閶」當爲「闛」，則不知叚借之例。說文：「鼞，鼓聲也。」「闛」「閶」，皆「鼞」之借字。（古「昌」字亦舌頭音，釋詁昌字與敵丁同訓當，皋繇謨：「禹拜昌言。」孟子趙注引「昌」作「讜」，皆「閶」與「闛」「鼞」通之證。）司馬法：「鼓聲不過閶。」假「閶」爲「鼞」，正與此同。又案淮南兵略篇云：「善用兵，若聲之與響，若鏜之與鞈，眯不給撫，呼不給吸。」文意與此略同，「鏜」亦「鼞」之借。（說文：「鏜，鐘鼓聲也。」其字從金，本爲鐘聲，兼云鼓聲，牽就擊鼓毛傳耳。）禮記投壺篇載魯薛擊鼓之節，鄭注云：「圜者擊鼙；方者擊鼓。」釋文云：「圜，鄭呼爲鼓，其聲高，其音鏜鏜然。」據此，則投壺之□○卽闤軨，觀彼文□○相連之勢，可以釋闤不及軨之意矣。呼不及吸，足舉不及集，相離若蟬翼，（關引太室曰：「言勝敗相去甚薄無間也。」）尚在肱北眉睫之微，（案「北」與「背」同。）曾不可以大息小，以小況大，用兵之道，其猶然乎！此善當敵者也，未及夫折衝於未形之前者，揖讓乎廟堂之上，而施惠乎百萬之民。故居則無變動，戰則不血刃，其湯武之兵與！

孔子北遊東上農山，（關引太宰德夫曰：「『農』當爲『巙』，漢書地理志作『巙』，齊山名。」韓詩外傳（卷九）作『戎山』。」案韓詩外傳卷七作「景山」。）子路子貢顏淵從焉，孔子喟然歎曰：「登高望下，使人心悲，（案韓詩外傳七此二句作「登高能賦」。）二三子者，各言爾志，丘將聽之。」子路曰：「願得白羽若月，赤羽若日，鐘鼓之音，上聞於天，旌旗翩飜，下蟠於地，由且舉兵而擊之，必也攘地千里，獨由能耳；使夫二子者爲我從焉。」孔子曰：「勇哉士乎！憤憤者乎！」子貢曰：「賜也願齊、楚合戰於莽洋之野，（「莽洋」，家語作「漭瀁」。）兩壘相當，旌旗相望，塵埃相接，接戰搆兵，賜願著縞衣白冠，（關引家語王肅注曰：「兵，凶事，故白冠服也。」）陳說白刃之間，解兩國之患，獨賜能耳；使夫二子者爲我從焉。」孔子曰：「辨哉士乎！僊僊者乎！」（關曰：「僊僊，舞貌，奉使之形容。」）顏淵獨不言，孔子曰：「回來，若獨何不願乎？」顏淵曰：「文武之事，二子已言之，回何敢與焉！」孔子曰：「若鄙心不與焉，第言之。」顏淵曰：「回聞鮑魚蘭芷不同篋而藏，堯舜桀紂不同國而治。二子之言，與回言異。回願得明王聖主而相之，使城郭不修，溝池不越，鍛劍戟以爲農器，使天下千歲無戰鬭之患。如此，則由何憤憤而擊，賜又何僊僊而使乎？」孔子曰：「美哉德乎！姚姚者乎！」子路舉手問曰：「願聞夫子之意。」孔子曰：「吾所願者，顏氏之計，吾願負衣冠而從顏氏子也。」

本韓詩外傳卷九，又韓詩外傳卷七，事同文異，家語致思篇本此。

魯哀公問於仲尼曰：「吾欲小則守，大則攻，其道若何？」仲尼曰：「若朝廷有禮，上下有親，盧曰：「『有』，家語五儀解作『和』。」案明本家語作「相」。民之衆皆君之畜也，君將誰攻？若朝廷無禮，上下無親，民衆皆君之讐也，君將誰與守？」於是廢澤梁之禁，弛關市之征，以爲民惠也。

又見家語五儀解。

文王曰：「吾欲用兵，誰可伐？」承周案：「伐」下，疑脱「太公望曰」四字，世紀作「太公曰」，外紀用此文，亦有「太公」二字。「密須氏疑於我，可先往伐。」尚書大傳：「文王受命三年，伐密須。」案：呂氏用民篇云：「密須之民，自縛其主而與文王。」與夙沙並舉，似不得言明君。詩皇矣云：「密人不恭，敢距大邦，侵阮徂共。」傳云：「國有密須氏侵阮，遂往侵共。」則文王伐密，實救阮、共，乃救災恤鄰之義，「吾欲用兵誰可伐」云云，似非文王之言也。管叔曰：「不可，其君天下之明君也，伐之不義。」太公望曰：「臣聞之，先王伐枉不伐順，伐嶮不伐易，伐過不伐不及。」案「先王」以下三句，又見管子霸言篇，彼文「及」上脱「不」字。文王曰：「善。」遂伐密須氏，滅之也。帝王世紀用此文。

武王將伐紂，召太公望而問之，曰：「吾欲不戰而知勝，不卜而知吉，使非其人，爲之有道乎？」太公對曰：「有道，王得衆人之心以圖不道，則不戰而知勝矣；以賢伐不肖，則不卜而知吉矣；彼害之，我利之，雖非吾民可得而使也。」武王曰：「善。」乃召周公而問焉，曰：「天下之圖事者，皆以殷爲天子，以周爲諸侯，以諸侯攻天子，勝之有道乎？」周公對曰：「殷信天子，周信諸侯，則無勝之道矣，何可攻乎！」武王忿然曰：「汝言有說乎？」周公對曰：「臣聞之：攻禮者爲賊，盧曰：「『攻』，疑『賊』，下同。」承周案：盧說不可從，戴殖鼠璞引六韜正作「攻」，資治通鑑外紀三用此文，亦作「攻」。攻義者爲殘，失其民制爲匹夫。闕引太室曰：「制猶號。」王攻其失民者也，何攻天子乎？」武王曰：「善。」乃起衆舉師，與殷戰於牧之野，大敗殷人；上堂見玉，曰：「誰之玉也？」曰：「諸侯之玉。」卽取而歸之於諸侯，天下聞之，曰：「武王廉於財矣。」入室見女，曰：「誰之女也？」曰：「諸侯之女也。」卽取而歸之於諸侯，天下聞之，曰：「武王廉於色也。」於是發巨橋之粟，散鹿臺之財金錢，以與士民，承周案：「財」字衍，蓋後人以晚出古文加之。類聚（卷六十六、又八十五。）引六韜：「武王入殷，發鉅橋之粟，散鹿臺之金錢，以與殷民。」卽此文所本，餘詳王氏史記雜志。黜其戰車而不乘，弛其甲兵而弗用，縱馬華山，放牛桃林，示不復用，天下聞者，咸謂武王行義於天下，豈不大哉！○治要引六韜，文少異。戴殖鼠璞節引六韜，與此合。後半，帝王世紀襲用之。（見初學記卷二十四。）

文王欲伐崇，先宣言曰：「余聞崇侯虎蔑侮父兄，不敬長老，聽獄不中，資治通鑑外紀三用此文，「中」作「哀」。分財不均，百姓力盡，不得衣食，余將來征之，唯爲民。」乃伐崇，令毋殺人，毋壞室，毋填井，毋伐樹木，毋動六畜；有不如令者，死無赦。承周案：「令毋殺人」以下，韓子無。呂氏懷寵篇云：「至於國邑之郊，不虐五穀，不掘墳墓，不伐樹木，不燒積聚，不焚室屋，不取六畜。」淮南兵略篇：「至其郊，乃令軍師曰：『毋伐樹木，毋揚墳墓，毋爇五穀，毋焚積聚，毋捕民虜，毋收六畜』。」文皆相似。（文子上義用淮南。）崇人聞之，因請降。○本韓子外儲說左上。資治通鑑外紀三用此文。

楚莊王伐陳，承周案：「莊王」二字疑衍，韓子作「荆伐陳」，無「莊王」二字。左史倚相在靈王時始見左傳，不得事莊王也，蓋後人因莊王有縣陳事，遂臆加之耳。吳救之，莊周案：「之」下，韓子有「軍間三十里」句，據下文，此亦當有。雨十日十夜，晴，左史倚相曰：「吳必夜至，甲列壘壞，盧曰：「『列』，同『裂』。」承周案：御覽十引正作「裂」。彼必薄我，何不行列鼓出待之！」吳師至楚見成陳而還，承周案：「楚見」二字當互易，下文又脱「軍」字。御覽引此作「吳師至，見楚軍成陳而反。」當從之。韓子作「見荆陳而反」，「見」字亦在「荆」字上。左史倚相曰：「追之，吳行六十里而無功，王罷卒寢。」關引太室曰：「『王』當作『士』。」承周案：韓子作「其君子必休，小人必食，我行三十里，擊之必可敗也」，此似有脱文。太室疑「王」當作「士」，是。果擊之，大敗吳師。○本韓非子說林下。

齊桓公之時，霖雨十旬，桓公欲伐漅陵，其城之值雨也未合，管仲、隰朋以卒徒造於門，桓公曰：「徒衆何以爲！」管仲對曰：「臣聞之，雨則有事。夫漅陵不能雨，關曰：「不能修雨事。」臣請攻之。」公曰：「善。」遂興師伐之。既至，天卒閒外，盧校「天」作「大」，案明鈔本、經廠本正作「大」。闕曰：「『天』恐『夫』字。閒，蔽也。」士在內矣，桓公曰：「其有聖人乎？」乃還旗而去之。

宋圍曹，不拔，司馬子魚謂君曰：「文王伐崇，軍其城，「崇」下，原重「崇」字，盧曰：「下『崇』字疑衍。」案盧說是，今據刪。三旬不降，退而修教，復伐之，因壘而降。今君德無乃有所闕乎？胡不退修德，無闕而後動？」○本左僖十九年傳。

吳王闔廬與荊人戰於柏舉，大勝之，至於郢郊，五敗荊人。闔廬之臣五人進諫曰：「夫深入遠報，非王之利也，王其返乎！」五將鍥頭，盧曰：「『五』下，疑脫『人』字。」闔廬未之應，五人之頭墜於馬前。闔廬懼，召伍子胥而問焉，子胥曰：「五臣者懼也。夫五敗之人者，其懼甚矣，王姑少進。」遂入郢，南至江，北至方城，方三千里，皆服於吳矣。

田成子常與宰我爭，盧曰：「宰我，此闞止也，字子我。」案宰我說見正諫篇。宰我夜伏卒將以攻田成子，令於卒中曰：「不見旌節毋起。」鴟夷子皮聞之，告田成子。田成子因爲旌節以起宰我之卒以攻之，遂殘之也。

齊桓公北伐山戎氏，請兵於魯，盧曰：「事已見權謀篇，語尤詳。」魯不與，桓公怒，將攻之。管仲曰：「不可，我已刑北方諸侯矣，今又攻魯，無乃不可乎？魯必事楚，是我一舉而失兩也。」桓公曰：「善。」乃輟攻魯矣。

聖人之治天下也，先文德而後武力。凡武之興，爲不服也，文化不改，然後加誅。夫下愚不移，純德之所不能化，而後武力加焉。

昔堯誅四凶以懲惡，盧曰：「當連上文，不當提行。」周公殺管蔡以弭亂，子產殺鄧析以威侈，孔子斬少正卯以變衆，佞賊之人而不誅，亂之道也。易曰：「不威小，不懲大，盧曰：「語欠明，當從今易（繫辭）文『小懲而大誡』語爲順。」此小人之福也。」

五帝三王教以仁義，而天下變也，孔子亦教以仁義，而天下不從者，何也？昔明王有紱冕以尊賢，有斧鉞以誅惡，故其賞至重而刑至深，而天下變；孔子賢顏淵無以賞之，賤孺悲無以罰之，故天下不從。是故道非權不立，非勢不行，是道尊然後行。

孔子爲魯司寇，七日而誅少正卯於東觀之下。關曰：「『東觀』，家語作『兩觀』。」門人聞之，趨而進，至者不言，其意皆一也。子貢後至，趨而進曰：「夫少正卯者，魯國之聞人矣，案「矣」，荀子、尹文子、論衡（講瑞）、劉子皆作「也」。夫子始爲政，何以先誅之？」孔子曰：「賜也，非爾所及也。夫王者之誅有五，而盜竊不與焉：一曰心辯而險，二曰言僞而辯，三曰行辟而堅，四曰志愚而博，盧曰：「『志愚』，荀子宥坐篇作『記醜』。關曰：「家語作『記醜』。」承周案：尹文作「彊記」，論衡（定賢）作「言非」，劉子作「詞鄙」。王制云：「行僞而堅，言僞而辯，學非而博，順非而澤以疑衆，殺」。』五曰順非而澤。此五者，皆有辨知聰達之名，而非其真也，苟行以僞，則其智足以移衆，强足以獨立，此姦人之雄也，不可不誅。夫有五者之一則不免於誅，今少正卯兼之，是以先誅之也。昔者，湯誅蠋沐，盧曰：「『蠋沐』，荀及家語始誅篇作『尹諧』。」案尹文亦作「尹諧」，尹諧、蠋沐，似非一人，金樓子雜記篇上作「獨木」。太公誅潘阯，盧曰：「荀子『文王誅潘止，太公誅華仕。』」關曰：「家語作『文王誅潘正』。」承周案：尹文、劉子同，「止」作「正」，「仕」作「士」，華士見韓子外儲說右上。管仲誅史附里，盧曰：「『史附里』荀作『付里乙』，家語作『附乙』。」關說同。子產誅鄧析，盧曰：「『鄧析』，荀作『鄧析、史付』，家語作『史何』。」關說同。此五子盧曰：「『五子』，上文止四，尚少一，荀子有『周公誅管叔』爲七子。」承周案：家語亦作「七子」，尹文作「六子」，無管叔。未有不誅也。所謂誅之者，非謂其晝則攻盜，暮則穿窬也，皆傾覆之徒也。此固君子之所疑，愚者之所惑也。詩云：邶風柏舟篇『憂心悄悄，慍于羣小。』此之謂矣！」關曰：「此一句，家語作『小人成羣，斯足憂矣』八字。」承周案：荀子亦作「小人成羣，斯足憂矣」，尹文作「小人成羣，斯足畏也」。○本荀子宥坐篇，尹文子聖人篇，又論衡講瑞、定賢二篇，劉子心隱篇亦記此事。案書鈔四十五引孟子，亦載此事，或出外書，未敢決也。史記孔子世家以爲攝相時事，諸書皆同。白虎通誅伐篇引韓詩内傳曰：「孔子爲魯司寇，先誅少正卯，謂佞道已行，亂國政也。」淮南氾論篇：「孔子誅少正卯，而魯國之邪塞。」

齊人王滿生盧曰：「『王滿生』，呂氏精諭篇作『勝書』。」承周案：外傳但作「客」。見周公，周公出見之，曰：「先生遠辱，何以教之？」王滿生曰：「言内事者於内，言外事者於外。今言内事乎？言外事乎？」周公導入，王滿生曰：「敬從布席。」周公不導坐，王滿生曰：「言大事者坐，言小事者倚。今言大事乎？言小事乎？」周公導坐，王滿生坐。周公曰：「先生何以教之？」王滿生曰：「臣聞聖人不言而知，非聖人者，雖言不知。今欲言乎？無言乎？」周公俛念有頃不對，王滿生藉筆牘書之曰：「社稷且危。」傅之於膺，周公仰視見書，曰：「唯唯，謹聞命矣。」明日誅管、蔡。

又見呂氏春秋精諭篇、韓詩外傳四。呂氏精諭篇云：「勝書說周公旦曰：『廷小人衆，徐言則不聞，疾言則人知之。徐言乎？疾言乎？』周公旦曰：『徐言』。勝書曰：『有事於此，而精言之而不明，勿言之而不成。精言乎？勿言乎？』周公旦曰：『勿言。』故勝書能以不言說，而周公旦能以不言聽，此之謂不言之聽，不言之謀，不聞之事。殷雖惡周，不能疵矣。」

說苑卷第十六

談叢

盧曰：「俗本目作『叢談』，當卷作『說叢』，今從元本。」承周案：明鈔本亦作「談叢」，郡齋讀書志、困學紀聞引皆作「談叢」。陳后山送何子温移亳州詩三首：「叢談何處村。」任淵注：「劉向說苑有叢談篇。」則宋人所見有作「叢談」之本，以下篇雜言例之，似作「叢談」爲勝。

王者知所以臨下而治衆，則羣臣畏服矣；知所以聽言受事，則不蔽欺矣；知所以安利萬民，則海内必定矣；知所以忠孝事上，則臣子之行備矣。凡所以劫殺者，不知道術以御其臣下也。

凡吏勝其職則事治，舊連上，盧曰：「當別爲一條。」今從之。事治則利生；不勝其職則事亂，事亂則害成也。

百方之事，萬變鋒出；或欲持虛，或欲持實；或好浮游，俗本「好」作「欲」，又舊本「游」作「遊」，盧改正。或好誠必；闕引太室曰：「『誠必』恐是『誠心』。」承周案：「必」字與上下文爲韵，古書「誠必」連用甚多。（淮南兵畧篇「將不誠必」，今本訛作「誠心」。王氏雜志云：「管子九守篇曰：『用賞者貴誠，用刑者貴必。』荀子致士篇曰：『人主之患，不在乎不言用賢，而在乎不誠必用賢。』呂氏春秋論威篇曰：『又況乎萬乘之國而有所誠必乎，則何敵之有矣。』賈子道術篇曰：『伏義誠必謂之節。』枚乘七發曰：『誠必不悔，決絶以諸。』是古書多以『誠必』連文」。又荀子雜志致士篇說畧同，皆失引本書。）或行安舒，或爲飄疾。從此觀之，天下不可一，聖王臨天下而能一之。意不並銳，事不兩隆。「隆」，宋本作「降」，古通。盛於彼者必衰於此，長於左者必短於右，喜夜卧者不能蚤起也。宋本、楚府本「喜」作「憙」，意林「卧」作「居」。治要引龍韜云：「夜卧早起，雖遽不悔，此妻子之將也。」

鸞設於鑣，和設於軾。馬動而鸞鳴，鸞鳴而和應，行之節也。案：此云「鸞設於鑣，和設於軾」，與詩蓼蕭傳、烈祖箋合，服、杜注左傳說亦同。大戴保傅篇云：「在衡爲鸞，在軾爲和。馬動而鸞鳴，鸞鳴而和應。聲曰和，和則敬。此御之節也。」（賈子容經無首二句，餘同。）禮記經解注及玉藻疏引韓詩内傳：『鸞在衡，和在軾。前升車則馬動，馬動則鸞鳴，鸞鳴則和應。』皆此文所本，而鑣衡異說。餘具詳孫氏周禮大馭正義。

不富無以爲人，不予無以合親。親疎則害，失衆則敗。「人」，舊作「大」，字之誤也。御覽四百七十二引六韜云：「弗富弗足爲人，弗與無以合親。疏其親則害，失其衆則敗也。」（首二句，書鈔二十七引同。）即此文所本。「人」與「仁」，古字通用，今本文韜守土篇竟作「仁」，亦後人所改。本書又譌作「大」，失其義矣。且此文以「人」、「親」爲韻，「害」、「敗」爲韻，作「大」，又失其韻矣。不教而誅謂之虐，不戒責成謂之暴也。○本論語。

夫水出於山而入於海，稼生於田而藏於廩。聖人見所生，則知所歸矣。○此文見淮南繆稱篇、泰族篇，「廩」皆作「倉」。又，繆稱「田」作「野」。案呂氏審己篇：「水出於山而走於海，水非惡山而欲海也，高下使之然也；稼生於野而藏於倉，非有欲也，人皆以之也。」又淮南所本。

天道布順，人事取予，多藏不用，是謂怨府。故物不可聚也。「順」，疑當作「頒」。

一圍之木，持千鈞之屋；五寸之鍵，而制開闔。豈材足任哉，蓋所居要也。此文見淮南主術篇及文子上義篇。淮南脱「而」字，文子「而」作「能」，本書「能」字多作「而」，見禮運正義。又金樓子立言下篇，「一圍」作「十圍」，「而制開闔」作「制九重之城」，并誤。（今本淮南作「制開闔之門」，尤繆。王氏雜志已辨之。）

夫小快害義，文子「快」作「德」。小慧害道，文子「慧」作「善」。小辨害治，淮南、文子「辨」皆作「辯」。大戴記小辨篇云：「小辨破言。」「辨」與「辯」通。苟心傷德，「苟心」，淮南作「苛削」，（或作「苟削」。）文子作「苛峭」。（或作「苛悄」。）「削」、「峭」、「悄」，古同聲通用。「削」有刻義。此文「苟」當作「苛」，「心」當作「小」。「削」從「肖」聲，「肖」從「小」聲，「小」與從「肖」之字皆可通。（詩小雅學記作「宵雅」。）「苛小」，猶言「小察」也。大政不險。文子「政」作「正」。（古通。）〇以上見淮南泰族篇、文子微明篇。

蛟龍雖神，舊連上，盧曰：「此又一條。」不能以白日去其倫；飄風雖疾，不能以陰雨揚其塵。類聚九十七引張敞書曰：「夫蒼龍非不神，不能白日升天；飄風雖疾，不以霖雨，不能揚塵。」

邑名勝母，曾子不入；水名盜泉，孔子不飲：醜其聲也。淮南説山篇云：「曾子立孝，不過勝母之閭；墨子非樂，不入朝歌之邑；孔子立廉，不飲盜泉。」尸子云：「孔子至於勝母，暮矣而不宿；過於盜泉，渴矣而不飲：惡其名也。」鹽鐵論晁錯篇云：「孔子不飲盜泉之流，曾子不入勝母之閭。」史記鄒陽傳云：「縣名勝母，而曾子不入；邑號朝歌，墨子回車。」（漢書「縣」作「里」。）論語撰考讖云：「水名盜泉，尼父不漱；邑名朝歌，顔淵不舍。」（四句又見劉子鄙名篇，又云：「里名勝母，曾子還軼。」顏氏家訓文章篇云：「昔者邑號朝歌，顏淵不舍；里名勝母，曾參斂襟。」）論衡問孔篇云：「孔子不飲盜泉之水，曾子不入勝母之閭。」案：曾、孔事，諸書或互異，猶墨子事或以爲顏淵，要爲傳說之詞，不必深論也。

婦人之口，舊連上，盧曰：「此又一條。」承周案：闕本提行，今從之。可以出走；婦人之喙，可以死敗。四句見孔子世家。又家語子路初見篇襲之，「婦人」作「彼婦」；「喙」作「謁，」王肅以爲「請謁」。

不修其身，舊連上，盧曰：「宋、元本皆分段。」（明鈔本、經廠本同。）求之於人，是謂失倫；不治其內，而修其外，是謂大廢。「大」，舊訛「太」，盧改。案：宋本、明鈔本、經廠本并作「大」，「大廢」謂廢其大者。重載而危之，操策而隨之，非所以爲全也。闕本脱「爲」字。

士橫道而偃，四支不掩，非士之過，有士之羞也。大戴曾子制言中篇云：「天下無道，循道而行，衡塗而僨，手足不揜，四支不被，此則非士之罪也，有士者之羞也。」（「士」或作「土」，非是。）鹽鐵論國病篇云：「國有賢士而不用，非士之過，有國者之耻。」

邦君將昌，舊連上，盧曰：「宋、元本皆分段。」（明鈔本、經廠本同。）天遺其道；大夫將昌，天遺之士；庶人將昌，必有良子。

賢師良友在其側，詩書禮樂陳于前，棄而爲不善者，鮮矣。（文子上仁篇云：「賢良師友，舍而爲非者寡矣。」

義士不欺心，舊連上，盧曰：「當分段。」又云：「此下當分七段。」承周案：此下未敢臆分，姑仍之。仁人不害生。謀洩則無功，計不設則事不成。賢士不事所非，不非所事。愚者行閒而益固，盧改「閒」爲「闇」，云：「『閒』訛。」承周案：各本皆作「閒」，盧説非也。荀子修身篇云：「多見曰閑，少見曰陋。」榮辱篇云：「陋者，俄且僩也。」「閑」、「僩」并與「閒」通，「固」、「陋」同義，「閒」與「固」本相反，此文則謂愚者自以爲閒，而適足益其固，與下句文例正合。鄙人飾詐而益野。聲無細而不聞，行無隱而不明。荀子勸學篇云：「聲無小而不聞，行無隱而不形。」韓詩外傳六載淳于髡語云：「聲無細而不聞，行無隱而不形。」(慎子載此二句，作慎子語。又，列女傳節義篇，「聲」作「名」，「形」作「彰」。至神無不化也，至賢無不移也。上不信，下不忠，上下不和，雖安必危。二句本管子形勢篇。求以其道，則無不得；爲以其時，則無不成。

時不至，不可强生也；事不究，不可强成也。范蠡曰：「時不至，不可强生；事不究，不可强成。」見國語越語。

貞良而亡，舊連上，盧曰：「此與下當分三段。」先人餘殃；猖蹷而活，先人餘烈。權取重，澤取長。選注五十三引尸子：『聖人權福則取重，權禍則取輕。』此似有脱字。「澤」疑「擇」。才賢任輕則有名，不肖任大，身死名廢。

士不以利移，不爲患改，孝敬忠信之事立，雖死而不悔。

智而用私，舊連上，盧曰：「此與下當分四段。」不如愚而用公，二句見呂氏貴公篇。故曰巧僞不如拙誠。句已見貴德篇，「僞」作「詐」。學問不倦，所以治己也；教誨不厭，所以治人也。四句本尸子勸學篇，彼文無「問」字、「誨」字。又文子上仁篇載老子語云：「學而不厭，所以治身也；教而不倦，所以治民也。」所以貴虛無者，得以應變而合時也。冠雖故，必加於首；履雖新，必關於足。史、漢儒林傳皆有此二語，「關」作「貫」。（古通。）互詳奉使篇。上下有分，不可相倍。一心可以事百君，百心不可以事一君。晏子內篇問下及外篇并云：「一心可以事百君，三心不可以事一君。」（孔叢詰墨同。）又見列女傳母儀篇、風俗通過譽篇。故曰：正而心又少而言。

萬物得其本者生，百事得其道者成。道之所在，天下歸之；德之所在，天下貴之；仁之所在，天下愛之；義之所在，天下畏之。屋漏者，民去之；水淺者，魚逃之；樹高者，鳥宿之；德厚者，士趨之；有禮者，民畏之；忠信者，士死之。文韜文師篇：「仁之所在，天下歸之。德之所在，天下歸之。義之所在，天下赴之。……道之所在，天下歸之。」（節引。）荀子致士篇云：「川淵深而魚鼈歸之，山林茂而禽獸歸之，刑政平而百姓歸之，禮義備而君子歸之。」呂氏功名篇：「水泉深則魚鼈歸之，樹木盛則飛鳥歸之，庶草茂則禽獸歸之，人主賢則豪傑歸之。」（韓詩外傳五用荀子文稍異。）

衣雖弊，舊連上，盧曰：「此以下當分三段。」行必修；頭雖亂，言必治。時在應之，爲在因之。所伐而當，其福五之；所伐不當，其禍十之。

必貴以賤爲本，必高以下爲基。本老子。今本道經三十九章無二「必」字。案：齊策顏斶引老子曰：「雖貴必以賤爲本，雖高必以下爲基。」淮南原道篇云：「貴者必以賤爲號，而高者必以下爲基。」（又見文子道原。）道應篇引老子曰：「貴必以賤爲本，高必以下爲基。」（又見文子符言。）諸引皆有二「必」字，與本書合。惟本書二「必」字在「貴」字、「高」字上，似當乙轉。天將與之，必先苦之；天將毁之，必先累之。老子道經三十六章云：「將欲歙之，必固張之；將欲弱之，必固强之；將欲廢之，必固興之；將欲奪之，必固與之。」（韓子喻老「奪」作「取」。）吕氏行論篇引詩曰：「將欲毁之，必重累之；將欲踣之，必高舉之。」魏策引周書曰：「將欲敗之，必姑輔之；將欲取之，必姑與之。」又見史記蘇秦傳，文皆相似。

孝於父母，舊連上，盧曰：「當分段。」信於交友。十步之澤，必有香草；十室之邑，必有忠士。末二句本論語。案：潛夫論實貢篇云：「十步之間，必有茂草；十室之邑，必有忠信。」後漢書王符傳亦載之，注引本書，「香」作「芳」。

草木秋死，舊連上，盧曰：「此與下當分八段。」松柏獨在；水浮萬物，玉石留止。飢渴得食，誰能不喜？賑窮救急，何患無有。視其所以，觀其所使，斯可知已。「以」，疑當作「友」。荀子性惡篇引傳曰：「不知其子視其友，不知其君視其左右，靡而已矣。」本書卷十二：「欲知其子視其友，欲知其君視其所使。」又卷十七引孔子曰：「不知其子，視其所友；不知其君，視其所使。」（褚先生補史記田叔傳趙禹引傳，及家語六本篇同。）皆其證。「友」古音「以」，蓋後人疑「友」韵不協，依論語改作「以」，而文例不可通矣。乘輿馬不勞致千里，乘船楫不游絶江海。見荀子勸學、大戴勸學、文子上仁篇。智莫大於闕疑，行莫大於無悔也。荀子議兵篇云：「知莫大乎棄疑，行莫大乎無過，事莫大乎無悔。」制宅名子，足以觀士。史記日者傳：「夫家之教子孫，當視其所以好好含苟，生活之道，因而成之，故曰：制宅命子，足以觀士。」案：「名」與「命」通，此「名」字讀爲「命」，謂教命也。利不兼，賞不倍。忽忽之謀，不可爲也；惕惕之心，不可長也。「惕」當爲「愓」，字之誤也。君子終日乾乾夕惕，則惕惕之心何不可長之有？說文：「愓，放也。」字又通作「蕩」，詩「上帝蕩蕩」，箋云：「蕩蕩，法紀廢壞之貌。」「愓愓」卽「蕩蕩」也。寫者習見「惕」，少見「愓」，遂致斯繆。（或云「愓」當爲「傷」，亦通。）

天與不取，反受其咎；時至不迎，反受其殃。本太公語，見意林引金匱。又見史記淮陰傳。（「迎」皆作「行」，漢書蒯通傳同。）前二句亦見張耳陳餘傳及漢書蕭何傳引周書。又越語范蠡云：「天與不取，反爲之災。」（越世家作「反受其咎」。）

天地無親，常與善人。舊連上，盧曰：「此與下當分五段。」〇「地」當作「道」，字之誤也。金匱載太公語云：「天道無親，常與善人。」（御覽三百二十九引六韜亦有「天道無親」語。）老子七十九章，史記伯夷傳，皆同。天道有常，不爲堯存，不爲桀亡。三句本荀子天論篇，彼文「道」作「行」。積善之家，必有餘慶；積惡之家，必有餘殃。四句本易文言，彼文「惡」作「不善」。一噎之故，絕穀不食；一蹶之故，卻足不行。本淮南修務篇，「噎」作「餲」，「蹶」作「蹪」，「卻」作「輟」，「行」下有「惑也」二字。又呂氏蕩兵篇云：「有以饐死者，欲禁天下之食，悖；有以乘舟死者，欲禁天下之船，悖。」心如天地者明，行如繩墨者章。

位高道大者從，舊連上，盧曰：「宋、元本皆提行。」（明鈔本、經廠本同。）事大道小者凶。二句見淮南泰族篇。又文子微明篇載老子語，同。言疑者無犯，行疑者無從。蠹蝝仆柱梁，蚊蝱走牛羊。淮南人間篇云：「蠹啄剖梁柱，蟁蝱走牛羊。」案：爾雅釋蟲：「蝝，復陶。」說文虫部、及左氏宣十五年注：「蝝生。」疏引劉歆說，以爲蚍蜉子。「蠹蝝」與「蟁蝱」對文，淮南作「啄」，非是。又，「梁」、「羊」爲韻，淮南「柱梁」作「梁柱」，亦非。劉台拱依本書乙轉。

○宋本、明鈔本「蝱」作「虻」。蟁，蚊；「蝱」、「虻」，正俗字。

詻問析辭勿應，「詻問」疑當作「楛問」。荀子勸學篇：「問楛者，勿告也。」楊注：「楛與苦同，謂惡也、麤也。」「析辭」謂支離之辭，王制：「析言破律。」鄭注云：「巧買法令者也。」荀子解蔽篇引傳曰：「析辭而爲察，言物而爲辨，君子賤之。」怪言虛說勿稱。謀先事則昌，事先謀則亡。二句本太公金匱，見意林引。

無以淫泆棄業，「泆」，俗本「佚」。無以貧賤自輕，無以所好害身，無以嗜欲妨生，無以奢侈爲名，無以貴富驕盈。

喜怒不當，舊連上，盧曰：『元本分段。』（明鈔本，經廠本同。）是謂不明；暴虐不得，反受其賊。怨生不報，禍生於福。二句已見敬慎篇。

一言而非，舊連上，盧曰：「元本分段。」（明鈔本同。）四馬不能追；一言不急，四馬不能及。「不急」，盧改作「而急」。案：四句本鄧析子轉辭篇，今鄧析子作「而急」，與盧改合。他本「而急」作「而忽」。

順風而飛，舊連上，盧曰：「當分段。」以助氣力；銜葭而翔，以備矰弋。淮南修務篇：「夫雁順風而飛，以愛氣力；銜蘆而翔，以備矰弋。」尸子亦云：「雁銜蘆而捍網。」此文「順風」上似當從二書補「雁」字。

鏡以精明，美惡自服；衡平無私，輕重自得。治要引申子云：「鏡設精，無爲而美惡自犕；衡設平，無爲而輕重自得。」即此文所本。（前二句又見初學記二十五。惟二書「犕」皆訛「備」。案：「犕」與「服」同，說文引易「服牛乘馬」，作「犕牛乘馬」。本書作「服」，則申子原文必作「犕」可知。）

蓬生枲中，不扶自直；白沙入泥，與之皆黑。荀子勸學篇云：「蓬生麻中，不扶而直；白沙在涅，與之俱黑。」（今本皆脫下二句，王氏雜志校補。）大戴勸學篇同。又大戴曾子制言篇云：「蓬生麻中，不扶乃直；白沙在泥，與之皆黑。」褚先生補史記三王世家引傳曰：「蓬生麻中，不扶自直；白沙在泥中，與之皆黑。」論衡程材篇云：「蓬生麻間，不扶自直；白沙入緇，不染自黑。此言所習善惡變易質性也。」孟子趙注引諺曰：「白沙在涅，不染自黑；蓬生麻中，不扶自直。言輔之者衆也。」

時乎時乎，間不及謀。見史記李斯傳趙高語。至時之極，間不容息。淮南原道篇：「時之反側，間不容息。」（文子同。）

勞而不休，舊連上，盧曰：「當分段。」承周案：此似連上爲韻。姑依盧分之。亦將自息；有而不施，「有」與「爲」通，「施」與「弛」通，猶言爲而不舍。亦將自得。

無不爲者，無不能成也；盧曰：「『不』當作『一』。下同。」無不欲者，無不能得也。

衆正之積，舊連上，盧曰：「當分段。」○王本、局本「正」訛「生」。福無不及也；衆邪之積，禍無不逮也。「逮」，舊訛「見」，盧改。案：宋本、明鈔本、經廠本皆作「逮」。此四句本呂氏明理篇，彼文亦作「逮」。

力勝貧，舊連上，盧曰：「元本分段。」（明鈔本、經廠本同。）謹勝禍，二句又見論衡命祿篇，「謹」作「慎」。賈氏齊民要術序云：「語曰：『力能勝貧，謹能勝禍。』蓋言勤力可以不貧，謹身可以辟禍。」慎勝害，戒勝災。

爲善者天報以德，舊連上，盧曰：「當分段。」爲不善者天報以禍。二句詳下雜言篇。

君子得時如水，舊連上，盧曰：「當分段。」小人得時如火。

謗道己者，舊連上，盧曰：「宋本提行。」（明鈔同。）心之罪也；尊賢己者，心之力也。淮南人間篇：「使人高賢稱譽己者，心之力也；使人卑下誹謗己者，心之過也。」又見文子微明篇。

心之得，舊連上，盧曰：「此與下當分十九段。」萬物不足爲也；心之失，獨心不能守也。子不孝，非吾子也；交不信，非吾友也。食其口而百節肥，灌其本而枝葉茂，二句見淮南泰族篇，「茂」作「美」，此文以「茂」與「厚」韵。本傷者枝槁，根深者末厚。淮南作「根深則本固，基美則上寧」。爲善者得道，爲惡者失道。惡語不出口，苟言不留耳。類聚十七引本書作「惡言不過口，苛言不留耳。」卷十九引鄧析書作『惡言不出口，苛聲不入耳』。案：今本鄧析子轉辭篇作「惡言不出口，苟語不留耳」。「苟」與「詬」通，他引作「苛」，疑皆臆改。（或曰「苛」與「訶」同。）務僞不長，喜虛不久。案：管子小稱篇：「務僞不久，蓋虛不長。」卽此文所本，而「務」字皆後人所改。「務」本作「矜」，「矜」有夸飾之義，淮南齊俗篇：「矜僞以惑世，伉行以違衆。」（又見文子道原篇。）又云：『爲行者相揭以高，爲禮者相矜以僞。」皆「矜」、「僞」二字連用之證。韓非子難一篇引管子語作「矜僞不長，蓋虛不久」。可訂管子之誤，卽可訂此文之誤矣。（韓詩外傳四：「僞詐不可長，空虛不可守。」亦用管子語。）義士不欺心，廉士不妄取。以財爲草，以身爲寶。慈仁少小，恭敬耆老。犬吠不驚，命曰金城。文子符言篇：「狗吠不驚，自信其情，誠無非分。」常避危殆，命曰不悔。富必念貧，壯必念老，年雖幼少，慮之必早。「必」，舊譌「不」，盧改。案明鈔本、經廠本、局本皆作「必」。夫有禮者相爲死，無禮者亦相爲死。貴不與驕期，驕自來；驕不與亡期，亡自至。二句本公子牟語，見敬慎篇。踒人日夜願一起，盲人不忘視。盧曰：「『盲人』下亦當有『日夜』二字。」承周案：盧肊說非是。史記韓王信傳：「痿人不忘起，盲者不忘視。」（索隱引張揖云：「痿不能行。」）即此文所本。漢書韓信傳亦載之。（師古曰：「痿，風痺病也。」）吳越春秋勾踐歸國外傳云：「今寡人念吳，猶躄者不忘走，盲者不忘視。」知者始於悟，終於諧；愚者始於樂，終於哀。淮南主術篇：「智者先忤而後合，愚者始於樂終於哀。」即此文所本。「悟」與「忤」通。（韓子說難篇：「大忠無所拂忤。」史記「忤」作「悟」。）高山仰止，景行行止。詩車舝。力雖不能，心必務爲。慎終如始，常以爲戒，老子六十四章：「慎終如始，則無敗事。」戰戰慄慄，日慎其事。淮南人間引堯戒云：「戰戰慄慄，日慎一日。」（韓子八反堯戒語作「諺曰」。）韓子初見秦篇及秦策皆用之，又見治要引龍韜及陰謀。聖人之正，莫如安靜；賢者之治，故與衆異。

好稱人惡，人亦道其惡。好憎人者，亦爲人所憎。下「亦」字，宋本作「而」。

衣食足，舊連上，盧曰：『此與下當分三段。』知榮辱；倉廩實，知禮節。本管子牧民篇。江河之溢，不過三日；飄風暴雨，須臾而畢。老子二十三章云：『飄風不終朝，驟雨不終日。』即此所本。又列子說符篇，呂氏慎大篇，淮南道應篇，文子微明篇，語與本書畧同。

福生於微，禍生於忽，日夜恐懼，唯恐不卒。已雕已琢，還反於樸。二句見淮南原道篇。又韓子外儲説左上篇引書曰：「既雕既琢，還歸其樸。」莊子山木篇北宮奢語同。物之相反，復歸於本。

循流而下易以至，舊連上，盧曰：『此與下當分十六段。』倍風而馳易以遠。二句見淮南主術篇。兵不豫定，無以待敵；計不先慮，無以應卒。本子貢語，見史記弟子傳，越絕書陳成恒篇。又鄧析子無厚篇云：『慮不先定，不可以應卒；兵不閑習，不可以當敵。』亦襲子貢語。中不方，名不章；外不圜，禍之門。直而不能枉，不可與大往；方而不能圜，不可與長存。「大往」，舊作「大任」，字之誤也。新序節士篇：「晉文公曰：『吾聞之也，直而不枉，無與遂往；方而不圓，不可與長存。』」文與此同。又淮南説山篇、文子上德篇，皆云「舉直與枉，無與遂往」，亦其證也。此文以「枉」、「往」爲韵，「圜」、「存」爲韵，作「任」，失之矣。慎之於身，無曰云云。狂夫之言，聖人擇焉。見史記淮陰侯傳李左車語。（漢書同。又漢書晁錯傳引傳曰：『狂夫之言，而明主擇焉。』）能忍恥者安，能忍辱者存。唇亡而齒寒，河水崩，其懷在山。盧曰：「『崩』，文子上德篇、淮南説林篇，俱作『深。』下『懷』作『壞』。」毒智者莫甚於酒，留事者莫甚於樂，毀廉者莫甚於色，摧剛者反己於弱。富在知足，貴在求退。先憂事者後樂，先慠事者後憂。大戴曾子立事篇云：「先憂事者後樂事，先樂事者後憂事。」福在受諫，存之所由也。「盧曰：『存』疑『亡』。上似脱一句。」承周案：周書王佩篇及御覽四百五十六引新序云：「不幸在不聞其過，福在受諫，基在愛民，固在親賢。」恭敬遜讓，精廉無謗，慈仁愛人，必受其賞。諫之不聽，後無與爭。舉事不當，爲百姓謗。悔在於妄，患在於唱。「唱」上舊衍「先」字，依文例刪。蒲且修繳，鳧鴈悲鳴；逢蒙撫弓，虎豹晨嗥。孫仲容曰：「此『嗥』、『高』、『豪』爲韻，惟第二句『鳴』字不協，李賡芸炳燭篇謂是『號』字之譌。今考『號』與『嗥』音義同，與『鳴』字形聲俱遠，殆非也。以意推之，『鳴』當爲『嘄』之壞字。說文口部：『嘄，聲嘄嘄也。』徐鉉引孫勔『音古堯切』，正與韻協。傳寫脫木形，遂成『鳴』字耳。」河以委蛇故能遠，盧分段，又云：「此以下當分三段。」山以陵遲故能高，道以優遊故能化，德以純厚故能豪。淮南泰族篇載此數語，「高」字下有「陰陽無爲故能和」一句，（文子上仁仍無此句。）無「德以純厚故能豪」一句。（文子同。）言人之善，澤於膏沐；言人之惡，痛於柔戟。「柔」，盧改「矛」。案：宋本、明鈔本、局本并作「矛」，而經廠、程、王本作「柔」。淮南氾論篇云：「槽柔無擊。」注：「槽柔，木矛也。」（今本作「矛」，王氏雜志有說。）則作「柔」必有所據。荀子榮辱篇：「與人善言，煖於布帛；傷人之言，深於矛戟。」又御覽五百九十引荀子云：「贈人以言，重於金石珠玉；傷人以言，重於刃戟。」（今本二句在非相篇，無下二句。）爲善不直，必終其出；爲醜不釋，必終其惡。

一死一生，乃知交情；一貧一富，乃知交態；一貴一賤，交情乃見；一浮一沒，交情乃出。史記汲鄭傳贊：「始，翟公爲廷尉，賓客闐門；及廢，門外可設雀羅。翟公復爲廷尉，賓客欲往，翟公乃大署其門曰：『一死一生，乃知交情；一貧一富，乃知交態；一貴一賤，交情乃見。』」又見漢書鄭當時傳後。德義在前，用兵在後。初沐者必拭冠，新浴者必振衣。困學紀聞云：「楚辭漁父：『吾聞之，新沐者必彈冠，新浴者必振衣。』荀子曰：『新浴者振其衣，新沐者彈其冠。人之情也。』豈用楚辭語耶？抑二子皆述古語也？」何焯云：「曰吾聞之，則述古語也。」承周案：

荀子語見不苟篇。韓詩外傳一用荀子文，而正與楚辭同。又見新序節士篇。敗軍之將，不可言勇；亡國之臣不可言智。史記淮陰傳載李左車語，（漢書同。）「言智」作「圖存」。

坎井無黿鼉者，隘也；園中無修林者，小也。二句，本淮南主術篇，「坎」作「埳」，「林」作「木」。又呂氏論大篇云：「空中之無澤陂也，井中之無大魚也，新林之無長木也。」

小忠，大忠之賊也；舊連上，盧曰：『此與下當分五段。』小利，大利之殘也。二句已詳敬慎篇。自請絕易，請人絕難。水激則悍，矢激則遠。二句見呂氏去宥篇、淮南兵畧篇、鶡冠子世兵篇、史記賈誼傳。（漢書、文選鵩鳥賦同。）呂氏「悍」作「旱」，他書亦「悍」、「旱」錯出，不具列。人激於名，不毀爲聲。盧曰：「『不』疑誤。」下士得官以死，上士得官以生。禍福非從地中出，非從天上來，已自生之。淮南人間篇：「禍之至也，人自生之；福之來也，人自成之。」文子徵明篇、劉子慎隙篇同。

窮鄉多曲學，史記商君傳、新序善謀上篇載孝公語云：「窮鄉多怪，曲學多辯。」（又見商子更法篇，「鄉」作「巷」，「怪」作「恠」。趙策載武靈王語云：「窮鄉多異，曲學多辯。」）小辯害大知，巧言使信廢，小惠妨大義。不困在於早慮，舊連上，盧曰：「此與下當分二段。」不窮在於早豫。鄧析子轉辭篇云：「不困在早圖，不窮在早豫。」今本「困」訛「用」，「豫」訛「稼」。欲人勿知，莫若勿爲；欲人勿聞，莫若勿言。已見正諫篇枚乘上書。非所言勿言，以避其患；非所爲勿爲，以避其危；非所取勿取，以避其詭；非所争勿争，以避其聲。八句，見鄧析轉辭篇，四「所」字下皆有「宜」字，詭作「咎」。案：「詭」，責也。明者視於冥冥，智者謀於未形，聽者聽於無聲，慮者戒於未成。「謀於未形」上，舊脱「智者」二字。案：金匱云：「明者見兆於未萌，智者避危於無形。」與此文例正同，今以意補正。鄧析子無厚篇云：「誠聽能聞於無聲，視能見於無形，許能規於未兆，慮能防於未然，斯無他也，不以耳聽則通於無聲矣，不以目視則照於無形矣，不以心計則達於無兆矣，不以智慮則合於無然矣。」世之溷濁而我獨清，衆人皆醉而我獨醒。「世之」，依文例當作「世人」。楚詞漁父云：「舉世皆濁我獨清，衆人皆醉我獨醒。」新序節士篇：「屈原曰：『世皆醉，我獨醒，世皆濁，我獨清。』」

乖離之咎，無不生也。毀敗之端，從此興也。江河大潰從蟻穴，山以小陁而大崩。韓子喻老篇：「千丈之隄，以螻蟻之穴潰。」（淮南人間篇「丈」作「里」。）

淫亂之漸，舊連上，盧曰：「此與下當分二段。」其變爲興，水火金木轉相勝。卑而正者可增，高而倚者且崩，直如矢者死，直如繩者稱。

禍生於欲得，福生於自禁。盧曰：「下當分段。」聖人以心導耳目，小人以耳目導心。意林引子思子有此二語，「聖人」作「君子」。又見家語好生篇，愼子內篇亦載之，皆同。黄氏子思子輯解云：「王肅僞家語好生篇引此以爲孔子語，蓋家語襲取子思子處自多也。『君子以心導耳目』，即孟子所謂『先立乎其大者，則其小者不能奪』也。五官心爲大，耳目爲小，小人反以耳目導其心，是以小役大矣，斯之謂小人。說苑談叢篇『君子』作『聖人』，而申其義云：『禍生於欲得，福生於自禁。』」承周案：此文以「禁」、「心」爲韵，盧氏分爲二段，非是。

爲人上者患在不明，爲人下者患在不忠。

人知糞田，舊連上，盧曰：『此與下當分二段。』莫知糞心。二句本孟子外篇。（詳周氏孟子佚文攷。）端身正行，全以至今。見亡知存，見霜知冰。

廣大在好利，舊連上，盧曰：「本提行。」承周案：明鈔本正提行。恭敬在事親。因時易以爲仁，盧分段，云：「此與下當分二段。」承周案：「此連上爲韵，不當分段。」因道易以達人。營利者多患，「營」下舊衍「於」字，今依文例刪。輕諾者寡信。老子六十三章：「輕諾必寡信。」

欲賢者莫如下人，「賢」，盧改「貴」，云：「『賢』訛。」貪財者莫如全身。財不如義高，勢不如德尊。二句本魏文侯語，見淮南修務篇。（新序五作「地不若德，財不如義」。皇甫謐高士傳作「勢不若德貴，財不若義高」。呂氏期賢篇載文侯語，脫此二句。）

父不能愛無益之子，舊連上，盧曰：「此與下當分三段。」君不能愛不軌之民。君不能賞無功之臣，臣不能死無德之君。二句，本淮南主術篇。又墨子親士篇：「雖有賢君，不愛無功之臣；雖有慈父，不愛無益之子。」問善御者莫如馬，問善治者莫如民。以卑爲尊，以屈爲伸。聖人所因，上法於天。

君子行德以全其身，小人行貪以亡其身。

相勸以禮，舊連上，盧曰：「當分段。」相强以仁。得道於身，得譽於人。

知命者不怨天，知己者不怨人。荀子榮辱篇：「自知者不怨人，知命者不怨天。」又淮南繆稱篇亦有此二語。

人而不愛，舊連上，盧曰：「此與下當分五段。」則不能仁；佞而不巧，則不能信。言善毋及身，言惡毋及人。上清而無欲，則下正而民樸。老子五十七章：「我無欲而民自樸。」來事可追也，往事不可及。論語微子篇：「接輿歌曰：『往者不可諫，來者猶可追。』」（莊子人間世篇「猶」作「不」。）漢書晁錯傳引傳曰：『往者不可及，來者猶可待。』（呂氏聽言篇引周書，「猶」作「不」。）並此文作本。無思慮之心則不達，無談說之辭則不樂。莊子徐無鬼篇：「智士無思慮之變則不樂，辯士無談說之序則不樂。」

善不可以僞來，惡不可以辭去。治要引新序：（臧孫行猛政條。）「子貢曰：『善不可以爲求，（當作「僞來」。）惡不可以亂去。』」（「亂」當作「辭」。）

近市無賈，舊連上，盧曰：「此與下當分二段。」在田無野，善不逆旅。大戴記曾子致言上篇云：「近市無賈，在田無野，行無據旅。」俞氏平議曰：「據旅，猶旅距也。後漢書馬援傳：『黠羌欲旅距。』李賢注曰：『旅距，不從之貌。』『距』從巨聲，『據』從豦聲，兩聲相近，說文酉部『醵』或作『酟』，是其證也。故『距』字可通作『據』。彼言『旅距』，此言『據旅』，語有到順耳。凡雙聲叠韵之字往往如此。『行無據旅』，即『行無旅距』，蓋言其行之無所違也。」非仁義剛武，無以定天下。

水倍源則川竭，人倍信則名不達。

義勝患則吉，舊連上，盧曰：「此與下當分四段。」患勝義則滅。大戴武王踐阼篇引丹書：「敬勝怠者吉，怠勝敬者滅，義勝欲者從，欲勝義者凶。」（據學記疏，引大戴本作「敬勝怠者强，怠勝敬者亡」，此依鄭注改從瑞書耳。）文韜明傳篇：「義勝欲則昌，欲勝義則亡；敬勝怠則吉，怠勝敬則滅。」周本紀正義引尚書帝命驗云：「季秋之月甲子，赤雀銜丹書，入于酆，止于昌戶。其書曰：『敬勝怠者吉，怠勝敬者滅；義勝欲者從，欲勝義者凶。』」又金匱云：「敬勝怠則吉，義勝欲則昌。」荀子議兵篇：「敬勝怠則吉，怠勝敬則滅；誼勝欲則從，欲勝誼則凶。」（「誼」與「義」同，今荀子訛「計」。）皆此文所本。「患」乃「怠」之訛，又採合爲二句，遂與諸書違異耳。五聖之謀，不如逢時；辨智明慧，不如遇世。

有鄙心者，不可授便勢；有愚質者，不可予利器。淮南主術篇：「有野心者，不可借便勢；有愚質者，不可與利器。」多易多敗，多言多失。

冠履不同藏，賢不肖不同位。

官尊者憂深，舊連上，盧曰：「此與下當分三段。」祿多者責大。積德無細，積怨無大，多少必報，固其勢也。治要引新序曰：「德厚者報美，怨大者禍深。」文子符言篇：「老子曰：『其施厚者其報美，其怨大者其禍深。』」

梟逢鳩，鳩曰：「子將安之？」梟曰：「我將東徙。」鳩曰：「何故？」梟曰：「鄉人皆惡我鳴，以故東徙。」鳩曰：「子能更鳴可矣；不能更鳴，東徙，猶惡子之聲。」魯連子曰：「先生之言，有似梟鳴。」陳思王令禽惡鳥論曰：「昔荆之梟將徙巢於吳，鳩遇之，曰：『子將安之？』梟曰：『將巢於吳。』鳩曰：『何去荆而巢吳乎？』梟曰：『荆人惡予之聲。』鳩曰：『子能革子之聲則免，無爲去荆而巢吳也；如不能革子之聲，則吳、楚之民不易情也。爲子計者，莫若宛頸戢翼，終身勿復鳴也。』」卽本此文。

聖人之衣也，便體以安身；其食也，安於腹。適衣節食，不聽口目。淮南俶真篇云：「夫聖人量腹而食，度形而衣，節於己而已。」（又見文子九守。）老子十二章云：「聖人爲腹不爲目。」

曾子曰：「鷹鷲以山爲卑，而增巢其上；黿鼉魚鱉，以淵爲淺，而穿穴其中。卒其所以得者，餌也。君子苟不求利祿，則不害其身。」已詳敬愼篇。

曾子曰：「狎甚則相簡也，莊甚則不親。是故君子之狎，足以交懽；莊，足以成禮而已。」家語好生篇、金樓子戒子篇皆用此文，「莊」上有「其」字。

曾子曰：「入是國也，言信乎羣臣，則留可也；忠行乎羣臣，則仕可也；澤施乎百姓，金樓「姓」作「里」。則安可也。」家語致思篇、金樓子立言上篇，用此文。

口者關也，舌者機也，出言不當，四馬不能追也。類聚十七、御覽三百六十七引「當」作「審」，（意林引下文仍作「當」。）「四」作「駟」。文子微明篇：「言者禍也，舌者機也，出言不當，駟馬不追。」口者關也，舌者兵也，出言不當，反自傷也。言出於己，不可止於人；行發於邇，不可止於遠。淮南人間篇云：「言出於口，不可止於人；行發於邇，不可禁於遠。」文子微明篇同。夫言行者君子之樞機，樞機之發，榮辱之本也，此易上繫文，「本」作「主」，君道篇亦作「主」。可不愼乎！故蒯子羽曰：「言猶射也；括既離弦，雖有所悔焉，不可從而退已。」劉子愼言篇：「言出患入，語失身亡。身亡不可復存，言非不可復追。其猶射也，懸機未發，則猶可止；矢一離弦，雖欲返之，弗可得也。」即本此文。詩曰：詩大雅抑篇。「白珪之玷，尚可磨也；斯言之玷，不可爲也。」

蠋欲類蠶，鱓欲類蛇。人見蛇蠋，莫不身洒然。女工修蠶，漁者持鱓，不惡，何也？欲得錢也。韓非説林下篇：「鱣似蛇，蠶似蠋。人見蛇則驚駭，見蠋則毛起。漁者持鱣，婦人拾蠶，利之所在，皆爲賁諸。」又見内儲説上篇，文畧同。又淮南説林篇：「今鱓之與蛇，蠶之與蠋，狀相類而愛憎異。」逐漁者濡，逐獸者趨，非樂之也，事之權也。呂氏精諭篇：「求魚者濡，爭獸者趨，非樂之也。」又見列子説符，作：「爭魚者濡，逐獸者趨，非樂之也」。淮南道應同，皆作孔子語。文子微明作老子語。

登高使人欲望，臨淵使人欲窺，何也？處地然也。「地」，淮南作「使」，金樓同。御者使人恭，「御」，二書作「鈞」。射者使人端，何也？其形便也。二書作「事使然也」。〇本淮南説山篇，金樓子立言下篇用之。又賈子審微篇：「登高則望，臨深則窺。人之性非窺且望也，勢使然也。」文意亦相似。

民有五死，聖人能去其三，不能除其二：饑渴死者，可去也；凍寒死者，可去也；罹五兵死者，可去也；「罹」，俗字，御覽五百四十八作「雖」，「雖」乃「離」之誤，「離」，遭也。壽命死者，不可去也；癰疽死者，不可去也。御覽此下有「三者可去，二不可去」二句，疑非正文。饑渴死者，中不充也；凍寒死者，外勝中也；罹五兵死者，德不忠也；壽命死者，歲數終也；癰疽死者，血氣窮也。故曰中不正，外淫作；外淫作者多怨怪，多怨怪者疾病生。故清淨無爲，血氣乃平。

百行之本，一言也。一言而適，可以卻敵；一言而得，可以保國。響不能獨爲聲，影不能倍曲爲直。管子宙合篇：「景不爲曲物直，響不爲惡聲美。」物必以其類及，故君子慎言出已。

負石赴淵，舊連上，盧曰：「當分段。」行之難者也，然申屠狄爲之，君子不貴之也。盜跖凶貪，盧曰：「『凶貪』，荀子不苟篇作『吟口』，外傳三同。」名如日月，與舜禹並傳而不息，而君子不貴。荀子不苟篇：「懷負石而赴河，是行之難爲者也，而申徒狄能之，然而君子不貴者，非禮義之中也。」又云：「盜跖吟口，名聲若日月，與舜、禹俱傳而不息，然而君子不貴者，非禮義之中也。」又見韓詩外傳三。

君子有五恥：朝不坐，燕不議，盧曰：「案禮記雜記下所云『五恥』，無此二語。其檀弓下有『朝不坐，燕不與』之語，與恥無當。末云『衆寡均而倍焉，君子恥之』。疑此爲誤。」承周案：雜記「三患五恥」之文，又見家語好生篇，而金樓子立言上篇作「四耻」，無「衆寡均而倍焉」一耻，疑卽本此文。此文「五耻」本作「四耻」，後人以檀弓語附益之耳。君子恥之；居其位，無其言，君子恥之；有其言，無其行，君子恥之；既得之，又失之，君子恥之；地有餘而民不足，君子恥之。

君子雖窮，不處亡國之勢；雖貧，不受亂君之祿。二句又見雜言篇。尊乎亂世，同乎暴君，君子之恥也。衆人以毀形爲恥，君子以毀義爲辱。文選江文通上建平王書注引尸子：「衆人以虧形爲辱，君子以虧義爲辱。」衆人重利，廉士重名。莊子盜跖篇云：「小人殉財，君子殉名。」賈生服鳥賦云：「貪夫殉財，烈士殉名。」（鶡冠子世兵同。）

明君之制，賞從重，罰從輕。闕曰：「書云：『罪疑惟輕，功疑惟重。與其殺不辜，寧失不經。』」承周案：治要引新序：「子貢曰：『賞之疑者從重，罰之疑者從輕。』」食人以壯爲量，事人以老爲程。

君子之言寡而實，小人之言多而虛。

君子之學也，舊連上，盧曰：「此與下當分四段。」入於耳，藏於心，行之以身。荀子勸學篇：「君子之學也，入乎耳，著乎心，布乎四體，形乎動靜，喘而言，蝡而動，一可以爲法則。」又韓詩外傳九云：「君之之聞道，入之於耳，藏之於心，察之以仁，守之以信，行之以義，出之以遜，故人無不虛心而聽也。」君子之治也，始於不足見，終於不可及也。管子立政篇：「始於不足見，終於不可及，一人服之，萬人從之，訓之所期也。」君子慮福弗及，慮禍百之。呂氏原亂篇：「慮福未及，慮禍□之。」（脫一字。）淮南人間篇：「計福勿及，慮禍過之。」文子微明同。君子擇人而取，不擇人而與。君子實如虛，有如無。二句本論語曾子語。

君子有其備則無事。

君子不以愧食，舊連上，盧曰：「此與下當分三段。」不以辱得。君子樂得其志，小人樂得其事。樂記：「君子樂得其道，小人樂得其欲。」君子不以其所不愛，及其所愛也。本孟子。

君子有終身之憂，而無一朝之患。本孟子。順道而行，循理而言，韓詩外傳七：「正直者順道而行，順理而言。」喜不加易，怒不加難。

君子之過，猶日月之蝕也，何害於明；小人可也，猶狗之吠盜，狸之夜見，淮南「狸」作「鴟」。何益於善。以下盧分段。案：淮南下二句亦相連。夫智者不妄爲，勇者不妄殺。淮南「殺」作「發」，（今本淮南脱五字，依治要正。王氏雜志謂説苑「殺」亦「發」之誤。）此似有脱文。淮南此下云：「擇善而爲之，計義而行之，故事成而功足賴也，身死而名足稱也。」〇此章本淮南泰族篇。

君子比義，農夫比穀。尸子勸學篇：「農夫比粟，商賈比財，烈士比義。」

事君不得進其言，舊連上，盧曰：「此與下當分四段。」則辭其爵；不得行其義，則辭其祿。人皆知取之爲取也，不知與之爲取之。關曰：「史記管仲傳曰：『故曰知與之爲取，政之寶也。』索隱曰：『老子云：「將欲取之，必固與之。」此知此爲政之所寶。』」政有招寇，行有招恥。荀子勸學篇：「言有招禍，行有招辱。」文子微明篇：「行有召寇，言有致禍。」弗爲而自至，天下未有。猛獸狐疑，不若蜂蠆之致毒也；關曰：「蓋此古語。史記淮陰侯傳亦曰：『故曰猛虎之猶豫，不若蜂蠆之致螫。』」高議而不可及，不若卑論之有功也。潛夫論實貢篇：「高論而相欺，不如卑論而誠實。」

秦信同姓以王，至其衰也，非易同姓也，而身死國亡。故王者之治天下，在於行法，不在於信同姓。關曰：「或曰秦信同姓未聞也。蓋子政借秦論當代耳。」承周案：秦疑周之誤。

高山之巔無美木，傷於多陽也；大樹之下無美草，傷於多陰也。鹽鐵論輕重篇：「茂木之下無豐草，大塊之間無美苗。」

鍾子期死，而伯牙絶絃破琴，而世莫可爲鼓也；關曰：「事已見尊賢篇。」惠施卒，而莊子深瞑不言，關曰：「『深瞑不言』，淮南子作『寢説言』。」見世莫可與語也。此章本淮南修務篇。

修身者，智之府也；愛施者，仁之端也；取予者，義之符也；恥辱者，勇之決也；立名者，行之極也。漢書司馬遷傳載報任安書有此文，文選亦載之。（文選「府」作「符」，「符」作「表」。）

進賢受上賞，蔽賢蒙顯戮，古之通義也。鶡冠子道端云：「進賢受上賞，則下不蔽。」漢書武帝紀：「元年詔書云：『進賢受上賞，蔽賢蒙顯戮，古之道也。』」劉子薦賢篇亦云：「進賢受上賞，蔽賢蒙顯戮。」爵人於朝，論人於市，古之通法也。王制：「爵人於朝，與士共之；刑人於市，與衆棄之。」

道微而明，淡而有功。非道而得，非時而生，是謂妄成。二句見意林引金匱，疑此章皆太公語也。得而失之，定而復傾。

福者禍之門也，是者非之尊也，治者亂之先也。事無終始而患不及者，未之聞也。枝無忘其根，德無忘其報，見利必念害身。故君子留精神寄心於三者，吉祥及子孫矣。

兩高不可重，兩大不可容，兩勢不可同，兩貴不可雙。尹文子：「兩智不能相教，兩貴不能相臨，兩辨不能相屈，力均勢敵故也。」夫重、容、同、雙，必争其功。故君子節嗜欲，各守其足，乃能長久。夫節欲而聽諫，敬賢而勿慢，使能而勿賤。爲人君能行此三者，其國必强大，而民不去散矣。御覽一百五十九又一百四十六引韓詩外傳：「趙簡子自爲二書牘，親自表之，書曰：『節用聽聰，敬賢勿慢，使能勿賤。』」蓋亦引用古語。「聰」疑「諫」之誤。

默無過言，慤無過事。木馬不能行，亦不費食；騏驥日馳千里，鞭箠不去其背。寸而度之，至丈必差；銖而稱之，至石必過。石稱、丈量，徑而寡失；簡絲數米，煩而不察。莊子庚桑楚篇云：「簡髮而櫛，數米而炊，竊竊乎又何足以濟世哉！」故大較易爲智，曲辯難爲慧。前六句已見九卷校乘上吳王書，又淮南泰族篇、文子上仁篇皆有此文。

吞舟之魚，文子上仁篇：「老子曰：『鯨魚失水則制於螻蟻。』」莊子庚桑楚篇云：「吞舟之魚，蕩而失水，則蟻能苦之。」蕩而失水，制於螻蟻者，離其居也；猿猴失木，禽於狐貉者，非其處也。騰蛇遊霧而升，「騰蛇」，淮南作「螣蛇」，「升」作「動」，下「騰龍」作「應龍」。案：韓非難勢篇：「飛龍乘雲，騰蛇游霧。」（本愼子。）字作「騰」。爾雅釋蟲：「螣，螣蛇。」說文：「螣，神蛇也。」則「螣」正字，「騰」借字。他書皆「螣」，「騰」錯出。王氏淮南雜志云：「說苑作『騰蛇遊霧而騰，龍乘雲而舉』。今本『騰』上有『升』字，此後人誤以『騰』字屬下句讀，因妄加『升』字也。」案：本文自可通，王說亦近是，附存之。騰龍乘雲而舉，猿得木而挺，「挺」，淮南作「捷」。魚得水而鶩，處地宜也。此章本淮南主術篇，（淮南「騰蛇」一段在前。）又見金樓子立言下篇。

君子博學，患其不習。既習之，患其不能行之。既能行之，患其不能以讓也。大戴曾子立事篇云：「君子既學之，患其不博也。既博之，患其不習也。既習之，患其不知也。既知之，患其不能行也。既能行之，患其不能以讓也。」即此文所本。又周髀算經載陳子語云：「夫道術所以難通者，既學矣患其不博，既博矣患其不習，既習矣患其不能知。」文亦畧同，惟「知」字無義，作「讓」爲長。

君子不羞學，不羞問。問訊者，知之本；念慮者，知之道也。建本篇：「故曰『訊問者智之本，思慮者智之道也。』」稱「故曰」，必爲古語。此言貴因人知而加知之，「加」字疑卽「知」字之譌衍。不貴獨自用其知而知之。

天地之道，極則反，滿則損。五采曜眼，有時而渝；茂木豐草，有時而落。物有盛衰，安得自若。○此章本淮南泰族篇，又見韓詩外傳五。

民苦則不仁，勞則詐生，安平則教，危則謀，極則反，滿則損。故君子弗滿弗極也。呂氏搏志篇：「君子不處全，不處極，不處盈。全則必缺，極則必反，盈則必虧。」

說苑卷第十七

愛民案：向宗魯先生說苑校證清稿，失去卷第十七至第二十，凡四卷。自此以下，係愛民據先生手校本簡端批注輯補。間有愚見，稱「愛民案」以別之。

雜言

賢人君子者，通乎盛衰之時，明乎成敗之端，察乎治亂之紀，審乎人情，知所去就。故雖窮不處亡國之勢，雖貧不受汙君之祿。愛民案：談叢篇亦有此二語，「汙君」作「亂君」。是以太公年七十而不自達，孫叔敖三去相而不自悔。愛民案：莊子田子方篇載「孫叔敖三爲令尹而不榮華，三去之而無憂色」，呂氏春秋知分篇、淮南子道應篇、氾論篇、鄒陽獄中上梁王書皆用之。荀子堯問篇亦有孫叔敖三相楚之說。史記循吏傳記孫叔敖事云：「三得相而不喜，知其材自得之也；三去相而不悔，知非己之罪也。」說苑此文所據卽以上諸書。然「三仕爲令尹無喜色；三已之，無慍色」，依論語公冶長篇所記，乃子文事。高誘注呂覽，卽已指出。王應麟困學紀聞卷七，亦嘗致疑。閻若璩四書釋地又續謂孫叔敖事係子文事傳譌。梁玉繩史記志疑因於魯仲連鄒陽列傳力辨孫叔敖之不足信。何則？不强合非其人也。太公一合於周，而侯七百歲。孫叔敖一合於楚，而封十世。愛民案：史記滑稽列傳稱：「優孟爲孫叔敖衣冠以感楚莊王，莊王召孫叔敖子，封之寢丘四百户，以奉其祀，後十世不絕。」此亦當是傳聞夸飾之詞。梁玉繩史記志疑力辨其不可信，且引翟灝之論，謂：「據韓非子喻老篇，莊王賞叔敖，叔敖請漢間沙石之地，九世而祀不絕，則寢丘之封，在叔敖未死時也。」大夫種存亡越而霸句踐，賜死於前。李斯積功於秦，而卒被五刑。盡忠憂君，危身安國，其功一也，或以封侯而不絕，或以賜死而被刑，所慕所由異也。故箕子棄國而佯狂，范蠡去越而易名，智過去君弟而更姓，皆見遠識微，而仁能去富勢，以避萌生之禍者也。夫暴亂之君，孰能離縶以役其身，而與于患乎哉！故賢者非畏死避害而已也，爲殺身無益，而明主之暴也。比干死紂而不能正其行，子胥死吴而不能存其國。二子者，强諫而死，適足明主之暴耳。盧曰：「『足』下，元本有『以』字。」案：經廠本亦有「以」字。未嘗有益如秋毫之端也。是以賢人閉其智，塞其能，待得其人然後合。故言無不聽，行無見疑，君臣兩與，終身無患。今非得其時，又無其人，直私意不能已，閔世之亂，憂主之危，以無貲之身，涉蔽塞之路，經乎讒人之前，造無量之主，犯不測之罪，傷其天性，豈不惑哉！故文信侯、李斯，天下所謂賢也。爲國計，揣微射隱，所謂無過策也；戰勝攻取，所謂無强敵也。積功甚大，勢利甚高。賢人不用，讒人用事。自知不用，其仁不能去。制敵積功，不失秋毫；避患去害，不見丘山。積其所欲，以至其所惡，豈不爲勢利惑哉！詩云：詩小雅小旻。「人知其一，莫知其他。」此之謂也。

子石登吴山而四望，愛民案：子石又見反質篇。史記仲尼弟子列傳云：「公孫龍字子石，少孔子五十三歲。」集解引鄭玄云：「楚人。」家語七十二弟子解以爲衞人。索隱謂「龍」字或作「寵」，或作「礱」。按字子石，則「礱」或非謬。又索隱、正義以趙人談堅白之公孫龍當仲尼弟子列傳之子石。梁玉繩史記志疑及人表考斥其謬誤，謂趙公孫龍在平原君門，與子思玄孫孔穿同時，不得爲孔子弟子。喟然而歎息曰：「嗚呼，悲哉！世有明於事情，不合於人心者；有合於人心，不明於事情者。」弟子問曰：「何謂也？」子石曰：「昔者，吴王夫差不聽伍子胥盡忠極諫，抉目而辜。愛民案：周禮秋官：「掌戮殺王之親者辜之。」注：「辜之言枯也，謂磔之。」太宰嚭、公孫雒偷合苟容以順夫差之志而伐齊，「齊」原誤作「吴」，從盧校改。二子沈身江湖，頭懸越旗。昔者，費仲、惡來革，盧曰：「下云『四子』，則『費仲』下當有『飛廉』。」承周案：御覽三百六十六引「革」上有「膠」字，非是。楚辭惜誓有「來革」，即「惡來革」也。長鼻決耳，金樓子興王篇：「紂謂西伯曰：『譖汝者長鼻決耳也。』」崇侯虎順紂之心，欲以合於意。武王伐紂，四子身死牧之野，頭足異所。比干盡忠剖心而死。今欲明事情，恐有抉目剖心之禍；欲合人心，恐有頭足異所之患。由是觀之，君子道狹耳。誠不逢其明主，狹道之中，又將險危閉塞，無可從出者。」

祁射子見秦惠王，盧曰：「『祁射子』，呂氏去宥篇作『謝子』，無『祁』字。右『射』、『謝』通。」案：淮南亦作「謝子」。呂氏以謝子爲東方之墨者；下文唐姑果則秦之墨者也。惠王説之。於是唐姑讒之。盧曰：「『姑』下呂有『果』字。」案：淮南作「唐姑梁」。呂氏載唐姑果讒謝子之辭云：「謝子，東方之辯士也。其爲人甚險，將奮於説以取少主也。」淮南略同。復見惠王，盧曰：「呂有『王因』二字。此或當重『惠王』，或以『復見』爲句，此『惠王』屬下讀，非。」懷怒以待之。非其說異也，所聽者易也。故以徵爲羽，非弦之罪也；「弦」宋本、明鈔本皆作「絃」。以甘爲苦，非味之過也。○呂氏春秋去宥篇、淮南子修務篇並載此事。以末四句覩之，則此文用淮南。淮南同。

彌子瑕愛於衛君。衛國之法，竊駕君車罪刖。彌子瑕之母疾。人聞，夜往告之。彌子瑕擅駕君車而出。「擅」，韓子、史記皆作「矯」。依下文則「矯」字是。君聞之，賢之，「聞之賢之」，當從韓子作「聞而賢之」。史記作「聞之」，下又有「而」字。曰：「孝哉！爲母之故，犯刖罪哉！」君遊果園，彌子瑕食桃而甘，不盡，而奉君。君曰：「愛我而忘其口味。」及彌子瑕色衰而愛弛，得罪於君。君曰：「是故嘗矯吾車，「矯」下，當依韓子補「駕」字。史記亦有。又嘗食我以餘桃。」故子瑕之行，未必變初也。「必變」，韓子、史記作「變於」。前見賢、後獲罪者，愛憎之生變也。此文本韓非子說難篇，又見史記韓非傳。

舜耕之時，不能利其鄰人；「鄰」，舊作「都」，從盧校改。案：宋本、明鈔本，皆作「鄰」。及爲天子，天下戴之。○案治要引尸子明堂篇：「舜之方陶也，不能利其巷下；南面而君，天下蠻、夷、戎、狄皆被其福。」淮南子俶真篇：「舜之耕陶也，不能利其里，南面王，則德施乎四海。」皆與此文同意。呂氏慎人篇：「舜之耕漁，其賢不肖與爲天子同。其未遇時也，以其徒屬堀地財，取水利，編蒲葦，結罘網，手足胼胝不居，然後免於凍餒之患；其遇時也，登爲天子，賢士歸之，萬民譽之，丈夫、女子振振殷殷，無不戴說。」意亦與此近。故君子窮則善其身，達則利於天下。語本孟子盡心上篇。

孔子曰：「自季孫之賜我千鍾，「千鍾」上，家語有「粟」字。而友益親。自南宮頃叔之乘我車也，盧曰：「『頃』，家語致思篇作『敬』，是。」而道加行。故道，「道」下，家語有「雖貴」二字。有時而後重，有勢而後行。「勢」，舊誤作「執」，從盧校改。案宋本、明鈔本皆作「勢」，經廠本作「埶」。「執」乃「埶」之誤字。微夫二子之賜，丘之道幾於廢也。」「幾於廢也」，家語作「殆將廢矣」。此「也」字亦當作「矣」。○案此文又見家語致思篇。

太公田不足以償種，漁不足以償網，治天下有餘智。文公種米，曾子駕羊。盧曰：「『駕』，宋本『架』。」案：明鈔本、經廠本亦作「架」。關曰：「此二句見淮南子泰族篇，『駕』作『架』。（案：淮南「種」作「樹」。）高誘曰：『晉文公樹米而欲生之也。架，連架，所以備知也。』陸賈新語（案見輔正篇。）曰：『智者之所短，不如愚者之所長。文公種米，曾子駕羊。』」孫仲容曰：「宋本作『架』，是也。意林引新語亦作『枷羊』。『枷』『架』並『枷』之假字。說文辵部云：『迦，迦互令不得行也。』管子戒篇云：『東郭有狗嘊嘊，旦暮欲齧我，椵而不使也。』尹注『椵』作『枷』，云：『謂以木連狗。』後漢書馬融廣成頌云：『枷天狗。』蓋『枷』者，以木連繫畜獸，使不得觸逸之名。故高誘訓爲連架，架羊猶枷狗矣。」孫叔敖相楚三年，不知軛在衡後。務大者固忘小。智伯廚人亡炙䈪而知之；孫仲容曰：「案：廣韻二十八獮云：『䈪，竹緣。』於義無取。此『䈪』當與『匴』同。士冠禮注云：『匴，竹器。』古文「匴」爲篹。』禮記明堂位注云：『篹，籩屬也。』以竹爲之。』史記汲鄭列傳云：『其餽遺人不過算器食。』集解引徐廣云：『算，竹器。』『算』、『篹』並與『匴』通：『䈪』則『匴』之俗也。」韓魏反而不知。邯鄲子陽園人亡桃而知之；其亡也不知。務小者亦忘大也。○案：劉子新論觀量篇：「晉文公種米，曾子植羊，非性闇惷，不辨方隅，以其運大不習小務也。智伯庖人亡炙一篋而即知之；韓、魏將反而不能知。邯鄲子陽園亡一桃而即覺之；其自亡也而不能知。斯皆銳情於小，而忘大者也。」即用此文。

淳于髡謂孟子曰：「先名實者爲人者也，後名實者自爲者也。夫子在三卿之中，名實未加上下而去之，仁者固如此乎？」孟子曰：「居下位不以賢事不肖者，伯夷也；五就湯五就桀者，伊尹也；不惡汙君，不辭小官者，柳下惠也。三子者不同道，其趣一也。一者何也？曰：仁也。君子亦仁而已，何必同？」曰：「魯穆公之時，公儀子爲政，子思、子庚爲臣，「子思、子庚」，孟子作「子柳、子思」。鹽鐵論相刺篇用此文，作「子柳、子原」。似子思亦稱子原，子柳亦稱子庚。魯之削也滋甚。若是乎賢者之無益於國也。」曰：「虞不用百里奚而亡，秦穆公用之而霸。故不用賢則亡，削何可得也！」曰：「昔王豹處於淇，而河西善謳；綿駒處於高唐，而齊右善歌；「綿駒處於高唐」，韓詩外傳作「揖封生高商」。又「齊右」，外傳作「齊人」。文選陸士衡吳趨行：「齊娥且莫謳。」李善注：「齊娥，齊后也。」引孟子此文，「齊右」作「齊后」。臧琳經義雜記謂「趙注：『高唐，齊西邑，綿駒處之，故曰齊右善歌。』則趙注本不作『后』字。」華舟、杞梁之妻善哭其夫，而變國俗。華舟、杞梁妻事見立節篇。有諸內必形於外。爲其事，無其功，髡未睹也。是故無賢者也，有則髡必識之矣。」曰：「孔子爲魯司寇而不用；從祭，膰肉不至，不脫冕而行。其不善者以爲爲肉也，其善者以爲爲禮也。乃孔子欲以微罪行，不欲爲苟去。故君子之所爲，衆人固不得識也。」○案此文本孟子告子下篇。又韓詩外傳卷六亦載此事，而文異，今録其文如下：「孟子説齊宣王而不説。淳于髡侍，孟子曰：『今日説公之君，公之君不説，意者其未知善之爲善乎？』淳于髡曰：『夫子亦誠無善耳。昔瓠巴鼓瑟，而潛魚出聽；伯牙鼓琴，而六馬仰秣。魚馬猶知善之爲善，而況若人者也？』孟子曰：『夫電雷之起也，破竹折木，震驚天下，而不能使聾者卒有聞。日月之明，偏照天下，而不能使盲者卒有見。今公之君若此也。』淳于髡曰：『不然。昔者，揖封生高商，齊人好歌；杞梁之妻悲哭，而人稱詠。夫聲無細而不聞，行無隱而不形。夫子苟賢，居魯而魯國之削，何也？』孟子曰：『不用賢，削何有也！吞舟之魚，不居潛澤；度量之士，不居汙世。夫藪，冬至必彫，吾亦時矣。』詩曰：『不自我先，不自我後。』非遭彫世者歟？」

梁相死，惠子欲之梁。渡河，而遽墮水中。船人救之。船人曰：「子欲何之，而遽也？」曰：「梁無相，吾欲往相之。」船人曰：「子居船楫之間而困。無我，則子死矣。子何能相梁乎？」惠子曰：「子居艘楫之間，孫仲容曰：「案此『居』上不當有『子』字，蓋涉上文而衍。」案：孫説是也。書鈔四十九、類聚九十四、御覽三百九十六又七百六十九又九百五、事類賦十六注引皆無「子」字。又「艘楫」，盧曰：「御覽三百九十六作『廣艘長楫』。」案：書鈔作「巨川長楫」，類聚及御覽九百五、事類賦注皆作「廣艘長楫」。則吾不如子。至於安國家，全社稷，子之比我，蒙蒙如未視之狗耳！」

西閭過東渡河，中流而溺。船人接而出之，問曰：「今者子欲安之？」西閭過曰：「欲東説諸侯王。」船人掩口而笑，曰：「子渡河中流而溺，不能自救，安能説諸侯乎？」西閭過曰：「無以子之所能相傷爲也。子獨不聞和氏之璧乎？價重千金，然以之間紡，曾不如瓦塼。闕曰：

「字書『塼』、『甎』同，紡錘也。按朱子語類云：『瓦，紡塼也。紡時所用之物。舊見人畫列女傳漆室，乃手執一物，如今銀子様，意其爲紡塼也。』」隨侯之珠，國之寶也，然用之彈，「彈」下脱「鵲」字。曾不如泥丸。騏驥騄駬，倚衡負軛而趨，一日千里，此至疾也，然使捕鼠，曾不如百錢之狸。干將鏌鋣，拂鍾不錚，「拂」，事類賦十三注引作「制」。揚刃離金斬羽契鐵斧，此至利也，然以之補履，「補」，事類賦注引作「攝」。曾不如兩錢之錐。○案：東方朔答驃騎難：（見嚴輯全漢文卷二十五。）「干將莫邪，天下之利劍也，水斷鵠雁，陸斷馬牛，將以補履，曾不如一錢之錐。騏驥綠耳、蜚鴻驊騮，天下良馬也，將以捕鼠于深宮之中，曾不如跛猫。」文義與此同。今子持楫乘扁舟，處廣水之中，當陽侯之波，而臨淵流，適子所能耳。若試與子東説諸侯王，見一國之主，子之蒙蒙，無異夫未視之狗耳！」

甘戊使於齊，盧曰：「『戊』，御覽六十一作『茂』。下同。」案事類賦注六亦作「茂」。愛艮案：東周、秦、楚、韓策並稱甘茂，史記有樗里子甘茂列傳，字亦作「茂」。吴師道東周策補正云：「『茂』，一作『戊』。後多有。説苑亦作『戊』，古字通。」是説苑自來作「戊」，與戰國策、史記不同也。渡大河。船人曰：「河水間耳，御覽、事類賦注皆作「河水猶淵耳」。君不能自渡，能爲王者之説乎？」甘戊曰：「不然，汝不知也。物各有短長。謹愿敦厚，可事主，不施用兵。騏驥騄駬，足及千里，置之宮室，使之捕鼠，曾不如小狸。干將爲利，名聞天下，匠以治木，不如斤斧。今持楫而上下隨流，吾不如子；説千乘之君、萬乘之主，子亦不如戊矣。」盧曰：「『戊』，御覽『我』。」案：事類賦注亦作「我」。

今夫世異則事變，事變則時移，時移則俗易。是以君子先相其土地而裁其器，觀其俗而和其風，總衆議而定其教。愚人有學遠射者，參矢而發；已射五步之內，又復參矢而發。二「矢」字皆當作「天」。淮南說山篇：「越人學遠射，參天而發，適在五步之內，不易儀也。世已變矣，而守其故，譬越人之射也。」卽此文所本。又呂氏知度篇、本書尊賢篇，皆有「射魚指天」語，「參天」，猶「指天」也。世以易矣，不更其儀，譬如愚人之學遠射。目察秋毫之末者，視不能見太山；耳聽清濁之調者，不聞雷霆之聲。何也？唯其意有所移也。百人操觿，不可爲固結，詩芄蘭傳：「觿，所以解結。」說文：「觿，佩角銳耑，可以解結。」管子白心篇：「觿解不可解而後解。」千人謗獄，不可爲直辭；萬人比非，不可爲顯士。

麋鹿成羣，虎豹避之；飛鳥成列，鷹鷲不擊；○案：金樓子立言篇下：「故麋鹿成羣，虎豹所避；衆鳥成列，鷹隼不游。」卽用此語。衆人成聚，聖人不犯。騰虹遊於霧露，爾雅翼用此文，「騰虹」作「騰蛇」。疑彼爲是。荀子及大戴記「騰虹」皆作「蟹」，文亦異。乘於風雨而行，書鈔一百五十八引「雨」作「雲」。非千里不止，然則暮託宿於鰌鱣之穴。書鈔引「然則」二字作「終」字。「鰌鱣」，荀子作「蛇蟺」，大戴記作「蛇鮔」。「鱣」、「鮔」皆「鱓」之借字。所以然者何也？用心不一也。○案：爾雅翼卷三十二：「甘戊曰：『騰蛇遊於霧露，乘於風雨而行，非千里不止，然則暮託宿鰌鱣之穴。所以然者何也？用心不一也。』」卽用此文，而以爲甘戊之言，未知所據。夫蚯蚓內無筋骨之强，外無爪牙之利，然下飲黄泉，上墾晞土，「墾」，荀子、大戴記、淮南子、文子皆作「食」。孟子滕文公下篇「夫蚓上食槁壤，下飲黄泉」，亦作「食」字。又「晞土」，荀子作「埃土」，淮南作「晞堁」，文子作「晞塊」，惟大戴記作「睎土」，與此同。所以然者何也？用心一也。○案：荀子勸學篇：「螾無爪牙之利，筋骨之強，上食埃土，下飲黃泉，用心一也。蟹六跪而二螯，非蛇蟺之穴，無可寄託者，用心躁也。」大戴記勸學篇略同。又淮南子説山篇：「螾無筋骨之強，爪牙之利，上食晞堁，下飲黃泉，用心一也。」文子上德篇略同。並此文所本。

聰者耳聞，舊本誤連上文，不提行。今案：此當別爲一段。明者目見。「耳」字、「目」字，皆當從韓詩外傳作「自」。老子三十三章：「自見曰明。」莊子駢拇篇：「吾所謂聰者，非謂其聞彼也，自聞而已矣；吾所謂明者，非謂其見彼也，自見而已矣。」鄧析子無厚篇「夫自見之明，借人見之闇也；自聞之聽，借人聞之聾也。」聰明形則仁愛著、廉恥分矣。故非其道而行之，雖勞不至；非其有而求之，雖強不得。智者不爲非其事，廉者不求非其有，是以遠容而名章也。「遠容」，當從外傳作「害遠」。「害」與「容」形近而誤，「遠」字又誤在「害」字上。詩云：詩邶風雄雉篇。「不忮不求，何用不臧！」此之謂也。此用韓詩外傳一。

楚昭王召孔子，將使執政，而封以書社七百。史記「七百」下有「里」字。案：古者二十五家爲里，里各立社。云「書社七百」，即七百里，故「里」字可省。子西謂楚王曰：「王之臣用兵有如子路者乎？使諸侯有如宰予者乎？長管五官有子貢者乎？史記「子貢」與「宰予」互易，又有「顏子」，與此異。案：文選辨命論注引史記無「顏子」，與説苑合。疑今本史記係後人增竄。昔文王處酆，武王處鎬，酆、鎬之間，百乘之地，伐上殺主，立爲天子，世皆曰聖王。今以孔子之賢，而有書社七百里之地，而三子佐之，非楚之利也。」楚王遂止。○史記孔子世家：「昭王將以書社地七百里封孔子。楚令尹子西曰：『王之使使諸侯有如子貢者乎?』曰:『無有。』『王之輔相有如顏回者乎?』曰:『無有。』『王之將率有如子路者乎?』曰:『無有。』『王之官尹有如宰予者乎?』曰:『無有。』『且楚之祖封於周,號爲子男,五十里;今孔丘述三五之法,明周、召之業,王若用之,則楚安得世世堂堂方數千里乎?夫文王在豐,武王在鎬,百里之君,卒王天下。今孔丘得據土壤,賢弟子爲佐,非楚之福也。』昭王乃止。」此卽用其事而文異。夫善惡之難分也,聖人獨見疑,而況於賢者乎?盧曰:「『獨』,『疑』猶』。」是以賢聖罕合,諂諛常興也。故有千歲之亂,而無百歲之治。孔子之見疑,豈不痛哉!

魯哀公問於孔子曰:「有智者壽乎?」孔子曰:「然。人有三死而非命也者,盧曰:「御覽五百四十八無『者』字。」人自取之。盧曰:「『之』下,御覽有『也』字。」案外傳、家語文小異,亦有「也」字,當據補。夫寢處不時,飲食不節,佚勞過度者,疾共殺之。居下位而上忤其君,「忤」,御覽作「干」。家語亦作「干」。外傳云:「居下而好干上。」嗜慾無厭,而求不止者,刑共殺之。少以犯衆,弱以侮强,忿怒不量力者,兵共殺之。此三死者非命也,人自取之。」詩云:詩鄘風相鼠篇。「人而無儀,不死何爲!」此之謂也。○此用韓詩外傳一。家語五儀篇同。又文子符言篇:「老子曰:『人有三死,非命亡焉。飲食不節,簡賤其身,病共殺之。樂得無已,好求不止,刑共殺之。以寡犯衆,以弱陵强,兵共殺之。』」亦與此文義略似。

孔子遭難陳蔡之境,絕糧。弟子皆有饑色。孔子歌兩柱之間。子路入見曰:「夫子之歌禮乎?」孔子不應,曲終而曰:「由,君子好樂爲無驕也,小人好樂爲無懾也。其誰知之子不我知而從我者乎?」家語作「其誰之子不我知而從我者乎」。王注:「『其誰之子』,猶言以誰氏子。」謂子路曰:『雖從我而不知我也。』」子路不悦，家語作「子路悦」。援干而舞，盧曰：「『援』『授』訛。」案：范本、經廠本皆作「授」。家語作「援戚而舞」。三終而出。○以上家語困誓篇略同。及至七日，孔子修樂不休。子路慍見曰：「夫子之修樂時乎？」孔子不應，樂終而曰：「由，昔者，齊桓霸心生于莒，句踐霸心生於會稽，晉文霸心生于驪氏。「驪氏」，荀子及家語皆作「曹」；呂覽及風俗通皆云：「文公得之曹。」故居不幽則思不遠，身不約則智不廣。庸知而不遇之？」○以上荀子宥坐篇、家語在厄篇略同。呂氏慎人篇、風俗通窮通篇以此爲告子路並子貢之語。於是興。明日免於厄。子貢執轡曰：「二三子從夫子而遇此難也，其不可忘已。」孔子曰：「惡，是何言也！舊本「何」下無「言」字。盧曰：「『言』脫，集語有。」今從盧校補。語不云乎？三折肱而成良醫。「三折肱知爲良醫」，定公十三年左傳以爲齊高彊之語。愛艮案：孔叢子嘉言篇：「夫子曰：『三折肱爲良醫。』」楚辭惜誦：「九折臂而成醫。」王逸注云：「言人九折臂，更歷方藥，則成良醫，乃自知其病。」其說「九折臂」意，亦當與「三折肱」相同也。夫陳、蔡之間，丘之幸也。二三子從丘者，皆幸人也。吾聞人君不困不成王，列士不困不成行。家語作「烈士不困行不彰」。「列」、「烈」古通。○以上家語困誓篇略同。昔者，湯困於呂，文王困於羑里，秦穆公困於殽，齊桓困於長勺，句踐困於會稽，晉文困於驪氏。夫困之爲道，從寒之及煖，煖之及寒也。唯賢者獨知，而難言之也。」易曰：易困卦辭。「困，亨，貞，大人吉，無咎。有言不信。」聖人所與人難言，信也。○案：論語衞靈公篇、史記孔子世家皆略記孔子絶糧事；而莊子山木篇、讓王篇、荀子宥坐篇、呂氏慎人篇、韓詩外傳卷七、風俗通窮通篇、家語在厄篇、困誓篇及本書所載兩節尤詳。文雖錯互，皆可取證。至墨子非儒篇載子路烹豚酤酒事，乃汙蔑之言。呂氏任數篇載顏子拾塵事，家語在厄篇用之，似亦未可信，今不取。

孔子困於陳蔡之間，居環堵之內，席三經之席，七日不食，藜羹不糝。「糝」，荀子宥坐篇作「糂」，呂氏任數篇作「斟」，家語在厄篇作「充」。愛民案：墨子非儒篇亦作「糂」。楊倞注荀子云：「『糂』與『糝』同。」說文米部：「糂，以米和羹也。從米，甚聲。一曰：粒也。『糝』，古文『糂』，從參。」廣韻上聲四十八感：「糂，羹糂。墨子曰：『孔子厄陳，藜羹不糂也。』（所引墨子今本略異。）或作糝。」是「糝」與「糂」乃一字也。段玉裁說文糂字下注謂呂覽作「藜羹不斟」，「不斟」正「不糂」之誤。弟子皆有饑色。讀詩、書治禮不休。子路進諫曰：「凡人爲善者，天報以福；爲不善者，天報以禍。今先生積德行爲善久矣，意者尚有遺行乎？愛民案：淮南說山篇：「桀有得事，堯有遺道。」高誘注：「遺，失。」此遺字義當與彼同。失，猶過也。奚居之隱也？」舊本無「之」字。盧曰：「『之』脫，據外傳七、家語在厄篇補。」今從盧校。案：荀子亦有「之」字。孔子曰：「由，來！汝不知，坐，吾語汝。子以夫知者爲無不知乎，則王子比干何爲剖心而死？以諫者爲必聽乎，伍子胥何爲抉目於吳東門？子以廉者爲必用乎，伯夷、叔齊何爲餓死於首陽山之下？子以忠者爲必用乎，則鮑莊何爲而肉枯？鮑莊事未詳。外傳作「鮑叔何爲而不用」。荀子、家語皆用關龍逢事。荆公子高終身不顯，外傳作「葉公子高終身不仕」。案：事亦未詳。此及下二句，荀子、家語無之。鮑焦抱木而立枯，介子推登山焚死。故夫君子博學深謀，不遇時者衆矣，豈獨丘哉！賢不肖者才也，爲不爲者人也，遇不遇者時也，死生者命也。有其才不遇其時，雖才不用。苟遇其時，何難之有？故舜耕歷山，而陶於河畔，「陶」，舊作「逃」，從盧校改。立爲天子，則其遇堯也。傅說負壤土，釋板築，而立佐天子，則其遇武丁也。伊尹，有莘氏媵臣也，負鼎俎，調五味，而佐天子，則其遇成湯也。呂望行年五十，賣食於棘津，御覽八百五十引「食」作「飯」。（在飯門。）史記齊世家索隱引古史考：『呂望常屠牛於朝歌，賣飲於孟津。』行年七十，屠牛朝歌，行年九十，爲天子師，則其遇文王也。管夷吾束縛膠目，居檻車中，自車中起爲仲父，則其遇齊桓公也。百里奚自賣取五羊皮，伯氏牧羊，盧曰：「『伯氏牧羊』，外傳七作『爲秦伯牧羊』。」案：此當脱「爲」字。以爲卿大夫，則其遇秦穆公也。沈尹名聞天下，「沈尹」，外傳作「虞丘」。說詳至公篇。以爲令尹，「以」，通「已」。而讓孫叔敖，則其遇楚莊王也。伍子胥前多功，後戮死，非其智益衰也，前遇闔廬，後遇夫差也。夫驥厄罷鹽車，非無驥狀也，夫世莫能知也。使驥得王良、造父，驥無千里之足乎？芝蘭生深林，非爲無人而不香。故學者非爲通也，爲窮而不困也，憂而志不衰也，「憂」下舊本無「而志」二字。盧曰：「二字脱，據外傳補。」今依盧校訂正。先知禍福之始而心而惑也。「先」，舊本作「此」。盧曰：「據外傳改。」今從盧校。聖人之深念，獨知獨見。舜亦賢聖矣，南面治天下，唯其遇堯也。使舜居桀、紂之世，能自免刑戮固可也，又何官得治乎？夫桀殺關龍逢，而紂殺王子比干。當是時，豈關龍逢無知，而比干無惠哉？「無惠」，外傳作「不慧」。「惠」「慧」古通。此桀、紂無道之世然也。故君子疾學，修身端行，以須其時也。」○此用韓詩外傳卷七；又略見荀子宥坐篇及家語在厄篇。餘詳上節。

孔子之宋，此云「之宋」，與家語同。莊子云：「宋人圍之。」琴操云：「令桓魋圍孔子。」皆與此合。而史記孔子世家則云「去衞適陳過匡」。莊子釋文引司馬彪云：「『宋』，當作『衞』。匡，衞邑也。」皆與此不合。匡簡子將殺陽虎，孔子似之，甲士以圍孔子之舍。書鈔一百二十四無「以」字。案：「以」字似當在「甲」字上。韓詩外傳作「帶甲以圍孔子舍」，家語作「以甲士圍之」。子路怒，奮戟將下鬬。孔子止之曰：「何仁義之不免俗也！夫詩、書之不習，禮、樂之不修也，是丘之過也。若似陽虎，則非丘之罪也。命也夫！由歌，予和汝。」子路歌，孔子和之，三終而甲罷。○此文本韓詩外傳卷六；又見家語困誓篇。而莊子秋水篇、琴操孔子厄皆紀圍匡事，文各異。史記孔子世家：「去衞將適陳過匡，顏刻爲僕，以其策指之曰：『昔吾入此，由彼缺也。』匡人聞之，以爲魯之陽虎。陽虎嘗暴匡人，匡人於是遂止孔子，孔子狀類陽虎，拘焉五日。」則記所以圍匡之由。

孔子曰：「不觀於高岸，何以知顛墜之患？不臨於深淵，何以知没溺之患？不觀於海上，何以知風波之患？失之者其不在此乎？士慎三者，無累於人。」盧曰：「家語困誓篇：『士慎此三者，則無累於身矣。』」○案：家語困誓篇載此文，與上節相連。

曾子曰：「響不辭聲，鑑不辭形。君子正一，而萬物皆成。夫行非爲影也，而影隨之。呼非爲響也，而響和之。故君子功先成而名隨之。」

子夏問仲尼曰：「顏淵之爲人也，何若？」曰：「回之信，賢於丘也。」曰：「子貢之爲人也，何若？」曰：「賜之敏，賢於丘也。」曰：「子路之爲人也，何若？」曰：「由之勇，賢於丘也。」曰：「子張之爲人也，何若？」曰：「師之莊，賢於丘也。」於是子夏避席而問曰：「然則四者，「四者」，列子作「四子者」；家語作「四子」，無「者」字。何爲事先生？」曰：「坐，吾語汝。回能信而不能反，賜能敏而不能屈，由能勇而不能怯，師能莊而不能同。兼此四子者，丘不爲也。」「四子者」下，列子多「之有以易吾」五字，家語同。此脫。夫所謂至聖之士，必見進退之利，屈伸之用者也。○案此事見列子仲尼篇、淮南子人間篇、論衡定賢篇、家語六本篇。說苑所記，與列子、家語合；淮南、論衡略異。淮南云：「人或問孔子曰：『顏回何如人也？』曰：『仁人也，丘弗如也。』『子貢何如人也？』曰：『辯人也，丘弗如也。』『子路何如人也？』曰：『勇人也，丘弗如也。』賓曰：『三子皆賢夫子，而爲夫子役，何也？』夫子曰：『丘能仁且忍，辯且訥，勇且怯。以三子之能，易丘一道，丘弗爲也。』」論衡云：「或問於孔子曰：『顏淵何人也？』曰：『仁人也，丘不如也。』『子貢何人也？』曰：『辯人也，丘弗如也。』『子路何人也？』曰：『勇人也，丘弗如也。』客曰：『三子者皆賢於夫子，而爲夫子服役，何也？』孔子曰：『丘能仁且忍，辯且詘，勇且怯。以三子之能，易丘之道，弗爲也。』」又類聚九十、御覽九百十五並引莊子云：「老子見孔子從弟子五人，問曰：『爲誰？』對曰：『子路爲勇，其次子貢爲智，曾子爲孝，顏回爲仁，子張爲武。』」其事亦與此相類。

東郭子惠問於子貢曰：盧曰：「『惠』，尚書大傳略說作『思』。荀子法行篇作『南郭惠子』。」○案：「南郭惠子」見墨子非儒篇，正與孔子同時，疑卽此人。荀子楊倞注蔓引莊子齊物論之「南郭子綦」，無當也。又案：尚書大傳略說「思」字乃「惠」字之譌，通鑑外紀卷九用大傳正作「惠」。「夫子之門，何其雜也？」子貢曰：「夫隱括之旁多枉木，盧曰：「『隱括』，兩書皆作『檃栝』。」良醫之門多疾人，莊子人間世：「聞之夫子曰：『醫門多疾。』」砥礪之旁多頑鈍。夫子修道以俟天下，來者不止，荀子作「欲來者不距，欲去者不止。」疑此文「來者」下脫「不距」二字，「不止」上脫「去者」二字。是以雜也。」詩云：詩小雅小弁篇。「菀彼柳斯，鳴蜩嘒嘒。有漼者淵，萑葦淠淠。」言大者之旁無所不容。○案此文本荀子法行篇、尚書大傳略說。

昔者南瑕子過程本子，盧曰：「『瑕』，外傳七作『假』。」又「本」，舊作「太」，據盧校改。下同。案：御覽九百三十八引正作「程本子」。程本子已見尊賢篇。本子爲烹鯢魚。盧曰：「『鯢』，外傳作『鱺』。」承周案：御覽引「本子」上有「程」字，「爲」下有「之」字。外傳亦有「之」字。桂馥札樸卷五云：「鯢名人魚，故不忍食。異物志：『人魚似人形。』是也。韓詩外傳作『鱺魚』，案本草『鯢魚鰻鱺』，故通作『鱺』。」南瑕子曰：「吾聞君子不食鯢魚。」程本子曰：「乃君子否，子何事焉？」「乃君子否」二句，外傳作「此乃君子食也，我何與焉。」文亦有誤。此文「否」，御覽引作「不食」二字，當從之。南瑕子曰：「吾聞君子上比，所以廣德也；下比，所以狹行也。比於善，自進之階也；比於惡，自退之原也。「比於善自進之階也比」九字，舊本無。盧曰：「九字脫，據外傳補。」今依盧校訂正。案：盧補文與外傳小異，而與御覽所引一字不誤，疑盧氏誤筆。詩云：詩小雅車舝篇。『高山仰止，景行行止。』吾豈敢自以爲君子哉，志向之而已。」孔子曰：孔子語見論語里仁篇。「見賢思齊焉，見不賢而內自省。」○此文本韓詩外傳卷七。外傳稱「傳曰」，當又有所本。

孔子觀於呂梁，成玄英莊子達生篇疏：「呂梁，水名，解者不同：或言是西河離石，有黃河縣絕之處，名呂梁也；或言蒲州二百里有龍門，河水所經，瀑布而下，亦名呂梁；或言宋國彭城縣之呂梁。」案：莊子釋文引司馬云：「河水有石絕處也。今西河離石西有此縣，世謂之黃梁。」（司馬彪說又見續漢書郡國志。）此成疏所謂離石之說也。高誘呂氏春秋愛類篇注：「呂梁在彭城呂縣。」（高誘說又見淮南子本經篇注。）水經泗水注：「泗水之上有石梁焉，故曰呂梁也。縣濤漰渀，實爲泗險。孔子所謂魚鼈不能游。又云，懸水三十仞，流沫九十里，今則不能也。」此成疏所謂彭城之說也。（水經河水注又有一呂梁，在離石。）據列子說符篇、家語致思篇皆云：「孔子自衞反魯，息駕乎河梁而觀焉。」離石、龍門，皆非孔子所經，自以彭城呂縣之說爲近是。懸水四十仞，環流九十里，「環流」，當依下文作「圜流」。列子說符及家語同。列子黃帝、莊子、水經注皆作「流沫」。魚鼈不能過，黿鼉不敢居。有一丈夫方將涉之。孔子使人並崖而止之曰：「並」與「傍」通。「崖」，列子作「涯」。「此懸水四十仞，圜流九十里，盧曰：「『圜』，『環』同。」魚鼈不敢過，黿鼉不敢居。意者難可濟也？」丈夫不以錯意，遂渡而出。孔子問：「子巧乎？且有道術乎？所以能入而出者何也？」丈夫對曰：「始吾入，先以忠信；吾之出也，又從以忠信。忠信錯吾軀於波流，而吾不敢用私。吾所以能入而復出也。」孔子謂弟子曰：「水而尚可以忠信義久而身親之，況於人乎？」（案：此文並見列子說符篇、家語致思篇。又列子黃帝篇、莊子達生篇亦載此事，而文異。列子黃帝篇云：「孔子觀於呂梁，懸水三十仞，流沫三十里，黿鼉魚鼈之所不能游也。見一丈夫游之，以爲有苦而欲死者也，使弟子並流而承之。數百步而出，被髮行歌而游於棠行。孔子從而問之曰：『呂梁懸水三十仞，流沫三十里，黿鼉魚鼈所不能游。向吾見子道之，以爲有苦而欲死者，使弟子並流將承子。子出而被髮行歌，吾以子爲鬼也，察子則人也。請問蹈水有道乎？』曰：『亡，吾無道。吾始乎故，長乎性，成乎命。與齎俱入，與汩偕出。從水之道，而不爲私焉。此吾所以道之也。』孔子曰：『何謂始乎故，長乎性，成乎命也？』曰：『吾生於陵，安於陵，故也。長於水，而安於水，性也。不知吾所以然而然，命也。』」莊子達生篇云：「孔子觀於呂梁，懸水三十仞，流沫四十里，黿鼉魚鼈之所不能游也。見一丈夫游之，以爲有苦而欲死也，使弟子並流而拯之。數百步而出，被髮行歌而游於塘下。孔子從而問焉，曰：『吾以子爲鬼，察子則人也。請問蹈水有道乎？』曰：『亡，吾無道。吾始乎故，長乎性，成乎命。與齎俱入，與汩偕出。從水之道，而不爲私焉。此吾所以蹈之也。』孔子曰：『何謂始乎故，長乎性，成乎命？』曰：『吾生於陵而安於陵，故也。長於水而安於水，性也。不知吾所以然而然，命也。』」

子路盛服而見孔子，孔子曰：「由，是襜襜者何也？盧曰：「『襜襜』，荀子子道篇作『裾裾』，家語三恕篇作『倨倨』，外傳三作『疏疏』。」愛艮案：荀子楊注：「『裾裾』，衣服盛貌。」家語王注：「『倨』與『裾』同，言其服盛而氣傲也。」此皆以意爲說。淮南子齊俗篇：「楚莊王裾衣博袍。」高注：「裾，袁也。」玉篇衣部襜下云：「襜襜，搖動貌。」「裾裾」「襜襜」之訓當兼此。昔者江水出於岷山，其始也，大足以濫觴。及至江之津也，不方舟，不避風，不可渡也。非唯下流衆川之多乎？今若衣服甚盛，顏色充盈，天下誰肯加若哉？』子路趨而出，改服而入，蓋自如也。「蓋」，宋本作「其」。孔子曰：「由，記之，吾語若：賁於言者，華也；「賁」，荀子作「奮」，家語同。奮於行者，伐也；夫色智而有能者，小人也。故君子知之爲知之，不知爲不知，言之要也。能之爲能之，此「之」字舊脫，依上例及荀子、外傳補。不能爲不能，行之至也。盧曰：

「『至』，外傳作『要』。」孫仲容曰：「『行之至也』，『至』字當從韓詩外傳三作『要』，與下『言要』『行要』文正相應。若作『行之至也』，則下文『行要』當作『行至』。（荀子子道篇、家語三恕篇正如此。）此文兩不相應，足知其誤。」言要則知，行要則仁。既知且仁，夫有何加矣哉？」由。「由」字衍。此乃作者引詩，非孔子以詩告子路也。外傳文同，無「由」字。詩云：詩商頌長發篇。「湯降不遲，聖敬日躋。」此之謂也。○此文本荀子子道篇；又見韓詩外傳卷三、家語三恕篇。

子路問於孔子曰：「君子亦有憂乎？」孔子曰：「無也。君子之修其行，未得，則樂其意；既已得，又樂其知。是以有終身之樂，無一日之憂。小人則不然，其未之得，則憂不得；既已得之，又恐失之。是以有終身之憂，無一日之樂。」○此文本荀子子道篇；又見家語在厄篇。

孔子見榮啟期，列子云：「孔子行於太山，見榮啟期行乎郕之野。」家語同，「啟」作「聲」。王注：「『聲』宜爲『啟』，或曰榮益期也。」案：本書及慎子、淮南主術、齊俗二篇、高士傳皆作「啟」；漢書古今人表作「聲」，錢大昕廿二史考異以爲「磬」之誤。衣鹿皮裘，此四字列子、慎子、家語皆作「鹿裘帶索」，高士傳作「披裘帶索」，御覽引新序作「衣弊裘」。鼓瑟而歌。孔子問曰：「先生何樂也？」對曰：「吾樂甚多：天生萬物，唯人爲貴，吾既已得爲人，是一樂也。人以男爲貴，吾既已得爲男，是爲二樂也。人生不免襁褓，「人生不免襁褓」，列子作「人生有不見日月，不免襁褓者。」慎子、家語同。此及高士傳文省。御覽引新序作「人生命有長傷」。吾年已九十五，是三樂也。夫貧者，士之常也；死者，民之終也。處常待終，當何憂乎？」○此文見列子天瑞篇、慎子外篇、家語六本篇及御覽五百九引嵇康高士傳；又御覽三百八十三引此文作新序。

曾子曰：「吾聞夫子之三言，未之能行也。夫子見人之一善，而忘其百非，是夫子之易事也。夫子見人有善，若己有之，是夫子之不爭也。聞善必躬親行之，然後道之，是夫子之能勞也。夫子之能勞也，夫子之不爭也，夫子之易事也，吾學夫子之三言而未能行。」○案：家語六本篇以此條與下二條合爲一條，孔子論顏回、史鰌，而曾子以此終之。

孔子曰：「回，若有君子之道四：强於行己，弱於受諫，怵於待祿，王肅家語注云：「『待』宜爲『得』。」慎於持身。」○案：家語六本篇以此條及下條、上條合爲一條。詳上注。

仲尼曰：「史鰌有君子之道三：不仕而敬上，不祀而敬鬼，直能曲於人。」案：家語六本篇以此條合上二條爲一條。詳上注。

孔子曰：「丘死之後，商也日益，賜也日損。「日損」下家語有「曾子曰：『何謂也？』子曰」八字。商也好與賢己者處，賜也好說不如己者。」○案：家語六本篇以此合後文「不知其子視其所友」云云爲一條。

孔子將行，無蓋。弟子曰：「子夏有蓋，可以行。」孔子曰：「商之爲人也，甚短於財。「短」，家語作「恡」。吾聞與人交者推其長者，違其短者，故能久長矣。」家語無「長」字，「矣」作「也」。○案：此文又見家語致思篇。

子路行，盧曰：「『行』上，家語困誓篇有『將』字。」承周案：困誓篇無此文，在子路初見篇。辭於仲尼，曰：

「敢問新交取親若何？言寡可行若何？長爲善士而無犯若何？」仲尼曰：「新交取親，其忠乎？言寡可行，其信乎？長爲善士而無犯，其禮乎？」○案：此文見家語子路初見篇，合下爲一條。

子路將行，辭於仲尼。曰：「仲尼」下當重「仲尼」二字。家語作「辭於孔子，子曰」。「贈汝以車乎？以言乎？」子路曰：「請以言。」仲尼曰：「不强不遠，「遠」，當從家語作「達」。不勞無功，不忠無親，不信無復，不恭無禮。愼此五者，可以長久矣。」○此文見家語子路初見篇與上合爲一條。詳上注。

曾子從孔子於齊，齊景公以下卿禮聘曾子，曾子固辭。將行，晏子送之，曰：「吾聞君子贈人以財，不若以言。史記孔子世家：「老子曰：『吾聞富貴者送人以財，仁人者送人以言。』」索隱：「莊周『財』作『軒』。」今夫蘭本三年，盧曰：「『三年』下，晏有『而成』二字。」承周案：荀子作「蘭茝槀本」。湛之以鹿醢，盧曰：「『湛』、「漸」同，子廉反。」承周案：荀子作「漸」。既成，則易以匹馬。盧曰：「荀子勸學篇：『蘭槐之根是爲芷，其漸之滫，君子不近，庶人不服。』是言質美而習惡，爲人所棄也。此則言質本美而又加以陶染，爲人之所貴重。然『鹿醢』『匹馬』之説，亦殊難曉。」承周案：「鹿醢」，荀子大略篇作「蜜醴」，晏子作「麋醢」，（「麋」舊譌「糜」，從王念孫校。）家語與本書同。「鹿醢」、「麋醢」一也。「匹馬」之説，晏子、家語並同，荀子作「一佩易之」。非蘭本美也，願子詳其所湛，既得所湛，亦求所湛。吾聞君子居必擇處，遊必擇士。居必擇處，所以求士也。遊必擇士，所以修道也。吾聞反常移性者欲也，故不可不愼也。」○此事見晏子内篇雜上、荀子大略篇、家語六本篇，互有異同，而此文獨略。○關曰：「考古質疑曰：『大慶案：『孔子家語及史記皆言曾子少孔子四十六歲。孔子生于魯襄公二十二年，則是曾子生于定公四年。觀齊世家，晏子死，齊、魯會于夾谷之歲，乃定十年也。時曾子方七歲，安得晏子送行之辭。家語亦載齊欲聘曾子爲卿事，恐是後來，如晏子送行之言，彼此必有誤也。』」承周案：此事荀子楊注已疑之，不始於葉氏。孫星衍晏子音義曰：「説苑：『曾子從孔子於齊，齊景公以下卿禮聘曾子，曾子固辭，將行。』禮記亦有晏子、曾子之言。而楊倞注荀子大略篇謂：『晏子先於孔子，曾子之父猶爲孔子弟子，此云送曾子，豈好事者爲之與？』其言謬甚。」

孔子曰：「中人之情，有餘則侈，不足則儉，無禁則淫，無度則失，「失」，讀爲「佚」，家語作「佚」。縱欲則敗。「則敗」下，家語尚有「是故鞭朴之子」八句，本書後文别爲一節。飲食有量，衣服有節，宮室有度，畜聚有數，車器有限，以防亂之源也。「以」上家語有「所」字。故夫度量不可不明也，善欲不可不聽也。」關曰：「家語無此七字，太室曰：『善欲當作善教。』」○案：此文並見家語六本篇；又管子立政篇及春秋繁露服制篇多相似語。

孔子曰：「巧而好度必工，勇而好同必勝，知而好謀必成。愚者反是。「反是」下，家語插入「是以非其人」云云，本書後文别爲一節。夫處重擅寵，專事妬賢，愚者之情也。志驕傲而輕舊怨。是以尊位則必危，盧曰：「『尊位』疑倒。」承周案：荀子正作「位尊」。家語作「位高」，亦可證。任重則必崩，擅寵則必辱。」○案：此文見荀子仲尼篇，又見家語六本篇。

孔子曰：「鞭朴之子，不從父之教；刑戮之民，不從君之政。言疾之難行。故君子不急斷，不意使，以爲亂源。」「意使」，家語作「急制」，别以「使」字連「飲食有量」云云。（已見上文。）無此文末句。此王肅肊竄。○案：此文見家語六本篇。説詳上。

孔子曰：「終日言，不遺己之憂，終日行，不遺己之患，唯智者有之。故恐懼所以除患也，恭敬所以越難也。終身爲之，一言敗之，可不慎乎？」○家語六本篇以此隸齊高庭節。（高庭事見下文。）薛據孔子集語子觀篇以此爲韓詩外傳。

孔子曰：「以富貴爲人下者，何人不與。以富貴敬愛人者，何人不親。衆言不逆，可謂知言矣。衆嚮之，「衆嚮之」上家語有「言而」二字，此脱。可謂知時矣。」○此文又見家語六本篇。

孔子曰：「夫富而能富人者，欲貧而不可得也。貴而能貴人者，欲賤而不可得也。達而能達人者，欲窮而不可得也。」○家語六本篇以此連上文，「孔子曰」三字作「是故」。

仲尼曰：「非其地而樹之，不生也；非其人而語之，弗聽也。得其人，如聚沙而雨之；非其人，如聚聾而鼓之。」○家語六本篇此文在「巧而好度」一節中。説詳上。

孔子曰：「船非水不可行。水入船中，則其没也。故曰君子不可不嚴也，小人不可不閑也。」「閑」，各本作「閉」；此從程本。○此文又見家語六本篇。

孔子曰：「依賢固不困，依富固不窮。馬趼折而復行者何？」盧曰：「『趼』，『蚿』同。『折』，宋本『斬』，疑當爲『斮』，古『斷』字。」承周案：明鈔本、經廠本作「斬」，家語亦作「斬」。廣雅釋蟲：「蛆渠，馬蚿。」以輔足衆也。」○案：語家六本篇以此隸「曾子從孔子之齊」條，（見上文。）作孔子贊晏子語。

孔子曰：「不知其子，視其所友；不知其君，視其所使。」又曰：「與善人居，如入蘭芷之室，「蘭芷」，家語作「芝蘭」，非是。淮南子說林篇：「蘭芝以芳。」王念孫讀書雜志校「芝」爲「芷」，卽引此爲證。並云：「古人言香草者必稱蘭芷。芝非香草，不當與蘭並稱。凡諸書中言蘭芝、言芝蘭者，皆是『芷』字之誤。」久而不聞其香，則與之化矣。與惡人居，如入鮑魚之肆，久而不聞其臭，亦與之化矣。故曰丹之所藏者赤，烏之所藏者黑。君子愼所藏。」○案：家語六本篇以此連「吾死之後」條。（見上文。）首四句又見荀子性惡篇及本書奉使、談叢兩篇；以下又見大戴記曾子疾病篇。阮元曾子注釋譏王肅以曾子語爲孔子語，是忘有說苑也。

子貢問曰：「君子見大水必觀焉，何也？」孔子曰：「夫水者君子比德焉：遍與而無私，似德；所及者生，似仁；其流卑下句倨，皆循其理，似義；淺者流行，深者不測，似智；其赴百仞之谷不疑，似勇；綽弱而微達，「綽」，舊作「綿」，依盧校改。盧曰：「楊倞注荀子宥坐篇引正作『綽』。『弱』，家語三恕篇作『約』。」承周案：「綽弱」，大戴記作「弱約」；荀子作「綽約」，楊注：「『淖』當爲『綽』，『綽約』，柔弱也。」似察；受惡不讓，似貞；「貞」字舊脫，今依大戴記補。包蒙不清以入，鮮潔以出，盧校改「潔」爲「絜」，曰：「楊倞注引作『絜』。」似善化；主量必平，「主」，舊作「至」，從盧校改。盧曰：「『至』當從荀作『主』。」楊倞云：『讀爲注。』」似正；盧曰：「『正』，荀作『法』。」承周案：此數句大戴記有譌文，惟「法」仍作「正」。盈不求概，似度；其萬折必東，盧曰：「『萬』，楊注引無。」似意；盧校改「意」爲「志」，曰：「『意』，大戴同；今從荀子、家語改。」是以君子見大水觀焉爾也。」○案：此文並見荀子宥坐篇、大戴記勸學篇、家語三恕篇。此篇係用大戴記，而家語則用荀子。今附錄荀子、家語於後。○荀子宥坐篇：「孔子觀於東流之水。子貢問於孔子曰：『君子之所以見大水必觀焉者，是何？』孔子曰：『夫水大徧與諸生而無爲也，似德；其流也埤下裾拘，必循其理，似義；其洸洸乎不淈盡，似道；若有決行之，其應佚若聲響，其赴百仞之谷不懼，似勇；主量必平，似法；盈不求概，似正；淖約微達，似察；以出以入，以就鮮絜，似善化；其萬折也必東，似志；是故君子見大水必觀焉。』」○家語三恕篇：「孔子觀於東流之水。子貢問曰：『君子所見大水必觀焉，何也？』孔子對曰：『以其不息，且徧與諸生而不爲也。夫水有似乎德，其流也則卑下倨拘，必循其理，此似義；浩浩乎無屈盡之期，此似道；流行赴百仞之嵠而不懼，此似勇；至量必平之，此似法；盛而不求概，此似正；綽約微達，此似察；發源必東，此似志；以出以入，萬物就此化絜，此似善化也；水之德有若此，是故君子見必觀焉。』」

夫智者何以樂水也？曰：泉源潰潰，不釋晝夜，論語子罕篇：「子在川上曰：『逝者如斯夫，不舍晝夜！』」孟子離婁下篇：「原泉混混，不舍晝夜。」二書皆云「不舍晝夜」，此文「舍」字作「釋」者，「釋」「舍」古通。又「潰潰」，孟子作「混混」；春秋繁露則云：「混混沄沄」；此「潰」字疑當作「濆」。其似力者。循理而行，不遺小間，其似持平者。動而下之，其似有禮者。赴千仞之壑而不疑，其似勇者。障防而清，其似知命者。不清以入，鮮潔而出，其似善化者。衆人取乎品類，以正萬物，得之則生，失之則死，其似有德者。淑淑淵淵，深不可測，其似聖者。通潤天地之間，國家以成。是知之所以樂水也。詩云：詩魯頌泮水篇。「思樂泮水，薄採其茆。魯侯戾止，在泮飲酒。」樂水之謂也。夫仁者何以樂山也？曰：夫山巃嵸纍崔，萬民之所觀仰。草木生焉，衆物立焉，飛禽萃焉，走獸休焉，寶藏殖焉，奇夫息焉，育羣物而不倦焉，四方並取而不限焉。出雲風，通氣于天地之間，國家以成。是仁者之所以樂山也。詩曰：詩魯頌閟宮篇。「太山巖巖，魯侯是瞻。」今所傳毛詩作「魯邦所瞻」，韓詩外傳同。樂山之謂矣。○案：此文並見韓詩外傳卷三、春秋繁露山川頌篇，文各不同，此兼用之。論山一段，又見尚書大傳。（孔叢子論書篇引用之。）今附録三書之文於後。○韓詩外傳卷三：「問者曰：『夫智者何以樂於水也？』曰：『夫水者緣理而行，不遺小間，似有智者；動而下之，似有禮者；蹈深不疑，似有勇者；障防而清，似知命者；歷險致遠，卒成不毁，似有德者。天地以成，羣物以生，國家以寧，萬物以平，品物以正。此智者所以樂於水也。詩曰：「思樂泮水，薄采其茆。魯侯戾止，在泮飲酒。」樂水之謂也。』問者曰：『夫仁者何以樂於山也？』曰：『夫山者，萬民之所瞻仰也。草木生焉，萬物植焉，飛鳥集焉，走獸休焉，四方益取與焉。出雲道風，嵸乎天地之間。天地以成，國家以寧。此仁者所以樂於山也。詩曰：「太山巖巖，魯邦所瞻。」樂山之謂也。』」○春秋繁露山川頌篇：「山則巃嵸㠑崔，摧嵬㠑巍。久不崩陁，似夫仁人志士。孔子曰：『山川神祇，立寶藏，殖器用，資曲直。合大者可以爲宮室臺榭，小者可以爲舟輿浮濕。大者無不中，小者無不入。折斧則斫，折鐮則艾。生人立，禽獸伏，死人入，多其功而不言。是以君子取譬也。且積土成山，無損也，成其高，無害也，成其大，無虧也，小其上，泰其下。久長安，後世無有去就，儼然獨處。惟山之意。』詩云：『節彼南山，惟石巖巖。赫赫師尹，民具爾瞻。』此之謂也。水則源泉混混沄沄，晝夜不竭，既似力者；盈科後行，既似持平者；循微赴下，不遺小間，既似察者；循谿谷不迷，或奏萬里而必至，既似知者；鄣防山而能清淨，既似知命者；不清而入，潔清而出，既似善化者；赴千仞之壑，入而不疑，既似勇者；物皆困於火，而水獨勝之，既似武者；咸得之而生，失之而死，既似有德者。孔子在川上曰：『逝者如斯夫，不舍晝夜！』此之謂也。」○尚書大傳略說：（據陳輯本。）「子張曰：『仁者何樂於山也？』孔子曰：『夫山者，嵬然高。』『嵬然高，則何樂焉？』『夫山，草木生焉，鳥獸蕃焉，財用殖焉，生財用而無私爲焉，四方皆代焉，每無私予焉。出雲風以通乎天地之間。陰陽和合，雨露之澤，萬物以成，百姓以饗：此仁者之所以樂於山者也。』」

玉有六美，君子貴之。望之温潤，近之栗理，聲近徐而聞遠，折而不撓，闕而不荏，廉而不劌，有瑕必示之於外，是以貴之。望之温潤者，君子比德焉；近之栗理者，君子比智焉；聲近徐而聞遠者，君子比義焉；折而不撓，闕而不荏者，君子比勇焉；廉而不劌者，君子比仁焉；有瑕必見之於外者，君子比情焉。○言玉之德者，管子水地篇、荀子法行篇、禮記聘義、春秋繁露執贄篇、家語問玉篇、五經通義、説文玉部，文各相異；惟荀子與聘義略同，而家語則全襲聘義。今附録諸書之文於下。（家語襲聘義，不録。）○管子水地篇：「夫玉之所貴者，九德出焉：夫玉温潤以澤，仁也；鄰以理者，知也；堅而不蹙，義也；廉而不劌，行也；鮮而不垢，潔也；折而不撓，勇也；瑕適皆見，精也；茂華光澤並通而不相陵，容也；叩之其音清搏徹遠純而不殺，辭也。是以人主貴之，藏以爲寶，剖以爲符瑞，九德出焉。」○荀子法行篇：「子貢問於孔子曰：『君子之所以貴玉而賤珉者，何也？爲夫玉之少而珉之多邪？』孔子曰：『惡，賜，是何言也！夫君子豈多而賤之，少而貴之哉！夫玉者，君子比德焉：温潤而澤，仁也；栗而理，知也；堅剛而不屈，義也；廉而不劌，行也；折而不撓，勇也；瑕適竝見，情也；扣之其聲清揚而遠聞，其止輟然，辭也。故雖有珉之雕雕，不若玉之章章。詩曰：「言念君子，温其如玉。」此之謂也。』」○禮記聘義：「子貢問於孔子曰：『敢問君子貴玉而賤碈者，何也？爲玉之寡而碈之多與？』孔子曰：『非爲碈之多故賤之也，玉之寡故貴之也。夫昔者君子比德於玉焉：溫潤而澤，仁也；縝密以栗，知也；廉而不劌，義也；垂之如隊，禮也；叩之其聲清越以長，其終詘然，樂也；瑕不揜瑜，瑜不揜瑕，忠也；孚尹旁達，信也；氣如白虹，天也；精神見于山川，地也；圭璋特達，德也；天下莫不貴者，道也。詩云：「言念君子，溫其如玉。」故君子貴之也。』」○春秋繁露執贄篇：「玉有似君子。子曰：『人而不曰如之何如之何者，吾末如之何也矣。』故匿病者不得良醫，羞問者聖人去之，以爲遠功而近有災，是則不有。玉至清而不蔽其惡，內有瑕穢必見之於外，故君子不隱其短。不知則問，不能則學。取之玉也。君子比之玉；玉潤而不污，是仁而至清潔也。廉而不殺，是義而不害也。堅而不磬，過而不濡。視之如庸，展之如石。狀如石，搔而不可從繞。潔白如素，而不受污。玉類備者，故公侯以爲贄。」○御覽卷八百五引五經通義：「玉有五德：溫潤而澤，有似於智；銳而不害，有似於仁；抑而不撓，有似於義；有瑕於內，必見於外，有似於信；垂之如墜，有似如禮。」○說文玉部：「王，石之美有五德：潤澤以溫，仁之方也；䚡理自外，可以知中，義之方也；其聲舒揚，專以遠聞，智之方也；不撓而折，勇之方也；銳廉而不忮，絜之方也。」

道吾問之夫子：「多所知無所知，其身孰善者乎？」對曰：「無知者死人屬也；雖不死，累人者必衆甚矣。然多所知者，好其用心也；多所知者出於利人卽善矣，出於害人卽不善也。」道吾曰：「善哉！」

越石父曰：「不肖人自賢也，愚者自多也。佞人者皆莫能相其心，口以出之，又謂人勿言也。譬之猶渴而穿井，臨難而後鑄兵，雖疾從而不及也。」○案：晏子春秋內篇雜上載晏子與景公論魯昭公語云：「夫愚者多悔，不肖者自賢。溺者不問隊，迷者不問路。溺而後問隊，迷而後問路，譬之猶臨難而遽鑄兵，臨噎而遽掘井，雖速亦無及已。」其文略與此同。○又案：墨子公孟篇：「國治則爲禮樂，亂則治之，是譬猶噎而穿井也，死而求醫也。」「穿井」之喻，亦與此同。○「渴」字，晏子春秋及墨子皆作「噎」。畢沅曰：「說文云：『噎，飯窒也。』飯窒則思飲，是二書用噎字義與此別，而得兼通。」俞樾則謂「渴」字較勝。以「噎」字古作「餲」，與「渴」字形微似，故「渴」誤爲「噎」。說殊牽強，故孫詒讓不從。○愛民案：越石父爲人臣僕於中牟，晏子之晉，解左驂以贖之，歸爲上客。見晏子春秋內篇雜上及呂氏春秋觀士篇、史記管晏列傳、新序節士篇。越石父本晏子客，此以晏子語爲越石父語，當別有所本。

夫臨財忘貧，臨生忘死，可以遠罪矣。夫君子愛口，孔雀愛羽，虎豹愛爪，此皆所以治身法也。盧曰：「『治身法』，御覽八百九十一作『輔其身』。」上交者不失其祿，下交者不離於患。是以君子擇人與交，農人擇田而田。君子樹人，農夫樹田。田者擇種而種之，豐年必得粟；士擇人而樹之，豐時必得祿矣。

天下失道，而後仁義生焉；國家不治，而後孝子生焉，民爭不分，而後慈惠生焉；道逆時反，而後權謀生焉。○愛民案：老子十八章：「大道廢，有仁義；慧智出，有大僞；六親不和，有孝慈；國家昏亂，有忠臣。」又三十八章：「故失道而後德，失德而後仁，失仁而後義，失義而後禮。」皆此文義所本。

凡善之生也，此條舊與上文相連。盧曰：「當別爲一條。」今依盧校提行。皆學之所由。一室之中，必有主道焉，「主」，宋本作「王」；御覽一百七十四引亦作「王」。父母之謂也。故君正則百姓治，父母正則子孫孝慈。是以孔子家兒不知罵，「罵」，御覽引作「倨」。曾子家兒不知路。少儀外傳引「路」作「怒」。所以然者，生而善教也。「而」下御覽引有「見」字。

夫仁者好合人，此條舊與上文相連。盧曰：「亦當別爲一條。」今依盧校提行。不仁者好離人。故君子居人間則治，小人居人間則亂。君子欲和人，譬猶水火不相能然也，而鼎在其間，水火不亂，乃和百味。淮南子說林篇：「水火相憎，鏏在其間，五味以和。」高注：「鏏，小鼎。又曰：鼎無耳爲鏏。」是以君子不可不慎擇人在其間。

齊景公問晏子曰：「寡人自以坐地，二三子皆坐地，吾子獨搴草而坐之，何也？」晏子對曰：「嬰聞之，唯喪與獄坐於地。今不敢以喪獄之事侍於君矣。」○案：晏子春秋內篇諫下：「景公獵，休，坐地而食。晏子後至，滅葭而席。公不說曰：『寡人不席而坐地，二三子莫席，而子獨搴草而坐之，何也？』晏子對曰：『臣聞介胄坐陳不席，獄訟不席，尸坐堂上不席。三者皆憂也。故不敢以憂侍坐。』公曰：『善』。（「善」，舊作「諾」，據王念孫校改。）令人下席，曰：『大夫皆席，寡人亦席矣。』」晏子春秋文較此爲詳。

齊高廷問於孔子曰：「廷」，家語作「庭」。下同。「廷不曠山，家語王注：「曠，隔也。不以山爲隔，踰山而來。」不直地，盧曰：「『直』，王肅注家語六本篇云：『宜爲植。』」承周案：「直」疑「脩」之誤，不以地爲長遠也。衣蓑，提執，盧曰：「『執』，家語『贄』。」承周案：王注：「贄，所以執爲禮也。」蓋「贄」、「執」通。精氣以問事君之道，盧校「君」

下增「子」字，云：「『君』下『子』字脱，據家語補。」願夫子告之。」孔子曰：「貞以幹之，敬以輔之。待人無倦。見君子則舉之，見小人則退之。去爾惡心，而忠與之。敏其行，修其禮，千里之外，親如兄弟。若行不敏，禮不合，對門不通矣。」淮南子說山篇：「行合趨同，千里相從；行不合，趨不同，對門不通。」○案：此章文並見家語六本篇。

説苑卷第十八

辨物

顏淵問於仲尼曰：「成人之行何若？」子曰：「成人之行，達乎情性之理，通乎物類之變，知幽明之故，睹遊氣之源。若此而可謂成人。既知天道，行躬以仁義，飭身以禮樂。夫仁義禮樂，成人之行也。家語云：「既能成人，而又加之以仁義禮樂，成人之行也。」窮神知化，德之盛也。」

○此文又見家語顏回篇。

易曰：易繫辭上。○舊本此或與上條相連。盧曰：「元本提行；宋本在上二句提行起。」承周案：明鈔本、經廠本皆與元本同。宋本亦非在上二句提行，乃字數適相接耳。今本不提行者，與宋本同。上條又見家語，家語之文至「盛也」句爲止，則元本、明鈔本、經廠本自「易曰」起別爲一條，亦可從，今據以提行。「仰以觀於天文，俯以察於地理。是故知幽明之故。」夫天文地理人情之效存於心，則聖智之府。是故古者聖王既臨天下，必變四時，定律歷，考天文，揆時變，以望氣氛。故堯曰：「咨爾舜，天之曆數在爾躬，允執其中，四海困窮。」見論語堯曰篇。書曰：書舜典。「在璿璣玉衡，以齊七政。」璿璣，謂北辰句陳樞星也。以其魁杓之所指二十八宿爲吉凶禍福。天文列舍，盈縮之占，各以類爲驗。夫占變之道，二而已矣。二者，陰陽之數也。故易曰：易繫辭上。「一陰一陽之謂道。」道也者，物之動莫不由道也。是故發於一，成於二，備於三，周於四，行於五。是故玄象著明，莫大於日月；察變之動，莫著於五星。天之五星，運氣於五行。其初猶發於陰陽，而化極萬一千五百二十。易繫辭上：「二篇之策萬有一千五百二十。」所謂二十八星者，東方曰角、亢、氐、房、心、尾、箕，北方曰斗、牛、須女、虛、危、營室、東壁，西方曰奎、婁、胃、昴、畢、觜、參，「牛」上脫「牽」字，「觜」下脫「觽」字。王念孫淮南雜志天文篇「二十八宿」條下云：「牽牛謂之牛，觜觽謂之觜，皆文不成義。」即可移校本書。南方曰東井、輿鬼、柳、七星、張、翼、軫。所謂宿者，日月五星之所宿也。「之所宿也」，書鈔百四十九引作「行宿舍也」。其在宿運外內者，以官名別。「官」，舊本或作「宮」，盧校改「官」。承周案：明鈔本、經廠本皆作「官」，今從盧校。其根荄皆發於地，而華形於天。「華」字不可通，當從書鈔一百四十九引作「著」。所謂五星者，一曰歲星，二曰熒惑，三曰鎮星，四曰太白，五曰辰星。欃槍、彗孛、旬始、枉矢、蚩尤之旗，皆五星盈縮之所生也。五星之所犯，各以金木水火土爲占。春秋冬夏，伏見有時。失其常，離其時，則爲變異；得其時，居其常，是謂吉祥。淮南子天文篇：「何謂五星？東方木也，其帝太皞，其佐句芒，執規而治春。其神爲歲星，其獸蒼龍，其音角，其日甲乙。南方火也，其帝炎帝，其佐朱明，執衡而治夏。其神爲熒惑，其獸朱鳥，其音徵，其日丙丁。中央土也，其帝黃帝，其佐后土，執繩而制四方。其神爲鎮星，其獸黃龍，其音宮，其日戊己。西方金也，其帝少昊，其佐蓐收，執矩而治秋。其神爲太白，其獸白虎，其音商，其日庚辛。北方水也，其帝顓頊，其佐玄冥，執權而治冬。其神爲辰星，其獸玄武，其音羽，其日壬癸。太陰在四仲，則歲星行三宿；太陰在四鉤，則歲星行二宿。二八十六，三四十二，故十二歲而行二十八宿。日行十二分度之一，歲行三十度十六分度之七，十二歲而周。熒惑常以十月入太微，受制而出行列宿，司無道之國，爲亂，爲賊，爲疾，爲喪，爲饑，爲兵。出入無常，辯變其色，時見時匿。鎮星以甲寅元始建斗，歲鎮行一宿。當居而弗居，其國亡土；未當居而居之，其國益地。歲宿日行二十八分度之一，歲行十三度百一十二分度之五，二十八歲而周。太白元始以正月建寅，與熒惑晨出東方，二百四十日而入；入百二十日而夕出西方，二百四十日而入；入三十五日而復出東方。出以辰戌，入以丑未。當出而不出，未當入而入，天下偃兵；當入而不入，當出而不出，天下興兵。辰星正四時，常以二月春分效奎婁，以五月下；以五月夏至效東井輿鬼；以八月秋分效角亢；以十一月冬至效斗牽牛。出以辰戌，入以丑未。出二旬而入，晨候之東方，夕候之西方。一時不出，其時不和；四時不出，天下大饑。」古者有主四時者：主春者張昏而中，可以種穀。盧曰：「『穀』，尚書大傳作『稷』。」承周案：諸書引尚書大傳或作「穀」，或作「稷」，陳輯本仍定此字作「穀」。淮南子亦作「穀」。惟禮記月令疏引尚書考靈曜作「稷」。上告于天子，下布之民。主夏者大火昏而中，可以種黍菽。夏小正作「種黍菽糜」。王念孫校刪去「糜」字，引尚書大傳、淮南子及此爲證。詳經義述聞。上告于天子，下布之民。主秋者虛昏而中，可以種麥。上告于天子，下布之民。主冬者昴昏而中，可以斬伐田獵蓋藏。盧校謂「蓋藏」上大傳有「收斂」二字。承周案：盧蓋據周禮司寤氏疏所引。淮南子作「收斂畜積伐薪木」，書緯作「斬伐具器械」。上告之天子，下布之民。故天子南面視四星之中，知民之緩急。急則不賦籍，不舉力役。書曰：書堯典。「敬授民時。」詩曰：詩小雅魚麗。「物其有矣，維其時矣。」物之所以有而不絕者，以其動之時也。○自「古者有主四時者」以下之文，略見尚書大傳（陳輯本入堯典。）及淮南子主術篇、大戴記夏小正、書緯考靈曜。（禮記月令疏引。）

易曰：易繫辭上。「天垂象，見吉凶，聖人則之。」昔者高宗、成王感於雊雉、暴風之變，脩身自改，而享豐昌之福也。逮秦皇帝即位，彗星四見，蝗蟲蔽天，冬雷夏凍，石隕東郡，大人出臨洮，妖孽並見，熒惑守心，星茀大角，「大」，舊作「太」，盧校作「大」。下同。承周案：大角見史記天官書。今從盧校改「太」爲「大」。大角以亡，終不能改。二世立，又重其惡。及即位，日月薄蝕，山林淪亡，舊本或無「淪亡」二字，盧校增，曰：「二字脫，宋、元本、御覽六，皆有。」承周案：明鈔本、范本、經廠本皆有此二字。今從盧校增。又盧所據御覽實見卷五。辰星出於四孟，闕引太室曰：「四孟，四時孟月也。」太白經天而行，無雲而雷，枉矢夜光，熒惑襲月，孽火燒宮，野禽戲庭，都門內崩。天變動於上，羣臣昏於朝，百姓亂於下，遂不察，是以亡也。

八荒之內有四海，四海之內有九州。天子處中州而制八方耳。兩河間曰冀州，河南曰豫州，河西曰雍州，漢南曰荆州，江南曰揚州，濟河間曰兗州，「濟河間」，舊作「濟南間」，盧校「南」改「河」。承周案：宋本、經廠本並作「河」，爾雅亦作「河」。今從盧校。濟東曰徐州，燕曰幽州，齊曰青州。「青」，爾雅作「營」。呂氏春秋：「東方爲青州，齊也。」○案：此九州之名，本爾雅釋地，與禹貢及周禮職方氏不同。又呂氏春秋有始覽、淮南子地形篇、釋名釋州國皆言九州，此不備録。山川汙澤，陵陸邱阜，五土之宜，聖王就其勢，因其便，不失其性。高者黍，中者稷，下者秔。劉寶楠釋穀卷四：「禾黍稷麥麻菽宜高原，稻秔宜下地，此言地之高下所宜種也。易林暌之剥云：『皋田禾黍。』皋田卽高田。説苑：『五土之宜，高者黍。』是黍宜高原也。説苑：『五土之宜，中者稷。』魏都賦：『陸蒔稷黍。』是稷宜高原也。詩：『滮池北流，浸彼稻田。』賈讓治河策：『故種禾麥，更爲秔稻。』説苑：『五土之宜，下者秔。』魏都賦：『水澍秔稻。』江賦：『泛之以遊菰。』是稻秔宜下地也。」蒲葦菅蒯之用不乏，麻麥黍粱亦不盡，山林禽獸、川澤魚鼈滋殖，王者京師四通而致之。

周幽王二年，「二年」，史記周本紀、十二諸侯年表、漢書五行志並同。國語天聖明道本亦作「二年」，而別本作「三年」，黄丕烈札記刊正其誤。西周三川皆震。「三川」，史記集解引徐廣曰：「涇渭洛也。」漢書顔師古注亦同。國語韋注天聖明道本亦謂是涇、渭、洛，而別本則作涇、渭、汭。案竹書紀年：「幽王二年，涇渭洛竭。」是作「汭」字者誤也。伯陽父曰：「周將亡矣！夫天地之氣，不失其序。若過其序，民亂之也。陽伏而不能出，陰迫而不能烝，韋注：「烝，升也。」漢書作「升」。於是有地震。今三川震，是陽失其所而填陰也。「填」，史記、漢書同。國語作「鎮」，古通。陽溢而壯陰，盧曰：「周語上作『陽失而在陰』。」承周案：史記、漢書與國語同。源必塞，盧曰：「語下有『源塞』二字。」承周案：經廠本有「源塞」二字。史記、漢書並有。國必亡。夫水土演而民用足也。國語、史記、漢書皆無「足」字。愛民案：韋注：「水土氣通爲演，演猶潤也，演則生物，民得用之。」經義述聞讀「夫水」句絶；「土演而民用也」句絶。是此「足」字乃衍文也。土無所演，民乏財用，不亡何待！昔伊雒竭而夏亡，河竭而商亡，今周德如二代之季矣。其川源塞，塞必竭。夫國必依山川，山崩川竭，亡之徵也。川竭山必崩，若國亡不過十年，數之紀也。天之所棄不過紀。」盧曰：「『過』下語有『其』字。」承周案：史記亦有「其」字。是歲也，三川竭，岐山崩。十一年，幽王乃滅，周乃東遷。

○案：此文本國語周語、史記周本紀；又漢書五行志亦載之。

五嶽者何謂也？泰山，東嶽也。霍山，南嶽也。華山，西嶽也。常山，「常」，御覽三十八引作「恒」，漢人諱恒之字爲常。北嶽也。嵩高山，中嶽也。爾雅釋山：「泰山爲東嶽，華山爲西嶽，霍山爲南嶽，恒山爲北嶽，嵩高爲中嶽。」白虎通巡狩篇：「嶽者何謂也？嶽之爲言捔也，捔功德也。東方爲岱宗者何？言萬物更相代於東方也。南方爲霍山者何？霍之爲言護也，言太陽用事，護養萬物也。小山繞大山爲霍。西方爲華山者何？華之爲言穫也，言萬物成熟，可得穫也。北方爲恒山者何？恒者常也，萬物伏藏於北方有常也。中央爲嵩高者何？嵩言其高大也。中央之嶽獨加高字者何？中央居四方之中而高，故曰嵩高山。故尚書大傳曰：『五岳，謂岱山、霍山、華山、恒山、嵩也。』」（陳輯本入夏傳禹貢。）五嶽何以視三公？禮記王制：「天子祭天下名山大川，五嶽視三公。」尚書大傳夏傳、（王制疏引：陳輯本入禹貢。）風俗通義山澤篇、博物志卷一並同。鄭玄注王制云：「視，視其牲器之數。」又注尚書大傳云：「所視者，謂其牲幣粢盛籩豆爵獻之數，非謂尊卑。」（據陳輯本。）能大布雲雨焉，能大斂雲雨焉。雲，觸石而出，膚寸而合，不崇朝而雨天下。尚書大傳：「五嶽皆觸石而出雲，扶寸而合，不崇朝而雨天下。」僖三十一年公羊傳：「觸石而出，膚寸而合，不崇朝而徧雨乎天下者，唯泰山爾。」風俗通義山澤篇略與公羊同。「膚寸」或「扶寸」

者，鄭注尚書大傳云：「四指爲扶。」（據陳輯本。）何休注公羊傳云：「側手爲膚，按指爲寸。」言其觸石理而出，無有膚寸而不合。」阮福膚寸而合解云：「膚之音與扶相通。」施德博大，故視三公也。

四瀆者何謂也？江、河、淮、濟也。爾雅釋水：「江、河、淮、濟爲四瀆。」風俗通義山澤篇引尚書大傳、禮三正記同。四瀆何以視諸侯？禮記王制：「四瀆視諸侯。」尚書大傳夏傳、（陳輯本入禹貢。）風俗通義山澤篇、博物志卷一同。能蕩滌垢濁焉，能通百川於海焉，爾雅釋水：「四瀆者，發原注海者也。」白虎通巡狩篇：「謂之瀆何？瀆者，濁也，中國垢濁，發源東注海，其功著大，故稱瀆也。」風俗通義山澤篇：「瀆者，通也，所以通中國垢濁，民陵居殖五穀也。」能出雲雨千里焉。此七字，初學記六、御覽六十一皆引作「能蕩出雲雨焉」。爲施甚大，故視諸侯也。

山川何以視子男也？尚書大傳夏傳：「其餘山川視伯，小者視子男。」（陳輯本入禹貢。）風俗通義山澤篇：「其餘或伯，或子男，大小爲差。」僖三十一年公羊傳何休解詁：「祭天牲角繭栗，社稷、宗廟角握，六宗、五嶽、四瀆角尺，其餘山川視卿大夫。」能出物焉，能潤澤物焉，僖三十一年公羊傳：「山川有能潤于百里者，天子秩而祭之。」能生雲雨，爲恩多。然品類以百數，故視子男也。書曰：書堯典。「禋于六宗，望秩于山川，偏于羣神矣。」

齊景公爲露寢之臺，「露」，晏子春秋作「路」。成而不通焉。「通」，晏子春秋作「踊」。王念孫讀晏子春秋雜志云：「作『踊』者是也。成二年公羊傳：『蕭同姪子踊于棓而闚客。』何注曰：『踊，上也。』此言『不踊』，謂臺成而公不登。」柏常騫曰：「柏常騫」又見晏子春秋内篇問下；而内篇諫上則作「伯常騫」。莊子則陽篇稱仲尼問於大史伯常騫，蓋是周之大史。依晏子春秋外篇所記，入齊又爲太卜。「爲臺甚急，臺成君何爲不通焉？」公曰：「然。梟昔者鳴，王氏晏子雜志云：「古謂夜曰『昔』，或曰『昔者』。莊子田子方篇曰：『昔者寡人夢見良人。』是也。」其聲無不爲也。吾惡之甚，是以不通焉。」柏常騫曰：「臣請禳而去之。」公曰：「何具？」對曰：「築新室爲置白茅焉。」公使爲室，成，置白茅焉。柏常騫夜用事。明日，問公曰：「今昔聞梟聲乎？」公曰：「一鳴而不復聞。」使人往視之，梟當陛布翼，伏地而死。公曰：「子之道若此其明也，亦能益寡人壽乎？」對曰：「能。」公曰：「能益幾何？」對曰：「天子九，諸侯七，大夫五。」公曰：「亦有徵兆之見乎？」對曰：「得壽地且動。」公喜，令百官趣具騫之所求。柏常騫出，遭晏子於塗，拜馬前，辭曰：「騫爲禳梟而殺之。君謂騫曰：『子之道若此其明也，亦能益寡人壽乎？』騫曰：『能。』今且大祭，爲君請壽，故將往以聞。」晏子曰：「嘻！亦善矣，能爲君請壽也。雖然，吾聞之，惟以政與德順乎神，爲可以益壽。今徒祭可以益壽乎？然則福兆有見乎？」「兆」，舊作「名」，盧校作「兆」，曰：「『名』訛。」承周案：晏子春秋作「兆」，今從盧校。對曰：「得壽地將動。」晏子曰：「騫，昔吾見維星絶，樞星散，地其動，汝以是乎？」柏常騫俯有間，仰而對曰：「然。」晏子曰：「爲之無益，不爲無損也。薄賦斂，無費民。盧校「無」作「毋」。且令君知之。」盧校「令」上增「無」字，曰：「『無』脱，宋本有。」承周案：咸淳本、明鈔本皆無「無」字。晏子春秋有「無」字。俞樾平議云：「柏常騫知地之將動，而借此以欺景公，自必不令君知，何必晏子戒之乎？當從說苑作『且令君知之』。蓋此與外篇所載太卜事相類，彼必使太卜自言：『臣非能動地，地固將動。』卽『令君知之』之意，所謂『恐君之惶也』。後人不達，臆加『無』字，則晏子與竊比周以欺其君矣，有是理乎？」案：兪說甚是，今不用盧說。○案：此文本晏子春秋內篇雜下。

夫水旱俱天下陰陽所爲也。盧曰：「衍『下』字，或當作『地』。」承周案：盧氏後說是也。春秋繁露云：「天地之所爲，陰陽之所起也。」是其證。大旱則雩祭而請雨，大水則鳴鼓而劫社，何也？曰：陽者，陰之長也。其在鳥，則雄爲陽，雌爲陰；其在獸，則牡爲陽，而牝爲陰；其在民，則夫爲陽，而婦爲陰；其在家，則父爲陽，而子爲陰；其在國，則君爲陽，而臣爲陰。春秋繁露基義篇：「君爲陽，臣爲陰；父爲陽，子爲陰；夫爲陽，妻爲陰。」故陽貴而陰賤，陽尊而陰卑，天之道也。今大旱者，「大」，宋本作「泰」。陽氣太盛，以厭於陰。陰厭陽固，陽其塡也。惟塡厭之太甚，使陰不能起也，亦雩祭拜請而已，無敢加也。「惟」，當作「唯」，古「雖」字多作「唯」。「使陰不能起也」六字，疑衍。春秋繁露作「雖大甚，拜請之而已，無敢有加也」。至於大水及日蝕者，皆陰氣太盛，而上減陽精。以賤乘貴，以卑陵尊，大逆不義，故鳴鼓而懾之，「懾」，春秋繁露作「攻」。朱絲縈而劫之。「劫」，春秋繁露作「脅」。○案：春秋：「莊二十五年六月辛未朔，日有食之，鼓用牲于社。」公羊傳：「日食則曷爲鼓用牲于社？求乎陰之道也。以朱絲營社，或曰脅之；或曰爲闇，恐人犯之，故營之。」何注：「社者，土地之主也。月者，土地之精也。上繫於天而犯日，故鳴鼓而攻之，脅其本也。朱絲營之，助陽抑陰也。或曰爲闇者，社者土地之主尊也，爲日光盡天闇冥，恐人犯歷之，故營之。然此説非也。記或傳者，示不欲絶異説爾。」（釋文：「營本亦作縈。」）又：「秋，大水，鼓用牲于社，于門。」公羊傳：「其言于社、于門何？于社，禮也；于門，非禮也。」何注：「大水與日食同禮者，水亦土地所爲。雲實出于地，而施于上，乃雨。歸功於天，猶臣歸美於君。」由此觀之：春秋乃正天下之位，盧曰：「『下』疑亦『地』字。」徵陰陽之失。直責逆者，不避其難。春秋繁露作「故變天地之位，正陰陽之序。直行其道，而不忘其難，義之至也」。是亦春秋之不畏强禦也。故刦嚴社而不爲驚靈，春秋繁露「刦」作「脅」，「驚」作「不敬」。出天王而不爲不尊上，春秋：「僖二十四年冬，天王出居于鄭。」公羊傳：「王者無外，此言出何？不能乎母也。」何注：「不能事母，罪莫大於不孝，故絶之言出也。下無廢上之義，得絶之者，明母得廢之，臣下得從母命。」辭蒯聵之命不爲不聽其父，春秋：「定三年春，齊國夏、衛石曼姑帥師圍戚。」公羊傳：「齊國夏曷爲與衛石曼姑帥師圍戚？伯討也。此其爲伯討奈何？曼姑受命乎靈公而立輒，以曼姑之義爲固可以距之也。輒者曷爲者也？蒯聵之子也。然則曷爲不立蒯聵而立輒？蒯聵爲無道，靈公逐蒯聵而立輒。然則輒之義可以立乎？曰：可。其可奈何？不以父命辭王父命，以王父命辭父命，是父之行乎子也。」何注：「不以蒯聵命辭靈公命。辭，猶不從。是靈公命行乎蒯聵，重本尊統之義也。」絶文姜之屬而不爲不愛其母。春秋：「莊元年三月，夫人孫于齊。」公羊傳：「孫者何？孫，猶孫也。內諱奔，謂之孫。夫人固在齊矣，其言孫于齊何？念母也。正月以存君念母以首事。夫人何以不稱姜氏？貶。曷爲貶？與弒公也。其與弒公奈何？夫人譖于齊侯：『公曰：「同非吾子，齊侯之子也。」』齊侯怒，與之飲酒。於其出焉，使公子彭生送之。於其乘焉，搚幹而殺之。念母者，所善也。則曷爲於其念母焉貶？不與念母也。」何注：「念母則忘父，背本之道也。故絶文姜不爲不孝。距蒯聵不爲不順，脅靈社不爲不敬。蓋重本尊統，使尊行於卑，上行於下。貶者，見王法所當誅。至此乃貶者，并不與念母也。又欲以孫爲内見義，明但當推逐去之，亦不可加誅，誅不加上之義。」其義之盡耶？其義之盡耶？○案：此文本春秋繁露精華篇，而論衡順鼓篇曾駁正董子之說。

齊大旱之時，盧曰：「『之』，晏子一作『逾』。」景公召羣臣問曰：「天不雨久矣，民且有饑色。吾使人卜之，祟在高山廣水。寡人欲少賦斂以祠靈山，可乎？」羣臣莫對。晏子進曰：「不可，祠此無益也。夫靈山固以石爲身，以草木爲髮，天久不雨，髮將焦，身將熱，彼獨不欲雨乎？祠之無益。」景公曰：「不然，吾欲祠河伯，可乎？」晏子曰：「不可，祠此無益也。夫河伯以水爲國，以魚鼈爲民，天久不雨，水泉將下，百川將竭，舊本「竭」上無「將」字。盧曰：「『將』脫，御覽八百七十九引晏子有，今從之。」案：盧校是也，今據增。國將亡，民將滅矣，彼獨不用雨乎？盧曰：「『用』，晏作『欲』。」祠之何益？」景公曰：「今爲之柰何？」晏子曰：「君誠避宮殿暴露，與靈山、河伯共憂，其幸而雨乎。」於是景公出野暴露，三日，天果大雨，民盡得種樹。景公曰：「善哉！晏子之言，可無用乎？其惟有德也。」○案：此文本晏子春秋内篇諫上。

夫天地有德合，盧曰：「衍『德』字，外傳一無。」愛艮案：盧校是也。春秋繁露基義篇：「凡物必有合；合必有上，必有下，必有左，必有右，必有前，必有後，必有表，必有裏，有美必有惡，有順必有逆，有喜必有怒，有寒必有暑，有晝必有夜：此皆其合也。陰者陽之合，妻者夫之合，子者父之合，臣者君之合。物莫無合，而合各有陰陽。」蘇輿義證云：

「合卽偶也。楚莊王篇：『百物必有合偶。』易繫辭：『五位相得，而各有合。』左疏引鄭注云：『二五陰陽各有合，然後氣相施化行也。』」則生氣有精矣；陰陽消息，則變化有時矣。時得而治矣，時得而化矣，盧曰：「『時得而化矣』句疑衍。」承周案：韓詩外傳無此句。時失而亂矣。是故人生而不具者五：目無見，不能食，不能行，不能言，不能施化。故三月達眼，而後能見。七月生齒，盧校「七」作「八」。大戴記、家語作「八」，此用外傳作「七」。承周案：此據男子言，當依下文作「八」。而後能食。期年生臏，而後能行。三年顖合，玉篇頁部云：「頤、顖，二同，息進切，頂門也。」而後能言。十六精通，而後能施化。陰窮反陽，陽窮反陰，故陰以陽變，陽以陰變。故男八月而生齒，八歲而毀齒，二八十六而精小通。「精」下，外傳有「化」字。此下文亦有，當據補。女七月而生齒，七歲而毀齒，二七十四而精化小通。不肖者精化始至矣，而生氣感動，觸情縱欲，故反施亂化。承周案：「化」下，外傳有「是以年壽亟夭而性不長也」二句，此亦當有。故詩云：詩鄘風蝃蝀篇。「乃如之人，懷婚姻也，大無信也，不知命也。」賢者不然，精化填盈，後傷時之不可遇也。盧校「後」上增「而」字，「遇」改作「過」，曰：「而」脫，外傳有。「遇」，從外傳改。不見道端，乃陳情欲以歌。盧曰：「外傳有『道義』二字。」詩曰：詩邶風靜女及雄雉篇。「靜女其姝，俟我乎城隅。愛而不見，搔首踟躕。」以上靜女。「瞻彼日月，遙遙我思。道之云遠，曷云能來！」以上雄雉。急時之辭也。甚焉，故稱日月也。○案：此文本韓詩外傳卷一。中間「人生而不具者五」一節，又見大戴記本命篇及家語本命篇。

度量權衡，以黍生之，盧曰：「『黍』，續漢律曆志注引作『粟』。下並同。」承周案：粟卽黍也。漢書律曆志：「以子穀秬黍中者。」顏注：「子穀，猶言穀子耳。秬卽黑黍。中者，不大不小也。」爲一分。盧曰：「『爲』上，志注有『十粟』二字。御覽八百三十、又八百四十皆同。」承周案：「十」字誤，當作「一」。漢志：「一黍之廣度之九十分黃鐘之長，一黍爲一分。」（舊脫「黍」字，從王念孫校補。）○又王念孫謂續漢志注所引說苑「粟」字爲「票」字之誤。讀書雜志二之一：（齊策雜志。）云：「說文：『秒，禾芒也。』字或作『穮』，又作『蔈』，通作『翲』，又通作『票』。淮南主術篇：『寸生於穮。』注曰『穮，禾穗穮孚榆頭芒也。十穮爲一分，十分爲一寸。』說苑辨物篇『穮』作『票』，今本譌作『粟』。」十分爲一寸，十寸爲一尺，十尺爲一丈。十六黍爲一豆，六豆爲一銖，盧曰：「志注：『十粟重一圭，十圭重一銖。』御覽八百三十作『十粟重一豆，六豆重一銖』。」承周案：豆之爲量，於此無施。字疑當作「圭」。（孫子算經：「六粟爲圭。」脫「十」字。）漢志注引應劭曰：「十黍爲一絫，十絫爲一銖。」則銖重百黍。此文十六黍爲圭，六圭爲一銖，則銖重九十六黍。二十四銖爲一兩，「爲」，宋本、經廠本皆作「重」。愛民案：續漢書律曆志注引亦作「重」。十六兩爲一斤，三十斤爲一鈞，愛民案：續漢志注引兩「爲」字皆作「重」。四鈞重一石。千二百黍爲一龠，十龠爲一合，案：十」字誤。漢志：「合龠爲合。」廣雅釋器：「二龠曰合。」則合龠者，合二龠也。漢志「合龠」，亦或誤爲「十龠」。此文疑後人依漢志誤本改。十合爲一升，十升爲一斗，十斗爲一石。盧曰：「『石』，志注作『斛』。」承周案：作「斛」與漢志合。○案：此文與漢書律曆志略同。

凡六經帝王之所箸，莫不致四靈焉。德盛則以爲畜，治平則時氣至矣。類聚九十八引無

「時氣」二字。○案此以下及下節，釋禮記禮運之四靈。故麒麟麕身牛尾，圓頂一角。含仁懷義，音中律呂。行步中規，折旋中矩。擇土而踐，位平然後處。不羣居，不旅行。紛兮其有質文也。「紛兮」，當作「份份」。類聚引此作「彬彬然」，廣雅作「文章彬彬」。「彬」與「份」同。說文：「份，文質備也。」引論語：「文質份份。」古文作「彬」。幽閒則循循如也，動則有容儀。○以上麟。廣雅釋獸、陸璣毛詩草木鳥獸蟲魚疏，皆用此文。黃帝卽位，惟聖恩承天，明道一脩，惟仁是行，宇内和平。未見鳳凰，維思影像，夙夜晨興。盧校據外傳改「夜」作「寐」。於是乃問天老曰：「鳳像何如？」「像」，舊作「儀」，盧校改「像」。承周案：宋本、明鈔本、經廠本皆作「像」，今從盧校。天老曰：「夫鳳鴻前麟後，蛇頸魚尾，鶴植鴛鴦思，盧校改「鶴植」作「鸛顙」又曰：「衍『鴦』字。」承周案：盧校據說文。愛民案：段注說文刪去「鸛顙鴛思」四字，云：「黃帝之言見韓詩外傳，今外傳亦無此四字。」然爾雅翼卷十三引韓詩外傳，實有「鸛顙而鴛思」一句也。麗化枯折所志，盧曰：「『麗化枯折所志』六字衍。」龍文龜身，燕喙雞噣，盧曰：「『喙』，外傳『頷』，詩卷阿正義同。」承周案：詩疏係引說文，此當引說文，不當引詩疏。又陸疏亦作「頷」，廣雅同。駢翼而中注。首戴德，頂揭義，背負仁，心信智。食則有質，飲則有儀。往則有文，來則有嘉。晨鳴曰發明，晝鳴曰保長，飛鳴曰上翔，集鳴曰歸昌。翼挾義，衷抱忠，足履正，尾繫武。小聲合金，大聲合鼓。延頸奮翼，五光備舉。盧曰：「『光』，宋本『色』。」承周案：經廠本亦作「色」。光興八風，氣降時雨。此謂鳳像。夫惟鳳爲能究萬物，隨天祉，盧校改「隨」作「通」。承周案：經廠本作「通」。象百狀，達于道。盧校改「于道」作「五音」。去則有災，見則有福。覽九州，觀八極，備文武，正王國。嚴照四方，仁聖皆伏。故得鳳像之一者鳳過之，得二者鳳下之，得三者則春秋下之，得四者則四時下之，得五者則終身居之。」黃帝曰：「於戲，盛哉！」於是乃備黃冕，帶黃紳，齋于中宮。鳳乃蔽日而降。黃帝降自東階，西面啟首曰：盧曰：「『啟』，外傳『稽』。」「皇天降茲，盧校從外傳改「茲」作「祉」。敢不承命。」於是鳳乃遂集東囿，食帝竹實，棲帝梧樹，終身不去。文選七命注引禮瑞命記：「黃帝服黃服，帶黃冠，齋於宮。鳳乃蔽日而來，止帝園，食帝竹實，棲帝梧桐，終身不去。」詩卷阿疏及昭十七年左傳疏引白虎通云：「黃帝之時，鳳皇蔽日而至東方，止於東園，食帝竹實，棲帝梧桐，終身不去。」詩云：詩大雅卷阿篇。「鳳皇鳴矣，于彼高岡。梧桐生矣，于彼朝陽。菶菶萋萋，雍雍喈喈。」此之謂也。〇以上鳳。案：此文本韓詩外傳卷八；惟今本外傳訛脫太多，未敢據校。說文鳥部鳳字下及陸璣毛詩草木鳥獸蟲魚疏略同。又略見山海經南山經、海內經及初學記、御覽諸書引帝王世紀、史記屈原賈生列傳正義引應瑞圖、又司馬相如列傳正義引京房易傳。

靈龜文五色，舊本自「靈龜」以下或提行。盧曰：「宋本連上。」承周案：明鈔本、經廠本此條亦與上條相連，今不提行。〇廣韻六脂龜字下及類聚九十六、御覽九百三十一引皆無「文」字。似金似玉，盧曰：「『似金』二字，御覽九百三十一無。」承周案：類聚九十六引亦無此二字；然金樓子立言上篇用此文云：「靈龜五色似玉金。」則二字當有。廣韻六脂引此文，爾雅翼三十一用此文，皆有此二字。背陰向陽。上隆象天，下平法地，槃衍象山。四趾轉運應四時，文著象二十八宿。蛇頭龍翅。盧校改「翅」爲「頸」。承周案：盧改不知何據，類聚引此作「脛」，御覽引作「脰」。左精象日，右精象月。

千歲之化，下氣上通。能知存亡吉凶之變。盧曰：「『存亡吉凶』，舊『吉凶存亡』，今從宋、元本。」承周案：盧校是也。明鈔本、范本、經廠本亦作「存亡吉凶」。寧則信信如也，動則著矣。〇以上龜。爾雅釋魚：「二曰靈龜。」初學記三十引禮統曰：「神龜之象，上圓法天，下方法地。背上有盤法丘山，玄文交錯，以成列宿。」愛艮案：初學記三十引雒書云：「靈龜者玄文五色，神靈之精也。上隆法天，下平法地。能見存亡，明於吉凶。」據此則說苑所云「靈龜文五色」，「文」上當脫「玄」字。神龍能爲高，能爲下，能爲大，能爲小，能爲幽，能爲明，能爲短，能爲長。昭乎其高也，淵乎其下也，薄乎天光，高乎其著也。「昭乎其高也，淵乎其下也，高乎其著也」，三句文勢相承，中夾「薄乎天光」一句，殊爲不類。「薄乎天光」，乃「傅和其光」之誤。「傅」與「敷」通，以形近誤作「薄」。「和」、「乎」音轉。古「其」字作「丌」，因誤作「天」。廣雅「能短能長」下云：「淵深是藏，敷和其光。」一有一亡，忽微哉，斐然成章。虛無則精以知，動作則靈以化。於戲，允哉！君子辟神也。觀彼威儀遊燕幽閒，有似鳳也。書曰：書皋陶謨；今僞孔本在益稷。「鳥獸鶬鶬，鳳凰來儀。」此之謂也。〇以上龍。案：說文龍部：「龍，鱗蟲之長，能幽能明，能細能巨，能短能長。春分而登天，秋分而潛淵。」廣雅釋魚：「龍，能高能下，能小能巨，能幽能明，能短能長。淵深是藏，敷和其光。」

成王時有三苗貫桑而生，同爲一秀，大幾盈車，民得而上之成王。成王問周公：「此何也？」周公曰：「三苗同秀爲一，意天下其和而爲一乎？」後三年，則越裳氏重譯而朝，「重譯而朝」，尚書大傳作「以三象重譯而獻白雉」，韓詩外傳作「重九譯而獻白雉於周公」。曰：「道路悠遠，山川阻深，恐一使之不通，故重三譯而來朝也。」周公曰：「德澤不加，則君子不饗其質；尚書大傳注：「質，亦贄也。」（據陳輯本。）政令不施，「政令」，白虎通王者不臣篇引尚書大傳作「正朔」。則君子不臣其人。」譯曰：「吾受命於吾國之黃髮：『久矣，天之無烈風淫雨，文心雕龍練字篇：「尚書大傳有『別風淮雨』」，帝王世紀云『列風淫雨』。『別』、『列』，『淮』、『淫』，字似潛移。『淫』、『列』義當而不奇；『淮』、『別』理乖而新異。傅毅制誄，已用『淮雨』。固知愛奇之心，古今一也。」案：帝王世紀與本書同；他書引尚書大傳或作「烈風澍雨」，或作「烈風迅雨」，或作「烈風淫雨」，具詳陳輯本案語。韓詩外傳作「迅風疾雨」。意中國有聖人耶？有則盍朝之。』」「盍」下，尚書大傳、韓詩外傳皆有「往」字。然後周公敬受其所以來矣。○案：此文本尚書大傳嘉禾篇，（據陳輯本。）及韓詩外傳卷五。又白虎通封禪篇：「成王之時，有三苗異畝而生，同爲一穟，大幾盈車，長幾充箱，民有得而上之者。成王召周公而問之。公曰：『三苗爲一穗，天下當和爲一乎？』後果有越裳氏重九譯而來矣。」亦載此事。

周惠王十五年，有神降於莘。王問於內史過曰：「是何故？有之乎？」對曰：「有之。國將興，其君齋明中正，精潔惠和。其德足以昭其馨香，其惠足以同其民人。神饗而民聽，民神無怨，故明神降焉，觀其政德而均布福焉。國將亡，其君貪冒淫僻，邪佚荒怠，蕪穢暴虐。其政腥臊，馨香不登。其刑矯誣，百姓攜貳。明神不蠲，而民有遠意。民神痛怨，無所依懷，故神亦往焉，觀其苛慝而降之禍。是以或見神而興，左傳「見」作「得」。此及周語作「見」，疑皆「㝵」之譌。後漢書楊賜傳：「賜上書對曰：『臣聞之經傳，或得神以昌，或得神以亡。』」亦有以亡。昔夏之興也，祝融降于崇山；崇山，卽嵩山。大徐本說文引韋注：「嵩，古通用崇字。」其亡也，回祿信於亭隧。盧曰：『「亭」，周語上作『聆』。」承周案：左傳疏、後漢書注引國語作「黔」。說文耳部作「聆遂」。韋注：「回祿，火神。再宿爲信。」商之興也，檮杌次於丕山；其亡也，夷羊在牧。韋注：「夷羊，神獸。牧，商郊牧野也。」案：「夷羊在牧」，又見淮南子本經篇。高誘注：「夷羊，土神。殷之將亡，見於商郊牧野之地。」史記周本紀作「麋鹿在牧」，集解：「徐廣曰：『此事出周書及隨巢子，』云：夷羊在牧。牧，郊也。夷羊，怪物也。』」周之興也，鸑鷟鳴於岐山；韋注：「三君云：『鸑鷟，鳳之別也。』」案：後漢書賈逵傳：「昔武王終父之業，鸑鷟在岐。」其衰也，杜伯射宣王於鎬。「鎬」，周語作「鄗」。案：事已見立節篇。是皆明神之紀者也。」「紀」，周語作「志」。韋注：「志，記也。見記錄在史籍者也。」王曰：「今是何神也？」對曰：「昔昭王娶于房，廣韻房字注：「堯子丹朱，舜封爲房邑侯。」通志氏族略略同，又云：「今蔡州遂平，故吳防縣。」曰房后，是有爽德，協于丹朱，丹朱馮身以儀之，生穆王焉。是監燭周之子孫而禍福之。周語「是」下有「實」字；「監燭」作「臨照」。夫一神不遠徙遷，盧曰：「『一神』，周語作『神壹』。韋昭注：『神一心依馮於人。』」若由是觀之，其丹朱耶？」王曰：「其誰受之？」對曰：「在虢。」王曰：「然則何爲？」對曰：「臣聞之，道而得神，是謂豐福；盧曰：「『豐』，周語作『逢』。」承周案：韋注：「逢，迎也。」案：「豐」、「逢」古通。禮記玉藻：「縫齊倍要。」釋文：「縫或爲逢，或爲豐。」淫而得神，是謂貪禍。今虢少荒，其亡也！」王曰：「吾其柰何？」對曰：「使太宰以祝史率狸姓奉犧牲粢盛玉帛往獻焉，韋注：「狸姓，丹朱之後。」下文「帥傅氏」，韋注云：「傅氏，狸姓也。在周爲傅氏。」案：潛夫論志姓氏篇言帝堯之後有狸氏、傅氏。無有祈也。」王曰：「虢其幾何？」對曰：「昔堯臨民以五，王肅家語序：「春秋外傳曰：『昔堯臨民以五。』說者曰：『堯五載一巡狩。』五載一巡狩，不得稱臨民以五也。經曰：『五載一巡狩。』此乃說舜之文，非說堯。孔子說論五帝，各道其異事，於舜云『巡狩天下，五載一始』，則堯之巡狩，年數未明。周十二歲一巡，寧可言周臨民十二乎？孔子曰：『堯以火德王天下，而色尚黃。』黃，土德；五，土之數。故曰『臨民以五』，此其義也。」今其胄見。鬼神之見也，周語無「鬼」字。不失其物。周語「失」作「過」。若由是觀之，不過五年。」王使太宰己父，盧曰：「『己』，周語作『忌』。」率傅氏意林引傅子：「傅氏之先，出自陶唐，傅說之後。」及祝，周語「祝」下有「史」字。奉犧牲玉觴往獻焉。盧曰：「『觴』，周語作『鬯』，此『觴』或『暢』之訛。」承周案：周禮春官大宗伯：「凡祀大神、享大鬼、祭大示，帥執事而卜日，宿眡滌濯，涖玉鬯，省牲鑊」。內史過從至虢，虢公亦使祝史請土焉。祝，祝應也；史，史嚚也。左傳云：「虢公使祝應宗區史嚚享焉，神賜之土田。」內史過歸告王曰：「虢必亡矣。不禋於神，而求福焉，神必禍之；不親於民，而求用焉，民必違之。精意以享，禋也；慈保庶民，親也。今虢公動匱百姓，以盈其違。周語「盈」作「逞」。離民怒神怨，盧曰：「衍『怨』字。」而求利焉，不亦難乎？」十九年，晉取虢也。○案：事見左氏莊三十二年傳及國語周語。此文用周語。

齊桓公北征孤竹，水經濡水注云：「管子：『齊桓公二十年征孤竹。』」今本管子無「二十年」字。未至卑耳谿中十里，案：史記封禪書：「桓公曰：『寡人北伐山戎，過孤竹。西伐大夏，涉流沙。束馬縣車，上卑耳之山。』」（又見漢書郊祀志。）是以卑耳爲西伐事，與管子及此書不合。又「卑耳」，管子小匡篇亦同；齊語作「辟耳」。闟然而止，瞠然而視，有頃，奉矢未敢發也，喟然歎曰：「事其不濟乎？有人長尺，冠冕，今本管子無「冕」字。王念孫校管子，依類聚武部、御覽兵部、開元占經人及神鬼占引作「冠冠」，云：「冠冠者，首戴冠也。今本脫一『冠』字，則文義不明。」大人物具焉。孫仲容曰：「案『大』疑『而』之誤。管子小問篇云：『寡人見人長尺，而人物具焉。』可證。」左袪衣，「左」，管子、金樓子、水經注皆作「右」。走馬前者。」管仲曰：「事必濟。此人，知道之神也。管子云：「臣聞登山之神有俞兒者，霸王之君興，而登山之神見。」水經注「登」作「豈」，「俞」作「偷」。走馬前者，導也。左袪衣者，前有水也；從左方渡。」管子作「袪衣，示前有水也；右袪衣，示從右方涉也。」（金樓子、水經注並同。）據本書下文「從左方渡至踝；從右方渡至膝」，則左淺而右深，說苑自與管子不同。管子下文云「從左方涉，其深及冠；從右方涉，其深至膝。」則左深而右淺。（金樓子、水經注同。）「踝」、「冠」二字之異，乃「左」、「右」二字之所以異也。俞樾諸子平議欲據此以改管子，不若各存其舊也。行十里，果有水曰遼水。案：管子不云「遼水」。水經以此事入濡水篇，而云：「卑耳之川，若贊溪者，不知其所在也」。表之，從左方渡至踝；從右方渡至膝。已渡，事果濟。桓公再拜管仲馬前曰：「仲父之聖至如是，寡人得罪久矣。」「得」，管子作「抵」。管仲曰：「夷吾聞之：聖人先知無形。今已有形乃知之，是夷吾善承教，非聖也。」末二句，管子作「臣非聖也，善承教也。」〇案：此文本管子小問篇；又金樓子志怪篇亦載之。

吴伐越，隳會稽，水經淮水注：「春秋左傳哀公十年：『大夫對孟孫曰：「禹會諸侯于塗山，執玉帛者萬國。」』杜預曰：『塗山在壽春東北。』非也。余按國語曰：『吴代越，墮會稽，獲骨焉，節專車。吴子使來聘，且問之。客執骨而問曰：

『敢問骨何爲大？』仲尼曰：『丘聞之，昔禹致羣神于會稽之山，防風氏後至，禹殺之，其骨專車，以爲大也。』」蓋丘明親承聖旨，録爲實證矣。又按劉向説苑辨物，王肅之敘孔子廿二世孫孔猛所出先人書家語，竝出此事，故塗山有會稽之名。考校羣書及方土之目，疑非此矣。」吴越春秋越王無余外傳：「禹卽天子之位，三載考功，五年政定，周行天下，歸還大越，登茅山以朝四方羣臣，觀示中州諸侯。防風後至，斬以示衆，示天下悉屬禹也。乃大會計治國之道。內美釜山州慎之功，外演聖德，以應天心。遂更名茅山曰會稽之山。」得骨專車，「骨」下，當有「節」字。國語、史記、家語皆有。使

使問孔子曰：「骨何者最大？」國語云：「吴子使來好聘，且問之仲尼，曰：『無以吾命！』賓發幣於大夫及仲尼，仲尼爵之，既徹俎而宴，客執骨而問曰：『敢問骨何爲大？』」家語同。本書用史記。孔子曰：「禹致羣臣會稽山，盧曰：「『臣』，魯語下作『神』。韋昭注：『羣神，謂主山川之君，爲神之主，故謂之羣神。』」承周案：史記亦作「神」，家語作「臣」。「神」、「臣」古通，當以「臣」爲正。下文「神」與「公侯」、「諸侯」並列，是其明證。月令以「其帝」、「其神」並舉，鄭注以君臣釋之，則「其神」猶「其臣」也。詩皇矣傳：「致其社稷羣神。」釋文云：「本或作『羣臣』。」防風氏後至，禹殺而戮之，其骨節專車，此爲大矣。」使者曰：「誰爲神？」盧曰：「魯語：『敢問誰守爲神？』」承周案：家語與魯語同；史記與本書同。孔子曰：「山川之靈足以紀綱天下者，其守爲神，社稷爲公侯，盧曰：「『社稷』下，魯語有『之守』二字，家語辨物篇同。」承周案：史記無「之守」二字。山川之祀爲諸侯，盧曰：「魯語無此句，家語有。」承周案：史記亦無此句。皆屬於王者。」曰：「防風氏何守？」孔子曰：「汪芒氏之君守封嵎之山者也。「芒」，史記作「罔」。「嵎」，家語同；國語作「隅」，史記作「禺」。説文嵎字注：「封嵎之山也，在吴楚之間，汪芒之

國。」則「嵎」爲正字。其神爲釐姓，盧曰：「『釐』，史記同；魯語、家語作『漆』。」案：黄丕烈國語札記曰：「惠云：『史記釐，說苑亦作釐。』段云：『家語作漆，恐誤。世本無漆姓。』丕烈案：家語卽取此文。攷『漆』當爲『淶』之譌，隸體絶類，其相亂者，襄廿一年内傳釋文可證。『淶』、『釐』聲相近，於古爲同字也。」案：王引之經義述聞說與黄氏札記同。在虞夏爲防風氏，國語、史記、家語皆脫「爲防風氏」四字；本書有此四字，於義爲長。說文邑部鄋字注云：「北方長狄國也，在夏爲防風氏，在殷爲汪芒氏。」段玉裁注引證國語、史記、家語及本書，亦謂國語、史記皆誤奪數字。商爲汪芒氏，於周爲長狄氏，今謂之大人。」使者曰：「人長幾何？」國語、家語作「客曰：人長之極幾何？」此疑脫「之極」二字；史記亦脫。孔子曰：「僬僥氏三尺，短之至也；長者不過十，盧曰：「魯語、史記下皆有『之』字。」數之極也。」使者曰：「善哉，聖人也！」末二句惟史記有；國語、家語皆無；此同史記。○案：事見國語魯語、史記孔子世家、家語辨物篇。此文用史記。

仲尼在陳，「在陳」下，家語有『陳惠公賓之於上館』一句。有隼集于陳侯之廷而死，楛矢貫之，石砮；愛艮案：國語韋注：「砮，鏃也。以石爲之。」矢長尺有咫。「有」，舊作「而」，盧校作「有」，下同。承周案：明鈔本作「有」；國語、史記、家語皆作「有」。今從盧校。陳侯使問孔子。盧曰：「陳侯，魯語、家語皆以爲惠公，史記索隱以爲非，乃湣公也。」承周案：史記作「湣公」。孔子曰：「隼之來也遠矣，此肅慎氏之矢也。昔武王克商，通道九夷百蠻，使各以其方賄來貢，思無忘職業。「思」，魯語作「使」。於是肅慎氏貢楛矢，石砮，長尺有咫。「有」舊作「而」，從盧校改。案：宋本、明鈔本皆作「有」；國語、史記、家語同。此因上文既誤，後人又改此以從上文耳。先王欲昭其令德之致，「致」下，國語有「遠也」二字；家語有「遠物也」三字；史記無，並無「之致」二字。又此下，國語有「以示後人，使永監焉」二句；家語同；史記無，並無「故銘其栝曰」句。故銘其栝曰：『肅愼氏貢楛矢。』以勞大姬，盧曰：「『勞』，魯語作『分』。」承周案：史記、家語亦作「分」。配虞胡公，而封諸陳。分同姓以珍玉，「分」上，國語、家語皆有「古者」二字；史記無。展親也；分別姓以遠方職貢，盧曰：「『別』，魯語、家語俱作『異』。」承周案：史記亦作「異」。使無忘服也。故分陳以肅愼氏之矢。「矢」，史記同；國語、家語皆作「貢」。試求之故府。」果得焉。國語作「君若使有司求諸故府，其可得也。使求，得之金櫝」，與家語文略同，並較此爲詳。此用史記也。○案：此文見國語魯語、史記孔子世家、家語辨物篇。又漢書五行志亦載此事。

季桓子穿井得土缶，「得」下，國語、史記、家語、搜神記諸書皆有「如」字。中有羊。「有羊」，漢書五行志引史記作「得蟲若羊」；今本史記脫「得蟲」二字。以問孔子，言得狗。孔子曰：「以吾所聞，非狗，乃羊也。木石之怪夔、罔兩，「木」下「石」字舊脫，盧校補，曰：「『石』脫，魯語、家語皆有。韋昭云：『木石，山也。』」承周案：史記、搜神記皆有「石」字；然御覽百八十九引此已脫。盧校是也，今據以刊正。又案：「罔兩」，國語作「蝄蜽」，家語、搜神記並同；史記作「罔閬」，索隱云：「家語作『魍魎』。」其所見家語，與今本異。水之怪龍、罔象，土之怪羵羊也，盧曰：「『羵』，御覽百八十九『羒』，語作『墳』。」承周案：史記亦作「墳」，家語與本書同，風俗通祀典篇作「墳」。非狗也。」桓子曰：「善哉！」○案：此事見國語魯語、史記孔子世家、家語辨物篇、搜神記卷十二。漢書五行志以此爲羊禍。白帖三、又十、初學記七、御覽九百零二、事類賦八、又二十二引韓詩外傳佚文，亦載此事，則以「季桓子」爲「魯哀公」。又淮南氾論篇：「山出嘄陽，水生罔象，木生畢方，井生羵羊。」廣雅釋天：「土神謂之羵羊，水神謂之罔象，木神謂之畢方。」大抵據此爲說。

楚昭王渡江，有物大如斗，「斗」下，家語有「圓而赤」三字。直觸王舟，止於舟中。昭王大怪之，使聘問孔子。孔子曰：「此名萍實，令剖而食之。「令」，當從家語作「可」。惟霸者能獲之，此吉祥也。」其後齊有飛鳥，一足，來下，止于殿前，舒翅而跳。齊侯大怪之，又使聘問孔子。孔子曰：「此名商羊，此下，家語有「水祥也」句。急告民，趣治溝渠，天將大雨。」於是如之。天果大雨。諸國皆水，齊獨以安。孔子歸，弟子請問。孔子曰：「異哉！小兒謠曰：『楚王渡江，得萍實。大如拳，盧曰：「『拳』，集語引作『斗』；上文正作『斗』。」承周案：家語作「斗」。赤如日。剖而食之，美如蜜。』此楚之應也。「楚」下，家語有「王」字。兒又有兩兩相牽，屈一足而跳，「屈一足」下，家語有「振訊兩眉」四字。「跳」下，家語有「且謠」二字。曰『天將大雨，商羊起舞。』「起」，家語作「鼓」。今齊獲之，亦其應也。」夫謠之後，未嘗不有應隨者也。故聖人非獨守道而已也，睹物記也，卽得其應矣。○案：此文萍實事見家語致思篇，商羊事則見辨政篇，文多異，今據兩篇參校。

鄭簡公使公孫成子來聘於晉。國語韋注云：「成子，子產之謚。」平公有疾，韓宣子贊，授館客，客問君疾。對曰：「君之疾久矣，上下神祇，無不遍諭也，而無除。左傳云：「寡君寢疾，於今三月矣，並走羣望，有加而無瘳。」今夢黃熊入於寢門，「熊」，國語作「能」，亦或作「熊」。左傳釋文云：「作『能』者勝。」說文云：「能，熊屬。」不知人鬼耶？意厲鬼也？」國語作「不知人殺乎？抑厲鬼邪」，此文「意」與「抑」同。子產曰：「君之明，「君」上，左傳、國語皆有「以」字。子爲政，其何厲之有？僑聞之，昔鯀違帝命，殛之于羽山，化爲黃熊，以入于羽淵。漢書地理志：「東海郡祝其，禹貢羽山在南，鯀所殛。」山海經海內經云：「洪水滔天，鯀竊帝之息壤，以堙洪水，不待帝命。帝令祝融殺鯀於羽郊。」中山經：「青要之山，南望墠渚，禹父之所化。」又與諸書違異。郭璞注南山經，以地理志之說爲非。是爲夏郊，三代舉之。夫鬼神之所及，非其族類，則紹其同位。是故天子祠上帝，「祠」，國語作「祀」。下同。公侯祠百神，自卿已下，不過其族。今周室少卑，晉實繼之。其或者未舉夏郊也？」宣子以告，祀夏郊，董伯爲尸，五日瘳。公見子產，賜之莒鼎。○案：事見昭七年左傳、國語晉語。此文與左傳文多異，蓋用晉語。

虢公夢在廟，有神人面白毛虎爪，執鉞立在西阿。公懼而走。神曰：「無走！帝今日使晉襲于爾門。」盧校「今日」作「命曰」，云：「『今日』訛，從晉語二改。」承周案：此當是「令曰」，「令」與「命」同。作「命」則無由誤爲「今」矣。公拜頓首。覺，召史嚚占之。嚚曰：「如君之言，則蓐收也，天之罰神也，天事官成。」公使囚之，且使國人賀夢。舟之僑告其諸族曰：「族」，舊作「侯」，盧校改「族」，曰「『侯』訛，晉語『告諸其族』。」承周案：作「族」是也，今從盧校。「虢不久矣，吾乃今知之。君不度而嘉，「嘉」，國語作「賀」大國之襲於己也，何瘳？吾聞之曰，大國道，「道」上，舊有「無」字。盧曰：「『無』字衍，從晉語刪。」今依盧校。小國襲焉，盧曰：「韋昭注此『襲』字云『入也』，則不作掩取解。上注，弘治本作『襲取也』，兩義不同，故此重注。」曰服；小國傲，大國襲焉，曰誅。民疾君之侈也，是以由於逆命。「由」，國語作「遂」。今嘉其夢，侈必展。是天奪之鑑，而益其疾也。民疾其態，天又誑之，大國來誅，出令而逆，宗國既卑，諸侯遠己，外內無親，其誰云救之！吾不忍俟，將行！」以其族適晉，三年，虢乃亡。盧曰：「『三』，晉語作『六』。」承周案：韋注：「適晉在魯閔二年也；後六年，魯僖五年也。」○案：此文本國語晉語。

晉平公築虒祁之室，盧校「室」作「臺」，曰：「『室』訛。」承周案：各本皆作「室」。左傳云：「於是晉侯方築虒祁之宮。」爾雅釋宮：「宮謂之室，室謂之宮。」「室」，猶「宮」也，盧以爲訛，非是。石有言者。平公問於師曠曰：「石何故言？」對曰：「石不能言，有神馮焉。「有神」，左傳作「或」，五行志作「神或」。「有」與「或」通。不然，民聽之濫也。臣聞之，作事不時，怨讟動於民，則有非言之物而言。今宮室崇侈，民力屈盡，百姓疾怨，莫安其性。石言不亦可乎？」「可」，左傳作「宜」。○案：此文本昭八年左傳；漢書五行志亦載此事。

晉平公出畋，見乳虎伏而不動，顧謂師曠曰：事類賦二十一注引「顧」作「還」。「吾聞之也，霸王之主出，則猛獸伏不敢起。今者寡人出見乳虎伏而不動，此其猛獸乎？」師曠曰：「鵲食猬，淮南説山篇：「鵲矢中蝟。」史記龜策列傳：「蝟辱於鵲。」集解引淮南萬畢術曰：「鵲令蝟反腹者，蝟憎其意而心惡之也。」猬食鵕鸃，鵕鸃食豹，豹食駮，駮食虎。盧曰：「『鵕鸃』，御覽八百九十二作『駿𩧖』。下云『駿𩧖食駮，駮食虎』，無『食豹』三字。駿𩦂食豹，誠可疑。但『𩦂』字亦不見字書。西山經：『中曲之山有獸焉，其狀如馬，而白身、黑尾、一角、虎牙爪，音如鼓，其名曰駮，是食虎豹。』」承周案：御覽八百九十二引實作「鵔鸃」，不作「駿𩦂」。惟「鵔」下有注云「音駿」耳。（此音實非。）類聚九十三、御覽八百九十六亦皆作「鵔鸃」。夫駮之狀有似駮馬。今者君之出，必驂駮馬而出畋乎？」公曰：「然。」師曠曰：「臣聞之，一自誣者窮，再自誣者辱，三自誣者死。今夫虎所以不動者，爲駮馬也，固非主君之德義也。君柰何一自誣乎？」○案：管子小問篇：「桓公乘馬，虎望見之而伏。桓公問管仲曰：『今者寡人乘馬，虎望見寡人而不敢行，其故何也？』管仲對曰：『意者君乘駮馬而洀桓，迎日而馳乎？』（舊注：「洀，古盤字。」）公曰：『然。』管仲對曰：『此駮象也。駮食虎豹，故虎疑焉。』」其事與此相類。爾雅翼卷十八：「駮如馬，白身、黑尾、一角、鋸牙、虎爪，其音如鼓，喜食虎豹。蓋駮毛物既可觀，又似馬，故馬之色相類者，以駮名之。管子稱威公乘馬，虎望見之而伏，以問管仲。管仲曰：『意者君乘駮馬而洀桓，迎日而馳乎？』公曰：『然。』曰：『此駮象也。駮食虎豹，故虎疑焉。』說苑亦稱晉平公出畋，見乳虎伏而不動，以問師曠。曠曰：『鵲食蝟，蝟食駿𩦂，駿𩦂食豹，豹食駮，駮食虎。夫駮之狀有似駮馬。今者君之出，必驂駮馬而出畋乎？』公曰：『然。』二說相似。是馬有自然似駮之獸者，因以駮名也。顧或言駮食虎豹，或言豹食駮，爲稍異耳。」平公異日出朝，有鳥環平公不去。平公顧謂師曠曰：「吾聞之也：霸王之主鳳下之。今者出朝，有鳥環寡人，終朝不去，是其鳳鳥乎？」師曠曰：「東方有鳥名諫珂，」「諫珂」，御覽九百二十七引作「端琦」，而六百九十四引仍與今本同。其爲鳥也，文身而朱足，憎鳥而愛狐。盧校改「鳥」作「烏」。○案：說文鳥部䳺下引師曠曰：「南方有鳥名曰羌鵝，黃頭赤目，五色皆備。」與此文相似，蓋皆師曠六篇中逸文也。今者吾君必衣狐裘以出朝乎？」平公曰：「然。」師曠曰：「臣已嘗言之矣，一自誣者窮，再自誣者辱，三自誣者死。今鳥爲狐裘之故，非吾君之德義也。君奈何而再自誣乎？」平公不說。異日，置酒虒祁之臺，「虒祁之臺」，書鈔百三十六引作「師夷之堂」。今本疑後人依上條及昭八年左傳改。使郎中馬章布蒺藜於階上，盧曰：「『藜』，宋、元本俱作『棃』。下同。」承周案：明鈔本、經廠本亦作「棃」。又案：書鈔引「章」作「薰」。令人召師曠。師曠至，履而上堂。平公曰：「安有人臣履而上人主堂者乎？」師曠解履刺足，伏刺膝，書鈔引「伏」上有「蒲」字，當據補。仰天而歎。公起引之，曰：「今者與叟戲，叟遽憂乎？」對曰：「憂。夫肉自生蟲，而還自食也。舊本「食」作「失」，盧校改作「食」。案：明鈔本、經廠本皆作「食」，今從盧校。木自生蠹，而還自刻也。人自興妖，而還自賊也。案：淮南子說林篇：「山生金反自刻，木生蠹反自食，人生事反自賊。」又見文子符言篇。呂氏春秋壅塞篇：「左右皆謂宋王曰：『此所謂肉自生蟲者也。』」皆用此語。五鼎之具，不當生藜藿。「生」，通鑑外紀作「烹」，是。人主堂廟，不當生蒺藜。」「廟」，外紀作「殿」。平公曰：「今爲之奈何？」師曠曰：「妖已在前，無可奈何。入來月八日，修百官，立太子，君將死矣。」至來月八日平旦，謂師曠曰：「叟以今日爲期，寡人如何？」師曠不樂，謁歸。歸未幾而平公死。乃知師曠神明矣！

趙簡子問於翟封荼曰：盧曰：「『荼』，御覽八百七十四作『餘』。」「吾聞翟雨穀三日，信乎？」曰：「信。」「又聞雨血三日，信乎？」曰：「信。」「又聞馬生牛，牛生馬，信乎？」曰：「信。」簡子曰：「大哉，妖亦足以亡國矣！」對曰：「雨穀三日，寍風之所飄也。盧曰：「『寍』當與『盲』通。」雨血三日，鷙鳥擊於上也。馬生牛，牛生馬，雜牧也。此非翟之妖也。」簡子曰：「然則翟之妖奚也？」對曰：「其國數散，其君幼弱，其諸卿貨，其大夫比黨以求祿爵，其百官肆斷而無告，盧曰：「『告』，御覽作『常』。」其政令不竟而數化，盧曰：「『竟』，御覽作『常』，『化』，御覽作『改』。」其士巧貪而有怨：此其妖也。」○案：孔叢子執節篇記子順對魏王論中山雨穀事，亦以爲非天祥，義與此同。

哀公射而中稷，其口疾，不肉食。祠稷而善，卜之巫官。巫官變曰：「稷負五種，託株而從天下，未至於地而株絕，獵谷之老人張衽以受之。何不告祀之？」公從之而疾去。關嘉纂注引太室曰：「此章不經之語，不可强說。」

扁鵲過趙，「趙」，史記及韓詩外傳皆作「虢」。史記集解：「傅玄曰：『虢是晉獻公時，先是百二十餘年滅矣。是時焉得有虢！』」索隱：「案傅玄云：『虢是晉獻公所滅，先此百二十餘年，此時焉得有虢。』則此云虢太子，非也。然案虢改稱郭，春秋有郭公，蓋郭之太子也。」梁玉繩史記志疑卷三十三：「後書文苑趙壹傳：『秦越人還虢太子結脈，世著其神。』晉書佛圖澄傳：『石勒云：「朕聞虢太子死，扁鵲能生之。」』但虢滅已久，此時焉得有虢。索隱、正義，並糾其非。古史謂『薛久亡而孟嘗君稱薛公，安知是時無虢』，蘇氏臆度之詞，不足證也。韓子喻老篇言扁鵲見蔡桓侯，國策『扁鵲見秦武王』。漢書高紀十二年注：『韋昭曰：「越人，魏桓侯時醫。」臣瓚曰：「魏無桓侯。」』余考扁鵲與趙簡子同時，而蔡桓侯在春秋初，魯隱桓之世。秦武王立于周赧王五年。前後相去，各約二百年。何能親接。蓋說苑作趙甚是。趙簡子之子爲桓子，韓非所謂桓侯者。魏蔡秦武皆謬。鶡冠子世賢篇言魏文侯問扁鵲。魏文與趙桓並世，可以爲驗。或曰：晉孝公紀年作桓公，與魏文侯同時，當是扁鵲所見者。亦通。」趙王太子暴疾而死。鵲造宮門曰：「吾聞國中卒有壤土之事，得無有急乎？」中庶子之好方者應之曰：「然。王太子暴疾而死。」扁鵲曰：「入言鄭毉秦越人能活太子。」「鄭毉」，外傳亦同。案：史記云：「勃海郡鄭人也。」集解：「徐廣曰：鄭當爲鄚，鄚縣名。今屬河間。」」是此及外傳皆誤。中庶子難之曰：「吾聞上古之爲毉者曰苗父。「苗父」，外傳作「弟父」。苗父之爲毉也，以菅爲席，以芻爲狗，北面而祝，發十言耳。諸扶而來者、「諸」，舊作「請」，盧校作「諸」。案：宋本、明鈔本、經廠本皆作「諸」，今從盧校。轝而來者，「轝」，舊作「舉」，盧校作「轝」，曰：「『舉』訛，外傳十作『諸扶輿而來者』。」今從盧校。皆平復如故。子之方能如此乎？」扁鵲曰：「不能。」又曰：「吾聞中古之爲毉者曰俞柎。「俞柎」，外傳作「踰跗」。史記作「俞跗」，淮南子人間篇同。（愛艮案：鹽鐵論中韓篇亦作「俞跗」。）治要引淮南作「俞夫」，陶方琦以爲許本。周禮疾醫注作「榆柎」。（愛艮案：釋文：「『榆』，本亦作『俞』。」）解嘲作「臾跗」。俞柎之爲毉也，搦腦髓，史記作「搦髓腦」。束肓莫，「肓」，舊作「盲」，盧校改「肓」，曰：「『盲』訛，史記作『揲荒爪幕』。」此『肓莫』即『荒幕』。幕，膜也。」孫仲容曰：「史記扁鵲傳作『搦髓腦，揲荒斬幕』，索隱云：『荒，膏荒也。幕，音漠。漠，病也。』正義云『以爪決其闌幕也。』盧校『盲』作『肓』，是也。史記作『荒』，古字通用。『莫』、『幕』，亦『膜』之借字。素問痺論篇云：『衛者，水穀之悍氣也。故循皮膚之中分肉之間，熏於肓膜，散於胷腹。』王冰注云：『肓膜，謂五藏之間鬲中膜也。』可證此肓莫之義。司馬貞、張守節說並未審。」承周案：盧、孫說是也。今改「盲」作「肓」。炊灼九竅，而定經絡，死人復爲生人，故曰俞柎。「故曰俞柎」四字，與上文例不合，似衍。外傳亦無。子之方能若是乎？」扁鵲曰：「不能。」中庶子曰：「子之方如此，譬若以管窺天，以錐刺地，所窺者甚大，所見者甚少。盧曰：「外傳作『所窺者大，所見者小；所刺者巨，所中者少』，此似脱兩句。」鈞若子之方，豈足以變駭童子哉？」外傳無「駭」字。扁鵲曰：「不然。物故有昧揥而中蚊頭，「蚊」舊作「蛟」，從盧校改。盧曰：「『揥』當爲『揞』，與『擿』同。昧揥，暗投也。外傳作『昧投而中蟁頭』。『蟁』、『蚊』同。」掩目而別白黑者。太子之疾，所謂尸厥者也。「厥」，外傳作「蹶」，史記作「蹷」，並通。以爲不然，入診之，「入」上，當有「試」字。外傳、史記皆作「試入診」。太子股陰當溫耳，「溫」，舊本或作「溼」，盧校改「溫」，曰：「元本『溫』，與外傳合。」承周案：宋本、明鈔本、經廠本皆作「溫」。史記云：「循其兩股以至於陰，當尚溫也。」則作「溫」是，今從盧校改。耳中焦焦如有嘯者聲，「嘯」，外傳作「啼」。然者皆可治也。」「治」，外傳作「活」。中庶子入報趙王。外傳作「中庶子遂入診世子，以病報虢侯。」此文省。趙王跣而趨出門，曰：「先生遠辱幸臨寡人，先生幸而有之，盧曰：「『有』，外傳作『治』。下『先生不有之』作『先生弗治』。」則糞土之息，得蒙天履地，「得蒙天履地」，當作「得蒙天覆地載」。外傳作「得蒙天地載」，脱「覆」字，而「載」字未脱；此文脱「載」字，而「覆」字未脱。可互訂。特今本又誤「覆」爲「履」，遂不可識矣。而長爲人矣。先生不有之，則先犬馬，填溝壑矣。」言未已，涕泣沾襟。扁鵲遂爲診之。先造軒光之竈，愛艮案：外傳元刻本作「爲軒先之竈」；明刻以下諸本則作「爲先軒之竈」。八成之湯。盧曰：「史記作『八減之齊』。」承周案：史記上有「五分之熨」句。外傳「八成」作「八拭」。砥針礪石，取三陽五輸。

「輸」，外傳同；史記作「會」。子容擣藥，子明吹耳，陽儀反神，子越扶形，子游矯摩。盧曰：「『容』，外傳作『同』。『擣』，從木，非。外傳作『子明灸陽，子游按摩，子儀反神，子越扶形』。」孫仲容曰：「周禮疾醫注：『神農、子儀之術。』賈疏云：『案劉向云：「扁鵲治趙太子暴疾尸蹷之病，使子明炊湯，子儀脈神，子術案摩。」又中經簿云：「子義本草經一卷。」儀與義一人也。』賈氏所述劉說，卽本此書。其所據猶唐初善本，子儀之名，與疾醫注相應。今本作『子明吹耳，陽儀反神』，蓋傳寫譌『炊』爲『吹』，『湯』爲『陽』，又衍『耳』字，挩『子』字，遂以陽儀爲人名，大繆！韓詩外傳子儀字亦不誤。」太子遂得復生。天下聞之，皆曰：「扁鵲能生死人。」鵲辭曰：「予非能生死人也；特使夫當生者活耳。」程本「使」誤作「死」，盧校改作「使」。案：纂注本亦誤作「死」。明鈔本、經廠本皆作「使」。今從盧校。夫死者猶不可藥而生也，外傳作「死者猶可藥而況生乎」，與此義異。悲夫，亂君之治不可藥而息也！詩曰：詩大雅板篇。「多將熇熇，不可救藥。」甚之之辭也。末句，外傳作「言必亡而已矣」。○案：此事見韓詩外傳卷十、史記扁鵲倉公列傳。此文用韓詩外傳，與史記多不同。

孔子晨立堂上，家語云：「孔子在衛，昧旦晨興。」聞哭者聲音甚悲。孔子援瑟而鼓之，其音同也。孔子出，而弟子有吒者。「吒」，舊或作「叱」，盧校改「吒」。案：宋本、明鈔本、經廠本、范本皆作「吒」，今從盧校。問：「誰也？」曰：「回也。」孔子曰：「回爲何而吒？」回曰：「今者有哭者，其音甚悲，非獨哭死，又哭生離者。」孔子曰：「何以知之？」回曰：「似完山之鳥。」盧曰：「『完』，家語顏回篇、顏氏家訓文章篇俱作『桓』，此疑南宋人改之。」承周案：御覽四百八十七引本書作「丸」，初學記十八、御覽四百八十九引家語作「恒」，則二書皆有異本。孔子曰：「何如？」回曰：「完山之鳥生四子，羽翼已成，乃離四海，「乃離」，家語作「將分於」。哀鳴送之，「送之」下，家語有「哀聲有似於此」句。爲是往而不復返也。」此下，家語有「回竊以音類知之」句。孔子使人問哭者。哭者曰：「父死家貧，賣子以葬父，將與其別也。」孔子曰：「善哉，聖人也！」末句家語作「回也善於識音矣」。○案：此文又見家語顏回篇。

景公畋於梧邱，夜猶蚤，公姑坐睡，而夢有五丈夫，北面倖盧，闞嘉纂注引通雅以「倖盧」爲「都盧」，其說無據。晏子春秋作「韋盧」，文選江文通詣建平王上書注引晏子春秋作「倚徙」。孫氏晏子春秋音義謂說苑作「倚盧」，未知所據何本。稱無罪焉。公覺，召晏子而告其所夢。公曰：「我其嘗殺不辜而誅無罪耶？」晏子對曰：「昔者先君靈公畋，五丈夫罟而駭獸，故殺之。斷其首而葬之，曰：「曰」上，晏子春秋有「命」字。『五丈夫之邱。』其此耶？」「其此耶」，晏子春秋作「此其地耶」。公令人掘而求之，則五頭同穴而存焉。公曰：「嘻！」令吏葬之。國人不知其夢也，曰：「君憫白骨，而況於生者乎？」不遺餘力矣，不釋餘智矣。故曰人君之爲善易矣。「人君」，晏子春秋作「君子」。○案：此文本晏子春秋內篇雜下。

子貢問孔子：「死人有知無知也？」盧校「死人」作「人死」，曰：「『人死』舊倒，從御覽五百四十八引乙。」承周案：家語作「死者」。孔子曰：「吾欲言死者有知也，「死者」，御覽引作死「人」；家語作「死之」。恐孝子順孫妨生以送死也；欲言無知，盧曰：「御覽『吾欲言死人無知也』。」恐不孝子孫棄不葬也。盧曰：「『不』，御覽作『親之』二字。」承周案：御覽作「親不」，其義爲長。家語亦云：「恐不孝之子棄其親而不葬。」賜欲知死人有知將無知也，此下，家語有「非今之急」句。死徐自知之，猶未晚也。」○案：此文又見家語致思篇。

王子建出守於城父，與成公乾遇於疇中。禮記月令正義引蔡氏月令章句：「麻田曰疇。」問曰：「是何也？」成公乾曰：「疇也。」「疇也者何也？」曰：「所以爲麻也。」「麻也者何也？」曰：「所以爲衣也。」成公乾曰：「昔者莊王伐陳，舍於有蕭氏，謂路室之人曰：『巷其不善乎？何溝之不浚也？』莊王猶知巷之不善，溝之不浚；今吾子不知疇之爲麻，麻之爲衣；吾子其不主社稷乎？」王子果不立。

說苑卷第十九

修文

天下有道，則禮樂征伐自天子出。見論語季氏篇。夫功成制禮，治定作樂。禮記樂記：「王者功成作樂，治定制禮。」此似互誤。禮樂者，行化之大者也。孔子曰：「移風易俗，莫善於樂；安上治民，莫善於禮。」見孝經廣要道章。是故聖王修禮文，設庠序，陳鍾鼓。天子辟雍，諸侯泮宮，所以行德化。詩云：詩大雅文王有聲篇。「鎬京辟雍，自西自東。自南自北，無思不服。」此之謂也。

積恩爲愛，積愛爲仁，積仁爲靈。三「爲」字，意林三引皆作「曰」；「靈」下多「臺」字。靈臺之所以爲靈者，積仁也。詩大雅靈臺傳：「神之精明者稱靈，四方而高曰臺。」神靈者，天地之本，而爲萬物之始也。是故文王始接民以仁，而天下莫不仁焉。文德之至也。賈子新書禮篇引靈臺詩亦云：「言德至也。」義與此同。德不至，則不能文。

商者，常也。舊本與上文相連。盧曰：「當別爲一條。」今依盧校提行。常者，質。質主天。夏者，大也。大者，文也。文主地。白虎通三教篇：「質法天，文法地而已。故天爲質，地受而化之，養而成之，故爲文。

尚書大傳曰：『王者一質一文，據天地之道。』禮三正記曰：『質法天，文法地也。』」春秋繁露三代改制質文篇：「王者之制，一商一夏，一質一文。商質者主天，夏文者主地。」故王者一商一夏，再而復者也。正色，三而復者也。「一商一夏」下，疑脱「一質一文」四字。「再」上，疑脱「文質」二字。白虎通三正篇引禮三正記曰：「正朔三而改，文質再而復也。」彼文言「正朔」，此言「正色」者，三正篇云：「夏以十三月爲正，色尚黑，以平旦爲朔。殷以十二月爲正，色尚白，以雞鳴爲朔。周以十一月爲正，色尚赤，以夜半爲朔。」故云「正色」也。宋書禮志一載高堂隆議引詩·推度災曰：「三而復者正色也，二而復者文質也。」以「正色」連文，與此同。禮記檀弓正義、公羊隱元年傳疏並引書傳畧説云：「天有三統，物有三變。故正色有三。」文選皇太子宴玄圃賦詩注引尚書大傳云：「正色三而復者也。」味尚甘，聲尚宮，一而復者。既曰「一」矣，何「復」之有？此文疑當作「一而不復者也」。春秋繁露三代改制質文篇：「故王者有不易者，有再而復者，有三而復者，有四而復者，有五而復者，有九而復者。」一而不復者即所謂「王者有不易者」也。白虎通三正篇：「王者受命而起，或有所不改者，何也？王者有改道之文，無改道之實。如君南面，臣北面，皮弁素積，聲味不可變，哀戚不可改，百王不易之道也。」此云「味尚甘，聲尚宮，一而復者」，即「聲味不可變」之意也。故三王術如循環。故夏后氏教以忠，而君子忠矣，小人之失野。救野莫如敬，故殷人教以敬，而君子敬矣，小人之失鬼。救鬼莫如文，故周人教以文，而君子文矣，小人之失薄。救薄莫如忠。故聖人之與聖也，如矩之三雜，規之三雜。盧曰：「高誘注淮南詮言訓云：『雜，匝也。』」周則又始，窮則反本也。○禮記表記：「子曰：『夏道尊命，事鬼敬神而遠之，近人而忠焉，先祿而後威，先賞而後罰，親而不尊。其民之敝惷而愚，喬而野，朴而不文。殷人尊神，率民以事神，先鬼而後禮，先罰而後賞，尊而不親。其民之敝蕩而不靜，勝而無恥。周人尊禮尚施，事鬼敬神而遠之，近人而忠焉，其賞罰用爵列，親而不尊。其民之敝利而巧，文而不慙，賊而蔽。』」孔疏：「夏道尊命，至殷人尊神，周人尊禮，三代所尊不同者，案元命包云：『三王有失，故立三教以相變：夏人之立教以忠，其失野，故救野莫若敬。殷人之立教以敬，其失鬼，救鬼莫若文。周人之立教以文，其失蕩，故救蕩莫若忠。如此循環，周則復始，窮則相承。』此亦三王之道，故三代不同也。」史記高帝本紀：「太史公曰：『夏之政忠，忠之敝小人以野，故殷人承之以敬。敬之敝小人以鬼，故周人承之以文。文之敝小人以僿，（集解：「徐廣曰：『一作薄。』」索隱：「鄒本作薄。然此語本出子思子，蓋僿猶薄之義也。」）故救僿莫若以忠。三王之道若循環，終而復始。』」白虎通三教篇：「王者設三教者何？承衰救弊，欲民反正道也。三正之有失，故立三教以相指受。夏人之王教以忠，其失野，救野之失莫如敬。殷人之王教以敬，其失鬼，救鬼之失莫如文。周人之王教以文，其失薄，救薄之失莫如忠。繼周尚黑，制與夏同。三者如順連環，周而復始，窮則反本。」論衡齊世篇：「傳曰：『夏后氏之王教以忠，上教以忠，君子忠，其失也小人野。救野莫如敬，殷王之教以敬，上教用敬，君子敬，其失也小人鬼。救鬼莫如文，故周之王教以文，上教以文，君子文，其失也小人薄。救薄莫如忠。』」案：上所引三教之說，皆可與說苑此文參證。儀禮士喪禮疏引書傳畧說云：「夏后氏主教以忠。」文選運命論注引尚書大傳云：「周人之教以文，上教以文，君子，其失也小人薄。」是尚書大傳略說亦有其文。惜今諸書所引，殘缺不完。詩曰：詩大雅棫樸篇。「彫琢其章，「彫」，毛詩作「追」。荀子富國篇、孟子章句二皆引詩作「雕」。「彫」、「雕」同。毛傳云：「追，彫也。」古文用「追」爲「雕」。金玉其相。」言文質美也。

傳曰：「觸情從欲，謂之禽獸。苟可而行，謂之野人。安故重遷，謂之衆庶。辨然否，通古今之道，謂之士。「然」下，舊脱「否」字。盧曰：「『否』脱，據白虎通爵篇補。」案，盧校是也，今據補。愛艮案：白虎通爵篇：「士者，事也，任事之稱也。故傳曰：『通古今，辯然否，謂之士。』」陳立疏證云：「説苑修文篇：『辨然否，通古今之道，謂之士。』繁露服制篇：『夫能通古今，别然否，乃服此也。』玉篇士部引傳曰：『通古今，辯然不，謂之士。』」進賢達能，謂之大夫。敬上愛下，謂之諸侯。天覆地載，謂之天子。春秋繁露深察名號篇：「受命之君，天意之所予也，故號爲天子者，宜視天如父，事天以孝道也。號爲諸侯者，宜謹視所候，奉之天子也。號爲大夫者，宜厚其忠信，敦其禮義，使善大於匹夫之義，足以化也。士者，事也；民者，瞑也。士不及化，可使守事，從上而已。」是故士服黻，大夫黼，宋本、明鈔本「黻」、「黼」二字皆互易。諸侯火，天子山龍。案：尚書大傳：（陳輯本在皋陶謨。）「天子衣服，其文華蟲作繢，宗彝，藻火，山龍。諸侯作繢，宗彝，藻火，山龍。子、男宗彝，藻火，山龍。大夫藻火，山龍。士山龍。」此文所云，與之不合。禮記禮器：「禮有以文爲貴者，天子龍衮，諸侯黼，大夫黻，士玄衣纁裳。」亦與此異。德彌盛者文彌縟，中彌理者文彌章也。」

詩曰：舊本此與上條相連。盧曰：「當别爲一條。」案：盧校是也，今提行。○詩小雅裳裳者華篇文。「左之左之，君子宜之。右之右之，君子有之。」毛傳：「左，陽道，朝祀之事。右，陰道，喪戎之事。」陳喬樅魯詩遺説考云：「此所引傳卽魯詩傳之文也。以左爲朝廟之事，右爲喪戎之事，大指與毛氏同。又案：北史長孫紹遠傳引此詩四語作『左之右之，君子宜之。右之左之，君子有之』，與今毛詩本及諸所引三家詩文異。詳説苑引詩傳言『爲左亦宜，爲右亦宜』云云，似經文當作『左之右之，君子宜之』，於義爲長。下文『惟其有之，是以似之』，亦承上文『右之左之，君子有之』而言。曰宜、曰有者，皆兼左、右兩端也。否則文法偏枯矣。存以俟攷。」承周案：「左」、「宜」爲韻，「右」、「有」爲韻，陳說誤。或紹遠傳所引本作「右之左之，君子宜之。左之右之，君子有之。」此未敢肊決也。傳曰：「君子者，無所不宜也。是故韠冕厲戒，立于廟堂之上，有司執事，無不敬者；斬衰裳苴絰杖，立于喪次，賓客弔唁，無不哀者；被甲纓冑，明鈔本「纓」作「攖」。立于桴鼓之間，士卒莫不勇者。故仁足以懷百姓，勇足以安危國，信足以結諸侯，强足以拒患難，威足以率三軍。故曰：爲左亦宜，爲右亦宜，爲君子無不宜者。此之謂也。」

齊景公登射，「射」，書鈔八十引作「酌」；御覽五百二十三引作「酎」。晏子修禮而待。御覽引作「晏子修食禮以待」。公曰：「選射之禮，「選射之」三字，御覽引無；書鈔引作「其言」二字。寡人厭之矣。吾欲得天下勇士，與之圖國。」晏子對曰：「君子無禮，是庶人也。庶人無禮，是禽獸也。夫臣勇多則弑其君，子力多則弑其長。然而不敢者，惟禮之謂也。禮者，所以御民也；轡者，所以御馬也。無禮而能治國家者，嬰未之聞也。」景公曰：「善。」乃飭射更席，「飭射」，御覽引作「飾酎」；晏子春秋「飭」亦作「飾」。以爲上客，終日問禮。○案：此文本晏子春秋內篇諫下。

書曰：「五事：一曰貌。」案：見尚書洪範。貌者，「者」，舊本或作「若」，盧校改「者」。案：明鈔本亦作「者」，今從盧校。男子之所以恭敬，婦人之所以姣好也。行步中矩，折旋中規。立則磬折，拱則抱鼓。其以入君朝，尊以嚴；其以入宗廟，敬以忠；其以入鄉曲，和以順；其以入州里族黨之中，和以親。詩曰：詩大雅抑篇。「溫溫恭人，惟德之基。」孔子曰：孔子語見論語學而篇。「恭近於禮，遠恥辱也。」

衣服容貌者，所以悅目也。聲音應對者，所以悅耳也。嗜慾好惡者，所以悅心也。君子衣服中，容貌得，「得」，繁露作「恭」。則民之目悅矣。言語順，應對給，「順」，外傳作「遜」。繁露此二句作「言理應對遜」。則民之耳悅矣。就仁去不仁，則民之心悅矣。三者存乎心，暢乎體，形乎動靜，雖不在位，謂之素行。愛民案：莊子天道篇：「以此處上，帝王天子之德也。以此處下，玄聖素王之道也。」郭象注云：「有其爲天下所歸，而無其爵者，所謂素王，自貴也。」此「素行」之「素」，義當與彼同。故忠心好善，「好」外傳作「存」。而日新之。獨居樂德，內悅而形。外傳此二句作「則獨居而樂，德充而形」。愛民案：此當以外傳爲是，說苑誤也。蓋「悅」爲「充」之挩；「內」爲「而」之譌，又誤在「德」下。淮南子主術篇：「此皆有充於內，而成像於外。」意與此同。高誘注云：「充，實也。」莊子有德充符篇，即「德充」二字所本。詩曰：詩邶風旄丘篇。「何其處也？必有與也。何其久也？必有以也。」惟有以者爲能長生久視，而無累於物也。「惟有以者」以下，外傳無。愛民案：外傳上章云：「故惟其無爲，能長生久視，而無累於物矣。」其語已見上章，故此章無之。又案：老子五十九章：「是謂深根固柢，長生久視之道。」呂氏春秋重己篇：「無賢不肖，莫不欲長生久視。」高注：「視，活也。」御覽三百八十引春秋元命苞：「聖人一其德，智者循其轍，長生久視。」○案：此文本春秋繁露五行對、韓詩外傳卷一。愛民案：春秋繁露凌曙注本及蘇輿義證本並依張惠言說，移置此文於爲人者天篇末。

知天道者冠鉥，盧曰：「『鉥』當與『術』同。術氏冠見續漢輿服志。『術』又作『鷸』，漢書五行志中之上師古注引逸周書曰：『知天文者冠鷸冠。』」承周案：說文鳥部：「鷸，知天將雨鳥也。禮記曰：『知天文者冠鷸。』」（愛艮案：段注：「引禮記者，漢志百三十一篇中語也。」）續漢輿服志引記曰：「知天者冠述，知地者履絇。」匡謬正俗引衣服圖及蔡邕獨斷謂爲術氏冠，亦因「鷸」音轉爲「術」耳。「鉥」、「述」、「術」並與「鷸」通。鷸鳥及鷸冠之說，爾雅翼卷十五具詳之。知地道者履蹻，盧曰：「『蹻』，續漢志作『絇』，是。」承周案：「蹻」、「絇」音近，段玉裁以「蹻」爲「絇」之借，見說文鳥部鷸字注。又案莊子田子方篇：「冠圜冠者知天時，履句屨者知地形，緩佩玦者事至而斷。」能治煩決亂者佩觿，詩芄蘭傳：「觿，所以解結，成人之佩也。」能射御者佩韘，「韘」，舊本或作「鞢」，盧校作「韘」。案：明鈔本作「韘」，今從盧校。詩芄蘭傳：「能射御則佩韘。」能正三軍者搢笏，衣必荷規而承矩，負繩而準下。盧曰：「『準』，宋本『准』。」承周案：王本與宋本同。明鈔本、經廠本、程本、纂注本皆作「準」。故君子衣服中而容貌得，接其服而象其德。故望五貌而行能有所定矣。「五貌」，舊本或作「玉貌」。盧校「玉」作「五」。案：宋本作「五」，各本作「玉」，今從盧校。詩曰：詩衛風芄蘭篇。「芄蘭之枝，童子佩觿。」說行能者也。

冠者，所以別成人也。修德束躬，以自申飭，所以檢其邪心，守其正意也。君子始冠必祝。成禮加冠，以厲其心。故君子成人必冠帶以行事，棄幼少嬉戲惰慢之心，而衎衎於進德修業之志。愛艮案：儀禮士冠禮：「始加祝曰：『令月吉日，始加元服。棄爾幼志，順爾成德。』」是故服不成象，而內心不變。內心修德，外被禮文，所以成顯令之名也。是故皮弁素積，百王不易。愛民案：士冠禮記：「三王共皮弁素積。」鄭玄云：「皮弁者，以白鹿皮爲冠，象上古也。積，猶辟也。以素爲裳，辟蹙其要中。皮弁之衣，用布亦十五升，其色象焉。」既以修德，又以正容。孔子曰：「正其衣冠，尊其瞻視，儼然人望而畏之，不亦威而不猛乎？」孔子語見論語堯曰篇。

成王將冠，周公使祝雍祝王，曰：「達而勿多也。」盧曰：「大戴公冠篇句上有『辭』字。」愛民案：大戴記舊本皆無「辭」字，盧辨注：「辭多則史，少則不達。」盧蓋依此校增。祝雍曰：「使王近於民，盧曰：「續漢禮儀志上注有『遠於年，近於義』二句。」遠於佞，嗇於時，惠於財，任賢使能。」盧曰：「『任』，大戴作『親』。家語冠頌篇作『親賢而任能』。」於此始成之時，祝辭四加而後退。公冠，自以爲主，卿爲賓。饗之以三獻之禮。公始加玄端與皮弁，皆必朝服玄冕，四加。諸侯太子、庶子冠，公爲主，其禮與士同。「士」舊作「上」。盧校作「士」，曰：「從大戴改。」今依盧校。冠於祖廟，曰：「令月吉日，加子元服。盧曰：「『加子』，士冠禮記作『始加』。」去爾幼志，順爾成德。」盧曰：「記有『壽考維祺，介爾景福』二句。」冠禮：十九見正而冠，古之通禮也。○案：此文又見大戴記公冠篇、家語冠頌篇。

「夏，公如齊逆女。」愛民案：此莊公二十四年春秋經文。「何以書？親迎，禮也。」愛民案：此公羊傳文。其禮柰何？曰：諸侯以屨二兩加琮，大夫、盧曰：「下文有『士』字，此脫。」庶人以屨二兩加束修二。曰：「某國寡小君，使寡人奉不珍之琮，盧曰：「『使寡人』，當云『使某』，此訛。『奉不珍之琮』，昏禮辭無。『不腆』，此云『不珍』，非禮。」不珍之屨，禮夫人貞女。」夫人曰：「有幽室數辱之產，未諭於傅母之教，得承執衣裳之事，敢不敬拜祝。」祝答拜。夫人受琮，取一兩屨以履女，正笄，衣裳，而命之曰：「往矣，善事爾舅姑，以順爲宮室，無二爾心，無敢回也。」女拜，乃親引其手，授夫乎户。盧曰：「『乎』，一作『于』。」夫引手出户。夫行，女從。拜辭父于堂，拜諸母於大門。盧曰：「『大』，當作『祭』，見穀梁桓三年傳。」夫先升輿執轡，女乃升輿。轂三轉，然後夫下，先行。大夫、士、庶人，稱其父，曰：「某之父，某之師友，使某執不珍之屨，不珍之束修，敢不敬禮某氏貞女。」母曰：「有草茅之產，未習於織紝紡績之事，得奉執箕帚之事，敢不敬拜。」〇案：此當出佚禮。

春秋曰：愛艮案：見定公十五年。「壬申，公薨于高寢。」傳曰：「高寢者何？正寢也。曷爲或言高寢，或言路寢？曰：諸侯正寢三：一曰高寢，二曰左路寢，三曰右路寢。高寢者，始封君之寢也。二路寢者，繼體之君寢也。其二何？曰：子不居父之寢，故二寢。繼體君世世不可居高祖之寢，故有高寢。盧曰：「『高』，疑『路』。」名曰盧曰：「『曰』，疑『也』。」高也。盧曰：「『也』，疑『寢』。」路寢其立奈何？高寢立中，路寢立左右。」春秋曰：「天王入于成周。」傳曰：「成周者何？東周也。」盧曰：「『春秋曰』云云，此十八字非此處語，疑脱誤。」愛艮案：此見昭公二十六年經及公羊傳。然則天子之寢奈何？曰：亦三。承明繼體守文之君之寢，曰左右之路寢。盧曰：「『右』下『之』字，舊注『一作大』。然則當作『大寢』。下『路』字或是衍文。鄭注月令云：『大寢，路寢。』」謂之承明何？曰：承乎明堂之後者也。

故天子諸侯三寢立而名實正，父子之義章，尊卑之事別，大小之德異矣。愛艮案：定公十五年經：「夏五月壬申，公薨于高寢。」穀梁傳云：「非正也。」左氏、公羊皆無傳。陳立公羊義疏曰：「何氏莊三十二年注云：『天子諸侯皆三寢：一曰高寢，二曰路寢，三曰小寢。父居高寢，子居路寢。』與劉子政義大同。」

天子以鬯爲贄。鬯者，百草之本也。程本「百」下舊注：「一作香。」上暢於天，下暢於地，無所不暢，故天子以鬯爲贄。諸侯以圭爲贄。圭者，玉也。薄而不撓，廉而不劌。有瑕於中，必見於外。故諸侯以玉爲贄。卿以羔爲贄。羔者，羊也。羊羣而不黨，故卿以爲贄。大夫以鴈爲贄。鴈者，行列有長幼之禮，故大夫以爲贄。士以雉爲贄。雉者，不可指食籠狎而服之，故士以雉爲贄。庶人以鶩爲贄。鶩者，鶩鶩也。鶩鶩無他心，故庶人以鶩爲贄。贄者，所以質也。○案禮記曲禮下：「凡摯，天子鬯，諸侯圭，卿羔，大夫雁，士雉，庶人之摯匹。」此所以釋之，其文與春秋繁露執贄篇、白虎通瑞贄篇、公羊莊二十四年何注略同，茲引證如下。春秋繁露執贄篇：「凡執贄，天子用暢，公侯用玉，卿用羔，大夫用雁。雁乃有類於長者。長者在民上，必施然有先後之隨，必傚然有行列之治，故大夫以爲贄。羔有角而不任，設備而不用，類好仁者。執之不鳴，殺之不諦，類死義者。羔食於其母，必跪而受之，類知禮者。故羊之爲言猶祥與。故卿以爲贄。玉有似君子。子曰：『人而不曰如之何，如之何者，吾末如之何也矣。』故匿病者不得良醫，羞問者聖人去之，以爲遠功而近有災，是則不有。玉至清而不蔽其惡，內有瑕穢，必見之於外，故君子不隱其短，不知則問，不能則學，取之玉也。君子比之玉，玉潤而不汙，是仁而至清潔也。廉而不殺，是義而不害也。堅而不硻，過而不濡，視之如庸，展之如石，狀如石，搔而不可從繞，潔白如素，而不受汙，玉類備者。故公侯以爲贄。暢有似於聖人者，純仁淳粹，而有知之貴也。擇於身者，盡爲德音，發於事者，盡爲潤澤，積美揚芬香，以通之天。暢亦取百香之心，獨末之合之爲一，而達其臭氣暢于天。其淳粹無擇，與聖人一也。故天子以爲贄。而各以事上也。觀贄之意，可以見其事。」白虎通瑞贄篇：「臣見君有贄何？贄者，質也。質己之誠，致己之悃愊也。王者緣臣子之心，以爲之制。差其尊卑，以副其意也。公侯以玉爲贄者，玉取其燥不輕，濕不重，明公侯之德全也。卿以羔爲贄。羔者，取其羣而不黨。卿職在盡忠率下，不阿黨也。大夫以雁爲贄者，取其飛成行，止成列也。大夫職在奉命適四方，動作當能自正以事君也。士以雉爲贄者，取其不可誘之以食，懾之以威，必死不可生畜。士行耿介，守節死義，不當移轉也。曲禮曰：『卿羔，大夫以雁，士以雉爲贄，庶人之贄匹。童子委贄而退，野外軍中無贄，以纓拾矢可也。』言必有贄也。四，謂鶩也。」公羊莊二十四年傳何休注：「凡贄，天子用鬯，諸侯用玉，卿用羔，大夫用雁，士用雉。雉取其耿介。雁取其在人上，有先後行列。羔取其執之不鳴，殺之不號，乳必跪而受之，類死義知禮者也。玉取其至清而不自蔽其惡，潔白而不受汙，內堅剛而外溫潤，有似乎備德之君子。鬯取其芬芳在上，臭達於天，而醇粹無擇，有似乎聖人。故視其所執，而知其所任矣。」

諸侯三年一貢士。士，盧曰：「『士』疑衍。」一適謂之好德，盧曰：「鄭注尚書大傳云：『適，猶得也。』『好』上，大傳有『攸』字。」承周案：初學記引大戴記無『攸』字，有者疑後人依鴻範增。射義疏引大傳無『攸』字，是也。漢書武紀及潛夫論皆無『攸』字。再適謂之尊賢，三適謂之有功。有功者天子一賜以輿服弓矢，再賜以鬯，「鬯」上大傳有「秬」字。三賜以虎賁百人，號曰命諸侯。命諸侯者，盧曰：「下當有『得專征』三字。」鄰國有臣弑其君，孽弑其宗，盧曰：「『弑』，尚書大傳作『伐』。」雖不請乎天子，而征之可也。已征而歸其地于天子。諸侯貢士，一不適謂之過，再不適謂之傲，明鈔本「傲」作「敖」，大傳作「敖」。三不適謂之誣。誣者，天子黜之。一黜以爵，再黜以地，三黜而地畢。「地畢」上，大傳有「爵」字。初學記引大戴記亦有。射義疏引大傳無「爵」字，乃省文也。漢書云：「三黜而爵地畢矣。」潛夫論云：「三黜則爵土俱畢。」亦有「爵」字。諸侯有不貢士，謂之不率正。不率正者，天子黜之。一黜以爵，再黜以地，三黜而地畢。然後天子比年秩官之無文者而黜之，盧曰：「『文』疑『效』。」以諸侯之所貢士代之。詩云：詩大雅文王篇。「濟濟多士，文王以寧。」此之謂也。○案：此所載貢士之制，本尚書大傳虞夏傳，（據陳輯本。）又略見初學記卷二十引大戴禮記、漢書武紀元朔元年議、潛夫論考績篇。

古者必有命民。盧曰：「本提行。」案：舊本有與上條相接者，明鈔本、經廠本皆提行，今從盧校。命民能敬長憐孤，此句「命」字疑衍，韓詩外傳無。取捨好讓，居事力者，盧曰：「『居』，外傳六同，大傳作『舉』。」命於其君。命然後得乘飾輿駢馬。「飾」舊作「飭」，盧校作「飾」，曰：「『飾輿』，大傳作『飾車』，考工記輿人職云：『飾車欲侈。』」承周案：韓詩外傳亦作「飾車駢馬」。「命」字，大傳無。愛艮案：韓詩外傳作「然後命」，治要引作「命然後」，今本蓋誤。未得命者不得乘，乘者皆有罰。故其民雖有餘財侈物，而無仁義功德，則無所用其餘財侈物。故其民皆興仁義而賤財利。賤財利則不争，不争則强不淩弱，衆不暴寡。是唐虞所以興象刑而民莫敢犯法，盧曰：「『興象』二字，外傳作『象典』。」承周案：尚書大傳云：「唐虞之象刑，上刑赭衣不純，中刑雜屨，下刑墨幪以居州里，而民恥之。」又云：「唐虞象刑，犯墨者蒙皁巾，犯劓者赭其衣，犯臏者以墨幪其臏處而畫之，犯大辟者布衣無領。」（上引大傳兩條，陳本皆入唐傳。）而亂斯止矣。「而」上，外傳有「民莫犯法」四字。詩云：詩大雅抑篇。「告爾人民，謹爾侯度，用戒不虞。」此之謂也。○案：此文本尚書大傳唐傳、（愛民案：陳本入唐傳，皮氏疏證本則入皋陶謨。）韓詩外傳卷六，又略見潛夫論浮侈篇。

天子曰巡狩，公羊隱八年何注：「巡，猶循也。狩，猶守也。循守，守視之辭。」諸侯曰述職。巡狩者，巡其所守也。述職者，述其所職也。春省耕，助不給也；秋省斂，助不足也。○案：以上見孟子梁惠王下篇、管子戒篇、晏子春秋問下。天子五年一巡狩。歲二月，東巡狩，至于東嶽，柴，而望祀山川，見諸侯，問百年者，命太師陳詩以觀民風，命市納賈以觀民之所好惡。志淫好僻者，盧校刪「者」字，曰：「衍『者』字，禮記王制無。」命典禮。考時月，定日，同律禮樂制度衣服，正之。山川神祇有不舉者爲不敬，不敬者君黜以爵。宗廟有不順者爲不孝，不孝者君削其地。有功澤於民者，然後加地。入其境，土地辟除，敬老尊賢，則有慶，益其地。入其境，土地荒穢，遺老失賢，掊克在位，則有讓，削其地。一不朝者黜其爵，再不朝者黜其地，三不朝者以六師移之。歲五月，南巡狩，至于南嶽，如東巡狩之禮。歲八月，西巡狩，至于西嶽，如南巡狩之禮。歲十一月，北巡狩，至于北嶽，如西巡狩之禮。歸格于祖禰，用特。○案：「天子五年一巡狩」以下，見禮記王制。又白虎通巡狩篇引尚書大傳、慎子內篇引巡狩禮略同。史記五帝紀用堯典，漢書郊祀志、公羊隱八年何注引書，皆與僞孔異，與王制及此合。

春秋曰：春秋桓公四年經文。「正月，公狩于郎。」傳曰：「春曰苗，秋曰蒐，冬曰狩。」舊本作「春曰蒐，夏曰苗，秋曰獮，冬曰狩」，盧校刪「蒐夏曰」三字，又改「獮」爲「蒐」，曰：「此所引傳乃公羊桓四年之文也。孫云：『下文蒐在苗後，又云夏不田，是用公羊之說。後人乃誤據周禮、左傳以改此文，而不知其前後反成差互矣。今悉刪正。』」案：盧校是也，今據改。苗者奈何？曰：苗者，毛也。取之不圍澤，不揜羣。取禽不麛卵，不殺孕重者。案公羊傳何休注：「苗，毛也，明當毛物，取未懷任者。」左傳隱公五年正義引白虎通：「夏謂之苗何？擇去懷任者也。」說文：「覒，擇也。」詩關雎毛傳：「芼，擇也。」廣雅釋詁：「芼，取也。」秋蒐者，「秋」，舊本作「春」，從盧校改。不殺小麛及孕重者。冬狩皆取之。百姓皆出，不失其馳，不抵禽，盧曰：「『抵』，賈子同，廣雅作『題』，蓋即穀梁『不面傷』之義。」承周案：「面傷不獻」，亦見詩車攻毛傳。班固西都賦：「弦不睼禽。」後漢書作「失」。不詭遇，逐不出防，此苗、蒐、狩之義也。舊本「苗」下有「獮」字，今從盧校刪。下同。故苗、蒐、狩之禮，簡其戎事也。故苗者，毛取之。蒐者，搜索之。狩者，守留之。夏不田何也？曰：天地陰陽盛長之時，猛獸不攫，鷙鳥不搏，蝮蠆不螫，鳥獸蟲蛇且知應天，而況人乎哉？是以古者必有豢牢。其謂之田何？「田」，舊本作「畋」，盧校作「田」，今從盧校。聖人舉事必反本。五穀者，以奉宗廟，養萬民也。去禽獸害稼穡者，故以田言之。聖人作名號而事義可知也。○案：此用公羊桓四年傳義，又略見春秋繁露深察名號篇。公羊三時田之說，與周禮、左傳、爾雅、穀梁並異。

天子諸侯無事則歲三田，一爲乾豆，二爲賓客，三爲充君之庖。案：桓四年公羊傳、穀梁傳、詩車攻毛傳、廣雅釋天，並有此語。「豆」，廣雅作「梪」。無事而不田曰不敬。田不以禮曰暴天物。天子不合圍，諸侯不揜羣。天子殺則下大緌，盧曰：「『緌』，王制作『綏』。鄭注云：『當作緌。』下同。」諸侯殺則下小緌，大夫殺則止佐轝。盧曰：「『轝』，王制作『車』。」佐轝止則百姓畋獵。獺祭魚，然後漁人入澤梁；鳩化爲鷹，然後設罻羅；草木零落，然後入山林。昆蟲不蟄，盧曰：「『不』王制作『未』。」不以火田。不麛，不卵，盧曰：「王制有『不殺胎』三字，此脫。」不殀夭，盧曰：「舊倒，從王制乙。」不覆巢。此皆聖人在上，君子在位，能者在職，大德之發者也。○案：此以上本禮記王制。是故皋陶爲大理，平民各服得其實。伯夷主禮，上下皆讓。倕爲工師，百工致功。益主虞，山澤辟成。棄主稷，百穀時茂。契主司徒，百姓親和。龍主賓客，遠人至。十二牧行，而九州莫敢僻違。禹陂九澤，通九道，定九州，各以其職來貢，不失厥宜。方五千里，至于荒服。南撫交趾、大發，西析支、渠搜、氐、羌，盧校「大發」作「北發」，曰：「據史記五帝紀改。」又「析」，舊本或作「柝」，盧校改「析」。今案：明鈔本、經廠本、王本皆作「析」，今從盧校。「西析支」，大戴記作「鮮支」。北至山戎、肅慎，東至長夷、島夷。盧曰：「『島』，史記作『鳥』。」王引之經義述聞謂大戴記作「長鳥夷」，「長」下脫「夷」字。今本說苑「鳥」作「島」，乃後人依今本禹貢改之。四海之內，皆戴帝舜之功。於是禹乃興九韶之樂，「禹」字疑。致異物，鳳凰來翔，天下明德也。○案：是故以下本大戴記五帝德、史記五帝紀。又略見墨子節用中篇、賈子脩政語上篇、淮南子脩務篇。

射者必心平體正，持弓矢，審固，然後射者，能以中。詩云：詩小雅賓之初筵篇。「大侯既抗，弓矢斯張。射夫既同，獻爾發功。」此之謂也。弧之爲言豫也。案：「弧」當爲「射」，涉下文而誤。此文主言射，不主言弧。下文始出弧字，此無緣豫釋。且下文弧、矢並舉，亦無緣單釋弧字也。訓射爲豫，以聲爲訓。孟子滕文公上篇：「序者，射也。」廣雅釋言同。序與豫通。儀禮鄉射禮：「豫則鉤楹內，堂則由楹外。」鄉射記：「序則物當棟，堂則物當楣。」豫、序皆與堂對舉。經之豫，即記之序。鄭注經文亦云：今文「豫」爲「序」，皆其證。射之訓豫，猶序之訓射也。鄭鄉射禮注云：「豫，讀如成周宣謝災之謝。」（愛民案：「成周宣謝災」，見公羊宣十六年經文。）射之爲豫，猶豫之爲謝也。淮南子人間篇：「百射重戒。」高注：「射，豫也。」尤此文之明證。而今本高注豫誤象，則非是也。豫與戒同意。荀子大略篇：「先患慮患謂之豫。」淮南子説山篇：「智者善豫。」注：「豫，備也。」皆豫、戒同意之證。今據以改正。豫者，豫吾意也。故古者兒生三日，桑弧蓬矢六，射天地四方。禮記內則：「子生，男子設弧於門左，女子設帨於門右。三日，始負之。男射，女否。射人以桑弧蓬矢六，射天地四方。」賈子新書胎教篇亦有縣弧之禮。天地四方者，男子之所有事也。必有意其所有事，然後敢食穀。故曰「不素飡兮」。詩魏風伐檀篇文。此之謂也。○案：此文略與禮記射義同。

生而相與交通，故曰留賓。自天子至士，各有次。贈死不及柩尸，盧曰：「當别爲一條。荀子大略篇『贈』作『送』。」弔生不及悲哀，非禮也。故古者吉行五十里，奔喪百里。贈賵及事之謂時。時，禮之大者也。春秋曰：「天王使宰咺來歸惠公仲子之賵。」見隱公元年經。賵者何？喪事有賵者，蓋以乘馬束帛。輿馬曰賵，貨財曰賻，衣被曰襚，口實曰唅，玩好曰贈。知生者賻、賵，知死者贈、襚。贈、襚所以送死也，賻、賵所以佐生也。愛艮案：儀禮既夕禮：「知死者贈，知生者賻。」荀子大略篇：「貨財曰賻，輿馬曰賵，衣服曰襚，玩好曰贈，玉貝曰唅。賻、賵所以佐生也，贈、襚所以送死也。」隱元年公羊傳：「車馬曰賵，貨財曰賻，衣被曰襚。」何休注：「賵，猶覆也。賻，猶助也。皆助生送死之禮。襚，猶遺也。遺是助死之禮。知生者賵、賻，知死者贈、襚。」隱元年穀梁傳：「賵者何也？乘馬曰賵，衣衾曰襚，貝玉錢財曰賻。」白虎通崩薨篇：「贈、襚者何謂也？贈之爲言稱也，玩好曰贈。襚之爲言遺也，衣被曰襚。知死者則贈、襚，所以助生送死，追恩重終，副至意也。賻、賵者何謂也？賻者，助也。賵者，覆也。所以相佐，給不足也。故弔詞曰：『知生則賻、賵。』貨財曰賻，車馬曰賵』。」又略見御覽卷五百五十引春秋説題辭。以上文雖小異，而其説則同。惟隱三年穀梁傳：「歸死者曰賵，歸生曰賻。」鄭注少儀亦云：「賵主於死者。」注既夕禮又云：「賵奠於死生兩施。」與賻、賵所以佐生之説不合。輿馬、束帛、貨財、衣被、玩好，其數柰何？曰：天子乘馬六匹，諸侯四匹，大夫三匹，元士二匹，下士一匹。天子束帛五匹，玄三、纁二，各五十尺；諸侯玄三、纁二，各三十尺；盧曰：「『三』疑『四』」，下云『二、三、四、五之數，本之天地』，則此當作四。」案古文四作亖，與三爲積畫之誤。大夫玄一、纁二，各三十尺；元士玄一、纁一，各二丈；下士綵縵各一匹；庶人布帛各一匹。天子之賵，乘馬六匹，乘車；諸侯四匹，乘輿；大夫曰參輿；元士、下士不用輿。天子文繡衣各一襲，到地；諸侯覆跗；大夫到踝；

士到髀。天子唅實以珠；諸侯以玉；大夫以璣；士以貝；庶人以穀實。位尊德厚及親者，賻、賵、唅、襚厚。貧富亦有差。二、三、四、五之數，本之天地，盧曰：「『本』字舊作『取』，宋本作『本』。」今依盧校改正。而制奇偶，度人情而出節文，謂之有因。禮之大宗也。

春秋曰：「庚戌，天王崩。」案：見隱公三年經。傳曰：「天王何以不書葬？天子記崩，不記葬，必其時也。諸侯記卒，記葬，有天子在，不必其時也。」盧曰：「『不』下，隱三年公羊傳有『得』字。」必其時柰何？天子七日而殯，七月而葬。諸侯五日而殯，五月而葬。大夫三日而殯，三月而葬。士庶人二日而殯，二月而葬。皆何以然？曰：禮不豫凶事，死而後治凶服。衣衰飾，修棺椁，作穿窆宅兆，然後喪文成，外親畢至，葬墳集。孝子忠臣之恩厚備盡矣。故天子七月葬，同軌畢至；諸侯五月而葬，同會畢至；大夫三月而葬，同朝畢至；士庶人二月而葬，外姻畢至也。○此文本之公羊隱三年傳。又略見禮記王制及何休公羊解詁。

延陵季子適齊，於其反也，其長子死於嬴博之間，因葬焉。孔子聞之，曰：「延陵季子，吳之習於禮者也。」使子貢往而觀之。禮記作「往而觀其葬焉」，則爲孔子親往，與此異。其穿，「穿」，禮記作「坎」。深不至泉。其斂，以時服。既葬封，盧曰：「禮記檀弓『葬』下有『而』字。」壙墳掩坎，盧曰：「『壙墳』，記作『廣輪』。」其高可隱也。既封，左袒右旋其封，且號者三，言曰：「骨肉歸復于土，命也。若魂氣則無不之也，無不之也！」而遂行。孔子曰：「延陵季子於禮其合矣。」○案：此文本禮記檀弓下。

子生三年，然後免於父母之懷，故制喪三年，所以報父母之恩也。○愛艮案：論語陽貨篇：「子生三年，然後免於父母之懷。夫三年之喪，天下之通喪也。」又見禮記三年問，「通」作「達」。期年之喪通乎諸侯，三年之喪通乎天子，禮之經也。○愛艮案：禮記中庸：「期之喪達乎大夫，三年之喪達乎天子。父母之喪，無貴賤一也。」與此略異。

子夏三年之喪畢，見於孔子。孔子與之琴，使之弦。援琴而弦，衎衎而樂。作而曰：「先王制禮，不敢不及也。」子曰：「君子也。」閔子騫三年之喪畢，見於孔子。孔子與之琴，使之弦。援琴而弦，切切而悲。作而曰：「先王制禮，不敢過也。」孔子曰：「君子也。」子貢問曰：「閔子哀不盡，子曰『君子也』；子夏哀已盡，子曰『君子也』。賜也惑，敢問何謂？」孔子曰：「閔子哀未盡，能斷之以禮，故曰君子也；子夏哀已盡，能引而致之，故曰君子也。夫三年之喪，固優者之所屈，劣者之所勉。」盧曰：「此與檀弓上所記不同，彼云：『子夏哀未忘，子張不敢不至。』」承周案：此事諸書所載各異，此與毛詩檜風素冠傳合。又見淮南子繆稱篇注及家語六本篇。今錄諸書之文如下，以資參考。禮記檀弓上：「子夏既除喪而見，予之琴，和之不和，彈之而不成聲。作而曰：『哀未忘也。先王制禮，而弗敢過也。』子張既除喪而見，予之琴，和之而和，彈之而成聲。作而曰：『先王制禮，不敢不至焉。』」毛詩檜風素冠傳：「子夏三年之喪畢，見於夫子。援琴而絃，衎衎而樂。作而曰：『先王制禮，不敢不及也。』夫子曰：『君子也。』閔子騫三年之喪畢，見於夫子。援琴而絃，切切而哀。作而曰：『先王制禮，不敢過也。』夫子曰：『君子也。』子路曰：『敢問何謂也？』夫子曰：『子夏哀已盡，能引而致之於禮，故曰君子也；閔子騫哀未盡，能自割以禮，故曰君子也。夫三年之喪，賢者之所輕，不肖者之所勉。』」淮南子繆稱篇：「同是聲而取信焉異，有諸情也。故心哀而歌不樂，心樂而哭不哀。夫子曰：『絃則是也，其聲非也。』」高注：「閔子騫三年之喪畢，援琴而彈，其絃是也，其聲切切而哀。」家語六本篇：『子夏三年之喪畢，見於孔子。子曰：『與之琴。』使之絃，侃侃而樂。作而曰：『先王制禮，不敢不及。』子曰：『君子也。』閔子三年之喪畢，見於孔子。子曰：『與之琴。』使之絃，切切而悲。作而曰：『先王制禮，弗敢過也。』子曰：『君子也。』子貢曰：『閔子哀未盡，夫子曰君子也；子夏哀已盡，又曰君子也。二者殊情，而俱曰君子。賜也惑，敢問之。』孔子曰：『閔子哀未忘，能斷之以禮；子夏哀已盡，能引之及禮。雖均之君子，不亦可乎。』」

齊宣王謂田過曰：「吾聞儒者喪親三年，喪君三年，韓詩外傳脱此四字。君與父孰重？」田過對曰：「殆不如父重。」王忿然怒曰：「然則何爲去親而事君？」田過對曰：「非君之土地，無以處吾親；非君之祿，愛艮案：類説引「祿」上有「穀」字。無以養吾親；非君之爵位，韓詩外傳無「位」字。無以尊顯吾親。受之君，致之親。凡事君，所以爲親也。」宣王邑邑而無以應。○案：此文本韓詩外傳卷七。

古者有菑者謂之厲。君一時素服，使有司弔死問疾，憂以巫醫。匍匐以救之，湯粥以方之。善者必先乎鰥寡孤獨，「鰥」，宋本、明鈔本皆作「矜」；經廠本作「矝」，當亦是「矜」字。及病不能相養，死無以葬埋，則葬埋之。有親喪者，不呼其門。有齊衰大功，五月，不服力役之征。有小功之喪者，未葬，不服力役之征。其有重尸多死者急，則有聚衆童子，擊鼓苣火，盧曰：「苣，束葦燒也。別作『炬』，非。」入官宮里用之。各擊鼓苣火，逐官宮里。家之主人，冠，立于阼。事畢，出乎里門，出乎邑門，至野外。此匍匐救厲之道也。師大敗亦然。

齋者，思其居處也，盧曰：「本提行。」案：明鈔本、經廠本皆提行。思其笑語也，思其所爲也。齋三日乃見其所爲齋者。祭之日，將入户，僾然若有見乎其容。盤旋出户，「盤旋」，禮記作「周還」。喟然若有聞乎歎息之聲。「喟」，禮記作「愾」。先人之色，不絶於目；聲音咳唾，不絶於耳；嗜欲好惡，不忘於心。是則孝子之齋也。此有脱文。案禮記祭義：「齊之日，思其居處，思其笑語，思其志意，思其所樂，思其所嗜。齊三日乃見其所爲齊者。祭之日，入室僾然必有見乎其位。周還出位，肅然必有聞乎其容聲。出户而聽，愾然必有聞乎其嘆息之聲。是故先王之孝也，色不忘乎目，聲不絶乎耳，心志嗜欲不忘乎心。致愛則存，致慤則著。著存不忘乎心，安得不敬乎。」即此文所本，可以參校。

春祭曰祠，夏祭曰禴，秋祭曰嘗，冬祭曰烝。盧校「烝」作「蒸」，曰：「『蒸』、『烝』通。」○承周案：春秋：「桓公八年春正月己卯，烝。」公羊傳：「烝者何？冬祭也。春曰祠，夏曰礿，秋曰嘗，冬曰烝。」春薦韭卵，夏薦麥魚，秋薦黍豚，冬薦稻鴈。桓八年公羊傳何休注同。三歲一祫，五年一禘。祫者，合也。禘者，諦也。祫者，大合祭於祖廟也。禘者，諦其德而差優劣也。聖主將祭，盧校「主」作「王」。必潔齋精思，若親之在。方與未登，㥔㥔憧憧。盧曰：「『㥔』當與『顒』同。」專一想親之容貌彷彿。此孝子之誠也。四方之助祭，空而來者滿而反，虛而至者實而還。皆取法則焉。

韓褐子濟於河，津人告曰：「夫人過於此者，未有不快用者也。盧曰：「『快』，當與『禬』同。會福祭也。」而子不用乎？」韓褐子曰：「天子祭海內之神，諸侯祭封域之內，大夫祭其親，士祭其祖禰。褐也未得事河伯也。」津人申楫，舟中水而運。盧曰：「回旋則其勢將沒。」津人曰：「向也役人固已告矣，夫子不聽役人之言也。今舟中水而運，甚殆。治裝衣而下遊乎？」韓子曰：「吾不爲人之惡我而改吾志，不爲我將死而改吾義。」言未已，舟泆然行。韓褐子曰：「詩云：『莫莫葛藟，施于條枚。愷悌君子，求福不回。』詩大雅旱麓篇。鬼神且不回，況於人乎？」

孔子曰：「無體之禮，敬也；無服之喪，憂也；無聲之樂，懽也。禮記孔子閒居：「孔子曰：『無聲之樂，無體之禮，無服之喪，此之謂三無。』」不言而信，不動而威，不施而仁，志也。鐘鼓之聲，怒而擊之則武，憂而擊之則悲，喜而擊之則樂。其志變，其聲亦變。其志誠，「其志誠」，家語作「故志誠感之」。尸子作「意誠感之」。此文似脫「感」字。通乎金石，而況人乎？」○案：此卽禮記孔子閒居之「三無」。家語六本篇用此文。「鐘鼓之聲」以下，又見御覽卷五百七十五引尸子。

公孟子高見顓孫子莫曰：「敢問君子之禮何如？」顓孫子莫曰：「去爾外厲，與爾內色勝，「色」字衍，「內勝」、「外厲」，相對爲文。而心自取之。去此三者而可矣。」案：公孟子高卽孟子萬章上篇之公明高。趙岐注謂公明高爲曾子弟子。墨子有公孟篇。顯孫子莫卽孟子盡心上篇所云子莫執中者。去內、去外，去心自取之，正執中之義。公孟不知，以告曾子。曾子愀然逡巡曰：「大哉言乎！夫外厲者必內折，色勝而心自取之者必爲人役。是故君子德行成而容不知，聞識博而辭不爭，知慮微達而能不愚。」

曾子有疾，孟儀往問之。「孟儀」，論語作「孟敬子」。愛艮案：何晏集解：「孟敬子，魯大夫仲孫捷。」鄭玄注禮記檀弓同。劉寶楠正義：「說苑作孟儀，疑儀是字。」曾子曰：「鳥之將死，必有悲聲。君子集大辟，必有順辭。禮有三，儀知之乎？」對曰：「不識也。」曾子曰：「坐，吾語汝。君子脩禮以立志，則貪欲之心不來。盧曰：「『欲』，宋、元本俱作『慾』。」案：經廠本亦作「慾」。君子思禮以修身，則怠惰慢易之節不至。君子修禮以仁義，則忿爭暴亂之辭遠。若夫置罇俎，列籩豆，此有司之事也，君子雖勿能可也。」〇愛艮案：論語泰伯篇：「曾子有疾，孟敬子問之，曾子言曰：『鳥之將死，其鳴也哀；人之將死，其言也善。君子所貴道者三：動容貌，斯遠暴慢矣；正顏色，斯近信矣；出辭氣，斯遠鄙倍矣。籩豆之事，則有司存。』」卽此文所本。集解釋君子所貴乎道者三，引鄭玄注云：「此道，謂禮也。」劉寶楠正義：「說苑云：『禮有三』，是此文言道卽禮也。」

孔子曰：「可也，簡。」簡者，易野也。易野者，無禮文也。孔子見子桑伯子，子桑伯子不衣冠而處。愛艮案：論語雍也篇劉寶楠正義謂子桑伯子卽莊子山木篇之桑雩，大宗師篇之桑户，楚辭涉江之桑扈。涉江云：「桑扈贏行。」王逸注：「去衣裸裎，效夷狄也。」正與此文所言子桑伯子不衣冠而處相合。弟子曰：「夫子何爲見此人乎？」曰：「其質美而無文，吾欲說而文之。」孔子去，子桑伯子門人不說，曰：「何爲見孔子乎！」曰：「其質美而文繁，吾欲説而去其文。」故曰文質修者謂之君子；有質而無文謂之易野。子桑伯子易野，欲同人道於牛馬。故仲弓曰太簡。上無明天子，下無賢方伯。天下爲無道，臣弑其君，子弑其父，力能討之，討之可也。當孔子之時，上無明天子也。故言「雍也可使南面」，南面者，天子也。雍之所以得稱南面者，問子桑伯子於孔子，孔子曰：「可也，簡。」仲弓曰：「居敬而行簡，以道民，不亦可乎？居簡而行簡，無乃太簡乎？」子曰：「雍之言然。」仲弓通於化術，孔子明於王道，而無以加仲弓之言。○愛艮案：論語雍也篇：「子曰：『雍也可使南面。』仲弓問子桑伯子，子曰：『可也，簡。』仲弓曰：『居敬而行簡，以臨其民，不亦可乎？居簡而行簡，無乃太簡乎？』子曰『雍之言然。』」此文蓋其解説。

孔子至齊郭門之外，遇一嬰兒，挈一壺相與俱行。其視精，其心正，其行端。孔子謂御曰：「趣驅之，趣驅之！韶樂方作。」孔子至彼聞韶，三月不知肉味。故樂非獨以自樂也，又以樂人；非獨以自正也，又以正人。大矣哉！盧校删去「大」字，曰：「宋、元本俱無『大』字。」案：明鈔本、經廠本亦無「大」字。於此樂者，不圖爲樂至於此。○愛艮案：論語述而篇：「子在齊聞韶，三月不知肉味。曰：『不圖爲樂之至於斯也！』」此文蓋其解説。

黄帝詔泠倫作爲音律。「泠」，舊作「伶」，盧校作「泠」，下同。案：宋本、經廠本俱作「泠」，今從盧校。盧曰：「劉向別録樂記第十六説律，其卽此乎？」承周案：御覽卷五百六十五引呂氏春秋與此全同。又略見風俗通音聲篇。泠倫自大夏之西，乃之崑崙之陰，盧曰：「案此文與呂氏春秋古樂篇同。此『崑崙』，呂氏作『阮隃』，疑後人又用漢書之文改之。下多類此。」取竹於解谷。「解」，舊作「嶰」，盧校作「解」。案：宋本，經廠本俱作「解」，今從盧校。以生竅厚薄均者，斷兩節間，其長九寸，盧曰：「呂作『三寸九分』。」而吹之，以爲黃鍾之宮，曰含少。「曰」，舊作「日」，盧校作「曰」。今從盧校。以崑崙之下，盧曰：「『以崑崙』，呂作『以之阮隃』。」聽鳳之鳴，盧曰：「『鳳』下，呂有『皇』字。」以別十二律。其雄鳴爲六，雌鳴亦六，以比黃鍾之宮。適合黃鍾之宮，皆可生之。盧曰：「『可』下，呂有『以』字。」而律之本也。故曰：「黃鍾微而均鮮全而不傷。其爲宮獨尊，象大聖之德。可以明至賢之功，故奉而薦之于宗廟，以歌迎功德，世世不忘。是故黃鍾生林鍾，盧曰：「此下與呂氏音律篇多互異，考之晉書、宋書律志，多與呂氏合。然則此文又爲後人所淆亂也。今當悉據呂氏以正之。」承周案：困學紀聞卷四云：「班固律曆志述劉歆之言，以律爲下生，呂爲上生。鄭康成以黃鍾三律爲下生，以蕤賓三律爲上生。梁武帝鍾律緯謂班固夾鍾、中呂過於無調。鄭康成有升陽而無降陽。陳用之禮書謂自子午以左皆上生，子午以右皆下生。以鄭說爲是。張文饒翼玄曰：『十二月之律以候月，六十日之律以候日。月律當一下一上，依次而生；日律當用蕤賓，重上生。司馬遷、劉歆之法，月律也；呂不韋、淮南、京房之法，日律也。晉志取司馬而非淮南，梁武是京房而非班固，皆非通論。』」林鍾生大呂，大呂生夷則，夷則生太簇，太簇生南呂，南呂生夾鍾，夾鍾生無射，無射生沽洗，「沽」，舊作「姑」，盧從宋本校作「沽」，下同。案：明鈔本亦作「沽」，今依盧校。沽洗生應鍾，應鍾生蕤賓。盧校此節作「是故黃鍾生林鍾，林鍾生太簇，太簇生南呂，南呂生沽洗，沽洗生應鍾，應鍾生蕤賓，蕤賓生大呂，大呂生夷則，夷則生夾鍾，夾鍾生無射，無射生仲呂。」又曰：「御覽五百六十五所引呂氏卽同說苑訛本。」三分所生益之一分以上生，三分所生去其一分以下生。黃鍾、大呂、太簇、夾鍾、沽洗、仲呂、蕤賓爲上生；舊本無「生」字，下文「下生」亦同。承周案：二「生」字當有，從御覽卷五百六十五引呂氏增。林鍾、夷則、南呂、無射、應鍾爲下生。大聖至治之世，天地之氣合以生風。日至則日行其風，盧曰：「『日行』，呂作『月鍾』。」以生十二律。故仲冬短至，盧校短上增「日」字，曰：「『日』脫，據呂補。」則生黃鍾；季冬生大呂；孟春生太簇；仲春生夾鍾；季春生沽洗；孟夏生仲呂；仲夏生蕤賓；盧校「仲夏」下增「日長至則」四字，曰：「『日長至則』四字脫，據呂補。」季夏生林鍾；孟秋生夷則；仲秋生南呂；季秋生無射；孟冬生應鍾。天地之風氣正，盧曰：「呂有『則』字。」十二律至也。盧曰：「『至也』，呂作『定矣』。」

聖人作爲鞉鼓椌楬塤篪，愛艮案：「樂記鄭注：『椌楬，謂柷敔也。』」此六者德音之音。然後鍾磬竽瑟以和之，然後干戚旄狄以舞之。愛艮案：樂記孔疏：「狄，羽也。」此所以祭先王之廟也，此所以獻酢酳酬也，盧曰：「『酢』，樂記與下『酬』字互易。」承周案：樂書此二字亦互易。所以官序貴賤各得其宜也，此可以示後世有尊卑長幼之序也。盧曰：「『可』，樂記作『所』。」承周案：樂書亦作「所」。○案：此文本禮記樂記，又見史記樂書。

鍾聲鏗，鏗以立號，號以立橫，橫以立武。君子聽鍾聲則思武臣。石聲磬，樂記鄭注：

「『磬』當爲『罄』，字之誤也。」樂書「磬」作「硜」，集解引王肅曰：「聲果勁。」磬以立辯，「辯」，樂記作「辨」。鄭注：「辨，謂分明於節義。」樂書「辨」作「別」。辯以致死。君子聽磬聲則思封疆之臣。絲聲哀，哀以立廉，廉以立志。君子聽琴瑟之聲則思志義之臣。竹聲濫，樂書集解引王肅曰：「濫，會諸音。」濫以立會，會以聚衆。君子聽竽笙簫管之聲則思畜聚之臣。鼓鞞之聲懽，盧曰：「樂記作『讙』，下同。」承周案：樂書亦作「讙」。又「鞞」，樂記、樂書並作「鼙」。懽以立動，動以進衆。君子聽鼓鞞之聲則思將帥之臣。君子之聽音，非聽其鏗鏘而已，「鏘」，樂記、樂書並作「鎗」。彼亦有所合之也。○案：此文本禮記樂記，又見史記樂書。並與上文相連。

樂者，聖人之所樂也，而可以善民心，其感人深，其移風易俗。樂記及荀子樂論篇並與此同。樂書作「其風移俗易」。漢書禮樂志作「移風易俗易」。下「易」字，顔注音弋豉反。經義述聞載王念孫說云：「當從漢書補下『易』字，蓋樂之感人既深，則其移風易俗必易，二句相對爲文。若下句末無『易』字，則文不成義，且與上句不對矣。漢書董仲舒傳：『樂者所以變民風，化民俗也。其變民也易。』正與此『易』字同義。祇以『易』、『易』同字，後人誤以爲重複，故或改『移風』爲『風移』，而刪去上『易』字，則爲『風移俗易』矣。或刪去下『易』字，則爲『移風易俗』矣。荀子、說苑無下『易』字，卽後人依禮記刪之。而漢書『易』字獨未刪，則以師古音弋豉反故也。釋文『易』字無音，正義釋『移風易俗』而不及下『易』字，則唐初本已無此字，不始於石經矣。淮南主術篇：『攝權勢之柄，其以移風易俗易矣。』今本無下『易』字，亦後人誤以爲複而刪之也。下文曰：『攝權勢之柄，其於以化民易矣。』句法與上文同，則上文亦有『易』字可知。蓋讀書未審，而率意刪改者，大類如此。」承周案：王說是也。此文「俗」下「易」字亦當據補。故先王著其教焉。夫民有血氣心知之性，盧曰：「上是樂施章，此是樂言章，當提行。」承周案：樂記孔疏及樂書張守節正義皆以上爲樂施章，「夫民有血氣心知之性」以下爲樂言章。而樂書以「樂者聖人之所樂也」至「故先王著其教焉」，冠樂言之首，與小戴記節次不合。漢書禮樂志亦連引之，與本書正同。則別録舊第，必是如此。張守節據皇、孔本禮記以譏史記之誤，非也。而無哀樂喜怒之常。應感起物而動，然後心術形焉。是故感激憔悴之音作，「感激憔悴」，樂記作「志微噍殺」，樂書與樂記同，惟「噍」作「焦」，漢書禮樂志作「纖微癄瘁」。案：「癄瘁」與「憔悴」同，「噍殺」亦當讀爲「憔悴」。惟此文「感激」二字，與諸書不相應，疑誤。而民思憂。嘽諧慢易繁文簡節之音作，盧曰：「『諧』，宋、元本皆作『奔』。」承周案：明鈔本、經廠本亦作「奔」。又案：「嘽諧」，樂書作「嘽緩」，漢志作「闡諧」。而民康樂。粗厲猛奮廣賁之音作，「粗厲猛奮廣賁」，樂記作「粗厲猛起奮末廣賁」，樂書同，較此多二字。惟漢志作「麤厲猛奮」，以「猛奮」連文，與此合。而民剛毅。廉直勁正莊誠之音作，「勁」，樂書作「經」。集解引孫炎曰：「經，法也。」而民肅敬。寬裕肉好順成和動之音作，而民慈愛。流僻邪散狄成滌濫之音作，王引之經義述聞曰：「『狄』，讀爲『誂』。『成』者，『戉』之譌。『戉』與『越』通。呂氏春秋音初篇：『流僻誂越慆濫之音出。』『慆濫』即『滌濫』也。『誂越』即『狄戉』也。楚辭九思：『聲噭誂兮清和。』誂字亦作咷。漢書韓延壽傳：『噭咷楚歌。』服虔曰：『咷，音滌濯之滌。』正與狄同音。故誂通作狄。鄭云：『狄，往來疾貌。』方言曰：『佻，疾也。』廣雅曰：『越，疾也。』佻與誂同聲，越與戉同聲，是誂越、狄戉皆謂樂聲往來之疾也。鄭以狄爲往來疾貌，而不解『成』字，蓋闕之也。王肅解狄成謂成而似夷狄之音，（見史記集解。）

孔穎達謂速疾而成。望文生義，胥失之矣。」而民淫亂。是故先王本之情性，稽之度數，制之禮義。「義」，漢志作「儀」。含生氣之和，「含」，樂記、樂書、漢志皆作「合」。道五常之行。使陽而不散，陰而不密，剛氣不怒，柔氣不懾。「懾」，舊作「攝」，盧校改「懾」。案：明鈔本、經廠本皆作「懾」，與樂記、樂書、漢志諸書合。四暢交於中，而發作於外。皆安其位，「位」下，樂記、樂書、漢志皆有「而」字。不相奪也。然後立之學等，廣其節奏，省其文彩，以繩德厚。律小大之稱，「律」，樂書作「類」。比終始之序，以象事行。使親疏貴賤長幼男女之理，皆形見於樂。故曰：「樂觀其深矣。」土弊則草木不長，水煩則魚鱉不大，氣衰則生物不遂，「遂」，樂書作「育」。世亂則禮慝而樂淫。「慝」，樂書作「廢」，呂氏春秋作「煩」。是故其聲哀而不莊，樂而不安。慢易以犯節，流漫以忘本。「漫」，樂記、樂書皆作「湎」。廣則容姦，狹則思欲。感滌蕩之氣，盧曰：「『滌蕩』，記作『條暢』。」經義述聞載王念孫曰：「『條暢』，讀『滌蕩』。滌蕩之氣，謂逆氣也。上文『其聲哀而不莊』云云，謂姦聲也，故下文曰：『姦聲感人而通氣應之。逆氣成象，而淫樂興焉』。滌蕩之氣與平和之德正相反，平和之德謂順德也，故下文曰『正聲感人而順氣應之。順氣成象，而和樂興焉。』姦聲、正聲各以類相動，故下文曰『萬物之理，各以類相動也。』考史記樂書及說苑脩文篇並作『感滌蕩之氣而滅平和之德』，上文曰『流辟邪散狄成滌濫之音作，而民淫亂』，呂氏春秋音初篇曰：『流辟誂越慆濫之音出，則慆蕩之氣、邪慢之心感矣。』慆濫即滌濫也。慆蕩即滌蕩也。滌蕩、條暢、慆蕩聲相近，故字相通。」而滅平和之德。是以君子賤之也。凡姦聲感人，而逆氣應之。逆氣成象，而淫樂興焉。正聲感人，而順氣應之。順氣成象，而和樂興焉。唱和有應，回邪曲直，各歸其分，而萬物之理，以類相動也。是故君子反情以和其志，比類以成其行。姦聲亂色，不習於聽。「習」當作「留」。「聽」當作「聰」。下又脱「明」字。樂書正作「不留於聰明」。樂記作「不留聰明」，無「於」字。又下文「不接心術」，「接」下亦當同樂書補「於」字。疑後人依樂記減下「於」字，而上句誤減「明」字，遂成今本耳。「聰明」、「心術」相對爲文，且亂色不可以言聽也。今本非是。淫樂慝禮，不接心術。「接」下，當據樂書補「於」字，說見上。惰慢邪僻之氣，不設於身體。使耳目鼻口心知百體，盧曰：「『知』，宋、元本『智』。」案：明鈔本、經廠本亦作「智」。皆由順正，以行其義。然後發以聲音，文以琴瑟，動以干戚，飾以羽毛，「毛」，樂記、樂書及荀子樂論皆作「旄」。從以簫管，「簫」，樂論作「磬」。奮至德之光，動四氣之和，以著萬物之理。是故清明象天，廣大象地，終始象四時，周旋象風雨。五色成文而不亂，八風從律而不姦，百度得數而有常。小大相成，終始相生。唱和清濁，代相爲經。盧曰：「『代』，記作『迭』，義同。」案：樂書作「代」。故樂行而倫清。案：荀子樂論作「樂行而志清」。下多「禮脩而行成」一句。耳目聰明，血氣和平，移風易俗，天下皆寧。故曰：「樂者，樂也。君子樂得其道，小人樂得其欲。以道制欲，則樂而不亂；以欲忘道，則惑而不樂。是故君子反情以和其意，廣樂以成其教。故樂行而民向方，可以觀德矣。案：呂氏春秋音初篇：「故君子反道以修德，正德以出樂，和樂以成順，樂合而民鄉方矣。」亦本樂記，而文微異。德者，性之端也。樂者，德之華也。金石絲竹，樂之器也。詩言其志，歌詠其聲，舞動其容。三者本於心，然後樂器從之。「器」，樂記、樂書皆作「氣」。王引之經義述聞謂「氣」卽「器」之借字。是故情深而文明，氣盛而化神。和順積中，而英華發外。惟樂不可以爲僞。樂者，心之動也。聲者，樂之象也。文彩節奏，聲之飾也。君子之動本，樂其象也，後治其飾。盧曰：「記作『君子動其本，樂其象，然後治其飾』。」案：樂書與樂記同。是故先鼓以警戒，三步以見方，再始以著往，復亂以飭歸。盧曰：「『飭』，宋本『飾』。」案：明鈔本、經廠本皆作「飾」，與樂書合。今本疑後人從樂記改。奮疾而不拔，極幽而不隱。獨樂其志，不厭其道，不私其欲。是故情見而義立，樂終而德尊。君子以好善，小人以飭聽過。盧曰：「『飭』下『聽』字，後人以樂記之文注此下，今當爲衍文。」承周案：盧說是也。本書作「飭過」，樂記作「聽過」，樂書作「息過」。故曰：生民之道，樂爲大焉。〇案：此文本禮記樂記、史記樂書；又見漢書禮樂志。吕氏春秋音初篇、荀子樂論載此文，較略，亦多異。

樂之可密者，琴最宜焉。君子以其可修德，故近之。盧曰：「四句，樂記所無。閒雜於中，頗不倫。」承周案：四句疑樂器章佚文，以下見樂本章。風俗通聲音篇云：「君子所常用者，琴最親密。」凡音之起，由人心生也。人心之動，物使之然也。感於物而後動，故形於聲。聲相應，故生變。變成方，謂之音。比音而樂之，及干戚羽旄，謂之樂。樂者，音之所由生也。其本在人心之感於物。「物」下，樂記、樂書皆有「也」字。是故其哀心感者，其聲噍以殺；其樂心感者，其聲嘽以緩；其喜心感者，其聲發以散；其怒心感者，其聲壯以厲；「壯」，樂記作「粗」；樂書作「麤」。其敬心感者，其聲直以廉；其愛心感者，其聲和以調。「調」，樂記、樂書皆作「柔」。人之善惡，「人之善惡」四字，樂記、樂書皆作「六者」二字。非性也，感於物而後動，是故先王愼所以感之。「感之」下，樂記有「者」字；樂書無。故禮以定其意，「定其意」，樂記作「道其志」；樂書「道」作「導」。樂以和其性，「性」樂記、樂書皆作「聲」。政以一其行，刑以防其姦。禮樂刑政，其極一也。所以同民心而立治道也。「立」樂記、樂書皆作「出」。○案：此文本禮記樂記，又見史記樂書。

凡音生人心者也。案：此樂記樂本章第二段，當連上文。情動於中，而形於聲。聲成文，謂之音。是故治世之音安以樂，其政和；亂世之音怨以怒，其政乖；亡國之音哀以思，其民困。聲音之道，與政通矣。宮爲君，商爲臣，角爲民，徵爲事，羽爲物。五音亂則無法。無法之音：「則無法無法之音」七字，樂記作「則無怗懘之音矣。」樂書同，惟「怗懘」作「惉滯」。索隱云：「又本作『怗帶』，省也。」宮亂則荒，其君驕；商亂則陂，「陂」，樂書作「槌」。集解：「徐廣曰：『今禮作「陂」也。』」其官壞；角亂則憂，其民怨；徵亂則哀，其事勤；羽亂則危，其財匱。五者亂，代相凌，「代相凌」，樂記、樂書作「迭相陵」。謂之慢。如此，則國之滅亡無日矣。鄭衞之音，亂世之音也，比於慢矣。桑間濮上之音，亡國之音也。其政散，其民流，誣上行私，而不可止也。○案：此文本禮記樂記、史記樂書；又略見呂氏春秋適音篇及毛詩關雎序。呂氏春秋文多異。

凡人之有患禍者，盧曰：「本提行。」案：明鈔本、經廠本皆提行。此下今樂記亦無之。今從盧說提行。生於淫泆暴慢。淫泆暴慢之本，生於飲酒。故古者愼其飲酒之禮。使耳聽雅音，目視正儀，足行正容，心諭正道。故終日飲酒而無過失。近者數日，遠者數月，皆人有德焉，以益善。詩云：詩大雅既醉篇之文。「既醉以酒，既飽以德。」此之謂也。

凡從外入者，盧曰：「元本連上。案當別爲一條。」承周案：經廠本亦連上；明鈔本、范本提行。從盧說別爲一條爲是。莫深於聲音。變人最極。故聖人因而成之以德，曰樂。樂者，德之風。詩曰：詩大雅假樂篇之文。「威儀抑抑，德音秩秩。」謂禮樂也。故君子以禮正外，以樂正內。內須臾離樂，則邪氣生矣。外須臾離禮，則慢行起矣。故古者天子諸侯聽鐘聲未嘗離於庭，卿大夫聽琴瑟未嘗離於前，所以養正心而滅淫氣也。樂之動於內，使人易道而好良；樂之動於外，使人温恭而文雅。雅頌之聲動人，而正氣應之；和成容好之聲動人，而和氣應之；粗厲猛賁之聲動人，而怒氣應之；鄭衞之聲動人，而淫氣應之。是以君子慎其所以動人也。

子路鼓瑟，「瑟」，家語作「琴」。有北鄙之音。孔子聞之曰：「信矣，「信」，家語作「甚」。由之不才也。」冉有侍，孔子曰：「求，來，爾奚不謂由：夫先王之制音也，奏中聲爲中節。「爲中節」，家語作「以爲節」。流入於南，不歸於北。南者，生育之鄉；北者，殺伐之域。故君子執中以爲本，務生以爲基。故其音温和而居中，以象生育之氣。「象」家語作「養」。憂哀悲痛之感不加乎心，暴厲淫荒之動不在乎體。盧校「在」作「存」。案：宋本、程本、經廠本、王本、纂注本皆作「在」，明鈔本作「存」。二字古同義。家語亦作「在」。不必改也。夫然者，乃治存之風，安樂之爲也。彼小人則不然，執末以論本，務剛以爲基。故其音湫厲而微末，「湫厲」，家語作「亢麗」。以象殺伐之氣。和節正中之感不加乎心，温儼恭莊之動不存乎體。夫殺者，乃亂亡之風，盧曰：「『亡』，御覽五百六十九作『世』。」承周案：宋本、鮑刻御覽俱仍作「亡」。奔北之爲也。昔舜造南風之聲，其興也勃焉。家語作「昔者舜彈五弦之琴，造南風之詩。其詩曰：『南風之薰兮，可以解吾民之慍兮。南風之時兮，可以阜吾民之財焉。』唯脩此化，故其興也勃焉。」案：尸子綽子篇有此詩。（汪輯據羣書治要引。）汪繼培曰：「文選琴賦注引尸子曰：『舜作五弦之琴，以歌南風：「南風之薰兮，可以解吾民之慍。」』是舜歌也。禮記樂記疏云：『聖證論引尸子及家語難鄭云：「昔者舜彈五絃之琴，其辭曰：『南風之薰兮，可以解吾民之慍兮。南風之時兮，可以阜吾民之財兮。』」疑尸子本止二語，而肅合家語稱之也。』又見史記樂書索隱。韓非子外儲説左上：『有若曰：「昔者，舜鼓五琴，歌南風之詩，而天下治。」』韓詩外傳四引傳曰：『舜彈五絃之琴，以歌南風，而天下治。』淮南子詮言訓云：『舜彈五絃之琴，而歌南風之歌，以治天下。』又泰族訓云：『舜爲天子，彈五絃之琴，歌南風之詩，而天下治。』越絶書十三：『范子曰：「舜彈五絃之琴，歌南風之詩，而天下治。」』新語無爲篇云：『昔舜治天下也，彈五絃之琴，歌南風之詩。』風俗通聲音篇云：『尚書：舜彈五絃之琴，歌南風之詩，而天下治。』」案：王應麟困學紀聞卷五亦説此事。又俞正燮癸巳存稿卷十四，則謂尸子歌辭亦王肅所增。至今王公述而不釋。「釋」，家語作「忘」。紂爲北鄙之聲，其廢也忽焉。至今王公以爲笑。「以爲笑」，家語作「舉以爲戒」。彼舜以匹夫，積正合仁，履中行善，而卒以興。紂以天子，好慢淫荒，剛厲暴賊，而卒以滅。今由也，匹夫之徒，布衣之醜也。既無意乎先王之制，而又有亡國之聲，「有」，家語作「習」，於義爲長。豈能保七尺之身哉？」冉有以告子路。子路曰：「由之罪也，小人不能，盧曰：「『小人不能』以下，御覽無；但云『後果不得其死焉』。」耳陷而入於斯，「耳」字誤。愛艮案：「耳」，疑「自」字之譌。宜矣，夫子之言也。」遂自悔，不食，七日而骨立焉。孔子曰：「由之改，過矣。」盧曰：「『過』下似脱一字。家語辨樂解：『夫子曰：過而能改，其進矣乎。』」承周案：宋本作「由之改進矣」；明鈔本、經廠本、范本作「由之改過矣。」明鈔本、經廠本、范本爲長。與家語異意。今本「之」或作「知」，乃妄改，不可從。盧疑脱一字，亦非。〇案：家語辨樂篇用此文。

説苑卷第二十

反質

孔子卦得賁，喟然仰而嘆息，意不平。子張進，「子張」，呂氏春秋作「子貢」。舉手而問曰：「師聞賁者吉卦，而嘆之乎？」孔子曰：「賁非正色也，是以嘆之。吾思夫質素，「夫」，舊作「也」，盧校改「夫」。案：宋本、明鈔本、經廠本皆作「夫」。今從盧校。白當正白，黑當正黑，夫質又何也。「何」下，脱「好」字，當據呂氏春秋補。吾亦聞之：丹漆不文，白玉不雕，寶珠不飾，何也？質有餘者，不受飾也。」

○案：此文本呂氏春秋壹行篇，又見家語好生篇。二書皆有異同，今録如下。呂氏春秋壹行篇：「孔子卜得賁。孔子曰：『不吉。』子貢曰：『夫賁，亦何謂不吉乎？』孔子曰：『夫白而白，黑而黑，夫賁又何好乎？』」家語好生篇：「孔子嘗自筮，其卦得賁焉，愀然有不平之狀。子張進曰：『師聞卜者得賁卦，吉也。而夫子之色有不平，何也？』孔子對曰：『以其離邪。在周易，山下有火謂之賁，非正色之卦也。夫質也，黑白宜正焉。今得賁，非吾兆也。吾聞丹漆不文，白玉不琱，何也？質有餘，不受飾故也。』」

信鬼神者失謀，信日者失時。何以知其然？夫賢聖周知，能不時日而事利。敬法令，貴功勞，不卜筮而身吉。謹仁義，順道理，不禱祠而福。故卜數擇日，潔齋戒，肥犧牲，飾珪璧，精祠祀，而終不能除悖逆之禍。以神明有知而事之，乃欲背道妄行，而以祠祀求福，神明必違之矣。天子祭天地、五嶽、四瀆，諸侯祭社稷，大夫祭五祀，士祭門戶，庶人祭其先祖。聖王承天心，制禮分也。凡古之卜日者，將以輔道稽疑，示有所先，而不敢自專也。非欲以顛倒之惡，而幸安之全。盧曰：「『全』字誤，當在『幸』字下。」孔子曰：「非其鬼而祭之諂也。」見論語爲政篇。是以泰山終不享季氏之旅。愛民案：論語八佾篇：「季氏旅於泰山，子謂冉有曰：『女弗能救與？』對曰：『不能。』子曰：『嗚呼，曾謂泰山，不如林放乎？』」集解：「馬融曰：『旅，祭名也。禮：諸侯祭山川在其封內者。今陪臣祭泰山，非禮也。冉有，弟子冉求。時仕於季氏。救，猶止也。』包咸曰：『神不享非禮，林放尚知問禮，泰山之神，反不如林放耶？欲誣而祭之。』」易稱「東鄰殺牛，不如西鄰之禴祭」，易既濟九五爻辭。蓋重禮不貴牲也。盧校「牲」作「物」。案：宋本、明鈔本、經廠本皆作「物」。敬實而不貴華。誠有其德而推之，則安往而不可。是以聖人見人之文，必考其實。

歷山之田者善侵畔，盧曰：「本提行。」案：明鈔本、經廠本並連上。而舜耕焉。雷澤之漁者善爭陂，而舜漁焉。東夷之陶器窳，而舜陶焉。故耕漁與陶，非舜之事，而舜爲之，以救敗也。御覽八十一引尸子曰：「舜兼愛百姓，務利天下。其田歷山也，荷彼耒耜，耕彼南畝，與四海俱有其利。其漁雷澤也，旱則爲耕者鑿瀆，儉則爲獵者表虎。故有光若日月，天下歸之若父母。」民之性皆不勝其欲。去其實而歸之華，是以苦窳之器，盧曰：「『器』下，疑脫一字。」爭鬭之患起。爭鬭之患起，則所以偷也。所以然者何也？由離誠就詐，棄樸而取僞也。追逐其末，而無所休止。聖人抑其文而抗其質，則天下反矣。

詩云：舊連上。盧曰：「當提行。」案：明鈔本、經廠本皆提行，今從盧說。「尸鳩在桑，其子七兮。淑人君子，其儀一兮。」詩曹風鳲鳩。今毛詩「尸」作「鳲」。傳曰：「尸鳩之所以養七子者，一心也。君子之所以理萬物者，一儀也。以一儀理物，天心也。五者不離，合而爲一，謂之天心。在我能因自深結其意於一。故一心可以事百君，百心不可以事一君。是故誠不遠也。夫誠者，一也。一者，質也。君子雖有外文，必不離內質矣。」案：荀子勸學篇：「詩曰：『尸鳩在桑，其子七兮。淑人君子，其儀一兮。其儀一兮，心如結兮。』故君子結於一也。」列女傳母儀篇魏芒慈母傳：「詩云：『尸鳩在桑，其子七兮。淑人君子，其儀一兮。其儀一兮，心如結兮。』言心之均一也。尸鳩以一心養七子，君子以一儀養萬物。一心可以事百君，百心不可以事一君。此之謂也。」

衞有五丈夫，俱負缶而入井，盧曰：「『缶』，御覽七百六十一作『壺』，在壺門。初學記作『缶』。」承周案：御覽卷七百六十一引文多異。又卷九百七十六引則同今本。又案：盧所引初學記見卷七。又事類賦八注引「入井」下有「出而」二字。灌韭，終日一區。事類賦注引「日」下有「竟」字。御覽九百七十六引有「灌」字。鄧析過，下車爲教之曰：「爲」字衍，事類賦注無。「爲機，重其後，輕其前，命曰橋。盧曰：「『橋』，初學記『桔槔』。」承周案：御覽卷九百七十六及事類賦注、能改齋漫録卷十四引皆作「桔槔」。莊子作「槔」，釋文云：「本又作橋。」是「橋」即「桔槔」。

終日溉韭百區，不倦。」「溉韭百區」，御覽卷九百七十六引作「訖九百區」。五丈夫曰：「吾師言曰：「吾」下，初學記有「聞」字。此脫，當據補。『有機知之巧，必有機知之敗。』「敗」，初學記及能改齋漫錄引作「心」，與莊子合。御覽卷九百七十六引作「有機智必有機心」。我非不知也，不欲爲也。子其往矣，我一心溉之，不知改已。」鄧析去，行數十里，顏色不悅懌，自病。弟子曰：「是何人也？而恨我君，請爲君殺之。」鄧析曰：「釋之。是所謂真人者也，可令守國。」○案：此似莊子天地篇漢陰丈人事。莊子天地篇：「子貢南遊於楚，反於晉，過漢陰。見一丈人方將爲圃畦，鑿隧而入井，抱甕而出灌，搰搰然用力甚多而見功寡。子貢曰：『有械於此，一日浸百畦。用力甚寡，而見功多。夫子不欲乎？』爲圃者卬而視之，曰：『柰何？』曰：『鑿木爲機，後重前輕。挈水若抽，數如泆湯。其名爲槔。』爲圃者忿然作色而笑曰：『吾聞之吾師：有機械者必有機事，有機事者必有機心。機心存於胸中，則純白不備。純白不備，則神生不定。神生不定者，道之所不載也。吾非不知，差而不爲也。』子貢瞞然慙，俯而不對。有閒，爲圃者曰：『子奚爲者邪？』曰：『孔丘之徒也。』爲圃者曰：『子非夫博學以擬聖，於于以蓋衆，獨弦哀歌以賣名聲於天下者乎？汝方將忘汝神氣，墮汝形骸，而庶幾乎。而身之不能治，而何暇治天下乎？子往矣，無乏吾事！』子貢卑陬失色，頊頊然不自得，行三十里而後愈。其弟子曰：『向之人何爲者邪？夫子何故見之變容失色，終日不自反邪？』曰：『始吾以爲天下一人耳，不知復有夫人也。吾聞之夫子：事求可，功求成，用力少見功多者，聖人之道。今徒不然。執道者德全，德全者形全，形全者神全，神全者聖人之道也。託生與民並行，而不知其所之。汒乎淳備哉！功利機巧，必忘夫人之心。若夫人者，非其志不之，非其心不爲。雖以天下譽之，得其所謂，謷然不顧；以天下非之，失其所謂，儻然不受。天下之非譽，無益損焉。是謂全德之人哉。我之謂風波之民。』反於魯，以告孔子。孔子曰：『彼假脩渾沌氏之術者也，識其一不知其二；治其內而不治其外。夫明白入素，無爲復朴，體性抱神，以遊世俗之間者，汝將固驚邪？且渾沌氏之術，予與汝何足以識之哉！』」

禽滑氂問於墨子曰：困學紀聞卷十：「莊子稱『墨翟、禽滑氂聞其風而悅之』，（天下篇。）則滑氂墨者也。史記儒林傳謂『田子方、段干木、吴起、禽滑氂之徒皆受業於子夏之倫，爲王者師』，豈滑氂逃儒而入於墨，亦若吴起之言兵歟？」原注：「説苑反質篇載禽滑氂問墨子。」承周案：墨子公輸篇、呂氏春秋當染篇、列子湯問篇並謂禽滑氂學於墨子，是墨子弟子。呂氏春秋尊師篇作「禽滑黎」，當染篇作「禽滑釐」，列子楊朱篇作「禽骨氂」，漢書古今人表作「禽屈氂」，儒林傳作「禽滑氂」。「錦繡絺紵，將安用之？」墨子曰：「惡！是非吾用務也！古有無文者，得之矣。夏禹是也。卑小宮室，損薄飲食，土階三等，衣裳細布。當此之時，黼黻無所用，舊本無「黼」字。盧曰：「『黼』脱，御覽八百二十有。」案：盧校是也，今據增。而務在於完堅。殷之盤庚，大其先王之室，而改遷於殷。茅茨不翦，采椽不斲，以變天下之視。當此之時，文采之帛，將安所施？夫品庶非有心也，以人主爲心。苟上不爲，下惡用之？二王者以化身先于天下，盧曰：「『以』下『化』字衍。」故化隆於其時，成名於今世也。且夫錦繡絺紵，「繡」，舊作「綉」，盧校作「繡」，下同。案：明鈔本、經厰本並作「繡」，今從盧校。亂君之所造也。其本皆興於齊。景公喜奢而忘儉，幸有晏子，以儉鐫之。然猶幾不能勝。夫奢，安可窮哉！紂爲鹿臺、糟邱、酒池、肉林，宮牆文畫，彫琢刻鏤，錦繡被堂，金玉珍瑋，婦女優倡，鐘鼓管絃，流漫不禁，而天下愈竭，故卒身死國亡，爲天下戮。非惟錦繡絺紵之用耶？今當凶年，有欲予子隨侯之珠者，曰：「者」下，舊脫「曰」字，據御覽八百三、事類賦八注引補。『不得賣也。珍寶而以爲飾。』御覽、事類賦注引皆無「珍寶而」三字。又欲予子一鍾粟者，得珠者不得粟，得粟者不得珠。子將何擇？」禽滑釐曰：「吾取粟耳，可以救窮。」墨子曰：「誠然，則惡在事夫奢也。長無用，盧曰：「長，去聲，賸也。」好末淫，非聖人之所急也。故食必常飽，然後求美；衣必常暖，然後求麗；居必常安，然後求樂。爲可長，行可久，先質而後文，此聖人之務。」禽滑釐曰：「善。」案：萬希槐困學紀聞集證卷十，疑此爲墨子節用中、下兩篇佚文。畢沅輯墨子佚文亦收此，曰：「疑節用下篇文。」孫詒讓曰：「節用諸篇無與弟子問答之語，畢說未確。」

秦始皇既兼天下，羣書治要引「皇」下有「帝」字。大侈靡。「大侈靡」，羣書治要引作「侈靡奢泰」。即位三十五年，猶不息。治大馳道，盧曰：「衍『大』字，史記始皇紀無。或『大』字在『治』字上。」從九原抵雲陽，塹山堙谷，直通之。厭先王宮室之小，乃於豐鎬之間，文武之處，營作朝宮渭南山林苑中，盧校「山」作「上」。作前殿阿房，東西五百步，南北五十丈。上可以坐萬人，下可建五丈旗。周爲閣道，盧曰：「『周』下，史記有『馳』字。」自殿直抵南山之嶺。盧校「嶺」作「巔」。又曰：「『殿』下，史有『下』字。『南山』下，史有『表南山』三字。」以爲闕。爲複道，盧校「複」作「復」。自阿房度渭水，屬咸陽，以象天極閣道，「閣」舊作「閤」，盧校作「閣」。案：宋本、明鈔本、經廠本皆作「閣」。今從盧校。絶漢抵營室也。愛艮案：史記秦始皇本紀索隱曰：「謂爲複道，渡渭，屬咸陽，象天文閣道，絕漢抵營室也。天官書曰：『天極紫宮後十七星，絕漢抵營室，曰閣道。』」又興驪山之役，錮三泉之底。關中離宮三百所，關外四百所，皆有鐘磬帷帳，婦女倡優。初學記十五引「女」作「人」。立石闕東海上朐山界中，以爲秦東門。於是有方士韓客侯生、齊客盧生，盧曰：「齊客，本紀稱燕人。」相與謀曰：「當今時不可以居。上樂以刑殺爲威，下畏罪持祿，「下」上，舊有「天」字。案：「上」、「下」對文，不當有「天」字，今據治要刪。莫敢盡忠。上不聞過而日驕，下懾伏以慢欺而取容。盧曰：「『慢』，史作『謾』。」案：史記無「以」字，下「而」字作「以」。諫者不用，而失道滋甚。吾黨久居，且爲所害。」乃相與亡去。始皇聞之，大怒，曰：「吾異日厚盧生，尊爵而事之，今乃誹謗我。吾聞諸生多爲妖言，以亂黔首。」乃使御史悉上諸生。盧曰：「『悉上』，史『悉案問』。」諸生傳相告，案：「告」下，史記有「引」字，當據補。犯法者四百六十餘人，皆坑之。盧生不得，而侯生後得。始皇聞之，「聞之」二字，疑衍。羣書治要引無。召而見之。升東阿之臺，臨四通之街，將數而車裂之。始皇望見侯生，大怒曰：「老虜不良，誹謗而主，迺敢復見我！」侯生至，仰臺而言曰：「臣聞知死必勇。陛下肯聽臣一言乎？」始皇曰：「若欲何言？言之！」侯生曰：「臣聞禹立誹謗之木，欲以知過也。今陛下奢侈失本，淫泆趨末。「泆」，羣書治要及御覽四百五十五引皆作「佚」。宮室臺閣，連屬增累；珠玉重寶，積襲成山；錦繡文綵，滿府有餘；婦女倡優，數巨萬人；鐘鼓之樂，流漫無窮；酒食珍味，盤錯於前；衣服輕暖，輿馬文飾，所以自奉，麗靡爛漫，不可勝極。黔首匱竭，民力單盡。「單」，治要作「殫」，古通。尚不自知。又急誹謗，嚴威克下。下喑上聾，臣等故去。臣等不惜臣之身，惜陛下國之亡耳。聞古之明王，食足以飽，衣足以煖，宮室足以處，輿馬足以行。故上不見棄於天，下不見棄於黔首。堯茅茨不翦，采椽不斲，土階三等，而樂終身者，以其文采之少，而質素之多也。丹朱傲虐，好慢淫，不修理化，遂以不升。今陛下之淫，萬丹朱而十昆吾桀紂，案：「十」當從治要引作「千」。御覽四百五十六引作「萬萬丹朱而千千桀紂」，文雖小異，字亦作「千」。臣恐陛下之十亡也，而曾不一存。」「也」字、「而」字治要、御覽皆無。始皇默然久之，曰：「汝何不早言？」侯生曰：「陛下之意，方乘青雲，飄搖於文章之觀。自賢自健，上侮五帝，下淩三王。棄素樸，就末技。陛下亡徵見久矣。臣等恐言之無益也，治要無「也」字。而自取死。治要「自」下有「爲」字。故逃而不敢言。今臣必死，「臣」下治要有「以」字。故爲陛下陳之。雖不能使陛下不亡，欲使陛下自知也。」始皇曰：「吾可以變乎？」侯生曰：「形已成矣，「形」，治要作「刑」，古通。陛下坐而待亡耳。若陛下欲更之，能若堯與禹乎？不然，無冀也。「冀」，舊作「異」，盧校改「冀」。案：宋本、明鈔本、經廠本皆作「兾」，俗「冀」字。治要正作「冀」。今從盧校。陛下之佐又非也。臣恐變之不能存也。」始皇喟然而嘆，遂釋不誅。後三年，始皇崩，二世即位，三年而秦亡。○案：此文略見史記秦始皇本紀。

魏文侯問李克曰：「刑罰之源安生？」李克曰：「生於奸邪淫佚之行。盧校「奸」作「姦」，「佚」作

「泆」，下同。案：「奸」，宋本作「奸」，治要引同。明鈔本、經廠本作「姦」。「佚」，明鈔本作「泆」，經廠本作「佚」，治要引亦作「佚」。凡奸邪之心，饑寒而起。淫佚者，久饑之詭也。「久饑之詭」，治要引作「文飾之耗」。彫文刻鏤，害農事者也。錦繡纂組，傷女工者也。農事害，則饑之本也；女工傷，則寒之原也。饑寒並至，而能不爲奸邪者，未之有也。男女飾美以相矜，而能無淫佚者，未嘗有也。故上不禁技巧則國貧民侈。國貧民侈則貧窮者爲奸邪，「國貧」下，舊脱「民侈」二字，又脱「則貧」二字，今依治要補。而富足者爲淫佚。則驅民而爲邪也。民以爲邪，「以」，治要作「已」。因以法隨誅之，「隨」下，治要有「而」字。不赦其罪，則是爲民設陷也。刑罰之起有原，人主不塞其本而替其末，「替」，治要作「督」。傷國之道乎？」「乎」，治要作「也」。文侯曰：「善，以爲法服也。」○案：此疑出李克書。而景帝後二年詔（見漢書景紀。）及淮南子齊俗篇皆本之。賈子新書瑰瑋篇文意亦多同。又略見劉晝新論貴農篇。

秦穆公閑問由余曰：盧曰：「衍『閑』字。」案：史記秦本紀云：「戎王使由余於秦。由余，其先晉人、亡人戎，能晉言，聞繆公賢，故使由余觀秦。秦繆公示以宮室積聚。」「古者明王聖帝，得國失國，當何以也？」由余曰：「臣聞之，當以儉得之，以奢失之。」穆公曰：「願聞奢儉之節。」由余曰：「臣聞堯有天下，飯於土簋，啜於土瓶。盧曰：「『瓶』與『鉶』同。作『瓶』誤。」承周案：韓非子作「飲於土鉶」。史記秦本紀：「堯舜飯土瑠，啜土形。」李斯傳：「飯土匭，啜土刑。」自序：「食土簋，啜土刑。」「瑠」一作「簋」。「簋」、「匭」同。「刑」、「形」，亦「鉶」之借。愛民案：明鈔本作「鉶」。此語又見韓詩外傳卷三，「鉶」字作「型」。其地南至交阯，北至幽都，東西至日所出入，「日」下，韓非子有「月」字。莫不賓服。堯釋天下，「釋」，韓非子作「禪」，下同。舜受之。作爲食器，斬木而裁之。銷銅鐵，修其刃，猶漆黑之以爲器。諸侯侈。韓非子作「諸侯以爲益侈」。國之不服者十有三。舜釋天下，而禹受之。作爲祭器，漆其外，而朱畫其內。縵帛爲茵褥，觴勺有彩，爲飾彌侈。韓非子作「而樽俎有飾，此彌侈矣。」依下文，則韓非子是。而國之不服者三十有二。夏后氏以沒，殷周受之。「周」韓非子作「人」。作爲大器，「器」韓非子作「路」。而建九傲，「傲」，韓非子作「旒」。食器彫琢，觴勺刻鏤。四壁四帷，茵席彫文，此彌侈矣。而國之不服者五十有二。君好文章，而服者彌侈。故曰：儉其道也。」由余出，穆公召內史廖而告之，「內史廖」，韓詩外傳作「內史王繆」，本書尊賢篇作「王子廖」。據呂氏春秋則繆公先告蹇叔、乃告內史廖。愛艮案：韓詩外傳「王繆」，趙懷玉校本改作「王廖」，云：「舊本作王繆，據文選四子講德論注引改正。史記秦本紀、說苑反質篇皆作內史廖。」陳喬樅韓詩遺說考亦謂當作「王廖」。其實「廖」、「繆」古通，不煩改字。曰：「寡人聞鄰國有聖人，敵國之憂也。今由余聖人也，寡人患之。吾將柰何？」內史廖曰：「夫戎辟而遼遠，韓非子作「臣聞戎王之居，僻陋而道遠。」韓詩外傳作「夫戎王居僻陋之地」。史記作「戎王處辟陋」。據諸書，此當補「陋」字。未聞中國之聲也。君其遺之女樂，以亂其政，而厚爲由余請期，韓非子「厚」作「後」。案：釋名釋言語：「厚，後也。」「厚」、「後」古通。以疎其問。「問」，韓非子作「諫」。史記與此同作「問」。顧廣圻韓非子識誤曰：「皆當讀『問』爲『諫』。」彼君臣有間，然後可圖。君曰：「諾。」乃以女樂三九遺戎王，盧曰：「『三九』，秦本紀作『二八』，是也。古舞皆以八爲列。」承周案：韓非子、呂氏春秋亦作「二八」，韓詩外傳作「二列」，皆同意。又呂氏春秋云：「繆公以女樂二八人與良宰遺之。」因爲由余請期。戎王果見女樂而好之，設酒聽樂，終年不遷，馬牛羊半死。由余歸諫，盧曰：「『諫』，外傳九作『數』。」諫不聽，遂去入秦。穆公迎而拜爲上卿，問其兵埶，「埶」，舊本或誤作「執」，盧校作「埶」。案：盧校是也。范本、經厰本皆作「埶」，明鈔本、纂注本皆作「勢」。「埶」、「勢」古今字。與其地利，「利」，韓非子作「刑」。既以得矣，舉兵而伐之，兼國十二，盧引孫詒讓曰：「此與秦本紀、韓非子十過篇皆同。（承周案：韓詩外傳亦同。）然非其實也。史記李斯傳言『并國二十』，文選斯上始皇書作『三十』，漢書韓安國傳作『十四』，並非。惟匈奴傳言『八國服秦』，近之。」愛良案：「十二」、「二十」、「三十」皆虛數。匈奴傳所謂「八國」，猶言八方之國，凡此皆非實指，特盛稱其威勢耳。不必過泥。韓安國傳作「十四」，疑有誤。開地千里。穆公奢主，能聽賢納諫，故霸西戎。西戎淫於樂，誘於利，以亡其國，由離質樸也。○案：此文本韓非子十過篇、史記秦本紀。又呂氏春秋不苟篇、韓詩外傳卷九及御覽五百六十八引墨子，亦載此事，而文較略。又案：賈子新書退讓篇、慎子外篇載翟使對楚王語，與此相類。韓詩外傳卷八載齊景公使人於楚，事亦略同。今附録其文於後。

賈子新書退讓篇：「翟王使使至楚，楚王欲夸之，故饗客於章華之臺上。上者三休而乃至其上。楚王曰：『翟國亦有此臺乎？』使者曰：『否，翟，寠國也，惡見此臺也？翟王之自爲室也，堂高三尺，壤陛三絫，茆茨弗翦，采椽弗刮；且翟王猶以作之者大苦，居之者大佚。翟國惡見此臺也？』楚王愧。」慎子外篇：「翟王使使至於楚，楚王誇使者以章華之臺，高廣美麗無匹也。楚王曰：『翟國亦有此臺乎？』對曰：『翟王茅茨不翦，綵椽不刻，猶以爲作之者勞，居之者佚。』楚王大怍。」韓詩外傳卷八：「齊景公使人於楚，楚王與之上九重之臺，顧使者曰：『齊有臺若此乎？』使者曰：『吾君有治位之坐，土階三等，茅茨不翦，樸椽不斲者，猶以謂爲之者勞，居之者泰。吾君惡有臺若此者。』於是楚王蓋悒如也。使者可謂不辱君命，其能專對矣。」

經侯往適魏太子，「適」，類聚六十七引作「過」，書鈔一百二十八引作「遇」。左帶羽玉具劍，類聚及書鈔一百二十八、御覽六百九十二引皆無「羽」字。亢倉子亦然。案：無「羽」字是也。「玉具劍」，見漢書田叔傳、匈奴傳下及王莽傳上。雋不疑傳有「櫑具劍」。後漢書馮異傳：「賜以乘輿七尺具劍。」章懷注：「具，謂以寶玉裝飾之。東觀記作『玉具劍』。」右帶環佩。左光照右，右光照左。御覽一百四十六及六百九十二引皆作「左光照左，右光照右。」非是。三百四十三及類聚、書鈔引皆同今本，亢倉子亦然。坐有頃，太子不視也，又不問也。經侯曰：「魏國亦有寶乎？」太子曰：「有。」經侯曰：「其寶何如？」太子曰：「主信臣忠，百姓戴上，盧曰：「『戴上』，舊倒。御覽百四十六作『戴上』。又兩引皆同。」承周案：類聚引作「戴之」，今從盧校。此魏國之寶也。」「魏」下「國」字，舊脫。御覽一百四十六、又四百三十、又八百二引皆有「國」字，今據補。經侯曰：「吾所問者，非是之謂也，乃問其器而已。」太子曰：「有徒師沼治魏，而市無預賈。郄辛治陽，而道不拾遺。芒卯在朝，而四隣賢士無不相因而見。此三大夫，乃魏國之大寶。」於是經侯默然不應，左解玉具，右解環佩，委之坐，愆然而起，盧曰：「『愆』，宋本『僁』。」案：明鈔本亦作「僁」。默然不謝，趨而出，上車驅去。魏太子使騎操劍佩逐與經侯，使告經侯曰：「吾無德所寶，不能爲珠玉所守。此寒不可衣，饑不可食，無爲遺我賊。」於是經侯杜門不出，傳死。盧校删「傳死」二字，曰：「『不出』下『傳死』二字誤，當爲衍文。」承周案：范本「傳死」作「愧死」，是也。○案：僞亢倉子訓道篇襲此文，「經侯」作「燕莊侯他」，「魏太子」作「齊太子」。

晉平公爲馳逐之車，龍旌衆色，掛之以犀象，錯之以羽芝。車成，題金千鎰，立之於殿下。令羣臣得觀焉。田差三過而不一顧。平公作色大怒，問田差：「爾三過而不一顧，何爲也？」田差對曰：「臣聞說天子者以天下，說諸侯者以國，說大夫者以官，說士者以事，說農夫者以食，說婦姑者以織。桀以奢亡，紂以淫敗。御覽七百七十三、事類賦十六注「淫」作「侈」。是以不敢顧也。」平公曰：「善。」乃命左右曰：「去車！」盧曰：「『曰』可省。」案：事類賦注引無「左右曰」三字，御覽引無「曰」字。

魏文侯御廩災。文侯素服辟正殿，困學紀聞卷四：「古天子之堂未名曰殿。說苑：『魏文侯御廩災，素服辟正殿五日。』莊子說劍云：『入殿門不趨。』蓋戰國始有是名。」五日。羣臣皆素服而弔。公子成父獨不弔。文侯復殿，公子成父趨而入賀，曰：「甚大善矣，夫御廩之災也。」文侯作色不悅曰：「夫御廩者，寡人寶之所藏也。今火災，寡人素服辟正殿，羣臣皆素服而弔，至於子大夫而不弔。今已復辟矣，盧曰：「『辟』，孫疑『殿』字之訛。」猶入賀，何爲？」公子成父曰：「臣聞之：天子藏於四海之內，諸侯藏於境內，大夫藏於其家，士庶人藏於篋櫝。鹽鐵論禁耕篇：「民人藏於家，諸侯藏於國，天子藏於海內。故民人以垣牆爲藏閉，天子以四海爲匣匱。」非其所藏者，不有天災，必有人患。今幸無人患，乃有天災，不亦善乎？」文侯喟然歎曰：「善。」○案：此與韓詩外傳卷十晉平公事相類。韓詩外傳卷十云：「晉平公之時，藏寶之臺燒。士大夫聞者，趨車馳馬救火，三日三夜乃勝之。公子晏子獨束帛而賀曰：『甚善矣。』平公勃然作色曰：『珠玉之所藏也，國之重寶也。而天火之，士大夫皆趨車走馬而救之，子獨束帛而賀，何也？有說則生，無說則死。』公子晏子曰：『何敢無說。臣聞之：王者藏於天下，諸侯藏於百姓，商賈藏於篋匱。今百姓乏於外，短褐不蔽形，糟糠不充口，虛耗而賦斂無已，王收大半而藏之臺，是以天火之。且臣聞之：昔者桀殘賊海內，賦斂無度，萬民甚苦，是故湯誅之，爲天下戮笑。今皇天降災於藏臺，是君之福也，而不自知變悟，亦恐君之爲鄰國笑矣。』公曰：『善。自今以往，請藏於百姓之間。』」

齊桓公謂管仲曰：「吾國甚小，而財用甚少，而羣臣衣服輿馬甚汰。吾欲禁之，可乎？」管仲曰：「臣聞之，君嘗之，臣食之；君好之，臣服之。今君之食也，必桂之漿；衣練紫之衣，狐白之裘。此羣臣之所奢大也。詩云：詩小雅節南山篇。『不躬不親，庶民不信。』今毛詩「不」皆作「弗」。君欲禁之，胡不自親乎？」桓公曰：「善。」於是更制練帛之衣，大白之冠。「大」，舊作「太」，盧校改「大」。案：明鈔本亦作「大」，今從盧校。朝一年，「朝」疑「期」字之誤。而齊國儉也。○案：此用管子語，然今本管子無此文；僅「君嘗之臣食之君好之臣服之」四句，見牧民篇。

季文子相魯，妾不衣帛，馬不食粟。意林引「季文子」作「晏子」。案：韓非子外儲說左下：「孟獻伯相魯，堂下生藿藜，門外長荆棘。食不二味，坐不重席。晉無衣帛之妾，居不粟馬，出不從車。」鹽鐵論通有篇：「昔孫叔敖相楚，妻不衣帛，馬不秣粟。」是相類之事，古人多有也。仲孫它諫曰：盧曰：「『仲孫它』，魯語上同。宋本注云：『它，他本皆作忌。』案『忌』字訛。」承周案：治要作「忌」。愛民案：魯語韋注：「仲孫它，魯孟獻子之子子服它也。」『子爲魯上卿，妾不食帛，馬不食粟，人其以子爲愛，且不華國也。」文子曰：「然乎？國語「然」上有「吾亦願之」句，又無「乎」字。治要亦無「乎」字。吾觀國人之父母衣麄食蔬，吾是以不敢。且吾聞君子以德華國，不聞以妾與馬。夫德者，得於我，又得於彼，故可行。若淫於奢侈，沈於文章，不能自反，何以守國？」仲孫它慚而退。「夫德者」以下，國語無。國語云：「文子以告孟獻子，獻子囚之七日。自是子服之妾衣不過七升之布，馬餼不過稂莠。文子聞之曰：『過而能改者，民之上也。』使爲上大夫。」○案：此文本國語魯語。

趙簡子乘弊車膄馬，盧曰：「『膄』，元本『瘦』。御覽七百七十三作『癯』，音衢。」承周案：宋本、范本並作「膄」，明鈔本作「瘦」。事類賦十六注引作「癯」。又渚宮舊事卷一載此事，「趙簡子」作「孫叔敖」。衣羖羊裘。盧曰：「『御覽作『衣羖羊之裘』。」承周案：御覽六百九十四引仍作「羖」。其宰進諫曰：「車新則安，馬肥則往來疾，狐白之裘溫且輕。」盧曰：「『輕』下，御覽六百九十四有『君宜服之』四字。」承周案：御覽宋本、鮑本作「君宜改之」，是也。又案：「狐白」，書鈔一百二十九、御覽七百七十三並引作「狐貉」。簡子曰：「吾非不知也，吾聞之：君子服善則益恭，細人服善則益倨。案：意林引墨子云：「君子服美則益敬，小人服美則益驕。」今本墨子佚此語。此文似出於墨子也。又案：二「善」字，御覽作「美」，與墨子合。「細人」，意林及御覽俱引作「小人」，下同。我以自備，盧校

「我」上增「今」字，曰：「『今』脫，御覽七百七十三有。」承周案：事類賦注引亦有「今」字。恐有細人之心也。傳曰：『周公位尊愈卑，勝敵愈懼，家富愈儉。』故周氏八百餘年，此之謂也。」

魯築郎囿，季平子欲速成。叔孫昭子曰：「安用其速成也。以虐其民，其可乎？無囿尚可乎？惡聞嬉戲之游，罷其所治之民乎？」○案：此文本昭公九年左傳。春秋昭九年經：「冬，築郎囿。」左傳：「冬築郎囿，書時也。季平子欲其速成也。叔孫昭子曰：『詩曰：「經始勿亟，庶民子來。」焉用速成？其以勦民也。無囿猶可，無民其可乎？』」

衛叔孫文子問於王孫夏曰：「盧曰：『叔』，御覽五百三十一無。『夏』，御覽『賈』。」『吾先君之廟小，吾欲更之，可乎？』對曰：「古之君子，以儉爲禮。今之君子，以汰易之。夫衛國雖貧，豈無十履一奇，以易十稷之繡哉？以爲非禮也。」文子乃止。

晉文公合諸侯而盟曰：「吾聞國之昏，不由聲色，必由姦利。好樂聲色者，淫也。貪姦者，惑也。夫淫惑之國，不亡必殘。自今以來，無以美妾疑妻，無以聲樂妨正，盧校「正」作「政」。無以姦情害公，無以貨利示下。其有之者，是謂伐其根素，流於華葉。若此者，有患無憂，有寇勿弭。不如言者，盟示之。」於是君子聞之曰：「文公其知道乎，其不王者，猶無佐也。」盧曰：「『猶』，『由』同。」

晏子飲景公酒，日暮，公呼具火。晏子辭曰：「詩曰詩小雅賓之初筵篇。下文引而釋之。『側弁之俄』，言失德也；『屢舞傞傞』，言失容也；『既醉以酒，既飽以德』；孫星衍晏子春秋音義曰：「小雅賓之初筵篇無此二句。」王念孫讀書雜志六之二曰：「此二句後人所加。晏子引賓之初筵以戒景公，前後所引，皆不出本詩之外，忽闌入既醉之詩，則大爲不倫，其謬一也。既醉之詩，是說祭宗廟旅酬無筭爵之事，非賓主之禮，今加此二句，則與下文『賓主之禮也』五字不合，其謬二也。說苑反質篇有此二句，亦後人依俗本晏子加之，斷不可信。」『既醉而出，並受其福』，賓主之禮也；『醉而不出，是謂伐德』，賓主之罪也。晏子春秋無「主」字，是。嬰以卜其日，未卜其夜。」公曰：「善。」舉酒而祭之，再拜而出，曰：「豈過我哉？俞樾諸子平議卷七曰：「『豈過我哉』，當作『我豈過哉』，公自喜託國之得人，故曰我豈過哉，吾託國于晏子也。如今本則語不可通矣。」吾託國於晏子也。以其家貧善寡人，盧曰：「『貧善』，晏子雜上作『貨養』。」承周案：晏子似誤。不欲其淫侈也，而況與寡人謀國乎。」○案：此文本晏子春秋內篇雜上。莊公二十二年左傳以此爲陳完事；呂氏春秋達鬱篇以此爲管仲事，管子中匡篇亦略與呂氏春秋所載相類。今附錄左傳及呂氏春秋之文於下。莊公二十二年左傳：「陳公子完飲桓公酒，樂，公曰：『以火繼之。』辭曰：『臣卜其晝，未卜其夜，不敢。』」呂氏春秋達鬱篇：「管仲觴桓公，日暮矣，桓公樂之，而徵燭。管仲曰：『臣卜其晝，未卜其夜。君可以出矣。』公不說，曰：『仲父年老矣，寡人與仲父爲樂，將幾之。請夜之。』管仲曰：『君過矣，厚於味者薄於德，沈於樂者反於憂。壯而怠則失時，老而解則無名。臣乃今將爲君勉之，若何其沈於酒也。』」

楊王孫病且死，令其子曰：「吾死欲倮葬，以反吾真。必無易吾意。」祁侯聞之，往諫曰：

「竊聞王孫令葬必倮而入地。必若所聞，愚以爲不可。令死人無知則已矣；若死有知也，是戮尸於地下也。將何以見先人？愚以爲不可。」王孫曰：「吾將以矯世也。夫厚葬誠無益於死者，而世競以相高，靡財殫幣，而腐之於地下。或乃今日入而明日出，此真與暴骸於中野何異？且夫死者，終生之化而物之歸者。盧曰：「『者』下，漢書本傳有『也』字。」歸者得至，而化者得變。是物各反其真。其真冥冥，視之無形，聽之無聲，乃合道之情。夫飾外以誇衆，厚葬以矯真，盧校「矯」作「隔」，曰：「『矯』訛，漢書作『鬲』。」使歸者不得至，化者不得變，是使物各失其然也。盧曰：「『然』，漢書作『所』。」且吾聞之：精神者，天之有也。形骸者，地之有也。精神離形，而各歸其真，故謂之鬼。鬼之爲言歸也。其尸塊然獨處，豈有知哉？厚裹之以幣帛，多送之以財貨，以奪生者財用。古聖人緣人情不忍其親，故爲之制禮。今則越之。吾是以欲倮葬以矯之也。昔堯之葬者，空木爲櫝，葛藟爲緘。其穿地也，下不亂泉，上不泄臭。故聖人生易尚，死易葬。不加於無用，不損於無益。謂今費財而厚葬死者，盧曰：「『謂』衍，漢書無。」不知生者不得用，繆哉，可謂重惑矣。」祁侯曰：「善。」遂倮葬也。○案：此文又見漢書楊王孫傳。

魯有儉者，瓦鬲煮食，食之而美，盛之土鉶之器，以進孔子。盧曰：「『鉶』，家語致思篇作『型』。」承周案：書鈔一百四十三引此作「煮甂肉之食而美，以遺孔子」。又御覽八百四十九作「煮甂中之食」，有小注云：「甂，必眠切。小盎。」家語「瓦鬲」下注云：「瓦釜。」「土型」下注云：「瓦甂。」孔子受之，歡然而悅，如受太牢之饋。御覽引作「犬馬之遺」。弟子曰：「瓦甂，陋器也。煮食，薄膳也。而先生何喜如此乎？」孔子曰：「吾聞好諫者思其君，食美者念其親。吾非以饌爲厚也，以其食美而思我親也。」盧曰：「『親』疑衍。家語作『而我思焉』。」承周案：御覽引此二句作「非以甂瓦之薄也，食之美，故念吾親也」。○案：家語致思篇用此文。

晏子病，將死，斷楹内書焉。盧曰：「『斷』疑『斵』。晏子雜上作『鑿』。」承周案：「雜上」，當是「雜下」之誤。謂其妻曰：「楹也語，盧曰：「晏作『楹語也』。」子壯而視之。」晏子春秋「視」作「示」，古通。及壯發書，書之言曰：「布帛不窮，晏子春秋「不」下有「可」字，下同。窮不可飾。牛馬不窮，窮不可服。士不可窮，窮不可任。窮乎窮乎窮也。」盧曰：「晏作『國不可窮，窮不可竊也。』」○案：此文本晏子春秋内篇雜下。

仲尼問老聃曰：「甚矣，道之於今難行也。吾比執道委質以當世之君，盧校「以」下增「求」字，曰：「『求』脫，家語觀周篇有。」而不我受也。道之於今難行也。」老子曰：「夫說者流於聽，言者亂於辭。盧校「流於」下增「辯」字，曰：「『辯』脫，家語有。『言』，家語無。」如此二者，則道不可委矣。」家語作「則道不可以忘也」。○案：家語觀周篇用此文。

子貢問子石：「石」下，意林及御覽六百七引皆有「曰」字。「子不學詩乎？」子石曰：「吾暇乎哉？父母求吾孝，兄弟求吾悌，朋友求吾信。吾暇乎哉？」子貢曰：「請投吾詩，以學於子。」「詩」，舊作「師」，盧校作「詩」。案：宋本、明鈔本皆作「詩」，御覽同。意林作「損吾詩，學子詩。」今從盧校。

公明宣學於曾子，公明宣卽公明儀。愛艮案：禮記祭義：「公明儀問於曾子曰：『夫子可爲孝乎？』」鄭注：「公明儀，曾子弟子。」三年，不讀書。曾子曰：「宣而居參之門，御覽六百七引「而」作「汝」。三年不學，何也？」公明宣曰：「安敢不學？宣見夫子居宮庭，御覽引「宮」作「家」。親在，叱吒之聲未嘗至於牛馬；「叱吒」，舊作「叱叱」，盧校作「叱吒」。案：宋本，明鈔本皆作「叱吒」，今從盧校。宣說之，學而未能。宣見夫子之應賓客，恭儉而不懈惰；宣說之，學而未能。宣見夫子之居朝廷，嚴臨下而不毀傷；宣說之，學而未能：宣說此三者，學而未能。宣安敢不學，而居夫子之門乎？」曾子避席謝之，曰：「曾子」，舊作「曾參」，盧校改「曾子」。案：明鈔本亦作「曾子」，今從盧校。「參不及宣，其學而已。」

魯人身善織屨，妻善織縞，而徙於越。「徙」上，韓非子有「欲」字。或謂之曰：「子必窮。」魯人曰：「何也？」曰：「屨爲履，縞爲冠也。而越人徒跣翦髮。「翦」，韓非子、金樓子皆作「被」。遊不用之國，欲無窮，可得乎？」○案：此文本韓非子說林下篇；又見金樓子立言下篇。

説苑佚文輯補

盧文弨曰：「章懷注後漢書及困學紀聞等書，所引尚有出於今本之外者。攷唐志劉貺有續説苑，似不必皆出中壘，今但取語意相近者，略繫數條於後」。（羣書拾補。）

承周案：説苑二十篇，宋世嘗亡反質一篇，旋得高麗本補足，無闕篇矣。（見陸游渭南集二十七。）嚴可均云：「向敍言凡二十篇，七百八十四章。今本君道三十八章，臣術二十二章，建本二十七章，立節二十一章，貴德二十八章，復恩二十四章，政理四十一章，尊賢三十四章，正諫二十五章，敬慎三十章，善説二十四章，奉使十九章，權謀四十四章，至公二十一章，指武二十五章，叢談（當作談叢。）七十二章，雜言五十二章，辨物三十一章，修文三十八章，反質二十三章：凡六百三十九章。羣書拾補有佚文二十四事，當是二十四章，都計六百六十三章。視向敍少一百二十一章非完書也。」（以上嚴氏語，見鐵橋漫稿卷八書説苑後。）嚴氏所計，未爲密合。卽以談叢一篇言之：羅列羣言，章節雜粈，抱經所校數逾百章，猶有鋠析未盡者，不得以刻本誤合，遂謂之七十二章也。然謂非完書，則無可疑。今本雖無闕篇，而篇有佚章，章有佚句。以宋本校今本，復恩篇有「蘧伯玉得罪於衞君」一章，而今本無之，是篇有佚章也；北宋本復恩篇「陽虎得罪」條有「非桃李也」句，咸淳本立節篇有「尾生殺身以成其信」句，而今本皆無之，是章有佚句也。（説詳校證。）自宋至今，刊本相沿，猶有此失；則天水以前，傳録之本，遞有佚脱，無足怪矣。羣書所引溢出今本者，大都佚於刊本之前，盧氏所輯，既多疏略，嚴氏據以迻録，（在全漢文中。）敍次無殊。（惟合併一條。）其中如「中行獻子將伐鄭」一條，明見今本貴德篇；「秦急圍邯鄲」一條，明見今本復恩篇；「魏文侯曰」一條，明見今本政理篇；（文選注「魏」譌「楚」，盧氏遂以致誤。）「蓬生枲中」一條，明見今本談叢篇：佚文二十四事，鉤而不沈者四焉。嚴氏不加檢校，依以入録，繆矣。抱經又疑諸書所引出今本外者，爲劉貺續説苑，不必皆出中壘，尤爲意必之談。攷唐書劉子玄傳附其子貺事，蓋於中壘之書，有所不足，覃思改作，自唐志著録，至明世猶存，陳季立世善堂書目曾著之，太平御覽四百十八卷引續説苑趙苞、田鵬二事，不與中壘書混也。中壘書自名説苑，惠卿書自名續説苑，世豈有指林虔中續孟子爲子居書、指程泰之演繁露爲董生書者乎？抱經所脱漏者，如北堂書鈔、藝文類聚諸書所引，虞、歐諸人皆在惠卿之前，豈得以續説苑目之？章懷雖與惠卿並世，其成書在武后時；惠卿獻續説苑，在玄宗時：亦無相引之理。抱經雖欲以此文其疏略，不可得也。予恐後人惑於其説，而致疑於拾補所未收者爲不出於中壘，故詳辨之。今之所輯，仍以盧、嚴爲本。明見今本者，則直加刊剟；徵引不備者，則爲之補引；盧、嚴所無，冣録於後。凡有與他書相發者，仍依全書之例，爲之校證。昔汪繼培輯尸子、尹文子，於意有未安者，別爲存疑，至爲矜慎。茲編「龍陽君」一條，「夫兩堯」一條，「鄉官祭正」一條，皆涉疑似，姑過而存之。初學記十七引黄香事，云出説苑。黄童在子政後，蓋臨川世説佚文，（世説亦名説苑，説詳敍例。）今所不取。他如書鈔百五十二引説苑云「電陰陽擊耀」，（「擊」當作「激」。）乃説文雨部文；（俞氏唐類凾、陳刻本書鈔，皆沿舊本之誤；孔刻亦未校正。）御覽五百三十四引説苑云「辟雍者天子鄉飲之處」，乃説文广部文；事類賦七注引説苑云「夫山者宣也，（「夫」字衍。）宣氣生萬物者也」，（「者」字衍。）乃說文山部文。蓋諸書本引說文，而傳寫誤「文」爲「苑」。如此之類，概從刪棄，更不須存疑也。

閔子騫兄弟二人。母死，其父更娶，復有二子。子騫爲其父御車失轡，父持其手，衣甚單。父則歸呼其後母兒，持其手，衣甚厚温。卽謂其婦曰：「吾所以娶汝，乃爲吾子。今汝欺我，去，無留！」子騫前曰：「母在一子單，母去四子寒。」其父默然。故曰：「孝哉閔子騫，一言其母還，再言三子温。」藝文類聚二十。

承周案：韓詩外傳云：「子騫早喪母。父娶後妻，生三子，疾惡子騫，以蘆花衣之。父察知之，欲逐後母。子騫啟曰：『母在一子寒，母去三子單。』父善之而止。母悔改之，後至均平，遂成慈母。」（今外傳無此文，見朱子四書或問及曾慥類說引。外傳言「後妻生三子」，與說苑言「生二子」異。）御覽四百十三引師覺授孝子傳云：「閔損，字子騫，魯人，孔子弟子也，以德行稱。早失母，後母遇之甚酷，損事之彌謹。損衣皆藁枲爲絮，其子則緜纊重厚。父使損御，冬寒失轡；後母子御則不然。父怒詰之，損默然而已。後視二子衣，乃知其故。將欲遣妻。損諫曰：『大人有一寒子，猶尚垂心；若遣母，有二寒子也。』父感其言，乃止。」（此所記，則後妻止一子耳。）又三十四引孝子傳曰：「閔子騫事後母，絮騫衣以蘆花，御車，寒失轡，父怒笞之。後撫背，知衣單，父乃去其妻。騫啟父曰：『母在一子寒，母去三子單。』」八百十九引同。皆本外傳及說苑。（蒙求舊注引史記有此文，今弟子傳無之，疑誤。）一則云「以藁枲爲絮」，一則云「以蘆花爲絮」，未審孰爲得實也。

晉靈公驕奢，造九層之臺，費用千億，「億」，史記正義作「金」，此從類聚二十四、御覽四百五十六、後漢書呂布傳注引作「千億」，於「驕奢」之意爲合。國困人貧。恥功不成，」二句，依後漢書皇后紀注引增，「人」疑本作「民」，辟文皇諱改。謂左右曰：「敢有諫者斬！」後漢書皇后紀注作「令曰，左右諫者斬也」。孫息聞之，上書求見。「孫息」，類聚兩引及魏都賦注皆然。御覽七百五十四亦同，有小注云：「孫息，即荀息也。」案史記正義、後漢書兩注枚叔上書諫吴王注，御覽四百五十六皆引作「荀息」。「荀」、「孫」古通，猶荀卿之或爲孫卿也。○「上書」二字，據史記正義及御覽四百五十六引補。靈公張弩操矢見之，「操」，史記正義作「持」，御覽四百五十六作「挾」，此從後漢書呂布傳注。謂之曰：「子欲諫耶？」孫息曰：「臣不敢諫也。」公曰：「子何能？」孫息曰：「臣能累十二博棊，加九雞子於其上。」「子」，枚叔上書諫吴王注作「卵」。公曰：「吾少學未嘗見也，子爲寡人作之。」孫息即正顏色、定志意，盧、嚴皆云：「一作『氣』。」案：類聚七十四、御覽四百五十六、史記正義、呂布傳注皆作「意」，惟御覽七百五十四引作「氣」，疑「氣」字誤。以棊子置於下，而加九雞子於其上。上「於」字，類聚二十四作「其」。左右屏息。盧、嚴於「屏」下注云：「一作『慴』。」案：類聚七十四、呂布傳注、御覽四百五十六作「左右慴息」，類聚二十四作「左右慴懼」，史記正義作「左右懼慴息」，惟御覽七百五十四作「左右屏息」。靈公扶伏，氣息不續。盧、嚴於「扶」下注云：「一作『俯』。」案：類聚二十四、御覽四百五十六作「扶」，類聚七十四、御覽七百五十四作「俯」。於文作「扶」爲長，「扶伏」即「匍匐」，亦作「扶服」。公曰：「危哉，危哉！」孫息曰：「臣謂是不危也，復有危於此者。」「於」字，據魏都賦注、御覽四百五十六補。盧、嚴從類聚二十四引，故脱。公曰：「願復見之。」「復」字原脱，據御覽四百五十六補。孫息曰：「公爲九層之臺，三年不成，男不得耕，女不得織，國用空虛，」「用」，御覽四百五十六作「有」，此從類聚二十四、呂布傳注。戶口減少，吏民叛亡，鄰國謀議，將欲興兵。「欲」字原脫，據魏都賦注、御覽四百五十六引補。社稷一滅，君何所望！」史記正義、魏都賦注、御覽四百五十六皆作「社稷亡滅，君欲何望」。此從類聚二十四，與後漢書皇后紀注引合。公曰：「寡人之過，乃至於此！」史記正義「過」下有「也」字，今從類聚二十四，御覽四百五十六引同。卽壞九層之臺。呂布傳注作「公乃壞臺」，皇后紀注作「乃壞臺焉」，魏都賦注作「卽壞臺」，史記正義作「卽壞九成臺也」。今仍從類聚二十四，又御覽四百五十六同。〇此條，盧輯原引類聚二十四，又七十四，御覽七百五十八，嚴輯亦同。惟盧分後漢書呂布傳注所引，別爲一條；嚴氏合并之，是也。又檢御覽七百五十八，無此文，盧誤，嚴亦失檢。「八」乃「四」之誤。今以文選魏都賦注、枚叔上書諫吳王注、史記范睢傳正義、後漢書和熹鄧后紀注、御覽四百五十六所引，增補校訂，分注於下。

承周案：史通申左篇：「荀息死於奚齊，而云覩晉靈作臺，累棊申誡？」（原注：「出劉向説苑。」）困學紀聞亦謂：「荀息與靈公不同時。」譏此爲謬。子玄所見，尚是完本；伯厚則從諸書引用者知之，非所見本有此條也。荀息死於卓子之難，著於春秋經文，子政無容不知而復記此，蓋不以爲一人也。荀氏，晉之世族，宗枝蕃衍，容有同名者，此猶晉范宣子名匄，其族士文伯亦名丏耳。左氏襄三十一年傳：「寡君使匄請命。」解者以士文伯是范氏之族，不應與范宣子同名。陸氏釋文辨之云：「魯有仲嬰齊，是莊公之孫；又有公孫嬰齊，是文公之孫。仲嬰齊於公孫嬰齊爲從祖，同時同名。鄭有公孫段，字子石，又云伯石；印段，字伯石；傳又謂之二『子石』。然印段卽公孫段。從父兄弟之子尚同名字，伯瑕與宣子何廢同乎？」然則晉有二荀息，又何足怪也。（昭六年傳：「士匄相，士鞅逆諸河。」釋文亦持此說。）

晉靈公好悲歌鼓琴，書鈔一百九。孫息學悲歌鼓琴，卽引琴作鄭、衞之音，靈公大感，故作衞公之曲，歌而和之。書鈔一百六。○盧、嚴止據書鈔一百六録入，無首句。今案當爲一條，補録之。又「鼓琴卽」三字，盧、嚴二本皆無之，今從孔氏刻本書鈔補。

齊王起九重之臺，募國中有能畫者，則賜之錢。盧、嚴本無「則」字，今據御覽七百五十補。有敬君，盧云：「『有』，一作『狂卒』。」案：御覽七百五十作「狂卒」。居常飢寒，其妻妙色。盧云：「一作『端正』。」案：御覽七百五十引作「端正」。敬君工畫，貪賜畫臺。御覽七百五十「臺」作「錢」。去家日久，思憶其妻，盧云：「『憶』，一作『念』。」案：類聚作「憶」，御覽兩引皆作「念」。遂畫其像，向之憙笑。盧云：「『憙』，一作『而』。」案：類聚作「而」，御覽三百八十一作「憘」、七百五十作「喜」。旁人瞻見之以白王。盧云：「『瞻』疑『覘』。」案：「瞻」字自通。王召問之。對曰：「有妻如此。去家日久，心常念之，竊畫其像，以慰離心，不悟上聞。」王卽設酒與敬君相樂，謂敬君曰：「國中獻女無好者。以錢百萬，請妻可乎？不者殺汝。」敬君偉惶聽許。盧、嚴作「偉惶」。案：御覽三百八十一作「慞惶」，七百五十作「惶怖」。○類聚三十三、御覽三百八十一又七百五十。○太平廣記二百十引云：「齊敬君善畫，齊王起九重臺，召敬君畫，君久不得歸，思其妻，畫眞以對之。齊王因覩其美，賜金百萬，遂納其妻。」案：廣記所引，以意節約，非説苑原文。

呂望年七十，釣於渭濱，三日三夜，魚無食者，望卽忿脱其衣冠。上有農人者，古之異人也，盧云：「『異人』，一作『老賢人』。」案：類聚此二句作「與農人言。農人者，古之老賢人也」。謂望曰：「子姑復釣，「姑」，類聚作「將」，必細其綸，芳其餌，徐徐而投之，無令魚駭。」望如其言，初下得鮒，次得鯉，刳魚腹得書，書文曰：「呂望封於齊。」望知其意。盧云：「一作『當貴』。」案：類聚作「當貴」。○類聚六十六，史記齊太公世家索隱。

承周案：尚書中候：「王即迴駕水畔，至磻谿之水，呂尚釣其崖。王下趨拜曰：『望公七年矣，乃今見光景於斯。』尚立變名答曰：『望釣渭濱，魚腹得玉璜，刻曰：姬受命，呂佐旌德合，於今昌來提撰爾，雒鈐報在齊。』」（參用馬、袁輯本。）又御覽八十四引尚書帝命驗，初學記二十二、御覽八百三十四引尚書大傳，略同。（陳本入西伯戡耆。）皆紀此事，緯出子政後，蓋本大傳也。論衡紀妖篇云：「太公釣得巨魚，剖魚得書，云呂尚封齊。」即用此文。

齊遣淳于髡到楚。髡爲人短小，楚王甚薄之，謂曰：「齊無人耶，而使子來？子何長也？」對曰：「臣無所長，腰中七尺劍，欲斬無狀王。」盧云：「『狀』，新序誤『壯』。」王曰：「止！吾但戲子耳。」即與髡共飲酒，謂髡曰：「吾有讎在吳國，子寧能爲吾報之乎？」對曰：「臣來，見道旁野民，持一頭魚，上田祝曰：『高得萬束，下得千斛。』臣竊笑之，以爲禮薄而望多也。王今與吾半日之樂，而委以吳王，非其計！」楚王默然。類聚九十六、書鈔四十、御覽二百四十三又三百七十八又七百三十六。前數句，又引作新序。○案：御覽七百七十九引至「飲酒」，盧、嚴失采。又四百三十七引作新序，今新序亦無此文。

楚將伐齊，齊王使淳于髡求救於趙，齎金百斤，車馬十駟。髡曰：「臣之鄰人，以一鮒魚祀田，祝曰：『高得千束，下得萬斛。』臣笑其禮薄而望多也。」王乃益齎黃金、白璧，車馬百駟。事類賦注二十三引，與上條似一事，而略不同。盧、嚴皆失采。

承周案：淳于髡事，本書復恩、尊賢二篇并載之，又見史記滑稽傳，此二條文亦相類。當髡世，吳滅已久，乃云「委以吳王」，則記述之失也。

晉文公伐楚，歸國行賞，狐偃爲首。或曰：「城濮之事，先軫之謀。」文公曰：「城濮之事，偃說我無失信，不背三舍之約；先軫所謀軍事，吾用之以勝，然此一時之說；偃言萬世之功。奈何以一時之利而加萬世功乎？是以先之。」衆人悅服。御覽二百七十九。盧云：「與權謀篇不同。」

承周案：史記晉世家云：「晉文公渡河北歸國行賞，狐偃爲首。或曰：『城濮之事，先軫之謀。』文公曰：『城濮之事，偃說我無失信；先軫曰：「軍事勝爲右。」吾用之以勝。然此一時之說，偃言萬世之功。奈何以一時之利，而加萬世之功乎？』」即此文所本，與他書言雍季者異說，詳權謀篇校證。

梁君出獵，見白雁羣。梁君下車，彀弓欲射之。道有行者，梁君謂行者止，行者不止，雁羣駭。梁君怒，欲殺行者。其御公孫龍，下車對曰：「昔者，齊景公之時，天旱三年，卜之曰：『必以人祠乃雨。』景公曰：『吾所以求雨者，爲吾民也。今以人祠乃雨，寡人將自當之。』言未卒，天大雨，方千里。今主君以白雁故而欲殺之，無異於狼虎。」梁君援其手，與上車，歸入郭門，呼萬歲，曰：「樂哉，今日獵也！獨得善言。」盧云：「見新序，作『公孫襲』。」○御覽三百九十。

承周案：困學紀聞十載莊子逸篇云：「梁君出獵，見白雁羣集。梁君下車，彀弩（原注：「一作『弓』。」）欲射之。道有行者不止，白雁羣駭。梁君怒，欲射行者。其御公孫龍，下車撫其心。梁君忿然作色而怒曰：『龍不與其君而顧與他人，何也？』公孫龍對曰：『昔者，齊景公之時，（原注：「『齊』一作『宋』。」）天旱三年，卜之曰：「必以人祠乃雨。」景公下堂頓首曰：「吾所以求雨者，爲民也。今必使吾以人祠乃且雨，寡人將自當之。」言未卒而天大雨，方千里者，何爲？有德於天而惠施於民也。今主君以白雁之故而欲射殺人，無異於虎狼。』梁君援其手，與上車，歸入郭門，呼萬歲，曰：『樂哉，今日獵也！人獵皆得禽獸，吾獵獨得善言而歸。』」又類聚二、又六十六又一百，及御覽十、又四百五十七、又八百三十二引莊子，皆略同。以御覽引說苑較略，故備録之。本書及新序雜事二，皆本莊子；金樓子雜記篇亦用之。又案：莊子逸篇、新序雜事二、金樓子雜記篇，別載鄭龍對趙簡子語，亦略相似也。公孫龍所言齊景公事，類聚引莊子作宋景公，與列女傳辯通篇齊傷槐女所言合，則此及新序作齊，誤也。此公孫龍與孔子弟子字子石、及趙人字子秉者，俱非一人。

齊遣兵攻魯，見一婦人，將兩小兒走，抱小而挈大；顧見大軍且至，抱大而挈小。使者甚怪，問之。婦人曰：「大者妾夫兄之子，小者妾之子。夫兄子者，公義也；妾之子者，私愛也。寧濟公而廢私耶？」使者悵然，賢其辭，卽罷軍還，對齊王說之曰：「魯未可攻也。匹婦之義尚如此，何況朝廷之臣乎！」盧云：「見列女傳節義篇。」○御覽四百二十二。

承周案：列女傳云「魯義姑姊者，魯野之婦人也」云云，較此爲詳。

魯有賢女，次室之子，年適二十，明曉經書，常侍立而吟，列女傳作「倚柱而嘯」。涕泣如雨。有識謂之曰：「汝欲嫁耶？何悲之甚？」對曰：「魯君年老，太子尚小，憂其姦臣起矣。」御覽四百六十九。

承周案：此亦見列女傳仁智篇云：「漆室女者，魯漆室邑之女也。」云云，較此爲詳。續漢書郡國志：「東海郡蘭陵有次室亭。」劉昭注云：「地道記故魯次室邑，列女傳有漆室之女，或作次室。」如劉說，是列女傳有作「次室」之本。琴操云：「貞女引者，魯漆室女所作也。」舊校云：「一作『次』。」是琴操亦有作「次」之本。論衡實知篇云：「次室之女，倚柱而嘯。」潛夫論釋難篇云：「次室倚立而歎嘯。」皆作「次室」，與本書合。惟此文「侍」字，當從諸書作倚耳。琴操謂「女自經死」，與諸書異。韓詩外傳二載衛監門女嬰事，與此相類，蓋一事而歧傳者也。

趙襄子問王離曰：「國之所以亡者，何也？」對曰：「君怯而能忍，是以亡爾。」襄子曰：「何以爲然也？」曰：「怯則不能賞賢，忍則不能罰罪，賢者不賞，罪者不罰，不亡何也！」御覽六百三十三。

承周案：此文又見新序雜事五，「王離」作「王子維」，「國之所以亡」作「吳之所以亡」，（下文「君」字亦作「吳君」。）「能忍」作「不忍」，（下「忍」字亦作「不忍」。）「襄子曰何以爲然也」作「襄子曰宜哉吳之亡也」，無下「曰」字，則下文皆襄子語，與此微異。

蘇秦至齊，齊王厚待之，諸大夫嫉之，使人刺秦而不死，齊王出珍寶募求賊不得。蘇秦垂死，謂齊王曰：「王誠能爲臣求賊者，臣死後，請車裂臣屍於市，徇之曰：「徇」舊誤「詢」，今改正，下同。『蘇秦爲燕欲亂齊，今日其死，寡人甚喜，故裂之。若得其殺主，重封賞之。』如此，刺臣者必出矣。」齊王從其言，裂屍而徇之，刺蘇秦者果出求賞。御覽六百三十三。

承周案：此與史記蘇秦傳略同。戰國策楚策：「張儀説楚王曰：『蘇秦陰與燕王謀伐破齊，共分其地。乃佯有罪，出走入齊，齊王因受而相之。居二年而覺，齊王大怒，車裂蘇秦於市。』」史記張儀傳同。蓋儀因齊王之徇，而遂以爲實然也。齊王之覺，在蘇秦死後，不如儀所言也。

北塞上之人，其馬亡入胡中。人皆弔之，其父曰：「此何詎知不爲福？」居數月，其馬將胡駿馬而歸。人皆賀之，其父曰：「此何詎知不爲禍？」家富馬良，其子好騎，墮而折髀。人皆弔之，其父曰：「此何詎知不爲福？」居一年，胡夷大出虜，案：「虜」字疑衍，今淮南作「胡人大入塞」。丁壯皆控弦而戰，塞上之人，死者十九，案：御覽此下有注云：「十人戰，九人死。」此子獨以跛故，子父相保。「子父」盧、嚴作「父子」，從今本淮南也。檢御覽五百六十一引淮南及八百九十六引説苑，皆作「子父」，據改。盧云：「本淮南子，文全同。」○御覽五百六十一。

承周案：此本淮南人間篇。

晉平公問趙武曰：「中牟，三國之股肱，邯鄲之肩髀也，寡人欲其令良也。其令空，誰使而可？」趙武曰：「邢子可。」公曰：「邢子非子之讎耶？」對曰：「私讎不入公門。」又問曰：「中府之令空，誰使而可？」趙武曰：「臣子可。」故外舉不避讎，內舉不避子。類聚五十。○案：陳本書鈔七十八引，與此同。孔本作新序。

承周案：此即左傳祁奚事，而諸子異說，說詳至公篇校證。此用韓子外儲說左下篇。

龜千歲能與人言。類聚九十六。

承周案：此當是辨物篇「靈龜五色」條脫句。

鼓法天，鐘法地。盧、嚴據書鈔百八引。案：又見御覽五百七十五。

承周案：荀子樂論篇云：「鼓似天，鐘似地。」即此文所本。

勇士孟賁，水行不避蛟龍，陸行不避虎狼，文選注八又十八。○案：又見選注三十五，又三十九引「虎狼」作「狼虎」。又見御覽三百八十六。

發怒吐氣，聲響動於天。盧、嚴無此二句，今據御覽增，新序亦有。

承周案：御覽四百三十七引新序云：「勇士一呼，三軍皆辟易，士之誠也。夫勇士孟賁，水行不避蛟龍，陸行不避虎狼，發怒吐氣，聲響動天。至其死矣，頭身斷絕。夫不用仁而用武，當時雖快，身必無後。是以孔子勤勤行仁。」此數語皆在其中，蓋二書文同也。史記袁盎傳索隱引尸子曰：「孟賁水行不避蛟龍，陸行不避虎兕。」則二書皆本尸子也。

聲樂之象，瑟易瑟良，而合於樂也。書鈔一百九引，盧、嚴本並失采。

聲樂易良，而合於歌，情盡舞意。文選注十七。

承周案：荀子樂論篇說聲樂之象云：「瑟易良琴，婦好合歌，情盡舞意。」（今荀子脫「合」字，「情」又誤作「清」，王氏集解遂斷「歌清盡」爲句而妄爲之說，當以此正之。）蓋卽古樂記樂象章文，（說別詳。）而說苑之所本也。書鈔、選注所引，均有譌亂，當以荀子正之。

子奇年十八，齊君使主東阿，東阿大化。後漢書胡廣傳注。

承周案：後漢書順帝紀注引新序云：「子奇年十八，齊君使之化阿。至阿，鑄其庫兵以爲耕器，出倉廩以振貧窮，阿縣大化。」與此略同。今本新序有「閭丘卬年十八道遮宣王」事，無此文。又案：御覽三百八十三引國語「齊宣王出游」一條，事在春秋後，非國語文也。（或以爲孔衍春秋後國語，然不得竟稱國語也。）國語乃說苑之譌，（涉第三條國語而誤。）事見本書善說篇，下接「又曰：『子奇年十八，齊君任爲東阿令，既行而君悔焉，使人追之。屬使者曰：『未至，追之令還；已至，勿追。』未至東阿，使者反之，齊君問故。使者曰：『臣見子奇同載者皆白首矣。夫老者之智，少者之決，此必能治東阿矣。』王曰：『善哉！』」所引較胡廣傳注爲詳，與御覽二百六十八所引新序亦合。（此多「王曰善哉」四字。）是說苑、新序俱有此文而俱佚之也。以御覽標題有誤，未敢竟補，坿訂於此。

晉平公時，赤地千里。臧宮傳注。

承周案：師曠奏清角，晉國大旱，赤地千里。事見韓子十過篇、史記樂書、論衡紀妖篇、風俗通聲音篇，文繁不錄。（又略見淮南覽冥篇，論衡感虛篇辨之。）

處女泣於室，農夫哭於野。書鈔三十五小注云：「說苑云：『子產死。』」○自此條以下，并盧、嚴所無。

婦人捨簪珥，良人弛琴瑟。書鈔三十五小注云：「說苑云：『子產相鄭死。』」

承周案：孔刻書鈔於前條校云：「近本說苑脫此條。」於後條校云：「今案說苑貴德篇：『子產死，鄭人丈夫舍玦佩，婦人舍珠珥，夫婦巷哭，不聞竽瑟之聲。』」（以上孔氏語。）予謂此二條明係一事，孔於後條妄以貴德篇當之，非也。攷羣書治要引新序有「臧孫行猛政」一條，（後漢書陳寵傳注、類聚五十俱引之，治要爲詳。）載子貢說子產之死云：「農人哭於野，處女哭於室，良人絶琴瑟，大夫解佩玦，婦人脫簪珥。」云云，書鈔所引說苑四句皆在其中。蓋二書皆載此事，特字句小異耳。若貴德篇，不特無前云句，即「良人弛琴瑟」句亦無之，「婦人」句文亦不同，不可影附也。

法重民惡。書鈔四十三。小注云：「說苑云：『殷法棄灰於街者刑。』」云云。

秦法：棄灰於道者刑。史記商君列傳索隱。

承周案：此二條當是一事，蓋秦人立此法而託之於殷也。韓子內儲說上篇云：「殷之法，刑棄灰於街者。子貢以爲重，問之仲尼。仲尼曰：『知治之道也。夫棄灰於街必掩人，掩人人必怒，怒則鬭，鬭則必三族相殘也；此殘三族之道也，雖刑之可也。且夫重罰者，人之所惡也；而無棄灰，人之所易也。使人行之所易而無離所惡，此治之道。』」（以上韓子文。）書鈔標題「法重民惡」四字，即韓子所云「重法者人之所惡也」，所引乃約說苑文，原文當略同韓子，故詳録之。(韓子又有「一曰」云云，與此文異，故不録。)史記李斯傳：「上書二世云，商君之法，刑棄灰於道者。」鹽鐵論刑德篇：「大夫曰：『商君刑棄灰於道而秦民治。』」史記商君傳集解引劉歆新序論，亦謂：「衞鞅之法，棄灰於道者被刑。」漢書五行志：「秦連相坐之法，棄灰於道者黥。」注：「孟康曰：『商鞅爲政，以棄灰於道必坋人，坋人必鬬，故設黥刑，以絶其原也。』」則説苑所云「秦法」，乃商君之法也。王伯厚曰：「韓子以商鞅之法爲殷法，又託於仲尼，法家侮聖言至此。」(困學紀聞十)。

晉文公饗炙而髮繞之，宰曰：「佩刀砥礪，利由干將，「由」與「猶」同。切肉斷而髮不絶，臣罪一也；愛誅「授錐」之譌。貫臠，而不見髮，臣罪二也；鑪炭赤紅，而髮不絶，臣罪三也。」文公曰：「噫！此有所在。」乃召次宰詰之，果服也。書鈔五十五。

承周案：韓子内儲説下云：「文公之時，宰臣上炙而髮繞之。文公召宰人而譙之曰：『女欲寡人之哽耶？奚爲以髮繞炙？』宰人頓首再拜，請曰：『臣有死罪三：援礪砥刀，利猶干將也，切肉肉斷，而髮不斷，臣之罪一也；援錐貫臠，而不見髮，臣之罪二也；奉炙爐炭，肉盡赤紅，炙孰而髮不焦，臣之罪三也。堂下得微有疾臣者乎？』公曰：『善！』乃召其下而譙之，果然，乃誅之。」(以上韓子文。)卽此文所本。(陳本書鈔、俞氏唐類函，改題韓非子，非是。)又韓子前有「昭僖侯之時」一條，後有「晉平公觴客」一條，事皆相類。

聲樂之象，椌楬象萬物。書鈔百十一小注引注云：「椌楬柷敔。」孔云：『此條有誤。考説苑修文篇，但有『椌楬塤篪』四字耳。」

承周案：此與一百九引「聲樂之象瑟易瑟良」條，皆以「聲樂之象」四字冠首，（選注引「聲樂易良」條，節去「之象」二字。）蓋一篇之文，皆出古樂記樂象章，今並見荀子樂論篇。（選注所引「鼓法天鐘法地」二句，亦同。）說苑無注，此所引注語，蓋先唐寫者，偶加識語，虞氏據以録入耳。

柳下惠死，人將誄之，妻曰：「將述夫子之德，二三子不若妾之知。」爲誄曰：「夫子之不伐，夫子之不謁，謚宜爲『惠』。」書鈔百二。

承周案：列女傳賢明篇：「柳下既死，門人將誄之，妻曰：『將誄夫子之德耶，則二三子不如妾知之也。』乃誄曰：『夫子之不伐兮，夫子之不竭兮，（「竭」，當從書鈔作「謁」，謂無所請謁也。）夫子之信誠、而與人無害兮，屈柔從容、不强察兮，蒙恥救民、德彌大兮，雖遇三黜、終不蔽兮，愷悌君子、永能厲兮，嗟呼惜哉，乃下世兮！庶幾遐年，今遂逝兮！嗚呼哀哉，魂神泄兮！夫子之謚，宜爲「惠」兮。』門人從之，以爲誄，莫能竄一字。」

衛靈公天寒鑿池，宛春諫曰：「天寒起役，恐怠民也。」公曰：「寒乎？」春曰：「公衣狐裘、坐熊席，是以不寒；民寒甚矣。」公乃罷役。御覽二十七。

承周案：吕氏春秋分職篇云：「衛靈公天寒鑿池，宛春諫曰：『天寒起役，恐傷民。』公曰：『天寒乎？』宛春曰：『公衣狐裘、坐熊席，陬隅有竈，是以不寒；今民衣敝不補，履決不組，君則不寒矣，民則寒矣。』公曰：『善！』令罷役。左右以諫曰：『君鑿池，不知天之寒也，而春也知之。以春之知也，而令罷之，福將歸於春也，而怨將歸於君。』公曰：『不然！夫春也，魯國之匹夫也，而我舉之，夫民未有見焉。今將令民以此見之，曰春也有善於寡人有也。春之善，非寡人之善與？』」（以上呂覽文。）此文卽本呂氏，而文不備，故坿録之。事又見新序刺奢篇。又略見鹽鐵論取下篇，「宛春」作「海春」。

鬻子曰：「禹之化天下也，以五聲聽，門懸磬鐘鐸，以待四海之士。」初學記九引劉向説苑。

承周案：鬻子上禹政篇云：「禹之治天下也，以五聲聽，門懸鐘鼓鐸磬而置鞀，以待四海之士。爲銘於筍虡曰：『教寡人以道者，擊鼓；教寡人以義者，擊鐘；教寡人以事者，振鐸；告寡人以憂者，擊磬；語寡人以訟獄者，揮鞀。』此之謂五聲。」淮南氾論篇文略同，此所引脱「鼓鞀」二字，文亦不備。

白公勝既殺令尹、司馬，欲立王子閭以爲王，王子閭不肎，劫之以刃。王子閭曰：「見國滅而忘主，不仁；劫白刃而失義，不勇。吾雖死，不子從也。」白公强之不可，遂縊而殺之。御覽四百二十一。案：此條，鮑刻御覽作説苑，倭本作新序，涵芬樓景宋本作説苑、新序。三本皆源出宋刊，而參錯不合。蓋校刻者以此文明見新序中，旁注新序二字，或徑改説苑爲新序，倭本是也；或將旁注字誤入正文，遂成説苑、新序，一條而有二書名，如景宋本是也。二書同出一手，事或重出，不當肊決爲新序也。

承周案：左氏哀十六年傳云：「白公欲以子閭爲王，子閭不可，遂劫以兵。子閭曰：『王孫若安靖楚國，匡正王室，而後庇焉，啓之願也，敢不聽從。若將專利以傾王室，不顧楚國，有死不能。』遂殺之。」墨子魯問篇：「孟山譽王子閭曰：『昔白公之禍，執王子閭，斧鉞鉤要，直兵當心，謂之曰：「爲王則生，不爲王則死。」王子閭曰：「何其侮我也！殺我親，而喜我以楚國。我得天下而不義，不爲也；又況於楚國乎？」遂而不爲。』」淮南繆稱篇亦云：「王子閭張掖而受刃。」

皆記此事，而文各異。新序義勇篇所記尤詳。

公孫僑相鄭，路不拾遺，桃李垂街，人不敢取。御覽九百六十七。承周案：呂氏春秋下賢篇記子產事云：「相鄭十八年，刑三人，殺二人。桃李之垂於行者，莫之援也；錐刀之遺於道者，莫之舉也。」韓子外儲說左上云：「子產退而爲政五年，國無盜賊，道不拾遺；桃李之蔭於街者，莫援也；錐刀遺道，三日可反。三年不變，民無飢也。」並與此文相近。

文公好食昌本菹。本草：『卽菖蒲也。』御覽九百九十九。案下六字，當是寫者加注，誤入正文。承周案：「文公」當作「文王」。呂氏春秋遇合篇：「文王嗜昌蒲菹，孔子聞而服之，縮頞而食之，三年然後勝之。」高注云：「昌蒲菹，昌本之菹。」韓子難三篇：「或曰：屈到嗜芰，文王嗜菖蒲菹，非正味也。」（屈到事見楚語。）案：「周禮醢人朝事之豆，其實有昌本麋臡。」注云：「昌本昌蒲根，切之四寸爲菹。」左氏僖三十年傳：「王使周公閱來聘，饗有昌歜，白黑形鹽。」注云：「昌歜，昌蒲菹。」則所謂昌本菹者，周人以爲豆實，列於禮典，其物何至食之而縮頞，（「縮頞」卽「蹙頞」。）又何得云非正味也。蓋戰國之世，禮俗遷革，昌歜之用，久莫能知，韓、呂所言，足覘世變矣。

昔鄒忌爲齊相，稷下先生、淳于髡之屬七十二人，皆輕鄒忌，爲設妙辭。淳于髡三稱，鄒忌三知之，如影響。淳于髡等，辭屈而去。「屈」，御覽作「詘」。故所以尚干將、莫邪者，貴其立斷也；所以尚騏驥者，貴其立至也。必且歷日曠久，絲氂猶能挈石，駑馬亦能致遠。是以聰明敏捷，人之美材也。崔駰傳注作「欲人之入也」，誤。文選答東阿王牋注、後漢書崔駰傳注、御覽四百三十二引。

承周案：此文今見新序雜事二「昔者鄒忌以鼓琴見齊宣王」條之末，而三書皆引作說苑，則說苑之必有此文，決無可疑。以此知諸引說苑而見於新序，與夫同一文而或引作新序、或引作說苑者，皆兩書並載者也。

鮑焦衣木皮、食木實。後漢書崔駰傳注。

承周案：史記鄒陽傳集解如淳曰：「莊子云：『鮑焦飾行非世，抱木而死。』」索隱晉灼曰：「列士傳：『鮑焦怨世不用己，採蔬於道。子貢難曰：「非其世而採其蔬，此焦之所有哉？」棄其蔬，而立枯洛水之上。』案：此事見莊子及說苑，韓詩外傳小有不同。」今說苑惟雜言篇「孔子困於陳、蔡之間」條，有「鮑焦抱木而立枯」句，與列士傳詳略懸殊，不得云「小有不同」。以崔駰傳注所引證之，當別有專條，詳臚其事也。韓詩外傳一、新序節士篇記鮑焦事，皆與列士傳略同，文繁不録。（如淳所引莊子，在盜跖篇。小司馬所引莊子，云與列士傳小有不同，則其文亦必如外傳、新序之詳，當在逸篇中，亦不得以如淳所引當之也。）風俗通愆禮篇云：「鮑焦耕田而食，穿井而飲，非妻所織不衣，餓於山中食棗。或問之曰：『此棗子所種耶？』遂嘔吐，立枯而死。」蓋即說苑所謂「食木實」也。

王國子兩漢書注皆作「子文」，選注，作「君」。前母子伯奇，後母子伯封，兄弟相重。選注作「愛」。後母欲，乂其子立爲太子，以上從漢書注録。說王曰：「說」選注作「言」，今從後漢書注。漢書注作「乃譖伯奇而王信之，乃放伯奇也」。無以下語。「伯奇好妾。」「好」，選注作「愛」。王不信。其母曰：「令伯奇於後園，王上臺視之，即可知。」「於」疑「游」。王如其言。伯奇入園，後母陰取蜂十數，置單衣中，選注作「後母取蜂，除其毒而置衣領之中」。往過伯奇邊，「往」字，依選注補。曰：「蜂螫我。」伯奇就衣中取蜂殺之。以上從後漢書注録，選注作「奇往視，袖中殺蜂」。王見，讓伯奇，後漢書注作「王遙見，乃逐伯奇也」。無以下語。伯奇出。使者就袖中有死蜂。「就」下疑脱「視」字。使者白王。王見蜂，追之，已自投河中。以上從選注録。〇漢書馮奉世傳贊注、後漢書黄瓊傳注、文選陸士衡君子行注引。

承周案：御覽四百六十九又八百四十二并引韓詩曰：「黍離，伯封作也。」説苑此文，即本韓詩説。（近人多以楚元王受詩浮丘伯，定子政所習爲魯詩。不知子政博極羣書，不囿一家，新序、説苑諸書，引韓詩外傳者不一而足，安得盡以爲魯詩耶？伯奇、伯封之事，韓説具有明文，不得謂非韓詩也。）御覽九百五十引列女傳曰：「尹吉甫子伯奇至孝，事後母，母取蜂去毒，繫於衣上，伯奇前欲去之，母便大呼曰：『伯奇牽我！』吉甫見，疑伯奇，至死。」（今本佚此文。）水經江水注引揚雄琴清英曰：「尹吉甫子伯奇至孝，後母譖之，自投江中，衣苔帶藻，忽夢見水仙，賜其美藥，思維養親，揚聲悲歌，船人聞而學之。吉甫聞船人之聲，疑似伯奇，援琴作子安之操。」又琴操云：「履霜操者，尹吉甫之子伯奇所作也。吉甫，周上卿也，有子伯奇。奇伯母死，吉甫更娶後妻，生子曰伯邦。（「邦」、「封」，古通。）乃譖伯奇於吉甫曰：『伯奇見妾有美色，然有欲心。』吉甫曰：『伯奇爲人慈仁，豈有此也。』妻曰：『試置妾空房中，君登樓而察之。』後妻知伯奇仁孝，乃取毒蜂綴衣領，伯奇前持之。於是吉甫大怒，放伯奇於野。伯奇編水荷而衣之，采楟花而食之，清朝履霜，自傷無罪見逐，乃援琴而鼓之曰：『履朝霜兮採晨寒，考不明其心兮聽讒言，孤恩別離兮摧肺肝，何辜皇天兮遭斯愆！痛殁不同兮恩有偏，誰説顧兮知我寃？』宣王出游，吉甫從之，伯奇乃作歌以言感之於宣王。宣王聞之，曰：『此孝子之辭也。』吉甫乃求伯奇於野而感悟，遂射殺後妻。」楊、蔡所陳，皆由詩說衍變。陳思王令禽惡鳥論（嚴輯從御覽，作「貪惡鳥論」。）云：「昔尹吉甫信後妻之讒，而殺孝子伯奇，其弟伯封，求而不得，作黍離之詩。俗傳云：『吉甫後悟，追傷伯奇，出遊于田，見異鳥鳴于桑，其聲噭然，吉甫心動曰：「無乃伯奇乎？」鳥乃撫翼，其音尤切。吉甫曰：「果吾子也！」乃顧曰：「伯勞乎！是吾子，棲吾輿；非吾子，飛勿居。」言未卒，鳥尋聲而棲于蓋，歸入門，集于井幹之上，向室而號。吉甫命後妻載弩射之，遂射殺後妻以謝之。』」其言尤誕，子建所不信。然考之史通雜說下篇譏劉向著書之妄，有云：「伯奇化鳥，對吉甫以哀鳴。」正與子建所說同，疑亦本漢人詩說，子政好奇而載之，子建著論而辨之，子玄所見說苑尚存此言，故云然也。特引者不備，未敢肊增。諸書皆言「尹吉甫」，而說苑謂之「王國君」者，蓋韓詩以黍離爲伯封作，其詩列於王風，吉甫又畿內諸侯，故以「王國君」目之耳。下文諸「王」字凡七見，皆當作「王國君」，寫者誤省二字，則直似周王，非也。（漢書中山靖王傳、論衡書虛篇、孟子告子注，皆以小弁爲伯奇作，則伯封、伯奇事，固漢代說詩者所盛傳也。）

高平王遣使者從魏文侯貸粟，文侯曰：「須吾租收邑粟至，乃可得也。」使者曰：「臣初來時，見瀆中有魚，張口謂臣曰：『吾窮水魚，命在呼吸，可得灌乎？』臣謂之曰：『待吾南見河伯之君，決江、淮之水，灌入口。』魚曰：『爲命在須臾，乃須決江、淮之水？比至還，必求吾於枯魚之肆。』今高平貧窮，故遣臣詣君貸粟，乃須租收粟至者，大王必求臣死人之墓矣。」類聚八十五、御覽八百四十。

承周案：盧氏以御覽所引爲善説篇「莊周貸粟」條異文。竊謂二條意略同而文全殊。類聚所引亦與御覽同，知非寫者肊改，宜如韓非書「一曰」之例。「高平王」蓋當時隱語，猶莊子書言「監河侯」之比。

龍陽君釣十餘魚而棄，因泣下。王曰：「有所不安乎？」對曰：「無。」王曰：「然則何爲涕出？」對曰：「臣始得魚，甚喜；後得益多，而又欲棄前之所得也。今以臣兇惡而得拂枕席，今爵至人君，走人於庭，避人於塗。四海之內，其美人甚多矣，聞臣之得幸於王，畢褰裳而趍王，臣亦曩之所得魚也，亦將棄矣，安得無涕出乎？」王乃布令，敢言美人者族。文選詠懷詩注。

承周案：選注引説苑「安陵君」條，下接此文，不別出書名，則亦説苑文，與魏策少異。

石奢，楚人，事親孝，昭王時爲令尹，行道，遥見有殺人者，追之，乃其父也。奢縱父而還，自繫獄，使人言於王曰：「夫以父立政，不孝；廢法縱罪，不忠。請死贖父。」遂因自刎。法苑珠林六十二。

承周案：法苑珠林載韓伯瑜事及此事，云：「右二事出説苑録。」韓伯瑜事，見本書建本篇，則石奢事亦説苑文可知。吕氏高義篇載此事，「石奢」作「石渚」，韓詩外傳二、史記循吏傳、新序節士篇所載，并作「石奢」，與此同。

夫兩堯不能相王，兩桀不能相亡。木雖蠹，無疾風不折；牆雖隙，無大雨不壞。御覽九。

承周案：御覽此上有「管子曰：『吾不能以春風風人，夏雨雨人』」一條，乃本書貴德篇文，下稱「又曰」云云，則此文亦當出説苑。韓非子亡徵篇云：「夫兩堯不能相王，兩桀不能相亡，必其治亂强弱相踦者也。木之折也必通蠹，牆之壞也必通隙。然木雖蠹，無疾風不折；牆雖隙，無大雨不壞。」云云，又説苑所本也。

鄉官祭正。困學紀聞八濬水李氏云：「古印文有曰『祭尊』，非姓名，乃古之鄉官也。説苑載，鄉官又有祭正，亦猶祭酒也。」

承周案：伯厚所見説苑，已略同今本。此條或采自他書，或紀聞傳本有誤，俱不可知。存以俟考。

或問爲學之道，孟子曰：「静然後虚，使良心不汩於欲；領然後會，使良知不誘於物：則道之章微析妙，罔不解矣。此學之道也。」明陳士元孟子雜記逸文篇。

承周案：明人所見説苑，已不能多於今本，而雜記此篇，引説苑三條，文相連接，前後二條皆見建本篇，中一條如此，苟非僞撰以售欺，則所見説苑，必墒有此條。鍾惺孟子翼考所載亦如此。姑存之以俟考。

附録

説苑校證校點獻疑（節録）

王鍈

西漢劉向所編撰的説苑一書，是秦漢之際古籍的淵藪。它包含着不少諸子百家的逸聞佚事，但主要是借這些歷史故事來説明儒家的政治理念，因此兼有小説家的趣味。此書宋代曾經散佚，幸得曾鞏搜羅、整理、補充，得以大體完整地保存下來，流傳至今。國内外學者致力於此書的校理研究者頗不乏人。一九八七年，中華書局出版了鄉先輩向宗魯先生的遺作説苑校證。這是説苑研究整理的集大成之作，代表了這一領域的最高水準。二十世紀九十年代初，筆者曾與人合作承擔説苑全譯的撰述（貴州人民出版社一九九二年，臺灣古籍出版社一九九六年），工作中曾反復捧讀此作，獲益良多。令人稍感遺憾的是校對不精，排印錯誤不少，標點亦間有可商榷者。兹不揣固陋，草成此文，分文字校勘和標點商榷兩部分，依原書卷次頁碼逐條臚列於下，供讀者和編者裁擇。目的是拭去白璧之微瑕，而使之臻於至善。

一、校勘

一七六頁卷第八尊賢：「國家之任賢而吉，任不肖而凶，案往世而視已事，其必然也如合符。」校語云：「已事猶往事，見漢書賈誼傳注。」按明鈔本與萬有文庫本均作「已事」，明確無誤。「已事」猶言當代時事。作「已」而解作「往事」與上文犯復。

二一六頁卷第九正諫：「死生存亡，聖主所欲急聞也，不審陛下欲聞之？」按末句語氣不完，當有疑問語氣詞。明鈔本及萬有文庫本均有「不（即否）」字。

二二〇頁同卷：「於是令尹子西駕安車四馬，徑於殿下，曰：『今日荆臺之游，不可觀也。』」校語云：「家語、舊事皆作『不可失也』。」按明鈔本及萬有文庫本作「不可不觀也」，義本通暢，原文脱一「不」字，遂不可解。

二二一頁同卷：「令尹子西曰：『臣聞之，罰不足以誅也，若司馬子綦者，忠臣也，若臣者，諛臣也……』」按明鈔本及萬有文庫本此段文字作：「令尹子西曰：『臣聞之，爲人臣而忠於其君者，爵禄不足以賞也；爲人臣而諛其君者，刑罰不足以誅也。若司馬子綦者，忠臣也……』」據此，原文共奪二十五字，文義遂不可通。

二五一頁卷第十敬慎：「子贛下車曰：『賜不仁，過聞三言，可復聞乎？』」按前一「聞」字明鈔本作「問」，於義較長，此字後應斷，「過問」意謂所問不當。「三言」當屬下。

二七七頁卷第十一善説：「莊辛遷延盥手而稱曰：『君獨不聞夫鄂君子晳之汎舟於新波之中也？』」按「盥手」萬有文庫本同，明鈔本作「遝手」，指兩手相疊，較合情理。

二九二頁卷第十二奉使：「公子子結擅生事，春秋譏之，以爲僖公無危事也。」按據明鈔本及萬有文庫本，「擅生事」之後脱「春秋不非；公子遂擅生事」九字。

三一二頁卷第十三權謀：「夫知者舉事也，滿則慮謙。」校語云：「荀子作『嗛』，楊注：『嗛，不足也。』」按明鈔本「謙」作「溢」，於義較勝。

三一八頁同卷：「臼竈生鼃，人爲相食，城降有日矣。」按「爲」字義不可通，明鈔本作「馬」。

三八九頁卷第十六談叢：「視其所以，觀其所使，斯可知已。」校語云：「『以』，疑當作『友』……『友』古音『以』，蓋後人疑『友』韻不協，依論語改作『以』，而文例不可通矣。」按「所以」即「所與」，「以」、「與」相通，古書多有其例，具見經籍纂詁、經傳釋詞諸書。「所以（與）」義同「所友」，故不煩改字亦得。

四一七頁卷第十七雜言：「干將鏌鋣，拂鍾不錚，揚刃離金斬羽契鐵斧，此至利也。」按明鈔本、萬有文庫本「不錚」後有「試物不知」四字。此四字應與「揚刃」連讀，其後加逗號。

四一八頁同卷：「騰虹遊於霧露，乘於風雨而行，非千里不止。」校語云：「爾雅翼用此文，「騰虹」作「騰蛇」。」按明鈔本正作「騰蛇」。萬有文庫本作「騰虵」，爲「蛇」之異體。

四三五頁同卷：「衆人取平品類，以正萬物，得之則生，失之則死，其似有德者。」按「平」字萬有文庫本同，明鈔本作「平」，於義當是。標點亦應改爲：「衆人取平，品類以正，萬物得之則生，失之則死，其似有德者。」

四六五頁卷第十八辨物：「孔子歸，弟子請問。孔子曰：「異哉！小兒謡曰……」」按孔子之言並不含驚歎語氣，「異哉」明鈔本作「異時」（義同「往時」「昔時」），於文較勝，當據改。其後歎號亦應删。

五〇〇頁卷第十九修文：「以爲黄鍾之宫，曰含少。以崑崙之下，聽鳳之鳴，以别十二律。」按明鈔本、四庫全書本於「曰含少」之後尚有「次制十二管」五字，與下文「以别十二律」相應，當據補。

五〇六頁同卷：「獨樂其志，不厭其道，不私其欲。」按明鈔本、四庫全書本於「不私其欲」之上，均有「備舉其道」一句。

五〇七頁同卷：「使耳聽雅音，目視正儀，足行正容，心諭正道。」按「諭」字明鈔本、萬有文庫本均作「論」，於義較長。

五一二頁卷第二十反質：「是以聖人見人之文，必考其實。」按明鈔本及四庫全書本「實」均作「質」，「文」與「質」相對，古文常例，於義較勝。

五二四頁同卷：「桓公曰：『善。』於是更制練帛之衣，大白之冠。朝一年，而齊國儉也。」「一年」下加按語云：「『朝』疑『期』字之誤。」按「朝」字不誤，應屬上讀，意謂桓公穿戴素白衣冠上朝。「一年」本身即可表示「滿一年」或「一年後」之義。

五二六頁同卷：「夫衛國雖貧，豈無十履一奇，以易十稷之繡哉？」按「十履」明鈔本、萬有文庫本均作「文履」。

二、標點

第一頁說苑序奏：「其餘者淺薄，不中義理，別集以爲百家，後令以類相從。」按注引盧（文弨）曰：「『後』下疑有脱文。」又引孫詒讓曰：「以文義校之，『後』字當爲『復』字之譌，下無脱文。」按今謂「後」字應連上讀，漢書藝文志「小說家」類之末有「百家」，爲三十九卷。「別集以爲百家後」意即列於「百家」之後，實即小說家類之最末尾。

四六頁卷第二臣術：「晏子侍於景公，公曰：『朝寒，請進熱食。』對曰：『嬰非君之廚養臣也，敢辭。』公曰：『請進服裘。』對曰：『嬰非君田澤之臣也，敢辭。』公曰：『然。夫子於寡人奚爲者也？」對曰：『社稷之臣也。』」按「然」字後句號當删。「然」猶「然則」，承上啟下轉折過渡之詞，其義已較虛，不是指代或應對之詞。此句承晏子的回答而作反問，並非肯定晏子的意見。加句號則變爲先肯定再發問，反問句也變成真性問句了。

九〇頁卷第四立節：「君子聞之曰：『邢蒯聵可謂守節死義矣。死者人之所難也，僕夫之死也，雖未能合義，然亦有志士之意矣。詩云：「夙夜匪懈，以事一人。」邢生之謂也。孟子曰：「勇士不忘喪其元。」僕夫之謂也。』」按所引君子之言應止於「有志士之意矣」，其後當是作者評論。

韓詩外傳亦敍此事，許維遹注本正如此標。

一一七頁卷第六復恩：「夫臣不復君之恩，而苟營其私門，禍之原也；君不能報臣之功，而憚行賞者，亦亂之基也。夫禍亂之原，基由不報恩生矣。」校語云：「『基』字上屬，則與『原』複，下屬則與『生』複，疑是『其』字。」按同義連文，古書通例。「原」與「基」緊承上文，不當離析爲二，「基」字不誤。萬有文庫本「基」字上屬，當是。

一一九頁同卷：「晉文公入國，至於河，令棄籩豆茵席，顔色黎黑，手足胼胝者，在後。」按「顔色」以下應作一句讀，其間兩逗號均應删，以免破碎文義。

二三〇頁卷第九正諫：「今王自行，悉國中武力以伐齊，而子胥諫不用，因輟佯病不行，王不可不備，此起禍不難。」按史記伍子胥傳作「因輟謝」，「輟」指停止進諫，其後應施逗號。

三三五頁卷第十三權謀：「且夫吴，若蜂蠆然，不棄毒於人則不静。」按「吴」字後逗號宜删。

三六〇頁卷第十四至公：「楚莊王有茅門者，法曰：『群臣大夫、諸公子入朝，馬蹄蹂霤者，斬其輈而戮其御。』」案語云：「闗讀『者』字句絶。韓子『者』作『之』，屬下讀，亦通。又孫氏札迻（韓子）：『茅門，即雉門也。』」按「茅門者」後逗號當删，「者」用同「之」。如史記呂不韋傳「主腐者吏」即「主腐之吏」，屈原列傳「用事者臣」即「用事之臣」。

三七三頁卷第十五指武：「太公兵法曰：『……堅其行陣，連其什伍，以禁淫非；壘陣之次，車騎之處，勒兵之勢，軍之法令，賞罰之數，使士赴火蹈刃，陷陣取將，死不旋踵者，多異於今之將者也。』」按「壘陣之次」以下，似非太公兵法之引文，而是編撰者的評論，否則末句無着落，故應置於引文之外。「淫非」之後分號改句號。

四三四頁卷第十七雜言：「其流卑下句倨，皆循其理，似義。」按「句倨」猶言曲折，似以屬下爲宜，全句意謂水總是流向低下之處，一彎一折都遵循一定規律，好像有正義的品格。

引用文獻

説苑　四部叢刊影明鈔本

説苑　上海古籍出版社一九九〇年影四庫全書本

説苑　萬有文庫所收楊以濴校本

尚書　中華書局一九七九年影世界書局十三經注疏本

左傳　同上

韓詩外傳集釋　中華書局一九八〇年許維遹校釋本

史記　上海古籍出版社、上海書店一九八六年影武英殿本

漢書　同上

（原載書品二〇〇五年第四輯）